新编21世纪中国语言文学系列教材

现代汉语

第二版·数字教材版

Contemporary Chinese Language

张谊生　主编

编者（按姓名拼音排序）
白　云　蔡淑美　樊中元　韩　蕾　皇甫素飞
施春宏　余　颖　张谊生　宗守云

中国人民大学出版社
·北京·

主编简介

张谊生　上海师范大学人文与传播学院教授、博士生导师、博士后联系导师。曾任上海师范大学中文系学科建设委员会主任，校学位委员会委员，汉语言文字学硕士点、博士点学科带头人，中国语言学会常务理事。学术专长为现代汉语虚词及相关语言现象的演化规律与发展趋势等。著有《现代汉语副词研究》（修订版）、《介词的演变、转化及其句式》、《助词的功用、演化及其构式》等 10 部。在《中国语文》等语言学杂志及学报、集刊上发表研究论文 170 多篇，其中 CSSCI 核心论文 60 多篇。主持并完成国家社会科学基金项目 3 项，教育部人文社科项目、上海市哲学社会科学项目各 2 项。学术论文与著作先后 6 次获得上海市哲学社会科学优秀成果奖。

从事本科生“现代汉语”课程教学近 30 年，主持并领衔的“现代汉语”课程被上海市教委评定为 2010 年度“上海市精品课程”；与本校五位教师联合主持的“现代汉语语法教学的改革”于 2001 年 12 月被上海市教委授予“上海市教学成果奖”一等奖；主编高校教材《现代汉语》及《〈现代汉语〉练习与参考》（中国人民大学出版社，2013）深受好评。

内容简介

《现代汉语》（第二版）在充分吸取各分支学科最新的语言学理论与研究成果的基础上，结合当前语言发展的实际情况，以适应新时期大学生学习现代汉语和促进语言规范为基本目的，对现代汉语的语音、文字、词汇、语法、修辞五个方面，进行了全面、系统的描写与介绍，科学、合理的分析与解释。全书主要特色体现在以下三个方面：

- 科学性与时代性。本教材有选择地把一些处在发展、形成过程中的较为典型的、具有代表性的新兴的语言现象吸收了进来，充分体现出时代特色。此次修订，针对当代汉语在各方面的新变化、新现象及其各项新规定，在语音、文字、词汇、语法、修辞各个方面都作了相对科学、合理的增补与修订。
- 系统性与条理性。本教材的基本框架遵循绪论之外加上语音、文字、词汇、语法、修辞五大块的体例，但是对各个具体的章节，尤其是概念、内容做了一定调整，力求根据现代汉语各个分支学科的系统性特点，合理安排章节与分配知识点，真正做到循序渐进、互相照应，突出重点、富有条理。
- 实用性与可教性。全书无论是章节安排还是知识传授，无论是具体例子还是思考题，都着力突出实用性和可教性。一方面力图使学生有兴趣、有收获，在语言素养的各个方面都有所提高。另一方面重视对核心内容和基本观点的全面清晰阐释，并为教师留出充分的发挥余地，便于教师的讲授。

本教材配套有丰富的数字学习资源，包括练习题库、参考资料等。

前　言

现代汉语课程是高等院校中文系及对外汉语系的一门基础课，同时也是一门文科相关专业的必修课。到目前为止，《现代汉语》教材已经出版了几十种，大多各有特色与优缺点。本教材以编写者长期的授课经验为依据，在充分汲取以往各种教材的优点以及当前语言研究各方面已有成果的基础上，着重关注与突出自己的特色。这主要体现在以下三个方面。

首先，科学性与时代性。本教材所依据的语言理论和传授的语言学知识，都必须具有一定的科学依据，必须经得起实践和时间的检验。即使是主编、编者在某些方面很有研究、颇有心得，只要是有待进一步检验的观点，也一般不会而且也不宜随意编入教材。我们认为，既然是大学生的教材，就不宜编入过多的新理论、新观点、新现象。但是，进入新世纪以来，语言研究在各个领域都已取得了不少进展，尤其是汉语的文字、词汇、语法、修辞等各个领域都发生了巨大的变化，而且，当代汉语本身也已经发生了一系列微妙而重要的变化。作为《现代汉语》教材的编者，当然不能视而不见。所以，本教材还是有选择地把一些正在发展、形成过程中的较为典型的、具有代表性的新兴的语言现象吸收了进来，编入了教材，以体现本教材的时代特色。具体而言，主要是对于当前网络上流行的汉字及用法、新词新语及字母词以及各种流行的句法格式等，我们采取兼容并包的态度：一方面从语言学习的角度，对相关的现象作了比较详细的介绍与分析；另一方面也提出了相应的看法与规范。这次出版的修订版教材，针对当代汉语在各方面的新变化、新现象及新规定，在语音、文字、词汇、语法、修辞等各个方面都作了相对科学、合理的增补与修订。

其次，系统性与条理性。作为一本基础课的教材，全面、完整地介绍现代汉语各个方面重要的基础知识是必需的。尽管本教材的基本框架还是遵循绪论之外加上语音、文字、词汇、语法、修辞五大块的体例，但是，本教材各个具体的章节，尤其是概念、内容都已有所调整，力求根据现代汉语各个分支学科的系统性特点，合理安排章节与分配知识点。在这五个部分各成体系的基础上，尽可能将整本教材作为一个互相关联的有机整体来依次编写，真正做到循序渐进、互相照应，突出重点、富有条理。当然，制定编写的原则与教材的具体编写毕竟还是存在一些差距。尤其是本教材出于多位编者之手，而各位编者各自的理论基础、研究方向乃至行文风格都会有一定的差异，最为突出的是语法部分，它是由四位教师通力合作完成的。尽管主编已经作了全面的调整与统稿，但毕竟只能随文修改、局部改动，所以，本教材各个章节之间在协调性方面，恐怕还会存在少量的缺憾之处。当然，趁这次修订再版，在保持基本格局和体系的基础上，我们又做了一系列必要的改进与调整。

最后，实用性与可教性。新编教材肯定会有所创新，但是最重要的还是要考虑教材的教学功能，要便于教学。所以，教材编写无论是章节安排还是知识传授，是具体举例还是编写思考题，都着力突出实用性和可教性。要使学生学了之后，有兴趣、有收获，在语言素养的各个方面都尽可能有所提高。而且，教材的编写不但要考虑学生的学习，还要便于教师的讲授。我们的各位编者在编写时，一方面力求将核心内容交代清楚，将基本观点阐释明白，另一方面也充分考虑到要为授课教师讲课时留出充分的发挥余地。此外，本教材的知识点安排，不但尽量做到易于学，便于教，而且也充分考虑到适合对学生进行阶段性的考查。尤其是本教材编写时，业已考虑到大学生在二、三年级还要上古代汉语和语言学概论课程，因此尽可能在理论体系方面能够与之互相衔接、融会贯通，在基础知识方面尽量有所分工、有所侧重。

需要指出的是：本教材从主编到编者，每一位都是高校教学与科研一线的在职教师。全体编者都具有语言学博士学位，拥有较长时间的教学实践。除了主编之外，各位编者都是当前活跃在汉语教学与研究领域的中青年教师。这无疑为本教材的质量提供了切实的保障。

本教材第一版出版后的这些年来，主编与各位编者一直坚持与采用本教材的各高校教师、学生以及考研的考生保持联系，收到了许多很有价值的建议。这次的修订版在仔细鉴定与斟酌的情况下，作了多方面的改进。在此，对提出宝贵意见的各位师生表示由衷的谢意。

本教材各位编者具体分工如下：

绪论（上海师范大学教授张谊生）

第一章　语音（淮阴师范学院教授皇甫素飞）

第二章　文字（上海师范大学讲师余颖）

第三章　词汇（山西大学教授白云）

第四章　语法

第一节至第三节（广西师范大学教授樊中元）

第四节至第八节（厦门大学副教授蔡淑美、北京语言大学教授施春宏）

第九节（华东师范大学副教授韩蕾）

第五章　修辞（上海师范大学教授宗守云）

张谊生

2018 年 9 月 1 日

目　　录

绪　论

第一节 语　言

语言是一种符号系统。任何一种符号都表示一种替代关系，包括能指和所指两个方面，能指是用作替代的记号，所指是被替代的内容。譬如马路上的红灯表示禁止通行，黄灯表示警示，绿灯表示允许前行，就是一种符号系统。再比如，红十字的标记表示医疗与救助，蓝红相间的圆柱形彩灯不停地旋转，表示理发店正在营业（欧洲中世纪的理发店还负责治病，当时的一种治疗方法就是放掉一点血，而这红的条纹代表动脉，蓝的条纹代表静脉）等，也都是符号系统。符号可以分为视觉符号、听觉符号与触觉符号三大类。上述举例都是视觉符号，听觉符号如古代打仗时击鼓表示前进，鸣锣表示收兵，又比如现在普遍通行的盲文，就是一种特定的触觉符号。符号的特点是能指和所指之间没有必然的联系，既不相似，也不相关。比如，人们根据画中的情景联想到现实的人和物，这是因为它们相似；人们根据天空的炊烟联想到村里有人在做饭，这是因为它们相关。所以，画面和炊烟都不是符号。

语言本来只是一种听觉符号，它是用声音来表示意义的，用什么声音表示什么意义，这是一种社会约定，比如汉语用“shuǐ”来表示无色、无味、无臭的液态氢氧化合物，而英语用“water”，都是一种社会约定。不过，一旦约定，作为该社团中的个人，就必须遵守，不能随意改变。其实，声音与意义的关系一开始也不都是随意的、毫无理据的，但随着社会的发展、时代的变迁，音义之间也就逐渐只剩下约定关系了。语言符号是一个复杂的系统，其内部的语音、词汇、语法三要素构成了三个子系统，各子系统内部又有各种大大小小的语言单位，各系统和各单位之间有着种种联系。每个语言符号的作用都是以整个语言系统作为存在的前提的；这就好像下棋，语言符号好比棋子，整个系统犹如棋盘，棋子一旦离开棋盘，也就失去了它的作用。语言符号是一种开放的系统，也就是说语言在发展过程中始终会受到外部因素的制约和内部因素的影响，必然会为了适应交际的需要而不断地进行调整。

语言是凭借声音表达意义的，但声音的特点是一发即逝，而且难以传播到远方，这就使得语言的传播受到时间和空间的限制。为了弥补这一不足，人们就逐渐创造了文字。文字也是一种符号系统，它是一种书写的符号系统，从接受者的角度看，它是一种视觉符号。文字以各种形体来代表语言中的语音及意义，所以，文字是符号的符号。随着文字的出现，书面语也慢慢形成了，书面语的传播可以突破时间与空间的限制。所以通常所说的语言，包括口语和书面语两个方面，尽管现在世界上的语言，并不是每一种都具有书面符号系统的。

语言是人类最重要的交际工具。人们利用语言传递信息，交流思想感情，达到互相了解的目的。当然，现代社会除了语言之外，体态语（打手势、点头或摇头等）、旗语和代码、图像传真以及各种特定的标记等，也都可以用来传递信息。但比起语言来，它们的使用范围要小得多，而且还要受到很大的限制。语言同人类的思维直接联系，它是人类必不可少的思维工具。人类要进行思维，就必须借助于某一种语言，一般情况下，当然就是用自己的母语，但如果真正掌握了一门外语，也可以用外语思维。

语言是一种特殊的社会现象。语言中的声音虽然也是一种具有某种物理属性的自然现象，但这种声音一旦作为语音材料，便具有了社会属性，受整个社会制约。语言随社会的产生而产生、消亡而消亡。社会的发展与进化，社会成员之间的相互接触，也会促进语言的发展与分化。语言的发展与消融与社会发展密切相关，语言必然会随着社会的统一而统一、分化而分化。譬如，随着古罗马帝国的解体，拉丁语就分化为意大利语、罗马尼亚语、法语、西班牙语、葡萄牙语、列托-罗曼斯语、普罗旺斯语等。语言也随着社会的发展而发展、变化而变化，譬如改革开放以来出现的大量新词语，随着电脑网络的发展和普及出现的各种新词新语、新用法，都表现出语言同社会的息息相关。语言虽然是一种社会现象，但是作为一种交际工具，语言具有全民性，而没有阶级性，它一视同仁地为社会各阶层服务。

据此，可以将语言三个方面的特征归纳如下：

语言
- 结构特征——音义结合的符号系统
- 功能特征——交际工具和思维工具
- 本质特征——一种特殊的社会现象

第二节 现代汉语

一、狭义和广义的现代汉语

汉语是汉民族的共同语，现代汉语是现代汉民族的共同语，现在还是中国的工作语言，这是没有任何问题的。但细分起来，“现代汉语”这一术语实际上包含两层意思：狭义的现代汉语就是严格意义上的现代汉语，它有明确的定义：以北京语音为标准音，以北方话为基础方言，以典范的现代白话文著作为语法规范的普通话。毫无疑问，达到了上述要求的现代汉语，是一种高标准和高品位的现代汉语，对于大多数现代汉民族的人来讲，这应该是一种学习的规范、努力的方向、自觉的要求。

广义的现代汉语范围很广，只要是现代汉民族的交际语言，都是现代汉语。它实际上包括三个层面：（1）严格意义上的普通话；（2）不太标准和纯粹的准普通话；（3）全国各地的各种方言。从使用的角度讲，真正能非常流利地说第一层次现代汉语的人其实并不多，只有那些播音员、配音演员、优秀的教师等才行，连地道的北京人往往也达不到这一步。完全不懂普通话，只会讲方言的人，现在也极少。所以，现在实际上说准普通话的人最多，遍布全国各地。在一些城市里，比如深圳这样的新兴城市，由于绝大多数人员都是外来的，通行的就是这种准普通话。此外，在全国的各个公共场所，在国内的各种会议上，大家讲的其实也都是准普通话。当然，准普通话内部也很不一致。从纯度标准看，有的比较接近于标准语，有的还带有特定的方音特征。从所带方音看，有东北普通话、四川普通话、广东普通话、江南普通话等；此外，还有带有一定少数民族口音的普通话。总的说来，随着全民族文化水平的提高，随着普通话的进一步普及，只会讲方言的人将越来越少，而会讲一口标准普通话的人将越来越多。上面的分歧是就现代汉语口语说的，至于现代汉语的书面语，目前全国各地的分歧并不大，因为除了粤语以外，一般汉语方言并没有一套相应的书面语，有的只是一些方言词的书写形式而已。

二、现代汉语的形成

现代汉语是汉民族的共同语，民族共同语总是在一种方言的基础上形成的。作为民族共同语的基础的方言，就是基础方言。哪一种方言能成为基础方言，主要取决于该方言在整个社会中所处的地位，取决于该方言地区的政治、经济、文化等条件。当某个地区成为整个社会的政治、经济、文化中心时，该地区的方言自然就会成为全民族的共同语。当然，这三个条件并非一定要同时都具备，有时具备两项，甚至一项也行。譬如，伦敦方言之所以成为英国共同语的基础方言，主要是由于经济上的原因，当然也有政治上的原因。英国工业革命之后，伦敦是工业中心，同时又是全国的首都，这样，伦敦话很快就在全国普及开来，并为英国大多数人所接受。而多斯岗方言之所以成为意大利共同语的基础方言，主要是文化上的原因。意大利统一之前，但丁、彼特拉克、薄伽丘等人用这种方言创作了许多脍炙人口的文学作品，如《神曲》《十日谈》等，它们广为流传，从而为共同语的形成奠定了基础。

汉民族共同语的形成，主要是政治和文化这两方面的原因。

一个原因是政治。现代汉语的基础方言是北方方言，北方方言的代表点是北京。从春秋战国到秦汉，一直到隋唐，汉族的政治文化中心都在西部，尤其是陕西一带。但是，在这之后，中心开始东移。金、元、明、清的首都都是在北京，近一千年来，北京一直是中国的政治中心。作为首都，北京的政治地位日益重要，影响日渐显著。北京话作为官方通用的语言，随着官员的交往、人员的流动，逐渐扩散到全国各地，形成了一种共同语——官话，当时叫蓝青官话。时间一长，官话就自动取得了正统的地位，成了全国包括各个方言区人们共同使用的交际工具。

另一个原因就是文化。汉族人早在汉代以前就使用了一种统一的书面语——文言。这种书面语最初也是建立在当时的口语——雅言的基础上的，后来由于政府的提倡和规范，尤其是学习古籍的需要和崇古的心理，历代的文人始终坚持模仿并使用这种文言文。然而，从魏晋到隋唐，随着佛经的翻译和传播，以及后来通俗文学的兴起，又产生了一种以北方方言为基础的接近口语的书面语——白话。这一千多年来，随着口语的发展，文言同口语越来越脱节了。宋元以后，用白话写成的各种文学作品，比如话本、剧本、小说等日益增多。有的还具有很大的影响，譬如《水浒传》《西游记》《儒林外史》《红楼梦》以及"三言""二拍"等，几乎家喻户晓。这些文学作品的流传，从另一个方面加速了北方方言的推广。

到了 20 世纪初，特别是五四运动之后，随着我国资本主义的发展和民族民主运动的高涨，一方面，全国掀起了"白话文运动"，从根本上动摇了文言文的统治地位，为白话文最终在书面上取代文言文创造了条件；另一方面，国家和民众开展了"国语运动"，在口语方面进一步增强了北京话的代表性和规范性，促使北京语音成为民族共同语的标准音。这两个运动互相推动、互相影响，就使书面语和口语逐渐接近起来，终于形成了现代汉语意义上的普通话，当时叫"国语"。不过，当时的书面语同口语还有一定的距离，它以北方官话做底子，既继承了明清白话小说成分，又吸收了一部分欧化的表达方式与句法格式，还夹杂着少量的方言成分。鲁迅、茅盾、巴金等作家的作品语言就是当时书面语的典型代表。

中华人民共和国成立以后，政治的空前统一，经济的迅速发展，情势的客观需要，再加上中央人民政府的提倡，尤其是 1955 年国家正式确定了现代汉语的标准，这些使普通话得到了前所未有的推广和普及。现在，普通话不但是报纸杂志、电视广播、电影话剧的标准用语，而且还是各方言区人民之间，甚至国内各民族之间在公共场合的主要交际工具。不过，我们也应该看到，标准的普通话在我国还未完全普及，尤其是大多数农村地区尚未完全普及。所以，从 1998 年起，国家规定，每年 9 月的第三周为推普周，以进一步加强推普。从更深度层次来看，普通话的普及与否同全民族的文化素质、文明程度的提高密切相关。

三、现代汉语的整体性

语言是一个整体，其内部各种成分虽然性质很不相同，发展很不平衡，但是它们之间始终是互相联系、互相依存、互相牵制、互相作用的。

首先，语言是一个以语音为物质外壳、词汇为建筑材料、语法为结构规律的系统。尽管语言这三要素之间的发展状况并不一致，但它们还是非常协调、很有规律地处在一个系统之中，互相协调、互相制约。比如现代汉语中的轻声、儿化是语音现象，但是它们对词汇和语法都起到了积极的作用。如"地道""大意""利害""冷战"的轻声和非轻声，"盖""头""白面""破烂"的儿化和非儿化，有的意义不同且词性也不同，有的意义相近语体色彩不同。再比如，从先秦到隋唐，从宋、元、明、清到现代，汉语的语音一直处在一个不断简化的过程中，简化的结果是同音词大量增加，于是语言系统内部自动进行了调整：许多单音词都转化为双音词了。比如，虽然同样都是读 bàn，一旦构词就有区分了：扮—打扮、办—操办、拌—搅拌、伴—陪伴、绊—羁绊。

再比如，原来数词都是直接修饰名词的，后来随着同音词越来越多，量词就越来越发达了。比如“一剑”［kiwam[51]］和“一箭”［tsian[51]］本来不同音，语音简化成为同音词之后，在中间插入不同的量词“把”和“支”，就不会混淆了。又比如，词语的搭配关系虽然属于语法范畴，但可以分化同形词、同音词、多音词和兼类词。例如：

和稀泥—三和药　不要生气—很有生气　有伤风化—早已风化　一份报告—立刻报告

请把碑刻拓下来—请把马路拓宽点　你出门时别忘了锁门—你回来时帮我买把锁

其次，就书面语和口语的关系来看，它们也是相辅相成的。一方面，书面语是在口语的基础上产生发展起来的，口语是书面语的源泉和基础，对书面语起着决定作用。而另一方面，书面语一旦形成，就会具有一定的独立性。由于书面语的使用情况与口语不同，它没有口语那种语言环境、辅助手段以及体态语的帮助，但是书面语却有着口语所没有的从容推敲和修改的机会，所以，书面语通常比口语更加清楚规范、精确严整、富有条理。这样一来，书面语又能反过来推动口语的发展，促使口语更加丰富纯洁，更为严密规范。

四、现代汉语的方言

现代汉语内部存在着许多不同的方言，这些方言是从属于民族共同语的。它们之间虽然有着明显的差异，但是在语音上大都有比较整齐的对应规律，所用的基本词汇大同小异，语法规则也很接近。需要指出的是，确定某种用语究竟是方言还是语言，不能单凭它与其他用语相互之间是否能听懂，而要根据多项条件。比如，我国南方各地方话大多是互相听不懂的，但它们算不同的方言；而讲俄语、乌克兰语、白俄罗斯语、波兰语的人之间大体都能听懂，它们却要算不同的语言。这涉及民族、历史、地理、现状、发展趋势等多方面因素。

近几十年来，语言学家对现代汉语的方言进行了大规模的调查，并根据其他相关资料对现代汉语的方言进行了分类。目前比较通行的一种分类就是七大方言：北方方言、吴方言、湘方言、赣方言、闽方言、粤方言和客家方言。有关这些方言的分布范围、使用人口、主要特点，前人已有详细的介绍。这里要介绍的是由中国社科院语言所和澳大利亚人文科学院联合编制，李荣先生等主编的《中国语言地图集》（香港朗文公司出版）。一般认为，该地图集反映了当时国内外对我国方言分区研究的新成果，它是以我国第三次人口普查为依据编制的，其方言分类系统，相对而言更加切合汉语的实际情况。该地图集把全国分为十大方言区：官话大区、晋语区、吴语区、徽语区、赣语区、湘语区、闽语区、粤语区、平话区和客家话区。同七大方言相比，把山西一带的晋语、皖南沿江的徽语、广西内部的平话从北方方言中划分了出来，因为这三种方言都具有自己独特的语音特征，譬如都有入声等。由于不止北方说北方方言，南方的云贵一带也说这一类方言，所以将北方方言区改称为“官话大区”。之所以叫大区，因为这个方言区的范围、人口在整个汉语中具有举足轻重的地位。为此，官话大区下面又分出八个次方言区：东北官话区、北京官话区、冀鲁官话区、胶辽官话区、中原官话区、江淮官话区、兰银官话区、西南官话区。毫无疑问，这样的分类要比七大方言更为科学、合理一些。

总的说来，汉语各方言在语音上的差异是比较大的。以声母而论，有的成套地保留古浊音，有的没有；有的区分 zh、ch、sh 和 z、c、s，有的不分；有的区分 j、q、x 和 z、c、s，有的不分。以韵尾而论，有的只有-n、-ng，有的则有-m、-n、-ng 和-b、-d、-g。以声调而论，各区也很不相同，多到十个，少到只有三个。在词汇方面，经常出现的一种现象是同实异名，譬如玉米、棒子、苞谷、苞米、珍珠米，与山芋、红薯、白薯、甘薯、番薯、地瓜、红苕等。反过来，就是同名异实，如“汤水”在吴方言中既可以指菜肴的汁水，也可以指洗脸洗脚的热水。再比如，“蚊子”在华北的北方方言中单指蚊子，而在四川话中，既可以指蚊子，也可以指苍蝇。总体而言，汉语各方言之间，尤其是官话大区内，各次方言之间在语法方面，差异相对较小，但有些差异也不容忽视。譬如官话说“给你书”，粤语说“畀书你”；北京官话区说“你去不去?”“味道好不好?”，江淮官话区说“你可去?”“味道可好?”。比较而言，粤、闽、吴语同官话距离更远一些，湘、赣、客家语次之，晋、徽、平语则较近一些。从发展趋势看，随着社会政治、经济、文化的日益发展，人员流动日趋频繁，电视广播日渐普及，共同语的影响正在逐步扩大，各方言区之间的差异正在逐渐缩小，尤其是改革开放以来，更是如此。需要注意的是，随着网络的日益普及与智能手机使用的常态化，当代汉语逐渐形成了一种特定的语言现象——网络语言。网络用语的特点是，不但产生了一些特定的词语，还形成了一系列网络词汇与表达方式，而且发展、改变乃至消失相当迅速。对此，我们既不能不加区别地随意模仿采用，也不能不作分析一概拒绝排斥，而是应该仔细观察、认真调查、科学分析，在遵循语言规范的前提下，使用时必须适合不同的语言环境。

五、现代汉语的使用范围与国际地位

现代汉语，这里是指广义的现代汉语，首先，在境内，它是汉族人的母语。占全国人口 90%以上的汉族人民，天天要使用现代汉语，现代汉语对其而言，真可谓须臾不离。

其次，现代汉语也是我国一部分少数民族的通用语。有的少数民族，比如回族、满族、畲族等已经把汉语作为他们的主要交际工具了。现在，在很多少数民族聚居地区，广大干部、知识分子和青年学生几乎都会说汉语。某种意义上，现代汉语目前已成了少数民族地区的工作语言、第二语言。

再次，在我国台湾地区、香港和澳门特别行政区，现代汉语也正在被广泛地使用。台湾地区有 2 300 多万人口，除了少数民族之外，岛上的居民早先主要来自福建的厦门、漳州、泉州、福州以及广东的潮州、汕头等地，绝大多数说闽南话，还有一小部分来自广东的梅县、海陆丰等地，说的是客家话。1949 年后，由于历史原因，大量的官员、军人、商人前往台湾地区，又带去了一些各地的方言，尤其是江浙一带的吴方言。不过，由于台湾当局长期以来推广“国语”，现在台湾地区的中青年，都能讲带有台湾地区特色的“国语”。香港现有人口约700万。香港地区历来以粤方言为主要交际工具。我国对香港恢复行使主权以前，英语是其官方语言，上流社会、重要场合都要用英语。香港影视业发达，所制节目大都是粤语的，新闻媒体用粤语，做广告也用粤语，甚至航空公司的播音也是粤语和英语并用。改革开放以后，内地同香港的交往日益增多，其实早在《中英联合声明》发表之后，许多香港人为了学习、经商，为了适应新的环境，已经开始重视学习普通话。目前中文已经是香港特别行政区的官方语言之一，每年有大量的内地人士前往香港旅游与购物，再不学普通话就面临着被时代所淘汰的危险。所以，香港特别行政区政府对推广普通话很重视，普通民众的热情也很高。现在除了学校里学习普通话，每年暑假还有大量的香港语文教师到内地来进修普通话。澳门特别行政区的情况比较特殊。以前它是一个三语流通的社会。粤语在华人和土生的葡萄牙人中通行，葡萄牙语是官方用语，正式的场合都说葡萄牙语，而英语则用于金融、科技、商业和大学教育等。随着我国对澳门特别行政区恢复行使主权，中文逐步取代葡萄牙语，现在澳门学习普通话的人也开始多了起来。

最后，近代以来，中国人特别是南部沿海地区的人们，大量出国谋生。他们大都已在所在地永久定居，有相当一部分人还加入了该国的国籍。但华人的内聚力很强，总是喜欢住在一起，形成很多讲汉语的社团。在这些社团中的华人，多会讲所在国的语言，但他们在家里仍然坚持说汉语，主要是粤语、闽南语，从而形成了双语现象。据不完全统计，21世纪初，在海外有两千多万华裔或华侨。海外讲汉语的社团，大致分为粤语社团、闽南语社团、客家话社团和官话社团。粤语社团分布最广，他们的先人有的是随着英国殖民者的拓展，前往英国的海外领地，比如澳大利亚、新西兰、新加坡、马来西亚及加勒比海岛国；有的是为了淘金谋生，到了美国的旧金山、澳大利亚的墨尔本、南非的约翰内斯堡；有的是前往北美修建铁路或到加勒比海岛国庄园做苦工的。闽南语社团除南非外，大都在南洋各国，比如新加坡、马来西亚、印度尼西亚等地。客家话社团人数不多，分布地域却很广，甚至连相距很远的牙买加、毛里求斯、美国夏威夷都有。官话社团主要在缅甸、“金三角”一带，俄罗斯的远东地区和日本也有一些。40年来，随着改革开放之后的新一代华人大量涌出国门，以及近年来一批先富起来的国民纷纷移民，在北美、东京、悉尼等地又形成了一些新的汉语社区，这些新的汉语社区中，知识分子占有相当大的比例，说的不是方言，而是普通话。

从整个世界范围看，以汉语为母语的人多达十多亿，位居第一。历史上，汉语对日本、朝鲜、越南的影响很大，它们的语言从汉语吸收了大量的词汇。现在日本、韩国还在使用汉字，日本有当用汉字两千多个。在新加坡，华人占大多数，虽然最通行的是英语，但汉语近年越来越受重视。汉语现在还是联合国六种工作语言之一，其他还有英、法、俄、西、阿拉伯语。20世纪80年代以来，到中国来学习汉语的人越来越多，大多有条件的学校都招收了外国留学生，本科生、硕士生、博士生都有。在世界各地，各国纷纷开设汉语课程。譬如在美国，许多学校高中阶段就开设了汉语课；在澳大利亚，政府规定汉语可以作为第二外语；在法国，巴黎一所大学的中文系里就有1 800多人在学汉语；在韩国，到2017年底，仅首尔市就有36所高校设立了与中文学习相关的系科。在我国教育部和国家汉办的大力倡导和资助下，现在全世界各主要国家的很多大学设立了孔子学院，对外汉语的教学事业已经走出国门，迅速发展、越办越好。

总之，中国是联合国的常任理事国，而且人口众多，市场广阔，资源丰富，劳动力丰富，再加上中国文化悠久、风景优美，因此世界各国有着外交、经济、贸易、学术、旅游等各种目的的人，都在学习汉语，从而掀起了汉语热。当然，我们也应当清醒地看到，这种“热”是相对于我们自己过去而言的；如果横向比较，以英语为母语的人，加起来可能也只有 4 亿多，然而，从使用的角度看，会说英语的人数要大大超过会说汉语的人数。据美国《时代》杂志统计，仅仅把英语作为第二语言（second language）的人就有 7 亿多，在英联邦各成员国中，有文化的人几乎都会说双语。至于把英语作为外语（foreign language）使用的人更是遍及全世界，光我们中国目前就有 3 亿多。现在世界上的科技文献，90%以上是用英语出版的，联合国的文件，近 80%是用英语发表的。

第三节 现代汉语的特点

所谓特点，都是在和其他相关的事物和现象比较之后才显现出来，才被认识到的。我们这里讲现代汉语的特点，主要是同印欧语系诸语言相比较，有时也是同古代汉语相比较之后总结出来的。现代汉语的特点大致可以分为语音、词汇、语法三个方面。

一、语音

语音是指北京语音，主要有四个特点。

（一）没有复辅音

汉语无论是在音节的开头还是结尾，都没有两个或两个以上辅音连在一起的现象，譬如英语的“star”“strange”的“st”，所以汉语的音节结构形式整齐、界限分明。注意：汉语拼音的 ng、zh、ch、sh 都是两个字母表示一个辅音，不是复辅音。

（二）元音占优势

现代汉语的一个元音就可以构成一个音节，而且，由复元音构成的音节比较多，有前响、中响、后响三种。所以，汉语音节中的乐音成分较多，汉语的语音听起来悦耳柔和，韵律相对协调。

（三）音节有声调

现代汉语的每一个音节都有自己的声调，分为阴平、阳平、上声、去声。不同的声调具有区别意义的作用。比如“妈”“麻”“马”“骂”，“乌”“吴”“武”“务”。所以汉语的音节具有平仄起伏的变化，显得抑扬顿挫，错落有致。值得注意的是，轻声是一种变调，变调是一种特殊的声调。

（四）开音节较多

开音节就是以元音收尾的音节。现代汉语音节中，只有-n、-ng 两个辅音可以位于音节末尾。其他 20 个辅音都只能出现于音节的开头，充当声母。所以汉语的音节念起来响亮清晰，听起来节奏明朗。

上述四点使汉语的语音具有很强的悦耳性和显著的音乐性。

二、词汇

词汇是指北方话词汇，主要也有四个特点。

（一）构词成分中单音节语素占绝对优势

除了旧时使用的特例，譬如“吋（英寸）”“浬（海里）”“瓩（千瓦）”等少数特殊的外来双音节合音词之外，汉语中的每一个字，几乎都是单音节的，而且绝大多数一个汉字就是一个语素，语素一头连着汉字，一头连着音节，有的本身就是一个词，像“山”“走”“好”。至于双音节语素，如“葡萄”“氆氇”“坦克”“沙龙”之类，多音节语素“马拉松”“歇斯底里”“罗曼蒂克”之类，在现代汉语中所占比率相对很小，而且，大多是古代联绵词的延用与近、现代从外语中借入的。

（二）单词以双音节为主，单双音节并重

古代汉语中单音节的名词，发展到现代，基本上都变成了双音节词，比如：“目—眼睛”“齿—牙齿”“口—嘴巴”“耳—耳朵”。而且，一些本来应该是三音节、四音节的词语，也被压缩成双音节词，如：“泰山北斗—泰斗”“化学肥料—化肥”。这样一来，双音节词在汉语中日益增多。然而，现代汉语中的常用动词（看、说、拿、走、买）、副词（也、又、还、就、很）、代词（我、你、他）、量词（块、根、把）等，却还是以单音节为主的。近年来专家用电脑统计，在当前日常对话和文艺作品等语料中，

单音节词出现率占61%，双音节词占37%，多音节词占2%；在有关科学技术资料文献和公文、论文等语料中，单音节词出现率占49%，双音节词占47%，多音节词占4%。由此可见，从绝对数量看，现代汉语是以双音节为主的；从使用频率看，实则是单双音节并重的。

（三）构词方式广泛运用词根复合法

词根复合法主要有五种：联合、偏正、支配、补充、陈述。如“国家”“平民”“司令”“改善”“心软”。其他还有连动、兼语、后偏等形式，比如“退休”“召见”“花朵”。虽然汉语中也有不少如“老虎”“老鼠”“桌子”“椅子”等用附加方式构成的词，但比起印欧语，就实在太少了。譬如英语的一个“act”，就可以派生出“actor”“actress”“acting”“active”“action”“inaction”“react”“reaction”“reactionary”等一系列词，汉语的词没有这样的功能。当然汉语也可以用重叠、轻声、儿化等方式构词，但这些方法使用并不广泛。譬如引进新概念构词，基本上还是采用复合法，如“热狗”“代沟”“软件”等。

（四）词同语素和词组的界限相对模糊

由于汉字实行连写，“词”这级单位在结构上，下与语素、上与词组有时清楚，有时模糊。比如“中国日报”和“农机修配厂”可以认为是两个专有名词，也可以认为是分别包含了两个和三个词的专用词组。又比如同样是“者”，在“长者”“来者”中已经是构词语素了，在“老者”“去者”中却还是一个独立的单音节词。而且，汉语的一些词组可以紧缩，而有些单音节词却可以分离。譬如“人工流产—人流”“高级中学—高中”“鞠躬—鞠了一个180°的躬”“帮忙—我的忙，你一定要帮啊”。当然，这里说的是相对模糊，是同其他语言相比较而言的。一般情况下，汉语的这三级单位之间的界限还是清楚的，也还是可以划分开来的。

三、语法

汉语语法的基本特点是缺乏严格意义上的形态变化，因此就形成了一系列由此派生的语法特点。所谓形态变化，就是同一个词的词性不同，其构词形式也就不同。比如英语的“care”“careful”“carefully”“carefulness”由于构词形态不同分别是动词、形容词、副词、名词，而汉语的“仔细”不管在什么句法位置上，构词形态都无须变化。如“他可是个仔细人儿”“仔细看了半天”“为人极仔细”“讲得非常仔细”“仔细总比马虎好”。

细分起来，汉语语法方面的特点，总共有五个方面。

（一）词类和句法成分没有对应关系

譬如名词可以直接修饰谓词，主要有两种情况：一种是状中式，可以表方式，如："小车接送""广播找人""电话联系""掌声欢迎"；也可以表比况，如："产量直线上升""说完一溜烟走了"。一种是定中式，主要是受事名词修饰动词，如："废品回收""电影摄制""工作安排""技术改造""汽车修理""食品储藏"；再比如："孔雀蓝""玫瑰红""橄榄绿""鱼肚白"。谓词可以直接充当主语、宾语，也就是说，现代汉语的谓词充当主语、宾语时，既不需要转成不定式，也不需要变成动名词，比如："游泳是我喜爱的运动，我喜欢游泳。"英语说成："Swimming is my favorite sport. I like swimming."再比如："谦虚使人进步，骄傲使人落后""去不行，不去也不行""坚持到底就是胜利"，主语是谓词或谓词性短语，都无须改变形式。

（二）定语只能位于中心语之前

现代汉语的定语，不管长短，一律要放在中心语的前面，实在太长的话，就分成两句。比如英语说："The book which I bought yesterday has been lost.""A man who doesn't try to learn from others can't hope to achieve much."翻成汉语是："我昨天买的那本书丢了""不愿向别人学习，就别指望取得成功"。关于状语的位序，情况相对复杂，部分可以位于句首，一部分可以位于中心语之后，比如："在大家的帮助下，我终于按时完成了任务。""他一把握住了我的右手，紧紧地。"至于"非常疼爱—疼爱非常""万分感慨—感慨万分""绝顶聪明—聪明绝顶"一类结构形式，本教材认为，前置的是状语，后置的是补语，程度状语一般不能后置。

（三）具有丰富的量词和语气词

现代汉语中，数词和名词之间一般都要加上量词。比如英语说"a book" "a desk"，现代汉语要说"一本书""一张书桌"。表示各种语气，常常要用语气词。比如英语说："He will come.""He has come.""Is he going to come?""What about his coming?"汉语只须分别使用语气词："他来了。""他来吗?""（要是）他来呢?"

（四）语序和虚词是基本的语法手段

在一些形态丰富的印欧语言中，句内各词的语序比较灵活，又由于具有形态变化，许多语法关系可以通过实词（主要是动词）的形态变化来完成。而汉语的语序和虚词是最重要的两种语法手段。比如："空气新鲜—新鲜空气""市场繁荣—繁荣市场"；"完成了任务—任务完成了"；"父亲和母亲—父亲的母亲""木匠师傅—木匠的师傅"；"屡战屡败—屡败屡战"；"要什么，有什么—有什么，要什么"。其语义和结构完全不同。由此可见，对语序的选择和虚词的使用，可以表示各种语法关系和表达不同的语用效果。

（五）词语的搭配受到单双音节的制约

汉语在搭配时要受音节的限制，比如定中短语、述宾短语和主谓短语的构成与前后词语的音节密切相关。比如："单＋双"的定中结构，一般不能接受：√储藏方式—×藏方式、√居住条件—×住条件、√覆盖面积—×盖面积、√欺骗行为—×骗行为；"单＋双"的主谓结构，脱离了特定语境接受度也不高：√晨雾浓密—？雾浓密、√树木繁茂—？树繁茂、√账目清楚—？账清楚、√地板潮湿—？地潮湿；而"单＋双"的述宾结构在口语中还可以说，书面语中就不太协调了：√维修车辆—？修车辆、√修剪树木—？剪树木、√打扫街道—？扫街道、√清查账目—？查账目。而且，"单＋双"与"双＋单"在功能上往往形成对立，比如，同样是"动＋名"，前者往往是动宾式，后者往往是偏正式，比如：贴墙纸—粘贴纸、投标枪—投掷枪、拉闸刀—掣动闸、捞沉船—打捞船。而在印欧语中，词语的搭配同音节的长度并无密切的关系，譬如"through train for goods not passengers""send this parcel by express"。

第四节 现代汉语的规范和学习

现代汉语虽然已经发展到相当成熟、相当完善的阶段了，但还是存在着分歧和问题，还没有达到完全规范的程度，也还没有完全一致的严格的标准。而且，现在已经进入一个信息和电脑时代，社会生活瞬息万变，时代对我们的语言提出了更高的要求，所以，我们必须对现代汉语在一定的程度上加以规范。所谓规范，就是根据汉语的发展规律来确定和推广语音、词汇、语法的标准，以便进一步促进汉语的社会交际功能，促使语言朝着健康的方向发展。

现代汉语规范化的基本标准应严格按照现代汉语定义中的语音、词汇、语法三个方面来实行：语音以北京语音为标准；词汇以北方方言为基础；语法以典范的现代白话文著作为规范。现代汉语规范化的具体做法就是：根据汉语的历史发展规律，结合汉语的习惯用法，对普通话内部存在的分歧现象进行研究，选择其中的一些读法和用法作为规范，并加以推广。比如读"流血（xiě）"，一般在口语中不能读成"流血（xuè）"；再比如"赢余—盈余""耿直—梗直—鲠直"，要选择一种写法；"除非你去请，他才会来—除非你去请，他不会来""双方都从各自的立场出发，难免会有不同的看法—双方都从各自的立场出发，难免没有相同的看法"，则须选择其中的一种表达方式加以规范。

现代汉语这门课是高等院校汉语言文学专业的一门基础课。除绪论之外，包括语音、文字、词汇、语法、修辞五个部分，这五个部分之间是密切相关的，我们在学习时绝对不能有所偏废。这门课程的目的就在于：培养同学们观察和分析各种语言现象的能力，促进同学们对现代汉语各种内在规律的认识，提高同学们对自己母语的理解、辨析、驾驭、研究的能力。可能有人会认为，学了现代汉语就可以大幅度提高写作水平。其实这也是一种误解，写作要靠生活积累、靠悟性、靠灵感，单靠学习现代汉语自然是不能解决什么问题的。同一般的知识性的课完全不同，现代汉语是一门实践性很强的课，除了掌握相关的知识以外，还要将学到的知识转化为技能，所以，必须多做练习。

此外，希望同学们在听课前一定要预习，课后要对照笔记进行复习。最好在课前和课后再看一些参考书，这里推荐高校通用的两种《现代汉语》：张斌主编的《新编现代汉语》第二版（复旦出版社，2012）和黄伯荣、廖序东主编的《现代汉语》增订第五版（高等教育出版社，2012）。大家可以根据本教材的章节以及具体的教学进度，一章一章地对照、参考、预习。

第一章

语 音

第一节 语音概说

一、语音的性质

语音是人类的发音器官发出的具有一定意义的声音。语音是语言的物质外壳，是语义的表达形式，任何语言都是靠语音才成其为一种语言。

语音与自然界其他声音一样，产生于物体的振动，具有物理属性，但两者有着根本的区别：

第一，语音是人类特有的，与自然界其他声音（包括动物的叫声）不同，它具有生理、心理属性。

第二，语音代表一定的意义，语音的作用在于社会交际，语音具有社会属性。

自然界发出各种各样的声音：风声、雨声、鸟声、钟声，但是这些都不是语音，因为它们不表示意义。这是语言的声音同自然界其他一切声音的本质区别。

人类发音器官发出的声音并非都是语音。如喷嚏声、哈欠声、咳嗽声、哭笑声、呻吟声、呼噜声，是人体本能的生理活动和反应，不能称之为语音，只有有词句意义的声音才是语音。

语音具有物理、生理、心理和社会四种基本属性，其中，社会属性是语音的本质属性。

（一）语音的物理属性

语音由发音体振动产生，是音波刺激听觉神经而产生的物质。声音有乐音和噪音之分：周期性出现重复波形的音波叫乐音，不是周期性出现重复波形的音波叫噪音（见图 1－1）。

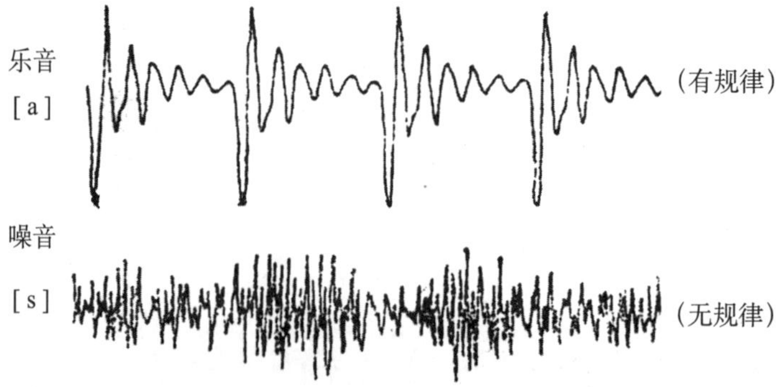

图 1－1 音波波形示意图

语音不是虚无缥缈的东西，是可用仪器测出来的物理的东西，所以也和其他声音一样具有四种声学特征——音高、音强、音长、音色，简称“语音四要素”。

1. 音高

音高是声音的高低，它决定于发音体振动的快慢。单位时间里发音体振动次数的多少叫“频率”。在一定时间内振动快，次数多，频率高，声音就高；反之则低（见图 1－2）。

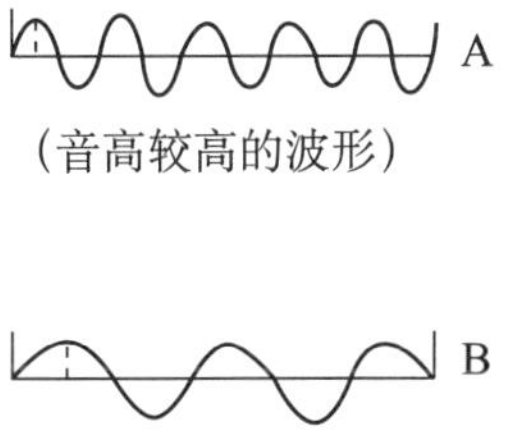

（横线表示相同的单位时间，曲线表示振动次数）

图 1－2 音高波形示意图

音高分为“绝对音高”和“相对音高”。“绝对音高”是由发音体的性质决定的。物体发音的高低和发音体的大小、粗细、长短、厚薄、松紧等密切相关。大的、粗的、长的、厚的、松的物体振动慢，频率低，声音低；反之则高。例如，小提琴的高音弦细，低音弦粗。语音的高低，同人的声带的长短、厚薄、松紧有关。一般来说，成年男子的声带长而厚，声音就低；成年女子和小孩的声带短而薄，声音就高；老人的声带松弛，声音就低沉、粗哑。

“相对音高”由同一发音体本身的松紧程度来控制。同一个人的发音可以通过控制声带的松紧而有高有低。汉语有声调、语调的不同，主要是由音高的相对变化决定的。

2. 音强

音强就是声音的强弱，它决定于发音体振动幅度的大小，即振幅。振幅大，声音就强；反之则弱（见图 1－3）。发音体振幅大小又取决于发音时用力的大小。例如，同一根胡琴的弦，用力拉，声音就强，轻拉声音就弱。语音的强弱同发音时气流冲击声带力量的强弱有关。语言中的轻音、重音由音强不同所致。在英语中单词重音不同，意义就可能不同。

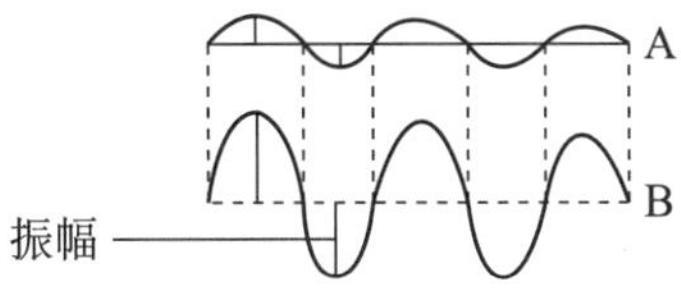

（A音较弱，B音较强）

图 1－3 音强波形示意图

3. 音长

音长就是声音的长短，它决定于发音体振动持续时间的长短。发音体持续振动的时间长，声音就长，反之则短。吴方言及江淮方言中的入声字如“白”“雪”，带有喉塞音韵尾［ʔ］，发音短促不能延长。有的语言或方言用音的长短来区别意义。音长在英语中就十分重要，如：ship［ʃip］—sheep［ʃiːp］不一样。在汉语广东话里，鸡［kɑi⁵⁵］—街［kɑːi⁵⁵］也不同。普通话中音长在重音、轻声和语气语调中起一定作用。如“园子”和“原子”轻读重读意义不同。

4. 音色

音色又叫“音质”，是声音的特色，决定于物体振动所形成的音波的曲折形式。不同音色表现出不同波形，如八个标准元音［i］、［e］、［ɛ］、［a］、［ɑ］、［ɔ］、［o］、［u］的波形不同（见图1－4）。

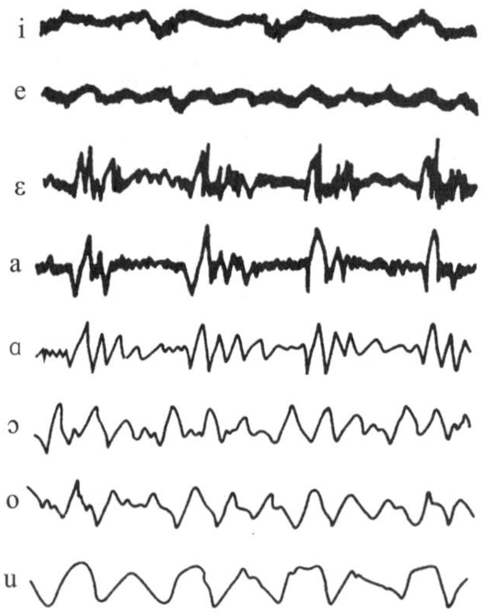

图 1－4　8 个标准元音波形图

造成不同音色的条件主要有以下三个方面：

（1）发音体不同。这决定了绝对音色的区别。例如，钢琴和小提琴发音体不同，音色也不同：一个是键盘，一个是琴弦。我们能够清楚地辨别出不同人的声音，这也是由于每个人的声带等发音体不同。但这种绝对音色并不能区别意义。

（2）发音方法不同。例如，二胡和琵琶同是弦乐器，但前者用弓拉，后者用指弹，它们发出的声音是不同的。塞音 d 和擦音 x 的音色不同是由于前者爆破成音，后者摩擦气流成音。

（3）共鸣器形状不同。把同一把正在振动的音叉插到不同形状的共鸣匣上，就形成不同音色的音。当发 i 和 u 时，发音器官的活动改变了共鸣器的形状，这就造成了音色的不同。

由（2）（3）两种条件形成的不同音色是相对音色。语音中各音素的不同，就是由于发音方法和共鸣器形状的不同造成了相对不同的音色，这才是语言中起区别意义作用的要素。

任何声音都是音高、音强、音长、音色的统一体，音高、音强和音长属于语音的韵律特征，依附于音色。在任何语言中，音色都是用来区别意义的最重要的因素，其他要素在不同语言中被利用的程度并不完全相同。在汉语中，除音色外，音高特别重要，由音高构成的声调能区别意义；音强和音长在语调和轻声里也起重要的作用。

（二）语音的生理属性

人的发音器官可分为三个部分：呼吸器官、发音体、共鸣器官。

1. 呼吸器官

呼吸器官主要由肺、气管、胸腔、横膈膜构成。肺是呼吸气流的活动风箱，肺部呼出的气流是发音的原动力。气流通过支气管、气管到达喉头，使声带发生振动，发出微弱的声音，经过咽腔、口腔、鼻腔、喉腔等共鸣器的扩大和其他发音器官的调节，发出各种不同的语音。

人类语言大都利用呼气发音，也有少数语言利用吸气发音，像非洲语言里有不少吸气音。

2. 发音体

发音体主要由喉头和声带（嗓子）组成。喉头由甲状软骨、环状软骨和两块杓状软骨组成。声带位于喉头中间，是两片富有弹性的带状薄膜。声带前端附着在甲状软骨上，后端分别跟左右两块杓状软骨连接，声带中间的空隙是声门。肌肉收缩，杓状软骨活动起来，可使声带或紧（变薄）或松（变厚），声门或开或闭。呼出的气流从声门的窄缝里挤出，使声带振动发出声音，控制声带松紧的变化就可以发出高低不同的声音来（见图 1-5）。

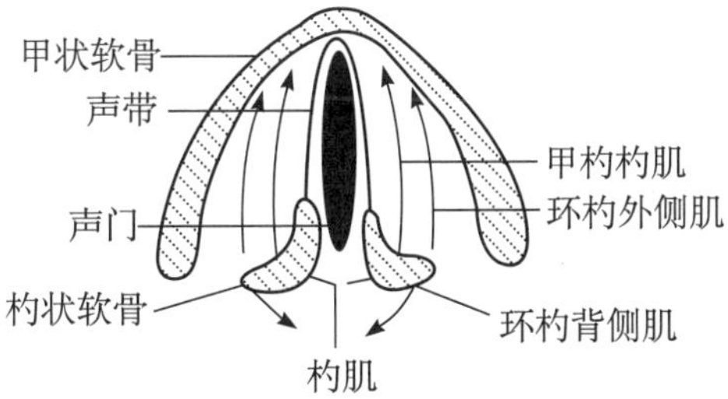

喉头声带声门及喉肌横切面图

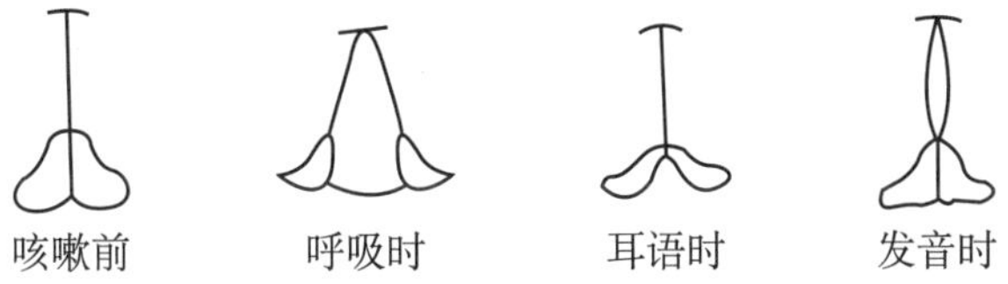

声带活动的情况

图 1-5 喉头和声带示意图

3. 共鸣器官

共鸣器官包括口腔、咽腔、鼻腔和喉腔四部分，能起扩大声音的作用。气流振动声带发出的多种多样的声音主要靠口腔内各器官活动的调节作用获得。

口腔是发音的最主要共鸣器，变化腔形的主要机制是舌、唇、下颌和软腭的动作。口腔由上下两部分组成。上部包括上唇、上齿、齿龈、硬腭、软腭和小舌六个部分，下部包括下唇、下齿和舌头三个部分。舌头又可分舌尖、舌叶、舌面三部分，舌面又可分为前、中、后三部分，舌面后习惯称舌根。

咽腔前通口腔，上通鼻腔，下接喉头，是个“三岔口”。

鼻腔主要用于发鼻音和鼻化音。它同口腔之间靠软腭、小舌隔开，通过软腭连同小舌起调节作用，在发音时也能起共鸣作用。说话时，软腭、小舌上升，鼻腔通道关闭，口腔畅通，气流在口腔中共鸣而发出“口音”。软腭和小舌下垂，口腔通道关闭，气流从鼻腔呼出，并主要在鼻腔共鸣而发出“鼻音”。此外，还有一种半鼻音或口鼻音，即软腭和小舌垂在中间，气流同时从口腔和鼻腔呼出，并在其中共鸣，成为“鼻化音”。

喉腔是声门音经过的第一个共鸣腔，喉腔状况对整个声音质量都有影响（见图1－6）。

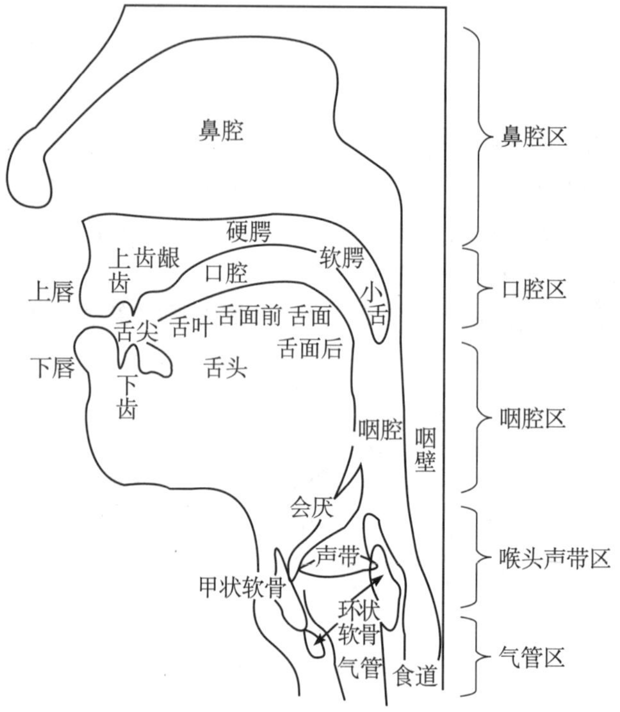

图1－6　发音器官纵切面示意图

（三）语音的心理属性

语音是有目的的，是一定的心理活动的表现，不是单纯的生理现象。现代实验语音学认为，人的发音器官发出的声音，跟人的听觉有关，必须能够被接收和感知。语音感知阶段具有对声音的主观感受、心理感知的各种心理特征。

人耳和大脑是语音的接收和感知器官。人类的听觉能够分别感知、处理声音四要素，并将检测结果、语音信息传送至大脑。最后，大脑按照不同的语音编码系统分析理解语音。

语音处于听觉区域中的最佳位置。人耳有较强的语音分辨能力。人们能区分普通话不同的元音、辅音及声调。通过训练，这种分辨能力还可以提高。人们之所以能分辨、感知出普通话韵母 a 与 i 的不同，主要在于人耳感知到了共振峰频率的不同。人们能分辨出普通话声调 ā，á，ǎ，à 的不同，也就在于人耳感知到了这些 a 音的基频的相对变化。因此在进行语音训练时，不仅要注意发音的训练，还应注意听音辨音的训练，这样就能更有效地学好语音。

（四）语音的社会属性

语言是社会现象，作为语言的物质基础，语音也是一种社会现象。从表达意义的社会性角度看，语音的这种社会性主要表现为语音具有很强的民族特征和地域特征。

1. 音义的结合是全体社会成员约定俗成的，音义两者之间并无必然联系

（1）同一意义在不同的语言或方言中有多种不同的语音表达形式。

从音义对应关系来看，不同民族用来表达同一意义的语音形式千差万别。比如，表示“肯定”这一概念意义，汉语的语音形式是 shì［ʂʅ^{51}］，英语是 yes［jes］，法语是 oui［wi］，俄语是 да［da］，德语是 ja［ja］。这也可以表现在同一民族语言内部的不同方言之间。比如普通话中的“huāshēng”（花生），有的方言叫“chángguǒ”（长果），还有的叫“dìdòu”（地豆）。

（2）同样的语音形式可以用来表示不同的意义。

例如，“阿姐”在不同的方言中所指不同，上海话中指姐姐，漳州话中指妈妈，长沙话中指奶奶。汉语中“huā”这个音节在“花朵”“花哨”“花钱”“眼花”“姓花”中表示的意义各不相同。

2. 语音具有极强的系统性

（1）不同语言内部所包含的音位数目以及它们在各自语音系统中的作用和地位不同。

在一种语言里从物理和生理性质分析得出的两种不同的音，在另一种语言中可能被认为是相同的音。例如：汉语塞音、塞擦音分送气和不送气两类，有区别意义的作用，“dùzi”（肚子）和“tùzi”（兔子）的语音有别，意义不同。在英语中，送气和不送气音的差别却不构成音位对立，是同一语音单位，如：“sport”中的 p 念不送气音［p］，“pen”里的 p 念送气音［p^{h}］，可用一个音标［p］表示，如果互换不会引起意义改变。

（2）不同的方言都有它们各自的社会特征，呈现出不同的地域特征。

语音系统的差别也同样体现在不同的地域方言中。例如汉语吴方言、粤方言、闽

方言都有入声，而普通话没有；普通话有 zh、ch、sh、r 一组翘舌音，而吴方言、粤方言却没有。汉语普通话中 n、l 分属两个不同的音位，而在有些方言中却同属一个音位，不能区别意义。汉语方言中还有一组浊辅音，如上海话［gɔ］（搞）的声母是浊辅音［g］，不同于普通话的 g［k］。

二、语音学

（一）什么是语音学

语音学是研究语音的科学。它具体研究语音的成分和结构、语音的发展和变化规律、语音理论知识的实际应用等。

（二）语音学的分类

语音学是语言学的一个分支学科，分许多门类。从研究对象上看，可分为普通语音学和具体语音学。从共时、历时角度可分为描写语音学和历史语音学。另外，从不同角度用不同方法来研究语音也形成了语音学的不同分支。

生理语音学（又叫发音语音学）：从生理角度研究发音器官的构造和运动及在发音过程中的生理特征。它对唇、舌等发音器官在发音时的状态、部位加以分类和描写。

声学语音学：从声学角度研究语音传递阶段的声学特征，是一种物理语音学。它借助于最新的电子仪器和检查器械，正在日益深入地揭示语音内部的奥秘。

感知语音学（又称听觉语音学）：从心理角度研究语音感知的生理和心理特征，即耳朵是怎样听到声音，大脑是怎样理解这些声音的。这是现代语言学的最新分支。

实验语音学：运用各种实验仪器，如语图仪、频谱仪、电子计算机等工具对语音进行分析。语音实验和语音学结合起来，可以弥补传统语音学光凭听觉、视觉器官感知的不足。

音系学或音位学：研究一种语言的音位系统。无论是生理的或是物理的、心理的研究都不应离开语音学的出发点，即它的社会功能。研究语音最重要的是了解某一语言的全部语音特点和变化规律后，准确地归纳和描写它的语音系统，区分出基本单位（即音位）及其变体。

三、语音的基本概念

（一）音节

音节是由音素（或音位）构成的语音片段，是母语者听话时自然感受到的最小语音单位。发音时，发音器官的肌肉特别是喉部的肌肉经历了一次从紧张到松弛的过程，每一次肌肉的紧张度增而复减，就形成一个音节。肌肉紧张、放松几次就是几个音节。像“ai”，如果是一次紧张，就是一个音节“ái”（皑）；如果是两次紧张，就是两个音节“āyí”（阿姨）。

一个音节可以由一个或几个音素构成。一般说来，汉语普通话中一个汉字就表示一个音节，例外是儿化音节用两个汉字表示一个音节。如：“wánr”（玩儿）。

（二）音素——辅音、元音

音节是最自然的语音单位，但它不是最小的语音单位，还可以作进一步的分析，人为切分得出音素。音素是人类语音从音色角度划分出的最小语音单位。例如：“tōng”（通）一个音节就可分析出 t、o、ng 三个音素。

音素可以分成辅音和元音两大类。辅音是气流在口腔或咽头受阻碍而形成的音素，也叫子音，如汉语声母 b、p、m、f、d、t、n、l 等。元音是气流振动声带，在口腔、咽头不受阻碍（但受节制）而形成的音素，也叫母音，如汉语韵母 a、o、e、i、u、ü 等。

辅音与元音的区别在于四个方面：

第一，从受阻与否看：发辅音时，气流通过咽头、口腔、鼻腔时在某一部位受到阻碍；发元音时，气流通过咽头、口腔、鼻腔不受任何阻碍。这是元音和辅音最主要的区别。

第二，从紧张度看：发辅音时，发音器官形成阻碍的部位特别紧张，其他部分的肌肉不紧张；发元音时，发音器官各部位保持均衡的紧张状态。

第三，从气流强弱看：发辅音时，呼出的气流较强；发元音时，气流较弱。

第四，从响度看：发辅音时，大多数声带不振动，声音一般不响亮；发元音时，声带振动，声音响亮，并且能延长。

（三）声母、韵母、声调

按照汉语音韵学传统的字音分析方法，把一个字音分成声母和韵母前后两段，把贯通整个声韵结构的音高格式叫声调。

声母，位于音节前段，主要由辅音充当。例如“shī”（师）这个音节开头辅音“sh”就是辅音声母。有的音节开头没有辅音，习惯上叫作零声母音节。

韵母，位于音节的后段，由元音或元音加辅音构成。例如在“guó”（国）这个音节里，“uo”就是韵母。零声母音节“ān”（安）的韵母就是零声母后面的“an”。

辅音和声母、元音和韵母有交叉关系，它们分别是从不同的角度划分出来的不同概念。

声调，是依附在声韵结构中具有区别意义作用的音高格式。例如“fǎn”（反）的音高是先降到最低然后再升上去，这种先降后升的音高变化格式，就是音节“fǎn”（反）的声调。

（四）音位

音位是一个语音系统中能够区别意义的最小语音单位，也就是按语音的辨义作用归纳出的音类。社会属性是决定音位的重要依据。

在一种语言或方言里，人们发出的音素很多，其中有的可以区别意义，有的并不具有辨义功能，把这种在具体语言中没有区别意义作用的音色相近的几个音归纳在一起，建立一个音类，就是音位。例如，普通话“他”［tᴀ^{55}］、“胎”［tai^{55}］、“汤”［tɑŋ^{55}］、“天”［tiɛn^{55}］中的四个主要元音是四个不同的音素［ᴀ］、［a］、［ɑ］、［ɛ］，虽然在实际发音上有些差异，但这种细微差别并没有造成意义的不同，四者互相替换，不影响所表示的意义，所以这四个不同的音素可归为一个音位/a/。而把“dǒng”（懂）念成“tǒng”（桶），意思就变了，所以“d”［t］和“t”［tʰ］在普通话里区别意义，应该归纳为/t/、/tʰ/两个音位。普通话里的 ɑ、o、e、b、p、m、f……都是这样归纳出来的语音单位，它们每一个都各成一类，即一个音位。

四、汉语语音分析方法

（一）音素分析法

音素分析法又叫“元辅音分析法”，源自西方现代语音学分析法，就是对一个音节从音色角度进行比较精细的分析，把构成音节的音质音位一直分析到最小的单位，得到各个单一音素：辅音、元音。这是从构成音节的语音单位而言。如“guī”（归）分析为［k］、［u］、［e］、［i］四个音素，“dà”（大）分析为［t］、［ᴀ］两个音素。分析至音素的方法符合西方语音学的传统，其优点是：所列出的是一个语言系统中最基本、最简单的语音元素，描写语音强调单位，注重划分，清晰简明，分析细致、科学。然而，这种分析法却不很重视音节，音节似乎仅仅是音素的线性组合，这跟汉语的实际不符。汉语的音节，总是声母为一方，韵母为另一方的二元非线性层次组合。在一个“辅音＋元音＋辅音”的音节中，“辅音＋元音”的分析（即声母和韵腹的关系）跟“元音＋辅音”的分析（即韵腹和韵尾的关系）是不同的。

（二）声韵调分析法

声韵调分析法是我国传统音韵学独创的基于汉语音节的语音分析方法。它把汉语字音（音节）分析为声母、韵母和声调三个组成部分，韵母再进一步分为韵头、韵腹和韵尾三部分。这是就组成音节的成分而言的。声韵调分析法描写音节，将声母、韵母进行切分，并把声调同它们分离开来，这种分析着眼于语音结构成分的组合关系及层次，强调整体，注重联系，非常切合汉语音节结构的特点和实际。但早期的声韵调分析法还不够细致、科学。为了准确描写每个音节的具体音值，近年来声韵调分析法吸收了西方音位学方法的优点，把二者有机结合起来，既分析音节结构，又归纳出音位。这种分析实际上是运用音位学的方法来分析汉语音节结构，即先用声韵调的区分线索分析音节结构，然后再进一步用音素分析法分析其音节构成成分。这样，对音位的分析和对音节结构的分析既不是对立的，也不是分离的。这两种方法分别用来分析汉语音节的不同层次，而两种方法的有机结合，就是对汉语音节的全面分析。如“量”先分析为声母 l，韵母 iang，声调去声；再进一步分析为作声母的辅音 [l]，作韵头的元音 [i]，作韵腹的元音 [ɑ]，作韵尾的辅音 [ŋ]。

声韵调分析法是音素分析法对汉语音节分析的具体运用，是音位的组合关系和聚合关系在汉语语音系统中的具体体现，具有鲜明的民族特色。

五、记音方法

(一) 历史上的记音方法

1. 用汉字记音

(1) 直音法。

直音法是用一个比较容易认识的汉字来给另一个汉字注音，即标注同音字。如：“厶，音司”；“儇，读若宣”；“物，从牛勿声”；“一，音壹”。

(2) 反切法。

反切法是采用两个汉字拼合起来给另一个汉字注音，用少数汉字为多数汉字注音。比如“花，呼瓜切”，就是用“呼”和“瓜”两字相切，拼出“花”字的音来。前一个字“呼”是反切上字，取其声母；后一个字“瓜”是反切下字，取其韵母和声调。

2. 用注音符号记音

注音符号（最早称为注音字母）是 1918 年制定公布的一套记音符号。它改变了过去用汉字标音的方法，采用符号表示声韵调，是标音方法的一大进步。它把普通话语音归纳为若干类声母和韵母，分别用笔画式符号表示。与反切比较，注音字母拼注字音准确、方便，它在注音识字和推广“国语”方面起了很大作用。

3. 用罗马字拼音字母记音

这种记音方法有威妥玛式方案、国语罗马字拼音法式（简称“国罗”）、北方话拉丁化新文字（简称“北拉”）等。

(二) 目前的标音法

现代汉语目前主要采用两种方法标音：音素标音法和音位标音法。常用的标音符号有两种：国际音标和《汉语拼音方案》。下面分别介绍。

1. 国际音标

国际音标（International Phonetic Alphabet，简称 IPA）是由成立于英国伦敦的国际语音协会为了记录和研究人类各种语言语音，于 1888 年制定并公布的国际通用的一套记音符号，后来经过数次修正。最近的一次修订是 2015 年，新增符号 V（v）代表唇齿弹音。

（1）国际音标的特点。

A. 在拉丁字母的基础上，根据“一个符号一个音素，一个音素一个符号”的原则创制出来。音素和符号一一对应，音值确定不变，不能互换替代。标音细致明确，不发生混淆。

B. 以世界通用的拉丁字母小写印刷体为基础，形体简明、清晰、易学。

C. 当拉丁字母不够用时就采用倒写、反写、合体、大写、变形、加符、草体、大小写同用等方法加以补充。个别的还采用了希腊字母、新造字母。

D. 它有 100 多个符号，一种具体的语言里只使用其中的一部分，一般三四十个，各国语音学者可以根据实际需要加以增删和修改。

需要说明的是，国际音标记音有严式、宽式之分，既可以记录音素（严式），也可以标记音位（宽式）。

（2）国际音标的应用。

国际音标几乎涵盖了人类发音器官所能发出的所有的语音，通行范围广，适应性强。作为语言教学与研究的必备工具，它已为世界各国所公认。目前我国语音学界在细致记录描写普通话语音，研究方言及少数民族语言时也都使用这种音标，以补汉语拼音字母之不足。

2.《汉语拼音方案》

《汉语拼音方案》是采用音位标音法来记录普通话语音系统的一套记音符号。音位标音法又称宽式标音法，它用字母或音标等符号标记特定语言中的每一个音位，而对同一音位的变体不加以区分。例如：普通话里舌面元音［a］、［ʌ］、［ɑ］、［ɛ］属于同一音位，所以用音位标音法记音，只标记一个/a/或用汉语拼音标记为“ɑ”就可以了。音位标音法使用的记音符号较少，适用于表现经过整理的语音系统，但标音和实际读音有一定距离。

（1）《汉语拼音方案》的制订原则。

《汉语拼音方案（草案）》是中国文字改革委员会于 1956 年 2 月拟订并公布的。该草案经过全国各界人士广泛讨论，又经汉语拼音方案审订委员会反复审议和多次修订，经国务院全体会议通过，最后于 1958 年 2 月经第一届全国人民代表大会批准作为正式方案公布推行，是我国法定的拼音方案。它的制订原则是：

A. 以北京语音为语音标准，根据汉语普通话的音位系统制订。

B. 音节结构音素化，拼写的音节可以分析到最小的语音单位——音素。

C. 采用国际通用的拉丁字母作为字母形式，具有字母国际通用、表音准确的特点。

D. 以音位理论为基础。

《汉语拼音方案》按照拼音文字最佳的拼写原则——拼音位的方法拼写汉语音节，充分考虑标记音位分明、使用字母经济、体现汉语特点等原则。但是汉语拼音终究是一种拼音字母，而不是单纯记音的音标，二者又有不一致之处。比如考虑拼音字母选择的常用性，就用字母 i 代表/i/、/ʅ/、/ʅ/三个音位；还要考虑拼写出的字形便于辨认（ɑo、ong 等）等因素。

（2）《汉语拼音方案》的优点。

《汉语拼音方案》采用国际通用的拉丁字母作为字母形体，便于学习、电脑输入及国际交流；采用音位标音法，既能准确地标记语音，又能清晰地反映语音系统。它是在总结以前注音识字和拼音字母运动的经验基础上制订出来的，比过去设计的各种记音法更完善、先进，已在我国各个领域广泛应用，并得到了联合国的认可。1982 年国际标准化组织（ISO）把《汉语拼音方案》作为拼写汉语的国际标准。《中华人民共和国国家通用语言文字法》第十八条规定："国家通用语言文字以《汉语拼音方案》作为拼写和注音工具。《汉语拼音方案》是中国人名、地名和中文文献罗马字母拼写法的统一规范，并用于汉字不便或不能使用的领域。"

（3）《汉语拼音方案》的组成内容。

《汉语拼音方案》分为五部分：字母表、声母表、韵母表、声调符号、隔音符号。

A. 字母表。规定了 26 个汉语拼音字母的书写体式、排列顺序和名称。采用国际通用的拉丁字母（又名罗马字母）的大写、小写体式（小写体式是哥特体，如"ɑ、ɡ"等），采用拉丁字母传统的排列顺序。字母名称音是为了便于称呼字母，与拼音时实际代表的本音不同。

B. 声母表。共列 21 个辅音声母，按注音符号（即发音部位）的顺序排列。为了加强它的响度即提高听辨率，念声母时加韵母来读。例如：bo、po、mo，它与字母名称音不同。

C. 韵母表。以开、齐、合、撮四呼为经排列。虽然只收录了 35 个韵母，实际上加上其表后说明部分的 ê、-i［ʅ］、-i［ʅ］和 er 则是 39 个韵母，也都用注音符号和汉字来注音。

D. 声调符号。共有四个声调，"阴平、阳平、上声、去声"是调类名称，"ˉ ˊ ˇ ˋ"是调型，《汉语拼音方案》中用来作调号，分别标在音节的主要元音上。轻声不标声调。

E. 隔音符号。用在 ɑ、o、e 开头的字音前表示音节界限，防止与前音素拼成一个字音。

（4）《汉语拼音方案》的用途。

A. 给汉字注音。

汉字不是拼音文字，为了标记汉字的读音，人们曾采用直音法、反切法或注音字母。但是，这些注音法都有缺点。前两种要以认识大量汉字为基础，如果没有同（近）音字就无法注音。注音符号曾起过一定的作用，但它不完全是音素字母，注音不够准确细致，书写不够方便美观。《汉语拼音方案》基本克服了上述缺点，能够准确地给汉字注音，帮助人们识字。

B. 推广普通话。

推广普通话，是我国社会主义建设的需要，是国家统一和人民团结的需要。学习普通话光靠口耳是不够的，必须有一套记音符号帮助教学、正音。事实证明，《汉语拼音方案》正是拼写、推广普通话的有效工具。

C. 广泛应用在其他领域。

《汉语拼音方案》还可用来作为我国各少数民族创制和改革文字的共同基础，帮助外国人学汉语，译写人名、地名和科学术语，编制索引、代号、盲文及聋哑人手语等。随着信息网络时代的到来，《汉语拼音方案》在中文信息处理方面发挥出越来越重要的作用。它不仅是学习普通话的正音工具，也是当今使用电脑输入信息的符号之一。就计算机的汉字录入而言，最简便易学的输入法是拼音输入法，如全拼、双拼、智能ABC、QQ、搜狗、谷歌、紫光等拼音输入法，而使用这些输入法都需要熟练掌握《汉语拼音方案》中的拼写规则。

附录一　汉语拼音方案

一、字母表

字母	Aa	Bb	Cc	Dd	Ee	Ff	Gg
名称	ㄚ	ㄅㄝ	ㄘㄝ	ㄉㄝ	ㄜ	ㄝㄈ	ㄍㄝ
	Hh	Ii	Jj	Kk	Ll	Mm	Nn
	ㄏㄚ	ㄧ	ㄐㄧㄝ	ㄎㄝ	ㄝㄌ	ㄝㄇ	ㄋㄝ
	Oo	Pp	Qq	Rr	Ss	Tt	
	ㄛ	ㄆㄝ	ㄑㄧㄡ	ㄚㄦ	ㄝㄙ	ㄊㄝ	
	Uu	Vv	Ww	Xx	Yy	Zz	
	ㄨ	ㄪㄝ	ㄨㄚ	ㄒㄧ	ㄧㄚ	ㄗㄝ	

V 只用来拼写外来语、少数民族语言和方言。

字母的手写体依照拉丁字母的一般书写习惯。

二、声母表

b	p	m	f	d	t	n	l
ㄅ玻	ㄆ坡	ㄇ摸	ㄈ佛	ㄉ得	ㄊ特	ㄋ讷	ㄌ勒
g	k	h		j	q	x	
ㄍ哥	ㄎ科	ㄏ喝		ㄐ基	ㄑ欺	ㄒ希	
zh	ch	sh	r	z	c	s	
ㄓ知	ㄔ蚩	ㄕ诗	ㄖ日	ㄗ资	ㄘ雌	ㄙ思	

在给汉字注音的时候，为了使拼式简短，zh ch sh 可以省作 ẑ ĉ ŝ。

三、韵母表

	i 丨 衣	u ㄨ 乌	ü ㄩ 迂
a ㄚ 啊	ia 丨ㄚ 呀	ua ㄨㄚ 蛙	
o ㄛ 喔		uo ㄨㄛ 窝	
e ㄜ 鹅	ie 丨ㄝ 耶		üe ㄩㄝ 约
ai ㄞ 哀		uai ㄨㄞ 歪	
ei ㄟ 欸		uei ㄨㄟ 威	
ao ㄠ 熬	iao 丨ㄠ 腰		
ou ㄡ 欧	iou 丨ㄡ 忧		
an ㄢ 安	ian 丨ㄢ 烟	uan ㄨㄢ 弯	üan ㄩㄢ 冤
en ㄣ 恩	in 丨ㄣ 因	uen ㄨㄣ 温	ün ㄩㄣ 晕
ang ㄤ 昂	iang 丨ㄤ 央	uang ㄨㄤ 汪	
eng ㄥ 亨的韵母	ing 丨ㄥ 英	ueng ㄨㄥ 翁	
ong （ㄨㄥ） 轰的韵母	iong ㄩㄥ 雍		

（1）“知、蚩、诗、日、资、雌、思”等七个音节的韵母用 i，即：知、蚩、诗、日、资、雌、思等字拼作 zhi，chi，shi，ri，zi，ci，si。

（2）韵母儿写成 er，用作韵尾的时候写成 r。例如：“儿童”拼作 ertong，“花儿”拼作 huar。

（3）韵母ㄝ单用的时候写成 ê。

（4）i 行的韵母，前面没有声母的时候，写成 yi（衣），ya（呀），ye（耶），yao（腰），you（忧），yan（烟），yin（因），yang（央），ying（英），yong（雍）。

u 行的韵母，前面没有声母的时候，写成 wu（乌），wa（蛙），wo（窝），wai（歪），wei（威），wan（弯），wen（温），wang（汪），weng（翁）。

ü 行的韵母，前面没有声母的时候，写成 yu（迂），yue（约），yuan（冤），yun（晕），ü 上两点省略。

ü 行的韵母跟声母 j，q，x 拼的时候，写成 ju（居），qu（区），xu（虚），ü 上两点也省略；但是跟声母 n，l 拼的时候，仍然写成 nü（女），lü（吕）。

（5）iou，uei，uen 前面加声母的时候，写成 iu，ui，un。例如 niu（牛），gui（归），lun（论）。

（6）在给汉字注音的时候，为了使拼式简短，ng 可以省作 ŋ。

四、声调符号

阴平　　阳平　　上声　　去声

ˉ　　ˊ　　ˇ　　ˋ

声调符号标在音节的主要母音上。轻声不标。例如：

妈 mā	麻 á	马 ǎ	骂 à	吗 ma
（阴平）	（阳平）	（上声）	（去声）	（轻声）

五、隔音符号

a，o，e 开头的音节连接在其他音节后面的时候，如果音节的界限发生混淆，用隔音符号（’）隔开，例如：pi’ao（皮袄）。

附录二　国际音标简表

	发音方法 \ 发音部位			双唇	唇齿	舌尖前	舌尖中	舌尖后	舌叶	舌面前	舌面中	舌面后	喉
辅音	塞音	清	不送气	p			t				c	k	ʔ
			送气	p^h			t^h				c^h	k^h	
		浊		b			d					g	
	塞擦音	清	不送气		pf	ts		tʂ	tʃ	tɕ			
			送气		pf^h	ts^h		tʂ^h	tʃ^h	tɕ^h			
		浊				dz		dʐ	dʒ	dʑ			
	鼻音	浊		m	ɱ		n	ɳ		ȵ		ŋ	
	闪音	浊						ɽ					
	边音	浊					l						
	擦音	清		ɸ	f	s		ʂ	ʃ	ɕ	ç	x	h
		浊		β	v	z		ʐ	ʒ	ʑ	j	ɣ	ɦ
	半元音	浊		w ɥ	ʋ						j（ɥ）	（w）	

	舌位 \ 口腔 \ 唇形 \ 舌位 \ 类别		舌尖元音					舌面元音						
			前		央	后		前		央			后	
			不圆	圆	自然	不圆	圆	不圆	圆	不圆	自然	圆	不圆	圆
元音	高	最高 闭	ɿ	ʮ		ʅ	ʯ	i	y				ɯ	u
		近高						ɪ						ʊ
	中	半高 半闭						e	ø				ɤ	o
		正中									ə			
		半低 半开						ɛ	œ				ʌ	ɔ
	低	近低						æ			ɐ			
		最低 开						a			A		ɑ	ɒ

思考题

1. 什么是语音？人类发出的声音是否都是语音？语音同自然界其他声音有何异同？

2. 结合你所熟悉的语言，说明什么是语音的四要素，并谈谈它们在语音中的作用。

3. 如何理解语音的社会性质？语音的社会属性主要表现在哪几个方面？

4. 汉语音节的分析有哪些方法？你认为哪种比较适合汉语？请举例说明。

5. 现代汉语目前主要的标音方法有哪些？《汉语拼音方案》为什么能用拉丁字母记录普通话的全部语音？

第二节 辅音和声母

分析普通话的语音，应该立足于分析音节结构。从本节开始，我们将结合现代语音学的元辅音分析法来分析汉语音节声韵调系统，以进一步分析音节的构成成分。

一、辅音与声母的关系

普通话共有 22 个辅音：b、p、m、f、d、t、n、l、g、k、ng、h、j、q、x、zh、ch、sh、r、z、c、s，其中除 ng 外有 21 个辅音可以作声母。

声母和辅音不是一个概念。虽然普通话里声母主要由辅音充当，但辅音不一定都可作声母。有的辅音不作声母，只作韵尾。如“dāng”（当）中的“ng”[ŋ]。辅音 n 既可出现在音节开头作声母，也可用在音节末尾作韵尾。如“nin”（您）中的两个辅音“n”。

二、辅音的发音

辅音的不同是由发音部位和发音方法两方面所决定的。

（一）辅音的发音部位

辅音发音时气流在发音器官受到阻碍的位置，叫“发音部位”。按照发音部位，普通话辅音可以分为七类。

1. 双唇音

由上唇和下唇构成阻碍而形成，有 b、p、m 三个。

2. 唇齿音或齿唇音

由上齿和下唇接近构成阻碍而形成，只有 f 一个。

3. 舌尖前音

由舌尖抵住或接近齿背构成阻碍而形成（由舌尖与下齿、舌叶与上齿背阻碍气流而成），又叫“平舌音”，有 z、c、s 三个。

4. 舌尖中音

由舌尖抵住上齿龈构成阻碍而形成，有 d、t、n、l 四个。

5. 舌尖后音

由舌尖抵住或接近硬腭前部构成阻碍而形成，又叫“翘舌音”，有 zh、ch、sh、r 四个。

6. 舌面前音

由舌面前部抵住或接近硬腭前部构成阻碍而形成，简称“舌面音”，有 j、q、x 三个。

7. 舌面后音

由舌面后部和软腭构成阻碍而形成，俗称“舌根音”，有 g、k、ng、h 四个。

（二）辅音的发音方法

辅音的发音方法指发音时喉头、口腔和鼻腔节制气流的方式和状况。可以从发音时构成阻碍和消除阻碍的方式、声带振动与否及呼出气流的强弱程度等三个方面来观察。

1. 阻碍的方式

按成阻和除阻的方式不同，普通话辅音可以分为五类。

（1）塞音。发音时，发音部位完全闭塞，软腭上升，堵塞鼻腔的通路，然后阻塞部位突然打开，气流冲破阻碍，迸裂而出，爆发成声。这种音无法持续。普通话的塞音有 b、p、d、t、g、k 六个。

（2）擦音。发音时，发音部位接近，中间留下窄缝，软腭上升，堵塞鼻腔的通路，气流从窄缝中挤出，摩擦成声。这种音可以延长。普通话的擦音有 f、h、x、sh、r、s 六个。

（3）塞擦音。发音时，发音部位先完全闭合，软腭上升，堵塞鼻腔的通路，然后阻塞部位打开一条窄缝，气流从窄缝中挤出，摩擦成声。先破裂，后摩擦，结合成一个音。塞擦音是塞音和擦音的结合，前一半成阻时是塞音，后一半除阻时是擦音，前后两半结合紧密，成为一个语音单位，是半塞半擦的一个辅音，并不是两个辅音的复合（复辅音）。普通话的塞擦音有 j、q、zh、ch、z、c 六个。

（4）鼻音。发音时，发音部位完全闭塞，软腭下降，打开鼻腔通路，气流振动声带，从鼻腔通过发音。这种音可以延长。普通话里的鼻音有 m、n、ng 三个。

（5）边音。发音时，舌尖与上齿龈接触，但舌头的两边仍留有空隙，同时软腭上升，阻塞鼻腔的通路，气流振动声带，从舌头的两边或一边流出。普通话里只有一个边音 l。

2. 声带是否振动

（1）不带音（清音）。发音时声带松弛不振动的辅音是不带音，又叫清音。普通话的塞音、塞擦音、擦音中除了 r 都是清辅音，有 17 个。

（2）带音（浊音）。发音时声带振动的辅音是带音，又叫浊音。普通话中浊辅音只有五个：m、n、ng、l、r。

3. 气流的强弱

普通话中塞音、塞擦音发音时呼出气流的强弱形成整齐的对应，即有送气音和不送气音的对立，擦音无所谓送气不送气。

（1）送气音。发音时呼出气流较强的音是送气音，有塞音 p、t、k 和塞擦音 c、ch、q 六个。

（2）不送气音。发音时呼出气流较弱的音是不送气音，有塞音 b、d、g 和塞擦音 z、zh、j 六个。

综合上述对辅音的发音部位和发音方法的分析，普通话 22 个辅音的发音特征可参看表 1－1。

表 1－1　　普通话辅音总表

发音部位 / 辅音 / 发音方法			唇音		舌尖前音	舌尖中音	舌尖后音	舌面前音	舌面后音
			双唇音	唇齿音					
			上唇 下唇	上齿 下唇	舌尖 齿背	舌尖 上齿龈	舌尖 硬腭前	舌面前 硬腭前	舌面后 软腭
塞音	清音	不送气音	b [p]			d [t]			g [k]
		送气音	p [p^h]			t [t^h]			k [k^h]
塞擦音	清音	不送气音			z [ts]		zh [tʂ]	j [tɕ]	
		送气音			c [ts^h]		ch [$tʂ^h$]	q [$tɕ^h$]	
擦音	清音			f [f]	s [s]		sh [ʂ]	x [ɕ]	h [x]
	浊音						r [ʐ]		
鼻音	浊音		m [m]			n [n]			ng [ŋ]
边音	浊音					l [l]			

（三）辅音发音特征的全面描写

下面我们就把发音部位和发音方法结合起来对普通话的 22 个辅音的发音情况逐个加以全面描写。描写顺序大致依次为：发音部位、是否送气、清浊、成阻和除阻方式。

b [p]　双唇、不送气、清、塞音。发音时，双唇闭合，阻塞气流，软腭上升，堵塞鼻腔通路，声带不振动，阻碍的部位突然打开，较弱的气流冲破双唇的阻碍，迸裂而出，爆发成声。例如“宝贝”（bǎobèi）里的 b。又如“辨别”“颁布”“壁报”。

p [p^h]　双唇、送气、清、塞音。发音的情况和 b 相比，只是多一股较强的气流，其余都相同。例如“评判”（píngpàn）里的 p。又如“偏旁”“品评”“拼盘”。

m [m]　双唇、浊、鼻音。发音时，双唇闭合，软腭下降，鼻腔畅通，气流振动声带，从鼻腔通过形成鼻音。例如“面貌”（miànmào）里的 m。又如“明媚”“买卖”“牧民”。

f [f]　唇齿、清、擦音。发音时，下唇内缘接近上齿，形成窄缝，软腭上升，堵塞鼻腔通路，气流不振动声带，从唇齿间的窄缝中挤出，摩擦成声。例如“方法”（fāngfǎ）里的 f。又如“奋发”“非凡”“反复”。

z [ts]　舌尖前、不送气、清、塞擦音。发音时，舌尖轻轻抵住下齿背，软腭上升，堵塞鼻腔通路，声带不振动，阻碍部位打开一条窄缝，较弱的气流把舌叶与上齿背的阻碍冲开一道窄缝，并从中挤出，摩擦成声。例如“自责”（zìzé）里的 z。又如“自尊”“总则”“造作”。

c [ts^h]　舌尖前、送气、清、塞擦音。发音的情况和 z 相比，只是气流较强，其余都相同。例如“粗糙”（cūcāo）里的 c。又如“层次”“苍翠”“草丛”。

s [s]　舌尖前、清、擦音。发音时，舌尖抵住下齿背，形成窄缝，软腭上升，堵塞鼻腔通路，声带不振动，气流从舌叶和上齿背的窄缝中擦出成声。例如“思索”（sīsuǒ）里的 s。又如“诉讼”“松散”“搜索”。

d [t]　舌尖中、不送气、清、塞音。发音时，舌尖抵住上齿龈，软腭上升，堵塞鼻腔通路，声带不振动，阻碍部位突然打开，较弱的气流冲破舌尖与上齿龈的阻碍，迸裂而出，爆发成声。例如“道德”（dàodé）里的 d。又如“订单”“大地”“导弹”。

t [t^h]　舌尖中、送气、清、塞音。发音的情况和 d 相比，只是气流较强，其余都相同。例如“探讨”（tàntǎo）里的 t。又如“调停”“贪图”“铁塔”。

n [n]　舌尖中、浊、鼻音。发音时，舌尖抵住上齿龈，阻塞气流，软腭下降，打开鼻腔通路，气流振动声带，从鼻腔通过发音。例如“恼怒”（nǎonù）里的 n。又如“泥泞”“牛奶”“男女”。

l [l]　舌尖中、浊、边音。发音时，舌尖抵住上齿龈，软腭上升，堵塞鼻腔通路，气流振动声带，从舌头两边或一边通过。例如“理论”（lǐlùn）里的 l。又如“磊落”“伶俐”“嘹亮”。

zh [tʂ]　舌尖后、不送气、清、塞擦音。发音时，舌尖上翘，抵住硬腭前部，软腭上升，堵塞鼻腔通路，声带不振动，阻碍部位打开一条窄缝，较弱的气流把舌尖与硬腭前部的阻碍冲开一道窄缝，并从中挤出，摩擦成声。例如“政治”（zhèngzhì）里的 zh。又如“主张”“真正”“战争”。

ch [tʂʰ] 舌尖后、送气、清、塞擦音。发音的情况和 zh 相比，只是气流较强，其余都相同。例如“驰骋”（chíchěng）里的 ch。又如“出产”“春潮”“拆穿”。

sh [ʂ] 舌尖后、清、擦音。发音时，舌尖上翘，接近硬腭前部，形成窄缝，软腭上升，堵塞鼻腔通路，声带不振动，气流从舌尖和硬腭前部形成的窄缝中挤出，摩擦成声。例如“事实”（shìshí）里的 sh。又如“神圣”“山水”“闪烁”。

r [ʐ] 舌尖后、浊、擦音。发音的情况和 sh 相近，只是摩擦比 sh 弱，同时声带振动，气流带音。例如“仍然”（réngrán）里的 r。又如“容忍”“荣辱”“软弱”。

j [tɕ] 舌面前、不送气、清、塞擦音。发音时，舌面前部抵住硬腭前部，软腭上升，堵塞鼻腔通路，声带不振动，阻碍部位打开一条窄缝，较弱的气流把舌面前部与硬腭前部的阻碍冲开一道窄缝，并从中挤出，摩擦成声。例如“积极”（jījí）里的 j。又如“坚决”“经济”“解决”。

q [tɕʰ] 舌面前、送气、清、塞擦音。发音的情况和 j 相比，只是气流较强，其余都相同。例如“亲切”（qīnqiè）里的 q。又如“请求”“恰巧”“崎岖”。

x [ɕ] 舌面前、清、擦音。发音时，舌面前部接近硬腭前部，留出窄缝，软腭上升，堵塞鼻腔通路，声带不振动，气流从舌面前部和硬腭前部形成的窄缝中挤出，摩擦成声。例如“小心”（xiǎoxīn）里的 x。又如“形象”“喜讯”“学习”。

g [k] 舌面后、不送气、清、塞音。发音时，舌面后部抵住软腭，软腭后部上升，堵塞鼻腔通路，声带不振动，阻碍部位完全打开，较弱的气流冲破舌面后部与软腭的阻碍，爆发成声。例如“巩固”（gǒnggù）里的 g。又如“高贵”“灌溉”“规格”。

k [kʰ] 舌面后、送气、清、塞音。发音的情况和 g 相比，只是气流较强，其余都相同。例如“刻苦”（kèkǔ）里的 k。又如“坎坷”“宽阔”“空旷”。

h [x] 舌面后、清、擦音。发音时，舌面后部接近软腭，留出窄缝，软腭上升，堵塞鼻腔通路，声带不振动，气流从舌面后部和软腭形成的窄缝中挤出，摩擦成声。例如“欢呼”（huānhū）里的 h。又如“花卉”“豪华”“互换”。

ng [ŋ] 舌面后、浊、鼻音。发音时，舌面后部抵住软腭，软腭下降，打开鼻腔通路，气流振动声带，从鼻腔通过发音。例如“工矿”（gōngkuàng）里的 ng。又如“刚强”“精英”“承蒙”。

三、声母的发音

普通话共有声母 22 个，其中辅音声母 21 个，零声母 1 个。辅音声母的总数可参看辅音总表，把辅音 ng [ŋ] 删去，外加零声母（Ø）就是声母总表了。普通话 21 个辅音声母的发音和 21 个辅音的发音相同，具体发音前面已经分别描写过了。下面谈谈零声母。

普通话除了 21 个辅音声母以外，还有一个“零声母”。普通话大部分音节都以辅音声母开头，但有一些音节在声母的位置上没有辅音声母实体，我们习惯上称为“零声母”。零声母的设置不仅是出于语音系统性、严密性的考虑而规定的，也有发声学上的物质依据。现代语音实验证明，零声母音节虽然没有辅音声母，但是在实际发音时如果仔细听辨就会感觉到，普通话以元音 i、u、ü 起头的音节，其开头部分的元音 i、u、ü 并不是纯元音，都带有轻微的摩擦，语音学上一般用半元音［j］、［w］、［ɥ］来描写。不是以 i、u、ü 开头的零声母音节，在音节开头、元音出现之前不是完全没有声音，发音时前面往往加了一个轻微的舌面后浊擦音［ɣ］或喉塞音［ʔ］，如“袄”（ǎo）、“喔”（ō）、“饿”（è）、“爱”（ài）等。它们都是出现在零声母音位的位置上，都是零声母的音位变体，注音或标音时都不写出来。具体见表 1－2。

表 1－2 零声母表

韵类	所带元音	例字	汉语拼音	国际音标
齐齿呼	［j］	衣、牙	yi、ya	［ji］、［jiᴀ］
合口呼	［w］	乌、蛙	wu、wa	［wu］、［wᴀ］
撮口呼	［ɥ］	于、约	yu、yue	［ɥy］、［ɥyɛ］
开口呼	［ɣ］、［ʔ］	暗、欧、恩	an、ou、en	［ɣ an］、［ʔou］、［ɣ ən］

零声母是声母系列中的一个空位。有了零声母这个概念，比较容易说清楚汉语的音节结构，即汉语所有的音节都有声母和韵母，或者说都是声韵相拼构成的，这样就从声母的角度体现了汉语音节的一致性和系统性。零声母“∅”只在必要时才写，一般注音不写。“∅”不是汉语拼音字母，也不是国际音标，只是代表汉语零声母的惯用符号。

声母的发音有“本音”和“呼读音”两种。所谓本音，是指拼音时声母完全按照辅音的发音原理发出的音，即气流呼出时发出的纯粹音。由于普通话声母中多数是清辅音声母，声带不振动，发本音不响亮，不便于称说，所以为了教学的需要，常常在声母的本音后边加上一个元音构成呼读音，如在 b、p、m、f 后面加上元音 o 等。但拼音时声母要发本音。

另外，声母在《汉语拼音方案》字母表中作为字母还有“名称音”。名称音的构成也是在辅音字母的后面或前面加上元音，但和呼读音添加的成分及位置不同，因而读音也不一样。总之，“三音”各司其职：名称音用来命名字母，呼读音用来称说声母，本音用来拼音。

四、普通话声母的特点

（一）与印欧语系的语言比较

第一，普通话声母有送气和不送气的对立特征。

与印欧语系的大部分语言相比，送气不送气的对立配对是普通话语音系统中一个突出的特点，形成六对单项发音特征构成的群组。

第二，塞擦音丰富。

普通话声母系统中有三组由送气不送气构成对立的塞擦音，并且都有同部位的擦音与之相配，这几乎占了声母总数的一半。

第三，浊音声母少，没有系统的清浊对立。

普通话声母系统只有 m、n、l、r 四个浊辅音，与清辅音不构成系统性的清浊对立。英语中有［b］、［d］、［g］等浊塞音，而汉语普通话没有。只有一对比较特殊，即 sh［ʂ］和 r［ʐ］。

第四，汉语中有 zh、ch、sh 等翘舌音，英语等印欧语系语言没有。

（二）与汉藏语系其他语言比较

汉语没有复辅音，没有系统的清浊对立。而汉藏语系中其他语言（如苗语、瑶语等）有复辅音，且存在清浊对立现象。

（三）与汉语部分方言比较

1. 区分舌尖前音和舌尖后音

普通话的舌尖塞擦音和擦音分为两套：z、c、s 和 zh、ch、sh、r。很多方言如吴、闽、客家、粤、西南方言中都没有舌尖后音，即使在有舌尖后音的北方话里，这两套声母分合的情况和普通话也不完全一致。

2. 只有团音，没有尖音

尖音和团音是汉语音韵学、方言学经常运用的两个术语。齐齿呼、撮口呼韵母和声母 z、c、s 拼合叫尖音，和声母 j、q、x 拼合叫团音。如京剧里的“祭”念［tsi］，就是尖音。

普通话舌面声母 j、q、x 可与 i、ü 及 i、ü 开头的韵母相拼，舌尖前音 z、c、s 却不能与之相拼，所以普通话中只有团音，没有尖音。而许多方言，尤其华东各省的方言往往有尖音、团音之分。如“酒”“秋”“趣”“需”属尖音，“九”“丘”“去”“虚”属团音。

3. n、l 不相混

普通话里鼻音 n 和边音 l 的分别很清楚，北方方言中的华北方言、东北方言，吴方言，客家方言，粤方言也都如此。但是，从汉语方言的整体来看，n、l 混读的地区几乎占一半。

4. f、h 不相混

f、h 都是擦音，阻碍部位不同。普通话和北方方言区的华北方言、西北方言，吴方言大都能分别这两个声母。但是不少地区，如湘、赣、粤、客家等方言，舌面后擦音 h 同后高元音 u 是互相排斥的，hu [xu-] 都读成 f [f]。

5. 浊音声母少

普通话里浊音声母很少，只有 m、n、l、r 四个。但是，吴方言、部分湘方言清浊分明，有与清声母成套配对的浊声母。例如：[p]、[t]、[k] — [b]、[d]、[g]。

五、声母辨正

各地方言的声母系统和普通话不尽相同，因此需要比较普通话与方言语音系统的异同，从整体上把握这两种语音系统之间的对应关系，有效地进行方音辨正、转换。

分辨不同的声母必须从发准语音和记住字音两方面入手。发准语音就是须掌握声母的发音原理，记住字音就是记住哪些汉字读某声母。方言区的人学习普通话，需要分辨以下声母。

（一）分辨 n 和 l

普通话里有 n 与 l 两个声母对立，但很多方言分不清 n 和 l。有些方言全部相混，有些部分相混。西南官话的大部分、江淮官话、西北方言及湘、赣、闽方言的一部分，都有 n、l 不分现象。如南京、镇江人“男子”与“篮子”不分，还把“脑子坏了”说成“老子坏了”。

学习这两个声母要注意两方面：一要发准语音，二要记住字音。

首先，要发准 n 和 l。n 和 l 的发音部位相同，都是舌尖抵住上齿龈发音的，但是它们的发音方法不同，主要区别在于有无鼻音，是从鼻腔出气，还是从舌头两边出气。所以要读准 n 和 l，关键在于练习控制软腭的升降。n 是鼻音，发音时气流必须从鼻腔呼出，不能从口腔通过。而发 l 时必须堵塞鼻腔的通路，让气流从口腔呼出。为了分辨 n 和 l，不妨用捏鼻孔的办法来练习。捏鼻孔后发音，如果觉得发音有困难，那就是 n 音（见图 1-7 左）。捏鼻孔而觉得发音不困难，气流从舌头两边流出的，那就是 l 音（见图 1-7 右）。

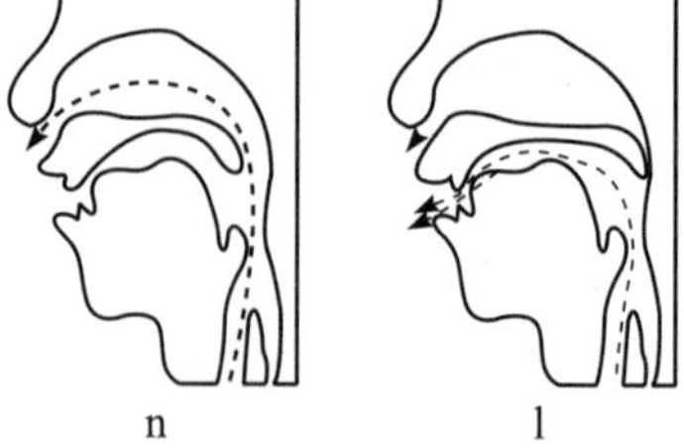

图 1-7　n、l 发音示意图

其次，方言区的人除了要学会 n 和 l 的发音外，还需要进一步记住普通话里哪些字是 n 声母，哪些字是 l 声母。可以根据汉字声旁进行类推，利用偏旁类推字表去记代表字。例如声旁是“尼”的字，声母往往是 n，如“妮”“泥”“呢”“昵”；声旁是“立”的字，声母往往是 l，如“粒”“笠”“拉”“垃”“啦”等。还可以采用“记少不记多”的方法记住声母为 n 的字，其他自然是声母为 l 的字了。注意分辨以下各例：

无奈—无赖　河南—荷兰　恼怒—老路　年代—连带　留念—留恋　女客—旅客

（二）分辨 zh、ch、sh 和 z、c、s

平翘舌音的区分是一大难点。普通话有 z、c、s 和 zh、ch、sh 两套声母，但有些方言没有此对立。这两套声母，有些方言混成一套 z、c、s（或接近 z、c、s），如上海话、苏州话、广州话、武汉话、成都话。有些方言把普通话里一部分读 zh、ch、sh 的字读成 z、c、s，把有些念 z、c、s 的字念成 zh、ch、sh，如天津话、银川话、西安话等。

首先，那些不会发 zh、ch、sh 的人，要找出两套声母发音的差别来练习，反复听辨：发舌尖后音时舌尖要向上翘起，对准（抵住或接近）硬腭前部（见图 1－8 左）；而发舌尖前音时，舌尖不翘，抵住下齿背，舌叶对准（抵住或接近）上齿背（见图 1－8 右）。

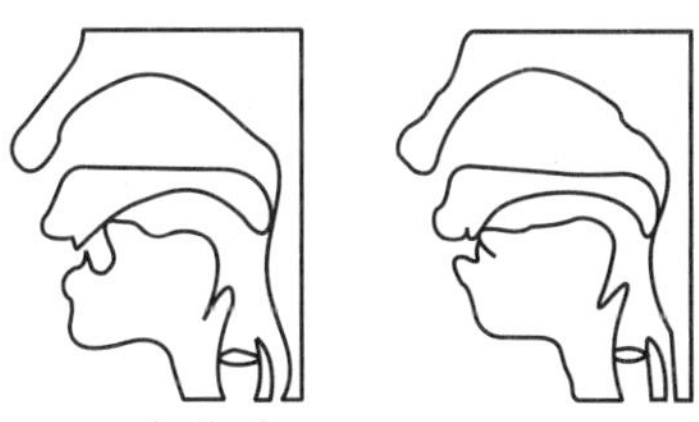

图 1－8　zh、ch、sh 和 z、c、s 发音示意图

至于已会发 zh、ch、sh 的人学习普通话，想要弄清哪些字的声母该读 zh、ch、sh，哪些字的声母该读 z、c、s，还可以运用一些方法、规律帮助分辨，提高记忆的效率。

1. 利用汉字形声字的偏旁进行类推

汉字中有大量形声字，凡声旁相同的字，它们的声母往往也相同。例如：“主”（zhǔ）的声母是舌尖后音，那么，以“主”为声旁的“注”“住”“柱”“驻”“蛀”等字一般也是舌尖后音。

2. 借助普通话声韵拼合规律来分辨

（1）普通话中韵母 ua、uai、uang，在普通话中只跟声母 zh、ch、sh 拼，不跟 z、c、s 拼。因此，“抓”“拽”“揣”“庄”“窗”“霜”等字的声母肯定是翘舌音。

（2）韵母 ong 不和声母 sh 构成音节，因此“松”（sōng）的声母不读翘舌音。

3. 利用代表字类推

普通话中平舌音少，记住 z、c、s 字表中少数代表字就可以类推记住绝大部分声母念 z、c、s 的字。注意分辨以下各例：

战歌—赞歌　支援—资源　木柴—木材　重来—从来　商业—桑叶　诗人—私人

（三）分辨 f 和 h

普通话里 f 和 h 分得很清楚，但有些方言 f 和 h 读音相混。普通话 f 声母的字，有的方言读成别的声母，如厦门话；有的方言则把其中的一部分读成 h 声母，如上海浦东话。普通话 h 声母的字，有的方言把其中一部分读成 f 声母，如重庆话；还有 f、h 两读的，如长沙话。

要分清 f 和 h，主要应掌握这两个辅音的发音部位。f 和 h 都是清擦音，区别只在阻碍的部位上：f 是唇齿擦音，上齿和下唇形成阻碍，发音时下唇必须上抬与上齿靠近。h 是舌面后擦音，是舌面后部和软腭形成阻碍，发音时唇齿不接触而是舌根与软腭接近，发摩擦音。

f、h 不分的人除了学会 f 和 h 的发音外，还要进一步利用形声字声旁类推规律来熟记。如：

非（fēi）——菲、啡、绯、扉、霏

黄（huáng）——潢、璜、簧、磺、蟥

注意分辨以下各例：

公费—工会　开发—开花　废话—会话　幅度—弧度　舅父—救护　飞机—灰机

（四）把方言中的 j、q、x 改成 zh、ch、sh

学习普通话时常把 zh、ch、sh 误读成 j、q、x。例如闽、粤方言区常把“知道”读成“鸡道”，“长度”读成“强度”，“少数”读成“小数”，“诗人”读成“西人”，要改过来。

（五）把方言中跟齐齿呼、撮口呼韵母相拼的 z、c、s、g、k、h 改成 j、q、x

中古音系有些声母在普通话中演变为 j、q、x，但在现代部分方言中却是 z、c、s。普通话 i、ü 或以 i、ü 起头的韵母不能和塞擦音、擦音声母 z、c、s 和 g、k、h 相拼，只跟 j、q、x 相拼。方言区的人要准确掌握 j、q、x 的发音部位，把尖音改为团音，才能跟普通话一致。如“小心精细”“循序渐进”“情绪宣泄”等。

近年来社会上又出现了另一种尖音现象，即发 j、q、x 时用舌尖后端接近硬腭前端，发出的音色近于翘舌音 zh、ch、sh，如“消”读成“烧”，“墙”读成“常”，“奖”读成“掌”。这种语音现象在大城市的青少年中比较普遍，而且还在发展中，应加以纠正。

(六) 把方言中的浊音改为清音

普通话的声母除鼻音 m、n 和边音 l 外，只有一个擦音 r 是浊音，其他都是清声母。而有些方言，如吴方言和湘方言，却有一套和清声母［p］［t］［k］［tɕ］［ts］［s］等相配的浊塞音、浊塞擦音和浊擦音声母［b］［d］［g］［dʑ］［dz］［z］等，读起来“培”“被”不分，“台”“代”不分，“其”“技”不分，“床”“状”不分，“慈”“字”不分。这些方言区的人在学说普通话时要把浊音改读成相应的清音。并注意，平声字（台、堂、齐）一般要改读成送气清声母，并念阳平；仄声字（罢、定、住）一般要改读成不送气浊声母，并念去声。

(七) 发好普通话零声母字

普通话中一部分零声母的字，在有些方言中读成别的辅音声母的字。具体如下：

其一，韵母不是 i、u、ü 或以 i、u、ü 起头的，有些方言（如天津话）加 n 声母，如：爱、按、恩、熬、欧；有些方言（如福州话、成都话、武汉话、大同话、西安话、广州话）加 ng 声母，如：额（nge）、我（ngo）、外（nguai）。要去掉前面的 n 或 ng 才行。

其二，韵母是 u 或以 u 起头的，有些方言（如宁夏话、桂林话）读成了 v（唇齿浊擦音）声母，如：挖、歪、弯、温、文、闻、危、武。发音时要注意把双唇拢圆，不要让下唇和上齿接触，就可改正。此外有些方言把这类零声母读成 m 声母，如广州话、玉林话的“文”，要记熟这类零声母字。

(八) 发好普通话 r 声母字

1. 分辨 r 和 l

r 和 l 两个浊音相混主要是发音部位掌握不准，舌尖靠前落到了发舌尖中音 l 的部位，就形成 r、l 不分现象了。如“出入”发成“出路”，“如若”“干扰”“人人”“忍让”“弱肉”等中的 r 发成 l。要分清这两个音只要把舌尖上翘，略为靠后（即从齿龈往后移到硬腭前端）并且保持一点缝隙就能发成 r 的音色了。

2. 分辨 r 和 ∅

r 在一些方言（如江淮方言）中还会发成零声母。如：招惹、感染、燃烧、热闹、容易。要记住 r 声母的字也可以采用形声字声旁类推法。如：

柔（roú）——揉、蹂、腜、鞣、糅。

嚷（rāng）、（rǎng）——瓤、嚷、壤、攘。

思考题

1. 你家乡话的声母跟普通话的声母有哪些差异？请找出它们的对应关系，并举出例字。

2. 声母和辅音有密切的关系，为什么不能把这两个概念简化成一个概念？

3. 拼音 x 和英语“she”（她）中的 sh 的发音在发音部位和发音方法上有何不同？

4. 什么是零声母音节？为什么要设立零声母？

5. 什么叫清音？什么叫浊音？普通话里的浊音有哪些？试举例说明。

第三节 元音和韵母

一、元音与韵母的关系

韵母和元音不能等同。韵母都有元音，凡元音都是韵母，而韵母却并不一定都是元音。韵母有的由单元音或复元音构成，如“dā”（搭）、“jiā”（家）、“kuài”（快）中的 a、ia、uai；有的还包含辅音，由元音加鼻辅音构成，如“kān”（刊）、“kēng”（坑）、“kuān”（宽）中的 an、eng、uan。汉语普通话中，元音只有 23 个，而韵母则有 39 个，韵母的范围比元音大。

二、元音的发音

普通话的元音分为单元音（10 个）和复元音（13 个）两类。

（一）单元音的发音

单元音就是发音时口形（包括舌位、唇形、开口度）始终不变的元音。普通话共有 10 个单元音：a、o、e、i、u、ü、ê、-i（前）、-i（后）、er。单元音的发音主要决定于口腔这个共鸣器的形状。根据舌头起作用的部位及它们的发音特点，单元音又可以分为舌面元音、舌尖元音、卷舌元音三大类。舌尖元音和卷舌元音统称为“特殊元音”。现将 10 个单元音列表如表 1－3 所示。

表 1-3 普通话单元音总表

舌位高低	口腔开闭	舌面元音					舌尖元音	卷舌元音	
		前元音		央元音	后元音		前元音	后元音	央元音
		不圆	圆	自然	不圆	圆	不圆	不圆	自然
高元音	闭元音	i [i]	ü [y]			u [u]	-i [ɿ]	-i [ʅ]	
半高元音	半闭元音				e [ɤ]	o [o]			
正中	元音								er [ɚ]
半低元音	半开元音	ê [ε]							
低元音	开元音			ɑ [A]					

1. 舌面元音

普通话的舌面元音共有七个：ɑ、o、e、ê、i、u、ü。舌面元音发音时主要是舌面与硬腭起调节气流作用。舌面单元音的不同主要是由不同的口形及舌位造成的。舌位的高低、前后，口形的大小以及唇形的圆展不同，都会造成共鸣器不同，形成各种不同音色的元音。

元音发音时，舌头收紧而隆起的最高点、舌头较高的部位叫“舌位”，口腔开合的程度叫“开口度”。舌位可伸前缩后，也可抬高降低（开口度可大可小），唇形可圆可不圆。普通话七个舌面单元音的发音情况可以从以下三方面加以观察：

第一，舌位的前后。可以分为三类：前元音（如 i、ü、ê）、央元音（如 ɑ）、后元音（如 u、o、e）。

第二，舌位的高低。舌位的降低和抬高（即舌面与硬腭距离的大小）同口腔的开闭（即开口度的大小）有关：舌位越高开口度越小，舌位越低开口度越大。根据舌位的高低和开口度的大小可以把舌面单元音分为四类：高元音（即闭元音，如 i、u、ü）、半高元音（即半闭元音，如 o、e）、半低元音（即半开元音，如 ê）、低元音（即开元音，如 ɑ）等（见图 1-9）。

第三，唇形的圆展。可以分为两类：圆唇元音（如 ü、u、o）、不圆唇元音（展唇元音，如 i、ê、e、ɑ 等）。

综合以上三个方面的发音条件，普通话七个舌面元音的发音情况可用元音四边形图（见图 1-10）形象地表示。

下面逐个具体描写这七个舌面单元音的发音情况。

ɑ [A]　舌面、央、低、不圆唇元音。发音时，口大开，舌位最低，舌头居中央（不前不后）。嘴唇展开，唇形自然、不圆。例如“大厦”（dàshà）里的 ɑ。又如“打靶”“哪怕”“发傻”。

o [o]　舌面、后、半高、圆唇元音。发音时，口半闭，舌位半高，舌头后缩，双唇拢圆。例如“磨破”（mópò）里的 o。又如“泼墨”“卧佛”“伯伯”。

e [ɤ]　舌面、后、半高、不圆唇元音。发音状况态与 o 基本相同，但双唇要自

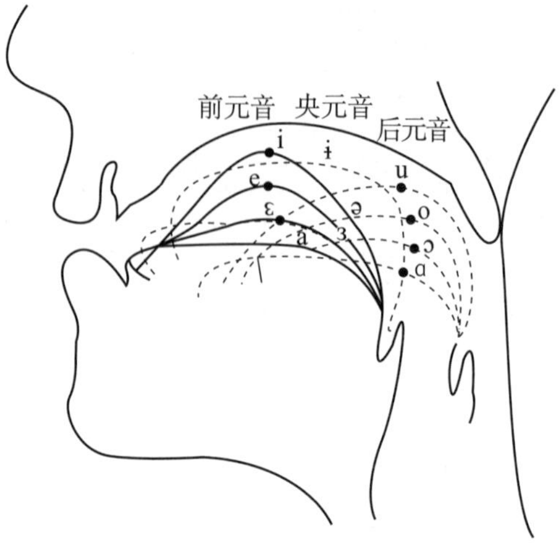

图 1-9　舌面元音舌位示意图

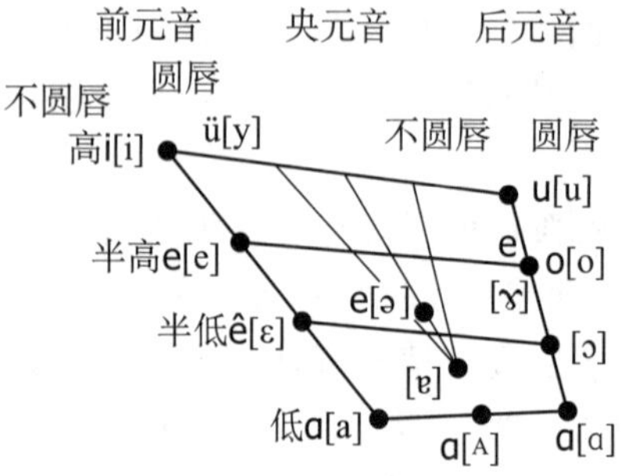

图 1-10　舌面元音舌位唇形图

然展开。例如“特色”（tèsè）里的 e。又如“隔阂”“客车”“可贺”。

ê [ɛ]　舌面、前、半低、不圆唇元音。发音时，口腔半开，舌位半低，舌头前伸使舌尖抵住下齿背，唇形呈扁平状。在普通话中单独发 ê 音（零声母）的只有一个“欸”（又作“诶”，北方人常读成 ei）。

i [i]　舌面、前、高、不圆唇元音。发音时，唇形呈扁平状，舌头前伸使舌尖抵住下齿背。例如“比例”（bǐlì）里的 i。又如“笔记”“离奇”“利益”。

u [u]　舌面、后、高、圆唇元音。发音时，双唇拢圆，留一小孔，舌头后缩，使舌面后接近软腭。例如“图书”（túshū）里的 u。又如“祝福”“服务”“出租”。

ü [y]　舌面、前、高、圆唇元音。发音状况与 i 基本相同，但唇形拢圆。例如“聚居”（jùjū）里的 ü。又如“雨具”“语序”“序曲”。

2. 舌尖元音

元音发音时，舌位也可以出现在舌尖上。舌面元音发音时，舌尖总是放在下齿附近，始终不起作用；舌尖元音发音时主要是舌尖起作用，由舌尖的活动调节气流。它由舌尖活动的前后高低和嘴唇的圆展来决定，其他语种里没有这类元音。它们的发音情况分别描写如下。

-i [ɿ] 舌尖前、高、不圆唇元音。发音时，舌叶前伸接近上齿背，气流通路虽狭窄，但有一定的距离，气流经过时不发生摩擦，唇形不圆。例如“字词”（zìcí）里的-i（前）。又如“次子”“四字”“此次”。

-i [ʅ] 舌尖后、高、不圆唇元音。发音时，舌尖上翘接近硬腭前，气流通路虽狭窄，但有一定的距离，气流经过时不产生摩擦（r 发音时气流产生摩擦），唇形不圆。例如“值日”（zhírì）里的-i（后）。又如“支持”“咫尺”“制止”。

舌尖元音-i [ɿ] 和-i [ʅ] 的发音状况不同，音值也不同。用普通话念“兹”并拉长，取后面部分便是-i [ɿ]；用普通话念“知”并拉长，取后面部分便是-i [ʅ]。这两个单元音都不能独立自成音节。舌尖前元音-i [ɿ] 只出现在辅音声母 z、c、s 的后面，舌尖后元音-i [ʅ] 只出现在辅音声母 zh、ch、sh、r 的后面。它们跟舌面元音 i [i] 出现条件不同，舌面元音 i [i] 决不出现在 z、c、s 和 zh、ch、sh、r 后面。因此，《汉语拼音方案》用一个 i 同时代表 i [i]、-i [ɿ]、-i [ʅ]，也不至于发生混淆。图 1－11 是 [ɿ]、[ʅ] 和 [i] 三个音的 x 光照相比较图，从中可以看出三者的舌面、舌尖和舌体位置的高低前后。

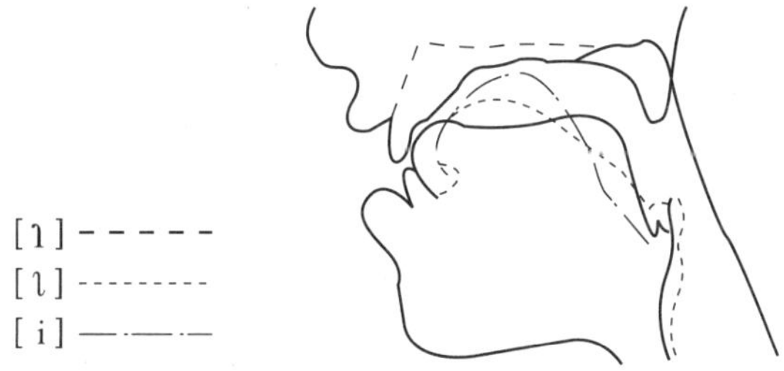

图 1－11 [ɿ]、[ʅ] 和 [i] 舌位比较图

3. 卷舌元音

er [ɚ] 卷舌、央、中、不圆唇元音。er 是个舌尖上翘带有卷舌色彩的央元音 e [ə]。舌面与舌尖都有调节气流的活动。发音时，口形略开（开口度比 [ε] 略小），舌位居中，舌头稍后缩，唇形不圆，呈自然态。在发 e [ə] 的同时，舌尖向硬腭卷起。《汉语拼音方案》中的 r 用在这里不代表音素，它不是韵尾，只是表示卷舌动作的符号，所以 er 虽然采用双字母标写，但仍是单元音，不要以为 r 是辅音。er 不与任何辅音构成音节。普通话中只有“而”“儿”“耳”“饵”“尔”“迩”“二”“贰”等为数有限的字是由 er 形成的字音。

现代汉语普通话中共有 10 个单元音。但事实上，《汉语拼音方案》只用了六个单字母（ɑ、o、e、i、u、ü）和一个合写的字母（er）共 7 个符号去记录它们。那么，《汉语拼音方案》中的 7 个符号是如何代替 10 个单元音的？有的一个字母代表了几个元音，如 i 既代表舌面元音 [i]，又代表两个舌尖元音 [ɿ] 和 [ʅ]；e 一个字母兼作两个元音，既代表 [ɤ]，上面加写“ˆ”符号后又代表 [ε]。ê 主要的用途是在复合元音 ie、üe 中与 i、ü 复合，复合后不会和 e 相混，所以上面的符号可以不写；u 兼作两个元音，既代表 [u]，上面加两点后又代表 [y]；卷舌单元音则由 e 和 r 两个字母表示。

学习时，要把元音（音素、韵母）和字母概念分清楚。

（二）复元音的发音

复元音指的是发音时舌位、唇形都有变化的元音。也就是说，复元音的发音是由甲元音的发音状况（开口度、舌位、唇形）快速滑向乙元音，或由乙元音再快速滑向丙元音。因此一个复元音并不止一个元音音素。例如 ao 不是一个元音音素，也不是两个元音音素。复元音是多个元音的复合体。普通话共有 ai、ei、ao、ou、ia、ie、ua、uo、üe、iao、iou、uai、uei 这 13 个复元音。

发单元音时，舌头和嘴唇构成的共鸣器自始至终没有变化，因此声音是单一的。发复元音时，有以下特点：

第一，复元音不像单元音那样始终不变，而是有个变动过程。舌位滑动的过程叫“动程”。也就是复元音从一个元音的发音状态快速向另一个元音的发音状态过渡。舌位的高低前后、口腔的开闭、唇形的圆展，都是逐渐变动的，不是突变的、跳动的，中间还有一串过渡音。

第二，气流不中断，中间没有明显的界线，发的音围绕一个中心，形成一个整体。

复元音属于同一个音节，在人们的听感上只是一个音，当它们结合成复元音后，具有特殊的音色，跟原来的各个单元音不完全相同。在汉语普通话中，[k^huai] 听起来是一个新的音“快”而不是原来的两个单元音“酷爱”。因此，复元音的发音并不是两个或三个单元音的简单相加，不同于几个相连的元音的发音，而是由元音音素紧密有机地复合而成。

第三，复元音的各个成分，其响度、清晰度和口腔的开口度并不相同。一个复韵母中只有一个发音响亮的主要元音，其他都是次要元音，发音轻短模糊。

第四，复元音发音时前后音素互相影响，造成韵腹、韵尾音素开口度、舌位前后发生变化。

根据主要元音所处的位置，复元音分为三类：前响复元音、后响复元音、中响复元音（见表 1－4）。

表 1－4　　复元音总表

前响复元音	ai [ai]	ei [ei]	ao [ɑu]	ou [ou]	
后响复元音	ia [iA]	ie [iε]	ua [uA]	uo [uo]	üe [yε]
中响复元音	iao [iɑu]	iou [iou]	uai [uai]	uei [uei]	

1. 前响复元音

复元音中，前音响亮的叫“前响复元音”，主要元音在前面。共有四个：ai [ai]、ei [ei]、ao [ɑu]、ou [ou]。发完前面开口度较大、舌位较低的元音后立刻滑向后面开口度较小、舌位较高的元音（ao 和下边 iao 里的 o，发音时滑向后边的元音 u，不要误认为滑向元音 o），发音时前面的元音发音比后一个发音响亮、清晰，开口度大，后面的元音音值含混不固定，发音轻短模糊，只表示舌位滑动的大致方向，并没达到其舌位高度。例如“彩排”（cǎipái）、“肥美”（féiměi）、“跑道”（pǎodào）、“口头”（kǒutóu）的元音（见图 1－12 左）。

2. 后响复元音

复元音中，后音响亮的叫“后响复元音”，主要元音在后面。共有五个：ia［iᴀ］、ie［iɛ］、ua［uᴀ］、uo［uo］、üe［yɛ］。发完前面开口度较小的元音后立刻滑向后面开口度较大的元音，前面的音轻短，只表示舌位从那里开始移动，后面的元音清晰响亮。例如“加压”（jiāyā）、“结业”（jiéyè）、“花袜”（huāwà）、“火锅”（huǒguō）、“约略”（yuēlüè）的元音（见图 1－12 中）。

3. 中响复元音

复元音中，中音响亮的叫“中响复元音”，主要元音居中。共有四个：iao［iɑu］、iou［iou］、uai［uai］、uei［uei］。发音时，开口度从较小变成最大，再变成较小，舌位从较高变成较低，再变成较高。发音时舌位动程比较大。前面的元音轻短模糊，中间的元音清晰响亮，开口度最大，后面的元音音值含混模糊，只表示舌位滑动的方向。例如“缥缈”（piāomiǎo）、“优秀”（yōuxiù）、“踹坏”（chuàihuài）、“追随”（zhuīsuí）（见图 1－12 右）。

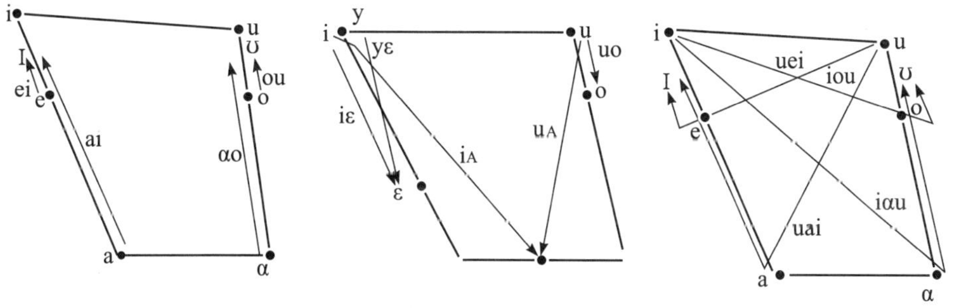

1.前响复元音（由开而闭） 2.后响复元音（由闭而开） 3.中响复元音（由闭而开再闭）

图 1－12 复元音舌位活动图（图中为国际音标）

三、韵母的发音

普通话共有 39 个韵母，主要由元音或由元音加鼻辅音构成。可以从其内部成分结构特点、韵母开头的元音和韵尾的不同三个方面划分出不同的类别。

普通话的韵母按结构可分单元音韵母、复元音韵母和带鼻音韵母三类；按韵母开头的元音发音口形，又可分开口呼、齐齿呼、合口呼、撮口呼四类，简称“四呼”；还可按韵尾分类（见表 1－5）。

表 1-5 **普通话韵母总表**

<table>
<tr><th rowspan="2">按结构分</th><th colspan="4">按口形分</th><th rowspan="2">按韵尾分</th></tr>
<tr><th>开口呼</th><th>齐齿呼</th><th>合口呼</th><th>撮口呼</th></tr>
<tr><td rowspan="6">单元音韵母</td><td>-i [ɿ] [ʅ]</td><td>i [i]</td><td>u [u]</td><td>ü [y]</td><td rowspan="9">无韵尾韵母</td></tr>
<tr><td>a [A]</td><td></td><td></td><td></td></tr>
<tr><td>o [o]</td><td></td><td></td><td></td></tr>
<tr><td>e [ɤ]</td><td></td><td></td><td></td></tr>
<tr><td>ê [ε]</td><td></td><td></td><td></td></tr>
<tr><td>er [ɚ]</td><td></td><td></td><td></td></tr>
<tr><td rowspan="7">复元音韵母</td><td></td><td>ia [iA]</td><td>ua [uA]</td><td></td></tr>
<tr><td></td><td></td><td>uo [uo]</td><td></td></tr>
<tr><td></td><td>ie [iε]</td><td></td><td>üe [yε]</td></tr>
<tr><td>ai [ai]</td><td></td><td>uai [uai]</td><td></td><td rowspan="4">元音韵尾韵母</td></tr>
<tr><td>ei [ei]</td><td></td><td>uei [uei]</td><td></td></tr>
<tr><td>ao [ɑu]</td><td>iao [iɑu]</td><td></td><td></td></tr>
<tr><td>ou [ou]</td><td>iou [iou]</td><td></td><td></td></tr>
<tr><td rowspan="5">带鼻音韵母</td><td>an [an]</td><td>ian [iεn]</td><td>uan [uan]</td><td>üan [yan]</td><td rowspan="5">鼻音韵尾韵母</td></tr>
<tr><td>en [ən]</td><td>in [in]</td><td>uen [uən]</td><td>ün [yn]</td></tr>
<tr><td>ang [ɑŋ]</td><td>iang [iɑŋ]</td><td>uang [uɑŋ]</td><td></td></tr>
<tr><td>eng [əŋ]</td><td>ing [iŋ]</td><td>ueng [uəŋ]</td><td></td></tr>
<tr><td></td><td></td><td>ong [uŋ]</td><td>iong [yŋ]</td></tr>
</table>

（一）韵母的结构类

1. 单元音韵母

由单元音形成的韵母，简称“单韵母”。有 10 个。

2. 复元音韵母

由复元音形成的韵母，简称“复韵母”。有 13 个。

单元音韵母和复元音韵母共计 23 个，它们的发音具体见元音的发音部分。

3. 带鼻音韵母

由元音和鼻辅音韵尾构成的韵母，简称“鼻韵母”。

普通话共有 an、ian、uan、üan、en、in、uen、ün 和 ang、iang、uang、eng、

ing、ueng、ong、iong 等 16 个带鼻音韵母。带鼻音韵母又叫鼻音尾韵母。

鼻音尾韵母的发音需要注意两点：第一，发音时元音同后面的鼻辅音不是生硬地拼合在一起，而是由元音的发音状态向鼻辅音的发音状态逐渐移动、过渡，鼻音色彩成分逐渐增加，最后，发音部位闭塞，完全形成鼻辅音。第二，鼻辅音韵尾发音时，除阻阶段不发音，发音完毕才能解除阻碍，即发“唯闭音”。

根据鼻辅音韵尾的不同，普通话鼻音尾韵母又可以分作带舌尖鼻音韵尾“n”的前鼻音尾韵母和带舌面后鼻音韵尾“ng”的后鼻音尾韵母两类。

前鼻音“n”、后鼻音“ng”的发音已在辅音里谈过了。韵尾 n 跟声母 n 的发音略有不同：韵尾 n 除阻阶段不发音，声母 n 在音节中有除阻阶段。辅音 ng 在普通话中不作声母，只用作韵尾。作韵尾时和“n”一样，也是除阻阶段不发音的唯闭音。当舌头到这两个辅音的发音部位时，口腔的发音器官不再有其他动作，舌头依然停留在这个辅音的发音部位。

发准鼻尾音的关键在于发准这两个鼻音，它们的发音部位不同。发 n 时舌尖抵在上齿龈，软腭下垂挡住气流通往口腔的道路，当气流从鼻腔共鸣流出时，舌尖与上齿龈不解除阻碍，这个鼻音已经发完了；发 ng 时舌面后部上抬与软腭形成阻碍，同时软腭下垂挡住气流通往口腔的道路，当气流从鼻腔共鸣流出时，舌面后与软腭不解除阻碍，这个鼻音已经发完了。下面分述带鼻音韵母的发音。

（1）前鼻音尾韵母。

带舌尖鼻音尾 n 的韵母共有 an［an］、en［ən］、in［in］、ün［yn］、ian［iɛn］、uan［uan］、üan［yan］、uen［uən］8 个。

an［an］、en［ən］、in［in］、ün［yn］发音时，先发元音，紧接着软腭逐渐下降，增加鼻音色彩，舌尖往上齿龈移动，最后抵住上齿龈发不除阻的 n，整个韵母发音完毕才除阻。例如“谈判”（tánpàn）、“根本”（gēnběn）、“濒临”（bīnlín）、“均匀”（jūnyún）的韵母。

ian［iɛn］、uan［uan］、üan［yan］、uen［uən］发音时，从前面的轻而短的元音（韵头）滑到中间较响亮的主要元音（ian 韵母发音时，不滑到低元音 a［a］，只滑到半低元音［ɛ］），紧接着软腭逐渐下降，鼻腔通路打开，舌尖向上齿龈移动，最后抵住上齿龈发 n，不要拖音，整个韵母发音完毕才除阻。例如“绵延”（miányán）、“转换”（zhuǎnhuàn）、“轩辕”（xuānyán）、“温顺”（wēnshùn）的韵母。

（2）后鼻音尾韵母。

带舌面后浊鼻音尾 ng 的韵母也有 8 个：ang［ɑŋ］、eng［əŋ］、ing［iŋ］、ong［uŋ］、iong［yŋ］、iang［iɑŋ］、uang［uɑŋ］、ueng［uəŋ］。

ang［ɑŋ］、eng［əŋ］、ing［iŋ］、ong［uŋ］、iong［yŋ］发音时，先发元音，紧接着舌头后缩，软腭下降，舌面后部上升，向软腭移动并抵住软腭发不除阻的 ng，整个韵母发音完毕才除阻。例如“党章”（dǎngzhāng）、“更正”（gēngzhèng）、“聆听”（língtīng）、“公共”（gōnggòng）、“汹涌”（xiōngyǒng）的韵母。

iang［iɑŋ］、uang［uɑŋ］、ueng［uəŋ］发音时，从前面轻短的韵头开始移动，紧接着发［ɑŋ］、［əŋ］。例如“想象”（xiǎngxiàng）、“装潢”（zhuānghuáng）、“状况”（zhuàngkuàng）、“渔翁”（yúwēng）的韵母。

（二）韵母的“四呼”

“四呼”是我国传统音韵学对韵母的分类。所谓四呼就是按韵母开头的元音口形的不同，把普通话韵母开头的发音按唇形和舌位的不同分为成开、齐、合、撮四个呼，简称“四呼”。

1. 开口呼

韵母开头不是 i、u、ü 的韵母。共有 15 个：ɑ、o、e、ê、-i [ɿ]、-i [ʅ]、er、ɑi、ei、ɑo、ou、ɑn、en、ɑng、eng。

2. 齐齿呼

韵母开头是 i 的韵母。共有 9 个：i、iɑ、ie、iɑo、iou、iɑn、in、iɑng、ing。

3. 合口呼

韵母开头是 u 的韵母。共有 10 个：u、uɑ、uo、uɑi、uei、uɑn、uen、uɑng、ueng、ong。

4. 撮口呼

韵母开头是 ü 的韵母。共有 5 个：ü、üe、üɑn、ün、iong。

以上归类有两个问题需要注意：

第一，对 ong、iong 两个韵母的归类处理问题。

现代语音学界对 ong、iong 这两个韵母的归类问题观点不一。这里我们把 ong [uŋ] 归入合口呼，iong [yŋ] 归入撮口呼，是按它们的实际读音排列归类的：ong [uŋ] 中所发的元音是 u [u] （不是 [o]），iong [yŋ] 中所发元音是 ü [y] （不是 [io]）。《汉语拼音方案》用 ong 表示 [uŋ]、iong 表示 [yŋ]，而没有采用 ung、üng，是为了使字形清晰醒目，同时为避免手写体 u 和 ɑ 相混。这是汉语拼音的书写形式和具体读音不完全一致造成的。

第二，对-i [ɿ]、-i [ʅ] 两个韵母的归类处理问题。

舌尖韵母-i [ɿ]、-i [ʅ] 属于开口呼，它们和齐齿呼舌面韵母 i [i]，从发音到听感乃至声母的拼合情况都有很多差异，尽管拼音方案用一个字母表示。

（三）韵母的韵尾类

韵母还可按韵尾的情况进行分类。根据韵母韵尾的不同，可以把普通话韵母分为无韵尾（开尾）韵母、元音韵尾韵母和鼻音韵尾韵母三类。

1. 无韵尾（开尾）韵母

指没有韵尾的韵母，即以单元音或后响复元音构成的韵母，如 ɑ、er、i、iɑ、uɑ、

uo、ie、üe、-i [ɿ] 等 15 个。

2. 元音韵尾韵母

指以元音 i、u 作韵尾的韵母，即以前响复元音或中响复元音构成的韵母，如 ai、iao、ei、uai、ou、iou 等 8 个。

3. 鼻音韵尾韵母

以鼻音 n、ng 作韵尾的韵母，如 an、uan、ang 等 16 个。

总之，以结构、韵尾的不同为横轴，韵头的不同为纵轴，纵横相配构成的韵母分类表，对说明普通话语音的系统性，包括音节结构的构造、语流音变的规律、方言对应的差异等都有很高的价值。

四、韵母的结构

韵母内部还可以作结构分析。韵母的结构可分为韵头、韵腹、韵尾三部分。

第一，韵头。指韵腹前面的元音。可以充当韵头的只有高元音 i、u、ü 三个。发音轻短，只表示韵母发音的起点。韵头介于声母和韵腹之间，又叫介音或介母，如“jié”（洁）中的“i”，“kuài”（快）中的“u”，“jué”（崛）中的“ü”。有些韵母没有韵头。

第二，韵腹。韵腹是韵母的主干、主要元音。比起韵头、韵尾来，声音最清晰响亮，是韵母中不可缺少的。所有的单元音都能出现在韵腹位置上。

第三，韵尾。指韵腹后面的音素（元音或辅音）。可以充当韵尾的只有高元音 i、u 和鼻辅音 n、ng。元音韵尾有 i、u（拼音方案有时标作 o，如 ao、iao，而不标作 u，是为了字形清晰，避免手写体 u 和 n 相混），辅音韵尾有 n、ng。有些韵母没有韵尾。

具体分析韵母结构时要注意以下几点：

其一，凡韵母都必须有韵腹，可以没有韵头或韵尾。分析音节结构时先确定韵腹，才能进一步确定韵头和韵尾。

其二，要分析其实际发音，韵母单写时要把拼写时省去的符号补出来，还原其本来面貌。

（1）ao、iao 两个韵母按照汉语拼音韵尾是 o，而实际应该是 u。

（2）ong、iong 的实际发音是 [uŋ]、[yŋ]，其韵腹分别是 u、ü，没有韵头。

（3）韵母 iou、uei、uen 与辅音声母相拼时，省写了中间的韵腹，写成 iu、ui、un，分析音节结构时，应把省略的韵腹补出来。如“jiu”（舅）的实际语音是 [tɕiou]，韵腹是 o。

（4）以 i、u、ü 开头的零声母音节，拼写时开头都用了隔音字母 y 或 w。分析韵母结构时，要弄清 y 或 w 是加写的还是改写的。如果是加写的，应去掉。因为 y、w 不是声母，不能当作一个音素，它们只不过是隔音用的头母，不要认为是韵头。

（5）ü 和 ê 在拼写音节时若省略头上的符号，分析韵母结构时必须还原，以免与 u、e 相混。韵母 ie、üe 中的 e 应写作 ê。如音节“xué”（学）中韵头是 ü 不是 u，韵腹是 ê 而非 e。

（6）zi、ci、si 和 zhi、chi、shi、ri 等音节中的韵腹是舌尖元音，属开口呼，分析韵母结构时必须加短横并注国际音标，写成-i［ɿ］和-i［ʅ］，以与舌面单韵母 i［i］区别。

韵母的韵头、韵腹、韵尾三者之间的层次关系、轻重长短并不一致。韵母可分为两层：韵母由韵头（介音）和韵组成，韵（韵身）又分成韵腹和韵尾。

下面对普通话韵母结构情况举例列表说明（见表 1－6）。

表 1－6　　普通话韵母结构表

<table>
<tr><td rowspan="3">韵母例字</td><td colspan="4">韵　母</td></tr>
<tr><td rowspan="2">韵头
（限于高元音
i、u、ü）</td><td colspan="3">韵（韵身）</td></tr>
<tr><td>韵　腹
（10 个单元音）</td><td colspan="2">韵　尾
（限于高元音 i、u 和鼻辅音 n、ng）</td></tr>
<tr><td>挨（ɑi）［ai］</td><td></td><td>ɑ</td><td>i</td><td></td></tr>
<tr><td>优（you）［iou］</td><td>i</td><td>o</td><td>u</td><td></td></tr>
<tr><td>温（wen）［uən］</td><td>u</td><td>e</td><td></td><td>n</td></tr>
<tr><td>越（yue）［yɛ］</td><td>ü</td><td>ê</td><td></td><td></td></tr>
<tr><td>英（ying）［iŋ］</td><td></td><td>i</td><td></td><td>ng</td></tr>
<tr><td>乌（wu）［u］</td><td></td><td>u</td><td></td><td></td></tr>
<tr><td>于（yu）［y］</td><td></td><td>ü</td><td></td><td></td></tr>
<tr><td>儿（er）［ɚ］</td><td></td><td>er</td><td></td><td></td></tr>
<tr><td>知（〈zh〉i）［ʅ］</td><td></td><td>-i［ʅ］</td><td></td><td></td></tr>
<tr><td>资（〈z〉i）［ɿ］</td><td></td><td>-i［ɿ］</td><td></td><td></td></tr>
</table>

五、普通话韵母的特点

（一）鼻音韵母分-n（前）、-ng（后）两套

普通话有前鼻音韵母和后鼻音韵母各八个，区分十分严格。但有的方言不分，或都以 n 作韵尾，如四川、云南、陕西、广西等省、自治区的部分地区，或都以 ng 作韵尾，如吴方言、闽北方言和宁夏、河北、安徽等省、自治区部分地区的方言。

(二) 复韵母丰富

普通话的韵母有前响、后响、中响复元音韵母，而英语只有二合元音，没有三合元音。

普通话的复韵母比较丰富，共有 13 个，占整个韵母的三分之一，但吴方言和粤方言的复韵母没这么多。吴方言元音韵尾缺乏，复韵母单元音化是其突出特点。这在闽方言、客家方言和北方方言区的济南、西安、昆明、合肥、扬州等地也有不同程度的反映。比如，把 ɑi 读成 [ɛ]，ei 读成 [ɛ]、[e] 或 [i]，把 ɑo 读成 [æ] 或 [ɔ]，ou 读成 [ɤ]、[u] 或 [ɯ]。与此相应，普通话里的中响复韵母，在某些方言里也没有。例如“怪”“规”，上海话分别读成 [kuɑ]、[kue]。粤方言与吴方言相反，缺少韵头。比如广州话就没有后响复韵母，把 iɑ、uɑ、uo 分别读成 [a]、[ɔ]、[ɑo]。这些方言区的人在说普通话时，要注意复韵母的读法，防止丢失韵头或韵尾。

(三) 四呼俱全

普通话韵母分开、齐、合、撮四类，但有些方言没有撮口呼韵母。客家方言和闽南方言把撮口呼归入了齐齿呼或合口呼，如把普通话“驴”读成 [lu]，又分别把“靴”读成 [hiɔ]、[hia]；西南一些方言则把撮口呼全归入齐齿呼。另外，湘方言、赣方言、客家方言、粤方言、闽方言和北方方言部分片区把一些合口呼韵母读成非合口呼韵母，如把 uo 读成 [o]，把 u 读成 [ou] 等。

(四) 有舌尖韵母-i [ɿ]、-i [ʅ] 以及卷舌韵母 er

[ɿ]、[ʅ] 两个舌尖元音在许多西方语言里都没有。在普通话语音系统中，它们不能自成音节，也不能跟其他声母组合，只能出现在同部位的声母后面作单韵母，如 zi、ci、si、zhi、chi、shi、ri。闽方言、粤方言中没有这两个韵母。

er [ɚ] 在普通话语音系统中是一个特殊的卷舌元音，它不跟其他任何元音或辅音组合，只能自成音节。它在普通话中主要用作后缀，和韵母结合成“儿化韵”，构成儿化音节。如：“小孩儿”（xiǎoháir）。南方各方言区大都没有这个后缀。

六、押韵和韵辙

押韵也叫压韵，指的是韵文（诗、词、歌、赋、曲等）中常在每隔一句的末尾用同“韵”的字。处在句子末尾的同韵字叫作“韵脚”或“韵字”。

“韵”与韵母不是同一概念。“韵”不包括韵头。韵头不同（韵腹、韵尾相同）也算同“韵”。“韵”的范围比韵母大。所以，“押韵”的字只要求韵腹和韵尾相同（包括一些韵腹相近韵尾相同的），韵头（介音）可以不计。明清以来，北方民间戏曲把“韵”称“辙”，把押韵叫“合辙”，“韵”和“辙”合称“韵辙”。

合辙押韵是让相同韵辙的字在句尾相应的位置上有规律地反复出现，造成声音回环往复，创造一种韵律美。它可以使韵文音调和谐悦耳动听，富有节奏感，诵唱顺口，易于记忆。来看王之涣的诗《凉州词》：

黄河远上白云间（jiān），一片孤城万仞山（shān）。
羌笛何须怨杨柳，　　春风不度玉门关（guān）。

诗中第一、二、四句最后一个字的韵母虽不同，但韵腹（主要元音）和韵尾都相同（an），所以这首诗是押韵的（押的是平声韵，言前辙）。

看一首世代相传的民歌：

樱桃好吃树难栽（zāi），山歌好唱口难开（kāi）。
要吃樱桃先栽树，　　要唱山歌拉下脸来（lái）。

这首民歌第一、二、四句最后一个字的韵腹（主要元音）和韵尾都相同（ai），所以也是押韵的（民歌押韵的字声调可不论）。

格律诗一般按《佩文诗韵》等韵书用韵，即根据中古汉语的语音系统分106韵部。作现代诗歌不再以这些韵书作为根据，现代比较通行的韵辙标准是“十三辙”和“十八韵”。

明清以来北方说唱文学广泛使用十三辙，十三辙是说唱艺人遵循的韵部，有韵目而无韵书。每个韵部用两个同韵代表字命名，如发花辙。十三辙押韵宽泛，它把普通话一些韵母进行了合并。有人用唱词“俏佳人扭捏出房来，东西南北坐”来代称十三辙。

此外，除了十三辙之外，北方戏曲里还有两道“小辙儿”。北方口语词儿化的结果，使不同韵的字（儿化后）变成同韵的字。人们根据儿化音变之后的异同，把十三道大辙的一部分儿化韵归纳合并成几道小辙儿。其实，小辙儿不只有两道，不过以“小言前儿辙”和“小人辰儿辙”两个韵部最宽，儿化韵的诗也以这两道小辙儿为最多。“小言前儿辙”由十三辙中的发花辙、怀来辙、言前辙等合并而成，为［ar］辙。“小人辰儿辙”由十三辙中的一七辙、乜斜辙、灰堆辙、坡梭辙、人辰辙等合并而成，为［ər］辙。

五四运动以后，人们作现代诗（古代旧体诗词用韵还要注意声调因素）或民歌一般依据新韵书《中华新韵》（黎锦熙等编）十八韵选字押韵。十八韵反映的是现代汉语语音的押韵系统。每个韵部以一个代表字命名，如麻韵、歌韵等。

十三辙和十八韵都是根据北京音系的韵母系统归纳出来的韵部，只是宽严不同。十三辙中少数辙，如一七辙、坡梭辙、中东辙比较宽，其韵腹只是大体相近。“韵”是文人的术语，“辙”是艺人的术语。哪些韵母的字算合辙押韵呢？十三辙、十八韵同普通话韵母的对照情况可参看表1-7。

表 1-7 韵辙表

十三辙	十八韵	普通话韵母	例字
(一) 发花	(1) 麻	a、ia、ua	发、达、霞、家、画、瓜
(二) 坡梭	(2) 波	o、uo	坡、摸、多、国
	(3) 歌	e	俄、车
(三) 乜斜	(4) 皆	ê、ie、üe	欸、斜、野、月、缺
(四) 姑苏	(10) 模	u	图、书
(五) 一七	(5) 支	-i [ɿ]、-i [ʅ]	私、自、志、士
	(6) 儿	er	而、耳
	(11) 鱼	ü	雨、区
	(7) 齐	i	西、医
(六) 怀来	(9) 开	ai、uai	派、来、外、快
(七) 灰堆	(8) 微	ei、uei (ui)	飞、雷、推、回
(八) 遥条	(13) 豪	ao、iao	高考、笑料
(九) 油求	(12) 侯	ou、iou (iu)	口头、流油
(十) 言前	(14) 寒	an、ian、uan、üan	斑斓、先前、转弯、圆圈
(十一) 人辰	(15) 痕	en、in、uen (un)、ün	根深、金银、温顺、均匀
(十二) 江阳	(16) 唐	ang、iang、uang	方刚、响亮、狂妄
(十三) 中东	(17) 庚	eng、ing、ueng (weng)	风筝、英明、翁瓮
	(18) 东	ong、iong	空中、汹涌

七、韵母辨正

(一) 分辨前鼻音尾韵母 n 和后鼻音尾韵母 ng

鼻韵母中-n 尾和-ng 尾在中古就有区分，但随着语音演变，现代多数方言这两个韵尾都已相混甚至完全不分。它们或者是有-n 没有-ng，或者是有-ng 没有-n。前后鼻音韵母在方言中的这种混同现象，主要表现在 en—eng、in—ing 不分，如把“风景”说成 fenjin，“金银”说成 jingying。而 an 和 ang、ian 和 iang、uan 和 uang 混同的较少。例如南京话、长沙话不能区别普通话的上述五对韵母，一般都读成前鼻音韵尾 n：“天坛”等于“天堂”，“人民”“人名”不分，“老陈”“老程”无别。上海话、昆明话、兰州话、桂林话一般把 en 和 eng，in 和 ing 的韵尾读成前鼻音韵尾 n；而广西灵川话却把 an 和 ang、en 和 eng、in 和 ing、uan 和 uang 的韵尾都读成后鼻音韵尾 ng；西北地区有些方言（如宁夏话、新疆话），一般把 en、in、uen、ün 的前鼻音韵尾 n 读成后鼻音韵尾 ng。

要分辨它们，第一步要发准 n 和 ng 这两个鼻音。最重要的是准确掌握 n 和 ng 的发音部位。练习发韵尾 n 时，舌尖轻轻抵住上齿龈；练习发韵尾 ng 时，舌面后部轻轻抬起抵住软腭，舌尖下垂且靠在下齿背后面，除阻时不发音。要注意念准下列词语的韵尾：

赞（zàn）颂—葬（zàng）送　　陈（chén）旧—成（chéng）就
吩（fēn）咐—丰（fēng）富　　亲近（qīnjìn）—清静（qīngjìng）
惋（wǎn）惜—往（wǎng）昔　　引（yǐn）子—影（yǐng）子

掌握了这些韵母的发音后，第二步是记住各种鼻音韵尾的例字，进一步分清常用字中哪些字韵母带 n 尾，哪些字韵母带 ng 尾。这里有一些记忆规律。

1. 利用普通话语音声韵相配规律掌握韵母

声母 d、t、n、l 和 en 不能构成音节。如："登""灯""腾""誊""能""冷"的韵母肯定是 eng［"嫩"（nèn）是例外字，"扽"（dèn）、"恁"（nèn）是方言词］。声母 d、t、n 和 in 不能构成音节。如："丁""听""庭""宁""凝"的韵母肯定是 ing［"您"（nín）也是例外字］。

2. 利用方言与普通话语音的对应规律分清韵母

方言声母是双唇音及唇齿音 b、p、[b]（b、p 的浊辅音）、m、f、v（f 的浊辅音）的，它们的普通话韵母绝大多数是 en 或 uen。如："本""奔""笨""喷""盆""门""闷""分""忿""闻"等。例外字极少，如："烹"（pēng），"萌""盟"（méng）。

3. 利用形声字声旁类推

汉字中有大量形声字，声旁相同的字，读音往往相同或近似，可以据此进行类推。如：

申（shēn）—伸、呻、绅、砷（shēn），神（shén）
生（shēng）—牲、甥、笙（shēng），胜（shèng）

（二）分辨 i 和 ü

单韵母 i 和 ü 都是舌面前高元音，发音近似。有些方言如昆明话、部分客家话和粤语阳江话、广西钦州一些方言、西南官话地区一些方言、上海崇明话没有撮口呼韵母，与齐齿呼读音混淆，i、ü 都念成 i。不会发 ü 的人，可用唇形变化的办法来练习：先展开嘴唇发 i，舌位不动，慢慢把嘴唇拢圆，就能发出 ü 的音色。如："容易（róngyì）—荣誉（róngyù）""记号（jìhào）—句号（jùhào）"。会发 ü 后，还要进一步记住哪些字韵母是 i 和以 i 开头的，哪些是 ü 和以 ü 开头的。

也可以利用形声字声旁类推，掌握撮口呼的字。如：

俞（yú）—瑜、逾、渝、愉、揄、觎（yú），喻、谕、愈（yù）。
云（yún）—芸、耘（yún），运、酝（yùn）。

练习下列词语，注意韵母的不同：

小姨（yí）—小鱼（yú）　　白银（yín）—白云（yún）
季节（jìjié）—拒绝（jùjué）　　通信（xìn）—通讯（xùn）
前（qián）面—全（quán）面　　潜（qián）水—泉（quán）水
名义（yì）—名誉（yù）　　意（yì）义—寓（yù）意

(三) 分辨 o 和 e

有些方言韵母 o 和 e 不分。例如：新疆话没有 o 韵母，把 o 全都读成 e；东北不少地方把 o 韵母读成 e 韵母；西南不少方言把 e 韵母读成了 o 韵母。o 和 e 的发音大致相同，区别只在于唇形的圆展，可以用唇形变化的办法来练习。要注意下面词语韵母的发音：

泼墨（pōmò） 车辙（chēzhé） 合格（hégé） 磨合（móhé） 博得（bódé）
破格（pògé） 苛刻（kēkè） 薄膜（bómó） 折磨（zhémó） 特色（tèsè）

除了准确发音外，还可以利用语音演变及普通话语音内部结构规律来纠正方音，弄清韵母：普通话韵母 o 只跟唇音声母 b、p、m、f 拼合。韵母 e 则相反，不跟唇音声母拼合。

(四) 念准复元音韵母

吴方言、江淮方言大都没有（u）ai、（u）ei、（i）ao、（i）ou 这一类复韵母，而读成单韵母。下列词语的韵母要注意念准：

开会（kāihuì） 胚胎（pēitāi） 毁坏（huǐhuài） 鸟兽（niǎoshòu）
手表（shǒubiǎo） 校对（jiàoduì） 排球（páiqiú） 交流（jiāoliú）

(五) 分辨 eng 和 ong

不少方言区的人把 eng 读成 ong，如“风”（fēng）—（tong），“梦”（mèng）—（mòng）。要改变这种语音习惯首先要发准这两个韵母，发 eng 时不要把唇形拢圆。然后再记住普通话韵母 ong 不能与唇音声母 b、p、m、f 相拼构成字音，凡遇到唇音声母的字，一律改读为 eng。

(六) 避免丢失韵头 i 或 u

普通话复韵母和鼻韵母有许多有韵头 i、u，而在有些方言中却往往丢失，把一些齐齿呼和合口呼韵母的字读成开口呼。例如西南方言和湘方言、上海话常把“对”（duì）说成“dèi”，“伦”（lún）说成“lén”。这些方言区的人应该注意弄清字音，增加韵头。

另外掌握以下规律有助于防止韵头的丢失：普通话唇音声母和 n、l 声母跟韵母 ei 拼合；其他声母则跟韵母 uei 拼合，只有极个别字例外；普通话舌尖前音声母只跟韵母 uei 拼合，不跟韵母 ei 拼合（“贼”字例外）。注意念准下列词语的韵头：

遵守（zūnshǒu） 追究（zhuījiū） 村庄（cūnzhuāng） 碎嘴（suìzuǐ）
纯粹（chúncuì） 昆仑（kūnlún） 春笋（chūnsǔn） 干脆（gāncuì）

（七）防止丢失鼻音韵尾 n

普通话带鼻音韵尾 n 的 an、ian、uan、üan 四个韵母在有些方言中往往念成鼻化元音，有的甚至完全丢失鼻音。例如昆明话、桂林话分别读 ã［ã］、iã［iɛ̃］、uã［uæ̃］、üã［yɛ̃］，北方方言的西安话、太原话、济南话分别读成 ã［æ̃］、iã［iæ̃］、uã［uã］、üã［yæ̃］，即发这些韵母的主要元音 a 时带有鼻音色彩，而没有把韵尾鼻音 n 切实读出来。而上海、苏州等吴语地区把 an 韵字念成单元音韵母［ɛ］或复元音韵母。说这些方言的人要注意鼻辅音韵尾要读到位，在发完主要元音之后，紧接着把软腭降下来，打开鼻腔通路，并把舌头抵住上齿龈发好 n，整个韵母发音完毕才除阻。注意念准下列词语的韵尾：

电线（diànxiàn）　宣传（xuānchuán）　感叹（gǎntàn）　刊载（kānzǎi）
才干（cáigàn）　元帅（yuánshuài）　怪诞（guàidàn）　联赛（liánsài）

思考题

1. 元音和韵母有何不同？这两个概念能不能通用？
2. 《汉语拼音字母歌》中有哪些单元音字母？它们怎样代表普通话十个单元音韵母？
3. 元音发音时气流在口腔里是怎样受到调节的？舌面元音的发音条件是如何形成的？
4. 复合元音由多个单元音组成，为什么它们的读音不会被误听为连续发两个单元音或是三个单元音？
5. 说说你的家乡话的韵母与普通话韵母的不同，并找出它们的对应关系。

第四节 声调

一、什么是声调

用现代语音学的方法对汉语音节进行分析，会得到人类语音结构共有的元音和辅音。但是，作为一种独立的语言，汉语更有自己的个性，即属于声调语言。

按照汉语传统的分析方法，汉语的音节，除了声母、韵母外，还有一个贯穿整个音节始终的高低升降变化的声调。如普通话里“汉”这个音节，在整个发音过程中贯穿着由高降到低的音高变化。声调是整个音节的音高格式，是依附在音节上的超音段成分。汉语的一个音节基本上就是一个汉字，所以声调也叫字调。

在汉语里，声调同声母、韵母一样，具有区别意义的作用。声母、韵母相同的音节，往往靠不同的声调来表示不同的意义。在普通话里，同一个音节［tA］可以念成四种音高格式，如［tA^{55}］（搭）、［tA^{35}］（达）、［tA^{214}］（打）、［tA^{51}］（大）这四个音段结构都相同，都是由辅音声母［t］和元音韵母［A］两个音素构成，但它们的音高格式有平、升、曲、降的不同，就形成表示不同意义的语素。

任何一种语言的音节都有音高，但不是所有的音高都是声调。汉藏语系一些语言的音节是附有声调的，但印欧语系等世界上大多数语系的音节有音高而没有声调音高格式，所以被公认为没有声调的语言。如英语的“you”这个音段，虽然也可以念成平升曲降的音高形式，但只有一个意义（你），其音高的变化并不会使“你”的意义发生变化，因此英语音节也可以有多种形式的音高，但没有辨义作用，没有区别意义的特定的声调。可见声调不是所有语言里音节中不可或缺的成分。但就有声调的汉语来说，一个音节一定有一个或几个声调。声调是汉语音节中不可缺少的重要组成部分。

二、调值和调类

（一）调值

调值是指声调的实际音值或读法，也就是依附在音节里高低升降的音高变化的固定格式。调值的语音特点有以下几方面。

第一，调值主要由音高构成，音高的高低变化是由人在发音时控制声带的松紧决定的。声调是指能区别意义的相对音高。同一个人，情绪激动时的音高一般要比郑重庄严的发言高一些，但同一个人不同声调的高低升降是不变的。女子或小孩的音高比成年男子高一些，同一个词“今天”，一个男人和一个女人说出来，女人的最低音可能比男人的最高音还高，但因音高格式相同，别人听起来还是“今天”，尽管用精密仪器量出来的频率即绝对音高肯定大不相同，但两个人说话时的音高走势相同，都是平平的，因此意思完全一样。这种音高变化格式和升降幅度就是构成调值的“相对音高”。也就是说，这两个人发音时绝对音高虽然不同，而相对音高却是相同的，所以他们可以很顺利地理解对方说的话。这说明人耳对声调的感知主要是音高的相对差别，而不是绝对差别。总体来说，相对音高就是用比较的方法确定的同一基调的音高变化格式和幅度。

第二，构成调值的相对音高在读音上是连续的、渐变的，中间没有停顿，没有跳跃，即声调的音高升降变化的方式是逐渐无级滑动式的。

音乐中的音阶也是由音高决定的，但是，声调的音高变化不同于歌唱时音阶曲调的音高的变化。音阶的音高是不变的绝对音高，音阶的移动、变化常常是阶梯跳跃式的。

调值反映的是相对音高，要确定调值，必须通过对不同声调的起点、终点和高低相互比较，寻找它们在声调模式上的相对差别。为了具体而形象地描写汉语的调值，一般采用赵元任先生创制的“五度标记法”来标记声调（见图 1－13）。

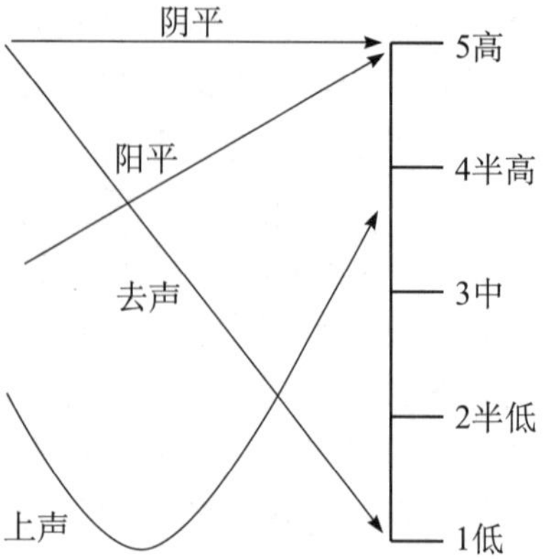

图 1－13　普通话调值五度标记图

五度标记法是用五度竖标来标记调值相对音高走势的一种方法。画一条竖线为坐标，分成四格五度，表示声调的相对音高，并在竖线的左侧画一条反映音高变化走势的短线或一点，直观地表示声调的音高升降变化的格式。根据音高变化平升曲降的走势，制成五度标调符号，有时也采用两个或三个数字表示，这叫调值数码法。曲调一般用三个数字来记录，单纯升或降的用两个数字表示，最短的调值用一点来表示。汉语音高格式随方言不同而不同。

（二）调类

调类指声调的种类，即把一种语言或方言里调值相同的字归纳在一起所建立的类。同一种语言或方言里，有几种基本调值，就可以归纳成几种调类。普通话有四种基本调值，就有阴平、阳平、上声、去声四个调类，统称四声。江苏南京话有五种调值，它就有五个调类。

由于声调的历史演变，现代汉语普通话和各地方言的声调数目已互有差异。汉语方言中，调类最少的有三个（如山西太原话、河北滦县话和张家口话），多的有八九个（如绍兴话、广州话、温州话），最多达十个调类（如广西的玉林、博白），多数是四个。

汉语方言的声调有着各自不同的调值和调类。两种方言调值相同的不一定属于同一种调类；而调类相同的字，其调值往往也相差很大。

三、普通话的声调

普通话有四个调类，全部字音分属四种基本调值（不包括轻声、变调）。

（一）阴平（第一声）

高而平，即由 5 度到 5 度，表示声音自始至终比较高，而且基本上没有音高的升降变化，调值 55。因此，阴平调又叫高平调或 55 调。例如“春”“天”“花”“开”的声调。

(二) 阳平 (第二声)

由中音升到高音，即由 3 度升到 5 度，是个高升的调子，调值 35。因此，阳平调又叫高升调或 35 调。例如“人”“民”“勤”“劳”的声调。

(三) 上 (shǎng) 声 (第三声)

由半低音先降到低音，持续一定时间后，再往上升到半高，即由 2 度降到 1 度再升到 4 度，是先降后升的曲折调，调值 214。因此，上声调又叫降升调（凹调）或 214 调。例如“永”“远”“友”“好”的声调。

(四) 去声 (第四声)

由高音一路降到低音，即由 5 度降到 1 度，是个全降的调子，调值 51。因此，去声调又叫全降调或 51 调。例如“创”“造”“世”“界”的声调。

普通话四种基本声调的调型特点可以简单概括为“一平、二升、三曲、四降”，调型差别较大，不易混淆。拼音方案的调号就反映了这四种调型。

调型即声调的类型，指声调高低、升降的变化模式。

调号即标注声调的符号，指标写声调所用的简单明了的符号。《汉语拼音方案》所采用的调号（声调符号）反映了调型；调值数码法和五度标记法用于国际音标，均可反映调值；调类点角法可用于国际音标，也可用于汉字字音，它只反映调类。

《汉语拼音方案》规定，把五度标记法的图形去掉竖线，简化为一种不标刻度的声调符号。普通话四声的调值分别用声调符号“ˉ”“ˊ”“ˇ”“ˋ”标示在音节的主要元音韵腹上。例如：dītàn（低碳）。

普通话的声调可以作如下描写和标记（见表 1－8）。

表 1－8 普通话声调标记示例表

例字 调类 名称 调型名称		酸 阴平 （第一声） 高平调	甜 阳平 （第二声） 中高升调	苦 上声 （第三声） 降升调	辣 去声 （第四声） 全降调	位置	作用
调号	拼音符号法	suān	tián	kǔ	là	标在主要元音字母上	体现调值
	调值数码法	[suan^{55}]	[tʰiɛn^{35}]	[kʰu^{214}]	[lᴀ^{51}]	标在音标右上角	表现调值
	五度标记法	[suan˥]	[tʰiɛn˧˥]	[kʰu˨˩˦]	[lᴀ˥˩]	标在音标右边	表现调值
	调类点角法	[꜀suan] ꜀酸	[꜁tʰiɛn] ꜁甜	[꜂kʰu] ꜂苦	[lᴀ꜄] 辣꜄	标在音标或汉字四角	标示调类

四、古今调类和四声平仄

（一）古今调类比较

普通话的声调有四个：阴平、阳平、上声、去声，简称“四声”；古代汉语，主要指中古汉语语音的声调，一般认为也有四个：平声、上声、去声、入声。普通话的调类系统来自古代汉语的调类系统。古四声演变到今普通话四声，已不是一一对应关系，它们的内涵不同。要搞清楚古今调类演变规律，首先要了解几个基本概念。

第一，清浊和阴阳：在我国南朝齐梁之际，古汉语就分为四类声调：平、上、去、入。后来语音发展变化，根据声母的清浊各分为阴阳两类，清声母字归阴调，浊声母字归阳调。这样古四声实际上分化演变为阴平、阳平、阴上、阳上、阴去、阳去、阴入、阳入八类声调。

第二，全浊和次浊：浊声母可以分为“全浊”和“次浊”两类。全浊声母指声带振动的塞音、塞擦音和擦音声母的古浊音声母字。次浊声母指声带振动的鼻音（m、n、ng）、边音（l）以及零声母（半元音）的古浊音声母字。

现代汉语普通话和方言的声调都是从古汉语声调发展演变而来的。古今调类的历史演变情况大致如下。

1. 平分阴阳

古平声中阴、阳分别归入今阴平和阳平。普通话的阴平声字，大致跟古清声母的平声字相当；阳平声字，大致跟古浊声母的平声字相当。

2. 浊上归去

阳上，又分为全浊阳上和次浊阳上。古上声清声母阴上字和次浊声母阳上字在普通话里都归入上声，而古全浊声母阳上字一律归入今去声。因此，普通话的上声字包括古清声母上声字和部分浊声母上声字，去声字包括古去声字和一部分古浊声母上声字。

3. 入派三声

古代入声调类在普通话里已经消失了，普通话没有入声，分别归并到平、上、去三种调类。古入声字在普通话里的分合情况比较复杂。古清声母入声字分归普通话的阴平、阳平、上声、去声四个调类；古浊声母入声字归入去声或阳平，其中古全浊声母入声字归入普通话阳平，古次浊声母入声字归入普通话去声。

古声调同普通话声调的关系可以从表 1-9 中看出来。

表 1-9 **古今调类比较表**

古调类	古清浊声母		普通话调类			
			阴平	阳平	上声	去声
平声	清声母		夫汤妻诗			
	浊声母	次浊		门难牛油		
		全浊		符糖齐时		
上声	清声母				府短酒纸	
	浊声母	次浊			米老藕有	
		全浊				妇稻旱似
去声	清声母					富对去试
	浊声母	次浊				慢浪岸用
		全浊				附道汗寺
入声	清声母		哭桌出瞎	革国博节	谷铁北百	客阔必式
	浊声母	次浊				
		全浊		白敌学直		木绿日叶

现代汉语沿用“平、上、去、入”等古代传统调类名称，所以，普通话和各地方言的调类名称是统一的，这样做目的就是使人了解古今调类演变的来龙去脉，便于类推。这不仅能帮助我们掌握普通话或方言跟古汉语声调的关系，还能帮助我们搞清普通话与方言、方言与方言之间在声调上的对应关系、规律。

中古汉语的声调系统演变到现在，在现代汉语普通话和各方言中的分合发展情况不尽相同，发展的速度也不一样，这反映了语言发展的不平衡性。就调类来说，在北京话里还有阴平、阳平、上声、去声四类。在其他方言里可以多到十类，少到三类。就调值来说，各方言调值是五花八门的，同一种声调名称的调值并不都相同，例如：“山”字的调值，在普通话中是高而平的调子，在各方言中，有平调的，有降调的，有降升曲折调的，但是调类都相同，“山”都归入阴平字或平声字。

（二）四声与平仄

“平仄”这一概念，古今稍有区别。古代把四声分成“平”和“仄”两类。古代汉语的“平”指古四声“平上去入”中的平声，声音平直、高扬、开朗、绵长，调值不升不降；“仄”是古四声中的上去入三声的总称，仄声低沉、收敛、短促，调值有升降曲降变化。

现代汉语普通话的“平”指阴平（高而平）、阳平（高而扬），“仄”指曲折的上声和高降的去声。古入声字在普通话中已经消失了，阴平、阳平字中还有一部分来自古入声字，仍应看作古“仄”声。这或者可以视为现代汉语（普通话）的平仄。

我国古代诗词、韵文对平仄有严格的要求，其中的“粘”和“对”就是充分利用汉语声调特点，通过有规律地交替使用平与不平这两大类声调，恰当地安排调配平仄，造成诗句音节抑扬顿挫、和谐动听、起伏变化、跌宕有致，产生韵律美。平仄不调是古代诗词之大忌。

在古代诗词与戏曲唱词、对联、快板里，除了开头两句外，句末韵脚比较注意平仄交错相对，一般运用“上仄下平”的规律，中间平仄相间，上句、下句也尽量平仄相对。例如：

例一：

国 破 山 河 在，
| | — — |
城 春 草 木 深。
— — | | —

例二：

金 沙 水 拍 云 涯 暖，
— — | | — — |
大 渡 桥 横 铁 索 寒。
| | — — | | —

以上古今两例，上下平仄抑扬相配，即上句句末用仄声字“在”“暖”，下句句末则用平声字“深”“寒”，完全符合诗词的格律。

现代创作自由诗、民歌以及散文等，虽然不严格讲究平仄，但是，写律诗、绝句和填词，用以表现当代思想感情，书写现代对联，欣赏古代诗词，都必须懂得古代的四声与平仄。古今声调是一脉相承的，可依据现代汉语（普通话）推知古调类，例一、二中的“国”“拍”字有难度，但我们也可以利用方言声调知识来推知其古声调的调类，从而确定其平仄。

古今声调的演变有基本整齐的对应规律。今天我们读古诗词，有些地方觉得不协调，那是古今声调发生变化的缘故。

现代汉语里有不少四字格成语继承了古典诗词的特点，声调配合得相当巧妙。例如：借花献佛（仄平仄平）、十万火急（平仄仄平）、不欢而散（仄平平仄）、走马观花（仄仄平平）。

五、声调辨正

（一）掌握方言和普通话声调的对应关系

普通话声调跟现代汉语各方言的声调存在着明显的对应规律。普通话和方言在声调上的差异，主要表现在调类和调值两个方面。

从调类看，方言和普通话同古四声的分合关系各不相同，因而一些字在方言和普通话调类里的具体归属也并不一样。普通话只有阴平、阳平、上声、去声四个调类，而方言中的调类数量则参差不齐，少的三个，多的九个、十个的都有，有些方言仍有入声这一调类。

从调值看，方言和普通话调类相同而调值不同。普通话调值有平调、升调、降升调和降调。有的方言只有平调、升调、降调，而无降升调，如长沙话；有的方言，如福州话，调值虽有曲折的形式，但和普通话不同，普通话里是降升调，它却是升降调。同是平调，还有高低的不同，例如普通话、梅州客家话、长沙话、扬州话的阴平调值分别是 55、44、33、21，上海话的阴平调值是 53。同是阳平，普通话、杭州话阳平调值分别是 35、13。

另外，还有调类不同而调值相当的。如普通话的上声是降升调 214，重庆话的去声也是降升调 214。而南京话则声调数和调值与普通话都不同。

总之，由于各方言和普通话的调类间存在着比较整齐的对应关系，我们在学习普通话声调时，弄清自己的方言同普通话调类、调值之间的对应关系，就可以去类推，而不必死记。

（二）改掉古入声

入声读音短促，不能延长，有时韵母还带有喉塞音韵尾［ʔ］。中古语音的入声字韵尾本有 b、d、g 三个，在演变过程中一般都发生了变化，至今保留这三个韵尾的只有粤语；其他方言的入声字韵尾多数变为以喉塞音［ʔ］煞尾，如吴语、闽语、赣语等。

古入声演变到现在，在现代方言中的情况并不完全一样，在有的方言中已经消失了，有的方言里还有。汉语除官话区以外，其他方言大都有入声。如南京、合肥、太原、呼和浩特、包头、安阳、新乡等地区还完整地保留着入声。而在北方方言中除江淮方言以及西北、西南少数地区保存入声外，则基本消失。有的方言只有一个入声，如南京话；有的方言有两个入声，分阴入、阳入，如梅州客家话；有的方言有三个入声，分上阴入、下阴入和阳入，如广州话；还有四个入声的，阴入、阳入各分上、下两类，如广西玉林话。

有入声的方言大致分两种情况：（1）入声后面带有塞音韵尾，多数方言的入声字属于此类。韵尾塞音有的是 b［p］、d［t］、g［k］（韵尾塞音只有成阻期、持阻期，没有除阻期，属唯闭音），如梅州客家话、广州话、厦门话；有的是 d［t］、g［k］（b［p］已与 d［t］合流），如广西贺州黄田客家话、钟山英家客家话；有的是喉塞音［ʔ］，如福州话、苏州话。（2）入声后面不带塞音韵尾，读音不短促，可以延长，如长沙话、孝感话。

在没有入声的北方话中，各地区入声的归属也不完全一致。主要有四种情况：（1）同普通话一样分归四声的，如东北的某些方言；（2）全归为阳平的，如桂林话、汉口话；（3）分归阴平、阳平，如西安话；（4）分归阳平、去声的，如兰州话。

普通话已没有入声这一调类，古入声字分别分派到了普通话阴平、阳平、上声、去声四个声调里去了。因此，一般来说，有入声的方言区的人学习普通话，首先要弄清哪些字是入声字，然后注意把入声字的短促的念法改掉（去掉塞音韵尾），把方言入声改读成普通话声调。

有的方言虽然没有入声，但因为古入声字的归类和普通话大都不一样，所以也要注意把归类不同的查找出来并加以改正。据粗略的统计，600 个左右常用的古入声字，在普通话中读去声的约占 40%，读阳平的约占 31%，读阴平的约占 21%，读上声的只有7%～8%。可见，古入声字在普通话里归入上声的最少。先记住这少数的一些字，再记阳平字、阴平字，把其余的入声字都读成去声，就可以掌握古入声字在普通话里的读音。

另外，还可以利用古今声调的演变、分化规律来帮助我们记忆：

（1）普通话属鼻韵母的字都没有古入声字。

（2）方言中的古入声字在普通话中属单韵母和复韵母，而声母是 m、n、l、r 及零声母的，在普通话里读去声。如：麦（mài）、密（mì）、默（mò）、睦（mù）、纳（nà）、虐（nüè）、立（lì）、鹿（lù）、绿（lǜ）、落（luò）、日（rì）、热（rè）、弱（ruò）、亦（yì）、物（wù）、卧（wò）、列（liè）等。少数字例外，只能硬记，如："一""壹""揖""噎""压""押""鸭""约""挖""摸""抹""捏""勒""屋"读阴平调，"额""膜"读阳平调，"乙""辱"读上声调，"没"阳、去两读，"恶"上、去两读。

（3）方言中的入声字在普通话中声母是不送气的塞音、塞擦音 b、d、g、j、zh、z 的，在普通话中多数是阳平，如：白（bái）、勃（bó）、别（bié）、独（dú）、敌（dí）、夺（duó）、国（guó）、吉（jí）、杰（jié）、局（jú）、宅（zhái）、直（zhí）、逐（zhú），杂（zá）、泽（zé）、族（zú）。

（4）有些方言的古入声字全归阳平，说这些方言的人只要熟记普通话里哪些古入声字归阴平、上声和去声即可，归阳平的就不必记。

总之，联系自己熟悉的方言声调找出规律去学习，纠正方言的发音，就可以解决古入声字在普通话中的声调改读问题。

深入研究汉语的声调系统，对于建立汉语声调类型学、学习和掌握方言与普通话声调的对应规律，推广和普及普通话，具有理论和实践意义。

思考题

1. 什么是声调？"声调是汉语音节里不可缺少的部分"这句话怎样理解？

2. 什么是调值和调类？试举例说明两者的关系。

3. 请把你所说方言的声调跟普通话的声调作比较，归纳整理出自己家乡方言的调值和调类与普通话声调的对应规律。

4. 举例说明普通话四声和古四声的分合情况、演变规律。

5. 有的西安人说西安话的"是""试""事"是阴平，请对这样的说法进行评议。

第五节 音节

一、什么是音节

辅音和元音是用现代语音学的方法分析音节得出的最小语音单位，声母、韵母、声调是用中国传统音韵学的方法分析音节得出的组成部分。在实际语言里一连串的语流中人们听感上分辨出来的并不是辅音、元音或声母、韵母，而是一个个音节。音节是交谈时听觉自然感到的最小语音单位。发音时发音器官肌肉紧张一次就形成一个音节。音节由一个或几个音素构成。一般说来，普通话中一个汉字的读音就是一个带调音节。如“上海是一个国际大都市”（Shànghǎi shì yī ge guójì dà dūshì）这一连串的声音，发音器官紧张十次，就是十个音节，写下来是十个汉字。例外是儿化音节，用作后缀的“儿”字和前面一个字读一个音节，例如“花儿”（huāir）、“模特儿”（mótèr）。

二、音节的结构

当一个音节由多个音素构成时，音节内部就有不同的层次和结构。汉语音节结构一般有声母、韵母、声调三个构成要素。韵母相对比较复杂，内部分小层次，分析成韵头（介音）与韵身（韵）。而韵身内部又再分更小的层次，即韵腹（主要元音）与韵尾。这样经过层层分析，得到普通话音节内部处于不同层次的五部分：声母、韵头、韵腹、韵尾、声调。但这五部分并不总是齐全地出现在每个音节中，有的音节五个部分俱全，有的只有其中一两部分。现将普通话音节的结构方式列表分析如下（见表 1 - 10）。

表 1 - 10 **普通话带调音节结构类型表**

例字及标音	声母	韵母				声调	说明
		韵头（介音）	韵（韵身）				
			韵腹（主要元音）	韵尾			
				（元音韵尾）	（辅音韵尾）		
我 wǒ [uo²¹⁴]		u	o			上声	少辅音声母、韵尾
知 zhī [tʂʅ⁵⁵]	zh		-i [ʅ]			阴平	少韵头、韵尾
道 dào [tɑu⁵¹]	d		a	u		去声	少韵头
学 xué [ɕyɛ³⁵]	x	ü	ê			阳平	少韵尾

续前表

例字及标音	声母	韵母				声调	说明
		韵头（介音）	韵（韵身）				
			韵腹（主要元音）	韵尾			
				（元音韵尾）	（辅音韵尾）		
外 wài [uai^{51}]		u	a	i		去声	少辅音声母
语 yǔ [y^{214}]			ü			上声	少辅音声母、韵头、韵尾
强 qiáng [tɕʰiaŋ^{35}]	q	i	a		ng	阳平	五部分俱全

注：本表所说“少辅音声母”的音节有零声母。

从上表可以看出汉语普通话的音节结构主要有如下特点：

第一，一个音节最多有四个音素符号[如“窗”（chuāng）]，最少有一个音素符号。

第二，元音在音节中占优势。每个音节都有元音，一般情况下辅音不能独立成音节，只有口语中极个别叹词“呣”“呒”“嗯”等由鼻辅音 m、n、ng 独立构成音节。元音符号少则一个（即韵腹），多至三个。三个元音可以连续排列，分别充当韵头、韵腹、韵尾。如 jiào（教）这个音节里，i、a、o 三个都是元音。

第三，音节中可以没有辅音（如“俄”），但不能没有元音。一个音节最多有两个辅音，而且位置固定，多数处在音节的开头作声母，少数处在音节的末尾作韵尾（如“帘”）。在音节末尾出现的辅音只限于 n、ng。不存在辅音丛，没有两个辅音相连的情况（声母 zh、ch、sh 和韵尾 ng 都是用两个字母表示一个辅音，不是两个音素的复合或连用）。

第四，汉语音节都有韵腹和声调，可以没有辅音声母（但有零声母）、韵头和韵尾。

普通话音节结构分析是根据实际读音来分析的，应该遵从语音事实，一些拼写时省略、改变的符号写法在分析时都应恢复原状，以便看清音节的成分。具体见韵母结构分析部分。

三、音节的拼合

普通话里，声、韵、调之间的配合具有很强的规律性，不能任意拼合。

（一）声母和韵母的拼合规律

普通话的声韵拼合规律主要取决于声母的发音部位和韵母的四呼的配合关系。声韵拼合关系的一些主要规律如表 1－11 所示。

表 1-11 **普通话声韵配合简表**

声母		韵母			
		开口呼	齐齿呼	合口呼	撮口呼
双唇音	b、p、m	+	+	只跟 u 相拼	
唇齿音	f	+		只跟 u 相拼	
舌尖中音	d、t	+	+	+	
	n、l				+
舌面前音	j、q、x		+		+
舌面后音	g、k、h	+		+	
舌尖后音	zh、ch、sh、r	+		+	
舌尖前音	z、c、s	+		+	
零声母	ø	+	+	+	+

注："+"号表示全部或局部声韵能相拼，空白表示声韵不能相拼。

从声母方面横向看：

第一，双唇音和舌尖中音 d、t 能跟开口呼、齐齿呼、合口呼韵母拼合，不能跟撮口呼韵母拼合。双唇音拼合口呼限于 u。

第二，唇齿音、舌面后音、舌尖前音和舌尖后音能跟开口呼、合口呼韵母拼合，不能跟齐齿呼、撮口呼韵母拼合。唇齿音 f 拼合口呼限于 u。

第三，舌面前音同上述四组声母相反，只能与齐齿呼、撮口呼韵母拼合，不能跟开口呼、合口呼韵母拼合，从而跟上面四组声母形成多重互补格局。

第四，舌尖中音 n、l 能跟四呼韵母相拼，零声母音节在四呼中都有。

从韵母方面纵向看：

第一，能跟撮口呼韵母拼合的声母最少，只有 j、q、x、n、l 及零声母。

第二，能与开口呼、合口呼韵母拼合的声母最多，除 j、q、x 以外，其他声母都能与之拼合。但唇音声母拼合口呼的，只限于单韵母 u。

第三，能与齐齿呼韵母拼合的声母除 j、q、x、n、l 及零声母外，还有 b、p、m、d、t。

以上是一些宏观整体的声韵拼合规律。另外，还有一些具体的规律：

其一，o 韵母只拼双唇音和唇齿音声母 b、p、m、f，而 e、uo 韵母却不能同双唇音或唇齿音声母相拼（me 除外）。

其二，ong 韵母必须与辅音声母相拼，没有零声母音节，且不拼唇音声母。ueng 韵母不能同辅音声母相拼，只有零声母音节。

其三，ua、uai、uang 韵母只拼舌尖后声母，不拼舌尖前声母。

其四，-i [ɿ] 韵母只拼 z、c、s 三个声母，-i [ʅ] 韵母只拼 zh、ch、sh、r 四个声母，并且都没有零声母音节。

其五，er 韵母虽是开口呼，却不与任何辅音声母相拼，只有零声母音节。

简表中的规律是比较粗略的，并没有反映出每个声母和韵母的配合细节。例如，d、t、n、l 虽然都能与开口呼韵母配合，但能和韵母 en 配合的实际上只有 dèn（扽）和 nèn（嫩）；这四个声母都能与齐齿呼韵母配合，但能和韵母 ia 配合的只有 d、l，而且只有两个字："diǎ"（嗲）、"liǎ"（俩）。要全面细致地掌握普通话声韵拼合规律，还必须熟悉音节的拼写规则。

汉语各地方言的声韵拼合规律跟普通话不完全一样。例如吴方言唇齿音声母可以跟齐齿呼韵母拼合，而普通话不能。比较普通话和方言声韵拼合情况的异同，并掌握其对应规律，对学好普通话是有帮助的。

（二）声韵母与声调的配合关系

普通话声母、韵母和声调的配合关系比较复杂，规律性不是很强，往往与古声母的清浊有关系。较为明显的规律有：

第一，普通话里 m、n、l、r 四个浊音声母的阴平字很少，并且限于口语常用的字。例如："摸"（mō）、"蔫"（niān）、"溜"（liū）、"扔"（rēng）等。

第二，普通话鼻韵母的字在古代都不是入声字，所以普通话里 b、d、g、j、zh、z 这六个不送气塞音、塞擦音声母跟鼻韵母相拼基本上没有阳平调，少数例外有方言字"甭"（béng）、"哏"（gén）、"咱"（zán），都是北京方言成分。

（三）普通话语音的常用音节

普通话有 22 个声母和 39 个韵母，不计声调，理论上可以组成 858 个音节。但实际上普通话声韵配合表里声母和韵母一共能拼合成 405 个有意义的基本音节（字音），如果再配以声调，理论上应该得到 1 620 个音节，但事实上有汉字的带有特定声调的音节也只有 1 200 多个。所以汉字虽然成千上万，但音节的数目是有限的。普通话 405 个音节在运用时出现的频率并不均衡。据统计，在日常语言里经常使用的基本音节只占很少一部分。根据音节使用的频率不同，可以把普通话音节分为四类：

高频常用音节，共 14 个：de、shi、yi、bu、you、zhi、le、ji、zhe、wo、ren、li、ta、tao。

中频次常用音节，共 33 个：zhong、zi、guo、shang、ge、men、he、wei、ye、da、gong、jiu、jian、xiang、zhu、lai、sheng、di、zai、ni、xiao、ke、yao、wu 等。

次频又次常用音节，共 62 个（略）。

低频不常用音节，共 291 个（略）。

前两类高频音节和中频音节共 47 个，但在语言中的出现率却占到 50％。而前三类加起来总数也只有 109 个，大约只占音节总数的大约 1/4，但其出现率却已高达音节总数的 75％，所以，学习普通话音节，应重点掌握这些常用音节。

掌握了普通话声、韵、调的配合规律，有助于认识普通话音节结构的特点，克服方言影响，避免拼音拼写的错误。例如"灯""丁"一定是 deng、ding 而不是 den、din 等。适当对照方言，还可以减少把方言音节当作普通话音节的错误。例如：普通话里，f 和 i 不相拼，上海话却把"飞"读成 fi。普通话里，t 和 ün 不相拼，广州话里"团"却读成 tün。

四、音节的拼读

音节的拼读就是把从音节中分析出来的声母、韵母、声调拼合起来，韵母中包含所拼字音的声调，构成一个带调音节或字音。

（一）拼音要领

1. 声母要用本音

平常念声母，一般是在声母的本音后面加上一个元音，念它的呼读音。用声母拼音时，应该去掉这个加进去以便呼读的元音，而用它的本音。可以用“前音轻短后音重，两音相连猛一碰”的办法来参考。前音（声母）念得轻而短，就可能接近于本音；后音（韵母）是发音响亮的部分，应该重念。还可以用这样一种办法：拼音时，发音器官先做好发某个声母本音的姿势（等于在发这个声母本音），然后在发这个声母本音的同时把要相拼的韵母一起念出来。

2. 声母、韵母之间不要停顿

拼读时速度要快，尽量把声母读得轻短一些，韵母读得重些、长些，中间不要停顿，把韵母作为一个整体念准，避免生硬拼合。例如拼“gǔ”（谷）时，g 和 u 之间有了停顿，就可能拼成 g（ē） ǔ（歌舞）。这是临时拼合，强弱长短处理失当。

3. 要念准韵头，不要丢失韵头

对于有韵头（介音）的音节，拼音时要注意把韵头念准，念得长一些，要有意识地让口张得慢一些，把韵头引出来。有些韵头是圆唇元音，拼音时就要注意把嘴唇拢圆。念不准韵头，就会造成丢失韵头或者改变韵头的现象。例如拼“niǎo”（鸟）、“guǎn”（管）时，如果丢失韵头，就会拼成“nǎo”（脑）、“gǎn”（赶）；拼“què”（确）时，如果韵头念不准，就可能拼成“qiè”（切）。

（二）拼音的方法

1. 声韵两拼法

用声母和带声调的韵母两个部分相拼，直接读出音节的声调。例如：

f—ā→fā（发）　　m—íng→míng（明）

2. 声介与韵合拼法

先把声母和介音（韵头）拼合在一起作为拼音的部件，然后再跟后边的韵身相拼。

这只适用于有韵头的音节。例如：

xi—ōng→xiōng（胸）　　　hu—ái→huái（怀）

3. 三拼法

用声母、韵头、韵身三部分进行连读，也叫“三拼连读法”。这种方法，也只适用于有韵头的音节。例如：

q—i—à→qià（恰）　　　q—i—ǎo→qiǎo（巧）

在开始使用上述三种拼音方法时，如果声调一时读不准，可以采取先把声母和韵母拼合在一起，依次序挨个儿数调的办法，找准要读的调子。等熟练后，就可以用韵母定调法了。

4. 整体认读法

又叫音节直呼法，就是不用声母去拼韵母，而直接读出整个音节。即先做好发声母的准备，然后读带调的韵母。例如“攀”字，发音器官先做好发声母 p 的姿势，然后用 ān 冲开双唇阻碍连成音节，发出 pān。这种方法要以熟悉 400 多个音节为基础。

五、音节的拼写

（一）《汉语拼音方案》对单音节的拼写规定

1. 隔音字母 y、w 的使用

汉语拼音字母 y（读 ya）和 w（读 wa）既不是元音，也不是辅音声母，只是起隔音作用的字母。它的本质不在于充当零声母的外在标志，而在于避免音节的界限发生混淆。例如把“耽误”拼写成“danu”，就会以为是音节“大怒”，u 的前头加了 w，写成“danwu”，音节的界限就分明了，就明确表示是 dan、wu 两个音节。

拼写 i、u、ü 开头的零声母音节时，要加写或改用 y、w，具体规则如下。

（1）韵母表中 i 行的韵母，在零声母音节中，如果 i 不是韵腹，后面还有别的元音，就把 i 改为 y：

ia→ya（牙）　ie→ye（野）　iao→yao（腰）　iou→you（优）

ian→yan（烟）　iang→yang（央）　iong→yong（雍）

如果 i 是韵腹，后面没有别的元音，自成音节时，就在 i 前面加上 y：

i→yi（衣）　in→yin（因）　ing→ying（英）

（2）韵母表中 u 行的韵母，在零声母音节中，如果 u 是韵头，后面还有别的元音，就把 u 改成 w：

ua→wa（蛙）　uo→wo（窝）　uai→wai（歪）

uei→wei（威） uan→wan（弯） uen→wen（温）

uang→wang（汪） ueng→weng（翁）

如果 u 是韵腹，后面没有别的元音，在 u 前面加写上 w：

u→wu（乌）

（3）韵母表中 ü 行的韵母，在零声母音节中，不论 ü 是韵头还是韵腹，后面有没有别的元音，一律要在 ü 前面加 y。加 y 后，ü 上两点要省写：

ü→yu（迂） üe→yue（约） üan→yuan（冤） ün→yun（晕）

2. 隔音符号的使用

a、o、e 开头的零声母音节连接在前一个音节后面的时候，如果音节的界限发生混淆，就要在两个音节之间上角用隔音符号“’”隔开。例如：

jī’áng（激昂）—jiāng（江） pí’ǎo（皮袄）—piāo（飘）

fāng’àn（方案）—fǎngǎn（反感） jī’è（饥饿）—jiē（街）

3. 省写

（1）韵母 iou、uei、uen 的省写。

iou、uei、uen 作为韵母单独列举时书写为完整形式；在音节里跟辅音声母相拼后，中间的元音 o 或 e 变得不明显，省写为 iu、ui、un。例如：

零声母音节：iou—you（优），uei—wei（威），uen—wen（温）

与辅音声母构成音节：x—iōu→xiū（修） zh—uēi→zhuī（追）

t—uēn→tūn（吞）

（2）ü 上两点的省略。

ü 行韵母跟 n、l 以外的声母相拼时，ü 上两点可省略。ü 行韵母跟 j、q、x 拼的时候，因为 j、q、x 不跟合口呼韵母相拼，省写两点也不会与 u 相混，音节不致发生混淆。在零声母音节中，加 y 后，ü 上两点要省写。如：

ü→yū（迂） üe→yuē（约）

j—üān→juān（涓） q—ún→qún（裙）

ü 行韵母跟 n、l 相拼时，ü 上两点不能省略。因为如果省了，这些音节就会发生混淆。例如：

nǚ（女）—nǔ（努） lǚ（吕）—lǔ（虏）

（3）ê 上“ˆ”符号的省略。

ê 前与 i、ü 相拼时，省略上面的“ˆ”符号，如 ie、üe。e 一个字母兼作两个音素，只在单独使用时，ê 有一个加写的符号“ˆ”，写成 ê。ê 主要作用在于与元音 i、ü 结合成复元音 ie、üe。因为 e 没有出现在 i、ü 后面的机会，所以把 ê 的符号“ˆ”省略后不会造成韵母混淆。

4. 标调法

标调法有多种，它规定了声调符号的标写位置。这里介绍《汉语拼音方案》规定的一种。

（1）声调符号一般要标在一个音节的主要元音（即韵腹）上。例如：

bù（部） kāi（开） xiá（霞） shuāng（双） yǐn（引）

（2）在韵母 iou、uei 的省写形式 iu、ui 中，声调符号标在后面的元音 u 或 i 上面。因为-iu、-ui 是 iou、uei 的省写形式，其韵腹 o、e 与韵尾 u、i 结合紧密，造成主要元音不能显示。例如：

xiù（秀） tuī（推） liǔ（垂柳） qiú（球） duì（队）

（3）调号恰巧标在 i 的上面，那么 i 上的小点要省去（或盖住）。例如：

yī（衣） xīn（新） guī（归）

（4）轻声音节不标调。例如：

zhuōzi（桌子） wǎnshang（晚上） luóbo（萝卜）

下面的标调口诀，可以帮助记住调号的位置：

ɑ 母出现莫放过，没有 ɑ 母找 e、o。iu、ui 两韵标在后，i 上标调把点抹。

即三级标调法：一级：ɑ，二级：o、e，三级：i、u、ü。

（二）《汉语拼音正词法基本规则》对词句的拼写规定

1988 年国家教育委员会和国家语言文字工作委员会公布了《汉语拼音正词法基本规则》（简称《正词法》），1996 年成为国家标准。

《汉语拼音方案》只规定了汉语拼音应用规范的第一个层次——音节拼写法，没有规定第二个层次——词和句子拼写法。《正词法》在《汉语拼音方案》的基础上进一步规定了词的拼写规范及其书写格式：确定了分词按词连写、成语连写、外来词语拼写、人名地名拼写法、标调法、移行等基本规则，以及大写字母、短横以及实心圆点的用法等。

《正词法》不仅提供了用《汉语拼音方案》拼写现代汉语的统一规范、标准，而且补充了《汉语拼音方案》的不足。它的公布使拼音方案的使用范围从音节扩大到词和词组、句子的拼写领域，促进人们树立汉语拼音的词书写意识。

1. 音节的分词连写

（1）以词为书写单位，按词连写。

用汉语拼音拼写时，同一个词要连写，词与词一般分写，不能按音节拼写，这是拼音书写形式与汉字书写形式的根本区别。例如：

rén（人） pǎo（跑） péngyǒu（朋友） wēibó（微博） qiǎokèlì（巧克力）

（2）表示一个整体概念的双音节和三音节结构，连写。

quánguó（全国） duìbuqǐ（对不起） chīdexiāo（吃得消）

hǎifēng（海风） kāihuì（开会） àiniǎozhōu（爱鸟周）

（3）四音节以上表示一个整体概念的名称，按词（或语节）分开写，不能按词（或语节）划分的，全都连写。

Zhōnghuá Rénmín Gònghéguó（中华人民共和国）

yánjiūshēngyuàn（研究生院） Hóngshízìhuì（红十字会）

四言成语可以分为两个双音节来念的，中间加短横。不能按两段来念的四言成语、熟语等，全部连写。

shuǐdào-qúchéng（水到渠成）　　píngfēn-qiūsè（平分秋色）

bùyìlèhū（不亦乐乎）　　yīyīdàishuǐ（一衣带水）

（4）单音节词重叠，连写；双音节词重叠，分写。

rénrén（人人）　　hónghóng de（红红的）

yánjiū yánjiū（研究研究）　　xuěbái xuěbái（雪白雪白）

但重叠并列即 AABB 式结构，当中加短横。如：

láilái-wǎngwǎng（来来往往）　　qiānqiān-wànwàn（千千万万）

（5）为了便于阅读和理解，在某些场合可以用短横。

huán-bǎo（环保）　　bā-jiǔ tiān（八九天）　　rén-jī duìhuà（人机对话）

gōng-guān（公关）　　zhōng-xiǎoxué（中小学）

（6）动词（或形容词）和补语，两者都是单音节的，连写；其余情况，分写。

gǎohuài（搞坏）　　zhěnglǐ hǎo（整理好）

2. 大写

（1）专用名词和专用短语中的每个词开头字母要大写。例如：

Lǔ Xùn	Kǒngzǐ	Sūn Zhōngshān	Hànzì
鲁迅	孔子	孙中山	汉字
Duānwǔ Jié	Shànghǎi Shì	Guāngmíng	Rìbào
端午 节	上海 市	光明	日报

（2）句子或诗行开头的第一个字母要大写。

Cànlàn　yángguāng　pǔzhào　dàdì.

灿烂　阳光　普照　大地。

（3）标题中的字母可以全部大写，也可以每个词开头的字母大写；有时为了简明美观，可以省略声调符号。例如：

TUIJIN	LVSE	FAZHAN	JIANSHE	MEILI	ZHONGGUO
Tuijin	lüse	Fazhan	Jianshe	Meili	Zhongguo
推进	绿色	发展	建设	美丽	中国

思考题

1. 什么是音节？怎样把声韵调分析法和音素分析法结合起来分析汉语音节的结构？

2. 分析普通话里音素与音节的关系。

3. 普通话的音节结构有哪些特点？比较你所学过的一种外语，看看汉语的音节跟外语的音节有什么不同。

4. 分析音节结构要注意哪些问题？

5.《汉语拼音方案》和《汉语拼音正词法基本规则》的关系如何？

第六节 音变

音变现象分为两类：一类是历时音变，即语音在历史发展过程中发生的变化，例如古代的平、上、去、入四声变成了普通话中的阴平、阳平、上声和去声。一类是共时音变，又叫语流音变。这里谈的是共时的语流音变，主要是连读音变。

人们说话往往不是发出一个个音节，而是连续发出一连串音节构成的语流。各个音节在音节群中的发音与其单读时的发音并不完全一样。在语流中，由于受其前后语音环境的影响，连着念的音节，其音素声调会发生某些变化，产生语流音变。音变的总趋势是相邻的音节相互配合，形成协同发音，使得整个音节群的发音自然流畅。

普通话的音变现象主要有：变调、轻声、儿化以及语气词“啊”的音变等。

一、变调

在语流中，由于音节和音节连读产生影响，有些音节的声调会产生变化，与单读时调值不同，这种变化就叫作变调。音节连读变调现象一般是由后一个音节声调的影响引起的。普通话中常见的变调有下列几种。

（一）上声的变调

上声是现代汉语四个声调中变化最多、音长最长的一个特殊声调，只有单念或在语流末尾的时候，上声才会发出完整的本调 214。在实际语流中，上声往往发不完整，多数要发生变化。上声的变调有两种：调值变成 35 或 21。

第一，两个上声相连，前一个上声调值由［^{214}］逆行异化变读为阳平［^{35}］。例如：

214＋214 ⟶ 35＋214　语法 冷水 野草 橄榄 演讲 选举 首长

第二，上声在非上声（阴平、阳平、去声）音节前调值由［^{214}］变读为［^{21}］，例如：

在阴平前：导师　主张　曙光　小说　理科

在阳平前：演员　起航　理由　旅行　主持

在去声前：讲课 土地 晚饭 主见 网络

在轻声前，有两种情况：

(1) 在原调为非上声的轻声音节前，读半上［21］。如：

起来 手巾 脑袋 比方 女人 指望 老实 摆布

(2) 在原调为上声的轻声音节前，则又有两种不同的变调读法。

A. 214＋轻声→35＋轻声。如：

捧起 等等 哪里 晌午 小姐 老鼠 走走 打手 小鬼 手里

B. 214＋轻声→21＋轻声。如：

姐姐 奶奶 宝宝 耳朵 马虎 痒痒 指甲 斧子 嫂嫂 本子

第三，三个上声相连，要按其词语内部的语义停顿、结构层次而定。有两种形式：

(1)“2＋1”式双单格结构，即前两个上声音节语义紧凑，语义停顿在第二个音节后。前两个上声音节都变调异化为阳平［35］。即：

(214＋214) ＋214→35＋35＋214。如：

管理法 展览馆 处理品 虎骨酒 女子组 总统府

(2)“1＋2”式单双格结构，即后两个上声音节语义紧凑，语义停顿在第一个音节后。第一个上声音节变为半上声［21］，第二个上声音节变为阳平［35］。例如：

214＋ (214＋214) →21＋35＋214。如：

很美满 小老虎 买保险 冷处理 耍笔杆 党小组

第四，三个以上上声连读时，可以先进行结构切分，根据词语的语法结构和语义紧密度划分出语义停顿和音节段，然后再根据上述变调规律确定实际变读。如“理想/美好”划分两段，念成［35］＋［21］＋［35］＋［214］。再如：

小手/小脚 我俩/永远/友好

小组长/请你/往北走 写/演讲稿/你/也许懂

我想/找你/给我买/五两/好米酒

这里要注意：因为多个上声相连连读时音节会相互影响，因此实际读音并不完全是两个上声相连。如“小手小脚”“我俩永远友好”中每两个音节前一个音节读为［35］，后一个音节“手”“俩”“远”变读为半上，而不是全上声。

(二)“一”“不”的变调

“一”“不”本调分别是阴平［55］、去声［51］，它们的变调规律大体相同。

其一，“一”“不”读为原调有四种情况：单念、用在词句末尾、“一”表示序数，“不”用在非去声前。例如：

一 划一 唯一 万一 专一 八一 一号楼 单打一 一九九一 表里如一

不 偏不 决不 要不 何不

不说 不甘 不来 不成 不久 不朽 不安

不偏不倚 不谋而合 不即不离 不分皂白 不劳而获

其二，“一”“不”在去声前变读，仍读为阳平［35］。例如：

一架 一个 一束 一致 一道 一溜烟 一辈子 一见如故

不去　不变　不对　不愿　不错　不要　不至于　不见经传

其三，在非去声（阴平、阳平、上声）前念去声［51］。例如：

一天　一杯　一直　一条　一起　一早　一言堂

一朝一夕　一尘不染　一刀两断　一五一十　一丝一毫

不说　不甘　不来　不成　不久　不朽

不偏不倚　不谋而合　不即不离　不分皂白　不劳而获

其四，“一”“不”嵌夹在两个重叠的动词或形容词中间读轻声。例如：

试一试　考一考　要不要　行不行　能不能　好不好

其五，“不”在可能补语中读轻声。例如：

留不住　找不到　说不定　用不着　来不了　差不多　巴不得　来不及

（三）“七”“八”的变调

“七”“八”的基本调都是阴平，在去声前调值可以变读为阳平［35］，也可不变，其余情况念阴平原调值［55］。例如：

七个　七段　八万　八路　七上八下 qíshàng-báxià（念［35］或［55］）

七年　七只　八成　八碗　横七竖八 héngqīshùbā （仍念［55］）

（四）形容词重叠的变调

第一，单音节形容词重叠后儿化，第二个音节不论本调是什么，都可读如阴平［55］，也可以不变。重叠后如果不儿化，则保持原调不变。例如：

慢慢儿地　快快儿地　满满儿地　长长儿的　好好儿的　大大儿的

第二，部分双音节形容词重叠后，第二个音节变为轻声，第三、第四个音节可读如阴平［55］。例如：

整整齐齐　老老实实　清清楚楚　干干净净　明明白白

第三，部分形容词叠音后缀读如阴平［55］。例如：

绿油油　沉甸甸　黄澄澄　冷飕飕　亮堂堂　明晃晃　黑洞洞

朗读时如表现出比较庄严的语气或书面语一般可以不变。

《汉语拼音方案》规定，声调一律标原调。上述变调只是口语现象，拼写音节时，只标原调，不标变调（除非需要，加注说明标变调）。

二、轻声

（一）轻声的性质

普通话每个声调在语流音变中都可能变成又轻又短的另外四个调子，这些调子就统称轻声。轻声是普通话里一种特殊的变调现象，本身没有独立固定的调值。轻声并不是四声之外独立的第五种声调，是四声在一定条件下失去原有的声调而变成比原调又轻又短的声调变体。“轻”是就音节的音强而言，轻声音节比原调音节听起来声音轻些、弱些；“短”是就音长而言，轻声音节听起来时间短一些。例如“桌子”“上头”中的“子”“头”单念时都有固定的声调，但是在这些词语里却都读得既轻又短。因此《汉语拼音方案》规定轻声不标调号。

（二）轻声的读音规律

轻声是发生在整个音节上的一种音变现象，而并非只是声调的音变现象。轻声与语音的四种物理属性都有关系，在音强、音长、音高、音色上都有所变化，主要表现为音长变短、音强变弱。语图仪实验的结果表明：轻声比非轻声音节短一半，音色也变化不定，听感上显得又短又模糊；音强一般变弱；音高不固定，随着前一个字的声调而改变。轻声音节的实际调值取决于前面音节的调值：上声后面的轻声字的音高比较高，阴平、阳平后面的轻声字偏低，去声后面的轻声字最低。也可以用五度标记法来表示轻声的调值：阴平、阳平、去声后面的轻声都是短促的降调，调值分别为 2 度、3 度和 1 度；上声后面的轻声则是一个短促的半高平调，调值为 4 度。大致情况如下：

阴平＋轻声 [2] （半低）：窗子 酸的 叔叔 天上

阳平＋轻声 [3] （中调）：房子 甜的 婆婆 台上

上声＋轻声 [4] （半高）：茧子 苦的 奶奶 手上

去声＋轻声 [1] （最低）：日子 辣的 弟弟 地下

也可以把普通话轻声的调值概括为两种形式：阴平、阳平或去声后面的轻声调值为 31；上声后面的轻声调值为 44（实际发音受前面上声的影响，往往开头略低于 4 度，形成一个微升调型）。

轻声不仅引起音高、音长、音强的变化，有时还会引起声母、韵母中辅音、元音音色变化。

其一，如果声母是不送气的清塞音 b、d、g 或清塞擦音 j、zh、z，它们在轻声音节中往往会变成浊音。例如：

哥哥 [k] — [g]　　耳朵 [t] — [d]

尾巴 [p] — [b]　　影子 [ts] — [dz]

其二，轻声音节中的元音往往央化，由单元音变得含混，使韵母中的一些较高、较低的元音向央元音 [ə] 靠拢。例如：

笑话 [xuᴀ^{51}] — [xuə^{1}]　　打扮 [pan^{51}] — [bən^{4}]

人家 [tɕiᴀ^{55}] — [ʥiə^{3}]　　钉子 [tsɿ^{214}] — [dzə^{2}]

出去 [tɕʰy^{51}] — [tɕʰiə^{2}]

其三，轻声音节由于发音短促，其中的复元音韵母常常变成单元音。如：

脑袋 [tai^{51}] —脑袋 [de^{4}]　　忙活 [xuo^{35}] — [xɔ^{3}]

其四，有的轻声甚至丢失元音，使韵母脱落。如：

意思 [sɿ] — [s]　　豆腐 [fu] — [f]

出息 [ɕi] — [ɕ]　　　　我们 [mən] — [m]

（三）轻声音节的分布规律

哪些音节读轻声呢？一般地说，新词、科学术语没有轻声音节，口语中的常用词才有轻声音节。轻声与词汇、语法密切相关。

1. 有规律的必读轻声词（语法轻声词）

在普通话中，有些构词成分和语法词类必读轻声，这有很强的分布规律。

（1）语气词“吧”“吗”“呢”“啊”等读轻声。例如：

去吧　怎么呢　行啊　对吗

（2）助词“的”“地”“得”“着”“了”“过”等读轻声。例如：

别的　轻轻地　好得很　说着　走了　来过

（3）部分叠音词和重叠式合成词的后一音节读轻声。例如：

姥姥　狒狒　蝈蝈　（单纯词）

爸爸　爷爷　娃娃　星星　宝宝　妹妹　（合成词）

坐坐　劝劝　说说　听听　走走　（单音动词重叠式）

（4）双音动词重叠式 ABAB 的第二、四音节读轻声。例如：

研究研究　打扫打扫　思考思考

（5）名词与某些代词的后缀“子”“头”“儿”“么”“们”“巴”等读轻声。例如：

盖儿　什么　嘴巴　咱们　石头　杯子

（6）表示方位的语素或词读轻声。例如：

底下　墙上　屋里　河边　里面　上边

（7）动词、形容词后面的趋向动词“来”“去”“起来”“下去”“上”“下”等读轻声。例如：

回来　出去　伸出　带来　过去　放下　坐下

想起来　走过来　记下来　走下去　跑出来　走进去　垫起来

（8）量词“个”读轻声。例如：

两个　哪个　听个报告

（9）AABB 式动词、形容词及部分四字熟语的第二个音节读轻声。例如：

打打闹闹　说说笑笑　清清楚楚　果不其然

黑不溜秋　傻不愣登　糊里糊涂　啰里啰唆

（10）“一”“不”夹在重叠动词或形容词中间，或“不”在可能补语中读轻声。

练一练　走一走　去不去　大不大　讲不清　拉不开

2. 习惯的双音节轻声词（词汇轻声词）

普通话里还有一些口语中常用的双音节词，第二个音节习惯上要读轻声。三音词的中间字也有读轻声的。这类轻声词没什么规律。例如：

玫瑰　葫芦　唠叨　钥匙　蘑菇　部分　云彩　护士　脑袋　窗户　消息　清楚　规矩

暖和 麻烦 漂亮 便宜 客气 风筝 亮堂 先生 关系 行李 包袱 地方 学生
结实 心思 秀才 比方 别扭 凑合 队伍 福气 合同 活泼 机灵 咳嗽 快活
苗条 明白 朋友 舒服 头发 月亮 扎实 糊涂 眉毛 和尚 葡萄糖 狮子狗

（四）轻声的作用

1. 区别词义

人家 rénjiā（住户）—人家 rénjia（别人）
女人 nǚrén（泛指成年女性）—女人 nǚren（指妻子）
老子 Lǎozǐ（我国古代思想家）—老子 lǎozi（儿子的爸爸）
莲子 liánzǐ（莲的种子）—帘子 liánzi（门帘或窗帘）

2. 区别词性

花费 huāfèi（动词）—花费 huāfei（名词）
实在 shízài（副词）—实在 shízai（形容词）
言语 yányǔ（名词）—言语 yányu（动词）

3. 区别词性和词义

有时轻声与非轻声的对立不但区别了词义，也连带区别了词性。如：
自然 zìrán（名词，自然界）—自然 zìran（形容词，态度不局促）
对头 duìtóu（形容词，正确）—对头 duìtou（名词，冤家）
大方 dàfāng（名词，专家学者）—大方 dàfang（形容词，与“小气”相对）

4. 区别词组和词

干事 gànshì（动宾词组）— gànshi（名词，工作人员）
火烧 huǒshāo（主谓词组）— huǒshao（名词，一种面食）

三、儿化

（一）儿化的性质

“儿化”指的是一个音节中，韵母带上卷舌色彩的一种特殊音变现象。儿化不同于纯粹的音变。普通话里卷舌韵母 er 除了自成音节外，还可以与前面音节的韵母相连，紧密地结合成一个音节，使其带上卷舌色彩。这种带上卷舌色彩的韵母叫作“儿化韵”，原来的非儿化韵韵母叫作“平舌韵”。一般来说，一个汉字的读音就是一个音节，儿化音节是两个汉字读一个音节。这个“儿”字并不单独成一个音节，也不是音素，而只是一个表示卷舌动作的符号，所以用拼音字母拼写儿化音节时只需在原来音节之后加上“r”（表示卷舌动作）。例如：“花儿”（huār）、“鸟儿”（niǎor）、“馅儿”（xiànr）。

这里需要注意区分三种不同的“儿”：儿化“儿”、词根“儿”和“儿而不化”现象。词缀语素“儿”大多数时候不能自成音节，而是构成儿化音节。但并不是所有的“儿”都不能自成音节，不要见到词尾有“儿”字就读儿化音，有时它还读作独立的字音，如“男儿”“女儿”“健儿”中的“儿”是词根语素，都读作 ér；而“月儿弯弯，云儿飘飘”中的“儿”往往独立自成音节，并不和前面的音节结合成儿化韵，即“儿而不化”，读作轻声。普通话中，这种轻声儿尾词多半出现在诗歌韵文中，以满足语言的节奏、语音的和谐的需要。

（二）儿化的音变规律

普通话韵母中除了单韵母 ê 和本身就儿化的 er 外，都可以儿化。韵母儿化以后读音变化并不完全相同，而是根据原韵母的末尾音素与卷舌动作是否相适应，产生不同的儿化音变。如果韵尾或韵腹的发音便于卷舌，原韵母基本不变，直接加卷舌动作；如果不便于卷舌，就要通过增音、脱落、更换、同化等方式改变音色，再加卷舌动作实现儿化。儿化时由于舌头上翘，致使舌位高、前的韵尾（-i、-n）丢失，同时使韵腹元音“央化”（或增添一个央元音），还使后鼻音韵尾（-ng）丢失而使韵腹元音“鼻音化”。儿化韵的发音规律具体归纳如下。

第一，原韵母末尾是 a、o、e、ê、u 的（包括 ao、iao 中的 o [u]），韵母直接卷舌。例如：

a [A] — ar [Ar]	哪儿	把儿	打杂儿
ia [iA] — iar [iAr]	掉价儿	豆芽儿	一下儿
ua [uA] — uar [uAr]	脑瓜儿	大褂儿	麻花儿
o [o] — or [or]	山坡儿	锯末儿	碎末儿
uo [uo] — uor [uor]	小说儿	火锅儿	邮戳儿
e [ɤ] — er [ɤr]	小车儿	打嗝儿	挨个儿
ie [iɛ] — ier [iɛr]	小鞋儿	半截儿	锅贴儿
üe [iɛ] — üer [yɛr]	旦角儿	主角儿	木橛儿
u [u] — ur [ur]	面糊儿	爆肚儿	水珠儿
ao [ɑu] — aor [ɑur]	灯泡儿	豆腐脑儿	口哨儿
iao [iɑu] — iaor [iɑur]	面条儿	跑调儿	开窍儿
ou [ou] — our [our]	衣兜儿	小偷儿	年头儿
iou [iou] — iour [iour]	抓阄儿	煤球儿	顶牛儿

第二，原韵尾是 i 和 n（in、ün 除外）的，丢掉韵尾，主要元音（或稍变化后，如 ei、uei）卷舌。例如：

ai [ai] — air [ɐr]	锅盖儿	小菜儿	小孩儿
uai [uai] — uair [uɐr]	一块儿	乖乖儿	
ei [ei] — eir [ər]	刀背儿	晚辈儿	宝贝儿

uei [uei] — ueir [uɐr]　　耳垂儿　墨水儿　走味儿
an [an] — anr [ɐr]　　瓣儿　包干儿　快板儿
ian [iɛn] — ianr [iɐr]　　小辫儿　雨点儿　拉链儿
uan [uan] — uanr [uɐr]　　火罐儿　拐弯儿　落款儿
üan [yan] — üanr [yɐr]　　圆圈儿　手绢儿　绕远儿
en [ən] — enr [ər]　　书本儿　树根儿　嗓门儿
uen [uən] — uenr [uər]　　冰棍儿　开春儿　胖墩儿

韵母是 in、ün 的，丢掉韵尾，还要加 [ər]。

in [in] — inr [iər]　　够劲儿　送信儿　脚印儿
ün [yn] — ünr [yər]　　花裙儿　合群儿

第三，原韵母是 i、ü 的，要在 i、ü 后面加上元音 [ə] 再卷舌。例如：

i [i] — ir [iər]　　米粒儿　玩意儿　小鸡儿
ü [y] — ür [yər]　　有趣儿　金鱼儿　毛驴儿

第四，原韵母是-i [ɿ]、-i [ʅ] 的，丢掉韵母，主要元音改成 [ə] 并卷舌。例如：

-i [ɿ] — ir [ər]　　瓜子儿　台词儿　写字儿
-i [ʅ] — ir [ər]　　果汁儿　树枝儿　没事儿

第五，原韵尾是 ng 的，丢掉韵尾，韵腹卷舌并鼻化后再加卷舌动作。例如：

ang [ɑŋ] — angr [ɑ̃r]　　药方儿　后晌儿　鞋帮儿
iang [iɑŋ] — iangr [iɑ̃r]　　鼻梁儿　透亮儿　花样儿
uang [uɑŋ] — uangr [uɑ̃r]　　蛋黄儿　天窗儿　打晃儿
eng [əŋ] — eng [ə̃r]　　头绳儿　门缝儿　板凳儿
ong [uŋ] — ongr [ũr]　　没空儿　胡同儿　小虫儿

韵母是 ing、iong 的，丢掉韵尾，还要加上鼻化的 [ə̃r]。例如：

ing [iŋ] — ingr [iə̃r]　　花瓶儿　打鸣儿　电影儿
iong [yŋ] — iongr [yə̃r]　　小熊儿　哭穷儿

从上面可以看出，韵母儿化音变的结果是伴随脱落、增音、更换和同化等现象的，可用“原”“加”“丢”“换”四个字来概括。音变主要表现在韵尾上，其次是韵腹，对韵头、声母无影响。儿化音变的规律如表 1－12 所示。

表 1－12　　儿化音变规律简表

韵母	儿化时的变化规律	举例	国际音标	
			儿化前	儿化时
无韵尾或有 u 韵尾	只加卷舌动作	小车儿 小鸟儿	(1) tʂʰɤ—tʂʰɤr (2) niɑu—niɑur	
有-i、-n 韵尾的	卷舌时使韵尾丢失，有的要改变韵腹或增音	一块儿 一点儿 没准儿 背心儿	(3) kʰuai—kʰuar (4) tiɛn—tiɐ˞ (5) tʂuən—tʂuər (6) ɕin—ɕiər	

续前表

韵母	儿化时的变化规律	举例	国际音标	
			儿化前	儿化时
有高元音 i、ü 韵腹的	加央元音 ə	小鸡儿 有趣儿	（7） tɕi—tɕiər （8） tɕ^{h}y—tɕ^{h}yər	
有舌尖元音［ɿ］［ʅ］的	变成央元音 ə	瓜子儿 树枝儿	（9） tsɿ—tsər （10） tʂʅ—tʂər	
有-ng 韵尾的	卷舌时使韵尾丢失，元音鼻化，有 i 韵腹的要加 ə̃	帮忙儿 花瓶儿	（11） mɑŋ—mɑ̃r （12） p^{h}iŋ—p^{h}iə̃r	

经过儿化，有些原来不同的韵母变得相同了，如：

ua、uai、uan→uar　　瓜儿、乖儿、官儿

这样，普通话 39 个平舌韵母儿化后合并成 26 个儿化韵。

(三) 儿化的作用

儿化不是单纯的语音现象，它跟词汇、语法、修辞有着密切关系。

1. 区别词义

有的词儿化后具有不同的意义，例如：

头（脑袋）—头儿（领导）　　门（出入口）—门儿（办法）

信（书信）—信儿（消息）　　白面（面粉）—白面儿（毒品）

2. 区分词性

兼动、名两类的词或形容词，儿化后就固定为名词。例如：

盖（名词、动词）—盖儿（名词）　　亮（形容词）—亮儿（名词）

零碎（形容词）—零碎儿（名词）

有的名词、动词儿化后借用为量词。例如：

手（名词）—一手儿（量词）　　卷（动词）—一卷（juǎn）儿（量词）

此外，有些代词、副词、动词和重叠的形容词也有儿化现象。如：那儿、顺便儿、玩儿（少数动词的后缀）、好好儿、慢慢儿。

3. 表示细小、轻松或亲切、喜爱的感情色彩

儿化韵是表达小称的一种手段，词在儿化以后往往增加一层小、可爱或轻视的意义。

细小：萝卜丝儿　线头儿　豆芽儿　米粒儿　月牙儿　针尖儿

亲切：小孩儿　宝贝儿　心肝儿　乖乖儿　老头儿　小鸡儿

喜爱：苹果脸儿　模样儿　脸蛋儿　机灵鬼儿　眉眼儿

轻视：老头儿 小偷儿 撒酒疯儿 说瞎话儿

4. 改变语素组合的性质

儿化有的使短语凝固成了词。例如：

八角→八角儿 一块→一块儿 猫眼→猫眼儿 狗牙→狗牙儿

四、语气词“啊”的音变

语气词“啊”ā［A^{55}］一般用在句末或句中停顿之处，发音时往往受到前面音节末尾音素的影响而发生同化、异化、增音等音变现象。“啊”的音变规律大致如下。

其一，前一音节末尾音素是 a、o、e、ê、i、ü 时，读作“ya”，写作“呀”。例如：

多美的画呀！

今天吃火锅呀！

天气好热呀！

才讲了半截呀！

一起来干一杯呀！

会不会下雨呀？

其二，前一音节末尾音素是 u（包括 ao，iao）时，读作“wa”，写作“哇”。例如：

你在哪儿住哇？

快走哇！

他普通话说得真好哇！

其三，前一音节末尾音素是 n 时，读作“na”，写作“哪”。例如：

快来看哪！

这空气多新鲜哪！

好好找找原因哪！

其四，前一音节末尾音素是 ng 时，读作“nga”，仍写作“啊”。例如：

姐妹俩长得真像啊！

多么可爱的小生灵啊！

小点儿声啊！

其五，前一音节末尾音素是-i［ʅ］或 er（包括儿化韵）时，读作“ra”，仍写作“啊”。例如：

你订了几份报纸啊？

随便吃啊！

多美的诗啊！

这儿多好玩儿啊！

其六，前一音节末尾音素是-i［ɿ］时，读作［zA］，仍写作“啊”。例如：

这是谁写的字啊？

原来如此啊！

不要太自私啊！

以上所述可以归纳成表 1－13。

表 1－13　　语气词“啊”音变规律表

前字末尾音素	加“啊”	读作	写作	举例
i、ü、a、o、e、ê	＋a	→ya	呀	鸡呀、鱼呀、他呀、磨呀、鹅呀、写呀
u	＋a	→wa	哇	苦哇、好哇、加油哇
n	＋a	→na	哪	难哪、新哪、弯哪
ng	＋a	→nga	啊	唱啊、香啊、小红啊
-i [ʅ]，er	＋a	→ra $[ʐ_{A}]$	啊	是啊、店小二啊
-i [ɿ]	＋a	→ $[z_{A}]$	啊	真丝啊、孩子啊

简言之，“啊”的音变规律是：尾音口大加上 y-（写作“呀”），其余粘连上字尾音念。以上音变规律中包含了下面两种音变现象。

1. 连音现象

语气词“啊”在别的词语后面，前面音节的尾音相当于一个声母，语气词“啊”要同前面韵尾发生连读。前面音节韵尾是 i、u（ao、iao）、n、-i [ɿ]、-i [ʅ]、er、ng 的，把末尾音素加在“啊”的前面，于是“啊”就通过同化有了 ya、wa、na、za、ra、nga 等读法。

2. 增音现象

语气词“啊”在别的词语后面，如前面音节的尾音是 a、o、e、ü 的，不能同 a 连读，直接发 a 有困难，就要增加 y，于是“啊”就通过异化有了 ya 的读法。

思考题

1. 什么是变调？举例说明变调的几种情况。

2. 什么是轻声？举例说明轻声与语音四要素的关系。

3. 有人认为：轻声是阴、阳、上、去之外的一个独立的第五个声调，你怎么认为？能否把轻声另立一调类？

4. 什么是儿化？儿化跟词汇、语法有何关系？试举例说明。

5. “啊”的音变中涉及哪几种音变现象？试简要阐述。

第七节 音位

一、音位概说

（一）音位及其归纳方法

音素是按语音的物理属性和生理属性划分出来的最小语音单位，音位是按语音的社会属性划分出来的。音位是一个语音系统中能够区别意义的最小语音单位，也是按语音的辨义作用归纳出来的音类。我们说普通话语音共有32个音素，实际上指普通话语音经过归纳得出的音位是32个，在实际语音里经常出现的音素不止32个。

不同音素，若能起区别意义的作用，就要将其看作不同的音位。如［kai^{214}］（改）和［kei^{214}］（给）中的［a］和［e］具有辨义功能，这两个音素在普通话里是两个音位。又如“出身”（chūshen）和“出生”（chūshēng）表示的意义明显不同，说明［n］和［ŋ］两个音素在普通话里也是两个音位。有同等使用价值的一组音素，可归并为一个音位。在音节里如果其中一个音素改变了，它的意义没有改变，这个音素只是音素。一种语言（或方言）里的音素数量可能很多，但音位是有限的。有些元音或辅音在音色上虽然有区别，但这些相似的音素之间的区别很细微，并没有区别意义的作用。比如普通话中“比”（bi）和“波”（bo）两个音节开头的辅音声母都是 b，但实际上它们的发音方法并不相同：前者是扁双唇音［p］，后者是圆双唇音［p^w］，它们互相替换，不会造成意义上的改变，这两个音素就可归为一个/p/音位。

音位强调语音形式的辨义功能和系统性。归纳音位的目的是把一种语言里数目繁多的音素归并为一套数目有限的音位系统。实际语言里众多的、并不区别意义的声音经过整理、归纳成音位后，可使语音系统变得简明、清晰，使我们能够以简驭繁，便于学习、研究和把握。

归纳音位所采用的方法，通常是把一些音放在相同的语音环境中进行替换比较，根据能否区别意义来确定分合。凡经过替换能区别意义的音，就归纳为不同的音位，否则就属于同一个音位。例如普通话中［ku^{214}］（古）和［k^hu^{214}］（苦）的元音和声调都相同，［k］［k^h］所处的语音环境一样，它们的意思不同，仅仅是由于辅音［k］、［k^h］不同造成的，可见［k］、［k^h］在普通话里有区别意义的作用，因而可以分别归纳为/k/、/k^h/两个音位。

（二）音位的种类

普通话的音位有两类：音质音位和非音质音位。音质音位由音素成分构成，有音质（音色）差异。音质音位都出现在固定的音段上，所以也叫音段音位。这类音位数量最多。音质音位又分为辅音音位（/p/、/t/）和元音音位（/a/、/i/)。辅音音位是从辅音中归纳出来的，元音音位是从元音中归纳出来的。非音质音位由音高、音强、音长构成，不是音质区别形成的。非音质音位不受音段的局限，附着在语音片段之上，因而也叫超音段音位。汉语普通话的非音质音位主要有声调音位，简称调位（如/^{35}/、/^{214}/)，是从声调中归纳出来的，主要由音高特征构成。比如［tan^{55}］（单）和［tan^{51}］（淡）的声母和韵母都相同，只是声调不同，通过替换对比可看出，［^{55}］和［^{51}］具有辨义功能，因此它们也可以分别归纳为独立的两个调位/^{55}/、/^{51}/。普通话有四个调位，其中上声/^{214}/调位由 55、35、51 三个调值归纳而成。

（三）音位变体

一个音位往往包含着一些不同的音，这些音就叫作这个音位的音位变体。一个音位可以只包含一个音素，也可以包含几个不同的音素。音位变体是音位在不同场合的具体表现形式，音位是从不同的音位变体中归纳概括出来的类别。音位和音位变体是类别与成员的关系、一般与个别的关系。例如，普通话的/a/可出现在不同的字音中，在“安装电话”［antʂuaŋtiɛnxuᴀ］中有［a]、［ᴀ]、［ɑ]、［ɛ］等不同的变体：在 ai、an、uai、uan 里，a 的发音由于受后面靠前的韵尾 i、n 的影响而使舌位往前移动，实际读音为前低元音［a]；在 a、ia、ua 中，a 是一个不前不后的央低元音［ᴀ]；在 ian 中，a 由于受到韵头和韵尾的双重影响，实际读音舌位不但靠前，而且升高了，是一个前半低元音［ɛ]；在 ao、iao、ang、iang、uang 中 a 又受靠后韵尾 u、ng 的影响而舌位后移，实际读音是后低元音［ɑ]。可见/a/由于出现的语音环境（条件）不同，受到的影响不同，实际读音也不大相同。这样汉语拼音字母 a 在不同的位置上，实际上表示的是不同的音素。但是这些不同的读音，听起来并没有明显的差异，在普通话里没有区别意义的作用，所以它们是/a/的四个变体，/a/就是从这些具体的音位变体中概括出来的。在标写的时候，通常从各音位变体中选用典型、常见、通用、好认、便于印刷的符号作为代表。音位的标记符号用双斜线/ /表示，音位变体仍用方括号[ ]标记。例如一般选择常用的［a］作为/a/的代表。

音位变体可以分为条件变体和自由变体两类。只能在一定条件下出现、受语音环境制约的音位变体叫作条件变体。例如上面所讲的/a/的各种变体都伴有各自出现的条件，[ᴀ]、[a]、[ɑ]、[ɛ］都是/a/的条件变体。不受环境限制，可以自由替换而不影响意义的音位变体叫自由变体。也就是说，几种不同的读音如果可以在同一语音环境中，彼此无条件自由替换而不改变意义，这几种读音就是同一音位的几个“自由变体”。例如，汉语西南官话和江淮官话的部分地区［n]、[l］不分，“南”和“兰”同音、“男女”和“褴褛”混读，[n]、［l］在任何情况下都可以自由替换而不区别意义，这样，[n]、[l］在该方言中是同一音位的两个自由变体。还有的自由变体要受地区、职业、年龄、性别、文化教育等外在条件制约。例如上海话平舌音［ts]、［ts^h]、［s］和翘舌音[tʂ]、[tʂ^h]、[ʂ］是不区别意义的，应属于自由变体，但实际上上海人只说［ts]、［ts^h]、[s］而不说［tʂ]、[tʂ^h]、[ʂ]。又如北京话/u/音位处在音节开头时有两种念法：既可以读成双唇半元音［w］，也可以读成唇齿半元音［ʋ］，属于自由变体。但远郊地区读［w］的居多，城区和近郊区则读［ʋ］的占大多数，这种自由变体就受地区条件的制约。

（四）归纳音位的重要原则

一种语言中哪些音素必须分成不同的音位，哪些音素可以归入同一个音位，需要有一些具体的操作方法，遵循一定的归纳音位的标准、原则。

1. 对立原则

在同一语音环境中，不同音素的替换引起了意义的改变，那么这几个音素就是对立的。如果某种语言的语音差异可以造成意义的不同，这样的语音差异就有音位的对立，构成这种差异的语音特征就叫作“区别特征”。

汉语普通话和方言常见的区别特征有：送气∶不送气，如/p^h/∶/p/；清∶浊，如/ʂ/∶/ʐ/；舌尖∶舌面（后），如/n/∶/ŋ/；前∶后，如/y/∶/u/；高∶低，如/^{55}/∶/^{11}/；等。

在一种语言里两个对立的音素必然属于两个不同的音位。例如，汉语普通话中，在[-o^{35}]这个语音环境中，［p］与［p^h］的替换会引起意义的改变，形成两个词的语音形式——［po^{35}］（伯）和［p^ho^{35}］（婆），［p］和［p^h］具有辨义功能，存在着音位的对立（可以用“∶”表示，标写为/p/∶/p^h/），因此这两个音素在普通话里分属两个不同的音位。在音位分析中，像这样的替换对比中只涉及一个音素差别的对立体叫最小对立体，音位分析应在最小对立体里进行。归纳一种语言里的全部音位，实际上就是不断寻找、确定最小对立体的过程。

普通话音位系统中，塞擦音与擦音形成了一个整齐的聚合系列：

ts	ts^h	s
tʂ	$tʂ^h$	ʂ
tɕ	$tɕ^h$	ɕ

音位系统中这些聚合系列的多少最能反映出某种语言中音位对立的特点。例如，汉语普通话辅音音位系统形成六对以“送气：不送气”对立为区别特征的聚合系列（p 和 p^h，t 和 t^h，k 和 k^h，tɕ 和 $tɕ^h$，tʂ 和 $tʂ^h$，ts 和 ts^h），而“清音：浊音”对立的平行对立组只有/ʂ/：/ʑ/这一对，因而“送气∶不送气”对立是汉语普通话音位系统的重要区别特征。英语辅音音位系统形成 10 对“清音∶浊音”对立的聚合系列。而“送气∶不送气”在英语中并不对立，不是区别特征，仅形成同一音位的不同变体。因而“清音∶浊音”的对立是英语辅音音位系统的主要特征。总之，通过对某种语言的音位聚合关系的分析，我们可以看出哪些语音特征在这种语言中有重要意义，从而认识该语言的音位系统的特点。

区别特征是从语音的辨义功能着眼的，所以对立原则是归纳音位的最重要的标准。

2. 互补原则

在某一语言或方言中，音位的不同条件变体各有自己的分布条件，绝不出现在相同的位置上，因而它们的分布状况是互相补充的，这就叫“互补分布”。如果两个音素不能出现在相同的语音环境中，而它们的分布条件又呈互补分布状态，这两个音素就形成互补关系。形成互补关系的音素理论上都可以归并为同一个音位。因为处于互补分布中的语音差异一般不能造成音位的对立，具有互补关系的音素就不能构成最小的对立体，当然也就起不到区别意义的作用。例如/a/的音位变体［a］、［ɛ］、［ᴀ］、［ɑ］就是处于互补分布中。普通话的［a］只出现在［-i］、［-n］之前，［ɑ］只出现在［-u］、［-ŋ］之前，［ᴀ］只出现于没有韵尾的韵母中，［ɛ］出现在［i］和［n］之间，［a］、［ɑ］、［ᴀ］、［ɛ］形成了互补分布关系，它们就可以归并为同一个音位/a/。

3. 语音近似原则

在运用互补分布来归纳音位的时候，还应根据当地人的音感（“土人感”）。有的音虽然处于互补分布中，但是互补分布只是归并音位的必要条件，不是充分条件，还必须看它们语音上是否相似。一个音位所包含的各个变体音素，在音值上还必须近似，否则语音上不相似的音，当地人听起来差异过大，即使是互补关系，这样的音也不能归纳为同一个音位。例如，普通话中的［m］只出现在音节的开头，作声母，［ŋ］只出现在音节的末尾，作韵尾。这两个音存在互补关系，处于互补分布状况，但它们在北京人的音感中有着明显的差异，因而不能归并为一个音位，仍应分立为/m/：/ŋ/两个音位。

4. 系统性原则

系统性原则是在对立原则、互补原则、语音近似原则均符合的情况下使用的划分原则。语音相似与否，有一定的相对性。能否归纳为一个音位，还应从整个音位系统的格局考虑才能确定。音位常常是成套的，归纳音位还须考虑归纳出来的全部音位是否系统整齐、简明经济。例如，普通话里的 j、q、x 跟 g、k、h，z、c、s 和 zh、ch、sh 这三套辅音都形成互补关系（见表 1－14），如果单按互补原则，j、q、x 跟 g、k、h，z、c、s 和 zh、ch、sh 都可以归并为一套音位。但是，从语音的系统性上考虑，j、q、x 不论跟哪一组辅音合并，都会造成另外两组辅音音位新的不平衡，都不如将其分立能使整体更为整齐、均衡、简明。而且如果 j、q、x 跟 zh、ch、sh 归并的话，辅音 r 也很难处理，因此它适宜独立为一组音位。现在普通话辅音音位总体为一个较为整齐的系统：有六个塞音、六个塞擦音，其中有六个不送气音、六个送气音，此外还有六个擦音、三个鼻音和一个边音。它们可以按发音部位分成六组（双唇音和唇齿音合为唇音），较为整齐地排列，便于学习和掌握。

表 1－14　　普通话辅音互补关系表

辅音	开口呼	齐齿呼	合口呼	撮口呼
j q x	－	＋	－	＋
g k h	＋	－	＋	－
z c s	＋	－	＋	－
zh ch sh	＋	－	＋	－

归纳音位还必须在同一语音系统中进行，不能把不同语音系统的语音混合在一起，比如不能把普通话和某些方言或汉语和英语等不同系统的语音单位放在一起归纳。不同的音素是同一个音位还是不同的音位，要从具体语言出发，看这些音素是否具有辨义

功能。比如北京话［n］、［l］分得很清楚，“南”不说成“兰”，而南京话［n］（南）、［l］（兰）不分，所以［n］、［l］在北京话中是两个音位，在南京话中是一个音位。

（五）字母与音位

一种语言（或方言）中有细微差别的辅音、元音是很多的，但是用来书写它的字母却越少越便于使用，用有限的字母（比如二三十个）去代表许多不同的辅音、元音，就要运用音位理论。音位理论对于创制或改革拼音文字、拼音方案以及对语言的学习和教学都有重要意义。

《汉语拼音方案》只采用 25 个拉丁字母（v 不用于普通话语音）加上一些符号增补，就能用来描写普通话语音系统的 32 个音位，说明方案的内容本身就是普通话的音位系统。《汉语拼音方案》实际上就是根据普通话语音的音位系统制定的，是以音位学理论为基础的。《汉语拼音方案》在不影响音位系统的条件下采用了一定的方法完整又简单地描写了普通话语音的 32 个音位。一般是用一个字母表示一个音位：如/a/、/o/、/u/、/y/等元音音位，21 个辅音音位。此外还用了增补的方法，如同一个字母增加符号：/ê/、/ü/；换字母：ao、iao、iong、ong；一个字母表示几个音位：i→/i/、/ɿ/、/ʅ/，e→/ə/、/e/；用双字母表示一个音位：zh、ch、sh、ng、er→/tʂ/、/tʂ^h/、/ʂ/、/ŋ/、/ɚ/。

二、普通话音位系统

（一）普通话元音音位

汉语普通话共有 10 个元音音位：/a/、/o/、/ə/、/c/、/i/、/u/、/y/、/ɿ/、/ʅ/、/ɚ/。下面分别介绍这 10 个元音音位的主要变体和出现条件（见图 1-14）。

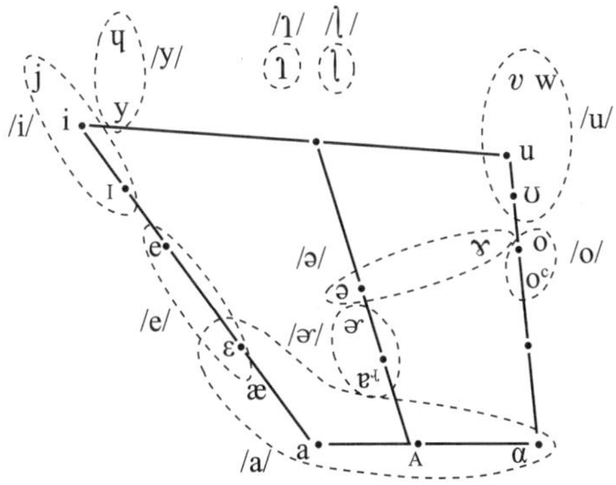

图 1-14　普通话元音音位及其变体分布区域图

1. /a/——主要音位变体有［a］、［ᴀ］、［ɑ］、［ɛ］

音位变体	出现条件	举例
［a］	在韵尾［-i］或［-n］之前	开［k^{h}ai］、攀［p^{h}an］

	（不包括韵头［i-］和韵尾［-n］之间的［ɛ］）	
［ᴀ］	无韵尾	妈［mᴀ］、鸦［iᴀ］
［ɑ］	在韵尾［-u］或［-ŋ］之前	袄［ɑu］、帮［pɑŋ］
［ɛ］	在韵头［i-］和韵尾［-n］之间	烟［iɛn］

2. /o/——主要音位变体有［o］、［o^c］（c 表示圆唇度略减）

音位变体	出现条件	举例
［o］	作单元音韵母	喔［o］、波［po］
［o^c］	作复韵母韵腹	火［xuo^c］、某［mo^cu］

3. /ə/——主要音位变体有［ɤ］、［ə］

音位变体	出现条件	举例
［ɤ］	在单韵母中	饿［ɤ］、和［xɤ］
［ə］	在鼻韵母中	温［ʋən］、丰［fəŋ］
	作轻声音节韵腹	个［gə］

4. /e/——主要音位变体有［e］、［ɛ］

音位变体	出现条件	举例
［e］	在韵尾［-i］之前	杯［peɪ］、威［weɪ］
［ɛ］	在韵头［i］、［y］之后	借［tɕiɛ］、约［yɛ］
	作单元音韵母	欸［ɛ］

5. /i/——主要的音位变体有［i］、［ɪ］、［j］

音位变体	出现条件	举例
［i］	作辅音声母音节韵头	洁［tɕiɛ］、香［ɕiɑŋ］
	或作韵腹	第［ti］、星［ɕiŋ］
［ɪ］	作韵尾，舌位略低	开［k^haɪ］、北［peɪ］
［j］	作零声母音节韵头	野［jɛ］、央［jɑŋ］

6. /u/——主要音位变体有［u］、［ʊ］、［w］、［ʋ］

音位变体	出现条件	举例
［u］	作辅音声母音节韵头	宽［k^huan］、醉［tsueɪ］
	或作韵腹	书［ʂu］、龙［luŋ］
［ʊ］	作韵尾，舌位略低	笑［ɕiɑʊ］、剖［p^hoʊ］
［w］［ʋ］	作零声母音节韵头	玩［wan］［ʋan］ 为［weɪ］［ʋeɪ］

7. /y/——主要音位变体有［y］、［ɥ］

音位变体	出现条件	举例
［y］	作辅音声母音节韵头 或作韵腹	倔［tɕyɛ］、宣［ɕyan］ 居［tɕy］、君［tɕyn］
［ɥ］	作零声母音节韵头	约［ɥɛ］、缘［ɥan］

8. /ɿ/——主要的音位变体只有［ɿ］一个

音位变体	出现条件	举例
［ɿ］	在［ts、tsʰ、s］后作韵母	自［tsɿ］、此［tsʰɿ］

9. /ʅ/——主要音位变体只有［ʅ］一个

音位变体	出现条件	举例
［ʅ］	在［tʂ、tʂʰ、ʂ、ʐ］后作韵母	直［tʂʅ］、日［ʐʅ］

10. /ɚ/——音位变体有［ɚ］、［ɐr］两个

音位变体	出现条件	举例
［ɚ］	在阳平、上声音节中	儿［ɚ³⁵］、尔［ɚ²¹⁴］
［ɐr］	在去声音节中，舌位略低	二［ɐr 51］、贰［ɐr 51］

（二）普通话辅音音位

普通话辅音音位共有 22 个：/p/、/pʰ/、/m/、/f/、/t/、/tʰ/、/n/、/l/、/k/、/kʰ/、/ŋ/、/x/、/tɕ/、/tɕʰ/、/ɕ/、/tʂ/、/tʂʰ/、/ʂ/、/ʐ/、/ts/、/tsʰ/、/s/。 常见、明显的变体及条件如下。

1. 浊音化变体

不送气清塞音、清塞擦音在轻声音节中，由于读音弱，受前、后元音的影响，产生相应的浊辅音变体。

音位	音位变体	举例
/p/	［b］	爸爸［bə］
/t/	［d］	你的［də］
/k/	［g］	哥哥［gə］
/tɕ/	［dʑ］	人家［dʑiə］
/tʂ/	［dʐ］	吃着［dʐə］
/ts/	［dz］	坛子［dzə］

2. 圆唇化变体

除［f］、［ŋ］等少数辅音以外，其余 20 个辅音音位在与后面的圆唇元音 ü、u、o

相拼时，双唇会自然拢圆，产生圆唇化变体。

音位	音位变体	举例
/p/	[p^{w}]	布 [p^{w}u^{51}]
/p^{h}/	[p^{hw}]	谱 [p^{hw}u^{214}]
/m/	[m^{w}]	莫 [m^{w}o^{51}]
/t/	[t^{w}]	端 [t^{w}uan^{55}]
/t^{h}/	[t^{hw}]	兔 [t^{hw}u^{51}]
/n/	[n^{w}]	奴 [n^{w}u^{35}]
/l/	[l^{w}]	络 [l^{w}uo^{51}]
/k/	[k^{w}]	刮 [k^{w}uai^{55}]
/k^{h}/	[k^{hw}]	库 [k^{hw}u^{51}]
/x/	[x^{w}]	活 [x^{w}uo^{35}]
/tɕ/	[tɕ^{w}]	举 [tɕ^{w}y^{214}]
/tɕ^{h}/	[tɕ^{hw}]	驱 [tɕ^{hw}y^{55}]
/ɕ/	[ɕ^{w}]	熏 [ɕ^{w}yn^{55}]
/tʂ/	[tʂ^{w}]	祝 [tʂ^{w}u^{51}]
/tʂ^{h}/	[tʂ^{hw}]	传 [tʂ^{hw}uan^{35}]
/ʂ/	[ʂ^{w}]	霜 [ʂ^{w}uɑŋ^{55}]
/ʐ/	[ʐ^{w}]	汝 [ʐ^{w}u^{214}]
/ts/	[ts^{w}]	钻 [ts^{w}uan^{55}]
/ts^{h}/	[ts^{hw}]	促 [ts^{hw}u^{51}]
/s/	[s^{w}]	俗 [s^{w}u^{35}]

3. 腭化音变体

舌尖中音/t/、/t^{h}/、/n/、/l/与齐齿呼韵母相拼时，舌头略向前移，舌面与硬腭接近，形成带有舌面音色彩的腭化音变体。

音位	音位变体	举例
/t/	[t^{j}]	低 [t^{j}i^{55}]
/t^{h}/	[t^{hj}]	铁 [t^{hj}iɛ^{214}]
/n/	[n^{j}]	尼 [n^{j}i^{35}]
/l/	[l^{j}]	令 [l^{j}iŋ^{51}]

4. 圆唇兼腭化变体

在撮口呼韵母前，/n/、/l/音位都有圆唇兼腭化音变体。

音位	音位变体	举例
/n/	[n^{jw}]	女 [n^{jw}y^{214}]
/l/	[l^{jw}]	律 [l^{jw}y^{51}]

5. 唯闭音变体

/n/和/ŋ/作韵尾时，形成持阻期发音，除阻期不发音的唯闭音变体。

音位	音位变体	举例
/n/	[n˺]	南 [nan˺ ^{35}]
/ŋ/	[ŋ˺]	令 [liŋ˺ ^{51}]

6. 舌位略前变体

舌面后音/k/、/kʰ/、/x/三个音位同 [ei] 相拼时，由于受到 [ei] 韵母中舌位较高的半高前元音 [e] 的影响，产生发音部位前移的变体。

音位	音位变体	举例
/k/	[k̟]	给 [k̟ei^{214}]
/kʰ/	[k̟ʰ]	剋 [k̟ʰei^{55}]
/x/	[x̟]	黑 [x̟ei^{55}]

7. 音节开头变体

声母 [n-] 有鼻音发音的成阻、持阻、除阻三个阶段，持阻、除阻期都发音。音节开头的辅音 [ŋ-] 也有鼻音发音的三个阶段，但只出现在后续语气词“啊”的开头。“啊” [A] 同前面有韵尾 [-ŋ] 的音节连读时因同化作用，常增有这种 [ŋ-] 辅音。

音位	音位变体	举例
/n/	[n-]	拿 [nA^{35}]
/ŋ/	[ŋ-]	唱啊 [tʂʰɑŋ^{51}ŋɑ]

普通话的 22 个辅音音位除了上述各个条件变体外，在其他场合，其条件变体分别是：[p]、[pʰ]、[m]、[f]、[t]、[tʰ]、[n]、[l]、[k]、[kʰ]、[ŋ]、[x]、[tɕ]、[tɕʰ]、[ɕ]、[tʂ]、[tʂʰ]、[ʂ]、[ʐ]、[ts]、[tsʰ]、[s]。

另外，辅音音位还有一些自由变体，如北京有些人对舌尖音 [ts]、[tsʰ]、[s] 和齿间音 [tθ]、[tθʰ]、[θ] 不加区分，两类音混读。

（三）普通话声调音位

声调因为能区别意义，所以本身就是一种音位。调类是各个不同的声调音位，调值体现的是具体声调的音位变体。普通话四声的调值常因语音环境的不同而有变化。普通话有/^{55}/、/^{35}/、/^{214}/、/^{51}/四个调位，也可以分别写作/^{1}/、/^{2}/、/^{3}/、/^{4}/。声调音位的主要变体有下面几类。

1. 声调音位的非轻声变体

（1）/^{1}/只有一个变体 [^{55}]，如：书 [ʂu^{55}]。

（2）/^{2}/只有一个变体 [^{35}]，如：船 [tʂʰuan^{35}]。

（3）/^{3}/的主要变体有 [^{214}]、[^{35}]、[^{21}]。

音位变体	出现条件	举例
[^{214}]	单念	北 [peɪ^{214}]
	或在词句末尾的非轻声音节中	媒体 [tʰi^{214}]

[^{35}]	在上声音节前	美［mer^{35}］满
[^{21}]	在非上声（阴、阳、去）音节前	理［li^{21}］科

（4）/^{4}/的主要变体主要有［^{51}］、［^{53}］。

音位变体	出现条件	举例
[^{51}]	单念、末尾 或在非去声音节之前	不［pu^{51}］、奇妙［miau^{51}］ 句［tɕy^{51}］型
[^{53}]	在去声音节前	数［ʂu^{53}］据

2. 声调音位的轻声变体

轻声是一种轻短模糊的调子，是/^{1}/、/^{2}/、/^{3}/、/^{4}/四个调位的一种特殊变体。四个调位的轻声变体的调值会随着前一音节的调值不同而改变。例如：

音位变体	出现条件	举例
[^{2}]	在阴平音节后	他的［də^{2}］
[^{3}]	在阳平音节后	前边［piɛn^{3}］
[^{4}]	在上声音节后	椅子［tsə^{4}］
[^{1}]	在去声音节后	木头［t^{h}əu^{1}］

读轻声的音节，在单字中大都有本调，从这个意义上说，把轻声看作原调位的变体是较适宜的。同时轻声的音高、音质都不固定，很难类型化。例如“椅子”中的“子”就比“桌子”中的“子”读音高一些。轻声是某调位的变体，轻声的四种音高又是轻声的条件变体。类型化是音位的重要特点，把不能类型化的读音看作独立的调位是不合适的。

思考题

1. 为什么要归纳语音的音位系统？举例说明音素与音位的关系。
2. 举例说明音位的种类、音位变体的种类。
3. 举例说明归纳音位的原则、标准。
4. 音位理论对于拼音文字的设计有何意义？《汉语拼音方案》只用了 25 个拉丁字母表示普通话语音系统，它们是如何描写普通话的音位系统的？
5. 简述普通话语音的音位系统，并说明各元音音位的条件变体及出现的条件。

第八节
语音的节律

节律是语音的节奏规律。语流中的音高、音强、音长和音色这些物理要素，通过不同的组合、变化，可以构成停连、高低、轻重、长短、快慢等节律的基本形式。这些基本形式在语流里按照一定的规则相互协调影响、交织套合，形成了汉语特有的节律特征。多种语音对立形式以及周期性的反复出现，使普通话具有丰富的节律变化，以满足各种交际的需要。普通话里语音的节律主要表现在语调及朗读中。

一、语调

语调指说话或朗读时全句的停顿，声音的轻重快慢、高低长短的各种变化、配置的总称，包括停顿、重音、句调、语速等几个方面。下面依次对这些语音变量进行分析。

(一) 停顿

停顿指说话或朗读时，段落之间，语句中间、后头出现的语音间歇。停顿不仅是生理上换气的机会，而且是揭示语言内在的层次结构、准确体现语意的方式，更是交际上表达感情的需要。停顿有调节气息、显示语气、突出重点等作用。有时，同样一句话，停顿的位置不同，反映的结构关系也就有差别，意思也就不同。例如：

我不相信他是好人！（他是坏人）

我不相信，他是好人！（他是好人）

同样一句话，停顿时间的长短不同，意思也会不同：

看见小李、小丽的脸“刷”地红了。（两人的脸都红了）

看见小李，小丽的脸“刷”地红了。（小丽的脸红了）

停顿一般分为两种：语法停顿、强调停顿。

1. 语法停顿

语法停顿是反映语言结构层次关系的停顿，往往和词、词组或句子有直接联系。其中较显著的停顿，书面上一般都用标点符号表示出来。语法停顿时间的长短，跟标点符号大致相应：省略号＞句号、问号、感叹号＞破折号＞冒号＞分号＞逗号＞顿号。句子之间的停顿要比句中结构成分之间的停顿长一些，而段落之间的停顿则长于句子之间的停顿。句中点号停顿长短不一，合理运用级别不同的停顿，能使说话顿挫有度，语意层次分明。如：

青春是美丽的。但一个人的青春可以平庸无奇，也可以放射出英雄的火光。可以因虚度而懊悔；也可以用结结实实的步子，走到辉煌壮丽的成年。（魏巍《年轻人，让你的青春更美丽吧》）

句子结构中主语和谓语之间、动词和宾语之间、定语或状语和中心语之间、多项并列成分之间、复指短语之间等都可以停顿。例如：

建设生态文明，是关系人民福祉、关乎民族未来的长远大计。（《在中国共产党第十八次全国代表大会上的报告》）

2. 强调停顿

强调停顿指为了强调某一事物，突出某个语意或表达某种感情，在句中没有标点符号的地方做出的适当停顿，也叫感情停顿。从意义上的联系来看，一句话中往往有许多词，词与词可以结合在一起，构成一个意义整体，叫作“意群”。这种根据意群和情感表达需要所做的停顿一般不用标点符号表示。这种停顿没有确定的规律，它因文而异，因人而异，要依表情达意的需要来决定停顿的地方和时间。看下面的停顿：

好像我背上的同她背上的加起来，就是|整个世界。（普通话水平测试朗读作品33号，下面简称“作品××号”）

“就是整个世界”句内原不可停顿，但是如果在“整个”之前用一个停顿，就给人以思考的时间，为结论的出现做一个短暂的铺垫，起到强调突出的效果。

不恰当的停顿会造成对词语的肢解或对语义的误解，造成意义上的割裂。如：

有一次我偷了一块糖果，他要我把它送回去，告诉｜卖糖的说是我偷来的，说我愿意替他拆箱卸货作为赔偿。（作品10号）

在一般散文里，一句话的节拍的构成多少比较自由，可多可少；而韵文则要求各句的节拍数匀称、均衡，以增强节奏感，表现出比较整齐的节奏感。

诗歌朗读要注意节奏，主要表现在“音步”（由停顿把诗句分成的一个个小片段）上。音步又称节拍。音步一般用停顿表示，也有用轻微的拖腔表示的。格律诗、民歌、快板等一般都是五言三拍、七言四拍。自由诗要求宽一些，节奏比较自由。例如：

（1）清明/时节/雨/纷纷，路上/行人/欲/断魂。
借问/酒家/何处/有，牧童/遥指/杏花/村。

（杜牧《清明》）

（2）远远的/街灯/明了，
好像/闪着/无数的/明星。
天上的/明星/现了，
好像是/点着/无数的/街灯。

（郭沫若《天上的街市》）

（二）重音

重音是运用轻重对比手段加以强调、予以突出的音。重音的特点表现在扩大音域和延续时间上，同时增加强度。重音分为两种：词重音和语句重音。

1. 词重音

词重音就是指在一个多音节词里读得较重、较强的音节。词的读音的轻重可以分为三个等级：重音、中音（次重音）、轻音。这种重音基本上是固定的。普通话多音节词语大多最后一个音节读重音。下面看双音节词的轻重音格式。

中重式：音乐　治疗　删除　磁盘　从容　浪漫　心虚　审判　请教

重轻式：休息　暖和　生意　喇叭　包袱　聪明　朋友　动静　伺候

2. 语句重音

句子的某些需要突出或强调的词语常要重读。语句中念得比较重，听起来特别清晰的音叫作语句重音。根据产生的原因可以把重音分为两种：语法重音和强调重音。

（1）语法重音。

句子里某些语法成分常要重读。根据语法结构特点而重读的音，叫语法重音。语法重音的位置比较固定，有规律可循。

A. 谓语中的主要动词常常读重音。例如：

东风来了，春天的脚步近了。

B. 动词、介词的宾语常读重音。例如：

昨晚下雪了。

C. 表示性状、材质、所属等的定语常读重音。例如：

眼前就是浩瀚的大海。

D. 表示性状和程度的状语常常读重音。例如：

我们要努力学习普通话。

E. 表结果、状态和程度的补语常读重音。例如：

树叶儿却绿得发亮，小草儿也青得逼你的眼。

F. 表示疑问和指示的代词通常读重音。例如：

哪儿都不去。

（2）强调重音。

句子中的某些需要突出或强调的词语常要重读。强调重音指为了突出语意重点或表达强烈感情而加强音量读出来的音，也叫逻辑重音、感情重音、对比性重音等。哪些词语需要突出或强调，要根据话语具体内容和说话人的情感（或心理）发展变化来确定。

强调重音在语句中的位置并不固定。同样一句话，由于强调重音的位置不同，所表示的语义也就不同。例如：

我买的字典。（区别于“你”和“他”）

我买的字典。（区别于“拿”和“做”）

我买的字典。（区别于“衣服”和“钢笔”）

语言中有些地方通常总是读强调重音：

A. 表示并列关系。例如：

桂林的山真奇啊，……桂林的山真秀啊，……桂林的山真险啊，……

B. 表示对比和反衬关系。例如：

这一整天谁也没买过她一根火柴，谁也没给过她一个钱。

C. 表示递进或转折等关系。例如：

他不但会喝酒，而且爱喝，有阵子甚至是无酒不下饭。

D. 表示肯定或否定的成分。例如：

白杨树实在是不平凡的。

E. 表示特指的成分。例如：

我们爱韶山的红杜鹃，因为韶山的杜鹃像烈火。

F. 比喻句中的比喻词和喻体、拟声词语等。例如：

红的像火，粉的像霞，白的像雪。

G. 表达强烈的感情，增强感染力。例如：

你这个人好糊涂啊！

重音的表达方式很多，有时也可不用重读而运用重音轻读、拖长音节、一字一顿、渐次减弱等手段来表达。

低中见高法：绷紧声带，提高频率，使声音略显尖利。例如：

让暴风雨来得更猛烈些吧！

重音轻读法：表达深沉含蓄的细腻感情。轻读不等于轻声，它把要强调的词句减弱音量，拖长字音，加重气息，但并不改变原有声调，语气却凝重深沉，这往往能烘托出某种意境，获得比加强重音更好的表达效果。例如：

那醉人的绿呀！仿佛一张极大极大的荷叶铺着，满是奇异的绿呀。我想张开两臂抱住她，但这是怎样一个妄想啊。（作品25号）

这两个“绿”字读重音的方式都不是加大音量，反而要降低音量，或略用气声，这样更符合作品的意境，切中人物的内在感觉，听起来轻柔深挚，能再现作者陶醉于“绿”的心情。

一字一顿法：铿锵而有力，显示深切、沉重的心情。例如：

海滨上空响起了一个女孩响亮而清晰的声音：“我们从此——一、刀、两、断！”

（三）句调

句调是整个句子的音高升降的变化格式，是语句音高运动的模式。它与声调一样，都是音高的变化形式，都属于超音段成分。但声调只指单个字的音高变化格式，所以也叫“字调”。而句调的高低升降是贯穿在整个句子中的。

语调与句调是包括与被包括的属种关系。语调还包括停顿、语速和重音三个要素。

1. 句调的四种形式

（1）升调。调子由平升高，句尾明显上扬，常用来表示喜悦、惊异、鼓动、疑问、号召、反问、设问、反话、挑衅、激动、愤怒等语气。例如：

你怎么来了？（惊异）

（2）降调。调子先平后降，常用来表示陈述、肯定、感叹、请求、自信、赞扬、祝愿、沉重、惋惜、悲痛、告诫等语气。例如：

您再给他一次机会吧。（请求）

（3）平调。调子比较平直舒缓，始终保持同样的高低，没有明显的高低升降变化，常用来表示严肃、冷淡、沉思、倨傲、叙述或说明等语气。例如：

我们从来不侵略别国的领土。（严肃）

（4）曲调。先升后降，或先降后升，调子有高低曲折变化，常用来表示含蓄、讽刺、夸张、怀疑、惊讶、双关、戏谑、厌恶、不满、恼怒等语气。例如：

爸听了便叫嚷道："你以为这是什么车？旅游车？"（作品 10 号）（恼怒）

2. 句调对字调的影响

句调与字调的关系是音阶叠加的"代数和"，而不是调型叠加的"代数和"。它们互相依存，彼此制约。句调的形成以声调变化为基础；反之，句调往往影响字调。声调受句调的调节，其音阶必须随句调升降而上浮或下沉。句调主要表现在句末的音节上。句调离不开声调，通过声调的浮沉得以实现。两者是全部与局部的关系，是大波浪与小波浪的关系。全句的升降就在原来字调的基础上稍扬或稍抑，但是不能完全改变原来的字调。可见，在语流中，字调因受句调的影响而产生的变化是极其复杂细微的。我们耳朵所听到的实际调值是字调和句调的合成。句调是一连串滑动的声调变化组织起来的音高调节形式。

（1）升句调对字调的影响。

A. 若字调也是上升（包括降升）的，则字调在原来基础上稍扬。例如：

你不来/^{35}/→/$^{35+}$/？　　　　你不走/^{214}/→/$^{215+}$/？

B. 若字调是平直的，则字调后部稍扬。例如：你不说/^{55}/→/$^{55+}$/？

C. 若字调是下降的，则字调变成降升。例如：你不去/^{51}/→/^{513}/？

（2）降句调对字调的影响。

A. 若字调也是降调，则降得更低。例如：你快去/^{51}/→/^{31}/。

B. 若字调是平调，则变成平降调。例如：你快说/^{55}/→/^{33}/。

C. 若字调是升调，则变成升降调。例如：你快来/^{35}/→/^{23}/。

D. 若字调是降升调，则字调后部稍抑，变成升降调。例如：你快走/^{214}/→/^{212}/。

（四）语速

语速指说话朗读时吐字快慢的速度。这主要取决于音长以及音节之间的疏密程度。如：

这/就是/白杨树，西北/极普通的/一种树，然而/绝不是/平凡的树！

这就是白杨树，西北极普通的/一种树，然而/绝不是平凡的树！

语速与表情达意的内在节奏有关。对于慷慨激昂的文章、激情奔放的诗歌，语速不宜过慢；而对于抒情的诗文，语速不宜过快。语速的差异有助于形成不同的节奏，表达不同的感情，创造不同的气氛。在说话或朗读过程中，语速也并不是机械的、一成不变的。语速的快慢处理应根据内容本身的需要，随着情感或内容的变化而变换、调节。

语速大体上可以分为快速、慢速、中速三种。

1. 快速

语速节奏较快，通常表现热烈、激动、欢快、紧张、急躁、愤怒、惊惧等色彩，叙述急剧变化的事情，刻画人物的机警、活泼、热情，表现作者的质问、斥责、雄辩的声态。例如：

忽然，从附近一棵树上飞下一只黑胸脯的老麻雀，像一颗石子似的落到狗的跟前，老麻雀全身倒竖着羽毛，惊恐万状，发出绝望、凄惨的叫声，接着向露出牙齿、大张着的狗嘴扑去。（作品 27 号）

这是紧张情节的叙述，语速可急迫一些，音强而有力。

2. 慢速

语速节奏较慢，大多表现沉重、悲哀、忧郁、痛苦、悼念、失望、迟疑的心情，或是叙述平静、庄重、严肃等情况。例如：

这里，逼人的朴素禁锢住任何一种观赏的闲情，并且不容许你大声说话。风儿俯临，在这座无名者之墓的树木之间飒飒响着，和暖的阳光在坟头嬉戏。（作品 35 号）

朗读时节奏沉稳有力，语气柔和，营造肃穆的气氛，表达出对托尔斯泰的无比崇敬。

3. 中速

语速节奏中速，不快不慢，适合表达说明性的内容，或者一般的叙述、描写，多用于感情没有多大变化的句子。例如：

我爸爸告诉我他也愿意听听我们年轻人的观点，因为那样呢，他也能知道现在年轻人在想什么。他知道现在社会新的一代思想是什么状况，这样呢，他也可以减慢他的衰老过程。

二、朗读

朗读是运用清晰的普通话语音，把视觉形象变作听觉形象，把书面语言变成有声语言的艺术再创造活动。朗读不是机械地把文字变成声音，而是通过富有艺术感染力的声音把作品的内容准确、鲜明、形象地传达给听众。它的特点是口语化、艺术化和有针对性。朗读是学习普通话、进行语文教学的重要环节，也是进行宣传教育的有效方式。通过朗读可以克服方音，提高自己的普通话水平。那么怎样才能朗读得好？朗读的基本要求是什么？

（一）要深入理解作品的思想内容

朗读时必须对作品的思想内容作深刻的理解和全面的分析，准确挖掘作品的主题。

朗读要根据作品风格类型，整体把握朗读的基调。如是记叙文，要以事感人，语气自然；如是小说，就要揣摩人物的形象、个性；如是论说文，就要加强逻辑感受，做到论点鲜明，论据有力。总之，要顺应作品思想感情的发展，激发自己的真情实感，才能使朗读出来的词句有血有肉，有感情，从而引起听者的共鸣。

（二）要综合运用朗读所需要的表达技巧

1. 发音标准，吐字清晰，纠正方音，字正腔圆

朗读要用普通话，要把每个字的声韵调念准，不要读错字音，吐字要清楚、饱满。不要夹有方音。要“咬”字，不要“吃”字、“滚”字，每个音节念出来，要清晰、圆润、有力。此外，还要防止漏读、添读、倒读和读破词、读破句等现象的发生，要读得连贯。

2. 朗读语言必须在生活语言的基础上进行加工提炼

朗读要使用平实的语调，不能脱离生活语言，矫揉造作。朗读要真切、自然、朴素地运用语调各要素，切忌表面化、形式化地硬套技巧。比如一碰到感情激动之处就一味放大音量。

3. 朗读应注意句中的停顿、快慢以及高低起伏的变化，要分得出轻重缓急、抑扬顿挫

除了发音准确，吐字清楚，念得自然顺口之外，朗读还得注意朗读技巧的运用，包括重音、停顿、语速、句调等朗读要素的运用，要注意避免语调偏误、停连不当、不流畅等。

4. 注意声音的造型能力

声音的造型能力来自声音的可变性和伸缩性，最主要的是气息状态和声音色彩的变化：声音的高低、强弱、虚实、明暗、刚柔、厚薄变化，以及气息的深浅疾徐、收与纵的变化等。

此外，如果能在必要时适当借用一些戏剧表演的技巧（如气音、颤音、喷口等），那就更能提高朗读的艺术效果。

思考题

1. 现代汉语的节律系统里起作用的语音形式有哪些？它们是如何交织套合、协同作用的？试总结其特点和模式。

2. 语调、句调的关系如何？句调对字调有什么影响？

3. 语法重音和强调重音有什么区别？试用“重音”“中音”“轻音”三级分类法归纳你的家乡话中词的轻重音格式。

4. 说明停顿、重音和句调的运用在表达上的作用，体会停顿和标点的关系。

5. 语速大体可以分为几种？各适于表达什么内容或思想感情？

第九节 语音规范化

《中华人民共和国国家通用语言文字法》总则第三条提出：“国家推广普通话，推行规范汉字。”可见在学习和使用普通话语音基础知识的同时还必须树立语音规范化意识。

语音的规范，是指民族共同语语音的明确的一致的标准。语音规范化、标准化，主要是指根据语音发展的规律来确立和推广标准音。

现代汉语语音规范化主要有两个方面内容：一是确立、审定各种语音标准；二是大力推广以北京语音为标准音的普通话。

一、确立标准音

现代汉民族共同语是以北京语音为标准音的普通话。普通话以北京语音为标准音，是就北京话的整个语音系统而言的，即普通话采用北京话的声韵调系统，而并不是说北京每个人、每个字的发音都是普通话，并不意味着把北京话所有语音成分全部接收过来。北京话语音并不等同于普通话语音，在北京语音内部，还存在着一些分歧现象。比如，很多北京人把“国家”（guójiā）读 guǒjiā，“复杂”（fùzá）读 fǔzá，“质量”（zhìliàng）读 zhǐliàng。又如“职业”“太阳”“工人”等词有轻声和非轻声两种读法，“胡同（儿）”“地点（儿）”“电影（儿）”等也有儿化和非儿化两种读音。这些都不能作为普通话的语音标准。这种读音分歧现象，不利于学习普通话和统一民族共同语，因此必须确立读音标准加以明确规范。

（一）异读词的审音

异读是指一个汉字在同一个词内有两种或两种以上不同的读音，但词义没有区别的现象。异读词是指习惯上有几种不同读音的词。比如：“机械”可读为 jīxiè，也可读为 jījiè；“危险”可读为 wēixiǎn，也可读为 wéixiǎn。再如：

混淆 hùn hǔn　　琴弦 xián xuán

比较 jiào jiǎo　　友谊 yì yí

一会儿 huìr huǐr　　骨髓 suǐ suí

侵略 qīn qǐn　　亚洲 yà yǎ

异读词中的字的读音差别是声母、韵母、声调的不同而造成的。例如：

声母不同：赏赐 cì—sì　　　　缔结 dì—tì
韵母不同：拂晓 fú—fó　　　　跃进 yuè—yào
声调不同：拙劣 zhuō—zhuó　　号召 zhào—zhāo
声韵不同：巷道 hàng—xiàng　　摄影 shè—niè

以上这些异读词，已确定前一个读音为规范读音，而废除后一个读音。

北京话里异读词的来源很复杂，异读词的产生是多方面原因造成的。

1. 文白异读

文白异读就是同一个词或语素在读书时是一个读音，在日常口语中又是另一个读音，两种读音并存，造成异读。也就是读书音（文读）和口语音（白读）不同。例如："暴露"除了白读为 bàolù 外，还文读成 pùlù；"摘"的读书音是 zhé，口语音是 zhāi；"贼"的读书音是 zé，口语音是 zéi。

2. 方音影响

有的方言词的读音被北京音所吸收，同北京话原有的读音并存，因而造成异读。例如"揩油"的"揩"，吴语读 kā，北京音读 kāi，kā 和 kāi 两个读音并存。

3. 讹读影响

有的词或语素被读错了，以讹传讹，影响越来越大，造成讹读音与正读音并存，形成异读。如"商埠"的"埠"原读 bù，讹读为 fù；"荒谬"的"谬"正读为 miù，讹读为 niù；"良莠"的"莠"正读为 yǒu，讹读为 xiù；"酵母"的"酵"正读为 jiào，讹读为 xiào。

4. 背离规律

有些词按语音发展规律应读某音，但又出现了一个不合规律的读法，两音并存，造成异读。例如"帆船"的"帆"，"危险"的"危"，"期望"的"期"字在古代都是浊音声母的平声字，按语音演变规律应归入普通话的阳平调类，但在北京话发展过程中这些词又出现了一个不符合发展规律的阴平调读法，现在把阴平作为规范读音了。

异读词同义异读，是语言中的一种累赘，在普通话中必须只保留一种读音而淘汰其他读音，以减少语音的分歧。异读词的审音标准和原则如下。

第一，一个字的某种读音在北京话里非常通行而不符合北京语音的一般发展规律，只要这个音在北方方言里用得广泛，就可采用。如"危""帆""期"等字，在北京话有阴平和阳平两种读法，阳平的读法符合一般发展规律，但阴平的读法在北京话乃至北方方言中用得更广，因而采用了阴平的读法作为标准音。而对那些既不符合语音演变规律，又没在北方话中通行的北京读音则不采用。如"暂"（zhàn）、"酵"（xiào）、"诊"（zhēn）的京音读法就未采用。

第二，不同的异读词"开""齐""合""撮"的读法，原则上以符合语音发展规律及北京语音的声韵配合规律为准。例如"嫩"的音定为 nèn，不用 nùn；"蕾"的音采用 lěi，不采用 luǐ；"淋"的音采用 lín，而不用 lún 或 lǘn。

第三，古代清音声母入声字在北京话里凡是没有异读的，就采用北京已通行的读法。凡是有异读的，假若其中有一个是阴平调，原则上就采用阴平的读法，例如“息”定为 xī、“击”定为 jī，否则就采用比较通行的读法作为规范的读音。

上述原则可以概括为两点：一是通行性的原则，二是规律性的原则。中华人民共和国成立以来，国家十分重视现代汉语规范化的工作。根据以上两种原则，普通话审音委员会曾于 1957—1963 年先后三次发表《普通话异读词审音表初稿》，并于 1963 年将这三次发表的审音表的内容辑录成《普通话异读词三次审音总表初稿》。1982 年 6 月，普通话审音委员会又对审音总表初稿进行了修订。修订稿经国家语言文字工作委员会、国家教育委员会、广播电视部审核通过，于 1985 年 12 月以《普通话异读词审音表》名称正式公布。

为全面贯彻《国家通用语言文字法》，“推广和规范使用国家通用语言文字”，国家语委于 2011 年 10 月启动了中华人民共和国成立以来第三次普通话审音工作，根据语言生活发展需要修订 1985 年发布的《普通话异读词审音表》，建立健全普通话语音规范标准体系。经过 3 年多的努力，完成《普通话异读词审音表》修订初稿研制，在广泛听取各界意见的基础上，于 2016 年 5 月形成《普通话异读词审音表（修订稿）》。现在凡是涉及普通话异读词的读音、标音，都应以此表审定的规范读音为准。异读词的审定对现代汉语语音规范化工作和普通话的推广起了巨大的推动作用。

（二）多音多义字的分辨

北京话里有许多一字多音现象，这必须统一处理，明确标准。同一个汉字在不同的词内因意义不同而有不同的读音，这就是一字多音现象。多音多义字（简称多音字）是指字形相同，字义不同而字音也有区别的一部分字。如“曲（qū）折”和“曲（qǔ）调”的“曲”字形完全相同，但字义不一样，字音也有区别；“少（shǎo）数”和“少（shào）年”也是音和义不同。再如：

玩弄（nòng）—里弄（lòng）　　拗（ào）口—执拗（niù）

难（nán）受—苦难（nàn）　　散（sàn）布—松散（sǎn）

要注意，多音多义字不是异读词。多音字虽然有不同的读音，却只出现在不同的词里，它的不同读音所表示的意义并不相同，这种同字异音现象是汉字记录汉语的一种正常现象，因此，普通话里保留了一字多音现象。这种现象必须同上面所说的同词异音的异读词加以区别。多音字应根据它们出现的具体语言环境来确定读音。例如：

处分 chǔ　　处所 chù

答应 dā　　回答 dá

供应 gōng　　供词 gòng

学校 xiào　　校对 jiào

着落 zhuó　　着凉 zháo

尽管有明确的读音规范，但由于一字多读的不便和多音字的大量存在，多音字误读现象仍时有发生。因此，国家普通话审音委员会把常见的多音字误读也归入异读的范围加以审定。1985 年公布的《普通话异读词审音表》确定了一些容易误读的多音字的读音。例如：

从：统读 cóng，过去在“从容”一词里读 cōng。

呆：统读 dāi，过去在“呆板”一词里读 ái。

绕：统读 rào，过去在“环绕”等词里读 rǎo。

指：统读 zhǐ，过去在“指甲”等词里读 zhī，在“手指头”等词里读 zhí。

普通话字里有 300 多个多音多义字，多音字形成的原因比较复杂。

第一，一般用法与人名地名用法不同造成多音，外来词因音译出现了不同读音。

如“单”一般用法念 dān，作姓氏用时念 shàn，指称匈奴君主时念 chán（单于）。又如：

柏bǎi　　松～

　Bǎi　　姓氏

　Bó　　～林（德国地名，音译）

华huá　　中～

　Huà　　姓氏；～山（山名）

第二，文白异读造成多音。

部分常用词在口语中逐渐改变读音，但在书面语、成语或复音词中仍保留原读音。例如：

	薄	剥	削	熟	绿	肋	疟	露	给	血
读书音（文）：	bó	bō	xuē	shú	lù	lē	nüè	lù	jǐ	xuè
口语音（白）：	báo	bāo	xiāo	shóu	lǜ	lèi	yào	lòu	gěi	xiě

第三，部分字字义本有联系，但词性或语素性质不同，造成多音。如：

创chuāng　　伤口（名词），～伤

　chuàng　　（动词）～造

臭chòu　　（形容词）～味

　xiù　　（名词性语素）乳～

第四，部分汉字简化后与另一个音义不同的字字形合一，形成了新的多音字。

如“纤维”（xiānwéi）和“纤夫”（qiànfū）的“纤”就是从本来完全不同的两个字“纖”和“縴”简化而成的。又如：

发fā　　～生（“發”的简化字）

　fà　　头～（“髮”的简化字）

舍shè　　房屋，宿～

　shě　　弃，～弃

第五，字（词）义不同造成多音。

如“打”，表动作义时读 dǎ（打架、打击），表事物单位义时读 dá（一打铅笔）。又如：

结jié　　缔结，～婚

　jiē　　长出果实或种子，～了个果子

省shěng　　减少，节～

　xǐng　　检查，引申为看望父母，发人深～，～亲。

(三) 北京话的特殊方音成分的剔除

北京口语中的特殊方音成分，主要是那些缺乏普遍性的字音和音变现象。例如：把“不言（yán）语”读“不言（yuán）语”，把“逮（dǎi）住”读“逮（dēi）住”。又如：

太好	tài	tuī
尾巴	wěi	yǐ
五更	gēng	jīng
不知道	bùzhīdào	bùrdào

像这些特殊的地方发音习惯显然是不能进入普通话的，应该加以剔除、淘汰。

(四) 轻声词和儿化词的读音规范

北京话里有大量的轻声词、儿化词，它们在语言表达上有一定的作用，因此在普通话语音系统里应该有它们的地位，但这并不是说北京话里所有的轻声词、儿化词普通话都应该吸收。普通话吸收、处理北京话中的轻声词和儿化词的基本原则有如下几种。

第一，有区别词义、词性作用的轻声词、儿化词应该吸收，可以丰富语言的表达手段。例如：

地道（好，真，形容词）—地道（地下的通道，名词）

滚儿（名词）—滚（动词）

头儿（为首的）—头（脑袋）

吹风儿（有意透露信息）—吹风（用吹风机把头发吹干）

第二，无区别词义、词性作用，但习惯上读轻声、儿化的词普通话也应吸收。

有些轻声或儿化虽然没有辨义作用，但不发轻声儿化就破坏了这些词固有的约定俗成的语音形式，听起来会让人感到很不自然，不像普通话。如：

意思　便宜　包袱　庄稼　哑巴　扎实　阔气　窗户　亲戚　玻璃　含糊　耳朵

花儿　馅儿　刀把儿　手绢儿　打盹儿　玩意儿　小孩儿　好玩儿　冰棍儿

对这类情况可根据现实语音的发展做进一步的调查，制定出必读轻声、儿化词表，并从严把握，限制普通话中的轻声、儿化词，对书面上“儿”的有无做出统一规定（词形规范）。

第三，无区别词义、词性作用，又没在普通话中广泛使用的带方言色彩、读音两可的轻声词、儿化词，普通话不宜吸收。如：

年龄　天气　现象　消耗　纪念　手艺　支持　措施　烦恼　措施　明天

针（儿）　今（儿）　开门（儿）　帮忙（儿）　嘴唇（儿）　板凳（儿）　上班（儿）

国家《普通话水平测试用必读轻声词语表》（《普通话水平测试实施纲要》，商务印书馆 2004 年版）共收轻声词 545 条，除去 206 条“子”尾词，还剩 339 条，这大大减轻了方言区学生学习普通话的负担。

（五）语音的规范与变异

体现规范性不是追求单一化、规格化，要引进语言的动态观、科学的规范观。

普通话语音的变异是指不同的阶层、行业、性别、职业、年龄的社会成员在使用普通话时发生的语音变化。不仅他们使用的词语不会完全相同，他们的发音也不尽相同。这种差异不仅取决于个人的生理条件，而且也取决于个人的社会角色、语言习惯。如现代社会的一些年轻女性，喜欢把 j、q、x 发得接近 z、c、s，并常以此表示自己的普通话地道。有些人喜欢把“因为”的“为”发成 véi，“新闻”的“闻”发成 vén，“伟大”的“伟”发成 věi 以表示自己的文化层次较高。还有的人频繁使用“自个儿”“盖帽儿”等儿化词，说话口形偏圆，以显示自己的地道京腔。另外，对普通话韵母 üan 韵腹的发音、普通话轻声的调值，有关研究的看法也不尽统一。对于这些情况，就不能不考虑社会个体的发音特色。在没有统一或规范之前，应该认为是同一音位的社会自由变体，任何一种读法都应算作正确。如已作出明确的规范，就应遵守，不能随意变读。

二、推广普通话

语音规范化的工作，除确立标准音之外，还要推广民族共同语——普通话。普通话和方言的重要差别是语音。推广标准音就是要求我们按照普通话的语音规范来发音。

对规范的要求应该体现出一定的层次性：对不同对象应有不同的要求。北京人或者北京话说得较好的人，应该尽量符合标准。方言区的人学习普通话有一定的难度，应从实际出发，一方面不能要求学习者一下子就说得很标准，达到最高要求；另一方面，也不能满足于“差不多”，也应要求自己逐渐向标准靠拢。因此在一定时期内，要允许发音不太标准的“大众普通话”的存在，同时要积极鼓励人们努力克服方音土调的影响，尽快向标准普通话靠拢。

对影响面广、影响力大、示范性强的播音、演艺、教育等行业，必须对其从业人员的普通话语音作明确的规定，以保证工作质量。教师，特别是语文教师，不论基础如何，都应该从严要求自己。1994 年 10 月，国家语言文字工作委员会、国家教育委员会、广播电影电视部联合发布了《关于开展普通话水平测试工作的决定》，并颁布了普通话水平测试的等级标准。这个测试把普通话分为一级、二级、三级，每级设甲、乙两等（共三级六等），目的是评定测试人普通话所达到的水平等级。并且规定，对播音员、节目主持人、教师等岗位人员，从 1995 年起逐步实行持普通话等级证书上岗制度。这个测试是口语测试，其中，语音的规范标准程度占了非常重要的地位，这对推广标准音无疑是一个有力的促进。

中国幅员辽阔，方音分歧严重，推广普通话标准音非常重要，在这方面还有不少问题有待研究，还有很多的工作要做。我们要积极做好语言规划，加大语音规范化工作力度。

附录　普通话水平测试等级标准（试行）

一级

甲等　朗读和自由交谈时，语音标准，词汇、语法正确无误，语调自然，表达流畅。测试总失分率在3%以内。

乙等　朗读和自由交谈时，语音标准，词汇、语法正确无误，语调自然，表达流畅。偶然有字音、字调失误。测试总失分率在8%以内。

二级

甲等　朗读和自由交谈时，声韵调发音基本标准，语调自然，表达流畅。少数难点音（平翘舌音、前后鼻尾音、边鼻音等）有时出现失误。词汇、语法极少有误。测试总失分率在13%以内。

乙等　朗读和自由交谈时，个别调值不准，声韵母发音有不到位现象。难点音较多（平翘舌音、前后鼻尾音、边鼻音、fu—hu、z—zh—j、送气不送气、i—u不分、保留浊塞音、浊塞擦音、丢介音、复韵母单音化等），失误较多。方言语调不明显。有使用方言词、方言语法的情况。测试总失分率在20%以内。

三级

甲等　朗读和自由交谈时，声韵母发音失误较多，难点音超出常见范围，声调调值多不准。方言语调较明显。词汇、语法有失误。测试总失分率在30%以内。

乙等　朗读和自由交谈时，声韵调发音失误多，方音特征突出。方言语调明显。词汇、语法失误较多。外地人听其谈话有听不懂情况。测试总失分率在40%以内。

思考题

1. 结合生活中的事例说明语音规范化的必要性和重要意义。
2. 普通话语音规范化工作包括哪些内容？语音规范化的标准是什么？试举例说明。
3. 什么是异读词？异读词和多音字有什么区别？
4. 为方便方言区的人学习普通话，普通话能否取消轻声和儿化？你认为轻声词、儿化词应怎样规范其读音？
5. 音变实际上还有许多没有规范的地方，你能够举出一些例子来吗？

参考文献

曹剑芬．普通话轻声音节特性分析．应用声学，1986（4）．

曹剑芬．现代语音基础知识．北京：人民教育出版社，1990．

董少文．语音常识．上海：上海教育出版社，1988．

傅国通，殷作炎．普通话导学．杭州：浙江教育出版社，1998．

郭锦桴．汉语声调语调阐要与探索．北京：北京语言学院出版社，1993．

国家语言文字工作委员会普通话培训测试中心．普通话水平测试实施纲要．北京：商务印书馆，2004．

贾媛．现代语音学发展的前沿和方向．当代语言学，2009（2）．

江苏省语言文字工作委员会办公室．普通话水平测试指导用书（江苏版）（第二版）．北京：商务印书馆，2011．

焦立为、冉启斌、石锋：《二十世纪的中国语音学》，太原：书海出版社，2004.
金有景．普通话语音．北京：商务印书馆，2007.
李荣．音韵存稿．北京：商务印书馆，1982.
李延瑞．普通话音位研究述评．中国语文，1984（4）.
刘俐李．20 世纪汉语轻声研究综述．语文研究，2002（3）.
刘照雄．说儿化．语言文字应用，2003（3）.
刘雪春．儿化的语言性质．语言文字应用，2003（3）.
林焘，王理嘉．语音学教程．北京：北京大学出版社，1992.
路继伦，王嘉龄．关于轻声的界定．当代语言学，2005（2）.
罗常培，王均．普通语音学纲要（修订本）．北京：商务印书馆，2002.
麦耘．汉语音节—音位层次分析．语言研究（总 35 期），1998.
戚晓杰．轻声音节“儿”的入位条件限制与表达功能．语言文字应用，2003（3）.
宋欣桥．普通话语音训练教程．北京：商务印书馆，2004.
王理嘉．音系学基础，北京：语文出版社，1991.
王理嘉．儿化规范综述．语言文字应用，2005（3）.
魏钢强．调值的轻声和调类的轻声．方言，2000（1）.
文炼．汉语语句的节律问题．中国语文，1994（1）.
吴洁敏．汉语节奏的周期及层次——节奏规律研究之一．中国语文，1992（2）.
吴洁敏．新编普通话教程．杭州：浙江大学出版社，2009.
石锋，廖荣蓉．语音丛稿．北京：北京语言学院出版社，1994.
徐世荣．普通话语音知识．北京：文字改革出版社，1980.

第二章 文字

第一节 汉字概说

一、汉字的起源与形成

（一）文字与语言的关系

语言是思维的载体。文字是记录语言的符号。世界上有许多民族，至今只有语言，没有文字，但没有任何一个民族是只有文字而没有语言的。语言并不依赖于文字而存在，相反，如果没有语言，文字就不可能产生，可见，语言是第一性的，文字是第二性的。世界上有各种各样的文字体系，虽然记录语言的方式不同、结构上千差万别，但都必须依附于一定的语言而存在。文字记录语言，离不开语言，尽管有些语言消失后，文字还是被保存了下来的。如果说语言本身就是一种由能指和所指构成的符号系统，那么，文字其实就是符号的符号。

当语言发展到一定的程度，随着社会生产的发展、现实社会生活各方面的需要，文字就产生了。苏联学者伊斯特林在《文字的产生和发展》一书中指出："由于社会的发展，有声言语不再能满足人们交际中已增长了的复杂化了的需要，这时文字才应运而生。"因此，我们可以知道，文字的产生要比语言晚很多，而且文字也并不是某个人就可以发明的。比如中国古代就有"仓颉造字"的说法。传说黄帝的史官仓颉根据日月形状、鸟兽足印创造了汉字。但是从科学、历史的角度来看，约定俗成的文字体系，绝对不会是由某个人发明之后再在社会中推广使用的。不过，如果说有像仓颉这样的人物，曾在汉字的发源阶段进行过汉字的收集整理和推广应用之类的工作，那是很有可能的。

文字的产生和社会生活密切相关，当语言由于受时空的限制，不能满足人们交流的需要的时候，文字开始崭露头角，弥补了口头语言的某些不足。或者说在文字的帮助下，书面语言可以跨越空间和时间的限制。在没有扩音、留声设备的时候，语言不能被传播到很远，人们只能在说话的当时才能听到，并随着语言表达的结束而结束。这种时空上的制约，限制了语言的交际功能。当文字产生之后，被文字记录下来的语言可以随身携带，并传播到很远的地方，甚至可以千百年地流传下来，现代人才可以看到千百年前的相关文字记录。清代陈澧在《东塾读书记》中说："声不能传于异地，留于异地，于是乎书之为文字。"现在看来，文字不仅可以将语言传于异地，留于异地，也能将语言留于未来。

（二）汉字的产生与历史

汉字是世界上使用时间最久、传播空间最广、使用人数最多的文字之一，汉字的产生和应用推动了中华文化的传播和发展。

中国的汉字和古埃及的圣书字、两河流域苏美尔人的楔形文字并称为世界上最古老的三大文字系统。其中，圣书字和楔形文字基本上已经失传，而且都已不再使用，而汉字历时千年，一直沿用至今。

汉字产生的确切年代现在还不能判断。从近年来的考古研究资料来看，在距今大约六千年的陕西西安半坡遗址和临潼姜寨出土的仰韶文化的陶器外壁的同一部位上已经出现刻画符号。这些符号整齐规划，有一定的规律性，具备简单文字的特征，可能是我国文字的萌芽。在距今约四五千年的山东大汶口文化遗址晚期的陶器上和良渚文化遗址的玉器上，发现有更整齐规则的图形刻画，这些符号被认为是中国古代早期的图形文字。

郭沫若在《中国史稿》中也曾指出："彩陶上的那些刻划记号，可以肯定地说就是中国文字的起源，或者中国原始文字的孑遗。"而裘锡圭在《汉字形成问题的初步探索》中则认为，"大汶口文化象形符号跟古汉字相似的程度是非常高的，它们之间似乎存在着一脉相承的关系"。大汶口文字符号与古汉字的一脉相承关系，也就是其与商代甲骨文的一脉相承关系。

我们现在能够看到最古老的成批的汉字资料，是距今三千多年前的甲骨文。甲骨文是在殷商都城遗址（今河南省安阳市小屯村）发现的，是商朝晚期王室用于占卜记事而在龟甲或兽骨上契刻的甲骨卜辞和器物铭文中的文字。比起原始文字来，甲骨文数量多，结构复杂，可以说是基本成熟的文字了。现代汉字即由甲骨文演变而来。

二、汉字的性质和特点

（一）汉字的性质

世界上各种各样的文字体系，按其记录语言的方式的不同，一般可分为拼音文字和非拼音文字两大类。拼音文字用一定的构字符号表示语言中的各个语音单位，符号的排列组合顺序同所记录的语言单位的实际读音一致，所以能比较容易地拼读出来。非拼音文字的构字符号同语音联系不很紧密，从字形结构上一般很难看出记录的词语与语音之间的联系，只能一个一个对应着记忆，不能拼读。音素文字、音节文字都属于拼音文字，而语素文字属于非拼音文字。

音素文字是用字母记录音素，即在记录语言的时候，要把音节分析出辅音音素和元音音素，分别用相应的字母表示，阅读时再把元音和辅音拼合为音节，是比较完备理想的拼音制度。音素文字的系统比较简单，因为一般一种语言的音素，分析成元音和辅音只有几十个，所以用几十个字母就可以把语言记录下来，音素文字适用于记录音节结构类型多的语言。比如英语，就可以用二三十个记录音素的字母直接拼写数万个音节。现今世界上大部分文字都属于音素文字。如英文、俄文、法文、西班牙文、西里尔蒙古文等。

音节文字是以音节为单位的文字。音节文字用一定的字母记录语言中的音节，符号和音节之间有固定的联系，适合记录音节类型比较少的语言，如日语的假名。日文中的假名是音节文字的典型代表。每一个“假名”代表的是一个音节。像假名一样并非音素的组合，各音节有独自形状的音节文字，在世界上是相当稀少的。

语素文字是“语素—音节文字”的简称。人类的语言是有声音、有意义的，是语音和语义的结合体，这是语法单位的基本特点。语素是最小的语法单位，也就是最小的语音、语义结合体。语素文字以单字记录语言中的语素，字与语素基本上相互对应，语素文字最大的特点是字符多，由于要相互区别，文字结构非常复杂。语素文字着重于字形和意义的对应，绝大多数文字都是形音义三位一体的，特别适合记录方言复杂、方言间语音差异大而语法规则一致、语素意义一致的语言。汉语正是这样一种语言，汉字正是典型的语素—音节文字。

汉字的基本单位是字，而每个汉字对应的语言单位，大体上是一个语素，所以，从文字单位同语言单位的对应关系看，汉字是语素文字。例如汉语的“祖国”是由“祖”和“国”两个语素构成的。每个语素都有音和义：“祖”的音是 zǔ，意思是先代；“国”的音是 guó，意思是“国家”。汉语语素有同音的，也有不同音的。不同音的语素一般用不同的汉字来表示。例如汉语里的“人”和“民”是两个不同音的语素，书写时就用“人”和“民”这两个不同的汉字。而同音语素也常常用不同的汉字来表示。例如“一”“依”“衣”“医”“伊”“铱”“漪”这七个语素都读 yī，而书写时用七个不同的汉字，从而在形体上把不同的语素区别开来。形态各异的汉字可以有效地区别同音字。

汉语语素大多数是单音节的，每个汉字除了有形体和读音外，还有意义。这与英文字母、日文假名很不相同。语素是最小的音义结合体，是有意义内容的，因此，汉字记录语素，它的音和义来自它所记录的语素的音和义。例如“书”这个字表示汉语里“书”这个语素，因为语素 shū 的意思是“成本的著作”，于是汉字“书”就读 shū，意思也是成本的著作。汉字的形和它所表示的语素的音和义紧密结合在一起，形成了一个形音义的统一体。

然而，汉语语素中也有一些是多音节的。多音节语素有的是联绵词和叠音词，例如“蜘蛛”“琵琶”“秋千”“茫茫”“渐渐”等；有的是译音词，例如“吉普”“巧克力”。记录多音节语素的每个汉字，只有形体和读音，而没有意义，必须几个字合起来才有意义，因而不是形音义的统一体。这类字的存在，对汉字语素文字的性质形成了冲击。这样的汉字大多来源于音译外来词，数量虽然不多，但也占一定的比例。在讨论汉字的性质时，不少学者虽然也承认部分汉字记录多音节语素的事实，但是因为这样的汉字数量不多，不反映汉字的本质特点，所以还是将汉字归为语素文字。我们认为，既然汉字有这样的特性，就应该在汉字性质的界定中显示出来。只说汉字是语素文字，关注的仅仅是汉字的表意功能，而忽略了汉字的表音功能。汉字的表音功能虽不能和表意功能相提并论，但也是汉字的一种属性。因此，本教材还是将汉字的性质界定为“语素—音节文字”。从另一个角度看，周有光先生认为汉字为“意音文字”，也得到了学术界的认可。称汉字为“意音文字”也是从表意和表音两方面来界定汉字性质的。

“语素—音节文字”的提出还反映了字体变化对象形字和会意字的影响。汉字在早期的造字过程中广泛使用了象形和会意的方法，当时这些象形字和会意字都能从形体上体现出语素或词的意义，但随着文字字体的演化，人们已经很难从象形字和会意字中看出语素或词的意义，继续把这些字称为象形字或会意字也不太合适。不过尽管字体变化了，象形和会意已经看不出来了，但在同音语素或同音词中，这些汉字仍然能把这些语素或词区别开，所以可以称为语素—音节文字。裘锡圭《汉字的性质》一文根据字符与语言单位的对应关系，把文字分成音素文字、音节文字和语素文字，由于汉字中有假借字以记录固有的双音节语素和音译外来词一类的表音节符号，所以，我们将汉字又称为“语素—音节文字”。

语素—音节文字说与意音文字说或意符音符记号说在实质上是一致的，是从不同的角度对汉字的性质进行的说明。前者着眼于字符所能表示的语言结构的层次，后二者着眼于字符的表意、表音等作用，这两种说法是可以并存的。在具体表述中，为了称说方便，能与“音素文字”和“音节文字”相匹配，我们仍然可以将“语素—音节文字”简称为“语素文字”。

（二）汉字的特点

1. 从书写形式看，汉字是平面型方块体汉字

音素文字的字母在构词时是呈鱼贯式的、一维空间的线性结构。线性文字的字母之间像线条似的排列。如：英语中的单词“character”由九个字母组成，依次线性排列。字母的顺序也大致反映了音节结构的顺序。

汉字是二维空间的方块结构；汉字构成成分则是横向、纵向同时展开，形成平面。笔画的配合比线性文字的字母排列方式复杂，字形丰富多样。汉字的笔画有秩序地分布在一个平面性的方框里，这是汉字从外观上看最明显的特点。如：汉字“鼻”“囊”与“齉”，无论笔画多少，形体如何，都必须将所有的笔画相对有秩序地分布在一个平面的方框内。

2. 汉字的形音义之间原本存在一定的理据

汉字，尤其是古代汉字，在形音义之间原本存在着一定的联系。传统上认为汉字是表意文字，是形音义统一的，汉字有见形知义的特点。有的字从字形可以联想到字义，如“人”“山”“火”“水”“马”。有的字从它的组成成分可以猜测出大致的含义，如“林”“看”“从”。有的字从它们的构字偏旁上可以大致推想出字义类属，如“江”“河”“湖”“泊”“海”“洋”等都跟“水”有关，“树”“松”“柏”“柳”等都跟“树木”有关。不过，随着汉字形体的发展，古代汉字在经过隶变、楷化之后，字形显义

功能已经不是很明显，许多字的形音义之间的理据要经过一定的分析以后才能看出，而且相当一部分字的字义跟字形之间已经失去了联系，增加了约定俗成、需要记背的成分。

3. 汉字记录的语音单位是音节

汉字和音节之间并不是一一对应的，一个音节往往对应多个汉字（这些汉字就互为同音字），有的汉字也可能对应多个音节（这样的汉字就是多音字）。可见汉字从文字体制上不同于音节文字。而汉字的这一特点保证了汉字长期稳定的发展。

4. 汉字记录汉语不实行分词连写

一个汉字就是一个语素，因而在汉语的书面语中区分语素是较为容易的，区分词就较为困难了。拼音文字一般采用分词连写，即在词内连着写，词与词之间分开写，用空隙表明词的界限。如“We are studying Chinese.”这句话，从书面记录形式上看，英语是由“we”“are”“studying”和“Chinese”构成的。而汉语则写成“我们正在学习汉语”，汉语的词与词之间，不利用空隙来表示界限。

由于汉字记录汉语不实行分词连写，汉语书面表达中不显示词的界限，阅读时不容易掌握好句子内部的语音停顿，有时甚至会误认词与词的界限，造成歧义，如：“将军用毛毯盖在他身上。”可以有两种词的分界：（1）“将军/用毛毯/盖在他身上。”（2）“将/军用毛毯/盖在他身上。”这需要我们在语言表述中更加准确，比如将（2）句中的“将”改为“把”，就可以有效地消除歧义了。在计算机处理汉语信息的过程中，词的自动切分是一个困难而又关键的“瓶颈”问题。不过，虽然汉语分词困难，但是并不影响我们使用汉语和汉字。

5. 汉字的数量众多、字形结构复杂

汉字系统的字，数量之多是非常惊人的。东汉《说文解字》收字9 353个，晋代《字林》收字 12 824 个，到清代《康熙字典》收录的汉字已达 47 035 个。20 世纪 90 年代初出齐的《汉语大字典》收录楷书单字达 56 000 多个，1994 年出版的《中华字海》收录的各种形体的汉字达到了 87 019 个。据资料统计，现代汉语用字在一万个左右。2013 年国务院公布的《通用规范汉字表》收录汉字 8 105 个，其中常用的一级字表有 3 500 字，二级字表有 3 000 字。汉字字数众多的根源在于汉语的特点。汉语的音节结构比较简单，音节数量比较少，音节数量和语言中的语素的数量相比较，简直不成比例。

汉字的结构复杂，可以从几个方面来看。一方面，汉字笔画很多，以 7 000 个通用汉字为例，笔画在 7 画至 15 画的多达 5 000 个以上，其中汉字“齉”笔画多达 36 画；另一方面，汉字的结构单位笔画和部件，在组合成字时不是按照一个线形的方向排列组合的，而是上下左右全方位展开，多向行进，具有平面型特点，而且结构单位的组合模式也是多种多样的，笔画组合有相离、相接、相交几种，部件组合有左右结构、上下结构、包围结构、框架结构等，而且很多字是几种方式的总和，结构就更加复

杂了。

6. 汉字具有一定的超越时空的性质特征

汉字跟语音的关系并不密切，跟意义的关系相对较为密切，这就使得汉字具有一定的超时空性。汉字的这一特点，就时间来说，对于继承和传播中国古代文化遗产是有利的；就空间来说，在一定程度上具有了超方言的特点。

汉字的超时空性，可以从两个方面来认识：一是古今一致性比较强，二是具有沟通方言的特殊作用。汉字的古今一致性，就是古今可通，上千年前的文献中的汉字，大多数今天我们照样认识，其中看不懂的，不是汉字本身，而是古今语素意义的变化。虽然汉字已经有数千年的历史，但是由于古今汉字结构方式、结构体系在本质上是一致的，同语言中的基本单位的对应关系相同，即都是记录语素（在古代同时又是词），没有发生本质的变化，所以就具有通贯古今的特殊作用了。比如我国历史上宋、元、明、清时代的小说，我们今天阅读起来基本上没有太大的困难。

汉字具有沟通方言的特殊作用。汉语方言复杂，有七大方言，如果细分，方言更多，而且各方言间的差别特别大。在口语层面上，不同方言区的人有的根本不能进行交谈，如果谈话，就好像是在同外国人说话，互相不知所云，除非用双方共通的媒介语（如普通话），否则就不能进行沟通。可是书面上用汉字笔谈，就出现了非常奇妙的情况：无论你是哪里人，互相之间交流毫无障碍。汉字的这种沟通方言的作用，根本之处在于汉字记录的是汉语，虽然汉语方言众多，但各个方言的语法结构特点（词的特点、句子的特点）是一致的，语素意义差别小，不然，同样也是看不懂的。

汉字的超时空性所起的作用，其根源还是因为汉字和汉语相匹配。

我们的邻国日本、朝鲜都曾经先后借用汉字记录自己的语言，但是由于这两种语言与汉语在语法规则上有很大的差别，汉字只能记录日语、朝鲜语中的固定的部分，而对于语言中形态变化的部分，汉字因为写法固定、不能分解就无法记录了。所以，这些语言用汉字记录不完全合适，需要用字母表示形态变化的部分，因此，日本在汉字的基础上创造了假名，朝鲜在汉字的基础上创造了谚文。在历史上，汉字也曾经被周边的少数民族借用，但是并没有被直接借用来记录本民族语言，而是被改造，以适合自己民族语言的需要，例如契丹文、西夏文、女真文等。

（三）汉字的传播与汉字文化圈

汉字在两千多年前的秦汉时期传入越南，大概在汉代初期传入日本，在晋朝初年传入朝鲜半岛，先后在不同历史时期作为当地国的正式文字使用。因此从东北亚到东南亚，在历史上形成了一个汉字文化圈。

汉字文化圈具体包括汉字的诞生地——中国以及周边的越南、朝鲜半岛、日本等地区。这些地域在古代以农耕民族为主，历史上曾经完全使用汉字，或者与本国固有文字混合使用汉字。现在，朝鲜语、越南语和日本语词汇的六成以上都是由古汉语派生出的汉字组成的。汉字文化圈内各国历史上主要位于东亚地区，其特征是深受儒家思想影响，国民中信仰佛教者众多，历史上或现在以汉字作为传播语言和文化的载体。

现在，汉字文化圈主要指中国、日本、韩国、越南，有些学者认为，也可以包括东南亚一带的华人社区。

随着中国国际地位的提高，经济文化的日益发展，海内外学习汉语的人越来越多，据不完全统计，除了本来就以汉语为母语的人之外，目前全球学习和使用汉语的人数已超过1亿。而且，将来还会有更多的人学习和使用汉字，甚至研究汉字。

相对而言，处于汉字文化圈的学生会比较容易理解汉字的方块字。这些学生由于在日常生活和文化教育过程中，或多或少地接触过甚至使用过一些汉字，对汉字起码是不陌生的，有的还会有一种亲近感，有一定的汉字认读和书写基础。他们虽然在学习的过程中也存在这样那样的问题，但具有一定的汉字优势，“字感”比那些非汉字文化圈的学习者要好得多。

至于汉字文化圈之外的来华留学生，他们中的绝大多数人，母语文字使用的是拉丁字母，要从拉丁义字转而习惯汉字，需要一个比较长的过程。由于汉字的形音结合不太直接，在字音和字义的匹配上，需要死记硬背。字形结构比拼音文字复杂，平均笔画数比拼音文字多几倍。汉字的字量更是比拼音字母大得多，是上万与几十之比。所以对于母语为非汉语的学习者，特别是对处于汉字文化圈之外的留学生来说，他们学习汉字时会有一定的困难。目前在汉语教学中，普遍采用的方法是使用汉语拼音为汉字注音，作为辅助识字的工具。学会了汉语拼音就基本可以读出汉字了，解决了汉字不表音的问题。然后在汉语学习过程中循序渐进、由简到繁地进行汉字输入和学习。在教学中突出汉字的表意特性，引导学生在字义和字形之间建立一种联系。经过一段时间的学习和训练，即便是处于汉字文化圈之外的学生也能初步认识汉字。

思考题

1. 语言和文字之间具有怎样的关系？
2. 请简述汉字的性质。
3. 梳理汉字的几大特点。
4. 汉字文化圈对于汉字的传播有怎样的作用？
5. 目前比较常用的汉字教学法有哪些？

第二节 汉字的形体

一、汉字字体的演变

所谓字体，即文字的形状。它包含两个方面：其一是指文字的组织构造以至它所属的大类型、总风格。本教材所讨论的字体就是指这个意思。此外，字体还有一层意思，是指某一书家、某一流派的艺术风格，比如书法上的“欧体”“颜体”等不同流派的字体，则不属于现代汉语中汉字字体研究讨论的范围了。

汉字字体的演变，主要经历了甲骨文、金文、小篆、隶书、楷书、草书、行书等几个发展阶段。不同历史时期，有着不同的通行字体：殷商时期通行甲骨文，西周时代通行金文，战国时期各国有自己的文字，其中秦国流行大篆。秦始皇统一天下后统一文字，小篆成为秦王朝的官方字体，隶书是当时的日用字体。从秦代到汉代、三国，主要通行隶书，尽管当时草书、行书也已经出现并流行。隶书的草写体是章草，楷书的草写体是今草，行书介于楷书和今草之间。汉字字体的通行与各个历史时代的关系，大致可以标示为：

甲骨文→金文→篆书（大篆→小篆）→隶书（章草）→楷书（今草/行书）

↓　↓　↓　↓　↓　↓

殷　商→西周→战国时秦国→秦朝→秦朝至三国→魏晋以后

字体的演变是一个缓慢的自然发展过程。新字体产生之后，旧的字体并未马上消亡，其中还有一个较为长期的新旧字体并行的时间，当人们自然选择新的字体取代旧的字体之后，新字体才成为通用字体。但是旧字体并未就此消亡，在某些场合仍然在使用。比如在楷书已经通行的隋唐时代，在碑铭石刻上，仍然有人书写隶书。直到现在，当代书法家仍然会以小篆、隶书等字体作为艺术性字体进行书法、篆刻、楹联等艺术作品的创作。

（一）甲骨文

甲骨文是我国目前所见最早的成批成体系的较为成熟的文字，是三千多年前殷商时代通行的文字，因刻在龟甲和兽骨上而得名。又因甲骨文是 1899 年在河南安阳附近的小屯村商朝遗址中被发现的，所以又被叫作殷墟文字。

甲骨文的主要特点是字形由细瘦的线条构成，多直笔，拐弯处多是方笔，棱角分明，外形参差不齐，字的大小也不统一（见图 2-1）。这是因为甲骨文一般是用刀刻的，而且龟甲和兽骨质地坚硬，所以甲骨文又称殷契、契文。“契”就是刻画的意思。在现代书法创作中很多书法家喜欢用硬笔书写甲骨文，以表现远古时代刀刻的韵味。

甲骨文中不带表音成分的字占绝大多数，文字的图画特征比较明显，而且文字尚未经过统一，结构尚不定型，字的方向可以变化，偏旁位置不固定，可有可无，点数也可多可少。甲骨文中异体字较多，一个字可以有很多种写法。但是，甲骨文已是相当发达的文字了，可以用来记录较为复杂的内容，有些文字已经带有表音成分，并且也有了假借字。

甲骨文所记录的内容主要是商代王室占卜的记录，也就是卜辞。在已发现的殷墟甲骨文里，出现的单字数量已达 4 000 个左右。其中既有大量象形字、指事字、会意字，也有很多形声字。这些文字和我们现在使用的文字，在外形上有巨大的区别，但是从构字方法来看，二者基本上是一致的。迄今已释读出的甲骨文约有 2 000 个，不认识的字大多为人名、地名、族名等专用字。

图 2-1 甲骨文

(二) 金文

古人把青铜称作"金"，所以浇铸或刻在青铜器上的文字被称为"金文"，又因青铜器中以钟、鼎居多，所以金文又被称为钟鼎文，其文辞被称为铭文，文字称为金文。金文起源于商代，盛行于西周，是在甲骨文的基础上发展起来的文字。我们所研究的金文主要指西周时期青铜器上的文字。后代模仿西周金文在青铜器上铸文的现象仍然存在，比如即便是到了当代，在寺庙里我们也能看到铸有文字的钟鼎，但这显然不在我们所研究的范围之内。

由于金文是由青铜浇铸而成的，所以笔画肥大厚实，丰满圆浑（见图 2-2）。在结构和行款上，金文更趋于整齐、匀称、方正，图画特征减少，文字的符号性增强，但异体字仍然较多。可见，金文也还是典型的古文字。

据容庚《金文编》记载，金文有 3 700 多字，其中可释读的有 2 400 多字，较甲骨文略多。金文上承甲骨文，下启秦代小篆。

(三) 篆书

篆书有大篆和小篆之分。大篆又有广义和狭义之分。广义的大篆指先秦时期的所有文字，包括甲骨文、金文、籀文，以及春秋战国时代通行于六国的其他文字。狭义的大篆专指春秋战国时秦国的文字。狭义的大篆一般以籀文和石鼓文为代表。籀文传说是《史籀篇》里的字，石鼓文则因刻在鼓形石上而得名（见图 2-3）。

秦始皇统一六国之后，进行了一系列的改革，包括"书同文"，即统一文字，结束了战国时期各国文字纷杂、不能通行的局面。小篆就是秦统一之后采用的标准字体。小篆在字形上比大篆简化了许多，笔画比大篆简单，结构上更加匀称、整齐，线条略

图 2－2 金文

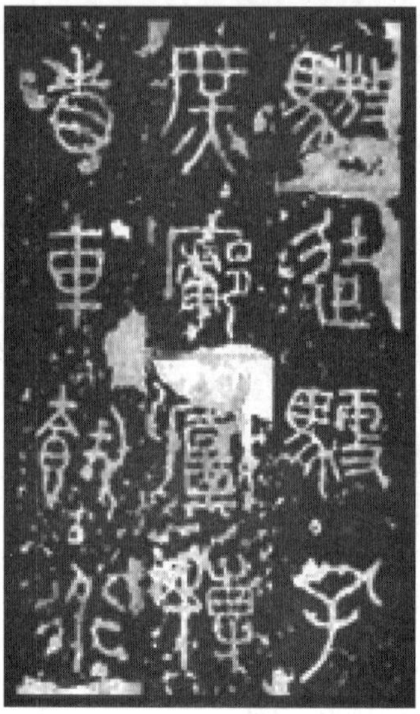

图 2－3 石鼓文

带弧形，偏旁也较为固定，减少了异体字，字形进一步趋于定型化。峄山石刻中的小篆（见图 2－4）相传为李斯所书。

(四) 隶书

隶书分秦隶和汉隶。秦朝以小篆为标准字体，同时还通行隶书。秦始皇在“书同文”的过程中，命令李斯创立小篆后，又采纳了程邈整理的隶书（见图 2－5）。隶书的字形比小篆方正一些，实际上是写得潦草一点的小篆。隶书改篆书一味圆转的线条为方折的笔画，顺应了社会对书写方便和规范的需要。隶书是下级人员（“胥吏”，即掌

图 2－4 小篆（峄山石刻）

管文书的小官吏）用于日常书写的辅助字体，除了重要的诏书仍用小篆书写之外，秦朝的政府文件一般也都用隶书书写，所以隶书在秦代又称为“佐书”。

秦隶发展到汉代更加简单易写，从而形成汉隶（见图 2－6）。汉隶是汉代通行的正式字体。汉隶又叫今隶，相对地，秦隶又叫古隶。

图 2－5 秦隶竹简

图 2－6 汉隶

隶书的诞生在汉字发展史上占重要地位，它是古汉字演变为现代汉字的转折点，也被称为古文字与今文字的分水岭。隶书变古汉字的曲折线条为方折，变弧形为直线，从而形成笔画，这就突破了古代汉字的基本体式，变汉字为扁方形字体。隶书的笔画平直，笔势舒展，每个字都用“挑法”，有波磔（后来演变成撇捺），有棱角。

隶书用点、竖、横、撇、捺等笔画转写篆书所发生的汉字字体的变化，在文字学上被称为“隶变”。隶变改造了小篆的偏旁，使汉字进一步变成纯粹符号性质的文字，大大降低了汉字的繁难程度，奠定了楷书的基础，提高了书写效率。自隶书出现后，汉字的结构基本固定了下来，一直到当代，基本上没有太大的变化。

（五）楷书

楷书也叫正楷、真书、正书。它从从隶书逐渐演变而来，更趋简化，字形由扁改方，笔画中简省了汉隶的波势，横平竖直。它形体方正，笔画平直，可作楷模，故名楷书（见图 2-7）。楷书发始于汉末，通行至今。楷书从汉隶演变而来，紧扣汉隶的规矩法度，而追求形体美的进一步发展。汉末、三国时期，汉隶的书写逐渐变波、磔为撇、捺，且有了“侧”（点）、“掠”（长撇）、“啄”（短撇）、“提”（直钩）等笔画，使字形在结构上更趋严整。楷书的特点在于规矩整齐，所以称为“楷法”，一直沿用至今。

楷书使汉字完全变为由笔画组成的方块形符号。

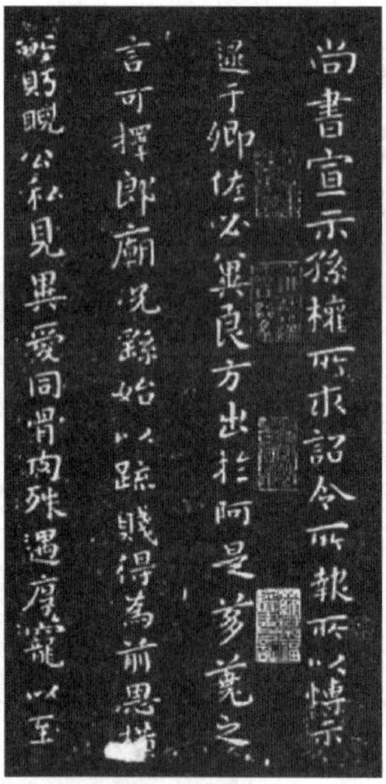

图 2-7　楷书（钟繇《宣示表》）

（六）草书

草书是指草写的书体。任何书体在书写过程中都有简便易写的要求，从而产生省简笔画和书写潦草、草率的情况。无论哪种字体写得潦草，都算草书，但它作为一种专门的字体，是汉代才有的。草书的特点是保存字的基本笔画结构，打破隶书的规则（存字之梗概，损隶之规矩，纵任奔逸，赴速急就）。草书就是为书写便捷而产生的一种书体，因草创之意，故名草书。草书分章草、今草和狂草。

章草，是早期的草书，始于汉代，由草写的隶书演变而成（见图 2-8）。章草笔画省变有章法可循。

今草是一种在章草的基础上，适应隶书向楷书、行书发展趋势和形体上的变化的字体。今草进一步省简了章草的点画波磔，成为更加自由便略的草体。汉末的草书笔势流畅，已不拘于章法，笔画联绵回绕，文字之间有连缀，书写简约方便，但不易辨识。

今草是对章草的革新。章草与今草两者的区别主要在于前者保留了隶书笔法的形迹，上下字独立而不连写。

历代对“章草”的名称有不同的解释，但是从“章”字的本义来分析，它的意思是篇章、章法、章则，含有法度的意思。东晋新体草书形成后，由于旧体草书法度严谨，人们遂称其为“章草”，新体草书则称“今草”。所以说，把当时规范化的、章法化的草书称为“章草”，还是比较合理的。

狂草出现于唐代以后，以张旭、怀素为代表，笔势狂放不羁，随意省简，难以辨认，成为完全脱离实用的艺术创作，实用性较低（见图 2-9）。

图 2-8 章草

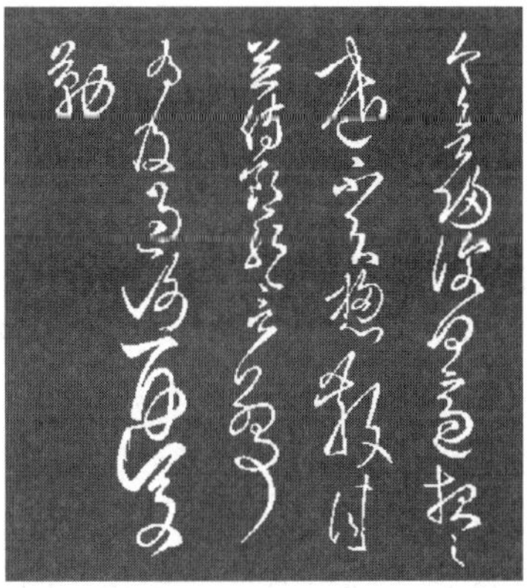

图 2-9 狂草

（七）行书

行书是东汉末年以后今草和楷书盛行时出现的一种字体。

行书在楷书的基础上产生，是介于楷书、草书之间的一种字体（见图 2-10），是为了弥补楷书书写速度太慢和草书难以辨认的不足而产生的。“行”是“行走”的意思，因此它不像草书那样潦草，也不像楷书那样端正。实质上它是楷书的草化或草书的楷化。楷法多于草法的叫“行楷”，草法多于楷法的叫“行草”。行书比草书规矩整齐，容易辨识，又比楷书自由灵活，便于书写，是人们日常书写的常用字体，在草稿或书信中常用。

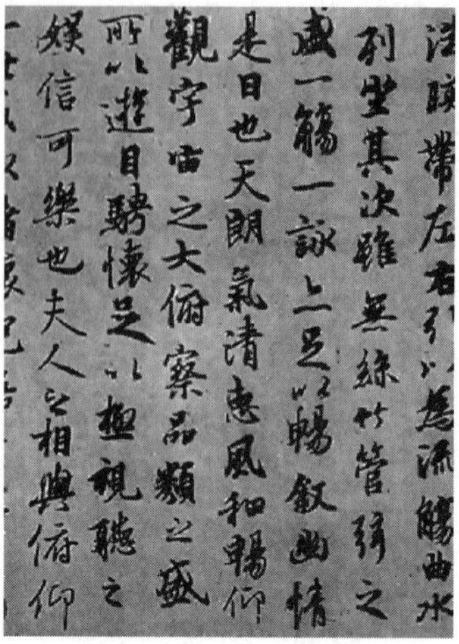

图 2-10　行书（王羲之《兰亭集序》冯承素临摹本）

二、汉字字体演变的趋势

从古至今，汉字字体逐渐演变，主要反映在同字异形的减少以及字的写法和结构趋于简化这几方面。

（一）汉字演变的过程

汉字演变的过程是汉字字形字体逐步符号化、简化、规范化和稳定化的过程。就符号化来看，汉字从古代汉字带有图画性的较多象形的文字逐步变成不象形的符号化的书写符号。

从殷墟甲骨文到楷书，汉字字形字体逐渐呈符号化变化，象形程度逐渐降低，趋势总体是往简化的方向发展的。

在汉字发展的过程中也不乏“繁化”的例子。比如“又”“有”“右”“手”“佑”等字，甲骨文都只写作“又”，但在文字的实际使用中繁化成现在确定的字形，主要是为了辨义的实际需要，字形上的繁复带来了词义上的单一和简化。这类字在汉字发展中占了不少比重，是自然而然发展而成的。我们讲简化并不回避这一事实。但是汉字字形发展的总体趋势是简化。

就简化来看，主要反映在同字异形的减少以及汉字的写法和结构的趋于简化等方面。

就规范化来看，小篆是汉字规范化的一个转折点，隶变之后汉字字形结构基本确定，楷书形成后，字形进一步规范。

就稳定性来看，小篆使汉字的笔画数和偏旁分布、书写形式固定下来，异体字减少；隶变形成新的笔形系统，字形成为扁方形；楷书之后汉字基本稳定，方块形体和结构基本定型。

(二) 字体演变的原因

字体变化的内因是书写者对汉字的简易需求和美观要求的结果，字体演变的外因跟书写材料、书写工具和书写方法的变化密切相关。

随着汉字应用场合的扩大和识写人数的增加，汉字作为记录汉语的工具，它的工具性越来越强，人们越来越追求书写的快捷简便，从而逐步引起字体向简化的方向发展。同时，美观的需求，又使得笔画和偏旁的分布趋于合理，从而引起字体结构的变化。

书写材料、书写工具和书写方法，这三者是互相关联、互相依凭的，书写材料决定了书写工具和书写方法。

书写工具的选择与演变，首先取决于书写材料的性质及其变革。在物理性质不同的文字载体上书写，必然要求使用不同的书写工具；书写材料的变革，也导致书写工具的改进。

在造纸术发明以前，历史上人们曾经以龟甲兽骨、钟鼎陶器、碑石简牍和丝绸布帛等作为书写材料。这些材料的成本、书写的难度和所需要的书写工具等各不相同。

甲骨文基本上是用刀契刻在龟甲兽骨版上，刀硬版实，容易刻成线条，圆笔与方笔相间而以方笔为多，体态瘦长。金文上的文字通常是先制成模子然后再浇铸而成，笔画布局齐整均匀，比甲骨文丰硕粗壮而又有肥瘦之别。小篆笔画圆转，隶书变圆转为方折，变弧线为直线，楷书则有了撇捺等变化，这些都是书写工具不断改进的缘故。书写工具的革新，给汉字形体演变提供了条件，汉字形体的演变发展同书写工具的变化与改进密切相关。

现在，传统的书写工具并没有完全退出历史舞台。毛笔作为书法艺术的工具，仍然被广大群众学习和使用；刀笔在许多地方仍作为篆刻工具被使用着。进入信息化时代以后，人们经常使用计算机进行汉字处理，多数情况下以键盘和屏幕等作为载体来实现汉字的“书写”。毛笔、刀笔等这些特殊工具也在逐渐被电脑技术所取代，现在的电脑刻字，小到名章、公章，大到碑文、壁画，书写材料包括大理石、铜铝板材等，都可以顺利地刻写。只要是字库中有的字体，一般都可以利用多媒体软件技术刻出来，可以充分满足人们对汉字形体的各种需要。

三、现代汉字的字形

(一) 现代汉字的定义

现代汉字有广义和狭义之分。广义的现代汉字是指隶书及其以后的汉字；狭义的现代汉字是指书写现代汉语所使用的全部汉字。我们通常所说的现代汉字指的是狭义的现代汉字。对现代汉字的研究称为“现代汉字学”。

规范汉字指经过整理简化的传承字与简化字，以《简化字总表》《通用规范汉字表》正式公布的规范形式为准。下面介绍一些常用的字体。

1. 手写体

手写体是人用手书写的字体，其为了加快书写的速度，而对少数笔画进行简写或连写。手写体因人而异。相对印刷体而言，手写体跟随笔画而动，没有多余的衬线，更简洁而不花哨。

2. 印刷体

印刷体是指汉字在书籍、报纸、杂志等印刷品上出现的字体形式，它是为读者阅读服务的，它的笔画、结构清楚醒目，阅读感舒适。

3. 宋体

宋体是宋朝时发明的一种汉字印刷字体，起源于宋代的雕版印刷。它是印刷行业应用得最为广泛的一种字体。宋体字字形方正，笔画横平竖直，横细竖粗，笔画末端有装饰部分（即“字脚”或“衬线”），点、撇、捺、钩等笔画有尖端。宋体字棱角分明，结构严谨，整齐均匀，有极强的笔画规律性，在阅读时视觉效果舒适醒目，容易辨认，在现代印刷中主要用于书籍、杂志或报纸的正文部分。

4. 老宋体

老宋体起源于北宋时期，有着悠久的使用历史，它外形方正，笔画横平竖直，横轻竖重，横和竖连接处都有钝角，点、撇、捺、条、钩的最宽处都与竖画粗细相同，竖角短而有力。老宋体的形体与传统的古典文字一样，具有严肃、大方、古朴、端庄、稳重之感，现主要应用在正规平面广告中，如包装、书籍封面等。

5. 仿宋体

仿宋体是一种采用宋体结构、楷书笔画的较为清秀挺拔的字体，笔画横竖粗细均匀，常用于排印副标题、诗词短文、批注、引文等，在一些读物中也用来排印正文部分。仿宋体被国家指定为机械制图使用的标准字体、中文打字机所采用的字模及电脑中使用的主要字体。仿宋体是我们日常生活中应用极为广泛的一种字体，因其字体秀丽整齐、清晰美观、刚劲有力、容易辨认而为人们所喜爱。我们常见的书刊的注释、产品说明书等大都使用仿宋体。

6. 长仿宋体

长仿宋体是仿宋体的变形，但较仿宋体细长，有立体感。常用于排印诗词文集及古籍书。字的宽度与高度的比例约为 2∶3。我国规定的工程制图用字体就是长仿宋体。

7. 黑体

黑体字在字架上吸收了宋体字结构严谨的优点，在笔画的形状上把横画加粗且把宋体字的耸肩角削平为等线状，使得横竖笔画粗细一致，变宋体字的尖头细尾和头尾粗细不一的笔画为方形笔画。它模仿的是 12 世纪后出现的拉丁手写体。

黑体字的特点是：主要笔画粗壮，带有纤细笔触，字形紧聚，不用弧线。这种字体在德国和奥地利一直使用到第二次世界大战之后。它是打印经常用的字体之一，书面报告等比较正式的场合，多用于标题或标识重点。

（二）字号及字样举例

字号是指印刷用活字的大小，是从活字的字背到字腹的距离。中国的活字采用以点数制为辅、号数制为主的混合制（见表 2－1）来计量。

表 2－1　　号数、点数制对照表

序号	号数	点数	尺寸（mm）
1	初号	42	14.7
2	小初号	36	12.6
3	一号	26	9.1
4	小一号	24	8.4
5	二号	22	7.7
6	小二号	18	6.3
7	三号	16	5.6
8	小三号	15	5.3
9	四号	14	4.9
10	小四号	12	4.2
11	五号	10.5	3.7
12	小五号	9	3.2
13	六号	7.5	2.6
14	小六号	6.5	2.3
15	七号	5.5	1.9
16	八号	5	1.8

字号示例如下（见表 2－2）。

表 2－2　　字号示例

中文字号	初号	小初	一号	小一	二号	小二	三号	小三
磅	42	36	26	24	22	18	16	15
字样	永	永	永	永	永	永	永	永
中文字号	四号	小四	五号	小五	六号	小六	七号	八号
磅	14	12	10.5	9	7.5	6.5	5.5	5
字样	永	永	永	永	永	永	永	永

四、书法体系中的书体在电脑中显示的形体

某一书家、某一流派的艺术风格也称作字体，例如书法上的“欧体”“柳体”“颜体”“赵体”等。电脑可以制作类似的艺术化的字体。这些字体先经由手写再通过电脑软件开发出来，受到广大受众的喜欢，比如兰亭（王羲之）、舒体（舒同）、姚体（姚竹天）、康体（康有为）、启功体（启功）、祥隶（王祥之）、静蕾体（徐静蕾）、井柏然字体（井柏然）等。下面介绍一些名人字体。

（一）舒体（方正舒体）

舒体，由红军书法家舒同创作，经孙志皓先生手写字模定型输入电脑，得到了报纸、杂志编辑的喜爱与广泛应用。舒体字形飘洒圆秀，弯弓盘马，沉雄峭拔，恣肆中见逸气，忽似壮士如牛，筋骨涌现。它师古而不泥古，尊法而求新变（见图 2-11）。

图 2-11　舒体字

（二）姚体（方正姚体）

姚体是原中华书局聚珍部主任姚竹天所创的汉字书体，是姚竹天在制造活字铜模等用具时所应用的。姚体与宋体类似，但更偏瘦长。经过标准化的姚体，已被方正、金桥等各大计算机字库收录，并用于印刷（见图 2-12）。

图 2-12　姚体字

（三）康体（方正康体）

康体，指的是清末著名思想家康有为的独有的书法风格，学术界又称康体为“破体”。现在康体被输入电脑，成为一种独特的电脑字体（见图 2－13）。

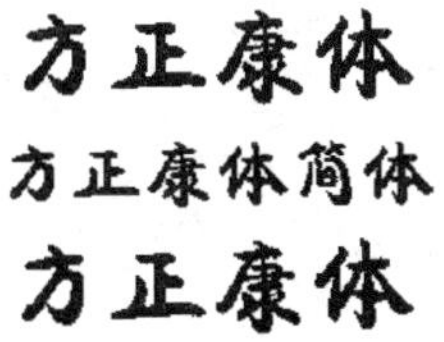

图 2－13 康体字

（四）启功体（方正启体字库）

方正启体是整理启功先生的字加工出来的电脑字体。方正启体的字形点画活泼，体势清朗，体现了启体典雅遒丽、超迈潇洒的书法风格，具有明快大方的特点（见图 2－14）。

图 2－14 启功体字

（五）显仁体（方正显仁字体）

方正显仁字体是烟台的残疾艺人崔显仁在街头用粉笔书写的一种字体，后被方正字库开发成电脑字体。该字体以这位“粉笔翁”的名字命名，取名为“显仁体”，得到了广大网友的认可（见图 2－15）。

（六）静蕾体（方正静蕾简体）

2007 年，方正电子携手徐静蕾发布了其个人书法计算机字库产品，这款被命名为“方正静蕾简体”的字库，被方正称为我国第一款真正意义上的个人书法计算机字库产品，标志着计算机字库将进入个性化时代。方正静蕾简体按照 GB2312 国家标准，含有 6 763 个汉字，682 个标点符号，94 个包括英文字母和数字在内的 ASCII 字符。该字体

图 2-15　显仁体字

骨骼清秀、遒劲有力，清冽而又优雅、从容，令人赏心悦目，特别适用于书写信函、报告、文章等（见图 2-16）。

图 2-16　静蕾体字

不仅名人的书体可以制作成电脑字体，现在普通人也可以像名人一样拥有一款自己专用的电脑字体，只要写出 6 763 个标准简体汉字，就可以量身定做一套专有的电脑字库。

五、网络用字及其规范

当前新兴的网络用字，主要涉及两种类型，一种是“囧”“槑”“烎”等字，这一类字保留了原字的字形而赋予该字以新的语义。对于这类用字，我们持谨慎接受的态度。另一种是如“机不可失”中之“机”字由“鸡”字来同音替代的用法，替代字和原字在意义上没有什么关系，仅有音同或音近的关系，对于这类用字，我们持严肃反对的态度。

（一）古字今用，略有新意

这类字大都是一些生僻字，自古就有，可以从《康熙字典》等字书中检索到，这类字本有其义，现在网友通过象形、会意等方法为这些字赋予了新的意思，主要在网络中使用并逐渐流行开来。比如，现在在搜狗输入法的词频统计中，“囧囧”已经超过了“炯炯”，排在了第一，甚至连“囧囧有神”这样的组合都已成为搜狗输入法中的固定词语了。

其实，“囧”（jiǒng）本来属于生僻汉字，本义为“光明”。现被人们附会出“尴尬”之意，进而通过网络的传播，迅速为人们所认识并广为流行。在网络文化中，“囧”的小“八”字被视为眉眼，“口”被视为嘴。整个字形的内涵就是：通过一个尴尬的脸型，表达郁闷、悲伤、无奈之意。

“囧”字从2008年开始在中文地区网络社群中出现，现已成为一种流行的表情符号，成为网络聊天、论坛、博客中使用最频繁的字之一，“囧”字上了奶茶铺的店面招牌，生意立刻红火；片名中嵌入了“囧”字的贺岁影片，马上创下了华语电影票房新高。这其中恐怕“囧”字的功劳不小。因此“囧”也被人们形容为“21世纪最风行的一个汉字”。

“烎”（yín）也是流行于互联网中的一个字。“烎”起源于网络游戏，是游戏玩家们创造出的一种全新的文化现象。游戏玩家们用“烎”并非用其原义，而是用其比喻之义。“烎”即为“开火”，用来形容自己充沛的竞技或游戏状态，既传神，又达意。现在，“烎”多用来形容一个人斗志昂扬、热血沸腾，可以用来表示“霸气”“彪悍”等诸多意思，也可以说是一种男子汉的勇武精神与豪气的体现。

“槑”（méi），《康熙字典》中解释为古文“梅”字。由于“槑”字是由两个“呆”组成的，于是在网络语言里被用来形容人很呆，很傻，很天真。这是继“囧”字之后，在网上引起又一阵“骚动”的一个网络新字。

当前在网络流行的新字，除了“囧”“槑”“烎”之外，还有“兲”“氼”“砳”“玊”“嫑”“嫑”“砼”“嘂”“孖”“圐圙”等，当然这些字在流行过程中被接受的程度并不相等。下面略作介绍。

“兲”（tiān），是“天”的古体，因为其上下二字拆分开来就是“王八”，国人通常用来骂人，于是“兲”在网络中就被用来调侃。“氼”（nì），义同“溺”，即“沉没、沉溺”之意。“砳”（lè）是个象声词，指石头撞击时的声音。“玊”（sù），指“有瑕疵的玉”，也可以用来比喻美中不足之事或物。“嫑”（jiào），表示“只要”；“嫑”（biáo），就是“不要”。“嘂”（jiào），如同四张嘴同时叫，也就是大声喊叫之意。“孖”（mā），粤语里把“双”叫作“孖”，双胞胎叫孖仔，所以有些克隆的山寨手机，就称为“孖机”。“砼”（tóng），指“人工石头，混凝土”。“圐圙”（kū lüè），指“围起来的草场”。

从造字的理据看，这些网络新字，其实也就是一种望字生义的新兴的会意字。这类古为今用、赋予新意的网络新字“囧”“槑”“兲”等，被排斥在《通用规范汉字表》之外。网络用字比较混乱，《通用规范汉字表》研制组组长王宁教授不赞成人们使用这些非传承字，在文字意义上，实际上它们可以通过其他规范字来替代。虽然网络盛行不可能去制止，但是仍然建议大家使用规范汉字，不建议大家用怪字和自造字。

（二）同音替代，缺乏理据

这一类字，在20世纪90年代初期，通过谐音更改成语、俗语等方法，经常在网络博客甚至媒体广告宣传语中使用，比如“鸡（机）不可失”“紫（纸）醉金迷”“莓（梅）开二度”等。而且，当下在网上还流行着下面这些谐音字：灰（非）常、灰

（飞）机、（方）慌、蓝（难）瘦（受）香（想）菇（哭）、内牛（泪流）满面、偶（我）、滴（的）、有木（没）有、妹纸（子）等。现在甚至发展到以写这些字为时尚或正常，不会用、看不懂这些字，反而是老土落伍了。

这些网络用字大多用了方言谐音，在非正式场合，如网页回帖中表示戏谑和幽默，是电脑时代的打字产物。这其实就是一种缺乏理据的现代白字，这类谐音白字受方言音的影响很大，大多与正字在读音上有相近或者相关的联系，比如将“非常”写作“灰常”，将“飞机”写作“灰机”就是受粤、闽方言的影响；将“泪流满面”写作“内牛满面”，是受了某些方言中声母 n、l 不分的影响；将“妹子”“孩子”写成“妹纸”“孩纸”之类，是受有的方言平翘舌音不区分的影响；将“什么”写成“虾米”，是取自闽南话的谐音；至于将“的”写作“滴”以及“有木（没）有、神马（什么）”这类字的用法，除了受方言影响外，可能与键盘输入以及汉语拼音输入法也有一定的关系。

这一类网络谐音用字，在“80 后”“90 后”的青年中已经被普遍接受，在电脑键盘输入时代，这些字在各类网页中，特别是聊天网站、微博、贴吧中，频频出现。现在好像谁要是不认识这些谐音字，就会被一些青年人认为已经“out（落伍）”了。而有些同音替代的现象在广告宣传方面却往往还颇有创意，比如早教机构起名为“童学会”，就是利用了“童”和“同”的谐音。“同学会”能让人们联想到学生、学校和教育，而儿童的“童”则更能让人联想到教学对象是儿童。但是，这一类替代字，我们在日常的普通书写中，原则上都是不认可的，因为这类用字会混淆语言使用的规范，引起理解的困难，导致用字的混乱。如果低幼年龄的儿童首次接触到的就是这些缺乏理据的同音替代字，会给他们带来先入为主的错误印象，这对于这些儿童来说，无论是在成语学习方面，还是在汉字书写上都是有百害而无一利的。

同样，利用同音字改变固有成语的含义设计一些广告用语，也是缺乏理据的，所以，下面这类广告成语都是不规范的：

默默无蚊（默默无闻）、鸡不可失（机不可失）、食全食美（十全十美）、酒负胜名（久负盛名）、天尝地酒（天长地久）、有杯无患（有备无患）、有痔无恐（有恃无恐）、别具一革（别具一格）、股往金来（古往今来）、精益求金（精益求精）、无胃不治（无微不至）、饮以为荣（引以为荣）、别无锁求（别无所求）、洗出望外（喜出望外）

我们提倡大家正确规范地使用汉字，希望同学们不但在各种正规的场合坚决不用，即使在网络上聊天、发微博时，一般也不要随意用这些所谓的同音字。

思考题

1. 什么是汉字的字体？
2. 简述隶变在汉字字体发展中的作用。
3. 汉字字体的演变和发展的整体趋势是什么样的？
4. 历代的文职官员常被称为“刀笔吏”，这种称呼来源于什么？
5. 梳理汉字的书写材料、书写工具和书写方法的关系。

第三节 汉字的构造

在第一节里我们已经就“仓颉造字”的说法进行了分析，认为汉字和庞大的汉字系统绝对不可能是由某个个人创造的。但是，汉字从字形的构造方面又体现出高度的理性，这也使得汉儒们很早就已经开始归纳汉字的造字方法了，并试图探求汉字的造字理据。“六书”说就是传统分析汉字构造的基本方法。

一、传统汉字的构造

从汉代开始，学者们就对汉字的构造进行了一定的分析，东汉许慎在《说文解字·叙》中就提出了“象形”“指事”“形声”“会意”“转注”“假借”六书。在许慎之前，班固等人也提出了“六书”的说法。这些都是古代学者们对汉字构造的探讨。许慎在《说文解字·叙》中给“六书”下了定义：“周礼八岁入小学，保氏教国子，先以六书。一曰指事，指事者，视而可识，察而见意，上下是也；二曰象形，象形者，画成其物，随体诘诎，日月是也；三曰形声，形声者，以事为名，取譬相成，江河是也；四曰会意，会意者，比类合谊，以见指撝，武信是也；五口转注，转注者，建类 首，同意相受，考老是也；六曰假借，假借者，本无其字，依声托事，令长是也。”

(一) 象形

象形是用简单的线条来描摹实物形状的造字法，使人一看就能把字形与具体事物联系起来，知道它所代表的事物。象形是汉字构造的基础。它属于“独体造字法”，用文字的线条或笔画，把要表达物体的外形特征，具体地勾画出来。例如“月”字像一弯明月的形状，“龟”字像一只龟的侧面形状，“马”字就像一匹有马鬣、有四腿的马，“鱼”字是一尾有鱼头、鱼身、鱼尾的游鱼，“艹”（草的本字）字是两束草，“门”字就是左右两扇门的形状。而“日”字就像一个圆形，中间有一点，很像我们在直视太阳时所看到的形态。

象形字来自图画文字，但是图画性质减弱，象征性质增强（见图 2－17）。作为一种最原始的造字方法，它的局限性很大，因为有些事物是画不出来的。

(二) 指事

指事是古代以象征性的符号来表示意义的造字方法。用一种特殊性符号，标记某

图 2－17 象形字

一客观事物和表示某一概念，这种标记符号或是加在独体象形字的某个部位，或是加在代表某种事物符号的特殊位置。与象形一样，指事也属于“独体造字法”。

当文字所要表达的不是某个客观实体，而是某种抽象概念时，便无法用象形的方法来造字，只能用更抽象的符号来示意。因此，象形字是描画具体事物的形状，指事字是用符号表示抽象的事物。指事字虽然数量不如象形字多，在六书中占少数，但也是不可缺少的。

指事与象形的不同有时容易混淆。以“上”“下”这两个指事字为例，在字形上，它们不是某种客观物体的画像，而是抽象符号；在字义上，它们不是某种物体的名称，而是表示方位关系的比较抽象的概念。

指事字可分为两类。一类是所谓纯指事字，全部用指事性的符号来表示，如一、二、三、亖、十（甲骨文“七”字）、丨（甲骨文“十”字）等。这些字可能是来自原始的刻画符号。另一类是在象形字的某一部位加上点画性符号，以表明造字的意图所在。如“上”“下”二字，是某物在另一物之上或在另一物之下的意象。“刃”是在象形字“刀”的刀口处加一点，指明刀刃。“本”是在象形字“木”的下根部加上一短画，指明是树木的下端（树根）；而“末”与此相反，是在象形字“木”的上梢部加上一短画，指明是树木的上端（树梢）。再如“甘”字是在舌头的象形中加上一横（许慎将“甘”字字形分解为“从口含一”），表示由舌头品尝到美味的意思；“凶”字则是在陷阱处加上交叉符号。这一类指事字有时被称为合体指事或加体指事。

（三）会意

会意是把意义可以相互配合的两个或两个以上的独体象形字或指事字依照事理组合起来，表示一个新的意义的造字法。

会意字由两个或多个独体字组成，以所组成的字形或字义，合并起来表达此字的意思，属于“合体造字法”。认定会意字有两个条件，一是必须是合体的，二是必须由合体的几个字组成新的意义。例如“酒”字，以酿酒的瓦瓶“酉”和液体“水”合起来表达字义；“解”字的剖拆字义，是用“刀”把“牛”和“角”分开来；“鸣”是指鸟的叫声，于是由“口”和“鸟”组合而成。

有部分汉字会同时兼有会意和形声的特点。例如“功”字，既可视为以“力”和“工”会意，而“工”亦有声旁的特点；“返”字，既可视为以“反”和“辵”（“辵”意为行走，变形作“辶”）会意，而“反”亦有声旁的特点。这类字称为会意兼形声字。

以图形会意的会意字，看上去就像一幅画。下面试举几例。

“莫”字。甲骨文“莫”字的写法是：上下都是草，中间是个太阳，意思是太阳已落入草丛之中，天色已暮，是“茻”和“日”两个象形字的会意字。隶变以后简化为“莫”。

“盥”字。盥洗、洗手的意思。甲骨文的写法下部是盆的形状（皿），上部是一只手伸入盆内，表示在洗手，是“皿”和“手”两个象形字组合而成的会意字。

“射”字。本来“射”会意一个人拿着弓矢，意思就是要把弓矢“射”出去，在篆书演变为楷书时，“射”字右边的“矢”变成了“寸”。

后来，也有一种从意义的角度来会意的会意字。比如“不”和“正”合起来会意成“歪”；“不”和“用”合起来会意成“甭”；“少”和“力”合起来会意成“劣”；“四”“方”“木”合起来会意成“楞”；“水”和“益”合起来会意成“溢”，水漫出器皿的意思；“分”和“山”合起来会意成“岔”，岔路的意思。“小”在上，“大”在下，合起来会意成“尖”。现代汉字中的会意字，大部分属于这类新兴的会意字。

有些会意字是两个或几个同样的部分重叠组成的。二字重叠的多是左右的并列结构。三字重叠的多是塔形的上下结构，看起来像体育运动中的叠罗汉。例如三个“人”组成“众”，三个“火”组成“焱”，三个“木”组成“森”，三个“日”组成“晶”，三个“直”组成“矗”，三个“水”组成“淼”，三个“口”组成“品”等。还有少数四体结构的会意字，也称为并列重叠形式，如“燚”等。

(四) 形声

形声，即取表示事物意义的字作为意符，取表示事物声音的字作为声符，意符、声符合在一起组成的字，就是形声字，此法也属于“合体造字法”。形声字由形旁和声旁两部分组成，形旁又称“意符”，声旁又称“声符”。形旁指示字的意思或类属，声旁则表示字的相同或相近发音。例如，“樟”字形旁是“木”，表示它是一种树木，声旁是“章”，表示它的发音与“章”字一样；“篮”字形旁是“竹”，表示它是竹制物品，声旁是“监”，表示“篮”字的韵母与“监”字一样（在现代汉语普通话中，“篮”和“监”读音不同，但是在古音及部分方言中，这两个字韵母相同）；“齿”字的下方是形旁，画出了牙齿的形状，上方的“止”是声旁，表示两字韵母相同。

（五）转注

转注，即建立同类的部首，同类字承受这个部首的意义。即同属于一个部首，读音相近，意义相通，可互相解释的字。在《说文解字》中，除了“考”“老”二字之外，许慎并没有另外说明其他的属于“转注”结构的字。这就给后世人们的理解带来了诸多不便。转注也因此成为对六书的理解历来分歧最大的一个方面。

转注属于“用字法”。各说文家解释不同。大致有“形转”“音转”“义转”三说。江声认为所谓“建类一首”是指部首，“考”和“老”同属老部。戴震认为转注就是互训，《说文解字》“考”字下说“老也”，“老”字下说“考也”，是“转相为注，互相为训”的例子。不同地区因为发音有不同，以及地域上的隔阂，以致对同样的事物会有不同的称呼。当这两个字是用来表达相同的东西，词义一样时，它们会有相同的部首或部件。例如“考”“老”，本义都是长者；“颠”“顶”，本义都是头顶；“窍”“空”，本义都是有孔，“迎”“逆”本义都是相迎。这些字有着相同的部首（或部件）及解析，读音上也有音转的关系。

（六）假借

假借，就是借用某个字或者某种事物的图形作为表音符号，来记录跟这个字或这种事物的名称同音或音近的词。假借是一种用字方法，不是一种字形结构，也不是造字的方法。

假借是指语言中有音无字的词，借用同音字的字形来记录。而在文字使用时，假借字往往是“借而不还”，所以为了准确表达，人们还要另造新字来表示假借字本来的那个意思。假借字在上古普遍使用，是因为当时的字总量比较少，只好假借声音相同或接近的字来用。

理解假借的产生机制，我们可以从古代先民或者少数民族的例子来看。比如西非的约鲁巴人习惯于用海贝来传递信息。在他们的语言里，“六”和“被吸引”同音。“八”和“同意”也同音。所以如果一个年轻男子把串起来的六个贝送给姑娘，表示“我被你吸引，我爱你”。姑娘的答复可能是串起来的八个贝，表示“同意，我想的跟你一样”。

我国云南纳西景颇族过去通行“树叶信”。他们用不同种类的树叶和其他东西分别表示某种固定的意义。景颇族载瓦支系语言中“到达”和树名“蒲软”同音，“打扮”与树名“豆门”同音，所以在他们用来谈情说爱的树叶信里，用蒲软树叶表示“我要到你们那里去”，用豆门树叶表示“你快打扮起来吧”。

我国民间歇后语和谜语中所用的谐音原则，就是假借所依据的原则。例如：

外甥打灯笼——照舅（旧）

和尚打伞——无发（法）无天

假借字有两类。一类是本无其字的假借，比如，“其”原是象形字，因读音与 qí 相近，被借为语气词，后来就另造了“箕”字表示“其”的本义簸箕。新造的“箕”是一个形声字。“亦”原是指事字，意思是腋下，因读音与 yì 相近，被借为副词，后来就另造了“腋”字表示“亦”的本义胳肢窝。新造的“腋”是一个形声字。又如“北”，甲骨文作，象二人相背。北方的“北”无形可象，就借语音相同的来表示北方的意思。许慎在《说文解字·叙》里所说的“假借者，本无其字，依声托事”，就是这一类。在语言发展过程中这一类的字很多。

假借字的另一类是本有其字的假借。本有其字的意思是在日常使用的文字当中本来有表示某个词义的书写形式，但是在使用当中不用本来约定俗成的字形而写为另外一个意义不相涉而音同或音近的字。这一类在秦汉之前的古书中极为常见。如借“汤”为“荡”；《诗经·豳风·七月》“七月食瓜，八月断壶”，借“壶”为“瓠”。以《史记》为代表的历代史书中，也常常借“蚤”为“早”，所以史书中“早薨”和“蚤薨”这两种写法并存。这些都是本有其字的假借。用今人的眼光来看，这些也可被称为古代的别字。这一类属于在用字当中的假借。既然本有其字，在用字时为什么还要另外写一个假借字呢？这可能是书写者仓促间写了一个音同的字，历代传抄因其旧而不改。

“六书”是分析汉字结构的一种传统方法。在许慎之前，刘歆、班固、郑玄也提出过六种造字的方法。虽然名称用字及次序和许慎所提的“六书”有差异，但这都是汉儒古文经学派对汉字造字理论的认识，都是希望能探求汉字造字根源和理据的方法。“六书”说是最早的汉字构成理论，在大体上反映了汉字构成的客观状况。“六书”阐释了汉字形体结构的来源。古代学者试图用“六书”的模式来说明汉字的结构，希望能够穷尽汉字造字的方法。“六书”中强调刻画符号和图形符号，及其与汉字的关系。把刻画与图画看成汉字符号来源的解释符合汉字发展的实际情况。“六书”反映了一定时期人们对文字的理解，正确解释了汉字有理性的特点。汉字具有表意的功能，字符的构成有一定的规律，“六书”说解释了这种规律，为正确分析汉字提供了理论框架。

但是“六书”说也有不完善的地方，最大的问题就是前四说与后二说性质不相同，清代戴震提出了“四体二用”的说法，即前四书是造字法，后二书是用字法。

值得注意的是，唐兰先生在《古文字学导论》中认为，“六书”的界说不明确，用“六书”分类，每个字的归属不清晰，因此有必要寻找新的分类法。他提出了“三书”说，即把汉字分为象形文字、象意文字、形声文字三类。不管是“六书”说还是“三书”说，都是学者对汉字结构与构造方面的探索。

二、现代汉字的字形

（一）笔画和笔顺

1. 笔画

笔画是汉字书写时不间断地一次连续写成的一个线条。笔画是汉字的最小构成单位。笔画可分为横（一）、竖（丨）、撇（丿）、点（丶）、捺（㇏）、折（乛）等几类。具体细分可达 31 种（见表 2-3）。

现行汉字的笔画确定是根据《印刷通用汉字字形表》和《现代汉语通用字表》所拟定的标准。基本笔画为横、竖、撇、点、折。基本笔画处在不同位置上或不同笔画组合时候所变化了的笔画称为变形笔画。变形笔画的变形规则主要有四条：

（1）长短变形：刈。

（2）直弯变形：月。

（3）带钩变形：小。

（4）方向变形：之。

笔画的组合方式大致有以下几种：

（1）相离：二、川、儿、心、习、刁。

（2）相接：人、入、几、刀、上、个。

（3）相交：十、七、九、力、也、丰。

表 2-3　　汉字基本笔画表（共 31 种）

笔画	名称	例字	笔画	名称	例字	笔画	名称	例字
㇐	横	大	㇟	竖弯钩	元	㇄	竖弯	四
㇑	竖	十	㇜	撇折	去	㇍	横折弯	没
㇒	撇	八	㇙	竖提	良	㇡	横折折折钩	仍
㇔	点	主	㇗	竖折	山	㇠	横斜钩	凰
㇕	横折	口	㇛	撇点	女	㇋	横折折撇	及
㇏	捺	人	㇉	竖折折钩	弟	ㄣ	竖折撇	专
㇀	提	地	㇂	斜钩	我	㇞	竖折折	鼎
㇆	横折钩	月	㇌	横撇弯钩	那	㇅	横折折	凹
㇚	竖钩	小	㇊	横折提	课	㇎	横折折折	凸
㇇	横撇	水	㇁	弯钩	了			
㇖	横钩	你	㇈	横折弯钩	九			

2. 笔顺

笔顺就是汉字笔画的书写顺序。

（1）一般规则。

A. 先横后竖：十、干、古。

B. 先撇后捺：人、大、父。

C. 从上到下：三、亏、音。

D. 从左到右：孔、理、明。

E. 从外到内：月、问、司。

F. 先里头后封口：日、西、园。

（2）补充规则。

A. 点在上边或左上，先写：衣、为、立。

B. 点在右上或里边，后写：发、我、瓦。

C. 半包围结构：

a. 上右和上左包围的，先外后里：句、厅、庆。

b. 左下包围的，先里后外：远、道、延。

c. 上边未包围的，先里后外：凶、幽、函。

d. 下边未包围的，先外后里：用、同、冈。

e. 右边未包围的，先上后里再左下：医、巨、匠。

f. 有的比较特殊，如：出、非、兆、方、火。

（“出”的笔顺为：先写竖折，然后写短竖，再写中间从上到下的长竖，最后是竖折和短竖。

“非”的笔顺为：先写左边的竖，然后写三小横，再写右边的竖，最后写三小横。

“兆”的笔顺为：撇、点、提、竖弯钩、撇、点。

“方”的笔顺为：点、横、横折钩、撇。

“火”的笔顺为：先写上面两笔，即点和撇，再写人字。）

（3）现行汉字笔顺依据。

2017 年国家语言文字工作委员会和国家新闻出版广电总局联合发布的《通用规范汉字笔顺规范》确定了 8 105 个汉字的规范笔顺。《通用规范汉字笔顺规范》是在《通用规范汉字表》的基础上形成的，将隐性的规范笔顺变成显性的，列出了三种形式的笔顺。同时，明确了字表中难以根据字序推断出规范笔顺的“火”“叉”“鬯”“爽”等字的笔顺，调整了“敝”“脊”两个字的笔顺。

（二）偏旁和部首

1. 偏旁

偏旁又叫部件，是由笔画组成的构成汉字的基本单位。

（1）独体字（也叫单体字）。

独体字是一个偏旁单独构成的字。此时不再叫偏旁。

A. 重心平稳，如：田、中、永。

B. 双架协调，如：天、大、人。

C. 笔画匀称，如：三、川、王。

D. 适当变化，如：日、目、心。

（2）合体字。

合体字是两个或两个以上偏旁组合成的字。

偏旁组合方式有：

A. 上下结构：思、歪、冒、意、安、全。

B. 上中下结构：草、暴、意、竟、竞、寨。
C. 左右结构：好、棚、和、蜂、滩、往、明。
D. 左中右结构：谢、树、倒、搬、撇、鞭、辩。
E. 全包围结构：围、囚、困、田、因、国、固。
F. 半包围结构：包、区、闪、这、句、函、风。
G. 穿插结构：噩、曡、弗、兆、非、兼、爽。
H. 品字形结构：品、森、聂、晶、磊、鑫、焱。

2. 部首

部首检字法是一种常用的汉字查字法，广泛应用于工具书编纂、汉字信息处理及其他领域的汉字检索。

字典编纂时把相同偏旁的字编在一起，称为一部。将这个相同的偏旁标目，列为首字，这就是部首。许慎的《说文解字》首先使用这一单位，共 540 个部首，以后逐渐减少。现在通行的 214 个部首，是明朝万历四十三年（1615）时由梅膺祚所编纂的《字汇》创始的。

当前通行的《汉字部首表》是由教育部、国家语言文字工作委员会于 2009 年发布的一部语言文字规范。《汉字部首表》是在《汉字统一部首表（草案）》（1983）的基础上制定的，以“立足现代，兼顾古今”为原则，规定了汉字的部首表及其使用规则，确立了主部首 201 个，附形部首 99 个。《汉字部首表》的使用规则是，一般应以主部首为主，但在某些情况下，可以根据需要做变通处理。这一规范主要适用于工具书编纂、汉字信息处理及其他领域的汉字排序检索，也可供汉字教学参考，并有利于促进汉字部首排序检索的统一。

（三）现代汉字的造字法

现代汉字主要采用形声造字法。例如：“炸”“烤”“偎”“叼”“吨”“煲”“腺”“哎”“氧”“氟”“铱”“氦”“氖”“氩”“氪”“氙”“矽”“碘”等。

新造字里用会意方法的不多，这类字里有一些是用特殊的顺字连续会意方法造的字，例如“甭”“嘞”“嫑”“勠”“巯”“羰”等，实际用的是合音会意法，其中“巯”“羰”是更特殊的会意字，它们的字形分别是“氢硫”和“碳氧”的省形合并。合音会意是要兼顾合音的会意，所以须用顺字连续的会意方式。

新造字也有用象形方法造出的，但是数量很少。例如“丫”“凹”“凸”等。

新造字中还有一种是用改变原来字形的方法造出来的，有的是通过减少原来字形的笔画形成的，例如“乒”“乓”（兵）；有的是通过改变原来字形的笔画形成的，例如“甩”（用）。

通过对字形的简化，改变字的结构也可以造出新字。相应的简化方法也就成了造字法，但是人们常提到的简化方法还包括同音代替和借用古字，前者如“丑”（醜）、“里”（裏）等，后者如“云”（雲）、“电”（電）等。和“六书”中的转注和假借相似，这两种方法其实都不属于造字之法，而只是用字法，因为用这两种方法并不能造出新字。

简化所用的造字法大致有如下几种：

（1）保留轮廓。例如：参（參）、黾（黽）、渊（淵）。

（2）字形省略。例如：烛（燭）、稳（穩）、腊（臘）。

（3）改换形旁或声旁。例如：硷（鹼）、剧（劇）、础（礎）。

（4）符号代替。例如：义（義）、冈（岡）、凤（鳳）。

（5）草书楷化。例如：鸟（鳥）、东（東）、书（書）。

（6）新造形声字。例如：护（護）、响（響）、肤（膚）。

（7）新造会意字。例如：笔（筆）、众（眾）、尘（塵）。

（8）偏旁类推。例如：饣（食）、讠（言）、钅（金）。

需要说明的是，偏旁类推也是一种造字法，因为这样才符合造字心理和造字过程。对于那些能够独立成字的简化偏旁来说，一般也是采用上述造字法中的某项来新造字的。例如，“页”（頁）就是用保留轮廓的方法造出来的，但是由这个偏旁所构成的其他字，就“页”这个偏旁来说，则是类推的结果。例如：“顶”（頂）、“顷”（頃）、“颀”（顬）里的“页”（頁）。

对于不成字的简化偏旁来说，由它所构成的字都是类推而来的，所谓类推是指在两个或两个以上的字里出现，并且这种类推只是可能，不是必然。例如：“沟”（溝）、“构”（構）、“购”（購）等各字右边的偏旁都是类推出来的，但对于“讲”（講）字却不能类推。

有的简化字是综合运用上述几种方法造出来的。例如：

（1）“购”（購），类推形旁、类推声旁。

（2）“硷”（鹼），改换形旁、类推声旁。

（3）“认”（認），类推形旁、改换声旁。

（4）“须”（鬚），字形省略、类推偏旁。

（5）“杂”（雜），字形省略、符号代替。

把上述各种造字法的相同部分归并后得到现代汉字的 16 种造字法：

（1）象形：网、丫。

（2）指事：刃、旦。

（3）会意：囚、笔。

（4）形声：崇、护。

（5）字符讹变：班、夜。

（6）字符糅合：寒、曹。

（7）字符分化：焉、肉。

（8）字形省略：夏、烛。

（9）保留轮廓：参、枣。

（10）改换偏旁：剧、涝。

（11）添加偏旁：燃、溢。

（12）符号代替：义、风。

（13）草书楷化：鸟、书。

（14）偏旁类推：顶、购。
（15）减少笔画：乒、茶。
（16）改变笔画：甩、刁。

（四）现代汉字的字形结构

汉字的形体结构可以分为汉字、部件、笔画三个层次。汉字是最高层次，部件是中间层次，笔画是最低层次。

根据汉字中部件与部件之间的方位关系，汉字的结构可分为14种。

1. 左右结构

如：郑、伟、休、妲等。

2. 上下结构

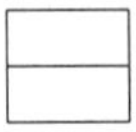

如：志、苗、字、胃等。

3. 左中右结构

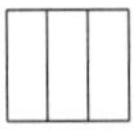

如：彬、湖、棚、僻等。

4. 上中下结构

如：奚、冀、禀、亵等。

5. 右上包围结构

如：句、可、司、式等。

6. 左上包围结构

如：庙、病、房、尼等。

7. 左下包围结构

如：建、连、毯、尴等。

8. 右下包围结构

如：斗、头等。

9. 上三包围结构

如：同、问、闹、周等。

10. 下三包围结构

如：击、凶、函、画等。

11. 左三包围结构

如：区、巨、匝、匣等。

12. 全包围结构

如：囚、团、因、图等。

13. 单体结构（方框中的叉表示内部有内容，占据空间）

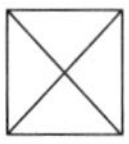

如：丈、甲、且、我等。

14. 特殊结构

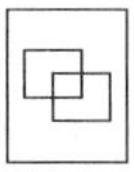

如：坐、爽、夹、噩等（其中有些字的结构是对称的）。

所有汉字的部件组合都可以归类到上述的某一形体结构。

把汉字拆分为部件，要遵循分级拆分的原则，在拆分时，不是一步就把一个汉字拆分成许多个部件，而是首先把它拆分为两个部件，再把拆分成的这两个部件分别进行下一级拆分，如此逐级往下拆分，一直拆分到末级部件为止。采用这种逐级拆分的方法，可以把一个方块字的拆分过程表示为一个二叉的树形图。

思考题

1. 简要评述“六书”说的意义和不足。
2. 简要解释戴震提出的“四体二用”说。
3. 有的同学觉得不遵守笔顺规范也没什么，只要字形准确就行，对此你是怎么认为的？
4. 现代汉字的字形有哪些结构？
5. 现代汉字在造字时，主要采用哪些方法？

第四节 汉字的形、音、义

汉字的字形、字音和字义，以及汉字教学是现代汉字学研究的主要内容之一。汉字是形音义的统一体，字形和字音、字义之间的关系，可谓错综复杂。

一、现代汉字的形、音、义

(一) 现代汉字形、音、义的关系

如果一个文字的形体只反映语言单位的一个读音、一个语义，那么汉字的形、音、义之间的关系就十分简单了。可是实际上，文字和语言的对应关系是非常复杂的。我们通过下面的几种字可以了解到现代汉字字形和字音、字义之间错综复杂的关系。

1. 单音单义字

一个汉字字形只有一种读音，只表示一个意义，即一形对一音、一义。这样的字大多不是常用字，而是专用字或较冷僻的字。现代汉字中单音单义字比较少。如：您、

耍、森、能、耨、暖、灸、詈等。

2. 多音多义字

一个汉字字形对应多种读音和多个意义。例如：

落：降落（luò）；把东西落（là）在那儿了；大大落落（luō）（方言，形容态度大方）

角：牛角（jiǎo）；角（jué）色

朝：朝（zhāo）阳；朝（cháo）拜

假：真假（jiǎ）；寒假（jià）

省：省（shěng）钱；反省（xǐng）

3. 异读字

异读字即一个汉字字形对应几种音和一个意义。这些字在不同读音之间没有语义和语用差别，仅仅是不同的人、不同的习惯读法。如“比较”的“较”，有人读 jiào，有人读 jiǎo，经过审音，规定统读 jiǎo；“卓见”的“卓”，有人读 zhuó，有人读 zhuō，经过审音，规定统读 zhuó。

异读字原则上应该统读。少数文白异读，目前还保留着。例如“熟”有 shú 和 shóu 两个读音，shú 是文读音，如“熟练”；shóu，是白读音，如“西瓜熟了”。

4. 异体字

异体字即几个汉字字形对应一种读音和一个意义，也就是字音字义相同而字形不同的一组字。由于汉字是由意符、音符和记号组成，意符选取的角度因人而异，音符又不同于拼音文字中的字母，所以，一字多形的现象在汉字的历史上比比皆是，如“野”和“埜”“辉”和“煇”“耀”和“曜”等。异体字在现代汉语中，除了字形之外，在字音和字义上已经没有任何差别，但是有时候在使用场合和时间上还是有所区分。

5. 繁简字

简体字是汉字现行的标准书体。繁体字指汉字实行简化以前的书体，目前港澳台地区仍在使用。繁简字的字音和字义都相同，如“电”和“電”“窃”和“竊”等，前者为简体字，后者为繁体字。

6. 同音字

狭义的同音字指同形同音异义字。如动词“把”（“把好舵”）与量词“把”（一把刀），“花草”的“花”与“花钱”的“花”。

广义的同音字还包括多个字形对应一种读音和多种意义的字，如：“敌”“笛”“迪”“涤”和“八”“吧”“疤”“笆”。

7. 同形字

同形字有两种情况：一种是字形和读音都相同，意义不同，相当于狭义的同音字；

另一种是字形相同，读音不同，意义也不同，相当于多音多义字。

据此，现代汉字的形、音、义关系大致可以归纳为下几种：

（1）一个字形只有一种读音、一个意义，这是单音单义字。

（2）一个字形有不止一种读音，不止一个意义，这是多音多义字。

（3）一个字形有不止一种读音，却表示一种意义，这就是异读字。

（4）两种或两种以上的字形只有一种读音，表示一种意义，这就是异体字。

（5）一种音义用不同的字形来表达，但不同字形只有笔画多少的差别，这是繁简字。

（6）一种字形，一种读音，表示不同意义，这是同音字。

（7）一种字形，一种读音，多个字义，这是同形字。

（二）汉字音、义、形关系举例

1. 同音字

同音字是指两个或两个以上的汉字，读音相同、意义不同且意义上没有联系。同音字按字形是否相同可以分为同形同音字和异形同音字两类。

狭义的同音字只指同形同音异义字，例如下面三个“方”：

（1）东方

（2）教导有方

（3）如梦方醒

其中（1）“方”为名词，表示“方向”；（2）“方”为名词，表示方法；（3）“方”为副词，表示“正在、正当”。这三个“方”字形和字音虽然相同，但从字义看，三者完全不同，而且没有什么联系，所以严格地说是“同形同音字”。

广义的同音字除了同形同音字之外，还包括了异形同音字，即读音相同，但字形、意义不同的字。比如“真—甄”“轩—萱”“话—桦”等，就是异形同音字。

同音字产生的原因在于：现代汉语音节的结构系统比较简单，音节的数目比较少，而汉字数量却非常多，两者相匹配，每个音节所要表示的汉字特别多，因此就产生了许多同音字。

通过对《现代汉语通用字表》中 7 000 个汉字进行统计，我们发现一共出现 405 个音节（不区分声调）。其中 15 个音节对应唯一一个汉字，其余的音节少则对应两个字，多则对应 118 个字。各自与唯一一个汉字对应的 15 个音节是：

me（么）、fó（佛）、néng（能）、nín（您）、nuǎn（暖）、liǎ（俩）、gěi（给）、shuí（谁）、rì（日）、zéi（贼）、sēn（森）、sēng（僧）、diǎ（嗲）、nòu（耨）、lo（咯）。

除了以上 15 个音节，剩下的 390 个音节都有同音字，平均一个音节对应近 20 个同音字。不过实际上，各音节所对应的同音字的数量相差很大。其中，同音字最多的音节是：

ji（118 字）、yi（118 字）、yu（100 字）、zhi（88 字）、fu（88 字）、xi（81 字）、

li（78字）、qi（79字）、jian（73字）、shi（73字）。

同音字的存在，给学习和使用汉字带来困难，因此我们要学会辨别同音字的常用方法。

首先，对于同音的形声字，可以通过不同的形符来判定它们所表示的意义。比如“驱”“岖”“躯”都读qū，如果说“qū车”“崎qū”“身qū”，应该立刻能想到它们分别是“驱”“岖”“躯”三个字。因为古代都是用马拉车，所以“qū车”应该是与马有关的“驱”；“崎qū”是形容山路不平的，必须选择与山有关的“岖”；“身qū”则与身体有关，只能用“躯”。这几个字的意义都由形符标识得非常清楚，辨别起来比较容易。

其次，对于常用的同音字，要随时留意它们经常和什么字在一起搭配使用，表示什么意思。常常有人把“部署”写成“布署”，“布置”写成“部置”，把“刻苦”写成“克苦”，“克服”写成“刻服”，主要是由于没有注意到每个字的不同搭配习惯。

同音字词在口语中有时会引起混淆，需要依靠语境来区别，比如“期中”与“期终”，“遇见”与“预见”。人们在写作时受同音影响，也容易出现写别字的现象。

下面列举的成语中的字容易写错（括号里的是错的），就是因为误用了同音字的缘故。

卑躬（恭）屈膝　并行不悖（背）　不省（醒）人事　沧（苍）海桑田

陈词滥（烂）调　诡（鬼）计多端　既往不咎（究）　和（合）衷共济

罄（磬）竹难书　人才辈（倍）出　闲情逸致（志）　兴高采（彩）烈

一枕黄粱（梁）　贻（遗）害无穷　原形毕（必）露　振（震）聋发聩

同音的汉字虽然很多，但是同音的词却不是很多，除了单音词声母相同、韵母相同、声调相同的情况比较多一些之外，双音节、多音节词中的同音现象，如“琵琶”和“枇杷”、“致力”和“智利”，就比较少。有人统计了《普通话三千常用词表》中3 996个常用词，声韵调完全相同的同音词共有231组、496个（包括单音同音词在内），只占总词数的12.41%。所以，计算机输入运用汉语拼音法，应该大力提倡以词为单位，以减少同音字选择的工作强度，这也有助于提高智能型电脑处理语言文字的效率和质量。

同音字也有一定的积极作用。比如可用同音字注音，“直音法”是我国古代注音的一种方法，即便是在反切法产生并盛行之后，利用同音字注音的直音法仍然存在。在现代，有些少儿读物中除了用汉语拼音注音以外，有时也会利用同音字来注音，比如“张骞（千）出使西域（玉）”等。

同音字还有谐音双关、谐音别解等特殊的修辞效果。比如：

（1）他不能在导弹部门工作，他只能在导弹部门“捣蛋”。（周恩来《在文艺工作座谈会和故事片创作会议上的讲话》）

（2）人家打下了一架飞机，他倒打下了两架飞鸡，正在锅里炖着哩。（魏巍《东方》）

“导弹”和“捣蛋”，“飞机”和“飞鸡”构成了同音双关，增加了幽默感和生动性。

很多歇后语也是利用同音条件来表达双关意义的。例如：

（1）孔夫子搬家——净是书（输）

（2）电线杆子绑鸡毛——好大掸子（胆子）

（3）外甥打灯笼——照舅（旧）

2. 多音多义字

多音多义字是指一个字形对应多种读音和多个意义的汉字。每一读音又有其独立的意义或惯用法。也就是说，多音多义字是在不同的词语或句子中，表示不同的意义时，有不同的读音的汉字。

如“给”在表示“交付”的意思时，必须读 gěi，如：“给以”“交给”“还给”等；而在表示“供应”的意思时，则必须读 jǐ，如：“给养”“供给”“自给自足”等。这个“给”就是多音多义字。

有个别的字，在表示同一个意义，并用于同一词语（或句子）中时，有两个读音，随便读哪一个音都行。如：“谁”当疑问代词用时，既可读作 shéi，也可读作 shuí，这两个读音没有意义上的差别，随便读哪一个音都对。只是读 shéi 时，口语化倾向更强一点。

多音多义字在汉字中占有相当大的比例，而多音多义字的音义情况又很复杂，给学习和使用带来了很大的困难。学习多音多义字的字音可以参考以下几种方法。

（1）根据不同词性掌握多音多义字的字音。

有一部分多音多义字本身就以自由语素独立成词，由于词性不同而相应具有不同的读音。如“冠”作名词，表示“帽子”的意思时，读作 guān；作动词，表示“戴帽子”“超出众人”（如“艳冠群芳”）的意思时，读作 guàn。“数”作名词，表示“数目”的意思时，读作 shù；作动词，表示“计算”“责备”（如“数落”“数说”）的意思时，读作 shǔ；作副词，表示“屡次”（如“数见不鲜”）的意思时，读作 shuò。再如“参”作名词，指二十八星宿之一或人参（草本植物）时，都读作 shēn；作动词，表示“参加”“加入”或“进见”“向皇帝告状”的意思时，读作 cān；在形容词“参差”中读 cēn。类似的多音多义字还有“沙”“扫”“散”“笼”“好”“脏”“担”“畜”“王”“亡”“宿”“藏”“簸”“处”“咽”等，都可以根据这些字构词之后的不同词性来掌握它们的字音。

（2）根据不同的构词特点来掌握多音多义字的字音。

有部分多音多义字既可以是自由语素，也可以是半自由语素，不同的构词特点相应有着不同的读音。如“塞”在表示“堵，填满空隙”这一字义时，作为自由语素构成单音节单纯词，如“塞窟窿”中的“塞”这时应读作 sāi；作为半自由语素与其他语素构成合成词，如“闭塞”“阻塞”“塞责”等，这时它应当读作 sè（当然“塞”还有别的字义与字音）。“薄”若作形容词性的自由语素构成单音节单纯词，如“薄纸”“薄待”“薄田”等中的“薄”时，读作 báo；若作为半自由语素与其他语素构成合成词，如“厚薄”“单薄”“淡薄”“轻薄”“菲薄”等时，应当读作 bó（当然“薄”也有其他的字义与字音）。再如“嚼”在表示“用牙齿咬碎食物”时，若作为自由语素独立构词，如“嚼饼”“嚼舌”“嚼烂”等，它读作 jiáo；若作半自由语素在合成词中，如“咀嚼”等，应读作 jué；另外“嚼”在表“反刍”之意的“倒嚼”一词中还读 jiào。

（3）根据所构词的不同文体色彩来掌握多音多义字的字音。

在汉语中有相当一部分汉字可以作为自由语素独立成词，这些词有着不同的文体色彩，因而有着不同的读音而成为多音多义字。不同的文体色彩主要指口语层面和书面语层面之间的差别。如“核”在口语中读作 hú，如“杏核儿”“桃核儿”等；而在书面语中则读作 hé，如“细胞核”“核心”“结核”“核实”等。“血”在口语中读作 xiě，在书面语中则读作 xuè。“钥”在口语中读作 yào，如“钥匙”；在书面语中则读作 yuè，如“锁钥”。“蔓”在口语中读作 wàn，在书面语中读作 màn。另外像“澄”“差”“逮”“壳”“翘”“熟”“落”“绿”“泌”“露”等多音多义字都可以根据它们组成词时的不同文体色彩来掌握它们的字音。

（4）用排除法掌握多音多义字的字音。

在多音多义字中，有相当一部分有着两种读音，而这两种读音与其词性、构词特点、文体色彩都没有明显的规律可循，但其中有一种读音所表示的字义或其使用情况很单纯，只需把该读音情况记下来，然后用排除法就可以较容易地掌握该多音多义字表意较复杂的另一种字音。如“发”在表“头发”时读 fà，其余各情况均读 fā。“奇”除表示与偶数相对时读 jī，其余情况均读 qí。“会”除在“会计”一词中读 kuài 外，其余情况均读 huì。“亲”除在“亲家”（夫妻双方的父母彼此关系或称呼）一词中读 qìng 外，其余情况均读 qīn。再如“秘”除在“秘鲁”（国家名）和“便秘”中读 bì 外，其余情况均读 mì。对此类多音多义字都可以用排除法较为容易地掌握它的两种读音。

多音多义字示例：

熬：āo——熬豆腐、熬白菜，áo——煎熬、熬夜、熬头、熬粥

扒：bā——扒土、扒堤、扒着，pá——扒手、扒糕

禅：chán——参禅、禅悟，shàn——禅让、受禅

冲：chōng——要冲、冲销，chòng——冲床、冲模

畜：chù——牲畜、畜生，xù——畜牧、畜产

阿：ē——阿胶、阿谀，ā——阿姨、阿拉伯

缝：féng——缝补、缝合，fèng——裂缝、见缝插针

观：guān——奇观、改观、乐观，guàn——道观、娃观

哈：hā——哈欠、哈喇、哈尼族、哈密瓜，hǎ——哈巴狗、哈达

糊：hú——糊墙（把纸、布等粘在别的器物上）、稀糊、糊涂、糊口，hù——面糊、糊弄，hū——糊泥、糊墙（用糊状物涂抹）

几：jī——几乎、茶几，jǐ——几个、几时、几次三番

劲：jìng——劲旅、强劲、刚劲、劲敌，jìn——干劲、没劲、用劲

可：kě——许可、认可、可耻，kè——可汗

3. 形近字

（1）形近字的差异。

形近字是指字形相近而读音、意义有区别的字。形近字的差异大体表现在以下四个方面。

声符相同，形符不同的形声字，如“读”和“续”，“愉”和“喻”，“胶”和“狡”，“淬”和“猝”等。

字形整体相似，某些笔画只相差一两笔，如“狼”和“狠”，“巾”和“币”，“普”和“晋”等。

字形整体相似，某些笔画有细微差别，如“未”和“末”，“己”、“已”和“巳”，“戊”、“戌”和“戍”等。

字形整体相似，局部不同，如“旋”和“旅”，“载”和“裁”，“贪”和“贫”等。

（2）形近字的辨析。

对形近字进行辨析是汉字认读和书写中的重要部分。

A. 从形符辨字义。

形近字中很大部分字是声符相同、形符不同的形声字。根据形声字形符表意、声符表音的特点，对声符相同、形符不同的形近字，就根据它们的形符来辨别它们的意义。

例如：“暮”“墓”“幕”“慕”四个字。声符都是“莫”，形旁分别是“日”“土”“巾”“心”。表示的字义分别与太阳（日）、土、纺织品（巾）、心有关。“暮”指太阳落山的时候。“墓”是指埋葬故人的地方。“幕”指盖着或挂着的大块的布。“慕”是喜爱、敬重的意思。

从形旁辨别字义，不仅有利于理解、区别字义，而且有助于区别、记忆字形。

B. 从声符辨字音。

对于形符相同、声符不同的形近字，一般要根据它们的声旁来辨认字音（但不一定就读声旁的音）。

例如：“舱”“艇”“舫”“艘”四个字，形旁是“舟”，表示的字义都与“船”有关；声旁分别是：“仓”“廷”“方”“叟”，它们的读音都与声旁的读音相关。从声旁辨字音，既有利于区别、记忆形近字的音，又有助于区别记忆形近字的形。

二、形声字的音和义

（一）形声字形符和声符的位置关系

根据形声字形符和声符位置的不同，可以把形声字的构形方式归纳为以下八种。

（1）左形右声。如：松、理、河、招、惜、肝、媚。

（2）右形左声。如：鸠、期、鸽、救、劲、功、战。

（3）上形下声。如：茅、空、简、宇、窍、露、孟。

（4）下形上声。如：基、裳、姿、勇、竺、袋、贸。

（5）外形内声。如：园、闾、裹、衷、圃、阁、匣。

（6）内形外声。如：问、闻、瓣、辩、辨、赢、羸。

（7）形占一角。如：修、倏、腾、裁、颖、佞、疆。

(8) 声占一角。如：旗、施、徒、徙、寐、翸、魆。

(二) 形声字形符和声符的作用

第一，形声字的形符是形声字的表意部分，它的作用主要是提示该汉字所记录的语素的意义类属。粗略地说，同属于一个形符的汉字，在字义上多多少少都有所联系，比如以“氵”为形符的字，都与江河湖泊等和水的意义有关。以“王”（斜玉旁）为形符的字，都和美玉有关。即便是“瑀”这个字，本义是像玉的石头，虽然不是玉是石头，但因为像玉，也以“王”作为形符。因此在汉字认读和识别上，我们可以根据形声字的形符偏旁来理解形声字所记录的语素的意义类属。

第二，利用形声字的形符表意的作用来区别同音字。同音字大量存在，给人们的识别和认读带来困难和麻烦，我们可以利用形声字的形符来区别同音形声字。比如，以下各组同音形声字可以从形符偏旁的差别来区分：芳—坊、蔼—霭、鳌—骜、壁—璧、搏—膊、沧—苍、弛—驰、斐—蜚、涣—焕、缰—僵、矫—娇、胫—径、眩—炫。

第三，利用形声字的声符表音的作用来区别形近字。借助声旁推求字形。比如“未”念wèi，“末”念mò，所以“味”“昧”“妹”“魅”等字与“抹”“沫”“茉”“秣”等字由于读音不同，其中的偏旁就不会写错了，可以借助声旁的不同读音把它们区别开。

第四，利用形声字的声符来识读生僻的形声字。在常用的形声字中，由于语音的演变，导致声符的表音率变低。而生僻字由于使用频率相对较低，读音变化不大，其声符的表音率比较高，我们可以利用声符去类推生僻形声字的字音，或者利用含有某个声符的常用字音去类推生僻形声字的字音。例如：

希（xī）：浠、烯、稀、唏、晞、俙、莃、郗、欷

西（xī）：栖、硒、牺、粞、舾、硒、恓

眉（méi）：镅、猸、嵋、镅、堳、瑂、睸、莨、郿、鹛

唐（táng）：瑭、螗、醣、煻、鎕、糖、塘

第五，利用声旁类推帮助记忆一组普通话字音。汉语方言众多，普通话中的一些声母、韵母在许多方言中常常混淆，如平翘舌音声母不分，鼻音边音声母不分，前后鼻音韵母相混等。可以利用声旁来类推一批字的普通话读音。例如“至”念翘舌音声母，所以凡以“至”作声旁的字，如“侄”“窒”“桎”“蛭”“致”“郅”“蛭”也都念翘舌音。又如：

支（翘舌）：枝、吱、肢、忮、胑、翅、汥

只（翘舌）：织、职、枳、帜、咫、炽、识

宗（平舌）；鬃、棕、踪、粽、蒜、综、淙

子（平舌）；仔、孜、籽、字、杍、秄、虸

申（前鼻韵）：砷、呻、绅、伸、神、审、抻

生（后鼻韵）；甥、笙、牲、胜、性、姓、星

宁（鼻音声母）：柠、拧、泞、狞、咛、聍、苧

龙（边音声母）：珑、聋、栊、笼、咙、拢、陇

例如“青”的韵母是后鼻音，以“青”为声旁的“清”“蜻”“晴”“睛”“精”“静”“靖”“菁”“婧”也都是后鼻音。比如“粦”的韵母是前鼻音，以“粦”为声旁的“磷”“麟”“鳞”“粼”“遴”“潾”都是前鼻音。通过形声字的声符类推作用，可以成批量地记忆大部分形声字的读音，效果相当明显。

（三）形声字形符和声符的局限

形符的表意功能不是绝对的。现代汉字中相当一部分汉字的形符已经不能有效地起到表意的作用了。

形声字的形符只能笼统地表示事物的类别，不能表示具体的意义。形符只表示该字的大类，而且仅就本义而言。如：“理”，本义是治理玉石，从玉。后来在“治玉”的本义上逐渐产生的其他引申义就和玉无关了，“理”有关“事物的规律、是非得失的标准”的意思是从“治玉”的意思引申而来，就和形符“玉”完全无关了。

形声字的形符表意还受到历史文化的制约。随着社会的发展，有些形声字的表意部分出现了“名不符实”的现象。比如“碗”“瓶”“杯”“理”“货”“篇”等字，分别以“石”“瓦”“木”“玉”“贝”“竹”为形符。在现代社会中，形声字“碗”“瓶”“杯”的形符所表意的石碗、瓦瓶、木杯作为日常生活用品，几乎已经绝迹，而被陶瓷、金属、塑料等材质所替代，但是这些形声字的字形早已深入人心，并未随着材质的变化而发生相应的变化，使得有些形声字的形符的表意出现了偏差。又如“机”的形旁是“木”，可是今天的各种“机”几乎都是用金属制作的。“篇”的形符是竹字头，这和古代文献的书写材料有关，而现今的篇章已经和竹无关，这个形旁在这个字里已经不是原来的意义类别了。客观事物随着历史的发展发生了变化，但是字形并未做出相应的调整，使得形声字的形符表意程度大大下降。

形声字的声旁本来是表示字音的，但由于古今语音的变化，有一部分形声字的声旁已经不能准确地表示现代的字音。比如“扛”“江”“杠”“缸”“肛”的声旁都是“工”，古代都读 gōng，但在现代普通话里，这几个字的读音却不尽相同。因为这些字都是形声字，根据形声字的特点，我们可以推测，在造字的时候，它们的读音是相同或者非常相似的，只是由于后来语音的变化才造成了它们读音的不同。据统计，由于古今语音的演变等原因，大约有四分之三的形声字，声旁和整个字的读音不完全相同。有人对《新华字典》做了统计，其中声旁有效表音的字，即声、韵、调完全相同的字，仅占 39%。

声符的类推规律不是绝对的，同一个声符在不同的字中可能读音有差别，甚至差别很大。主要表现在声符的读音跟形声字的读音不一样，声符的表音准确率不高。形声字声符类推有时也会遇到例外情况而发生类推差错，比如以“青”这个后鼻音字为声符的“倩”字就是个前鼻音字。以“尧”为声符的形声字有不屈不挠（náo）、妖娆（ráo）、饶（ráo）恕、桡（ráo）骨、绕（rào）道、浇（jiāo）铸、侥（jiǎo）幸、蹊跷（qiao）、焚烧（shāo）、骁（xiāo）勇善战、拂晓（xiǎo）等，虽然都以“ao”为韵腹，但是声母、韵头和声调等都是不同的。以“秋”为声符的形声字有楸（qiū）树、揪（jiū）心、瞅（chǒu）见、铁锹（qiāo）、愀（qiǎo）然等，仅“楸”这个相对生僻的字是和声符同音的，其他各字读音差别都很大。而当汉字简化时，将“鄰”简化成“邻”，选用了一个后鼻音的“令”字来充当声旁，也就无法用形声字的声符来类推该字读音了。还有些形声字在造字之初，选择声符就不严格，在没有同音字的情况下，选择了读音相似的声符来造形声字。

现代新造的形声字，形符的表意和声符的表音特点是非常明显且精确的。比如新发现或合成的化学元素，如 101 号元素“钔”、102 号元素“锘”和 103 号元素“铹”，这三个汉字已经被正式收入汉字大家族，但 104 号元素到 109 号元素相对应的汉字在一般输入法中还无法直接输入。不过从这三号元素的造字方式可以看出，对于这类化学新元素，在造字时使用的方法是用表示其类别本质的“金”字充当形符来表示意义，再选择与外语单词的读音最接近、最常用的字作声符来提示读音。

综上所述，形声字由于字音的变化，使得某些形声字和该字声符的读音之间产生了很大的差别，如果仍然采用“秀才识字读半边”的方法来读字，准确率是不高的。但是根据当下对化学新元素的命名方式，我们可以推测，形声字在其产生之初都是利用形符表意、声符表音的这一特点来造字的。

思考题

1. 现代汉字的形、音、义关系大致可以归纳为几种？请梳理其中的对应关系。

2. 广义的同音字包含哪几种情况？

3. 学习多音字需要注意哪些方面？

4. 形声字的形符是否需要根据历史发展的实际情况而改变以求更精确地表意呢？

5. “秀才识字读半边”的办法从什么时候开始行不通了？为什么它又变成了对“秀才”们读错字的讽刺？

第五节 汉字的标准化和规范化

一、现代汉字的标准化

汉字标准化是指对现代汉语用字进行全面、系统、科学的整理，做到字有定量、字有定形、字有定音、字有定序（简称“四定”），使现代汉语用字的数量、形体、读音、序列四方面都有明确的标准。

（一）定量

“定量”就是确定现代汉语用字的数量，包括常用汉字、通用汉字及各类专业用字的数量。确定标准用字量，有利于人们的学习和运用。在教学方面，可以根据学习的不同阶段，规定识字教学的要求；在出版印刷方面，可以准备固定数量的字模，减少不必要的麻烦；在通信方面，能加快传送消息的速度；在汉字信息处理方面，能减少工序。总之，确定汉字用字的标准量后，可以极大地提高效率，大大地减少人力、物力和时间的浪费。

1965 年，文化部和中国文字改革委员会联合公布的《印刷通用汉字字形表》。其中所列的 6196 个字基本上反映了现代汉语通用字的数量。1981 年，我国公布的国家标准（GB2312—80）《信息交换用汉字编码字符集·基本集》，收字 6 763 个。这个字量是计算机内汉字字库收字量的国家标准。《信息交换用汉字编码字符集·辅助集》也已于 1990 年公布，以满足少数用字量超过基本集的用户和台湾、香港等地的需要。2013 年 8 月国务院公布了《通用规范汉字表》，该表收字 8 105 个，分为三级。一级字表为常用字集，收字 3 500 个，主要满足基础教育和文化普及的基本用字需要，也可以作为义务教育阶段的识字标准。二级字表收字 3 000 个，使用度仅次于一级字。一、二级字表合计 6 500 字，主要满足出版印刷、辞书编纂和信息处理等方面的一般用字需要。三级字表收字 1 605 个，是姓氏、人名、地名、科学技术术语和中小学语文教材文言文用字中未进入一、二级字表的较通用的字，主要满足信息化时代与大众生活密切相关的专门领域的用字需要。

《通用规范汉字表》运用现代科技手段，科学定量、收字和分级。遵循汉字发展和应用的客观规律，运用语料库技术等现代化手段，对汉字进行科学定量和合理分级。增收了专门领域用字。收录了较为通用的姓氏人名用字、乡镇以上地名用字、与人民生活密切相关的科学技术术语用字和中小学教材文言文用字。

（二）定形

定形就是确定现代汉语用字的标准形体，即为所有现行汉字确定标准字形。无论印刷体、手写体都要有明确的字形标准。

中华人民共和国成立后，在汉字定形方面，先后做了不少工作。1955 年 12 月，文化部和中国文字改革委员会公布了《第一批异体字整理表》，废除了 1 055 个异体字；1956 年，国务院又公布了《汉字简化方案》；1964 年，文字改革委员会编辑出版了《简化字总表》，收入 2 236 个简体字（1986 年重新发表时又略有调整）。这样，消除了汉字长期以来繁简并存、多体并存的混乱情况，统一了汉字的形体，初步建立起汉字字形的规范。

1965 年 1 月，文化部和中国文字改革委员会公布了《印刷通用汉字字形表》，作为一般书刊等出版物汉字印刷体字形的标准。《印刷通用汉字字形表》规定了 6 196 个汉字的标准印刷字体，对汉字的笔画数目、笔画形状、笔画顺序、结构方式都作了说明，建立了印刷用汉字字形的规范，使印刷体与手写体基本达到一致。现在一般书报刊物中所使用的字体，依据的就是这个字形表。

1988 年 3 月，国家语委和新闻出版署联合公布了《现代汉语通用字表》，字表收字 7 000个，该表依据《印刷通用汉字字形表》确定的字形结构、笔画数和笔画顺序，不但规定了现代通用字数量，而且规定了每个汉字的规范字形，包括笔画数和笔形，所以这是一个规范字形的字表。

2013 年 8 月，国务院公布了教育部、国家语言文字工作委员会组织制定的《通用规范汉字表》。该表的字形依据《现代汉语通用字表》确定。

目前，汉字定形需进一步解决遗留下来的字形歧异问题。异体词的整理也亟待进行，如“笔画—笔划”“繁琐—烦琐”之类同音、同义而异形的词语。另外，汉字笔画的种类、名称和具体写法，汉字部件的数量、名称和具体写法，也需要进行研究，定出具体的规范。必须做到一个汉字只能有一种确定的形体，不能有多种形体。

汉字标准化的定形也体现在对汉字字形的整理方面。以前，我国使用的汉字字形相当混乱，除了繁体、简体的问题外，还存在字形的小差异。有些字在汉字出版物中结构和轮廓相同，笔画数目和笔形却有少量差异。1965 年 1 月，文化部和中国文字改革委员会联合发布了《印刷通用汉字字形表》，为 6 196 个通用汉字规定了通用字体的规范字形。此后，人们就把《印刷通用汉字字形表》规定的字形称为新字形，把过去的字形称为旧字形。

对旧字形的整理主要考虑从简从俗，让印刷体尽量跟手写体一致，笔画和笔势尽量便于横写等，具体表现在以下几个方面。

（1）新字形比旧字形笔画便于书写，例如：

“骨”字上部的折笔，旧字形向右弯，新字形变为“横折”；

“尚”字上部旧字形从“小”，新字形统一为向心笔势。

（2）新字形比旧字形笔画减少，例如：

“牙”字旧字形五画，新字形改为四画，将第二、第三笔合并为“竖折”。

（3）新字形比旧字形更简洁明了，例如：

“直”字旧字形末笔为“竖折”，新字形改为“横”。

（4）新字形比旧字形便于称谓笔画，例如：

“吴”字旧字形口下部首笔为“竖折”，不便称谓，新字形改为“横”，整字结构可直接称为“口天吴”。

整理新旧字形的成果主要体现在《新旧字形对照表》和《印刷通用汉字字形表》中。《新华字典》《现代汉语词典》等工具书前面都附有《新旧字形对照表》，可供我们学习时参考。

《印刷通用汉字字形表》公布之后，我国报刊书籍的铅字字形基本上都采用了新字形，大大减少了同一个字存在细微差别的混乱情况。可惜这样的字形整理工作在我国香港、澳门、台湾地区还没有进行。目前来自港澳台等地的有些电脑汉字处理系统中的字，用的还是旧字形，使用时应该注意。

（三）定音

定音就是确定现代汉语用字的标准读音，即为所有现行汉字规定标准读音。普通话确定以北京语音为标准音，但北京语音中存在一字异读的现象。例如“危险”的“危”字就有 wēi 和 wéi 两种读音，“跃进”的“跃”字就有 yuè 和 yào 两种读音。这种一字多音的现象往往造成使用上的不便，不利于人们日常的交际，因此必须进行整理。要对异读字、多音字等加以审定，消除异读和不必要的多音现象，要做到每个现行汉字都有明确规定的普通话读音。

1956 年，中国科学院成立普通话审音委员会，对 1 800 多条异读词和 190 多个地名的读音进行了审议，并在 1957 年至 1962 年期间分三次发表了《普通话异读词审音表初稿》，1963 年出版了《普通话异读词三次审音总表初稿》，根据使用情况及语言的发展，普通话审音委员会采取约定俗成，承认现实的态度。1982 年开始又对初稿进行多次修订。1985 年，国家语委、国家教委（今教育部）、广播电视部对修订稿进行审核后正式公布了《普通话异读词审音表》，使现代汉语异读词的读音有了规范化的标准。全国文教、出版、广播及其他部门、行业所涉及的普通话异读词的读音、标音均以这个新的审音表为准。该表已于 2016 年完成修订。修订后的《普通话异读词审音表》对原审音表未收的条目进行了收录，如“拜拜”表示再见、告别的含义。还有一些原审音表有异读的词，修订不再保留异读，改为统读。如，“荨麻”“荨麻疹”分别读 qián、xún，本次修订为统读音 xún。对部分用字引起的异读，从用字层面进行了调整。比如，“脖梗子”从音韵或词义角度看，本字当作“梗”，俗写作“颈”，本次修订建议“脖梗子”不再写作“脖颈子”，并相应淘汰“颈”字异读音 gěng，统读为 jǐng。这样，汉字的读音标准就更加明确了。

现行汉字的定音工作还应该继续进行，人名、地名的异读，应进一步审订，轻声词、儿化词在书面上表示不出来，口语里有一定的随意性，应该编写相应的词表。另外，一些多音多义字的读音要结合考虑定音、定量和定形等几方面，采取最佳方法进行审定。

(四) 定序

定序就是确定现代汉语用字的排列顺序，规定标准的查字法。为现行汉字确定排列顺序。汉字的排列问题，涉及面相当广，如字典、词典的编纂，目录、索引的编制，图书、档案资料的检索，都需要有统一的排检方法，才能便于人们掌握运用。因此，确定汉字排列顺序的标准，意义十分重大。现有的各种检字方法，都需进一步标准化。比如部首法，在现行的各种字典、词典中运用标准不一，部首的数量不统一，字的归部原则不统一，有些字取部规律不明确，这些都影响到汉字的查检。2009 年国家编制的《汉字部首表》规定了汉字的部首表及其使用规则。2013 年 8 月，国务院公布了教育部、国家语言文字工作委员会组织制定的《通用规范汉字表》。该表的字序遵循《GB13000.1 字符集汉字字序（笔画序）规范》的规定。

1. 义序法

义序法是按照字义进行分类来排列顺序的，如古代辞书《尔雅》《释名》等。

如《尔雅》按照系列各类排列：

释诂、释言、释训、释亲、释宫、释器、释乐、释天、释地、释丘、释山、释水、释草、释木、释虫、释鱼、释鸟、释兽、释畜等。

现代出版的《简明汉语义类词典》也是按意义排序的。按意义排序很难定出明确一致的标准，所以，除了特殊需要，比如上海辞书出版社的《同义词词林》，一般不采用义序法。

2. 形序法

形序法是按照字形特征进行分类来排列字序的。中国最早的一部字典《说文解字》就是根据字形结构特点排列汉字的。

汉字的形体结构比较复杂，可以作为排序依据的字形信息也相对较多。形序法可分为以下三种。

（1）笔画法。

这种方法实际上是笔画笔形法，主要根据汉字笔画的数量多少排列汉字。

笔画数相同的字，根据不同笔形的顺序排列。

汉字的基本笔画有五种。五种基本笔画如何排列次序也有不同。例如：

A. “札”字法：按笔顺取“札”字的笔顺作排序依据，即：横、竖、撇、点、折；

B. “丙”字法：按笔顺取“丙”字的笔顺作排序依据，即：横、竖、折、撇、点；

C. “江天日月红”法：取每个字的首笔形作排序依据，即：点、横、竖、撇、折。

目前多采用“札”字排序法。

（2）部首法。

部首法是按照汉字的部首排列汉字顺序的。部首和部首内的汉字按照笔画多少和笔顺排列。这种方法创始最早，使用也最广。许慎在《说文解字》中把部首分为540个，同部首的字安排在一起。这种方法为明代的《字汇》、清代的《康熙字典》所采用，近代的《中华大字典》《辞源》也采用这种检字法，但所采用的部首数量不尽相同。

部首检字法根据汉字的结构特点，区分许多部首安排字序，使用者比较容易掌握。但是由于汉字结构复杂，部首法也存在着缺点：部首没有固定的位置，在上在下，在左在右，在内在外，在左下角，在右上角都可以有部首，这增加了查字的困难。同一部首的字很多，有的一千多个字同一部首，就不容易很快查到。有些字不易知道属于何部首，如“相”字不在“木”部，而在“目”部；颖在“禾”部，不在“页”部。这些部首不易找到，因此查字速度较慢。哪些字应归入哪一部的问题也需要解决，也就是在辞书里查一个字应该用哪个部首查。过去，汉字部首归部方面却一直没有统一标准，汉字信息处理、辞书编纂等方面的汉字排序检索，各自编制部首检字法，也给应用带来不便。2010年教育部、国家语委制定了《GB13000.1字符集汉字部首归部规范》，综合考虑汉字的历史发展和现实需要，给出了20 902个汉字的部首归部表。

（3）号码法。

号码法以四角号码法为代表。四角号码法是民国学者王云五发明的，1925年，商务印书馆出版了他所著的《号码检字法》。四角号码法的取码口诀为：

横一垂二三点捺，叉四插五方框六，七角八八九是小，点下有横变零头。

因为汉字笔形有很多变体，四角号码法使用0到9十个数字代码来表示笔形，每种笔形必然概括许多变体。了解这些变体是掌握四角号码法的关键。

四角代码的笔画变体如下：

A. 所有起笔端与横笔运笔趋势一致的，例如“挑”“横上钩”均为“横”（代码为1）。

B. 所有竖、撇和竖左钩均为“垂”（代码为2）。

C. 所有点和捺，包括左点、右点以及横捺、斜捺均为“点捺”（代码为3）。

D. 所有两笔交叉的均为“叉”（代码为4）。

E. 所有一笔纵穿或横穿两笔或两笔以上的均为“插”（代码为5）。

F. 所有方框，例如“口”“冂”（代码为6）。

G. 所有折笔或者两笔画相接所形成的角形均为“角”（代码为7）。

H. 所有两笔相离成正倒八字或八字变形的均为“八”（代码为8）。

I. 所有“小”字或“小”字变体的例如“肖”字头、“京”字脚均为“小”（代码为9）。

J. 点和横相结合，例如“享”“京”“高”“辛”诸字的上部均为“零头”（代码为0）。

此外，还有一些细则需要掌握：

A. 取码顺序按照左上—右上—左下—右下的顺序。

B. 一笔可以分角取码。例如：

“以”2870；“七”4071；“几”7721；“习”1712。

C. 相连的两个角共用一个代码笔形的，服从前面的角位，后面的角位用0代替。例如：

“全”8010，“本”5023，“禾”2090，“高”0022。

D. 一笔上下两段和其他笔画构成不同笔形的，分两角取号。例如：

“大”4080，“来”5090，“李”4040，“蛊”5010。

E. 全包围和“门”结构的字，后两码取里面的笔形。例如：

“园”6021，“田”6040，“闭”3724，“问”3760。

F. 一角有单笔和复笔两种笔形时，要取复笔笔形。例如：

“少”9020，“扎”5201，“介”8022，“气”8001。

G. 有两复笔可取的，在上角取较高的复笔，在下角取较低的复笔。例如：

“也”4471，“军”3750，“成”5320，“皮”4024。

H. 当中起笔的撇，下角有其他笔形的，不取撇而取其他笔形。例如：

“衣”0073，“奎”4010，“友”4040，“寿”5034。

I. 独立或平行的笔形，一律以最左或最右的笔形为角。例如：

“非”1111，“市”0022，“草”4440，“竹”8822。

3. 音序法

音序法是按照字的读音排列字的顺序。

历代的韵书都是按照“音序法”排列汉字的。现代汉语早期曾经采用以注音字母记录的顺序排列汉字的方法，注音字母共37个，声母21个，韵母16个，它们的顺序是固定的，依此顺序编排字书或其他工具书。由语言学家黎锦熙倡导编写的、记录民国语言的《国语辞典》的字头按注音符号的音序排列，词语列在字头后面。1958 年《汉语拼音方案》公布实施以后，基本上都以《汉语拼音方案》拼写的汉字读音形式作为排序依据，根据汉语拼音字母表的顺序排列字的音序。汉语拼音法按《汉语拼音方案》的 26 个拉丁字母的顺序排列字头或词条。《新华字典》和《现代汉语词典》都用这种音序排列。

各种查字法虽然不可能归并成一种，但同一种查字法有几种序列标准的，应当加以统一。字典、词典的编纂，目录、索引、档案、资料的编排，都要有一个统一的排序标准。字有定序才便于查检。

二、现代汉字规范化的基本要求

《中华人民共和国国家通用语言文字法》确定规范汉字为国家通用文字。自 20 世纪 50 年代以来，国家对现行汉字进行整理和简化，制定公布了《第一批异体字整理表》《简化字总表》《现代汉语常用字表》《现代汉语通用字表》《印刷通用汉字形表》《GB13000.1 字符集汉字字序（笔画序）规范》等标准。2013 年 6 月 5 日，《国务院关于公布〈通用规范汉字表〉的通知》（国发〔2013〕23 号）发布。《通用规范汉字表》是贯彻《中华人民共和国国家通用语言文字法》，适应新形势下社会各领域汉字应用需要的重要汉字规范标准。《通用规范汉字表》公布后，社会一般应用领域的汉字使用应以《通用规范汉字表》为准，原有相关字表停止使用。

现代汉字的规范字包括经过整理简化的字和未经整理简化的字两部分。经过整理简化的字是指经有关部门研究整理、由政府主管部门以字表等形式正式公布的字。这部分字在规范汉字中只占少数，多数规范字是历史上流传下来并沿用至今，未经整理简化或不需要整理简化的传承字。字形规范是书写规范的总体要求，是指写出来的字形要符合现行汉字的字形规范，即写规范字。字形规范化的具体要求如下：

第一，正确书写和使用简化字。在一般场合下，写规范的简化字。特殊场合如古籍整理、书法创作、海外或外籍人士题字等除外。现行汉字的正字是规范的简化字，以 1986 年国家语委等单位颁布的《简化字总表》为标准。不滥用《简化字总表》中被简化的繁体字，如“豐”—“丰”，“與”—“与”等。1977 年公布的第二批简化字已经被废除，在公共场合应停止使用。同时，也不要乱造简化字。也不用 1986 年已废止的《第二次汉字简化方案（草案）》中的简体字和自造的简体字，如“仃车”的“仃”，“喝氿”的“氿”等。

第二，正确书写和使用正体字。凡是《第一批异体字整理表》中淘汰的异体字，一般情况下，都属于不规范汉字，没有特殊需要不应在社会交际中使用，但后来恢复使用的那一部分异体字除外。

第三，正确书写和使用新字形。新旧字形的界限以 1964 年公布的《印刷通用汉字字形表》为准。语表所收字形为新字形，此前的与此表字形不符的为旧字形。这个字表不仅是印刷字形的规范，同时也是手写体的字形规范。每个汉字的使用者都应该写规范的新字形，不写旧字形。但《印刷通用汉字字形表》中已淘汰的旧字形不应使用，如“沒”“戶”等。

第四，正确书写和使用地名用字。不用经过更改后已淘汰的地名生僻字，如“醴”“嶲”等。

第五，正确书写和使用计量单位名称用字。不用《部分计量单位名称统一用字表》中已淘汰的译名用字，如“瓩”“嗧”等。

第六，正确书写和使用传承字，包括笔画、笔形、部件等，不写错别字。

错别字是错字和别字的总称。

错字，是指写得不成字的“字”，指随意增简字的笔画、写错字的偏旁部件，或写错字形结构，从而造成错字。写错字，大都是由于对汉字的笔画安排和结构形式辨别不清，记忆不准造成的。例如，把“武”字的右偏旁记成“戈”，把“冠”的上面的部件“秃宝盖”记成“宝盖”，把“创”的声符“仓”记成“仑”。《简化字总表》中没有的简笔字都属于错字。

别字，是指不合规范的同音替代字，或叫白字，是指本应写甲字，却写成了与甲字的意义毫不相干的乙字。例如：

刻苦—克苦　　自暴自弃—自报自弃
不卑不亢—不悲不亢　　诡辩—鬼辩
贡献—供献　　英雄辈出—英雄倍出
称心如意—趁心如意　　布置—部置

有些字不但音近，形也相近，就更易写错，例如：

姿态—恣态　　惩前毖后—惩前毙后
痴心妄想—痴心忘想　　摧毁—催毁
提纲—题纲　　焕然一新—换然一新
明辨是非—明辩是非　　妨碍—防碍
证券—证卷　　病入膏肓—病入膏盲
刚愎自用—刚复自用　　别出心裁—别出心栽

三、汉字简化

简化字也叫简体字。群众造字时，同一个字用不同的方法或从不同的角度来造，字形会有所不同，这样，就会产生一字多形，笔画必然有繁有简。一般把笔画繁的称为繁体字，笔画简的称为简体字。但是，这里所说的“简体字”是特指由国家明文规定取代繁体字而推广使用的简化字。

（一）《简化字总表》

1.《汉字简化方案》和《简化字总表》

《汉字简化方案》是中华人民共和国国务院公布的汉字简化的规范。1952年，中国文字改革研究委员会编拟《常用汉字简化表草案》第一次稿。1955 年 10 月，《汉字简化方案草案》经全国文字改革会议讨论通过，会后中国文字改革委员会根据讨论的结果作了修改，修改后的草案经国务院汉字简化方案审定委员会审定。1956 年 1 月 28 日，国务院全体会议第 23 次会议通过了《关于公布〈汉字简化方案〉的决议》。1956 年 1 月 31 日，《人民日报》全文发表了国务院《关于公布〈汉字简化方案〉的决议》和《汉字简化方案》。1956 年 11 月，教育部发出《关于在各级学校推行简化汉字的通知》。

《汉字简化方案》中有 223 个简化字跟 1935 年国民政府教育部公布的《第一批简体字表》完全相同。1964 年，有关部门根据推行的实际情况，加上了遵照国家规定用简化字和简化偏旁作为偏旁得出来的简化字，重新整理、编制了《简化字总表》，于 1964 年 5 月出版发行。

2013 年公布的《通用规范汉字表》中也梳理了汉字的简繁关系，以附表形式呈现了规范字与繁体字、异体字之间的对应关系，方便海峡两岸及港澳地区信息交流和海外华人的汉字应用。

2. 关于“二简字”

“二简字”，是中国文字改革委员会继 20 世纪 50 年代提出的《汉字简化方案》后，于 1977 年 12 月 20 日提出的《第二次汉字简化方案（草案）》中的简化汉字。二简方案分为两个表：第一表收录了 248 个简化字，推出后直接实行；第二表收录了 605 个简化字，推出后仅供讨论，没有直接实行。

由于二简方案单纯从减少笔画出发，违反了汉字的结构规律，忽略了文字的社会性和稳定性，不符合约定俗成的原则，既缺乏科学性，又没有社会基础，所以，草案公布后，便收到了来自各方面的不同意见，反对的呼声很高，不久便在中小学课本中停止使用。1986 年 6 月 24 日，国务院下达《国务院批转国家语言文字工作委员会〈关于废止《第二次汉字简化方案（草案）》和纠正社会用字混乱现象的请示〉的通知》，宣布废除“二简字”。

二简方案虽然已经废行约 30 年，但是“二简字”在人民大众的生活中仍然还存在，这就是使用不规范汉字的情况了。当然，随着目前电脑打字和排版的普及，在店招、路牌等公共场所规范汉字还是占绝大多数的。“二简字”主要存在于不规范的手写字中，比如菜市场、食堂、超市等处的手写标签，或者小商贩手写的标牌上。为此，我们还需要从语言文字规范工作的角度出发，坚决杜绝“二简字”的使用。

（二）汉字简化方法

简化字是群众在使用汉字的实践中创造的，事先没有统一的简化方法。不过，把简化字和繁体字进行对照，可以发现简化字字形和繁体字字形之间有下面几种联系。

1. 保留轮廓，减省笔画

省去原字中繁难的部分，只留下轮廓部分。如：

蓋—盖　傘—伞　樹—树
齒—齿　龜—龟　齊—齐

2. 以点代面，减省部件

选取其中的一个部件来代替原字，省去其他部件。这也可称作“以部分代全体”。如：

聲—声　開—开　糶—粜
醫—医　氣—气　遲—迟

3. 声符意符，以简换繁

用构形简单的声符或意符替换原来的构形繁复的声符或意符。

替换声符的，如：

殲—歼　劇—剧　擁—拥
億—亿　燈—灯　種—种

替换意符的，如：

願—愿　鹼—硷　骯—肮　貓—猫

4. 就地取材，草书楷化

将已经社会化的草书字的笔形楷化，作为规范字。如：

書—书　貝—贝　車—车
專—专　東—东　會—会

5. 偏旁改造，符号替换

用一个笔画简单的符号来替代一个或几个笔画繁难的偏旁。这个符号只起替代作用，没有表意或示音功能。如：

僅—仅　漢—汉　勸—劝
區—区　學—学　興—兴

6. 全面改造，另造新字

有些字不便简化，亦不便以同音字替代，就另造新字。这些新造的字有两种情况。

一是新造字为会意字和形声字。如：

新造会意字：塵—尘　寶—宝　體—体　竈—灶　眾—众
新造形声字：驚—惊　態—态　郵—邮　審—审　護—护

二是新造字为纯粹的符号。如：

義—义　頭—头　萬—万

7. 古为今用，弃今用古

抛弃现用字形，采用古字来取代今字。如：

雲—云　纔—才　從—从

電—电　　鬍—胡　　鬚—须

8. 同音借用，借而不还

借用结构简单的音同或音近的字，来替代结构繁复的字。采用同音替代简化法的前提是：借用字与被借用的字，其中有一个必须是罕用的僻字，借用以后不至于发生意义的混淆。这种方法如果选字得当，既简化了笔画，又精简了字数。如：

醜—丑　　裏—里　　臺—台

韆—千　　鼕—冬　　齣—出

但是这类简化方法，势必造成简繁字体的一对多的现象，容易混淆。

9. 举一反三，偏旁类推

用简化偏旁或可作偏旁的简化字，来替代合体字中的同形部件，以类推出一批简化字。如：

購—购　　溝—沟　　構—构

（三）简化字、繁体字对应问题

1. 简繁字转换问题

为明确规范汉字与相应的繁体字、异体字之间的对应关系，教育部、国家语委组织研制了《规范字与繁体字、异体字对照表》（以下简称《对照表》），作为附表与《通用规范汉字表》配套使用。《对照表》列出了与 2 574 个规范汉字相对应的繁体字。还对 96 组一个规范字对应多个繁体字（或传承字）的字际关系进行了分解。

《简化字总表》中的简化字同繁体字之间，大部分是一对一的关系。这部分简化字在简繁转换时一般不会产生什么问题。可是，还有少部分是一对多的关系。《对照表》对简繁对应关系的整理是以《简化字总表》为基础的，其总体精神与《简化字总表》保持一致，以不恢复繁体字为基本原则，重点对其中 96 组不能一一对应的简化字与繁体字进行了分解。如《简化字总表》中的“斗［鬥］”，表面上看好像是一一对应的，其实在繁体字印刷的文本中，简化字“斗”分别对应“斗”和“鬥”两个字。前者表示量器，音 dǒu；后者表示争斗，音 dòu。如果不加以分解，在简繁转换时就有可能将“斗”全部转换为“鬥”，这样就会出现诸如“北鬥星”之类的错误。这部分字简繁转换时要特别注意它们的对应情况。例如：

一对二：启（啓、啟）、发（發、髮）、获（獲、穫）、尽（盡、儘）、剑（劍、劒）、签（簽、籤）、钟（鐘、鍾）

一对三：汇（匯、彙、滙）、历（歷、曆、厤）、向（向、嚮、曏）、只（只、隻、衹）、胡（胡、鬍、衚）

一对四：并（并、並、併、竝）、面（面、麵、麪、麫）、干（乾、干、幹、榦）、复（復、複、覆、复）

一对五：斗（鬥、斗、鬭、鬦、鬬）、台（臺、台、檯、枱、颱）

简化字中还有一部分是采用同音（近音）替代法而简化的。这部分字，单从字形来看，既是一个非简化字，又是某个繁体的简化字。例如：

别（别、彆）、卜（卜、蔔）、广（廣、广）、冲（沖、衝）、虫（虫、蟲）、丑（丑、醜）、仇（仇、讎）、出（出、齣）、村（村、邨）、粗（粗、麤）、酬（酬、醻）、党（黨、党）、淀（澱、淀）、吊（弔、吊）、冬（冬、鼕）、范（范、範）、丰（豐、丰）、谷（谷、穀）、雇（雇、僱）、后（後、后）、伙（夥、伙）、几（幾、几）、了（了、瞭）、呆（呆、獃）、勤（勤、懃）、愈（愈、癒）、灶（灶、竈）、于（於、于）、余（余、餘）、吁（籲、吁）、郁（郁、鬱）、欲（欲、慾）、御（御、禦）、愿（願、愿）、岳（岳、嶽）、云（雲、云）、扎（扎、紮）、占（占、佔）、折（折、摺）、征（征、徵）、证（證、証）、志（志、誌）、制（制、製）、致（致、緻）、种（種、种）、周（周、週）、注（註、注）、准（準、准）、刮（刮、颳）、哄（哄、鬨）、划（畫、劃、划）

用同音替代的办法简化汉字虽然减少了笔画，却使一形兼表两字，增加了学习的困难，有时还可能产生歧义，例如“後”与“后”原先是读音相同但形义都不同的两个字：“後”是先后的后；“后”是名词，表示君主或君主的配偶。简化字规定两个字都写作“后”，“後”作为繁体字被废除，这样一来，在简体字版的古籍中这两个字就被混而为一了。《史记·孝景本纪》“孝文在代时，前后有三男”，此处所谓“前后”指的是孝文帝前妻，但很容易被误解为前前后后的意思。这类字在使用时特别要注意。

2. 偏旁类推简化问题

汉字简化时，为了求简，汉字构字的系统性常常会有所突破，一是繁体字中相同的偏旁部件在简化后却成为不同的偏旁部件，如“講”（讲）和“構”（构）；二是繁体字中不同的偏旁部件在简化后又成为相同的偏旁部件，如“鉤”（钩）和“購”（购）。熟悉繁体字而不熟悉简化字的人要特别注意这类情况，防止不恰当的偏旁部件类推简化。要解决这个问题，就必须认真学习《简化字总表》（1986年新版），注意第一表中不能作偏旁使用的352个简化字以及第二表中可作偏旁使用的132个简化字。

四、汉字的繁化与简化

（一）汉字的演化趋势是不断简化、规范化

汉字字形从甲骨文开始就不断演化（参见本章第二节）。汉字的发展演变，就其形体来说，一般认为有两种基本的趋势，有繁化也有简化。汉字的演化趋势，是由文字在使用中所起的作用所决定的。

一种是要求加强汉字的表音表意功能，在字形上有所繁化，或是为义项的分工而进行分化，而使字形繁化。如“然”的本义是燃烧，“然”字中的“灬”本来就是火的

意思。在语言使用中，“然”被假借为指示代词，表示这样、那样的意思。所以后来增加意符——添加“火”旁，新造了“燃”表示“然”之燃烧的本义。再如“益”的本义是水漫出器皿，“益”字“皿”之上部就是一个横写的象形“水”。“益”字后来逐渐引申为在体积、程度、数量上的增加，本义水满溢反倒不为人们所熟知了，所以就增加意符——添加“氵”旁，新造了“溢”表示“益”字之水漫出的本义。从“然”到“燃”，从“益”到“溢”，字形的发展方向是繁化的。而此时字形的繁化，带来的是新造字表意功能的简化。

另一种则是要求汉字的形体便于书写，将原先较为复杂的字加以简化。比如在早期的甲骨文和金文中，象形字的象形程度非常高，比如属于动物类的“马”“牛”“羊”“鱼”等字，属于自然事物类的“日”“月”“山”“水”等字，属于人体器官类的“目”“鼻（自）”“心”等字，看上去就是一幅图画，让人一目了然，一看就知道所描画的事物，但是这些字书写繁复，刻画不易。经过小篆和隶书字体的演变，这些汉字字形逐渐简化，提高了书写的速度。字形的简化过程也伴随着汉字字形的符号性的增强。

这两方面的要求有时会发生矛盾。汉字一般会通过自身的调节，或是牺牲一些表音表意功能以实现简化，或者是为维护表音表意功能允许字形上有所繁化，最终达到便于使用的目的。春秋战国时代，诸侯割据，除秦国的大篆规范性较强之外，其余六国的文字彼此之间均存在一定的分歧，俗体大为流行，俗体中有简化的，也有繁化的。小篆是在大篆的基础上发展出来的。从甲骨文、金文、大篆到小篆，字体逐渐变为以线条符号为主，字形逐渐固定。

隶书是在小篆的基础上整理而成，隶书之后，产生了楷书（又叫真书或者正书）、草书、行书等各种字体。以笔画书写来说，这些书体较为方便、易写。有人认为这代表了汉字进入了以简化为主的时期，汉字的笔画比过去简单；但也有学者认为，楷书与甲骨文、金文等相比较，虽然有些字是简化了，亦有不少字是繁化了。除了笔画较简单外，这时期的汉字，还存在着增进汉字的表音表意功能的繁化现象，增加形符或声符，或者将原先相同的字分成两个，各自表达的意义更加明确。

由于隶变之后仍有不少字结构复杂，笔画繁多，南北朝以来，在常用的楷体汉字中，有一部分出现了较简便的俗字，笔画比正字少的俗字，一般被叫作简体字。中国四大名著之一《水浒传》现存的元刻本中，就已经出现了“劉”的简化字“刘”字的写法。

从汉字字形演变的过程来看，汉字简化自古就有，比如从小篆到隶书，就是一种自发、自然选择的简化过程。

“从甲骨、彝器、《说文》以来，时时发现笔画多的字，时时有人将它的笔画减省。殷周之古体减为秦篆，秦篆减为汉隶，汉隶减为汉草（章草），汉草减为晋唐之草（今草）；汉隶的体势变为楷书，楷书减为行书；宋元以来，又减省楷书，参取行草，变成一种简体（即所谓‘破体’‘俗体’‘小写’）。这都是显著的减省笔画。而篆与篆，隶与隶，草与草，简体与简体，其中尚有繁简之不同。总而言之，汉字的字体，在数千年中是时时被减省的。从殷周之古体变到宋元之简体，时时向着简易的方面进行，可说是没有间断。”从钱玄同先生的这段话中，可以知道，从古至今，汉字一直在朝着简化的方向发展。

（二）关于恢复使用的异体字和繁体字

汉字发展的整体趋势是不断简化，但是近些年来，为了适合客观使用的实际需要，国家也一再调整繁体字和简体字的具体使用规定，尤其是恢复使用了一些异体字和繁体字。

首先，《第一批异体字整理表》公布后，人们发现一部分异体字和规范字之间在读音、意义、使用领域等方面存在差异，不应该将其混同，所以，有关方面在此后作了一些调整。除了异体字整理存在问题外，部分繁体字的简化也存在问题。有些本来当作繁简字处理的一对汉字，现在有了分化的需要。表 2-4 为 32 个需要恢复使用的异体字、繁体字。

表 2-4　恢复使用的异体字和繁体字

	恢复的字	原归入字	恢复用字保留的用法	原归入字承担的用法
1	叠 dié	迭	一层层往上加，重复，折叠	轮换、交替，屡次地
2	覆 fù	复	下部翻过来、翻倒，灭亡	反过来，回答，还原，再现
3	像 xiàng	象	相同、相似，画像雕塑，似乎	大象，外观，样子，模仿
4	啰［囉］luō	罗 luó	［啰唆］、［啰皂］，句末语气词	捕鸟网，搜罗，丝织品，筛子
5	瞭 liào	了 liǎo	从高处向远处看，观察	完结，全然，知道得很清楚
6	馀［餘］yú	余	和“余”相混时［馀粮无多］	剩下，多出的，以外的时间
7	䜣［訢］xīn	欣	用作姓氏	快乐，喜悦
8	讌［讌］yàn	宴	相聚叙谈	酒席或用酒饭待客
9	晔［曄］yè	烨	兴盛、充满生机，人名［范晔］	明亮，光辉灿烂，人名［玄烨］
10	詟［讋］zhé	慑 shè	害怕、恐惧，用于人名	害怕、恐惧
11	诃［訶］hē	呵	诃子（植物），音译用字	大声斥责，呼气，［呵护］
12	䲡［䲡］qiú	鳅 qiū	逼迫，践踏	鳅科鱼统称，如：泥鳅
13	䌷［紬］chōu	绸 chóu	引出，理出头绪［䌷绎］	又薄又软的丝制品，绸子
14	刬［剗］chàn	铲 chǎn	一概，通通［一刬］	铲子，用铲子削平、撮取
15	鲙［鱠］kuài	脍	指鳓鱼	切得很细的鱼和肉
16	诓［誆］kuāng	诳 kuáng	欺骗、哄骗	谎言，方言中表示欺骗、瞒骗
17	雠［讎］chóu	仇	相对峙的一方，校勘	极端憎恨，极端憎恨的人
18	翦 jiǎn	剪	用作姓氏	斩断、铰断，铡掉，剪刀
19	邱 qiū	丘	用作姓氏	小山，土堆，坟墓
20	於 yū wū	于 yú	地名［於 yū 陵］，［於 wū 戏 hū］	引进处所、时间、施事、原因

续前表

	恢复的字	原归入字	恢复用字保留的用法	原归入字承担的用法
21	澹 tán	淡 dàn	［澹台］复姓，澹澹 dàndàn	味道不浓，颜色浅，兴趣不大
22	骼 gé	胳 gē gé gā	骨头的统称［骨骼］	［胳 gē 膊］［胳 gé 肢］［胳 gā 肢窝］
23	彷 páng	仿 fǎng	［彷徨］在一个地方来回走	相像，比照效法，［仿佛］
24	菰 gū	菇	即茭白，果实称“菰米”，“雕胡米”	组词［蘑菇］［香菇］用“菇”
25	溷 hùn	混	猪圈，厕所	掺杂，苟且度日，混合
26	徼 jiào	侥 jiǎo	边界，巡逻［行徼］	［侥幸］意外或偶然获利或免灾
27	薰 xūn	熏	古书上说的一种香草	烟火加工，长期接触受影响
28	黏 nián	粘 zhān	把一物粘连到另一物上	用黏物使东西互相黏到一起
29	桉 ān	案 àn	桉属植物统称	矮脚木盘，记录处理公文卷宗
30	愣 lèng	楞 léng	发呆，鲁莽，偏偏	棱角，木材采伐转运场［楞场］
31	晖 huī	辉	阳光［朝/斜/春/残晖］	闪射光［光辉］，照射［星月交辉］
32	凋 diāo	雕	草木枯萎脱落［凋零/落］	雕刻，用花纹装饰，猛禽

为明确规范汉字与相应的繁体字、异体字之间的对应关系，教育部、国家语委组织研制了《规范字与繁体字、异体字对照表》（以下简称《对照表》），作为附表与《通用规范汉字表》配套使用。《对照表》列出了 1 023 个异体字。

《对照表》对规范字与异体字之间对应关系的整理，是以《第一批异体字整理表》为基础的。鉴于异体字问题情况复杂，涉及问题众多，《对照表》没有扩大异体字的整理范围，而是把重点放在《第一批异体字整理表》原有异体字组的重新审订上。《通用规范汉字表》和《对照表》根据现代社会的实际用字需要，将一些仍然具有较大应用价值、与人们日常生活息息相关的“异体字”，恢复或部分恢复为规范字，以方便人们使用。过去，“晳、瞋、噘、蹚、凓、勠”被分别当作“晰、嗔、撅、趟、栗、戮”的异体字处理。如今，这六个字有了规范字的身份，和原来对应的“正字”有了明确分工。另有 39 个异体字，它们虽然与选用字音义相同或部分相同，但又有各自的特殊用法。有的经常出现在人名中，如喆（哲）、堃（坤）、淼（渺）、犇（奔）、昇（升）、陞（升）、甦（苏）、迺（乃）；有的出现在地名、科技术语及其他特殊场合，如钜（巨）、菉（绿）、椀（碗）、袷（夹）、脩（修）。可是因为它们的异体字身份，会经常遭遇电脑打不出的尴尬。《通用规范汉字表》规定它们在用于姓氏人名、地名、科技术语等特殊场合时被视为规范字。如“氾”字在《第一批异体字整理表》中被作为“泛”的异体字废除，但“氾”原本是一个姓氏用字，该姓氏起源于周朝的氾国，具有十分悠久的历史。一个姓氏用字代表了一个家族的血脉，出于对家族传统的尊重，《通用规范汉字表》将这类汉字以姓氏用字的身份恢复到三级字表中。再如“喆”字，《第一批异体字整理表》视为“哲”的异体字，但经调查发现，由于“喆”字的构形中包含两个“吉”，看起来比较吉祥，全国有数万人的名字中选用了这个字。考虑到民众的这种用字需求和用字现实，《通用规范汉字表》把它收入了三级字表，专门作姓名用字使用。《通用规范汉字表》和《对照表》在《第一批异体字整理表》的基础上，将“挫”“凋”“噘”等26个字确认为规范字，将“仝”“氾”“喆”等45个字在特定意义上视为规范字，并在《通用规范汉字表》或《对照表》中的相应位置加注说明其使用范围。

同时，对于一些网络用字，《通用规范汉字表》也明确了规范。近来在网络上甚为流行的“火星文”，以及“囧”“槑”“兲”等被赋予了新的特殊含义的网络用字被排斥在《通用规范汉字表》之外。

思考题

1. 汉字的规范化主要体现在哪些方面？

2. 比较汉字的各种排序方法的优点和缺点。

3. 我国内地从20世纪五六十年代开始提倡汉字简化，为何现在又有少数的异体字恢复使用繁体字形呢？

4. 目前不规范的用字之处大致出现在哪种场合？请整理归纳这些汉字主要存在哪些不规范的因素。

5. 你觉得现代汉字应该简化以提高书写速度而便于传播，还是应该繁化以增加表意而便于理解？

第六节 汉字的信息化处理与应用

汉字的信息化处理就是指汉字应用于计算机。汉字信息化处理的第一步是将汉字输入到计算机中去。目前汉字输入的方式主要分为汉字键盘输入和非键盘输入，其中键盘输入包括音码、形码、音形码和形音码等输入方法。非键盘输入包含手写输入、语音输入和光电扫描输入等。

汉字的计算机输出主要有屏幕显示输出、打印输出和语音识别输出等几种形式。汉字信息化处理的关键技术是汉字编码。

一、汉字输入法

由于汉字字量数以万计，电脑键盘不可能为每一个汉字都造一个按键。因此，人们需要替汉字编输入码，用数个键来输入一个汉字。中文输入法的发展过程，真可谓一个“万码奔腾”的过程，在20年间出现了上千种编码方法。

汉字输入法，主要包括音码、形码、音形码、形音码以及手写、语音录入等方法，广义的输入还包括用于速写记录的速录机等。拼音输入法以智能ABC、中文之星新拼音、微软拼音、拼音之星、紫光拼音、拼音加加、搜狗输入法、智能狂拼和谷歌拼音等为代表，形码输入法广泛使用的有五笔字型，音形码输入法有自然码和拼音之星谭码，手写输入法主要有汉王笔和慧笔，语音输入法有IBM的ViaVoice等。电脑终端通常以编码方式的拼音和形码输入为主；掌上终端包括手机、PDA，各种输入方法集成于系统中，除了拼音等编码方式，触摸式的手写输入方式也由于智能手机、平板电脑等载体设备的大量使用而日趋流行。

中文输入法从20世纪80年代发展至今，中间分为几个阶段：单字输入、词语输入、整句输入。对于中文输入法的要求是：以单字输入为基础达到全面覆盖，以词语输入为主干达到快速易用，整句输入还处于发展之中。

(一) 键盘输入法分类

键盘输入法分为音码输入、形码输入、音形码输入和形音码输入。

1. 音码输入

音码输入是用汉语拼音作为汉字的输入编码，以输入拼音字母实现汉字的输入。对于学习过汉语拼音的人来说，一般不需要专门的训练就可以掌握这种方法。目前，常用的音码输入有全拼、简拼和双拼等。

用拼音方法输入汉字重码率高，需要在屏幕显示的同音字中进行选字，读不出音的生僻字就无法输入。不过，现在的许多音码输入法已趋于智能化，可以进行词组输入，大大减少了同音字，提高了输入的效率。但是，对于不会汉语拼音、不会讲普通话的人来说，使用音码输入汉字是很困难的。

2. 形码输入

形码输入是按照汉字的字形进行汉字编码及输入的方法。利用汉字书写的基本顺序将汉字拆分成若干块，每一块用一个字母进行取码，整个汉字所得的码序列就是这个汉字的形码，例如五笔字型码、郑码等。

按字形来编码，不易受到方言的影响，在方言区特别便于推广，对于不会说汉语的外国人，也可以只根据其所看到的汉字的外部形状来输入汉字，在这些情况下，形码有其方便和优越之处。

利用形码输入汉字时，重码率低，速度快，只要能知道汉字的字形就能拆分汉字而完成汉字的输入。但是，采用形码输入时，任何人都必须重新学习，并需要记忆大量的字根键和汉字拆分规则。

形码的方法很多，如笔形编码法、五笔字型编码法、郑码、三角编码法等，其中以王永民的五笔字型编码法使用得最广。王永民在五笔字型编码法的设计过程中，曾经对汉字的部件进行过统计分析，为部件的优选和部件在键盘上的合理布局提供了理论依据。他在编码中采用了三种代号、三种体式和三层频度，提高了输入速度。

3. 音形码输入

音形码吸取了音码和形码的优点，将二者混合使用。主要依据汉字的读音并参考汉字的字形来进行编码，常见的音形码有“自然码”“智能 ABC”等。其中自然码是目前比较常用的一种混合码。这种输入法以音码为主，以形码作为可选辅助编码，而且其形码采用“切音”法，解决了不认识的汉字输入问题。这类输入法的特点是速度较快，又不需要专门培训。适合于对打字速度有些要求的非专业打字人员使用，如记者、作家等。但相对于音码和形码，音形码使用的人还比较少。

4. 形音码输入

形音码主要依据部件和笔画等字形信息，而这些字形信息是通过它们的读音来帮助记忆的。最有代表性的形音码是“见字识码法”。这种编码法的设计者们认为，汉字基本上是由部件或笔画等字元组合而成的方块单音节字，字形与字音之间没有规律性的联系，同音异形词相当之多，因此，仅从字音还不能识别一个汉字的字形和字义。在人们的日常对话中，说出一个字音，往往还要解释字形，才能使对方了解。比如在介绍姓氏时，经常会用“弓长张”“立早章”等来区别同音字。

“见字识码”是已故中国科学院院士支秉彝先生于 20 世纪 70 年代发明的，可以说比五笔还要早。不过，到了 20 世纪 80 年代五笔字型大流行过后，“见字识码”并没有得到普及。到了 2000 年后，“见字识码”输入法渐渐由“元码”类输入法接替，其中，“模糊元码输入法”是目前最常用的。

音码、形码、音形码和形音码等各种键盘输入法都有各自的优点和缺点。从目前人们的使用选择情况来看，也是各种输入法并存，我们很难断定哪种输入法更好一些。我们只能说，用习惯了，用熟练了，每种输入法的输入速度都是可观的。不过一种优秀的输入法应该具备以下几点：

（1）简明易学，方便记忆，最好不需要学习。若非经过特别学习，现在大多数的输入者一般都采用拼音输入的形式来打字。因为只要有拼音的基础，拼音汉字输入的方法几乎是不用学习的。

（2）编码短，重码少，适合盲打者尤佳。这样的输入法，可以减少击键次数，从而加快输入速度，提高输入效率。

（二）非键盘输入法分类

采用任何一种键盘输入法，使用者都需要经过一段时间的练习才可能达到基本要求的速度，至少用户的西文打字指法必须很熟练才行。这对于非专业电脑使用者来说，多少会有些困难。所以，现在有许多人另辟蹊径，不通过键盘而通过其他途径，省却了这个练习过程，让所有人都能轻易地输入汉字。我们把这些输入法统称为非键盘输入法。非键盘输入法包括手写输入、语音输入和光电扫描输入。它们的特点就是使用简单，但都需要特殊设备。

1. 手写输入法

手写输入法是一种笔式环境下的手写中文识别输入法，符合中国人用笔写字的习惯，只要在手写板上按平常的习惯写字，电脑就能将其识别显示出来。在与计算机相连的书写板上写出汉字，边写边由计算机来识别，叫作联机手写体汉字识别。如果以书写板的右下角作为原点，把整个书写板看成一个直角坐标系，则汉字中的每一个点，都与直角坐标位置相对应。当用笔在书写板上书写时，随着笔的运动，计算机的硬件部分不断地输出数据，一个汉字的几个笔画写完时，硬件也就输出了几组数据，描述出每个笔画的轨迹。

不用特殊的书写板，对脱离计算机书写的汉字进行计算机识别，叫作脱机手写体汉字识别。

手写输入法需要配套的硬件手写板，在配套的手写板上用笔（可以是任何类型的硬笔）来书写录入汉字，不仅方便、快捷，而且错字率也比较低。用鼠标在指定区域内也可以写出字来，只是对鼠标操作要求非常熟练。

联机手写输入已经到达商品化的水平了，产生了各种品牌和型号的手写笔。有汉王笔、紫光笔、慧笔、蒙恬笔、如意笔等。

2. 语音输入法

汉字语音输入源于语音识别技术，顾名思义，是将声音通过话筒转换成文字的一种输入方法。

语音识别以 IBM 推出的 ViaVoice 为代表，国内则推出了 Dutty++语音识别系统、天信语音识别系统、世音通语音识别系统等。

1997 年 9 月，IBM 推出非特定人连续语音识别系统 ViaVoice，这是目前语音识别中的佼佼者。虽然这套语音识别系统使用起来很方便，但错字率仍然比较高，特别是在处理一些专业名词以及生僻字时。

语音输入法在硬件方面要求电脑必须配备能进行正常录音的声卡和麦克风，调试之后就可以对着麦克风用普通话语音进行文字录入。如果发音者的普通话口音不标准，那么就需要发音者用输入法提供的语音训练程序，进行一段时间的训练，让电脑熟悉你的口音后，同样可以通过讲话来实现文字输入。

但是，语音输入有一些弱点目前难以克服。比如它要求输入环境的安静与发音的准确和洪亮。而且语音识别系统需要对发音者的发音系统进行学习，识别了规律之后，用户才能正常使用，这在无形中增加了使用的复杂与不方便性。

中文之星公司在语音识别方面的研究也进入了产品化的阶段。中文的地方语音体系主要有粤方言、闽方言、吴方言等。

苹果电脑的中文语音输入系统是全球第一套粤方言语音输入系统，能够将粤方言转换成繁体或简体中文。

3. 光电扫描输入

光电扫描输入是利用计算机的外部设备——光电扫描仪，首先将印刷体的文本扫描成图像，再通过专用的光学字符识别（OCR，Optical Character Recognition）系统进行文字的识别，将汉字的图像转成文本形式，最后用“文件发送”或“导出”的方式输出到其他文档编辑软件中。

光电扫描输入法要求先把要输入的文稿通过扫描仪转化为图形才能识别。所以，扫描仪是必需的，而且原稿的印刷质量越高，识别的准确率就越高，一般最好是印刷体的文字，比如图书、杂志等。另外，如果原稿的纸张较薄，那么有可能在扫描时将纸张背面的图形、文字也透射过来，干扰最后的识别效果。因此，后期要做一些编辑修改工作。

OCR 软件种类较多，常用的有清华紫光 OCR。在系统对图形进行识别后，系统会把不能肯定的字符标记出来，让用户自行修改。

二、汉字的输出

汉字事先由人工设计成点阵字形输入计算机存贮。以点的形式来表现字符或汉字的形态，就是点阵字形。

通过不同方式输入的汉字经过键盘、手写笔、扫描仪等管理程序，变换成机内码，然后经字模检索程序，查到机内码对应的点阵信息在字模库的地址，从字库中检索出该汉字点阵信息，利用驱动程序将这些信息送入显示卡的显示缓冲存储器中，显示器的控制器把点阵信息整屏顺次读出，并使每一个二进制位与屏幕的一个点位相对应。

目前，国内汉字信息处理系统字库存贮的数字化点阵规格有 15×16、24×24、32×32 等多种。在国家标准《信息处理交换用汉字编码字符集·基本集》收入的 6 763 个汉字中，绝大部分汉字都可以完整地在 15×16 点阵字形中用点的形式表示出来，只有 138 个字不能表示。

文字信息的计算机处理过程如图 2－18 所示：

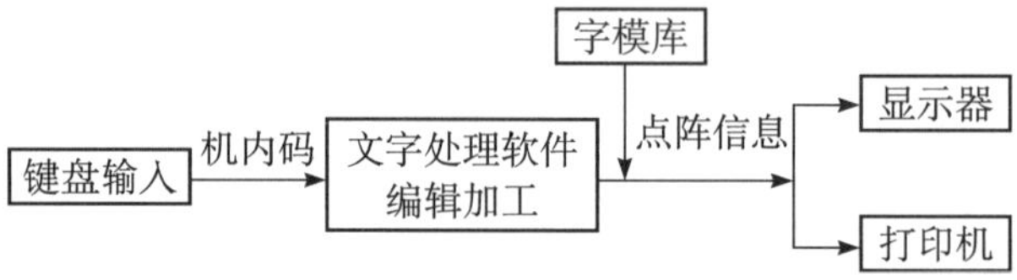

图 2－18　文字信息的计算机处理过程

汉字输出有三种方式，即印字方式、显示方式和语音合成。相应的输出设备有三类，即印字机（也叫打印机）、显示器和语音合成设备。

（一）印字方式

打印机的种类很多，按打印元件对纸是否有击打动作，分击打式打印机与非击打式打印机。按打印字符结构，分全形字打印机和点阵字符打印机。按一行字在纸上的形成方式，分串式打印机与行式打印机。按所采用的技术，分柱形、球形、喷墨式、热敏式、激光式、静电式、磁式、发光二极管式等。常用的打印机根据其印字原理差异，可以分为针式、热感式、喷墨式、电子照相式等。印字机的性能指标主要有分辨率、打印速度、用纸规格等。

汉字打印输出的过程如图 2－19 所示，先将要打印的汉字机内码送到内存的打印缓冲区，然后从中逐个取出机内码，通过字模检索程序从字模库中检索出该汉字的点阵信息，存入内存的字模缓冲区中，通过字模变换程序把点阵信息转换，使之适合打印机输出，然后由多功能卡送到打印机的打印数据缓冲区中。

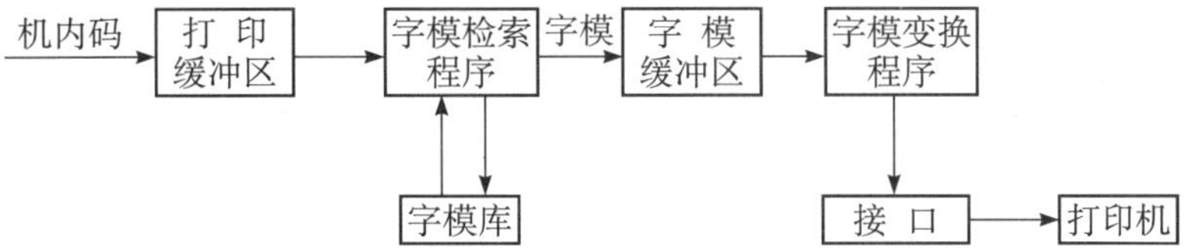

图 2－19　汉字打印输出的过程

（二）显示方式

传统的显示器件大多数利用阴极射线管，被称为 CRT 显示器。现今人们普遍使用液晶显示器。

汉字显示与英文字符显示在原理上是相同的，在主要技术方面，汉字显示和英文显示相比，对于分辨率的要求更高。显示器的分辨率一般可用满屏可以区分的光点数表示，比较常见的显示器的分辨率有 1440×960、1920×1080 等。

显示器从颜色上区分可分为单色显示器和彩色显示器。彩色显示器可以以单色模式显示，并可具有更高的分辨率。要求显示质量较高的汉字，必须选用符合分辨要求的显示器，并配用相应的显示控制板。

目前广场、车站、体育场和交易所等场所也使用电子大屏幕来显示文字信息。

（三）语音合成

语音合成，又称文语转换（text to speech）技术，能将任意文字信息实时转化为标准流畅的语音朗读出来，相当于给机器装上了人工嘴巴。它涉及声学、语言学、数字信号处理、计算机科学等多个学科技术，是中文信息处理领域的一项前沿技术，解决的主要问题就是如何将文字信息转化为可听的声音信息，即让机器像人一样开口说话。我们所说的“让机器像人一样开口说话”与传统的声音回放设备（系统）有着本质的区别。传统的声音回放设备（系统），如磁带录音机，是通过预先录制声音然后回放来实现“让机器说话”的。这种方式无论是在内容、存储、传输或者方便性、及时性等方面都存在很大的限制。而通过计算机语音合成则可以在任何时候将任意文本转换成具有高自然度的语音，从而真正实现“让机器像人一样开口说话”。

文语转换系统实际上可以看作一个人工智能系统。为了合成出高质量的语言，系统除了依赖于各种规则，包括语义学规则、词汇规则、语音学规则外，还必须对文字的内容有很好的理解，这也涉及自然语言理解的问题。文语转换系统不仅要应用数字信号处理技术，而且必须有大量的语言学知识的支持。

三、汉字编码字符集

（一）字符集的作用

汉字输入计算机后，要使计算机对输入的信息进行处理，首先应当研制一个科学实用的电脑字符集。字符集的作用是提供一个标准代码。字符集内每个汉字都要给它规定一个固定的位置，根据汉字的位置编制地址码。有了地址码，计算机即可找到相应的汉字，进行信息处理。用于计算机中的汉字地址码一般采用两个字节表示：第一个字节称为“区”，第二个字节称为“位”，区号和位号之间用短横相连。每个汉字占用一对区位的地址。区位的地址码就是汉字的代码，也就是通常所说的汉字内码。这些内码是计算机内部处理汉字信息时使用的代码体制。例如，汉字“场”的区号是 19，位号是 01，它的区位码就是 19—01；“郢”的区号是 59，位号是 11，它的区位码就是 59—11。为了使各种输入输出设备有统一的标准，也为了使各种汉字信息处理系统之间的信息交换有共同性，需要研制标准化的汉字编码字符集。标准字符集是汉字信息处理的重要基础。

（二）国家标准字符集

1. 国标码

国家标准局于 1980 年和 1990 年分别制定了《信息交换用汉字编码字符集·基本集》和《信息交换用汉字编码字符集·辅助集》，相应的国家标准代号分别为 GB2312—1980 和 GB12345—1990，其中，GB 是“国标”二字汉语拼音的首字母。这种代表国家标准的汉字内码称为“国标码”。

GB2312—1980 通行于我国，新加坡等地也使用此编码。国标码包含有简化汉字、符号、字母、日文假名，共 7 445 个字符。其中，包含 6 763 个汉字，并分作两级：一级为 3 755 个常用字，按照拼音排序；二级为 3 008 个次常用字，按照部首排序。除了汉字之外，基本集中还含有 39 个非汉字的部首和 682 个图形符号。整个字符集分成 94 个区，每区有 94 个位。每个区位上只有一个字符，因此可用所在的区和位来对汉字进行编码。基本集是我国第一个简体汉字内码的国家标准，是我国第一个汉字信息技术标准，也是我国信息技术领域内重要的基础标准，它起到了统一电脑用字的作用，同时也起到了汉字规范化教育和推进中文信息化进程的作用。

《信息交换用汉字编码字符集·辅助集》包含 6 866 个汉字和 717 个图形符号。除了新增加的 103 个汉字和 35 个图形符号外，其汉字都是基本集中简化字的繁体形式，以适应台湾、香港等地区的使用。

2. 大五码

1983 年，我国台湾地区制定了《通用汉字标准交换码》，后经修订于 1992 年 5 月公布，更名为《中文标准交换码》，它是通行于台湾、香港地区的一个繁体字编码方案，俗称“大五码”，也就是 BIG5。BIG5 码是双字节编码方案，其第一字节在 A0～FE 之间，第二字节在 40～7E 和 A1～FE 之间。BIG5 收录 1.3 万多个汉字和符号，包括符号 408 个，编码位置 A140—A3BE；常用字 5 401 个，编码位置 A440—C67E，包括我国台湾地区教育部门颁布的《常用国字标准字体表》的全部汉字 4 808 个，我国台湾地区教科书常用字 587 个，异体字 6 个；次常用字 7 652 个，编码位置 C940—F9D5，包括我国台湾地区教育部门颁布的《次常用国字标准字体表》的全部汉字 6 341 个，《罕用国字标准字体表》中使用频率较高的字 1 311 个。BIG5 是目前我国台湾地区、香港地区普遍使用的一种繁体汉字的编码标准。

3. 国标扩充码

《信息交换用汉字编码字符集・基本集》适用于一般汉字处理、汉字通信系统之间的信息交换。随着计算机技术应用领域的不断扩展，人们需要计算机处理的汉字数目越来越多，基本集所包含的汉字已经不能满足实际的需要。因此，为解决基本集的汉字收字不足、简繁汉字不能同平面共存、简化代码体系间不能转换等问题，我国又制定了一个更大范围的字符集，叫“汉字扩展内码规范”，即 GBK，其中“K”是“扩展”一词“扩”字汉语拼音的首字母。GBK 是包含有 20 902 个汉字的简繁体共存的大字符集国家标准。2000 年 3 月，信息产业部和国家质量技术监督局联合发布了两项新的中文信息处理基础性国家标准。其中有一项为强制性国家标准，称为 GB18030—2000《信息技术和信息交换用汉字编码字符集・基本集的扩充》，向下兼容 GBK 和 GB2312 标准，采用单字节、双字节和四字节三种方式对字符编码。其中单字节编码 129 个码位，双字节编码23 940个码位，四字节编码 1587 600 个码位。GB18030—2000 字符集标准解决了汉字、日文假名、朝鲜语和中国少数民族文字组成的大字符集计算机编码问题。该标准的字符总编码空间超过 150 万个编码位，收录了 27 484 个汉字，覆盖中文、日文、朝鲜语和中国少数民族文字，满足中国内地、香港及台湾地区，以及日本和韩国等东亚地区信息交换多文种、大字量、多用途、统一编码格式的要求。它为彻底解决邮政、户政、金融、地理信息系统等迫切需要的人名、地名用字问题提供了方案，也为汉字研究、古籍整理等领域提供了统一的信息平台基础。这项标准还同时收录了藏文、蒙古文、维吾尔文等少数民族文字。

2005 年，GB18030 编码方案又进行了扩充，推出了 GB18030—2005《信息技术中文编码字符集》。在 GB18030—2000 基础上增加了 42 711 个 CJK 统一汉字扩充 B 的汉字。还增加了汉字和多种我国少数民族文字的编码，成为我国自主研制的以汉字为主并包含多种我国少数民族文字，如藏、蒙古、傣、彝、朝鲜、维吾尔文等的超大型中文编码字符集强制性标准，其中收入汉字 70 000 余个。是我国继 GB2312—1980 和 GB13000.1—1993 之后最重要的汉字编码标准，是我国计算机系统必须遵循的基础性标准之一。

（三）国际标准字符集

信息处理的国际化要求汉字字符集的国际标准化，因此，确定电脑汉字字符集的国际标准，已成为举世瞩目的课题。国际标准化组织下属编码字符集工作组制定了新的编码字符集标准，于1993年首次发布了ISO/IEC 10646－1《信息技术通用多八位编码字符集（UCS）第一部分：体系结构与基本多文种平面》。收录中国、日本及韩国等通用字符集的汉字，总共20 902个。后来由于越文喃字的加入，就有了中日韩越统一表意文字（CJKV Unified Ideographs）的名称。实现了把中文、日文、韩文、越文、壮文中本质相同、形状一样或稍异的表意文字于ISO 10646及Unicode标准内赋予相同编码，使不同国家和地区的汉字信息处理系统之间能无阻碍地连通，解决了国际间的信息交换问题，真正实现了信息资源的共享。

我国等同采用此标准制定了GB13000.1—1993《信息技术通用多八位编码字符集（UCS）第一部分：体系结构与基本多文种平面》。我国又于2012年发布了修订后的替代标准——GB13000—2012《信息技术通用多八位编码字符集（UCS）》。

四、汉字信息化处理

汉字的信息化处理就是计算机直接对汉字信息进行输入输出和加工处理的技术。

汉字字种繁多，字形复杂，汉字的信息化处理与通用的字母数字类信息化处理有很大差异，突出表现在汉字输入输出技术和汉字处理系统软件两方面。但是，汉字信息化在信息结构、信息交换、信息加工等方面与西文信息加工又存在共性。因此，现有计算机汉字信息化处理系统构成的指导思想是：尽量利用原有西文计算机的硬件，通过改造系统软件，做到在原有处理西文的基础上，增加处理中文的功能，而不降低原系统的效率。所以，目前在汉字信息化处理中多采用与西文信息处理兼容的途径，以便充分利用已取得的计算机信息处理技术资源。同时，汉字信息化处理还包括研究适合汉字特点的操作系统和汉字计算机语言。

目前在汉字信息处理技术标准方面，汉字编码标准主要有三项：GB2312—1980《信息交换用汉字编码字符集 基本集》、GB18030—2005《信息技术中文编码字符集》和GB13000—2012《信息技术通用多八位编码字符集（UCS）》，已编码的汉字数量已达7万多个。2013年国务院发布的《通用规范汉字表》中的8 105个汉字在2016年也全部纳入国际标准ISO/IEC 10646中。

思考题

1. 目前人们常用的各种输入法的优点和缺点分别有哪些？
2. 你现在还愿意去学习一种新的输入方法吗？为什么？
3. 目前汉字输入编码有“万码奔腾”之称，你是否觉得局面比较混乱且浪费呢？
4. 汉字编码字符集中的字量是越多越好吗？

5. 如果要致力于汉字的信息化处理的研究和开发，你觉得是应该让理科大学生来学习语言文字知识呢，还是让文科大学生去学习计算机编码、编程等各种软硬件方面的知识？

参考文献

［苏联］B. A. 伊斯特林．文字的产生和发展．北京：北京大学出版社，1987.

胡裕树．现代汉语．上海：上海教育出版社，2011.

马庆株．现代汉语．北京：中国社会科学出版社，2010.

刘志基．汉字体态论．南宁：广西教育出版社，1999.

刘志基．铁砚斋学字杂缀．北京：中华书局，2006.

启功．古代字体论稿．北京：文物出版社，1999.

裘锡圭．文字学概要．北京：商务印书馆，1988.

邵敬敏．现代汉语通论．上海：上海教育出版社，2001.

唐兰．中国文字学．上海：上海古籍出版社，2005.

王宁．汉字构形学讲座．上海：上海教育出版社，2002.

詹鄞鑫．汉字说略．沈阳：辽宁教育出版社，1991.

张斌．新编现代汉语（修订版）．上海：复旦大学出版社，2012.

周有光．文字演进的一般规律．中国语文，1957（7）.

周有光．字母的故事．北京：人民文学出版社，2009.

第三章

词 汇

第一节
词汇概说

一、词汇的界定及其性质

词汇是语言的建筑材料，是一种语言中所有的词以及相当于词的作用的固定结构的总汇。词汇包括一种语言中所有的词，除此之外，还包括作用相当于词的固定结构，主要是熟语和专用短语两类。这些固定结构都是在语言的长期运用中具有完整意义的短语或句子。所以，词汇有时也叫“语汇”。

早在 20 世纪 50 年代，斯大林在《马克思主义和语言学问题》中就指出：“拿词汇本身来说，它还不是语言——它好比是语言的建筑材料。建筑业中的建筑材料并不就是房屋，虽然没有建筑材料就不可能建成房屋。同样，语言的词汇也不就是语言，虽然没有词汇，任何语言都是不可想象的。”这段话指出了词汇在语言中的地位和性质。

词汇作为语言的建筑材料，其作用就是组词造句以进行交际。根据词汇的这一特点，凡是具有这种功能和性质的语言成分，都应该属于词汇的范围之内，例如成语、惯用语、歇后语等，它们虽然是由词组成的词组形式，但是都是一种组句的备用单位，都具有和词一样的建筑材料的性质。所以，任何一种语言的词汇都包括两个基本的内容——一种语言中所有的词的总汇，以及所有的作用相当于词的固定结构的总汇。

词汇也可以指某一种特定范围的词语总汇。比如说“古代汉语词汇”“近代汉语词汇”“现代汉语词汇”是指汉语三个不同发展阶段所使用的词语的总汇；“晋方言词汇”“吴方言词汇”“北方方言词汇”是指现代汉语三种不同方言的词语的总汇；而“鲁迅词汇”“老舍词汇”“《红楼梦》词汇”则是指作家或作品中所使用的词语的总汇。

现代汉语词汇是现代汉语所有词语的总汇。其范围跟“现代汉语”一样，有着广义和狭义两种理解。广义的现代汉语词汇包括现代汉民族各方言所有的词语，狭义的只指现代汉民族共同语——普通话中的所有词语。现代汉语常用词的数量，通常区分为三个档次。

概略而言，第一档次，是最常用词，约 3 000 个，这是核心部分，其覆盖面为一般语料的 86%。第二档次，是常用词，约 5 000 个，即 3 000 个最常用词加上次常用词 2 000 个，这是基础部分，其覆盖面为一般语料的 91%。第三档次，是通用词，约 8 000 个，即最常用词加上次常用词，再加上纯通用词 3 000 个，这是常规部分，其覆盖面为一般语料的 95%。

二、词汇的系统性

词汇是一个系统，它的组成成分不是孤立存在的，而是互相联系、彼此制约的，从而构成了大大小小的关系密切的类聚。具有相同或相近特点的词可以聚合成群，形成一个类聚；若干个词的类聚又可以在某些相同或相近的特点上形成一个更大的类聚。词汇系统就是由许多相互关联的大大小小的词的类聚构成的。这些大大小小的词的类聚及其相互关系，充分体现了语言词汇的系统性。

语言中的每一个词都必然地处于一定的类聚之中。同一个词可以根据不同的标准分属不同的词的类聚，与同一类聚中的其他词发生关系。

词的各种类聚并不全部都属于词汇学研究的范围。有的词的类聚，如词的各种结构类型，兼属词汇学和语法学；按照词的语法功能聚合而成的词类，则属于语法学的范围。但是完全可以说，一部现代汉语词汇学，就是从词汇学的角度研究各种各样词的类聚的。

基本词汇和一般词汇是词的两个大的类聚。这两大类聚主要依据是否具有全民性、稳定性和能产性等特点聚合而成。它们之间的关系体现在一个个的“词族”上面。每一个词族都是以同一个根词为核心而形成的语义和结构相互关联的词的类聚。同一词族的各个词都是由一个根词直接或辗转孳生而来的。下面举例说明。

拍打　敲打　磕打 捶打　击打　拷打 扭打　殴打　敲打 摔打　踢打　推打 厮打　戏打	←打→	打架　打倒　打断 打门　打鼓　打靶 打扮　打春　打的 打赌　打哈欠　打官腔 打滚　打捞　打理 打趣　打扰　打下手 打消　打点滴　打印—打印机 打折　打字—打字机

“打”是基本词汇中的根词，《现代汉语词典》（第 7 版）收录的以“打”为首构成的多音节词语有 200 多个。在当代语言使用中它还在不断地产生新词或新义。我们以“打”为第一代的词，将由“打”直接构成的“打架”“打倒”“打理”“打扰”“打扮”“拍打”“击打”“敲打”“摔打”等看作第二代的词。在第二代的词中，有的也具有构词能力，如“打印”“打字”可以构成“打印机”“打字机”等。第三代的词大都属于一般词汇。像这样以一个根词为核心而构成的词的类聚，就是一个词族。词族如同人类的家族一样，其中的每个词都是整个家族的一员，在结构上、语义上同其他词存在着或近或远的关系。同一词族的各个词之间这种有规律的相互联系，充分说明了词汇具有系统性的特点。

词汇的系统性也体现在词义的相互联系上。词义是客观事物或对象在人们头脑中的概括反映，这种反映也是相互联系、相互制约的。每一个词都限制了其他词反映客观对象的范围，而它自身反映客观对象的范围也受到了其他词的限制。以颜色词的类聚为例。在光谱中，颜色本来是连续的，而汉语把它分成七段，分别用红、橙、黄、绿、青、蓝、紫七个词来表示。每一种颜色还可以划分出更细的部分，如“红”可分出“大红”“玫红”“粉红”“深红”“紫红”等更细微的色彩，于是就有相应的颜色词来表示。这些处于不同层次上的颜色词构成一个词的类聚。其中的每个词都有特定的反映对象，同一层次上的每个词都在反映颜色的范围上与其他词存在着相互限制、相互依存的关系。这就说明，词义的形成和存在是受词汇系统制约的，语言的词义本身就是一个系统。

因此，人们根据词在意义上的共同特点或相互关系，把它们分成大大小小的类，组成了一个一个词义的类聚，譬如，同义类聚、反义类聚、多义类聚等。每一个词的各个意义之间有着或直接或间接的联系，而每一个意义都可能有它的同义词或反义词。同义类聚中的词或者有相同的反义词，或者有不同的反义词。这就使得词义之间的联系相当复杂，但并非杂乱无章，而是有规律可循。

词义又是发展变化的。一个词的意义发生变化，相应地会引起与它相关的其他词的意义发生变化，甚至引起词汇系统的变化或调整。例如，“红”和“白”本来是两种颜色，后来“红”指革命，“白”相应地指反革命，构成一对反义词。它们一同增加了新的意义，又一同扩大了词义范围。再如“走”本义指“奔跑”，后来转变为“行走”义，它的本义就由语言中新产生的词“跑”来表示，词汇系统进行了重新调整。可见，任何一个词的意义的变化都不是孤立的，而是与其他相关的词语密切联系在一起的。

三、词汇学的对象和任务

以语言的词汇作为研究对象的科学是词汇学，属于语言学的一个部门。词汇学作为语言学的一个分科，与语音学、语法学、语义学、修辞学等有着密切的关系。词是音义结合体。语音是它的物质外壳，意义是它所表示的内容，在语法规则的支配下成为语言。只有对词进行具体的运用，才能反映出语言应用中的各种修辞现象。因此，我们在学习或研究词汇时，决不能把词汇孤立起来，而是必须把它放在与语音、语义、语法、语用、修辞等方面的广泛联系之中。

研究各种语言词汇的共同规律的，称为“普通词汇学”；研究词汇的起源和发展历史的，称为“历史词汇学”；研究某种语言的某个时期的词汇系统的，称为“描写词汇学”。现代汉语词汇学属于描写词汇学，是以普通话词汇作为研究对象的。我们主要讲解现代汉语词汇学的基础知识和基本理论。具体内容包括：词汇单位、词的构造、词义的性质、词义的类型、义素分析法、语义场、词汇系统、固定短语以及词汇的应用与发展等。

我们学习现代汉语词汇学的任务是掌握现代汉语词汇学的基础知识、基本概念、研究理论及方法，认识汉语词汇系统发展的主要规律，充分尊重现代汉语词汇系统的发展和变化，提高正确理解和运用词语的能力。

思考题

1. 什么是词汇？词汇在语言中的作用是什么？

2. “这句话有三个词汇”“这个词汇怎么读”中的“词汇”用得对不对？为什么？
3. 词汇是否具有系统性？为什么？
4. 固定短语是否和词一样具有造句功能？是否为词汇系统的组成部分？
5. 词汇学与语言学其他学科之间的关系怎样？

第二节 词汇单位

一、词

（一）什么是词

词是具有一定语音形式的、最小的能够独立运用的有意义的语言单位。这句话包含了四层含义：

第一，词的语音形式是固定的，这指的是一个词的声韵调是固定不变的，同时也指词的语音形式具有整体性的特点，词的内部在语音上不允许割裂开来。比如“我认识这只小乌龟”，应该读成“我/认识/这/只/小/乌龟”，而不能读成“我认/识这/只小/乌/龟”。

第二，词的意义是明确和融合的。比如“人”的意义是“能制造工具并使用工具进行劳动的高等动物”，“耸立”的意义是“高高地直立”，“喊叫”的意义是“大声叫”，这些词的意义比较实在，基本上都是实词。“的”“了”“虽然”“所以”等词的意义比较抽象，它们在句中表示一定的语法意义，一般都属于虚词。单词的意义不是语素义的简单相加。有的语素义发生缺损，如“窗户”“国家”“税课”，有的语素义发生转化，如“千金”“傀儡”；有的语素义发生融合，如“眼红（羡慕而嫉妒）”“染指（分取非分的利益）”。这些意义都是在词这级单位上体现出来的，它们同语素义既有关又不同。

第三，词具有一定的语法功能。实词能同别的词组合起来，组成短语、句子，充当短语和句子的成分。虚词中有的表示短语成分或句子成分之间的关系，有的表示句子与句子之间的关系，虚词的这些作用说明虚词同实词一样也是独立运用的语言单位。如“天气”是一个实词，它可以组成“好天气”“坏天气”“天气预报”等短语，也可以组成句子：“多好的天气！”“今天的天气不错。”“天气的好坏不能影响工程的进度。”“天气”充当了偏正短语的中心语或定语成分、句子的中心语、主语中心语或主语的定语等。“的”作为虚词，表示定语与中心语之间修饰与被修饰的语法关系。“如果”表示句子与句子之间具有假设关系，例如："如果你有困难，我可以帮助你。"前一个分句用"如果"表示假设前提，后一个分句说明结果如何。在造句的过程中，词是一个可以被独立运用的语言单位。

第四，词应该是最小的可独立运用的语言单位。这样一方面将词与短语区别开来，另一方面将词与语素区别开来。可独立运用的语言单位有词、短语、分句、句子、句群等，而词则是最小的，它不可再分。语素虽然也是最小的音义结合体，但它是构词的语言单位，不能被独立运用。只有当语素构成词之后才可以组成各种不同的句子，成为造句单位。

因此，词汇中所有的词原则上都可以从"语音""词义"和"功能"这三方面进行分析。比如：

我们都爱自己的校园。

此句可以切分为"我/们/都/爱/自/己/的/校/园"九个最小的语言单位，其中只有"都""爱""的"可以独立成词，"我"和"们"、"自"和"己"、"校"和"园"组合起来才能成词，表示确定的意义，在句中充当主语、定语和宾语等句子成分。"自己的校园"虽然符合前面三个条件，但它不是最小的语言单位，是短语，不是词。

鉴定一个语言单位是否是词，大致可以采用三种方法：问答法、提取法、扩展法。

问答法就是看一个语言单位能否单用，能单用、能单独回答问题的就是实词，不能单用或单独回答问题的可能是不自由语素或虚词。如："我喜欢刘欢的歌"这句话可以分别提问：

（1）谁喜欢刘欢的歌？——我。

（2）你喜欢什么？——刘欢的歌。

（3）你觉得刘欢的歌怎样？——喜欢。

第二个问题的回答不是最小的语言单位，其内部还可以继续切分出更小的单位。比如可以提问：

（4）你喜欢谁的歌？——刘欢。

（5）你喜欢刘欢的什么？——歌。

提取法是将一个句子中可以单用的实词提取后，再确定剩余的成分是否是词。一般来说，虚词都不能单独回答问题，所以提取实词后剩下的就是虚词了。如上例中提取"刘欢""歌"之后，剩下的"的"就是虚词了。

扩展法是指一个语言单位的中间能否插入其他成分。可以插入其他成分的就是短语，反之则是词。如"白布"可以说成"白的布"，但"白菜"则不能扩展为"白的菜"，所以"白布"是短语，"白菜"是词。

（二）词的分离

现代汉语中有一些词可以拆开使用，它们合起来是一个词，拆开来是词的分离形式。这种可离可合的词，一般都称为离合词。这些离合词扩展前后的意义是不一样的。例如，"起床""鞠躬"等，它们表示的都是一种动作，而经过扩展后"起了床""鞠了个躬"则是表示与这种动作有关的具体情况了，而且不同的扩展形式表示的意义也不相同。由此可见，这些离合词在扩展前，表示特定意义的不可分割的整体；扩展以后，其组成成分本身在句法上具有词的特点，可以参与扩展后相关短语的构成。关于离合词的性质，语法部分还会涉及。

离合词的特点主要有以下几点。

首先，从构词的角度看，离合词可分为三类：

动宾式：毕业、革命、起床、催奶、搭话、打包、打春、打表、斗气、见面

动补式：打倒、看清、提高、放下、说服、打败、拉平、听见、扑空

联合式：鞠躬、洗澡、游泳、睡觉、游行、考试、登记

其中动宾式离合词数量最多，常用的有200多个。

离合词大多都是动宾式的，其两个语素当中，一般总有一个是不自由语素。例如，"灭迹""把舵""败兴""拜堂""参股""闭幕""贬值""辞职""归位""过季""将军""撒谎""行贿""致富""过户""诊脉""找辙""休假""宣誓"等词中都有一个不自由语素。

其次，从内部的搭配关系看，前一个语素与后一个语素之间都受到严格的限制，不能用同义或近义的语素替换。例如，"革命""撒谎""鞠躬""续弦""蜕皮""洗澡""失眠"中的"命""谎""躬""弦""皮""澡""眠"等，都是不可替换的。

再次，从离合词的功能看，需要注意两点：第一，一部分离合词是兼类词，有的是名兼动，如："签证""移民""存款""导游""贷款"。有的是形兼动，如："倒霉""灰心""败兴""吃惊"。而只有动词性的才有离合的问题。第二，动宾式离合词如果再另带宾语就不能再扩展了。例如："起草文件""出价三千元""注意这个问题""留意股价波动""留宿邻居家中"。

二、语素

（一）什么是语素

语素是语音和语义相结合的最小的语言单位，是构词的要素。一个语言片段，不断地对它进行切分，分到不能再分的时候，得到的单位就是语素。如前面的例句"我们都爱自己的校园"分析得出的九个最小语言单位就是九个语素。

所谓"不能再分"，所谓"最小"，依据的是语义标准，要看分了以后，语素包含的意义能否保持。比如"玫瑰"就不能再分割，因为分割以后，"玫"和"瑰"就只能表示读音而不能再表示意义了，它们只有合起来才能表示一个意义，才是一个语素。

语素的作用和功能是构词。从总体上看，语素是一种构词单位，尽管自由语素也可以单独成词、自由运用。如果说词和短语是使用单位，那么语素就是备用单位。

（二）确定语素的方法

确定语素的方法主要是替换法。它是用别的有意义的语言单位来替换其中的一个

成分，如果替换后仍然有意义，那么被替换的单位就是语素，否则就不是语素。例如：

“肥美”，用别的有意义的语言单位替换“肥”：华美、丰美、壮美、赞美。

“肥美”，用别的有意义的语言单位替换“美”：肥大、肥胖、肥厚、肥硕。

以上的分析说明“肥”和“美”分别为一个语素。

采用替换法应注意两点：

第一，如果一个语言单位包括两个成分，那么，这两个成分都要被替换。如果只有其中一个成分可以替换，那么整个语言单位还是一个语素。例如，“香槟”中“槟”可以用其他语素替换，构成“香水”“香气”“香味”“香菜”等，但“香”却不能被别的语素所替换，即“香”这个位置不能换填其他语素，因此，虽然“香”是一个语素，但“香槟”合起来还是一个语素。再比如，“蜘蛛”的“蛛”可以构成“蛛网”“蛛丝马迹”，但“蜘”却不能被其他语素替换，所以，“蜘蛛”是一个联绵语素，而“蛛”则是一个剩余语素。

第二，如果一个语言单位包括两个成分，那么，其中一个成分被替换后，其意义与原词毫无联系或发生改变，则不能看作语素。例如，“博客”似乎两个成分都可以被替换：

博～：博学、博闻、博览、博识

～客：过客、访客、房客、宾客

但是，“博学”“博闻”“博览”的“博”指“多，丰富”意义，而“博客”中的“博”没有具体意义；“过客”“访客”“房客”“宾客”中的“客”指的是客人，而“博客”是英语“blog”的音译，我国台湾多译为“部落格”，也可以意译为“网络日志”。其中的“客”没有实际意义，它们都与原词的意义毫无联系，因此，“博客”合起来只能是一个语素。

语素是最小的音义结合体，多音节（包括双音节）语素是不能随意拆分的。如果拆开来的话，则不能表示任何意义，例如“葡萄”“鹧鸪”“莫斯科”等，它们拆分为“葡”和“萄”，“鹧”和“鸪”，“莫”“斯”“科”，但这七个组成成分都是一些不表示意义的音节，或者表示与原语素没有联系的其他的意义。例如，“拷贝”是英语“copy”的音译，作为一个双音节语素，是不可以拆分的，“拷”和“贝”一旦拆开，“拷”和“贝”只有音和形，不能分别表示意义。“拷”虽然可以组成“拷打”“拷问”，但其意义指用刑具打；“贝”也可以组成“贝壳”“贝雕”“扇贝”“宝贝”等，是对有壳的软体动物的统称。它们在上述语言单位中是语素，但与“拷贝”没有关系。所以说，语素是不能切分的最小的音义结合体。这是一条基本的规定。但在语言的实际使用中，“音节语素化”“语素音节化”的现象就是特例。

所谓的音节语素化指的是不表示意义的音节变成了表意的语素。有一些外来音译名称在长期的使用中为了表达的需要常常被拆开，其中第一个音节代替整个语素用来构成别的词，因而逐渐被赋予了意义，成为一个语素。例如，“bus”“taxi”，香港人分别译为“巴士”“的士”，是两个音译外来语素。进入内地之后，首音节“巴”“的”与别的语素构成“大巴”“中巴”“打的”“面的”“摩的”“飞的”等新词。在这些词语中，“巴”“的”都被赋予了意义，成为音译结合体，变为有音有义的语素了。再比如：

咖啡—奶咖，涤纶—涤棉，模特—名模、裸模、车模一些双音节外来计量单位词的首音节，现在几乎成为一个自由语素：

欧姆—欧（电阻单位）、伏特—伏（电压单位）、安培—安（电流单位）

赫兹—赫（频率单位）、瓦特—瓦（功率单位）

语素音节化指原来表示意义的语素后来变为只表音不表意义的音节。如“窈窕”中的“窕”在古代汉语中就是有音有意义的语素。《说文》：“窕，深肆极也”，表示洞穴幽深义。后来发展到现代汉语变成了只表音不表意义的音节了。如果不涉及古汉语，可以暂不考虑这类情况。

总之，语言是一种社会现象，是一直在发展变化的。几乎所有的语言规律都有例外。既不能因为有例外就否定一般的规律，也不能因为有规律就无视例外的存在，应该根据语言事实进行具体分析。

(三) 语素的类别

语素可以从不同的角度、按不同的标准进行分类。按照音节的多少，语素可以分为单音节语素和多音节语素；按照意义的标准，可以把语素分为实语素和虚语素两类；按照活动能力来看，语素可以分为自由语素、半自由语素和不自由语素，以及定位语素、不定位语素；按照能否独立成词的标准，语素可以分为成词语素和构词语素两类。由于分类的角度和标准不同，不同角度的分类之间往往存在着互相交叉的情况。

1. 单音节语素和多音节语素

只有一个音节的语素是单音节语素，如“山”“水”“美”“高”“坐”“看”“他”“热”“子”“啊”“哎”等。汉语从古代到现代一直都是以单音节语素为主的，单音节语素是汉语语素的基本形式，它在汉语语素中占绝对优势。语素单音节化是汉语语素的一个重要特点。

一般说来，单音节语素写出来是一个汉字。但有两种情况比较特殊。一种情况是“X儿”。儿化的“X儿”是在音节“X”后面附加一个卷舌的动作，写出来是两个汉字，音节上仍是单音节。例如，鸟儿、花儿、头儿、歌儿、画儿、枣儿、杏儿等。有时“X儿”的“儿”也可以单独发音，如“花儿为什么这样红”中的“花儿”，两个汉字就要读两个音节。

另一种情况是合音。合音是指原来的两个语素合并读为一个音节的现象。如：“俩”（liǎ）、“廿”（niàn）、“卅”（sà）、“甭”（béng）、“巯”（qiǔ，氢硫合音）、“羟”（qiǎng，氢氧合音）等。这些合音字，从来源看，大都是由两个语素、两个音节合成的，但现在它们是单音节语素，写作一个汉字。

由两个或两个以上音节构成的语素是多音节语素，如“蜘蛛”“琵琶”“起司”“沙发”“尼古丁”“奥林匹克”“布尔什维克”等。这些语素中的每一个音节都不能单独表示意义，只有几个音节合起来才能表示一定的意义。这是多音节语素的特点。

多音节语素数量不多，主要包含联绵语素、音译外来语素、拟声语素、叠音语素四类。

联绵语素基本上是古汉语遗留下来的一种双音节语素，两个字相连生义、联绵不断，不能拆开。例如，“流连”“玲珑”“惆怅”“葫芦”“逍遥”“蝙蝠”“囫囵”等。根据读音又可以分为三类。

双声：蜘蛛、参差、踌躇、流连、玲珑、忸怩、吩咐

叠韵：葫芦、婆娑、霹雳、唠叨、蹉跎、逍遥、混沌

其他：玫瑰、蟋蟀、蚯蚓、葡萄、玻璃、垃圾、珊瑚

音译外来语素的音节数多少不一。例如，“石榴”“克隆”“谷歌”“博客”“水门”“欧佩克”“麦当劳”“沃尔玛”“奥巴马”“克拉玛依”“可口可乐”“德谟克拉西”等。

拟声语素主要是模拟自然界或人类自身声音的象声语素。例如：

咯吱、吧嗒、扑通、当啷、滴答、哎呀、嘀咕、嘟哝

叠音语素指重叠音节而构成的语素，包括两类：一类是可以自由运用的。例如，猩猩、婷婷、郁郁、茫茫、冉冉、谆谆、潺潺、淙淙、蛐蛐等。它们可以与别的语言单位组合构成词、短语或句子，可以充当句子成分。另一类是黏着的形容词生动形式后缀。例如“乎乎”“生生”“油油”“彤彤”“泠泠”“邦邦”“干干”“叽叽”“哇哇”等。这些可以与形容词组合构成 ABB 式，表示事物的性质或状态程度加深。第二类叠音语素在普通话中使用不是很多，但在某些方言中使用非常频繁，如晋方言。这些叠音语素拆开来或没有意义，或表示与原语素没有联系的其他的意义。它们主要表示事物的性质或状态程度加深的语法意义。

2. 实语素和虚语素

实语素指具有比较实在的词汇意义的语素，虚语素是指没有实在的词汇意义的语素。例如，“阿爸”“杯子”“甜头”中的“爸”“杯”“甜”都是有实在词汇意义的实语素，而其中的“阿”“子”“头”则没有实在的词汇意义，或者表示一些语法意义，或者表示抽象的词汇意义，是虚语素。

汉语的语素中绝大部分是实语素，虚语素的数量很少。多音节语素基本上都是实语素，单音节语素绝大多数是实语素，只有极少数是虚语素。

有一些单音节实语素在所构成的词中不表示明确具体的意义。例如，“国家”中的“家”，其意义在词中基本不反映。此类语素所构成的词叫偏义复词。这些实语素在该词形成之初曾经表示具体的意义，随着词义发展，其意义逐渐弱化，成为构词成分。这又可以分为两种情况，例如：

A. 户：窗户　物：人物　狸：狐狸　觉：睡觉　记：忘记　干：干净

B. 兄：兄弟　楫：舟楫　量：质量　利：利害　少：多少　好：好歹

A 类一般只能作为一个偏义复词来理解，但是 B 类既可以视作偏义复词，也可以认为两个语素都是表意的，不是偏义复词，比如，“不计利害得失”“他们兄弟三个”。

虚语素可以分为两种：一种是具有抽象的词汇意义的，其构词能力较强，数量十分有限，例如，“阿姨”“作者”“团员”中的“阿”“者”“员”，其意义不再表示某个具体的词汇义，而是发生了类化或虚化，具有很强的抽象性。这类虚语素叫作词缀，位于词的前部的叫前缀，位于词的中间的叫中缀，位于词的后部的叫后缀。

另一种是具有特定的语法意义的，其构词能力很弱，数量也不多。例如，“的”“了”“和”“着”“呢”“很”等单音节语素，它们表示特定的语法意义，没有实在的词汇意义，主要表示短语之间或句子之间的语法关系。

3. 自由语素、半自由语素和不自由语素

自由语素指能够自由运用的语素，可以独立成词，在跟别的语言单位组合时位置不固定，既可前也可后，是不定位语素。例如：

脚：脚板、脚背、脚步、脚底、脚掌
　　山脚、桌脚、床脚、墙脚、针脚
说：说话、说谎、说穿、说服、说教
　　学说、演说、解说、话说、难说
尖：尖端、尖锐、尖酸、尖顶、尖刀
　　眼尖、鼻尖、针尖、刀尖、塔尖

有些语素在某些义项上可以独立成词，但在另一些义项上意义发生类化，只能与别的语素组合，呈现定位、黏着的趋势。这种语素正在成为一种类词缀。例如：

角：英语角、恋爱角、股票角、换房角
热：出国热、气功热、英语热、炒股热、电脑热

半自由语素指不能独立成词，但能和别的语素自由组合成词的语素，组合时其位置可前可后，是不定位语素。例如，“版”“习”“端”在普通话中不能独立成词，但它们可以同其他语素组合成词：

版：版本、版次、版画、版刻、版面
　　铜版、排版、制版、刻版、锌版
习：习气、习俗、习惯、习性、习作
　　学习、复习、练习、演习、自习
端：端正、端丽、端详、端绪、端庄
　　弊端、笔端、两端、发端、开端

不自由语素指不能独立成词，且与别的语素组合时位置总是固定的定位语素。组合时其位置或只能在前，或只能在后，或只能在中间，不能在别的位置出现，是定位语素。除了少数构词位置固定的实语素外，定语语素基本上就是前缀、中缀和后缀：

初：初一、初二、初三……初十
阿：阿姨、阿爸、阿妈、阿姐、阿强
老：老师、老鼠、老虎、老乡、老鹰
子：桌子、法子、妻子、杯子、椅子
头：甜头、苦头、石头、骨头、劲头
性：人性、党性、个性、药性、弹性、思想性、积极性
族：抱抱族、啃老族、拼车族、急婚族、乐活族、工薪族
门：监控门、电话门、解说门、换芯门、活力门、学历门

严格地讲，“第”还不是严格意义上的构词前缀，因为除了“第一”“第二”等词以外，主要还是构成“第二十四（排）”“第一千零一（夜）”“第一百一十二（名）”之类的短语。

能够独立成词，但一般不能与别的语素组合的单音节语素，譬如一些表示语气和感叹的语素，基本上都是虚语素。例如“啊”“呀”“呢”“吧”“吗”“哎”“哩”“哼”“呸”“嚯”等。这类语素数量有限，是个封闭的类。

4. 成词语素和构词语素

成词语素指能独立成为一个单词的语素。例如，“人”“山”“水”“看”“听”“他”“都”“很”“和”“了”“呢”“沙发”“玻璃”“巧克力”“肯德基”等语素。多音节语素、一部分单音节语素是成词语素。构词语素，指不能独立成为一个词的语素，换句话说，它只是词的一个组成部分。例如：“（人）们”“（水）系”“（飞）行”“可（爱）”“丰（富）”“历（史）”“商（家）”“（中）型”“（甜）头”，括号外的语素就是构词语素，括号内的是成词语素。现代汉语中单音节语素多数为构词语素。

（四）语素和音节、汉字的关系

汉语的语素在口头上用音节表示，在书面上用汉字表示。但是，音节是从语音学角度分析的结果，文字是记录语言的书写符号，语素是语言中构词的基本单位。这三者角度不同，并不是一回事，我们要特别注意它们之间的区别。语素和音节、汉字之间的关系大体上可以分为以下几种情况。

首先，一个语素由一个音节表达，写成一个汉字。例如：

办、包、刺、城、独、峰、晃、敏、弹、邀、子

其次，不同的语素用同一个汉字表示。具体又可分为以下几种。

第一，汉字虽然相同，但读音不同。例如：

称：称（chēng）赞—称（chèn）心

辟：复辟（bì）—开辟（pì）

角：角（jué）色—羊角（jiǎo）

第二，汉字和读音虽然相同，但是词性不同（这主要指成词语素）。例如：

火：大火（名词）—冒火（动词）—买卖火（形容词）

下：山下（方位词）—下山（动词）—打三下（量词）

为：为非作歹（动词）—为……所……（介词）—何以家为（助词）

第三，汉字、读音、词性都相同，但意义不同。例如：

壁：bì，①墙，比如“壁灯、壁报、家徒四壁”；②某些物体上作用像围墙的部分，比如“井壁、细胞壁”；③像墙那样直立的山石，比如“绝壁、峭壁”。

再次，不同的语素由同一个音节表示，但写成不同的汉字。例如：

aì：艾（艾草）、爱（热爱）、僾（僾然）、隘（狭隘）、碍（碍事）、嫒（令嫒）、叆（叆叇）、暧（暧昧）

最后，一个语素由两个或两个以上的汉字表示，由两个或两个以上音节构成。例如：

窈窕、仿佛、坎坷、哆嗦、尴尬、博客、欧佩克、迷你、起司、模特、巧克力、高尔夫、奥林匹克、英特纳雄耐尔

（五）区别词与语素的方法

语素和词都是音义结合的语言单位。有的词是由一个语素构成的，这时，词和语

素是一致的。有的词是由两个或两个以上的语素构成的，这种情况下，词和语素就不同了。因此，语素不等于词。它们的区别主要有三点。

第一，语素是构词单位，词是造句单位。语素是词中的一个有意义的成分，词是比语素高一级的语言单位，可以直接充当句子成分。

第二，语素表示的意义不稳定，比较宽泛，而词表示的意义则比较确定。例如，“母亲”“母语”“母校”“母音”这些词的含义都是十分明确的，而“母”作为语素，在这几个词中所表示的意义就不完全相同，把它单独抽出来，意义就不太明确，只有当它同别的语素构成合成词时，它的意义才能明确地固定下来。

第三，词一般都具有完整、固定的语音结构形式，在词的末尾可以停顿；语素的语音形式并不固定，它往往随着结合条件的不同而产生变化，除了一些多音节的音译语素外，语素一般只有处在一个词的末尾时，才可以停顿，语素本身是不允许停顿的。例如，“瓜”作为语素，在“瓜子”（guāzǐ）和“西瓜”（xīgua）中，一个念阴平，一个念轻声；“西”作为一个语素，在“西瓜”中念阴平，而在“买了点东西”中又念轻声。这说明，作为语素，它的语音形式是不固定的，会随着结合条件的不同而发生变化。而作为一个词的“西瓜”，不管它用在什么情况下，它都是读 xīgua。词的末尾容许停顿，如“西瓜很甜”，在“西瓜”这个词的后面可以稍停一下；在语素末尾不允许停顿，如“瓜子”，在“瓜”这个语素后面就不能停顿；“子”的后面之所以能停顿，是因为它处在“瓜子”这个词的末尾。

综上所述，汉字、语素、词的关系可能对应，也可能不对应，可以通过表 3－1 得到说明。

表 3－1　汉字、语素、词的关系示例

类别	举例					数目
汉字	他	喜	欢	咖	啡	5
语素	他	喜	欢	咖啡		4
词	他	喜欢		咖啡		3

三、固定结构

固定结构指的是在语言的长期使用中表达完整意义的短语或句子，主要包括专用短语和熟语两类。

专用短语多以企事业单位的名称为主。一般短语如果用作书名、篇名、杂志名、电影电视名，也是专用短语，如《吕叔湘全集》《淘气包马小跳》《三国演义》《卧虎藏龙》《断背山》等。如不是书名、杂志名、电影名等，便只是一般短语。

熟语包括成语（虎踞龙盘、雪中送炭）、惯用语（耳根软、扣帽子、拍马屁）、谚语（燕子低飞蛇过道，大雨马上就来到；冤有头，债有主）、歇后语（张飞吃豆芽——小菜一碟、高射炮打蚊子——大材小用）。熟语结构固定，功能上相当于一个词。人们就像对待词一样，把熟语当作语言单位来储备和运用（参看后面“熟语”一节）。

四、缩略语

缩略语指一个形式较长的词语压缩或省略为短的词语。现代汉语的缩略语可以分为简称和数字略语两类。

（一）简称

简称是较复杂词语的减缩或紧缩形式，与全称相对而言。把全称删减成简称，大都是选取名称中有代表性的语素或词。

1. 减缩

减缩是截取原词语的一部分。有的是截取原词语的前一部分，如“南开大学”减缩为“南开”。有的是截取原词语的后一部分，如“电子计算机”减缩为“计算机”，“劳动人民文化宫”减缩为“文化宫”。

2. 紧缩

紧缩是抽出原词语中有代表性的语素组成简称。主要有以下几种形式。

（1）后词抽取原词语中每个词的第一个语素。例如：

基本建设—基建　纪律检查—纪检　电视大学—电大

自学考试—自考　科学技术—科技　环境保护—环保

（2）后词抽取原词语中第一个词的第一个语素和后一个词的第二个语素。例如：

扫除文盲—扫盲　归国华侨—归侨　外交部部长—外长

军人家属—军属　高等院校—高校　保证价值—保值

（3）后词抽取原词语中第一个词的后一个语素和第二个词的第一个语素。例如：

人民警察—民警　电影评论—影评

物理化学—理化　重要案件—要案

（4）省略并列的几个词中相同的语素。例如：

寒假、暑假—寒暑假　中学、小学—中小学　节日、假日—节假日

企业、事业—企事业　教员、职员—教职员　陆军、海军、空军—海陆空军

（5）包含外来词的名称可以只抽取外来词的头一个音节（字）。例如：

呼和浩特市—呼市　哈尔滨市—哈市　加利福尼亚州—加州

（6）其他。例如：

教师代表大会—教代会　立体交叉桥—立交桥　北京电影制片厂—北影厂

中国人民政治协商会议—政协　北大西洋公约组织—北约

缩略语来源于全称，是语言运用中一种经济简省的表达形式。缩略语一经固定下来，它的结构和形式就固定下来了，不能随意拆开或改动，在使用中等同于一个词，

也有一部分缩略语最终演化为词，如“空调”“扫盲”“地铁”等。

近年来，汉语词汇系统中还出现了一些拉丁字母简称，如 CPI、NBA、MBA、BBC 等，有的还在字母前后加上汉字语素，如“AA 制”“B 超”“X 光”等，有些纯粹是汉语拼音的缩略拼法，如 RMB、HSK 等，这三者统称为字母词。关于字母词，我们后面还会进一步讨论。

（二）数字略语

数字略语是用数字概括几种具有共同特征或性质的事物或现象，进而组成缩略语。例如：

身体好、学习好、工作好——三好

农业现代化、工业现代化、国防现代化、科学技术现代化——四化

开口呼、齐齿呼、撮口呼、合口呼——四呼

酸、甜、苦、辣、咸——五味

金、银、铜、铁、锡——五金

数字略语称说简便，也有可能取得词的资格，如“五谷杂粮”“实现四化”中的“五谷”“四化”，我们现在很少用其全称了。但是数字略语容易使原来的具体内容变得空泛，如“十八层地狱”“五花八门”都成了熟语，具体指哪些“层”“花”“门”，人们一般都不了解。

思考题

1. 什么是词？词与语素有什么不同？
2. 汉语的语素从语音形式上看有什么特点？请举出几个双音节语素和多音节语素。
3. “粉丝”表示对某一事物或人狂热关注的人。其中的“粉”与“丝”可否被替换？请说明理由。
4. 如何认识字母词？举例说明。
5. 什么是汉语的“音节语素化”？应该怎样看待这一现象？

第三节 词的构造

一、词根和词缀

词是由语素构成的，从构词成分来讲，语素也可以叫词素。构词语素分为两大类：

词根和词缀。词根指的是具有实在的词汇意义的成词语素和构词位置不固定或固定的构词语素；词缀指的是没有具体的词汇意义、位置固定的构词语素。

词根是构词的主要成分。例如，“人民”“老虎”“妈妈”“读者”等词中的“人”“民”“虎”“妈”“读”等都是词根。它们可以表示具体的词汇意义，是词义的主要承担者。

词缀是构词的附加成分。例如，“桌子”“石头”“学历门”“拼车族”“老婆”“非金属”等词中的“子”“头”“门”“族”“老”“非”就是词缀。它们位置固定，或者表示抽象的词汇意义，或者表示某种语法意义。词缀可以分为前缀、后缀和中缀。前缀是位于词根语素之前的词缀，如“老”“非”“阿”“第”“初”等；后缀是位于词根语素之后的词缀，如“子”“头”“门”“族”“性”“儿”等；中缀是位于词根语素之间的词缀，普通话中的中缀极为少见。

在印欧语中，有一种后缀表示同一个词的变化形式，如英语“boys”中的 s，通常称为构形后缀，或称为词尾。汉语中没有这种严格意义上的词尾。

从汉语的构词情况看，合成词的结构形式是一个持续变化的历史过程。即使在当代，合成词的内部结构仍然处在不断变化之中。所以，出现过渡状态和中间状态是很自然的。我们在分析汉语的词缀时，要用动态的发展眼光，辩证地看问题。汉语中存在一些不自由的定位语素，其位置固定，表示的抽象意义是从原词义引申而来的，语法化程度比较低，不能称作完全意义上的词缀。例如，“族”表示“具有某种共同属性的一类（人或事物）”，可以构成“合吃族”“急婚族”“啃椅族”“赖校族”“乐活族”“捧车族”“奔奔族”“慢活族”“蛰居族”“装嫩族”“吊瓶族”等词，虽然位置固定，但又没有虚化，既不同于词根，又不同于词缀，处于一种中间状态，或者说是过渡状态。这种语言现象，我们称之为类词缀。而那些既定位又虚化的词缀，则可以称作真词缀，或直接就称作词缀。

二、词的构成方式

研究词的结构规律，不仅要看词包含了几个音节，而且要看词包含了几个语素，以及这几个语素是按照什么方式组合的。

根据音节的多少，汉语的词可以分为单音词、双音词和多音词。根据包含语素的多少，可以分为单纯词和合成词。大致可见图 3－2。

（一）单音词、双音词和多音词

单音词就是由一个音节构成的词。例如：

日、月、人、走、绿、白、把、了、啊、杏儿、花儿

双音词是由两个音节构成的词。例如：

人民、悄悄、足迹、组合、水性、吉普、蝴蝶、参差、仿佛、叮咛

多音词指由三个或三个以上的音节构成的词。例如：

拖拉机、少林拳、逆运算、矮行星、维也纳、华尔兹、维生素 A、少数民族、神经官能症、历史唯物主义

现代汉语中单音词只占很小的比例，但使用频率很高。多音词数量也较少。在数量上占绝对优势的是双音词。

汉语词汇发展的一个重要趋势是词的双音节化。《现代汉语频率词典》对此提供了准确的数据支持。该词典显示，按使用度高低排列的前 9 000 个词中，单音词有 2 400 个，双音词有 6 285 个，三音节以上的词有 315 个。单音词与双音词数量之比约为 1∶2.6，双音词占优。而这种变化仍然在进行着，主要表现为：一是新的双音词不断产生；二是词长较长的新词语随着频繁使用出现了双音节的缩减形式。例如：

家教—家庭教育、高教—高等教育、寒促—寒假促销、职粉—职业粉丝、博文—博客文章、白奴—白领奴隶、环保—环境保护、电邮—电子邮件

（二）单纯词和合成词

构词法是指用语素构成词的方法。汉语的构词类型，一般首先区分单纯词和合成词，合成词再区分为派生词和复合词，复合词再区分为偏正、动宾、动补、联合、主谓等类型。现代汉语以双音节词为主，词的构造是词汇研究的重点之一。

1. 单纯词

单纯词是指由一个语素构成的词。汉语中的单音节词都是单纯词。例如：

天、地、马、人、看、红、我、不、很

绝大多数的单音节单纯词既是语素也是词，只是观察的角度和所处的地位不同而已。

除此之外，还有一些比较特殊的情况，一个语素可能由两个以上的音节构成。主要有以下四类。

（1）联绵词，指两个音节连缀成义而不能拆开来使用的词。又可分为三类：

A. 双声，指两个音节声母相同的联绵词。例如：

琉璃、惆怅、踌躇、琵琶、慷慨、澎湃、枇杷、坎坷、拮据、唐突

B. 叠韵，指两个音节的韵相同的联绵词。例如：

苗条、蜻蜓、迷离、朦胧、逍遥、依稀、苍茫、堂皇、窈窕、汹涌、伶仃

C. 非双声叠韵，指两个音节的声母、韵均不相同的联绵词。例如：

芙蓉、蝙蝠、蝴蝶、牡丹、玛瑙、嗫嚅、疙瘩、鹧鸪、蛤蚧、鸳鸯、囫囵

关于联绵词，需要注意几点：

第一，双声是指两个音节的声母相同，如果两个音节都是零声母，也可以归入双声。叠韵主要指两个音节的韵相同，只要韵腹、韵尾相同就都算同一个韵，可以不管是否有介音或介音是否相同。

第二，所谓双声、叠韵是以现代汉语语音为标准的。汉语的语音从古代发展到现代已经发生了很大的变化，有些音节在古代是双声、叠韵的，后来不是了；有的古代

不是，现代却变成双声或叠韵；有的从古到今都是双声或叠韵。所以，现在只以现当代北京语音为依据。

第三，联绵词是由音得义的，一个联绵词往往有不同的书写形式。例如：

仿佛、髣髴、彷彿；仓猝、仓促、仓卒

有些不同的形体用现代语音来读相距甚远，但在古代是相同或相近的。

第四，由于汉字是形音义三位一体，人们在使用联绵词时，总是在保持这个词的读音的基础上，尽量替这两个字加上相关的形旁，以使其能兼表意义。例如，“嚎啕”从“口”，“芭蕉”从“艹”，“枸杞”从“木”，“忐忑”从“心”等。这些表意的形旁，可以使人们更好地理解和记忆联绵词。

第五，由一个音节和一个不自由语素构成的联绵词，例如“蜘蛛”“骆驼”“胭脂”“蝴蝶”“蚂蚁”等，应该归入双音节的单纯词。凡是合成词，一定要由两个语素构成。

（2）叠音词，由相同的两个音节重叠而成的词。例如：

孜孜、巍巍、潺潺、淙淙、奕奕、瑟瑟、翩翩、皑皑、猩猩、哗哗、冉冉、区区、茫茫

叠音词中的音节在现代汉语中都是不能单独表示意义的，也不能单用。构成叠音词的字在词典中一般没有单独解释，必须看叠音形式才能了解其意义。

（3）拟声词，指模拟自然界或人类自身声音的词。例如：

知了、扑通、叮咚、咯吱、滴答、呼噜、哗啦、轰隆、噼里啪啦、稀里哗啦

拟声词同一般表意的实词和虚词都不同，它们主要是表音的。拟声词同具体概念之间并无必然的联系。比如，“沙沙”既可以指人走路的声音，也可以指风刮过树叶的声音。“咯吱”既可指挑扁担的声音，也可以指人走在雪地上的声音。

（4）音译词，指按外族语词的语音翻译过来的词。例如：

咖啡、扑克、坦克、沙发、的士、巴士、咖喱、欧佩克、英特尔、奥林匹克

音译词中的每一个音节同该词的意义没有必然的联系，只有合在一起才表示一个意义。词汇的单纯与合成仅仅是从构词的角度而言，同实际所表示的概念并无必然的联系。

2. 合成词

合成词是指由两个或两个以上的语素构成的词。合成词绝大多数是双音节或多音节的，但儿化的单音词例外。例如，“花儿”只有一个音节，却是由词根语素“花”和词缀语素“儿”构成的一个合成词。合成词的构成方式主要有以下几种。

（1）复合式。

复合式是由词根加词根直接组合成合成词的构词方式。现代汉语的构词以词根复合法为主。从词根与词根之间的关系看，复合式又可分为联合、偏正、补充、动宾、主谓等五种基本类型以及其他一些类型。

A. 联合型，指由两个意义相同、相关、相近或相反的语素并列组合成词的构词方式。根据两个语素内部的语义关系又可分为同义、类义、反义和偏义四个小类。

同义：语言 土地 道路 群众 停止 改革 询问 收获 书写 购买 喜欢 美丽

类义：眉目　领袖　矛盾　江山　尺寸　岁月　手腕　心肠　血汗　骨肉　笔墨　口舌

反义：天地　来往　早晚　开关　教学　买卖　反正　优劣　成败　始终　横竖　彼此

偏义：国家　窗户　人马　人物　泥泞　动静　忘记　干净　睡觉　警惕　雷霆　梦寐

第一小类的合成词，两个语素的意义可以互相说明、互相补充；第二、三小类的合成词，两个语素组合后产生了新的意义；第四小类的合成词，两个语素组合成词后，只有一个语素的意义在起作用，另一个语素的意义基本消失。

B. 偏正型，指前一个语素修饰、限制后一个语素的构词方式。一般来说，偏正型的中心语素决定这个词的词性。

第一类中心语素为名词语素（名素）：

名＋名：花城　象牙　纸烟　唐诗　火车　马路　弧度　基层　家财

形＋名：白玉　黑板　青烟　苍髯　沧海　惭颜　肥效　奸计　绿茶

动＋名：开水　试卷　旅客　过程　裹腿　赛事　生日　躺椅　立柜

第二类中心语素为形容词语素（形素）：

名＋形：雪白　天蓝　葱绿　笔直　冰凉　火热

动＋形：飞快　透明　镇静　滚圆　喷香　通红

形＋形：鲜红　浅黄　碧蓝　深蓝　嫩绿　蔚蓝

第三类中心语素为动词语素（动素）：

名＋动：壁立　席卷　瓦解　响应　囊括　龟缩

形＋动：重视　冷藏　轻信　热爱　小看　速记

副＋动：胡闹　暂停　再生　顿悟　稍息　漫谈

第三类偏正型很容易与主谓型相混，需要进一步分析。关于二者的区别关键要看名素与动素之间的相互关系。偏正型是名素限定、修饰动素，主谓型是动素陈述、说明名素。例如，“海归”指“从海外归来”，前一名素从空间限制了后一动素，是偏正关系；“海啸”指“海水剧烈波动，冲上陆地”，后一动素是用来陈述前一名素的，是主谓关系。再比如，“体验”是偏正，“体检”是主谓；“眼热”是主谓，“眼看”是偏正。

C. 补充型，指后一个语素补充说明前一个语素的构词方式。补充型的中心语素为前一个语素，它是主要表意成分，后一个语素是次要的补充、说明部分。前一个语素决定整个词的词性和意义。

第一类动素在前：

动＋动：打破　看见　打倒　割断　刷新　揭穿　扭转　推翻

动＋形：缩小　改正　提高　降低　推广　延长　说明　冻僵

第二类名素在前：

名＋量：书本　布匹　车辆　花朵　船只　枪支　稿件　灯盏

名＋名：地球　汗珠　雪花　熊猫　脑海　乡下　耳朵　心扉

“名＋名”补充型与“名＋名”偏正型的区别在于语义的重心在前还是在后。如果在前，就是补充型；如果在后，就是偏正型。“地球”，是像球一样的大地，语义重心在“地”，“地图”指地球表面分布情况的图，语义重心在“图”，二者的语义重心不同，前者是补充型，后者是偏正型；“雪花”是像花似的雪，“雪景”指雪中的风景，前者是补充型，后者是偏正型。

D. 动宾型，指前一个语素表示动作、行为，后一个语素表示动作行为所支配关涉的对象或事物。两个语素之间是支配与被支配的关系。

动＋名：拉手 顶针 镇纸 鼓掌 投资 拍马 理发 劝架

动＋形：传奇 倒霉 无限 举重 吃香 讲和 入迷 失明

动＋动：司令 失望 效劳 取消 怀疑 抱怨 催眠 休业

动素后面出现的动素、形素，大都是指称化的事、物、现象、情况等。

E. 主谓型，指后一个语素用来陈述、说明前一个语素的构词方式，又称为陈述式。

名＋动 脉搏 地震 霜降 事变 自修 心疼 耳鸣

名＋形 饼干 月亮 年轻 性急 手软 眼红 头疼

另外，还有一些主谓型的合成词，从语义关系看，是一种逆序支配关系。例如：

物产、口罩、木刻、海拔

复合式合成词主要有上述五种构词方式，另外还有两种比较少见的类型：

F. 连动型，指两个语素之间具有先后承接关系的构词方式。例如：

接管 借用 贩卖 退休 查封 报销 抽调 承包 进驻

G. 兼语型，指两个语素分别与主体和客体相关的构词方式。例如：

请教 逼供 遣返 召见 召集 引荐 促进 逗笑 劝退

（2）附加式。

由表示具体词汇意义的词根和表示某种附加意义的词缀构成合成词的构词方式。附加式可以分为两大类：一类是加虚化词缀，即真词缀；另一类是加类化词缀，即类词缀。真词缀是指位置完全固定、意义基本虚化、读音弱化的词缀；类词缀是指位置基本固定、意义正在类化、读音不变的词缀。类词缀是由词根向真词缀转化的中间过渡形式。

A. 附加真词缀。

第一类：真词缀＋词根

老：老虎 老师 老鼠 老乡 老婆 老公 老板 老外

阿：阿姨 阿哥 阿姐 阿婆 阿公 阿爸 阿Q 阿猫

第二类：词根＋真词缀

子：桌子 椅子 胖子 架子 梯子 骗子 矮子

儿：花儿 鸟儿 画儿 杏儿 兔儿 空儿 这儿

头：甜头 石头 想头 念头 苦头 砖头 赚头

然：突然 忽然 偶然 竟然 居然 纵然 卓然

而：因而 幸而 时而 甚而 然而 进而 继而

家：亲家 冤家 仇家 女人家 姑娘家 老人家

第三类：词根＋真词缀＋词根

里：花里胡哨 稀里糊涂 土里土气 乡里乡亲

得：对得住 来得及 吃得消 吃得开 搁得住 赶得及

不：对不住 来不及 吃不消 吃不开 搁不住 赶不及

这类合成词中的“得”“不”是不能去掉的。如果去掉，变成“对住”“来及”“吃消”等难以成立。这同“看得清”“看不清”不同。它们去掉“得”“不”，变成“看清”是可以成立的。由于“得”和“不”具有一定的语义，所以也可以看作类中缀。

B. 附加类词缀。

类词缀在现代汉语中是一个半开放的类，而且有一些双音节词根正在逐渐向类词缀转化，所以并没有一个确切的数目。

第一类：类词缀＋词根

可：可爱　可笑　可以　可疑　可靠　可怜　可悲

见：见罪　见怪　见笑　见谅　见教　见告　见责

有：有效　有为　有方　有趣　有意　有益　有力

半：半自动　半元音　半封建　半殖民　半文盲

亚：亚热带　亚健康　亚硫酸　亚硝酸　亚音速

非：非法　非分　非金属　非卖品　非婚生　非正义

反：反社会　反中子　反质子　反侵略　反比例　反封建

第二类：词根＋类词缀

者：作者　学者　读者　强者　弱者　编者　旁观者　目击者

员：学员　教员　会员　议员　演员　邮递员　售货员　研究员

手：旗手　棋手　国手　老手　鼓手　舵手　生手　多面手

迷：球迷　影迷　戏迷　官迷　京剧迷　电脑迷

替：裸替　光替　文替　笔替　武替　饭替

客：黑客　拼客　威客　印客　掘客　换客

化：绿化　美化　沙漠化　淡化　简化　细化　规范化

时代：互联网时代　大数据时代　后小泉时代

C. 附加叠音形式。

主要指单音节词根附加叠音形式的构词方式。这种构词方式富于韵律美，形式生动，并带有一定的附加色彩义。例如：

眼巴巴　水汪汪　黏糊糊　胖乎乎　灰蒙蒙　笑嘻嘻　闹哄哄　酸溜溜

香喷喷　兴冲冲　喜洋洋　阴沉沉　白生生　黄灿灿　红彤彤　阴森森

黑黢黢　沉甸甸　乱腾腾　喜滋滋　干巴巴　软绵绵　暖烘烘　冷飕飕

轻飘飘　黑洞洞　圆滚滚

另外，还有一些其他语音形式，如“不溜秋”“咕隆咚”“里吧唧”等附着在词根后面，增加了语言的生动性。这些词多数用在口语中。例如：

灰不溜秋、黑不溜秋、傻里吧唧、黑咕隆咚、软里吧唧、黏里吧唧

关于附加式构词，需要注意以下几点：

第一，不能把词缀与同形的词根混淆起来。例如：“老师”与“老人”中，前一个“老”意义虚化，是词缀，后一个“老”仍表示具体的词汇义，是词根。还有“帽子”与“瓜子”，“反函数”与“反面”，前一个“子”“反”都是词缀，后一个“子”“反”则表示实在意义，是词根。二者不能混淆。

第二，现代汉语中有些词缀与不同的词根组合，可以构成不同词性的词。这表明汉语词缀同所构单词的句法功能的联系是比较松散的。比如后缀“然”：“突然”“偶然”“茫然”“井然”为形容词；“忽然”“断然”“果然”“竟然”为副词；“虽然”“既然”“纵然”为连词。

第三，在现实语言里，从词根到真词缀呈现一个虚化链，至少可以分为四个不同的阶段：不定位词根>定位词根>类化词缀>虚化词缀。

也就是说，从词根到词缀是一个从自由到定位、由类化到虚化的连续链，中间并没有明确的界限。那么，如何区分词根和词缀呢？基本的标准是：只要某个语素在语义不变的情况下，可以同别的语素自由组合、换位，就应该认为它还是词根；如果某个语素在位置上趋于固定，语义上开始类化，就应该认为它已是类词缀了；一旦某个语素不但位置固定，而且语义虚化、读音弱化，就应该认为它是真词缀了。

第四，复合词内部不是每一个词都可以非常清楚地作出结构分析的。这大致有三种情况：一是有些双音节词的语素义同词义的关系很难确定，例如“含糊”“奚落”“斯文”“麻利”“呜咽”“冬烘”；二是有些词内部关系比较复杂，中间隐含了一些成分，语素义比较难以讲清，例如“桑梓”“谢幕”“祝酒”“卧病”“饿饭”“请问”；三是有些词是后人割裂原文而形成的。例如，《论语·为政》：“吾十有五而志于学，三十而立，四十而不惑，五十而知天命，六十而耳顺……”后人就用“而立”借指“三十岁”。

(3) 重叠式。

主要指由两个词根语素重叠而成的构词方式。

名素+名素：哥哥　姐姐　妈妈　星星　爸爸　爷爷

形素+形素：好好　多多　暗暗　紧紧　隐隐　久久

副素+副素：仅仅　刚刚　偏偏　单单　万万　稍稍

三、词的内部构造层次

由三个或三个以上的语素构成的合成词，其内部的组合是有层次的，是非线性的，如图3-1所示。

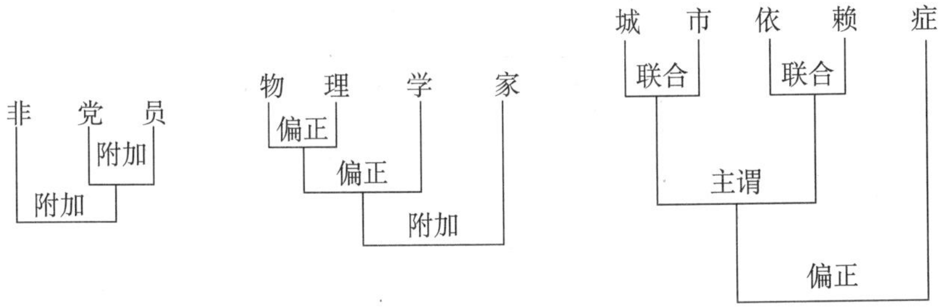

图3-1　词的内部构造层次

四、韵律词

汉语讲究音节韵律的和谐、平衡，两个音节组成一个音步，两个音步就构成了和谐的韵律，就构成了一个基本的句子。汉语音节的韵律形式对汉语构词产生了深刻的影响。它是汉语逐渐双音化的动因之一。韵律词是由音步决定的，汉语中由一个音步（两个音节）构成的韵律词是标准韵律词。韵律词是节律音系学和构词学相互交叉的产物。汉语的合成词就是最和谐的韵律词。例如："年轻""大小""提高""电视""得罪""休息""纯洁""联欢""操心""负责""讲学""国家""祸害""知道""应该""洁白"等。

五、词和短语的区分

由于汉语是用汉字来记录语言的，它不像使用拼音文字的语言那样实行分词连写，一个汉字不一定就是一个词，因此判断词和非词就有不少困难。20 世纪 50 年代，我国语言学界曾结合汉语词的特点、汉语语法和拼音文字正字法，就词和短语的区分问题进行了广泛而深入的讨论。信息化、数字化时代的快速发展，特别是中文信息处理从技术上对词与短语的区分提出了新的课题。我们从词在意义、结构和语音上的特点等角度去区分词和短语。

从意义上看，词表示的是比较单纯的概念，短语表示的是比较复杂的概念，但是，所谓"简单"与"复杂"是相对概念，无法精确区分。词的意义比较凝固，不是语素意义的简单相加；而短语的意义却往往是其构成成分的意义相加。例如，"白菜"不等于"白的菜"，"黑板"不等于"黑色的板"，"骨肉"喻指父母兄弟子女等亲人。可见，语素与语素在组合成词的过程中，语素意义已经发生了质的变化，这属于"综合性"的；一旦这种新的意义凝固下来，新词也就诞生了。而短语的意义却是"分析性"的，其组成成分在意义上具有相对独立性，短语的整体意义则是组成成分意义的加合。比如，"白布"指"白色的布"，"血肉"指"血和肉"。

从语音形式看，词的语音结构具有整体性，内部不允许有停顿，而短语则可以有内部的语音停顿。比如，作为"西南航空"的"西南"内部不可以有停顿，但"南北会谈"中的"南北"之间可以有停顿。"花红是一种落叶小乔木，这种植物的果实也叫花红"，其中的"花红"中间不能有停顿，但是"花红了，树绿了"中的"花红"中间却有明显的停顿。有些词的后一个语素必须读轻声，而短语中的每一个词则一定要读本来的读音。例如，"下水"，如果"水"读轻声时，是一个词，表示"可以食用的牲畜的内脏"；如果读为本来的读音，则是一个短语，两个成分可以拆开，如"泰坦尼克号终于下水起航了""他下水里一试，水冰凉冰凉的"。

从内部的组合关系看，词和短语的结构关系非常相似，都可以有复合、附加和重叠等基本类型，复合式又都具有五种基本结构关系。但词内部语素和语素之间是凝固的，不能分开和随意替换，而短语内部的词和词之间是离散的，是可以分离和自由替换的。例如，“眼红”表示嫉妒别人，两个语素不能用别的语素替换，而且也不能分开。而“眼疼”则可以说“眼睛很疼”“眼睛有点儿疼”，词与词的组合关系比较松散，还可以用别的词进行替换，其语义关系不变。

词和短语的区分有时确实不太容易，需要多个角度结合起来考察，并结合语言环境，综合运用多种方法进行辨认。

当然，词和短语既有明显的区别，又有密切的联系。它们的联系主要表现在可以互相转化上：有些短语可以简化或节缩为新词；有些合成词可以拆开而构成短语。前面我们讲到的短语简缩为双音节合成词，离合词中间插入别的成分转化为短语等现象，说明词和短语之间具有相互转化的关系。这也从一个侧面反映了汉语词汇系统是一个动态发展的系统，在词和短语中间也有模糊地带，无法截然划清界限。

六、构词法与造词法

（一）构词和造词

所谓构词是指词的内部结构问题。它的研究对象是已经存在的词。对现有词的内部结构进行观察和分析，总结出词的内部结构规律，这是构词问题研究的范围和内容。

所谓造词是指创制新词的问题。社会的发展，人们认识的发展，新事物、新现象的出现，以及语言本身的发展和调整，都是新词不断被创制出来的原因。所以造词问题主要是研究词是如何从无到有产生出来的。

（二）构词法和造词法

构词法指的是研究词的内部结构规律的方法。也就是语素组合的方式、方法。语言中的每一个词都是构词法研究的对象，都可以从构词的角度作内部结构的分析。构词法是从共时平面分析词的结构。

而造词法是研究创制新词的方法，是从历时的角度考察词的形成。人们在造词时，可以根据本民族的语言习惯，掌握和运用现有的语言材料组成各种各样的新词。例如，20 世纪 80 年代以来，出现了一个从海外留学归来的高层次人群，人们要对它进行说明，于是创制了新词“海归”来称说这个新生事物。这种为事物命名的方法称为说明法。当“海归”这个词造出来之后，我们分析它的内部结构方式为复合式的偏正型，是合成词。

根据学界的观点，造词法可分为语音造词、语义造词、复合造词、派生造词、跨层造词、缩略造词等几种方式。

简言之，造词法是研究创制新词的方法，构词法是研究已有词的内部结构规律的方法。二者是从不同的角度来观察、研究汉语词的方法。

- 词
  - 单纯词
    - 单音词：人、天、地、水、好、的、了、呀
    - 双音词
      - 联绵词
        - 双声：伶俐、慷慨、拮据
        - 叠韵：苗条、窈窕、迷离
        - 其他：芙蓉、牡丹、玛瑙
      - 叠音词：孜孜、巍巍、潺潺、侃侃
      - 拟声词：叮咚、轰隆、扑通、叽喳
      - 音译词：咖啡、博客、粉丝、的士
    - 多音词：白兰地、歇斯底里、奥林匹克、厄尔尼诺
  - 合成词
    - 复合式
      - 联合型：语言、矛盾、开关、反正、早晚
      - 偏正型：火车、雪白、热爱、微博、住宅
      - 补充型：提高、延长、书本、事件、月球
      - 动宾型：镇纸、拍马、失望、举重、着迷
      - 主谓型：海啸、地震、性急、眼红、心虚
    - 附加式
      - 词缀＋词根：老师、阿姨、半自动、反比例
      - 词根＋词缀：桌子、骨头、几乎、编者、棋手、工薪族
      - 词根＋词缀＋词根：对不起、吃得消、来不及
      - 词根＋叠音后缀：灰蒙蒙、热腾腾、笑盈盈、红艳艳、黑黢黢
    - 重叠式：仅仅、刚刚、爸爸、爷爷、美美、草草

图 3－2　词的构成方式

思考题

1. 区分真词缀和类词缀的依据和标准是什么？举例说明。
2. 现代汉语中的中缀和结构助词的区分标准是什么？
3. 为什么说汉语的词汇系统是个动态发展的系统？
4. 为什么说汉语的词根和词缀的划分是相对的？
5. 谈谈汉语的韵律形式与构词法之间的关系。

第四节 词义分析

一、词义的性质

词是声音和意义的结合体。声音是词的形式，意义是词的内容。内容靠形式来表达，只有形式而无内容的词是没有的。人们在日常生活中，总是通过词的形式来理解别人所说的意思和表达自己的思想感情，如果离开了对词义的理解和表达，就不能很好地交流思想。因此，词义在语言系统中占有十分重要的地位。

(一) 词义的特征

从一个实词的词汇意义看，它是一个相互关联、错综复杂的对立统一体。因此，词义呈现出多方面的特征，主要表现为四个方面。

1. 客观和主观的统一

词义是客观事物和对象在人们头脑中的概括反映。比如当人们研制出可以快速运算的机器时，就创造出一个新词“电子计算机”。当人们使用由若干相互连接的计算机网络工作、娱乐时，自然就产生了“互联网”这个新名词。可见，客观事物或现象是构成词义的根据和基础。即使是虚构的事物，也具有一定的客观基础，具有一定的真实成分。例如，“鬼”“神”“上帝”“地狱”等是客观事物在人们头脑中虚幻的或歪曲的反映。

虽然客观存在是词义产生的基础，但词义又含有主观因素。因为词义表示客观存在时，还要受到人们主观认识的制约。由于人们的思维能力、观察角度、认知方式等不同，词义表示客观存在的情况各有差异。不同历史时期的人、同一时期不同领域的人对客观事物的理解和认识是不一样的。例如，“山”“水”“风”“土”等自然现象是从古至今一直存在的，但古代人和现代人对它们的认识就有很大差异；即使是当代人，专业领域的人员和普通人的理解也不同。那么，这些词的词义也就古今有别，中外有别，一般与专业有别了。而有些词的词义本身就带有人们的主观认识。例如，“鬼”“神”“仙女”“上帝”“天堂”“夸父”“魂魄”等。

不同民族在用语言标记客观世界的过程中，民族思维、语言系统等方面的差异，决定了词义具有差异。这种差异同样反映出词义的主观性特征。

词义的民族性差异主要表现在选择不同的语言单位概括相同的事物现象或者选择不同数量的词来概括相同的事物现象，等等。前者如“哥哥”和“弟弟”的概念，汉语中分别用两个词来标记，而英语中却分别用两个词组来标记：elder brother 和 younger brother。后者如“雪”的概念，汉语中只由一个词来标记，但是靠近北极地区的拉巴人和楚克奇人，却用几十个词来标记“雪”。词义的这种民族差异体现了不同民族用词来反映客观世界的方式、概括范围、概括程度等方面的差异。

除此之外，词义的民族性在色彩意义方面，尤其是感情色彩方面也有着鲜明的表现。如不同民族对“狗”的不同的情感认定，原始民族对“牛、马”等动物特有的崇拜导致的语言崇拜等，都是词义内涵中情感色调的民族差异。

总体说来，词义是客观存在和主观认识的统一，但客观存在是词义产生的基础。无论人们的主观认识差异多大，都离不开客观存在这个基础。

2. 概括和具体的统一

词义是对某一类客观对象的反映，所以词义都是对同类客观对象的概括。在反映的过程中它要舍弃同类客观对象中不同个体的具体特征，从中抽象出共同的本质的特征。如“树”，客观世界中存在各种不同种类的树，它们的形状、颜色、高矮等各不相同，各有各的具体特征，但是“树”的词义却不能容纳所有的具体特征，而只能从中提炼出共同的本质特征：“木本植物的通称”。正是因为这种概括性，词义才能涵盖其外延范围内的每一个个体事物。

普通词的词义具有概括性，专有名词也有概括性。如“黄河”专指一条河流，但它的意义却概括了黄河的发源、流域、水质、水量等各个方面不同的特点以及黄河的历史、现状等情况，所以“黄河”的词义依然是概括的。语言中所有词的意义都具有概括性特点。

词义又是具体的。在特定的上下文和话语中，词义的所指对象应该是清楚的、确定的。例如，“我的车子在学校门口丢了”，在这个语境中，“车子”指的是自行车，而且是说话人骑的是捷安特山地自行车。再如，“那个人很能干”中的“人”指说话人所指的具体的某人，具有特定的国籍、种族、肤色、阶层、年龄、性别、文化水平、道德修养、脾气秉性等。从表意的逻辑角度看，这里的“人”主要指人的外延。

可以说，词义的概括性和词义在语言中的实指性，是矛盾统一的，体现了词义概念的内涵和外延的统一性。

3. 模糊和明确的统一

词义的模糊性指的是词义的界限有不确定性，它来源于词所指的事物边界不清。如“上午”“中午”“下午”之间的界限就是相对的，模糊的。“上午”与“中午”、“中午”与“下午”的界限到底是几点几分，没有标准，而且各个季节也不一样。再如，多少岁以下算“青年”，没有一个明确的标准，其标准随着人类寿命的延长也在变化，20 岁、25 岁、30 岁、40 岁，甚至 45 岁都可以是青年的范畴。“高”和“矮”、“厚”和“薄”、“美”和“丑”、“好人”和“坏人”等都没有一个明确的标准，其界限都是模糊的。但是，词义的范围、量度、差异又必须是清楚的、明确的，否则人们无法进行交流。例如，“钢笔”“铅笔”“毛笔”“圆珠笔”“签字笔”“白板笔”等，它们的所指是清楚而明确的。“走”和“跑”的所指也是很明确的，“杯”“盘”“盆”“碗”“缸”所指对象也是清楚、明确的。当然，词义的明确性也是相对的。例如，火车开车的时间和火箭发射的时间的精确程度是不一样的。

模糊与精确是相对而言的。词义的模糊性是客观事物之间连续性的反映，而客观事物的核心范畴又是明确的。如“上午”和“中午”之间的界限是模糊的，但“上午”“中午”的核心时间范围却是明确的。譬如 10 点钟是上午，12 点钟是中午，15 点钟就成了下午。

4. 稳定和变异的统一

词的外部形式同该词所指的对象、现象之间本来没有必然的联系，但一旦确定下来，约定俗成了，它们的关系必然是十分稳固的。尽管语音会发生变化，但这种变化只能在一定范围内、一定规律下进行。在同一个系统内，音和义之间的关系是不能随意改变的。例如，“xiānhuā（鲜花）”说成“xiānghuā（香花）”，韵母发生改变，词的所指也随之发生变化，成为两个完全不同的词。一个词的语音形式和它所表示的意义内容之间的联系，是社会全体成员在使用过程中约定俗成的，人们无法随意改变，必须按照全社会成员所确定的词义去理解和使用。这是词义稳定性的显著表现。

另一方面，词义内容本身又在不断地变化，产生种种变异。社会发生变化，人的认识发生变化，词义也就会发生相应的变化。例如，“车”在古代只指人力车、畜力车，而现在可以包括各种机动车，如火车、汽车、电动车、电车、摩托车、高速列车等。“禁区”，指禁止一般人进入的地区，后来随着环境变化和人类活动的侵扰，某些地区内动植物濒临灭绝的边缘，因而“禁区”也指在科学和经济方面有特殊价值而受到保护的地区，现在又衍生指某些球类比赛中罚球区以内的地方。再如，“兵”，在古代本指兵器，如“短兵相接”“兵不血刃”，现在指士兵，如“我是一个兵，来自老百姓”。

总而言之，词义的特征表现为多方面，是一个互相联系、互相依存的对立统一的系统。我们只有全面正确地认识词义的特征，才能够比较全面正确地认识和掌握词义，才能比较正确地运用词。

（二）词义的构成

1. 词义的构成

任何一种语言的词义都是由多种因素构成的复杂系统。就一些多义词而言，每一个词的意义也是一个综合的系统。就实词而言，词义主要包括词汇意义、语法意义和附加意义三个部分。附加意义种类很多，比较重要的有理性义、评价义、语体义和理据义。虚词一般没有明确的词汇意义和色彩意义，只有语法意义。

（1）理性义。

词义中同概念相关的部分是理性义，又称逻辑义。它是人们对所指对象或现象的区别性特征的概括反映。例如：“冰”指水在0℃或0℃以下凝结成的固体。理性义又可分为学科义和普通义。

学科义反映的是经过科学研究才能发现的事物的本质或特有的属性。例如：

[光谱] 复色光通过棱镜或光栅后，分解成的单色光按波长大小排成的光带。日光的光谱是红、橙、黄、绿、蓝、靛、紫七色。（《现代汉语词典》第7版）

[光年] 天文学上的一种距离单位，符号 l.y.。光在真空中1年内走过的路程为1光年，约等于94 605亿千米。（《现代汉语词典》第7版）

普通义指人们凭经验感知的表意特征、指物特征。例如：

[筷子] 用竹、木、金属等制的夹饭菜或其他东西的细长棍儿。（《现代汉语词典》第7版）

有的词义既有学科义也有普通义。例如：“绿”的学科义指“在光谱上以5 500埃光波波长为中心的可见光色”，其普通义指“像草和树叶茂盛时的颜色”。学科义和普通义是相对的，专家有时也用通俗义，普通人也有知道学科义的。这同一个民族、一个人的文化水平、知识素养有关。

（2）评价义。

评价义指由一个词所体现出来的说话人对所指对象的评价和主观态度。它反映了说话人的喜、怒、爱、憎、敬、谦、褒、贬等伴随理性义的主观信息。例如，“功败垂成”“功亏一篑”表达的是惋惜之情，“宝宝”“蚕宝宝”“银燕”表示的是喜爱之情，“老家伙”“充斥”“鬼子”“劈腿（出轨）”“花里胡哨”“死鬼”“穷鬼”“吝啬鬼”等表达的是厌恶、憎恶之情，“交际花”“傍市长”“小蜜”“女流”“戏子”“小人”“小市民”等表达的是轻蔑、鄙视之意，“房奴”“车奴”“卡奴”表达的是无奈之意，“无与伦比”“风采”“赞美”“效果”等表达的是褒奖之意，等等。

表示同一理性意义的词由于所反映的说话人的主观态度不同，体现出不同的评价义。例如，“臭老九”和“知识分子”都指具有较高文化水平、从事脑力劳动的人，但前者带有贬斥的感情义，后者则带有尊敬意味。“女人”“女士”的理性意义相同，但“女士”带有尊敬的感情义。

当然，并非每一个词都有评价义，有些名词如“钢笔”“碗”“课本”等，就没有明显的评价义。

（3）语体义。

语体义指一些词经常用于某种特定场合而形成的风格色彩意义，又称风格义。它反映了词与交际场合、媒介、语境等的关系。语体可以分为两大类：书面语体和口语语体。书面语体又包括：

第一类，文学语体。例如：

麦浪、心潮、翱翔、疾驰、崎岖、悠扬

第二类，科技语体。例如：

守恒性、变动性、系统性、控制论、信息论、定性、定量、结构、类型、初始、推导、当且仅当

第三类，应用语体。例如：

呈报、当否、报批、转发、启事、告示、兹有、特批

第四类，其他书面语体。例如：

下榻、邂逅、造访、问鼎、斡旋

书面语体严谨规范，庄重典雅，常常带有文言色彩。口语语体通俗活泼，自然生动，有时带有方言色彩。例如：

下半晌、下辈子、虫牙、吓唬、棒、帅、酷、麻利、搭腔、瞧、耷拉、大伙儿、打盹儿、遛弯儿、拉扯、娘、爹

（4）理据义。

理据义指由造词的理由和依据所形成的意义及其形象色彩，包括意趣情调和联想意义等。例如，“使节”的得名之由是古代使者出使他国，手持符节作凭证，后转指“出使他国的人”。理据义有的正确，有的不正确。例如，“鲸鱼”不是鱼，“恐龙”不是龙。它们所反映的是歪曲了的事物特征。即使是正确的理据义，也会因为历史的局限而变得不确切。例如，“马路”不再是只有马走的路，“火车”也不再烧火了。词的理据或多或少会产生联想意义。例如，“斟酌”“权衡”“琢磨”“考虑”的理性义相同，但“斟酌”使人联想到自斟自酌，慢慢品尝，重在细细品味；“权衡”使人联想到秤锤、秤杆及其分量和轻重，重在仔细掂量；“琢磨”使人联想到琢玉磨骨，精心加工，重在精雕细刻，而“考虑”重在人的心理活动，没有明显的联想意义。

一般来说，比较明显的理据意义主要有两种：形象意义和文化意义。形象意义指构词语素所显示出来的一种具体生动的直觉形象感，包括所指对象的形、色、音或味等。根据人的感官，可以分为以下几种。

第一类，形态形象，例如：

汗颜、梯田、蘑菇云

第二类，颜色形象，例如：

彩霞、挂花、银白、红扑扑

第三类，声音形象，例如：

知了、蛐蛐儿、乒乓球

第四类，动态形象，例如：

井喷、蚕食、爬行、哽咽、沉甸甸

第五类，嗅觉形象，例如：

香喷喷、臭乎乎

第六类，味觉形象，例如：

酸溜溜、甜滋滋

第七类，触觉形象，例如：

冰冷、火热、暖烘烘、硬邦邦、光溜溜

有些词是含有历史典故的，体现出文化理据意义。例如："东床"（东晋王羲之的故事）、"捉刀"（曹操的故事）、"推敲"（韩愈和贾岛的故事）、"蛇足"（《战国策》中画蛇添足的故事）、"染指"（郑灵公请大臣们吃甲鱼，故意不给子公吃，子公就将手指伸进甲鱼汤中尝了尝）、"问鼎"（春秋时楚子北伐，向王孙满询问周朝的传国之宝九鼎的大小和轻重。楚子问鼎，有夺取周王朝天下的意思）、"逐鹿"（《史记·淮阴侯列传》："秦失其鹿，天下共逐之。"比喻争夺天下）等。

2. 词义与概念的关系

语言和思维的不可分割性反映到词义上来，就使得词义和概念有了密不可分的关系。词义和概念的关系主要体现在两个方面：一方面，概念是词义形成的基础；另一方面，词义反映概念，概念凭借词义而成为直接现实。词义与概念具有同一性的方面。因为二者都是客观事物在人们意识中的概括反映，两者都是词的形式所表示的内容。概念对词义来说是第一性的，词汇意义都是在概念的基础上形成，同时又将概念的内容表现为直接的现实。但是，词义和概念毕竟不是一回事，它们有着很大的区别。

第一，词义与概念分属于不同的研究范畴。词义同词一样属于语言范畴，而概念则属于思维范畴。语言与思维息息相关，但毕竟是两种性质不同的领域。某个词的词义在语言的词义系统中占有一定的地位，为这个系统所制约。要确定词义的特定价值，就必须把它放在语言系统中进行比较。如英语中表示"羊"这种动物的词义的价值与法语中表示"羊"的词义的价值是不同的。原因在于法语中的这个词除了表示"羊"的意义，同时还表示"羊肉"的意义。它的价值受到了词义系统的制约。而概念则没有价值的大小之分。

第二，词义与概念的基本属性不同。词义是主客观的统一体，概念则更偏重于客观性。概念是思维的基本形式之一，是人类在认识过程中对所感受到的客观事物的概括反映。它强调科学的客观性。而词义尽管也反映某一类事物的共同特征，具有概括的性质，但它是和人们对世界的认知紧密联系着的，是和不同民族的社会、文化背景紧密联系着的，是和不同民族对语言的编码度紧密联系着的。所以，词义有客观性的一面，但更强调人类认识的主观性。不同的语言面对相同的客观对象，可能做出不同的切分与概括。这就使得两种不同的语言中的词义形成十分错综复杂的状态：甲语言中用一个词义来表达的，在乙语言中可能要分别用两个或三个词义来表达；甲语言有词义 A，乙语言中未必有相应的词义；或者乙语言中虽然有大体相应的词义 a，但词义 a 的义域和词义 A 的义域有大小的不同，等等。如，表示把帽子、衣服、鞋袜套在身上的动作，英语用一个词义（wear）概括；现代汉语则区分为两个词义，帽子套在身上的动作（戴）是一个词义，衣服鞋袜套在身上的动作（穿）是另一词义。不同民族语言词义演变的结果，由于受到社会文化因素的影响，词义主观性的特质表现尤为突出。如英语的“artist”表示“person who practices any of the fine arts, esp. painting”，相当于汉语的“艺术家，搞艺术的人”的意义，但英语的“artist”可以引申出“cheat”（骗子）的意义，汉语的“艺术家”却没有引申出这一类意义。

第三，词义与概念的功能不同。词义和概念的不同，归根结底是由于二者的职能不同。概念属于逻辑思维范畴，它的职能在于认识和反映客观世界。对完全概念的要求就是一定要反映出客观对象的一般和本质的全部特征的总和，以及这些特征的一切复杂的联系和关系。词义属于语言范畴，它的职能在于让人们用来交际，交流思想，以达到相互了解的目的。词义中无需包括事物的所有特征，只要包括使我们足以将它与邻近事物区别开来，并在日常交往中从语义上划清与其他近义词的区别的内容就够了。词义与概念等同论只简单地看到二者的同一性，却忽视了它们根本区别。这一观点会导致这样的结果，即语言中将会有许多表抽象概念的词无法下定义。例如，“爱”“恨”这样的词，其概念内容没有改变，但意义却越来越丰富，人们赋予了它很多的意义内容。

在现实生活中，尽管人们可以相互交际，交流思想，但是不同的人所掌握的概念和词义的内容也是不同的，因为人们对概念和词义的认识程度，与人们的年龄、文化程度、职业、生活条件等各方面的情况有密切的关系。如年长的人和小孩子相比，前者对概念和词义认识的程度就要深入一些，全面一些；从事某种专业工作的人，他们对这种专业的术语的概念和词义的认识，就要比其他人深入全面。

所以，从词义在整个社会的语言交际中表现的内容来看，其在丰富与否的程度上，还是有一定伸缩性的。

二、词义的分解

（一）义项分析

1. 什么是义项

义项是词的理性意义的分项说明。各义项之间存在互补关系，即各个义项只出现在自己的语境中，每个具体语境只有一个义项适用。词的义项都是从该词出现的语言环境中归纳出来的。例如，从具体的语言材料中归纳出“铁”有六个意思，《现代汉语词典》（第7版）中它除了指姓之外，列有六个义项。

[铁] ①金属元素，符号 Fe。银白色，质硬，延展性强……是炼钢的主要原料，用途很广。②指刀枪等：手无寸铁……③形容坚硬；坚强；牢固：｜铁拳｜铁汉子｜铁饭碗……④形容强暴或精锐：铁蹄｜铁骑。⑤形容确定不移：铁定｜铁的事实……⑥指板着（面孔），形容表情严肃：他铁着个脸，没有一丝笑容。

词的义项需要注意四种情况：

第一，词的义项是由特定的词形表示的语义单位。例如，“铁”这个词有它特定的语音形式 tiě，有它的文字形式。其分解出来的意义作为一个个的语义单位，都同它的语音形式、文字形式密切相连。

第二，词的义项既可以是词义，也可以是语素义。“铁”的六个义项中第一、五、六义项是词义，可以在句中单独运用；第二、三、四义项是语素义，可以与别的语素义组合表示不同的词义。

第三，词的多个义项之间具有引申关系。一个词的几个义项既有联系又有区别，形成了环环相连又各自独立的复杂关系。以“铁”为例，由于“铁”是一种质地坚硬的金属材料，所以常用来制造刀、枪等武器，那么，从第一个义项引申指刀枪一类的武器。又由“铁”的特性引申出形容人或事物坚硬、坚强、牢固等。而从武器的意义可以引申指强暴、精锐的人或战马。还可以引申指确定不移、表情严肃等意义。这样，“铁”的六个义项之间环环相扣，从第一个义项逐渐引申出其他义项，形成了一个复杂的词义系统。

第四，词的义项是概括的、固定的语义单位。一个词在具体的语言环境中可能具有各种临时的、特殊的意义，但这些意义不属于义项。例如，网络上流传很广的“打酱油”一词，可以表示“路过看看”的意义，但这只是网民们临时的用法，并没有形成固定的义项。

2. 义项的分类

一个词如果有多个义项，那么这几个义项之间的地位不是平等的，其中必有一个义项是基本的，叫作基本义。其他义项都是由这个义项直接或间接引申、转化而来的，叫作派生义。基本义与本义是不同的。例如，“走”的基本义是行走，而其本义则是奔跑。

（1）本义：词最初产生时所具有的意义。本义是从词源学的角度而说的。当词刚出现时，它的初始义就是它的本义。例如，“牺牲”的本义指供祭祀用的纯色全体牲畜。“妇”的本义指从事家务劳动的已婚女子。“省”的本义是省察、省视。

（2）基本义：相对于派生义而言，指词的义项中基本的、常用的并由此产生其他意义的意义。例如，“牛”的基本义指一种体大力大，主要用于农业耕作的家畜。“省”的基本义指县以上一级行政机构。“牺牲”的基本义指为了正义的目的舍弃自己的生命。

语言中有的词的本义和基本义是一致的，例如，“妇”“牛”“山”“水”等，有的词的本义和基本义是不一致的，例如，“省”“牺牲”“走”“穆”等。

（3）派生义：由基本义直接或间接地发展转化来的义项。包括引申义、比喻义、借代义。

A. 引申义：在基本义的基础上经过推演发展而产生的义项。例如：

老：a. 年纪大：人老。

b. 很久以前就存在的：老厂、老关系。

c. 陈旧的：老毛病。

d. 原来的：老地方。

“老”的四个义项中，第一个是基本义，第二、三、四个义项都是根据原来的“年纪大”的意义特点，联想引申而来的。因为年纪大，生长的时间必然要长，那么存在的时间也必然会长。因为时间长，与新相比，自然会具有陈旧的和原有的等特点。根据这样的联想和引申，就产生了“老”的几个新的义项。

B. 比喻义：借用一个词的基本义来比喻另一种事物所产生的新的意义。例如，“疙瘩”，本指皮肤上突起或肌肉上结成的硬块，现比喻“不容易解开的思想问题”。“酝酿”指造酒的发酵过程，后比喻指做准备工作。“傀儡”本指木偶戏里的木头人，现比喻受人操纵的人、组织或机构。“锻炼”本指锻造和提炼，后比喻通过体育运动使身体强壮或经受考验，又比喻通过生产劳动、社会斗争和工作实践使觉悟、工作能力得到提高。

比喻义与基本义之间因具有相似的特点而形成联系。

C. 借代义：通过词的借代方法派生出的新的意义。借代义同比喻义的区别就在于一个重在相似性，一个重在相关性。例如，“千金”可以借代为小姐或女儿，“孔方兄”可借指钱，“饭碗”的借代义指工作，“舌头”可借指为侦讯敌情而活捉来的敌人，“干戈”借指战争，“玉帛”借指和平。

（二）义素与义素分析法

1. 义素的性质

义素是构成词义的最小意义单位，也就是词义的区别特征，所以又叫语义成分或语义特征。在语义体系中它是无法被直接观察到的，所以属于语义的微观层次。如分解“姐姐”，可以得到如下义素：[血亲][同胞][年长][女性]。分解“胜利”，可以得到如下义素：[竞争][打败对方]。

义素的基本性质是：它是义项的组成成分；它没有特定的语音形式；它是通过比较一组相关的词义而分析出来的区别性语义特征。

2. 义素分析法

义素分析法是指从义素的角度分析词义的方法，是现代语义学的重要分析方法和重要范畴。它借助于结构语言学的对比性原则，将一组词义放在一起进行对比分析，从中寻找出共性义素和互有差别的义素，这样既可以看到同组词义之间的联系，也可以看到它们之间的区别。这种方法类似于数学中提取公因式的方法，也类似于音位学中寻找音位的区别性特征的方法。例如：

哥哥 [+血亲] [+同胞] [+年长] [+男性]
弟弟 [+血亲] [+同胞] [−年长] [+男性]
姐姐 [+血亲] [+同胞] [+年长] [−男性]
妹妹 [+血亲] [+同胞] [−年长] [−男性]

通过比较“哥哥”“弟弟”“姐姐”“妹妹”四个词的词义，分析得出其中的共同语义特征是都具有血缘关系，不同的语义特征有年纪、性别。这种通过一组词义的比较分析得出其中的共同义素和不同义素的方法就是义素分析法。

3. 义素分析法的步骤

第一，确定对比分析的词义。

什么样的词义可以放在一起进行对比分析，不是随意的，而是有条件限制的。如“电灯”和“英明”，“天”和“跑”等就不可以进行义素的对比分析，因为毫无联系的词义之间缺乏可比性。应该说属于同一语义场之内的词义才可进行对比分析，因为词义之间的某种联系性，具备义素分析的基本条件。也可以说，语义场是义素分析的依据。无论何种类型的语义场，如类属义场、关系义场、顺序义场、同义义场、反义义场等都可为义素分析提供对比的词义。上面所举“哥哥”“姐姐”“弟弟”“妹妹”属于“亲属”语义场的词义，此外，“电灯”“台灯”“汽灯”“油灯”等属于“灯具”语义场的词义，它们都可以作为一组词义进行义素分析。确定相关的词义，这是义素分析的第一步。

第二，寻找词义之间的共性特征和区别性特征。

确定了对比分析的词义之后，就要将该组词义进行比较。首先找出互有联系的共性义素，然后找出互有差异的区别性义素。如“哥哥”“姐姐”“弟弟”“妹妹”的共性义素是：[血亲][同胞]，区别性义素分别由是否[年长]、是否[男性]构成。这是义素分析的关键性的一步。

第三，将寻找出的各种义素用结构式描述出来。

描述义素时可以用文字性的描述，也可以用符号式的标记。对“哥哥”“姐姐”“弟弟”“妹妹”的分析可以用上面我们所运用的描述法，也可以用下面的符号标记法：

	血亲	同胞	年长	男性
哥哥	+	+	+	+
弟弟	+	+	−	+
姐姐	+	+	+	−
妹妹	+	+	−	−

4. 义素分析法的基本模式

(1) 名词模式。名词模式同逻辑中的“属加种差”定义方式相对应。

N{义项} = [属性^{1}（类属）……属性^{2}……属性^{n}]

	坐具	靠背	扶手	转动	弹簧
凳子	+	−	−	−	−
椅子	+	+	−	−	−
转椅	+	+	−	+	−
沙发	+	+	+	−	+
沙发椅	+	+	−	−	+

(2) 动词模式。动词模式主要涉及行为的主体和对象、方式和原因等。

V{义项} = [（主体）方式、动作（客体）、因果]

	人或鸟兽的脚	交互	同时离地	向前	向上	迅速	移动
走	+	+	−	+	−	−	+
跑	+	+	+	+	−	+	+
退	+	+	−	−	−	−	+
跳	+	−/+	+	+	+/−	−/+	+
跃	+	+	+	+	+/−	+	+

(3) 形容词模式。状态形容词的义素分析模式重在感觉、基调和搭配等。

A{义项} = [感觉、基调、情状]{搭配关系……}

	感觉	底色	情状	搭配
白茫茫	[视]	〈白〉	[一望无际]	{云/雾/雪/大水……}
白蒙蒙	[视]	〈白〉	[模糊不清]	{烟/雾/汽/蒸汽……}
白皑皑	[视]	〈白〉	[纯洁干净]	{霜/雪/雪原/冰川……}
白花花	[视]	〈白〉	[光亮耀眼]	{钱/银元/元宝……}
白晃晃	[视]	〈白〉	[闪光发亮]	{刀/剑/梭镖……}
白生生	[视]	〈白〉	[光洁耀眼]	{皮肤/牙齿/器皿/装饰物……}

5. 义素分析法的局限

义素分析法是现代语言学的一个重要成果和基本方法，它可以深入地反映词义的构成情况，将词义的内容加以分解、形式化，使语义分析在摆脱传统释义法某种随意性的同时，增加一定的科学性，而且为计算机信息处理提供实体化、形式化的依据，这些都是义素分析法的价值表现。但是，该种方法也并非尽善尽美。表现在：

第一，有一定的主观性。在分析的过程中仍然难以避免某种主观性，如义素的选择在数量和构成方面可能会出现因人而异、因分析目的而异的情形。

第二，缺少普及性。义素分析法目前还停留在对几种词类如名词、动词、形容词等词的分析，还无法普及到对所有类型词的分析。

第三，义素分析还遇到两个难题：词义的模糊性；词义集合有例外。为解决这两个难题，义素分析至少得有三个条件：一是必要的公设条件，例如，“红”必须有“颜色”这个语义要素作为语义公设；二是程度条件，以便在模糊中划界，从中区分出语义要素；三是典型条件，以便解释例外，说明语言范畴的家族相似性。

三、词义的聚合

（一）单义词和多义词

从词的概念义的数量多少来划分，词可分为单义词和多义词。一般说来，一个词在产生之初，其意义大都是单一的，只有基本义。在长期的使用过程中，一些词在基本义的基础上产生了新的派生义，就成了多义词。

1. 单义词

只有一个义项的词叫作单义词。例如：

鹿　狗　氧　镭　诗　搓　熄　搀　瘸　熨

葡萄　钢笔　毛笔　书包　电子　外语　元音

词组　淮河　杂货　南京　软盘　手机　扶贫　京剧

电视机　世界观　心电图　高低杠　黄梅戏　管弦乐

单义词只有一个意义，所以在任何语境中，词义都是明确的，不会发生混淆。语言中，表示科学术语的词绝大多数是单义词，一些事物的名称和刚产生的新词也往往是单义的。

2. 多义词

具有多个固定义项且义项与义项之间具有内在联系的词叫作多义词。它是跟单义词相对而言的。例如，“打”有“击打（打鼓）”“制造（打一把刀）”“编织（打毛衣）”“涂抹；画；印（打蜡、打墨线）”“揭；凿开（打井、打眼儿）”“举；提（打旗、打伞）”“放射；发出（打雷、打电话）”等多个联系密切的义项。

多义词都是由单义词发展变化而来的，这是语言音义矛盾和词义发展演变的必然结果。一种语言的语音形式是有限的，而客观的事物、现象则是无限的，以有限的形式反映无限的内容，就有矛盾。用已有的词语记录新的意义，可以有效地解决这一矛盾，因为多义词既记录了新的意义，又不增加新词，从而使得词汇既发达又经济。

多义词虽然一词多义，但是在具体的语言环境中，它的意义是确定的、唯一的。例如：

消息：①关于人或事物情况的信息或报道。
　　　②音讯。

“听到什么消息没有？”“今天报纸上有钓鱼岛的最新消息。”这两个句子中的“消息”指第一个意义。“好几年没有听到他的消息了”中的“消息”表示第二个意义。

多义词形成以后，各个义项的情况并不相同。作为派生基础的义项是基本义，经常使用的是常用义。基本义和常用义虽然有时正好重合，但通常是不对应的。

语言中的单义词不是绝对的，在语言发展的过程中，某些单义词有可能发展成为多义词，而某些多义词，由于义项的变化或消失，也可能变成单义词。

（二）同音词

1. 同音词的类型

同音词指仅仅语音形式相同而词义之间没有联系的词，它是跟异音词相对而言的，可以分为两类。

（1）同音同形词：指字形相同的同音词。如：

仪表：人的外表（包括容貌、姿态、风度等，指好的）。如：仪表堂堂。
　　　测定温度、压力、电量等各种物理量的仪器。如：机器仪表。

花：花儿，可供观赏的植物。如：种花，赏花。
　　耗费。如：花时间，钱花光了。

（2）同音异形词：指字形不同的同音词。如：

yuányīn｛原因：造成某种结果或引起另一件事情发生的条件。
　　　　　元音：声带颤动，气流在口腔的通路上不受阻碍而发出的声音。

jiāoqì｛骄气：骄傲自满的作风。
　　　　娇气：意志脆弱、不能吃苦、习惯于享受的作风。

2. 同音词的形成

同音词是各种语言都普遍存在的现象。这是因为语言中音少义多，不可避免地用相同的语音表示不同的词。比如，现代汉语基本音节总共有 400 多个，加上声调的区别也只有 1 000 多个音节，用这 1 000 多个音节去表示几十万个词，尤其是单音节和双音节的词，必然造成大量的同音词。现代汉语同音词形成的原因主要有四个方面：

（1）造词的偶合。词汇是不同时代、不同地域的人们造出来的，造词时只考虑了需要，没有考虑语音形式的雷同，从而造成了同音。例如，要点—药典，东—冬，林—临，市场—试场，必须—必需。汉语中的绝大部分同音词都是这样形成的。

（2）语音的演变。有些词在古代汉语里并不同音，由于语音发展变化，到现代汉语中就成了同音词。例如，酒［tsiou］和九［tɕiou］，清［ts^hiŋ］和轻［$tɕ^h$iŋ］，嗟［tsiɛ］和阶［kiɛ］、街［kiɛ］，蓝［lam］和兰［lan］，本来都不同音，在现代汉语中变得同音了。又如，“杀”“谷”“陆”等的古声调是入声，到现代汉语普通话里，入声消失，“杀”派入阴平，与“沙”“纱”同音；“谷”变为上声，与“古”“鼓”同音；“陆”变为去声，与“路”同音。这样，同音词就增加了。

（3）词义的演变。有些词在古代是多义词，随着语言的发展，几个意义之间逐渐失去了原有的联系，而语音形式却发生相应的变化，这就造成了同音现象。例如，“刻图章”的“刻”与“一刻钟”的“刻”，“正副”的“副”与“一副对联”的“副”，“管道”的“管”与“管理”的“管”，都是由于词义的变化而造成的同音词。

（4）词语的借用。借用外来词是丰富汉语词汇的方法之一。汉语借用外来词时，经常把外来词的语音形式汉化，这就使得借词的读音和汉语原有某些词的读音相同，造成了同音词。例如，英语词“fans”指对人或事物狂热的追随者，汉语借过来之后翻译为“粉丝”，与原有的表示一种食物的“粉丝”形成了同音词；借自蒙古语的“jam”，表示“车站”的意义，汉语翻译为“站”，与“站立”的“站”同音；英语“meter”的“米”与“大米”的“米”，“dozen”译过来的“打”与“打击”的“打”，“Watt”译过来的“瓦”与“砖瓦”的“瓦”，都是由于词语借用造成的。

3. 多义词和同音词的区别

二者的根本区别在于：从现代汉语共时平面来看，词义之间是否有联系。

多义词是指一个词内部有几个义项，这几个义项之间有一定的联系。例如：

甜：①很甜；②睡得很甜；③嘴巴很甜；④声音很甜。

这四个“甜”分别表示：味道像蜜糖一样；香甜踏实；讨人喜欢；甜美动听。这四个意义显然在词义上有派生关系。而同音词则是几个词仅仅语音形式偶然相同，语义上完全没有联系。例如：刻（雕刻）—刻（时刻）；跟（脚跟）—跟（跟随）。虽然从词源上看“刻”的两个意义之间有前后联系，但发展到现代汉语，随着引申义的中间义项的消失，两个意义失去了联系，就成为同形同音词了。

（三）多音词

凡是一种词形具有两种或两种以上读音的，就是同形多音词，简称多音词。例如：

强 qiáng（强壮）—强 jiàng（倔强）

好 hǎo（美好）—好 hào（好客）

单音节的多音词都是一些常用词，例如，乐（lè）—乐（yuè）、干（gān）—干（gàn）。双音节的多音词往往同轻声有关，如下面右边例子的读音均为前轻后重：

大爷—大爷　特务—特务　鸡眼—鸡眼

多音词的词性可以相同，也可以不同。例如：

反正—反正、自然—自然、地道—地道、精神—精神、大意—大意、干事—干事

严格地讲，多音词应该叫同形异音词，既然读音不同，就应该认为是两个词了。

(四) 同源词

同源词指声音相同或相近，意义上相近或相通，从同一语源派生出来的词。它有三个特点："音近""义通""源同"。例如：

空—孔　　广—旷　　满—漫

弘—宏　　志—识　　侧—仄

决（水缺）—玦（玉缺）—缺（器缺）—阙（门缺）

由于古今语音系统的变化，再加上许多词语的词义发生了或多或少的改变，因此，确定同源词，应该以古代，尤其是上古汉语的语音系统和词汇意义作为标准。从另一个角度看，许多古代汉语的同源字发展到现代，有的仍然是可以自由运用的词，有的已经变为不能自由运用的黏着语素。例如王力的《同源字典》中，"分""半""片""别""判"是一组同源字，现在仍然是同源的可以自由运用的词，而"迂""纡"这两个同源字，现代都成了同源语素。所以，应该区分同源字和同源词。

(五) 语义场

考察一个词的词义，进行义素分析，不能孤立地进行，而必须放在词与词的联系中去进行，这个联系的场合就是语义场。

1. 语义场的性质

语义场是借用物理学中"场"（物质存在的一种基本形态）的概念而来的，指的是通过不同词之间的对比，根据意义上的共同特点或关系划分出来的类。语义场是词义的聚合。

我们把不同词的词义进行比较，可以发现某些词义之间互相关联、互相制约的关系。例如，"桌子、椅子、书柜"都属于"家具"语义场，"椅子、板凳、沙发"都属于"坐具"语义场。语义场强调的是一个词跟全体词在语义上存在着密切的联系，只有通过比较、分析词与词之间的语义关系，才能确定这个词真正的内涵。属于同一语义场的各词义有共同的义素，表明它们同属一个语义场；又有一些不同的义素，表明词义彼此之间有区别。

共同义素表明词义之间的联系，区别义素表示词义之间的区别，由此可以更准确地把握词义。在不同的语义场，"共同"和"区别"是相对的，在"桌子、椅子、书柜"构成的语义场中，"坐具"是"椅子"的区别义素，但到了"椅子、板凳、沙发"构成的语义场中，"坐具"就成了共同义素。

同一个词在不同的语义场中，词义有可能不同。这是受其他词的限制，也就是受语义场制约的结果。例如，在"金、木、水、火、土"五行语义场中，"金"指金属；而在"金、银、铜、铁、锡"五金语义场中，"金"指黄金。在"年、月、日"语义场

中，“日”指“一天”，而在“日、月、星辰”语义场中，“日”指太阳。

2. 语义场的特点

（1）层次性。

层次性是语义场的一个显著特点。事物本身的分类是有层次的，因而反映事物类别的语义场也就形成了有层次的结构，若干较小的语义场可以集合成较大的语义场，若干较大的语义场可以集合成更大的语义场。例如：“人”和“男人、女人”是两个层次。“颜色”和“红色、黑色、蓝色、绿色”也是两个层次。其中，“人”“颜色”是上位词；“男人、女人”，“红色、黑色、蓝色、绿色”是下位词。上一层次的称作“母场”，下一层次的称作“子场”。语义场的各项也可以没有共同的上位词。

上位词必有下位词，下位词不一定有上位词。例如：“父亲、母亲”，“儿子、女儿”，“爷爷、奶奶”等几组词都没有上位词。

关于上位词、下位词需要注意三点：

A. 词语的兼属性。有的词是多义词，既表示种概念，又表示属概念。例如：

金、木、水、火、土

金、银、铜、铁、锡

其中的“金”在五行语义场中表示种概念，在五金语义场中则表示属概念。

B. 上下的相对性。上位语义场的上位词作为一个类别义素是下位语义场中下位词所共有的，例如“人”作为一个义素［＋人］是下位词“男人、女人、男孩、女孩”共有的共同义素。下位词必然具有一些特殊义素同上位词相区别。“酒”是“白酒、葡萄酒、啤酒”的上位词，［＋酒］也是共同义素；“白酒”是“酒”的下位词，［＋无色］［＋酒精含量高］是“白酒”与其他“酒”的区别义素。下位词对于更下一层的语义场来说又是上位词，例如“白酒”对于“茅台、五粮液、汾酒、二锅头、竹叶青”等又是上位词，具有共同义素。

C. 对称的自足性。从词汇角度看，语义场中表示相互关系的词不一定有上位词，例如：爷爷—奶奶、儿子—女儿、丈夫—妻子。这些没有上位概念的词大都可以合称，如“夫妻”“儿女”“师生”等。

由此可见，语义场尽管是有层次的，但是作为一个具体语义场中的词不一定有上位词或下位词。语义场主要是由同一层次的词构成的。

语义场的大小与语义结构的层次性是密切相关的。越是上行，语义场就越大，义位所概括的范围也逐渐加大；相反，越是下行，语义场就越小，义位所概括的范围也更为具体。

（2）系统性。

系统性指语义场系统中某个词语的意义会受到系统中其他词语的制约，系统中某个词义的变化或词语数量的增减，会导致意义领域的重新划分和分配，从而引起系统中其他词义的变化。“行走”语义场在上古时期包括“行、走、趋、奔、步”五个词，发展到中古时期“步”意义转移，“趋”退出口语系统，影响了其他词语之间的关系。唐代以降，“奔”也逐渐退出日常口语，“走”的义域随之扩大。明代时，“行”由独立使用的词转变为不能独立运用的构词语素，“走”于是填补了“行”的空当，而“走”原来表示的意义则由新产生的“跑”来填补，形成了包括“走”“跑”两个常用词的新格局。

语义场的系统性特点反映出语言的词汇具有一定的系统性。一个语义场就是一个局部的语义系统。在这个系统中，类属义划定的意义领域，被划分为若干块并分配给不同的词语，这些词语以一种互补的方式来对同一意义领域进行反映。

3. 语义场的类型

根据语义场中各个成员的相互关系，我们把语义场分出不同的类型。

（1）类属义场。

类属义场反映的是一类事物，场中的成员是同类事物的各种（或各个）对象。也叫分类义场。类属义场是很常见的语义场。例如：

颜色：红、橙、黄、绿、青、蓝、紫、白、灰

上肢动作：打、拍、敲、摸、搔、拔、摘、撕、擂

厨具：锅、碗、瓢、盆、勺、筷子、铲子、碟子

文具：墨、纸、砚、铅笔、钢笔、水笔、圆规

汉语中类属义场的划分需要参考科学的分类来进行，但是又不是完全符合科学的，现实中多数词义分类都不是严格意义上的科学分类。因为人们对词义的认识很多是出于传统思想和习惯。例如依据生物学的原则，应该按“门、纲、目、科、种”的上下位顺序给动物分类，所以习惯上把“动物”分为“人”和“其他动物”，把“其他动物”分为“牛、羊、马、猪、鸡……”并非严格的科学分类。

（2）顺序义场。

按照某种固定顺序排列的一组词所构成的语义场是顺序义场。例如，“学士、硕士、博士”反映的是由低到高的学位顺序，“童年、少年、青年、中年、老年”反映的是不同年龄阶段的顺序，“一、二、三、四……”反映的是数目由小到大的顺序。

有的顺序义场是封闭性的，即场中的成员数量有限，如“小学、中学、大学”，有的顺序义场是开放性的，即场中的成员数量无限，如自然数顺序义场的成员就是无穷无尽的。

有的顺序义场中的成员不能循环，如军衔义场中“尉官、校官、将军、元帅”，有的顺序义场的成员可以循环，如从“星期一”到“星期日”，下一星期又从“星期一”开始到“星期日”结束，又如从“春”到“冬”一年结束，又一年又从“春”到“冬”结束，周而复始，循环不已。两种情况如图 3－3 所示。

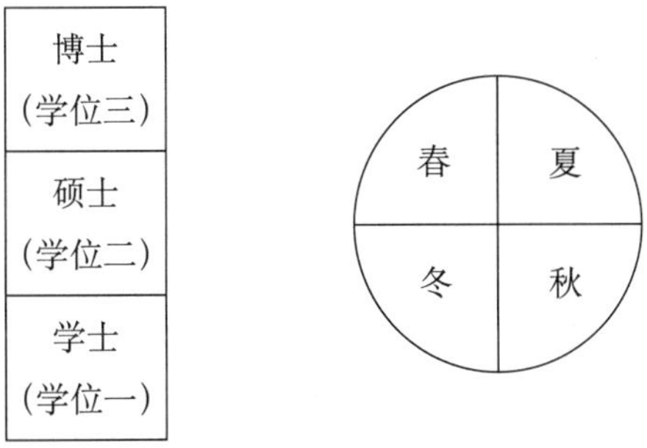

图 3－3 顺序义场

（3）关系义场。

关系义场反映某种相互依存的关系。场中的成员一般为两个。有的关系义场中的成员表示的是一种相反相成的依存关系，如“教师、学生”，没有教师就无所谓学生，没有学生就无所谓教师，二者之间体现出一种方向相反的教育关系，如图 3－4 所示。

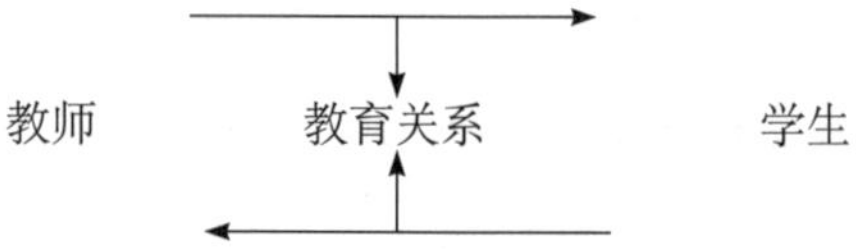

图 3－4 关系义场（一）

相同的还有：“买主、卖主”，“主人、仆人”，“原告、被告”，“上级、下级”，“嫁、娶”，等等。

有的关系义场表示的关系对其中的成员来说是相同的，而不是相反的。例如“丈夫、妻子”，“丈夫”对“妻子”是婚姻关系，“妻子”对“丈夫”也是婚姻关系，只是二者的性别不同而已，可见，这是一种相辅相成的关系，如图 3－5 所示。

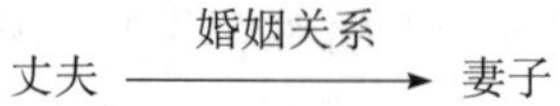

图 3－5 关系义场（二）

（4）同义义场与同义词。

A. 同义词的性质。

意义相同或相近的词组成的语义场叫作同义义场。同义义场中的成员叫作同义词。其中意义完全相同的词叫等义词。例如：

日光灯—荧光灯　　发动机—马达　　连衣裙—布拉吉

自行车—脚踏车　　青霉素—盘尼西林　　计算机—电脑

事实上，理性义、色彩义完全相同的等义词是很少的，例如“讲演—演讲”，“觉察—察觉”。同义词中更多的是近义词。近义词在理性意义方面有相同的地方，但在色彩义等方面有不同的地方。例如：

吞—咽　　疼—痛　　明—亮

妨碍—妨害　　尊重—尊敬　　消除—破除

表扬—表彰　　含糊—模糊　　广大—宽大

同义词中的词有时是多义词，只要在一个意义上相同或相近就可以构成同义词。例如：

光：①光线。　　明：①明亮。

②明亮。　　②公开；不隐蔽。

③光滑。　　③明白；清楚。

“光”的义项②与“明”的义项①同义，其余义项并没有同义关系。

词汇学里讲的同义词是语言中稳固的、不依赖语言环境而存在的同义词，可以在词典中收录并加以描写。在语言运用中还有临时用做同义的词语，例如鲁迅的小说《故乡》中写到“杨二嫂”，说她是“豆腐西施”，又形容她为“圆规”。“杨二嫂”“豆腐西施”“圆规”三个词指同一个人，形成了同义表达形式，但是我们不能说“豆腐西施”的同义词是“圆规”，词典中查不到，脱离了这篇小说这两个词语便毫无联系。临时同义词属于语言具体运用中的现象，也就是修辞学中的同义表达形式，也叫言语同义词，和词汇学中讲的语言同义词不是一回事。

B. 同义词的辨析。

同义词之间在意义上大同小异，其差异要经过辨析才能显现出来。同义词之间的差异虽然小，但是非常值得重视，因为它们展示了词的个性，反映了事物之间的细微差别，体现了人们主观态度上的微妙变化。不深入了解这种差异，在使用时就会出现用词不当、词不达意的现象，产生种种错误。只有掌握了大量同义词并能分辨同义词之间的差别，才能够贴切地运用词语，满足不同场合、不同文体中表达的需要。

辨析同义词的差别，主要从以下四个方面入手。

一是色彩分析法。

第一，感情色彩：主要指褒贬色彩，分为褒义、贬义、中性三种。例如：“成果—结果—后果”，都有“结局”的意思，但是“成果”是褒义词，“结果”是中性词，“后果”是贬义词。

不同的立场，不同的观点，必然导致不同的褒贬倾向，《列宁在一九一八》这部电影中，当一个秘书汇报说敌军撤退了时斯大林马上就纠正说：“不，敌人逃跑了！”显然，“撤退”跟“逃跑”的褒贬含义是完全不同的。

第二，语体色彩：词的语体色彩一般分为书面语、口语、通用语三种。同义词的语体色彩区别有以下几种类型：

书面语—口语：恐吓—吓唬　邂逅—碰见　诞辰—生日　吝啬—小气
思考—寻思

书面语—通用语：商榷—商量　踌躇—犹豫　月球—月亮　拂晓—早晨
擢升—提拔

通用语—口语：水泥—洋灰　散步—溜达　收拾—归置　批评—数落
怂恿—撺掇

书面语—通用语—口语：赞誉—赞扬—夸奖　磋商—商量—合计
母亲—妈妈—娘

二是意义分析法。

第一，词义的轻重不同。在同义词中，有的词词义的程度比较重，有的词比较轻。例如：“改良—改革”，“改良”只是去掉事物的缺点，“改革”是把事物中不合理的部分改成新的。再如，“爱好—嗜好”，“爱好”是对某种事物有浓厚的兴趣，“嗜好”是特别爱好，其词义程度要重于“爱好”。“优良—优秀—优异”，“优良”是一般的好，“优秀”是突出的好，“优异”是特别的好。

第二，词义的范围不同。有些同义词的词义有范围大小的不同。例如：“边境—边疆”，都指靠近国境线的地区，但是“边疆”的范围比“边境”大得多。“时代”和“时期”都是指一段时间，但是“时代”比“时期”经历的时间要长。例如“新石器时代”“土地革命时期”。“事件”和“事情”都是指人类活动中发生的社会现象，但“事件”比“事情”要重大，如“9·11 事件”“最近事情多，忙不过来”。

第三，词义的侧重点不同。有的同义词的区别就在于不同语素所表现出来的词义侧重点的不同。例如：

轻薄：[＋言语、举动][＋轻佻][＋贬义色彩]

轻浮：[＋言语、举动][＋随便][＋贬义色彩]

两者都是表示在言语、举动方面具有“轻”的特点，这是其大同之处，但侧重点不同，“轻薄”着重于对女性的态度、举止带有玩弄的意味，后者则表现为一般的为人处世方面不严肃不庄重，这种侧重点的区别是其细微差异。

再如“继续”和“持续”都有“延续”的意思，但是“继续”有“后继”的意思，事情中断还可以“继续”，侧重在“继”；“持续”表示“一直保持”，事情一直延续不断，不能中断，侧重在“持”。

三是用法分析法。

第一，词性和句法功能不同。有的同义词在词性方面不同。例如，“永久—永远”，都有时间长久的意思，但是“永久”是形容词，如“永久的思念”“永久的回忆”；“永远”是副词，如“永远前进”“永远怀念”。再如，“突然”和“忽然”都有来得迅速而且出乎意料的意思，但“突然”是形容词，如“突然的情况”“突然的事件”“来得很突然”；“忽然”是副词，如“忽然想到”“忽然发生”等。

词性相同的同义词句法功能不同，例如，“商量—商榷”，都是动词，但是“商量”可以带宾语，如“商量事情”，而“商榷”不可以带宾语。再如，“充分—充足”，都是形容词，它们都可以做定语，如“充足的理由”“充分的休息”；但是“充分”又可以作状语，如“充分证明”“充分显示”，“充足”却不行。

第二，搭配对象不同。有的同义词在搭配对象上表现出不同。这主要是指习惯上经常搭配组合的词语有一定的选择性。例如，“爱戴—爱护”，“爱戴”一般用于下对上，搭配对象仅限于人，如“爱戴领袖”“爱戴总司令”。“爱护”一般用于上对下，也可以用于平辈，搭配对象可以是人，也可以是物，例如“爱护学生”“爱护公物”“爱护花草”等。

再如：

	作用	才干	力量	传统	作风	民主
发挥	＋	＋	＋	－	－	－
发扬	－	－	－	＋	＋	＋

“抱怨—埋怨”是一对同义词，都表示心中不满。其搭配对象有主体（“不满”情绪的拥有者）、客体（“不满”情绪的针对者）、原因（“不满”情绪产生的原因）。搭配主体的不同可以造成二者的差异。“抱怨”的不满情绪是从说话者自身利益出发而产生的，受益者一定是说话者。而“埋怨”的不满情绪的产生或以说话者利益为出发点，或以听话者利益为出发点，出发点的不同导致了“埋怨”的受益者既可能是说话人，也可能是听话人。而听话人与不满情绪的对象重合，于是出现了接受不满反而受益的奇怪现象，“埋怨”不全是损害客体行为动词，当对象受益时，只能用“埋怨”。例如：

人群中有几个人埋怨我不该放司机走，多少也要让他赔偿点损失。

医生埋怨说：“怎么到了肝硬化腹水才来看病？”

上面两个例子“埋怨”就不能换作“抱怨”。

四是理据分析法。

几乎所有同义词之间的理据均不相同，不过有些同义词其他方面的差异比较明显，而有些同义词理据义的差异比较重要。例如："沙龙—客厅""傀儡—玩偶""爪牙—走狗—帮凶""玫瑰红—紫红"等。

"沙龙"也是客厅，印欧语中的"salon"并不都是指一般的客厅，常指有闲阶层、文人雅士清谈的场所，引申指具有某种共同兴趣爱好的团体。傀儡是木偶戏里有人操纵的木头人，"玩偶"是供儿童玩耍的用木头、布、泥土等做成的小人玩具。所以"傀儡"重在指受人操纵，"玩偶"重在受人摆布。"爪牙""走狗""帮凶"都是帮坏人行恶的人，但形象意义不同，"爪牙"是猛禽猛兽的武器，比喻充当下人的武士，原无贬义；"走狗"，本指猎狗，比喻受人豢养而为人作恶；"帮凶"重在指帮人干坏事。

C. 同义词的作用。

现代汉语中丰富的同义词给词语的选择提供了极为有利的条件，对于增强语言表达效果具有积极的作用。其主要的表达作用有：

第一，表意准确、严密。同义词能反映出事物现象的细微差别，表达人们对客观事物的各种不同的态度和感情色彩。例如：

这不但是杀害，简直是虐杀。（鲁迅《记念刘和珍君》）

两个同义词，轻重递增，准确揭露了当局的凶残。再比如：

"老者，水现成吧？喝碗！"

"啊！"老者的手在胸前搓着泥卷，打量了祥子一眼，细细看了看三匹骆驼。"有水！哪儿来的？"

"西边！"祥子不敢说地名，因为不准知道。

"西边有兵呀？"老者的眼盯住祥子的军裤。（老舍《骆驼祥子》）

在这里，作者用"打量""看了看""盯住"等词语的差别，把老者对祥子的怀疑、分析、猜度等一系列心理活动表现得惟妙惟肖，可谓传神之笔。

第二，避免重复呆板，使语言富于变化美。汉语很讲究用词上的重复，同义词的交替使用不仅可以避免用词单一，还可以使语言生动活泼，多姿多彩。例如：

无论有几十桩毛病，几百条缺点，但是到了是非黑白的紧要关头，爱和憎是强烈而鲜明的。（袁鹰《蓦然回首》）

让那些看不起民众，贱视民众，顽固的倒退的人们去赞美那贵族化的楠木（那也是直挺秀颀的），去鄙视这极常见，极易生长的白杨罢，但是我要高声赞美白杨树。（茅盾《白杨礼赞》）

第三，突出强调、加强语义。一组同义词有时被应用于同一个语境中，即与前言后语在上下文之中共现，用以强化某种意义或情感。例如：

你骂了我，你挖苦我！你侮辱我，哦，你还瞧不起我！（大声）现在我快活极了！我高兴极了！明天早上我要亲眼看着你的行里要挤兑，我亲眼看着你付不出款来，我还亲眼看着那些十块八块的穷户头，（低声恶意地）也瞧不起你，侮辱你，挖苦你，骂你，咒你，哦，他们要宰了你，吃了你呀！（曹禺《日出》）

例中的"快活""高兴"是同义连用，"骂""咒"也是同义连用，前者强化了李石清在潘月亭破产时极度幸灾乐祸的心情。后者则显示了李石清对潘月亭极度憎恨的感情。

（5）反义义场和反义词。

A. 反义义场。

两个意义相反或相对的词组成的语义场叫反义义场。反义义场可分为互补反义义场和两极反义义场两个小类。

互补反义义场是指处于互补反义义场的甲乙两个词的意义完全相反，界限清楚。例如，“死、活”，“死”的主要义素是“－［生命］”，而“活”的主要义素是“＋［生命］”，在生物有无生命的义素上，二者完全对立。

两极反义义场是指甲乙两个词的意义相反，但甲乙之间有非甲非乙的中间情况存在，如图3－6所示。如“贫穷—富裕”，中间有不穷不富的情况存在，又如“美—丑”“重视—轻视”“长—短”。

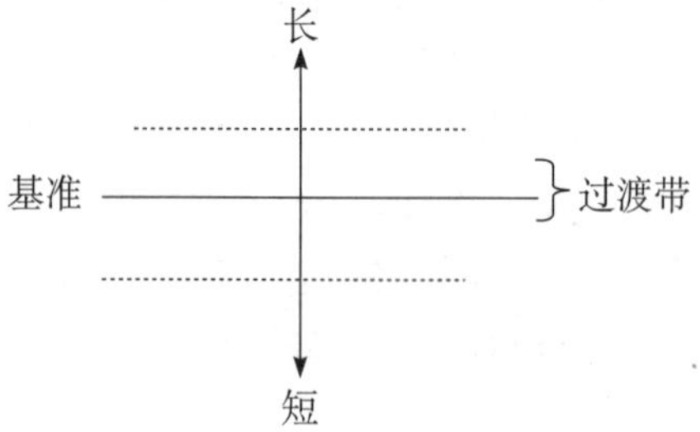

图3－6　反义义场

反义义场与关系义场不同，关系义场中的两个成员之间有某种相互依存的关系，如果没有一方，就没有另一方，根据甲与乙的关系，可以推知乙和甲的关系。而反义义场中的甲乙两个词语则没有这样的依存关系。

B. 反义词。

a. 反义词的界定。

反义词是意义相反或相对的一组词。我们可以从三个方面去认识反义词的性质。

第一，反义词的存在是以客观事物的矛盾对立为前提的。例如，“长—短”“轻—重”“大—小”等。但是有的反义词反映的客观事物本身并不是矛盾的。例如，“红—白”“山—水”“天—地”。因此，构成反义词的语义场既可以是关系义场，也可以是异质义场。异质义场的两个词相互间并没有实质性的矛盾，这些词可以构成反义义场是社会习惯决定的。

第二，从逻辑上讲反义词必须属于同一个上位概念，所以“聪明”与“傻子”，“愚蠢”与“智者”虽然具有反义性，但是并不能构成一组反义词。构成反义词的一对词或一组词必须属于同一个意义范畴，如长度、重量、时间、处所、速度、面积、颜色、体积等，否则无法构成一个类聚。如“男、女”表性别，“长、短”表长度，“厚、薄”表厚度，“古、今”表时间，“高、低”表空间。

第三，反义词是词义与词义、词与词之间的关系，词与否定形式单词都不能构成反义词。所以，“贞洁”和“不贞”，“良好”和“不良”，“忠诚”和“不忠”都不是反义词，“党员”和“非党员”，“金属”和“非金属”，“送气”和“不送气”，“规则”和“不规则”等也不是反义词。

反义词一般都要求音节对称，但也有少数不对称的现象。例如，“难—容易”

“贵—便宜”“脏—干净”“笨—聪明”。这是因为消极义词的双音节否定式使用频率不高，单音节形式被保留了下来。

b. 反义词的类型。

从反义词的两个成员——甲和乙的关系来看，反义词内部可以细分为四种。

绝对反义词：肯定了甲，就否定了乙；否定了甲，就肯定了乙。正反两方面之外绝对没有第三种可能性。又叫作互补反义词。例如：

死—活、男—女、有—无、同—异、动—静、存—亡、真—假、对—错、内—外、生—死、曲—直、有—无

相对反义词：肯定了甲，就否定了乙；但是，否定了甲，不一定就肯定了乙，即在正反两方面之外还有第三种可能性。例如：

黑—白、大—小、高—低、粗—细、春—秋、苦—甜、冷—热、厚—薄、忙—闲、前—后、古—今、软—硬

在“黑”与“白”之间还有“青、红、蓝、紫……”等颜色，“苦”和“甜”之间还有“酸、咸、辣”等。相对反义词都处在同一语义场的两端，又叫作极性语义场。

依存反义词：有甲必有乙，有乙必有甲。甲和乙相互依存。依存反义词中的两个词所表示的行为、性状、情况、人、事等都是相互共存的。例如：

买—卖、嫁—娶、输—赢、胜—败、反—正、教—学、授—受、争—让、要—给、问—答、送—收、借—还

依存反义词可以细分为两类。一类是直接依存，甲乙双方必须同时存在，或同时进行，或同时实现，两者缺一不可。如，有嫁才有娶，有买才有卖，有输才有赢。另一类是间接依存，甲的存在、实施并不需要乙同时存在、实施，但乙的存在、实施要以甲的存在和实施为先决条件。比如，取东西必须以存东西为前提，还物品必须以借物品为前提。从词义之间的隐含关系看，甲乙的存在和实施还是互为条件的。

对称反义词：甲和乙互相独立，虽然对立，但没有矛盾。肯定甲或否定甲，对乙都不会产生直接影响，反之亦然。例如：

质—量、经—纬、春—秋、红—白、晴—雨、文—武、朝—野、城—乡、方—圆、国产—进口、自动—手动

对称反义词的特点是：不以对方的存在为前提；没有客观的矛盾关系；往往由社会习惯决定。从另一角度看，对称反义词往往带有一定的主观性、随意性和习惯性。

词的反义关系是以义项为基本单位的。单义词与单义词之间，如“出现—消失”这是单一的义项之间的反义关系。多义词也是以义项为单位来构成反义关系的，因此，一个多义词就有可能构成若干组反义关系，例如：“进步”有两个义项：一是（人或事物）向前发展，比原来好，这个义项与“落后”构成反义关系；二是适合时代要求，对社会发展起促进作用的，这个义项与“反动”构成反义关系。

c. 反义词的表达作用。

反义词反映的是客观事物的矛盾对立，通过反义词可以表现事物的对立面，形成鲜明的对比，使人明辨是非、善恶，分清轻重、缓急，产生良好的表达效果。具体表现为以下几种作用。

第一，运用反义词可以揭示矛盾，形成鲜明的对比。例如：

二十世纪的“人”是与“国家”相对待的：强国的人是“人”，弱国的呢？狗！（老舍《二马》）

“强、弱”对立关系的表现及结果，带给人的印象是鲜明深刻的。

我以这一丛野草，在明与暗、生与死、过去与未来之际，献于友与仇、人与兽、爱者与不爱者之前作证。（鲁迅《野草》）

修辞格中还有对偶、反语、仿词等，也常常利用反义词来构成。例如：

满招损，谦受益。

她们的头发上结了霜，男同志笑她们说：“嘿，你们演《白毛女》都不用化装了！”她们也笑男同志：“还说哩，你看，你们不是‘白毛男’吗？”（魏巍《年轻人，让你的青春更美丽吧》）

第二，反义词音节及结构形式的对应性、在言语中的对举使用等特点，能为言语表达营造一种对称和谐的形式美。例如：

两岸的枯柳一左一右的摇动着长枝，像要躲开那严酷的寒风似的。靠岸的冰块夹着割剩下的黄枯苇，不断的小麻雀捉住苇秆，一起一伏的摆动它们的小尾巴。太阳已往西去，罩着一层淡黄的雾，斜射着银灰的冰块，连成一片寒气。那小孩的疾驰，那小麻雀的飞落，好像几个梭儿，在有忧思的人们眼前织成一个愁网。（老舍《老张的哲学》）

例中运用“左、右”“起、伏”“疾驰、飞落”等一系列反义词，不仅揭示矛盾和对立的关系，而且音节整齐匀称，给人以对称的形式美感。

第三，运用反义词能够使语言产生警精含蓄的表达效果。反义词的对举可以造成“警句”，解释事物间“矛盾统一”的深刻哲理。例如：

世界上最快而又最慢，最久而又最短，最易被人忽视而又最易令人后悔的，就是时间。

假作真时真亦假，无为有处有还无。

典型形象——熟悉的陌生人。

四、词义的演变

词义处于不断的发展变化之中，随着社会生活的变化和人的认识的深化，会发生变化和演化。

（一）词义演变的类型

词义发展演变类型可概括为七种：深化、扩大、缩小、转移、转化、虚化、同化。主要涉及词义本身的变化和语素义的衍化两类。

1. 深化

词义的深化是指词的理性义所反映的对象没有变化，但人的认识改变了，所以词义也变了。例如，“人”，《说文》的解释是：天地之性最贵者也。我们现在对人的认识是：能够制造并能使用工具进行劳动的高等动物。“电”，《说文》解释为“阴阳激耀”。《康熙字典》的解释是：“盖阴阳暴格，分争激射，有火生焉，其光为电，其声为雷。”表明“电”本来就是闪电。而现在我们知道，电是有电荷存在和电荷变化的现象，是一种重要的能源，可广泛运用于生产和生活各个方面。

2. 扩大

首先，一些专有名词由特殊变为泛称，“江、河”本来分别指长江和黄河，现在泛指一切河流。“脸”，原来指脸颊，即眼睛下面的一小块部分，现在指整个面部；“睡”，原来只指“打瞌睡”，现在的睡，古人叫作“寝”，例如“寝室”“废寝忘食”“寝食难安”等词语中的“寝”指的就是睡眠义。“走”原本表示“快速行走”，南朝时表示“速度快慢”的语义特征逐渐被淡化，到明代的通语中，“快速”的语义特征彻底消失，泛化为一般的“行走”义。

当代某些词的词义也发生了扩大。例如，“水分”，本指物体中所含的水，现在可以指不真实、不必要的、加进去的成分。例如，“文章要提炼水分，力求精练”“这个统计数字有水分”。“软件”本指计算机系统的组成部分，是指挥计算机进行计算、判断、处理信息的程序系统。现在也可以指生产、科研、经营等过程中的人员素质、管理水平、服务质量等。例如，“现在高校的硬件上去了，相应的软件部分也要跟上去”。

3. 缩小

词义的缩小情况与扩大正好相反。例如“宫”，上古泛指房屋。到了汉朝以后，民房不再称作“宫”，帝王的居室才可以叫“宫”，如“未央宫”“雍和宫”“景仁宫”等。到了现在，宫只指文化娱乐场所，例如“少年宫”“文化宫”，词义日渐缩小。“结婚”，古代指“结亲、通婚”，并不仅仅指男女双方结为夫妻。现在只能指男女双方当事人本人的行为、关系。“丈夫”，本指“男子汉、大丈夫”，现在专指女方的配偶。“汤”原指热水，现在只指烹调菜肴的汁水。“瓦”原指一切用土烧制成的器皿，现在只指用土烧制成的用来铺盖屋顶的建筑材料。

4. 转移

词义的转移指词义表示的概念发生了更换。例如，“闻”本指用耳朵听，并且结果是听到，现在指用鼻子辨别气味。“去”，本来指离开某人某地，现在指到目的地，例如，“我去上海”中的“去”指到上海。

人们在感受感知客观世界的同时掺入了主体的判断思考，因此造成了“眼、耳、鼻、舌、身”与“心（脑）”的密切联系。例如，“看”由表“用视线接触事物”引申出“观察并加以判断”义；“听”的对象由客观世界的各种具体音响发展到人类之间的语言交流，引申出“听从（劝告）；接受（意见）”义；“吃”最初表示人吞咽食物的动作，引申出“吞没”义；“叩”由“敲击听音”投射到对事件、态度、意愿等的主观认识，从而引申出“探求询问”义。

人们常在相接近或相关联的不同认知域中，用一个凸显事物替代另一事物，用具体的有关联的事物代替抽象的事物。例如，“吃（喫）”的动作与“吃”的目的与方式相关联，产生了“依赖某物（人）生活”和“以某种方式吃”两个引申义；把“吃什么饭”与“受到何种待遇”联系起来，引申出“遭受（某种不好或不如意的情况）”义。“走”表示人或动物双脚快速向前移动，当人们关注位置的移动结果时，引申出“离去；离开”义；如果移动的方向或目的属性被凸显出来，就产生了“奔向；趋向”的引申义。

5. 转化

转化是通过语法变化的手段而产生的一种词义变化。即，使一个词具有某种新的语法功能，使它改属另一个词类，从而也就使它的词义发生改变。转化后的新义的词性一定是与原义不同的。

转化有两种情况：一种是临时的转化。转化后产生的意义并没有得到社会的承认，没有形成固定的词义，也可认为是一种活用的变异。另一种是转化后产生的意义得到社会承认，成为词的固有义位，甚至分化为新的词，这种情况就不是活用，而是彻底的转化了。

词义转化的例子不胜枚举。例如，“饭”本表示“咀嚼并吞咽食物”的动作，转化为“食物”的名词义；“吃”由表动作转化为表“食物的总名”。另外“听”由表“耳朵感知声音”转化为“耳朵”“耳朵辨别声音的能力”等意义；“步”由表“慢行”的动作义转化为“行走时两脚之间的距离”义。

有的词词义转化过程不止一次。如：“走”由表“急速而行”的动作义转化为表“供奔走役使之人”“自谦之词”等指称义，又从“供役使之人”的指称义转化为“驱使；派遣”的动作义。

6. 虚化

虚化指的是实词的词汇意义逐渐消失，最后变为表示语法关系的虚词的词义。例如，“看”由表“观察并加以判断”义，因为经常附着在其他动词后面不带宾语，句法关系的变化引起意义虚化，变为表示尝试态的助词，如：“想想看”“尝尝看”。“打”表示锤击、碰撞的动作，后面经常搭配处所名词，并在处所词后面出现一个表示经由或趋向类的主体动词，构成“打＋处所名词＋主要动词”格式，经过重新分析之后，“打”虚化为表空间关系的介词，如“打西边来”。

7. 同化

同化指一词受到和它相关的另一个词的某个义位的牵连带动而发生的词义衍生，又叫“相因生义”“词义感染”。具体而言指甲词有$甲_a$、$甲_b$两个义位，乙词原来只有一个$乙_a$义位，但因为$乙_a$和$甲_a$同义，逐渐地乙词也产生了一个和$甲_b$同义的$乙_b$义位。

例如，“闻”表示“用耳朵感知声音”和“用鼻子嗅”两个意义，“听”本来只表示“用耳朵感知声音”义，受到“闻”意义的感染，于是“听”也产生了“用鼻子嗅”的意义。今天的山东牟平、江西黎川、上海崇明等地保留了此用法。

“闻”产生“用鼻子嗅”意义的过程，如图3-7所示。

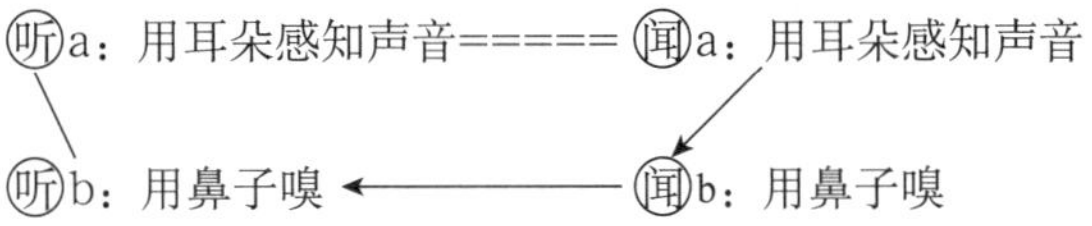

图 3-7 同化

又如，“望”表“探望、访问”义，也是受到了“看”词义演变的感染而发生的。

（二）词义演变的原因

1. 客观世界的变动

词义是外部世界（物质的和精神的）直接或间接的反映。客体世界每一个引起人们注意的变化都及时地反映到词义中。因此，客体世界的变动是推动词义演变的第一动力。具体而言表现为以下两点：

第一，外部世界出现了新的事物、现象、观念，产生了新的表意需要，促使词义系统增加新的意义。同样，外部世界的更迭，不可避免地使得部分词义丧失了原来的表意价值，成为词义系统精简的对象。例如，战国时期各个诸侯国内外纷争不断，战乱频繁，活跃在当时政治舞台上的政治家们常常选择逃亡的方式来躲避各种不利的局面。这样的社会背景反映到“走”的词义系统中便产生了“逃跑；逃避”的引申义。“趋”在古代是一种礼节，表示对人恭敬。但随着时代的发展，这种礼节逐渐从社会生活中消失，因此，“趋”的这一意义也丧失了存在价值，退出了词义系统。

第二，外部世界事物的某一方面发生了变化，相关词语的意义随之悄然出现适应性的演变，这种演变较多发生在表名物的词语中。如“写”开始是毛笔写字的功能，后来笔用于画画，于是出现了“写生”“写意”“写真”等词语。

2. 动态的使用

一切语言成分的存在价值都是在使用中获得的，一切语言成分变化基本上都是在语言的使用中发生的。因此，动态使用是促使词义发生变化的最重要的动力和最活跃的因素。

在词义的使用状态下，概括性的义位根据出现语境的差异，表现为不同的义点。其中某些义点或因“个性突出”，或因频率较高而受到关注。语言理解系统会把这些被强调的义点提升为独立的义位。如：“打”表示“用手或凭借工具敲击；撞击”义，包含了两个最基本的语义特征“手的动作”“用力去接触物体”。手是人类最重要、最灵活的器官之一。在词义使用过程中，“手”的重要性凸显出来，成为“打”扩展出众多引申义的基础。从“手的动作”又延伸出人类其他部位的行为。这些行为与“手的行为”从语义关系上说是相关的，而非排斥的关系。

语用“变异”是大多数词义发生变化的起点。一个语词初现一个新的意义或新的用法后，如果这项创新为创新者或其他人重复使用，使得理解系统将它评价为一种“正规”的词义，词义的演变就由此而开始。其中语境是语用层面的首要因素。一个义位在正常的使用过程中，义点会受到来自语境的各种影响。

“打”的行为总是联系着某种要求的获取或某种目的的实现，“目的性”成为其原型义项的一个隐性语义特征。它体现在“打＋名”整个结构中，决定了“打”的变义需要结合宾语去分析。从“打”所带宾语可看出“打”的行为多为举手之劳，以达到一种目的或产生一定结果。

语言是一棵常青树，其永葆青春的秘诀就在于处在永不停止的使用中。正是在动态的使用中，词义不断地发生“变异”，或引申、或转化，或泛化、或虚化，或同化、或异化，形成了丰富多彩的演变类型。这些变异若符合交际双方所遵循的语用原则，就会被理解系统所承认、吸纳，最终“固化”为新的义位。

3. 认知心理的变化

认知语言学研究表明，语言既是一种认知活动，也是认知的结果。认知是人们对世界经验的重组，语言表现了这种重组的结构和机制。

在日常生活中，人们往往参照他们熟知的、有形的、具体的概念来认识、思维、经历和对待无形的、难以定义的概念，形成了不同概念之间相互关联的认知方式。从认知上讲，隐喻的方向是从身体域投射到心理域，“以身喻心”是普遍现象，符合由具体到抽象的思维规律。知觉动词的词义演变受到认知方式的支配，如视觉动词引申出“观察；考察”义，听觉动词引申出“听从；接受”义等。世界上大量事物并不发出声音或气味，但总在我们视觉之内。人和所视物之间总是保持一定距离，有了距离才能客观地观察、判断事物，因而视觉动词可引申出“观察并加以判断”义；听觉也有距离，但听觉是人类语言交流的主要途径，是交流者互相作用的主要手段，所以听觉动词与“服从”相联系。

一个物体、一件事情、一个概念有很多属性，而人的认知往往更多地注意到最突出的、最容易记忆和理解的属性，即凸显属性。在相关联或相接近的认知域中，可能用一个凸显事物替代另一事物，用具体的有关联的事物替代抽象的事物。众所周知，对于主体能发出的动作动词而言，往往联系着一系列的语法语义范畴：动作的主体、动作的方式或凭借、动作的对象、动作的结果、动作的方向及目的等。这些语义范畴在不同的历史时期受到不同的关注，这便引起了词义的变化。如，“吃”由表“吞咽食物”引申指“依靠某人或以某种方式生活”；“走”由表“急速而行”引申出“奔向；趋向”义；“打”由表“两物相击”义引申出“殴打；攻打”义，均是转喻认知机制在起作用。

4. 语言系统内的相互制约

语言是个复杂的符号系统。它由语音、语义、词汇、语法等若干相互关联的子系统组成。徐通锵先生指出，语言系统结构的不平衡是制约语言要素变异的系统机制之一。“非线性结构中的结构不平衡性是变异之源，是语言系统自发地进行自我调节的内在杠杆和机制，从这里发出变异的指令而敲开结构的开放大门。”语言各个子系统以及语义系统内部的不平衡性是词义演变的动因之一。

（1）词汇系统的不平衡引起词义演变。

由某一义位作为纽带而联系起来的几个词构成一个同义聚合系统。当其中一个词产生了另外的义位时，就会破坏几个词之间的旧有平衡，于是，其他词的义位也会改变，以求达到新的平衡。如，“行”“走”在古代处于同义聚合系统。在历史发展过程中，“行”不断地衍生出众多意义，如“运行”（行车）、“做；办”（可行、行动）、“路程”（千里之行，始于足下）、“旅行或与旅行有关的”（行人、行装）、“流动性的；临时性的”（行商）、“流通；推行”（试行、流行）、“行为”（品行、德行、政行）等，而表“行走”的初始义则渐渐退居次要地位。“行”意义的变化破坏了与“走”之间原有的平衡，迫使“走”的意义系统相应地发生改变，在南北朝时产生了“行走”义。

（2）语法系统的不平衡引起词义演变。

语法系统促使词义演变，主要表现在以下两个方面：

一方面，语法功能促使义位产生转类义位。由 A 语法功能派生出 B 语法功能，使一个词的 A 类义位派生出 B 类义位。例如，“食”“饭”在上古汉语中初始的和优势的分布是作句子的谓语动词，本是动词义位，后转变为作谓语动词的宾语，演变出名词义位，且使用频繁，成为固定义位，沿用至今。

另一方面，语法功能促使实词产生虚词义位。汉语的大多数虚词是由动词、形容词虚化而来的。实词的句法功能的改变、结构关系的影响是词义演变的一个重要因素。例如，表“观察并加以判断”义的“看”在南北朝以前在句中作谓语动词，是句子结构的核心成分。南北朝时“看”出现在连动式中，基本格式是“动词＋看”。后来这种格式使用越来越频繁，“看”逐渐失去独立地位，成为前面动词的附着成分。语法功能的改变削弱了“看”的动作性，导致其词义进一步虚化，最终失去原有的词汇意义而变为表示尝试义的语法单位。

思考题

1. 现代汉语中哪些类别的双音节词一般都是单义词？
2. 请举例分别说明汉语词义的对立统一性及其内部的构成。
3. 什么是语义场？它反映了词汇的什么性质？
4. 义素分析的原则和步骤有哪些？义素分析的局限性体现在哪里？
5. 什么是同义义场和反义义场？

第五节 词汇系统

现代汉语词汇作为民族共同语的词汇，必然超越某一地域、行业、阶层词语的层面，具有在全社会范围内高频度广泛使用的特点。按照词语的性质和作用，词汇可分为两部分：词的总汇和相当于词的作用的固定结构的总汇。下面分别加以介绍。

一、词的总汇

（一）基本词汇

基本词汇是语言中所有的基本词的总汇，它是语言词汇中主要的不可缺少的部分。语言的基本词汇和语法结构共同构成语言的基础。

基本词汇中的词称为基本词，它们表示人们日常生活中必需的事物和概念，所以基本词和人们生活的关系极为密切，是社会上各行各业的人们讲话都离不了的词汇成分。比如：

天、地、山、水、风、雨、花、草、江、河、树木、牛、羊、人、鸟、道路、天气、阳光、空气、太阳、月亮、石头、沙子

爷爷、奶奶、父亲、母亲、爸爸、妈妈、姐姐、哥哥、妹妹、弟弟、叔叔、姑姑、舅舅、姨妈

头、手、嘴、腿、脚、心、肺、胃、肝、胳膊、耳朵、鼻子、头发、指头

书、笔、墨、纸、车、船、布、线、锅、碗、灯、门、墙、窗户

米、面、粮、油、盐、菜、鱼、肉、饭、粥、馒头、米饭、面条、饺子、汤圆

走、跑、看、听、说、想、生、死、睡、醒、买、来、去、学习、工作

红、白、甜、苦、方、圆、厚、薄、长、短、大、小、高、低、深、浅、漂亮

上、下、前、后、左、右、春、夏、东、西、南、北

就、很、最、非常、一定、因为、所以、和、跟、把、以、虽然、吗、啊、了

基本词汇具有以下几个特点：

第一，普遍性。基本词汇所表示的是生活中最基本、最必要的概念，与人们的生活关系非常密切，不论是哪个阶层、哪个行业、哪片地域和哪种文化程度的人们都要使用它，都离不开它，所以它为全民普遍使用，使用的范围最广，使用的频率很高。

第二，稳固性。由于基本词汇为全民使用，因此它就会被人们世世代代不断地运用，生命很长久，其所表示的概念和事物，都是千百年来一直存在着的，是极为稳定的。基本词在被社会上的人们共同认可的同时，本身也具有了极大的稳固性。

第三，是产生新词的基础。基本词可以成为产生新词的基础，这主要表现在两个方面：一个方面是作为语素构成新的合成词，如“天”作为语素构成了“天”这一基本词，同时“天”作为语素又可以参与构成许多其他合成词，例如“天才”“天空”“天平”“天气”“天然”“天生”“天堂”“天文”“天下”“天性”“今天”“明天”“冬天”“夏天”“白天”“半天”等一系列双音节合成词，从而形成了它的能产性。另一方面是由合成词充当的基本词，当它被社会广泛使用并具有了一定的稳固性之后，它就会以整体的形式转化成为合成语素，并参与创制新词。如“工作”一词原是一个由“工”和“作”两个语素组合而成的合成词，但是当“工作”这一合成词被语言社会确

认为基本词并被广泛使用后，“工作”这一语言形式就会整体性地转化成合成词素并参与造词，如“工作服”“工作日”“工作间”“工作帽”“工作台”等。

基本词的三个特点是互相联系的，在这三个特点之中，“普遍性”是最根本的，因为一个词只有具备了普遍使用性，才更有利于形成它的稳固性，也才能够使它进一步成为产生新词的基础。

需要注意的问题是，我们在谈论基本词的稳固性的时候，不应把这种稳固性和历史悠久性完全等同起来，因为许多非基本词也同样可以具有历史悠久的特点，一个历史悠久的词如果没有普遍性，仍不可能成为基本词，如“诗经”可谓历史悠久，但它不具备普遍性的特点，因此“诗经”只能是一般词汇中的固有词。一个不具备悠久历史的词，由于在某个历史发展阶段具有普遍性，进而形成了它的稳固性，那么它也有可能进入基本词汇。如“电视”，虽然它存在的历史不算悠久，但由于它的普遍性，从而获得了稳固性，在现代汉语中，被公认为基本词了。

上述这三个特点是从基本词的整体上说的，构成基本词汇的每一个基本词并不一定都完全具备这三个特点。有些基本词，譬如代词和虚词，其构词能力不强，但具有普遍性和稳固性，所以它们仍属于基本词汇。

（二）一般词汇

词汇中基本词汇以外的词的总汇就是语言的一般词汇。与基本词汇相比较，一般词汇使用的范围比较狭窄，使用的频率也比较低。从总体上讲，在稳固性和作为新词产生的基础等方面，都要比基本词汇弱得多。但是一般词汇也有自己的特点，它在反映社会的变化和发展方面是非常敏感的。

一般词汇包含的内容丰富而广泛，具体来说，有以下几个方面。

1. 传承词

现代汉语词语不都是现代才出现的，由于语言的渐变性和继承性，古代词语会有很大一部分会继续使用而延续到现代，这些就是“传承词”。这类词不具备普遍性和作为产生新词的基础的特点，因此这类词属于一般词汇。例如：

夫人 儒家 诞辰 逝世 颜面 饮食 居留 界限 借鉴 编纂
别号 彩霞 拜访 残忍 沉浮 晨曦 错综 胆寒 底稿 论题
独裁 封锁 风采 风云 璀璨 灿烂 感慨 激烈 昂扬 珍爱

2. 新词语

所谓新词语，是相对于旧词而言的。指在一定历史时期为了满足社会需要而产生的指称新事物、新现象、新概念的词语或产生新义的词语。

我们判断新词，首先要有一个时间概念，也就是说，必须要立足于某一个时段、时点上来认识新词。譬如2006年度新词语，指的是2006年这一年刚产生的新词，在这之前新产生的使用时间还比较短暂的词语，就不能放在2006年。再比如中华人民共和国成立之初产生的词，到改革开放时期，人们也不会认为它们是新词了。所以新词语应该是在某个时段或时点内新产生的词语。

其次是构词形式或意义有新变化。新词语在构词形式表现出新的特点。一是谐音造词增加。谐音词语有谐汉语拼音的，有谐英语语音的，形式灵活；二是简缩形式普遍。简缩词语指从较长结构中抽取典型语素构成新词；三是非汉字词快速增长。新词语以大量的外文字母和数字作为构词材料，表现为纯字母词、数字词、数字与汉字组合成词、字母与汉字组合成词以及数字、字母、汉字共同组合成词。

20 世纪 70 年代末开始的改革开放，引起了当代中国社会政治、经济、文化、思想等多方面的急剧变化，每一发展阶段的变化，都产生了一大批新词语。例如：

反映经济领域的新词语：

承包、包产到户、责任田、合资、独资、台资、外资、次贷危机、保税区、宏观调控、软着陆、硬着陆、三角债、国企、房改、下岗、待业、入关、世贸、农民工

反映科技发展的新词语：

互联网＋、大数据、网虫、网友、网瘾、电脑、微机、硬件、软件、光盘、激光、液晶、反馈、光缆、手机、兼容、内存、数据库、白色污染、生态平衡、人工智能、动车、高铁、翻墙

反映政治生活的新词语：

改革开放、三个代表、科学发展观、反腐倡廉、主旋律、问责制、小康、中国梦、习近平新时代中国特色社会主义思想

反映教育生活的新词语：

扩招、保送生、定向生、代培生、省筹生、自考生、函大、电大、职大、博士后、终身教育、远程教育、网上教育

反映社会生活其他方面的新词语：

倒爷、丁克、白领、休闲、打的、买单、面膜、炒作、空姐、的哥、快递、传销、万元户、专卖店、第三者、安乐死、纯净水、宅男、蚁族、打 call、粉丝、佛系、微信、微商、电商

新词语的产生与社会生活有着密切的关系，一般都可以在新词语的背后直接找到某一具体的社会生活事件。社会变迁越急剧，新词语的产生也就越频繁。有的新词语会随着人们的广泛使用而成为词汇体系中的一部分，有的则会被慢慢淘汰，甚至消亡。新词语可以是整个词形是新的，也可以是旧词新义，还有的是旧义新用，总之，只要一个新的词语形式或是旧有的词语表达了新的意义或新的用法，就都是新词语。新词语的产生是现代汉语词汇的一个重要来源。

3. 古语词

古语词一般就是指过去曾经运用过而现在已经不用的词。由于交际的需要，在某些场合，人们也可能重新使用某些古语词，这就有可能使古语词成为某一时期语言的一般词汇中的一个组成部分。

现代汉语中的古语词是现代社会人们使用的古语词，它是现代汉语词汇系统中的一个组成部分。现代汉语中的古语词主要有两个类型。

一种是反映了历史上曾经存在过的或者古代神话传说中出现过的一些事物和现象

的词，如："县官""保长""宰相""尚书""青楼""书童""巡捕""上朝""圣旨""额娘""天宫""龙王""玉皇大帝""天王""王母""龙女"等。这些词语对人们了解历史、讲述过去等起到了积极作用，因此在语言词汇的任何发展阶段，都是一般词汇所包含的比较稳定的部分。

另一种是在古代曾经使用过的词，现在已经不用了，但是由于某些交际和写作的需要，或者为了达到某种修辞的效果，人们又重新起用。例如："余虚度年华五十余载"中的"余"和"载"就属于这种情况。

4. 方言词

方言词是指来源于地域方言的词。它们是社会共同语的词汇系统中的组成部分，与存在于各地方言中的方言词是完全不同的。例如，"搞""垃圾""名堂""把戏""尴尬""瘪三""煲汤""焗油""发廊"等，都是从各地方言中吸收到共同语里来的，尽管它们作为各地方言中的方言词仍然继续存在和被使用着。

方言词进入普通话词汇的速度与数量，与方言背后的经济、文化、政治等方面的因素都有着密不可分的关系。20 世纪 80 年代以来，广东成为改革开放的前沿地区，其经济地位领先于其他许多省份，许多粤方言词语逐渐进入普通话，如"酒楼""埋单""打的""爆棚""炒鱿鱼""水货""打工"等。另外，现代传媒的强大影响对方言词进入普通话的作用很大。如东北方言词"忽悠"，随着赵本山小品的深入人心，也逐渐取得了普通话词语的地位。

5. 外来词

外来词指来源于非汉语的其他语言的词语。外来词绝对不是外语中原来的那个词，因为任何一种语言在接受外族语言影响时，都要在原来外语词的基础上，经过一番重新改造和创制的过程。对汉语来说，这就是在原来外语词的基础上，将一个外语词重新改造并汉化为外来词的造词过程。所以汉语中的外来词是汉语词汇中的词。

汉语外来词主要表现为以下几种形式：

（1）音译词。直接模仿外语词的语音形式，再用汉语语音加以改造，使它符合汉语语音的特点和规则。例如：

巴士（bus）、咖啡（coffee）、吉他（guitar）、克隆（clone）、扑克（poker）、巴黎（Paris）、安琪儿（angel）、白兰地（brandy）、比基尼（bikini）

（2）音加意译词。把已经汉化了的音译成分和与原外语词的意义有关的汉语词素相组合，从而形成新的外来词。例如：

啤酒、芭蕾舞、吉普车、巧克力糖、卡宾枪

（3）音意兼译词。同时具有表音和表意的功能，即在用汉字译外语词读音的同时，又能通过汉字原有的意义联想到外语词义。例如：

绷带、基因、可口可乐、乌托邦、俱乐部、幽默、逻辑、浪漫

（4）借形词。又可分为两个小类：一是直接借用外语词的字母形式，或是借用字母形式，再和有关的汉语语素相组合，产生新的外来词。例如：

SOS、MBA、CT、WTO、IT、IP、UFO，AA 制、B 超、T 恤衫、PC 机

此类外来词，都属于我们后面第六节还要进一步展开讨论的字母词。

二是从日文中直接借用汉字字形，但不借它的读音。如：

经济、革命、交通、教授、干部、美术、引渡、组合、茶道、料理、量贩、写真、新干线、寿司、物语、放送

6. 行业词

行业词指由于社会分工不同而产生的各行业集团的用语。如教育行业有“教学”“讲课”“备课”“辅导”“自习”“教师”“教室”“课桌”“课程”等行业词语；医学行业有“内科”“外科”“儿科”“中医”“西医”“医生”“护士”“门诊”“处方”等行业词语。每个行业都有自己的行业语，某个人只要从事某种行业，就会掌握这一行业的行业语，这是由这一行业范围内的交际需要所决定的。

由于科学文化的发展，或者词语本身的发展和变化，某些行业词会程度不同地扩大其使用范围，用来指称一般事物，这样它们就具有了一般词语的性质。如“下课”，原是教学用语，后来其领域扩大到体育领域，指“教练辞职或被撤换”，再后来使用领域越来越广，逐渐泛化为一般词语。

又如随着股市经济已经成为老百姓生活的一部分，许多股市用语也出现了泛化的现象，如：“有的人长期筑底走不出盘局，无法突破自我，所以形成不了向上突破的行情。”这里借用“筑底”“盘局”“行情”等股市术语来指一个人的生活状况。

把一般词汇分为以上六种类型，主要是从其来源的角度考虑的，事实上，这六类词之间存在着各种复杂的关系和联系。

（三）基本词汇和一般词汇的关系

基本词汇和一般词汇都有各自的特点，它们是语言词汇中两个完全不同的部分。但是，基本词汇和一般词汇有着非常密切的联系，它们相互依存，共同发展，都是语言词汇中不可缺少的部分。

基本词汇是语言的基础，它也是一般词汇形成的基础。一般词汇中的大多数词，都是在基本词汇的基础上形成的。

一般词汇反映社会的发展是非常敏感的，它处在不断的变动之中，因此，语言词汇中的新成分，往往首先出现在一般词汇中，然后，个别的成分再进入基本词汇中，促成基本词汇的发展。从这一角度讲，一般词汇又可以充当基本词汇发展的源泉。

基本词汇和一般词汇中的个别成分可以互相转化。在词汇发展的过程中，随着社会交际需要的改变，某些基本词可能转化为一般的词，而某些一般的词，也可能转化为基本词。如过去的基本词“鬼”“神”“野菜”等，现在随着与人们生活关系的减弱而转化为一般词。与此相反，过去的一般词“党”，由于现在成了“共产党”的简称，随着共产党在人们心目中的地位和作用的加强，“党”已经由一般词而变成了基本词。

基本词汇和一般词汇就是在这样一种相互依存、不断转化的关系中，共同发展和丰富起来的。它们的发展又促成了整个语言词汇的丰富和发展。

(四) 现代汉语词汇系统的时间变化与空间分布的关系

现代汉语词汇系统既有时间维度的发展变化，也有空间分布的方言差异，是历时和共时相结合的产物。从时间维度来看，有传承词、古语词、新词语；从空间维度看，主要有方言词、行业词等。而现代汉语词汇系统既是共时现象，也隐含着历时事实，不能割裂时间序列和空间差异的联系。每一个词都有其时代性和地域性，词语的时间差异代表词语发展的不同阶段，体现时间发展的早晚，有时从语言空间的地域差异也可以探求词语的历史时期。

词汇的历史层次鲜明地反映在同义词语的叠置上。这些同义词语的来源有来自不同方言区的，也有来自外来语言的，或者是来自不同行业的。譬如，表示“父亲”概念的词语常用的有“爸”“爹”“父亲”“老子”“爷”等，这些同义词语使用于不同的历史时期。其中，“爸”在先秦时期就已使用，“爷”是北朝时期北方地区使用的方言词，“爹”是宋代时期的常用词，“老子”是宋代使用开来的口语词，“父亲”则是明清以来官话的书面语词。它们都叠置在现代汉语的词汇系统中，形成了一个同义聚合体。

二、相当于词的作用的固定结构的总汇

现代汉语中相当于词的作用的固定结构，一般也可以称作熟语。熟语主要包括成语、惯用语和歇后语。这些固定结构都是在语言的长期运用中定型的短语和句子。它们具有以下三个共同的特点：

第一，结构的定型性。指的是其构成成分和结构关系都是固定的，不能随意替换结构成分或改变其结构关系。

第二，语义的融合性。指的是其意义不等同于构成成分意义的简单相加，而是其内部成分意义的融合，表达一个新的完整的意义。

第三，功能的整体性。指的是熟语同词一样，是构成句子的备用材料，它们的作用相当于词。

现代汉语固定结构作为一种特殊的词汇单位，在汉语词汇系统中形成了一个颇具特色和规模的子系统。除此之外，现代汉语中还有不少搭配固定，但尚未完全凝固的类固定词语。

(一) 成语

1. 成语的性质

成语是指历史上沿用下来具有固定的结构形式和完整意义的固定结构。例如：

好问则裕 不欢而散 兰催玉折 水落石出 狐假虎威 望梅止渴

千锤百炼 炉火纯青 春树暮云 无所不为 正人君子 斗绝一隅

己饥己溺　李下瓜田　瞻前顾后　拔本塞源　胸有成竹　刻舟求剑
本末倒置　波澜壮阔　初出茅庐　鲸吞蚕食　打草惊蛇　朝三暮四

汉语的成语非常丰富，多数是从历史上沿袭下来的，来自神话寓言、历史故事或者古典诗文等。下面分别加以说明。

（1）神话寓言。例如：
夸父逐日（《山海经·海外北经》）
杞人忧天（《列子·天瑞》）
守株待兔（《韩非子·五蠹》）
黄粱美梦（唐·沈既济《枕中记》）
兰摧玉折（南朝宋·刘义庆《世说新语·言语》）
春树暮云（唐·杜甫《春日忆李白》）
重熙累洽（汉·班固《东都赋》）
权钧力齐（《后汉书·窦融列传》）

（2）历史故事。例如：
城下之盟（《左传·桓公十二年》）
刻舟求剑（《吕氏春秋·察今》）
精卫填海（《山海经·北山经》）
负荆请罪（《史记·廉颇蔺相如列传》）
望梅止渴（《世说新语·假谲》）
乐不思蜀（《三国志·蜀书·后主传》）
白头之叹（元·王实甫《西厢记》）
夜郎自大（《史记·西南夷列传》）

（3）古典诗文。例如：
困兽犹斗（《左传·宣公十二年》）
进退维谷（《诗经·大雅·桑柔》）
寸草春晖（唐·孟郊《游子吟》）
亦步亦趋（《庄子·田子方》）
扑朔迷离（古乐府《木兰辞》）
学而不厌（《论语·述而》）
短兵相接（《楚辞·九歌·国殇》）

了解成语的来源，对于理解成语的意义是很有必要的。例如，“负图之托”为什么指“承受辅佐幼主的嘱托”？原来这个典故出自汉武帝临终托霍光辅佐幼子弗陵（即汉昭帝）的故事。《汉书·霍光传》：“是时，上（汉武帝）年老，宠姬钩弋赵倢伃有男（弗陵），上心欲以为嗣，命大臣辅之。察群臣，唯（霍）光任大重，可属社稷。上乃使黄门画者画周公负成王朝诸侯以赐光。后元二年春，上游五柞宫，病笃。光涕泣问曰：‘如有不讳，谁当嗣者？’上曰：‘君未谕前画意邪！立少子，君行周公之事。’”汉武帝把周公抱成王接受诸侯朝拜之图赐给霍光，就是表示让他担起辅佐幼主的任务。这就是“负图之托”的由来。

2. 成语的特征

成语具有五个重要的特征。

（1）意义的完整性。

理解成语的意义，无法直接从各个构成成分的词义上获得，必须是在各个词义组合的基础上进一步概括出整体意义。例如“李下瓜田”并不是指李树下和瓜田，而是比喻“处于嫌疑之中难以说清”。又如“乐不思蜀”“春树暮云”“胸有成竹”“好问则裕”“狐假虎威”“守株待兔”等成语，尽管人们对每个成语的每个构成成分的意义都知道，但仍有可能不能正确地理解它们的真实含义。由此可见，成语的实际意义具有整体性，是隐含于表面意义之后的，而表面意义只是实际意义借以表现的手段。

（2）结构的凝固性。

成语大部分是四个字的，占成语总数的95%以上，也就是说，四字格是汉语成语的基本形式。这种形式整齐匀称，简洁明了。

成语结构的凝固性表现在两个方面：

第一，结构关系稳定，不能随便改变次序。例如“非驴非马”，不能改为“非马非驴”，“背井离乡”不能改为“离乡背井”，“如火如荼”不能改为“如荼如火”。但是有的成语前后两部分的次序也可以颠倒，存在两种形式。如：

毂击肩摩——肩摩毂击　花言巧语——巧语花言

摇唇鼓舌——鼓舌摇唇　顿开茅塞——茅塞顿开

龙行虎步——虎步龙行　人杰地灵——地灵人杰

第二，结构成分都是固定的，一般不能任意变动词序或抽换、增减其中的成分。例如“拔本塞源”，不能说成“拔本堵源”或“拔本而且塞源”；“冠盖如云”不能变为“冠盖像云”或“冠盖如伞”等。成语是在长期频繁使用中约定俗成的，凝固的典型形式更便于传达丰富的含义，如果变更结构成分和结构关系，就会破坏典型形式与概括意义之间的联系。

但是，也要注意，在历史的发展过程中有的成语个别构成成分比较生僻，被改换成了容易理解的成分。如：“揠苗助长—拔苗助长”“覆车之鉴—前车之鉴”等。

（3）历史的习用性。

成语是历史的产物，绝大多数是历史上沿用流传下来的。在意义内容上，绝大多数成语反映的内容都是古代的事件、人物、传说、寓言等。在形成时间上，大多数成语都已具有1 000年到2 000年的历史，有的甚至更早。有人统计了上海教育出版社出版的《汉语成语词典》中的5 500条成语，发现其中有出处的有4 600多条，先秦和秦汉占68%，魏晋南北朝占15%，隋唐占9%，宋朝占6%，元明清只占2%。在语言形式上，成语中保留了不少古代汉语的语音、词义和语法现象。例如“否（pǐ）极泰来”“图穷匕见（xiàn）”“感激涕（眼泪）零（落下）”“含辛茹（吃）苦”“岁不我与（与我）”“唯命是从（从命）”等。

（4）韵律的协调性。

汉语是有声调的语言，且注重音节韵律的和谐、平衡，成语突出地体现了这一特点。成语多为四个音节，两两相对的格式既均衡平稳，又铿锵和谐。例如，“好问/则裕”“不欢/而散”“无所/不为”“拔本/塞源”“实事/求是”“暗箭/伤人”“赴汤/蹈火”“乐不/思蜀”。这种节奏形式合乎汉民族的语言心理。成语的音节之间讲究平仄配合，既有同调反复，又有异调错综，声调高低起伏，变化多端，具有旋律美。例如：平平仄仄（“和颜悦色”“朝思暮想”），仄仄平平（“坐井观天”“义愤填膺”），平仄平仄（“重见天日”），平仄仄平（“心不在焉”），仄平平仄（“汗流浃背”）。

（5）形式的整齐性。

汉语成语的形式是非常整齐的，据统计，四音节的成语占了95%以上。其他的形式有双音节、三音节、五音节、六音节等形式，但数量很少。例如：“染指”“莫须有”“破天荒”“欲速则不达”“五十步笑百步”“以小人之心度君子之腹”。四字格是汉语成语的基本格式，这种格式既整齐匀称，又简洁明了。它具有两个突出的优点：第一，四字格同汉语四声相配合，可以有效地调动平仄，显示高低起伏、抑扬顿挫的变化；第二，四字格是组成各种结构形式的最低限度，形式完备，表意丰富多彩。

3. 成语的作用

成语是经过长期锤炼而形成的异常精练、富于表现力的并为民众喜闻乐见的固定形式。恰当地使用成语，可以增强语言的表达效果。成语的作用主要表现为以下几点。

（1）言简意赅，表意明确。

一个四字格的成语，寥寥几个字，往往就能把复杂现象的本质或丰富的含义表达出来，这是一般词语或短语所远远不及的。例如：

“自由王国”没有止境，科学家的探索也不会停步。70多岁的竺可桢，仍然孜孜不倦地进行科学研究。（《卓越的科学家竺可桢》）

上段文字用了“孜孜不倦”这个成语，使得竺可桢老骥伏枥，为发展祖国科学事业争分夺秒、勤奋钻研的精神跃然纸上，取得了言简意赅的效果。

（2）形象生动，色彩鲜明。

有很多成语都是运用比喻或象征手法构成的，反映客观事物或现象，十分生动形象，在语言表达中具有特殊的作用。例如：

开国之初，虽然百废待兴，然而已经是生机蓬勃、万紫千红的局面。（《地质之光》）

这段话里连用“百废待兴”“生机蓬勃”“万紫千红”等成语，准确而形象地概括了开国之初的大好形势，语言十分生动。

汉语词汇中，通过一定修辞手段构成的成语很多。例如，“千钧一发”“九牛一毛”，用对比和比喻构成；“翻江倒海”“天翻地覆”，运用夸张的手法；“蒸蒸日上”“栩栩如生”，用叠音的手段构成。恰当地运用成语，能增强文章的鲜明性、生动性和表现力。

（3）结构匀称，音律和谐。

四字格成语结构匀称，用在语言中常可取得节奏明快、音律和谐的效果。例如：

他们也无需说话，他只更深地把自己投进物理的世界，在这里披荆斩棘，浴血奋战；专心致志，刻苦攻关。（《奇异的书简》）

这段话里用“披荆斩棘”“专心致志”等成语与四个字的短语相配合，形成排比和对偶，使语句音律和谐，具有鲜明的节奏感。

（二）惯用语

惯用语是口语中使用的表达一定习惯含义的固定结构。如“走后门”“戴高帽”“穿小鞋”“磨洋工”“碰钉子”“开倒车”等都是惯用语。其主要特征是用比喻或引申的方法表示意义，简明生动，通俗形象。

惯用语的形式以“三字格”为主，也有少量四个字以上的。其结构形式主要有：

动宾式：

跑龙套 钻空子 卖关子 唱反调 炒鱿鱼 和稀泥 穿小鞋 滚雪球 夸海口 套近乎 磨洋工 泼冷水 吃闭门羹

偏正式：

半吊子 闷葫芦 白眼狼 擦边球 醋坛子 小报告 跟屁虫 鬼门关 聚宝盆 定心丸 光杆司令 没头苍蝇

并列式：

穷庙富和尚 求爷爷告奶奶 缺胳膊少腿 小打小闹 皮笑肉不笑 睁一只眼闭一只眼 吹胡子瞪眼 鸡毛蒜皮

主谓式：

鬼推磨 耳朵软 狗咬狗 风头紧 腹中空 一家人不说两家话

从形式上来说，最常见的惯用语是三字的，结构以动宾结构和偏正结构为多，也有一些是其他结构形式。与成语不同的是，有些惯用语，特别是动宾结构的惯用语，常常可以拆开，加入其他成分。例如，“钻空子”可以说“钻了法律的空子”“钻了一次空子”，“跑龙套”可以说“跑了一辈子的龙套”，“炒鱿鱼”可以说“炒了他的鱿鱼”。

从意义上来说，惯用语不同于自由短语，不是构成成分意义的简单相加，而是整体上表达一个另外的意义。例如，“泼冷水”不是说“把冷水泼出去”，而是指“挫伤人的积极性或让人清醒”；“醋坛子”不是指“装醋用的坛子”，而是指“在男女关系上嫉妒心极强的人”。惯用语含义单纯，形象生动、通俗贴切，口语色彩浓厚，具有鲜明的修辞效果。

（三）歇后语

歇后语是一种由前后两部分构成的带有谜语性质的固定语句。例如：

孔夫子搬家——尽是书（输）

外甥打灯笼——照舅（旧）

飞机上挂暖壶——水平（瓶）高

猪鼻子插葱——装象（相）

姜太公钓鱼——愿者上钩

肉包子打狗——有去无回

猪八戒照镜子——里外不是人

七窍通了六窍——一窍不通

歇后语分为两部分，前一部分的内容实际上只是真正意义的比喻或引申，后一部分内容才是要表达的真正意义。例如：“肉包子打狗——有去无回”的真正意义是“有去无回”，“就好像用肉包子打狗一样”。歇后语虽然包括两部分，但它们是密不可分的，因此也具有和词一样的语法作用。

从创制方式看，歇后语主要有三类：

一是利用谐音。例如：“上鞋不用锥子——针（真）好”，就是利用了“真”与“针”的同音特点，产生了出其不意的修辞效果。

二是利用常识性的现象得出结论。例如：“懒婆娘的裹脚——又臭又长”，就是抓住了“懒人的脚臭”“旧社会婆娘的裹脚布长”这两个生活常识，得出了“又臭又长”的结论。

三是利用历史典籍中的故事和事件引申出本意。例如：“周瑜打黄盖——一个愿打，一个愿挨”，就是借《三国演义》中的一个故事，表达“情愿吃亏”的意思。

歇后语是一种为人民群众所习用的现成话，因为像谜语一样充满新奇感，所以诙谐生动，生活气息很浓，常被用来在口语中打趣或调节气氛。

（四）类固定词语

类固定词语主要是指一些准凝固性的四字格短语，当然也包括一些非四字格的固定格式。四字格固定词语具有两个方面的特点。

第一，在结构上，既有固定的语型部分，也有可变的替换成分。例如：

爱X不X：爱理不理　爱看不看　爱信不信　爱吃不吃

没X没Y：没大没小　没完没了　没心没肺　没日没夜

不X不Y：不三不四　不上不下　不清不楚　不男不女

X东X西：指东打西　拆东补西　说东道西　指东画西

第二，在意义上，固定部分规定整个短语的格式义和关系义，可变部分表示整个短语的具体义和实用义；两者配合互补，相辅相成。例如：

七X八X：七说八说　七改八改　七问八问　七捅八捅

四X八Y：四通八达　四乡八邻　四邻八舍　四仰八叉

前X后Y：前思后想　前堵后追　前呼后拥　前松后紧

X言Y语：闲言碎语　胡言乱语　只言片语　慢言细语

类固定词语与成语既有联系，又有区别。联系是指，有些类固定词语随着可变部分使用的经常化，搭配关系的凝固化而渐趋定型，变成了成语。例如：“声东击西”“顶天立地”“半推半就”“花言巧语”“七手八脚”“百折不挠”“欢天喜地”“四面八方”“七嘴八舌”等。

区别是，类固定词语的可变部分都是可以有限替换的，所表示的语义大都是字面意思，而不像成语那样结构凝固，语义浓缩，表示一个整体意义。

在汉语词汇系统中，类固定结构是介乎成语和单词之间的重要一环，是一种正在形成和发展中的特殊的词汇现象。据统计，在整个词汇系统中，四字格的类固定词语占有相当高的比例，而且能产性还比较强。例如：

边……边…… 各……各…… 忽……忽…… 屡……屡……
无……无…… 可……可…… 有……有…… 且……且……
或……或…… 随……随…… 越……越…… 如……如……
自……自…… 是……是…… 愈……愈…… 时……时……

需要注意的是，各种类固定词语的凝固程度、搭配能力、表达作用和使用频率各不相同，情况比较复杂，掌握和熟悉这些类固定词语，可以更为有效地理解和驾驭汉语的语汇。

思考题

1. 基本词汇的特点有哪些？基本词汇和一般词汇具有怎样的关系？
2. 使用古语词需要注意哪些问题？
3. 成语具有什么特征？成语与惯用语的区别主要有哪些方面？
4. 请谈谈你对外来词的理解。
5. 请举例说明类固定词语与成语的关系。

第六节 网络用词以及词汇规范

词汇在使用者的交际活动中以动态的形式存在。当人们在语言成分的基础上组成言语以进行交际时，这些静态的词汇单位便逐渐成为具体语境中的言语成分，在动态的使用中不断发展变化。在当前语文生活丰富多彩、词汇形式迅速变化情况下，更要重视相应的规范。

语言生活是社会生活的重要组成部分，涉及社会生活的方方面面。每个社会领域都有各自的语言生活。而词汇作为语言三要素之一，最直接、最迅速地反映着不同社会领域的发展变化。

一、新兴词语在媒体领域的应用

媒体主要包括广播电视、新闻报刊和网络媒介。随着数字化时代的到来，媒体语言在当代社会生活中的地位日渐重要和突出，引起了人们的高度关注。许多新词语就来自媒体语言。例如：

反映经济建设的：产能、产业链、客服、环比、负资产、存款准备金、第一桶金、爆仓、挂单、老鼠仓、期权、权证、权重股、升水、私募

反映社会生活的：首付、扫货、拼车、拼购、拼客、团购、网购、网聊、美甲、瘦身、塑身、餐叙、茶叙、陪餐、陪聊、自驾游、自由行、自助游、背包客

反映新的社会群体的：北漂、草根、社工、达人、独董、愤青、名嘴、蚁族、月光族

反映住房出行的：产权证、房贷、车贷、房卡、群租、接驳、动车、高铁、房改房、二手房、廉租房、两限房、摆渡车、屏蔽门、轨道交通、减速带、经济适用房

这些新词语表现出的主要特点有：第一，多字词语占优势。其中三字词语、四字词语的比例合计约为65%。第二，名词性词语最多，约占全部新词语的90%。第三，大量使用词语模类推构词，词族化表现明显。例如：

客：绿客、淘客、试客、职客、播客、拼客、威客、印客、掘客、群租客、刷书客

吧：嚼吧、爽吧、眼吧、熨吧、K客吧、手工吧、自驾吧

替：饭替、光替、裸替、笔替、文替

科学技术术语构成了科技领域语言生活的重要内容。术语规范对发展科学技术、丰富社会语汇、传承思想文化都具有不可替代的作用。许多科技术语正在快速地进入日常生活，计算机、经济、制造业等领域的一些专业术语已经成为普通词语，例如："硬件""软件""菜单""网络""互联网""非公有制经济""后工业化""光伏效应""碳汇""碳源"等。

网络是新兴的大众媒体。根据语言使用特点，大致可以把网络分为网络新闻、博客、BBS三类。特别是博客和BBS的词汇使用体现出较多的个性。据考察，2006年的网络词汇，纯汉字词约占46.14%，字母词占31.99%，纯字母词占28.08%，数字词占21.63%，纯数字词占20.02%，其他占0.24%。网络词语的构词形式呈现多样化的趋势，数字和字母的使用量远远大于其他媒体语言。这与网络媒体的特性以及网民们为追求便捷性、新奇性和趣味性等原因分不开的。由于表达的简洁性，网络语言词汇的使用往往具有随意性的特点。同一个意义可以对应多个表达形式，在可理解的情况下交际双方甚至可以随意改变个别词语的表达形式。在网络用语中，"版主（论坛板块的管理人员）"这个义可以用"斑竹""版猪""班猪"等形式来表达；主页既可以用"竹叶"也可以用"烘焙机"，奔腾3简写成"笨3"，用"弓虽"来表示"强"。但也有不少网络新词得到社会的认同。例如，"山寨"引申出"民间、模仿、非主流"的意义；"雷"表示由意想不到的人或事而带来强烈冲击或受到巨大震撼的意义，带有了动词或形容词的某些功能和特点。

随着以微博为主流的网络交流与传播平台的盛行，一种形式短小、内容新奇而又扩散迅速的快餐式的网络流行固定模式"××体"已然成为当代网络、媒体以及人与人互相交流的新宠。微博语言中的"××体"，通常都是一条独特的微博引起众人的共鸣，受到追捧，人们纷纷前来模仿。模仿时，往往将其精华部分保留（这一部分可以是指语言文字原封不动的保留，也可以是保留原版的言语风格、内涵、特色等），并依据个人情况填补不同的信息，进而形成形式相同、情感相通但具体表达内容各异的各

种微博“××体”。比如，咆哮体、校内体、唤醒体、琼瑶体、知音体、梨花体、银镯体、凡客体、蓝精灵体、hold住体、下班回家体、见与不见体、TVB体等。这些固定模式使用了一些特定的词语。比如，运用淘宝体时都会以“亲”开头；讲hold住体时必不可少的“要hold住”“不要慌”；使用TVB体时，大量套用TVB电视剧中的经典台词来“吐槽”或者寻求“安慰”。这些新的网络文体被赞语言平实却“很疗伤”，成为新的“吐槽”方式并在网络上走红，受到网友追捧。

淘宝体源于淘宝网卖家对商品特征及买卖过程中相关事项的描述，特点是语调轻快、随和，常用“亲”（源自“亲爱的”）和语气词“哦”。例如：

给好评哦，有红包哦，亲！

亲，下次来九五折哦～

亲，这个包邮哦～

这种展现亲切、可爱的说话方式，很容易打动特定群体的使用者，拉近双方的距离。

2011年南京理工大学招生办公室通过短信平台给每位录取新生发去了祝贺短信：

亲，祝贺你哦！你被我们学校录取了哦！南理工，不错的哦！211院校哦…亲，9月2号报到哦！

这种新鲜的报喜短信形式一改高校录取通知的正式和书面，一下子拉近了学校和学生的距离，给人留下深刻的印象。

再比如，蓝精灵体的风行源于动画片《蓝精灵》热播而引起的改编蓝精灵主题曲《蓝精灵之歌》的热潮。这首主题歌是由叙述句、描写句和陈述句、感叹句等不同功能类型的句类整合而成的表达格式，表现了主人翁的生活状态和情绪。不同行业、地域的网友们仿照《蓝精灵之歌》来表达自己的职业遭遇或地域特色。例如：

会计版：在那山的那边海的那边有一群小会计，他们聪明又苦命，他们每天输凭证，他们没日没夜迷失在那无垠的账表里，他们沉着冷静相互都支撑。噢，苦命的小会计，噢，苦命的小会计，他们齐心协力开动脑筋应付了税务审计，他们结账编表加班不加薪。

总之，人们“微小说”般的创作热情使各种“××体”风起云涌，从不同的侧面展示了网络语言仿拟的各种新景观。

二、字母词的使用与规范

（一）字母词的形成与流行

随着我国对外交流的进一步开放和日益频繁。汉语中涌现出了越来越多的外来词，其中包括一批纯字母或带字母的“字母词”（lettered-words）。近年来，各种语体中字母词的使用正呈快速增长的趋势，尤其是在各类新闻媒体中，字母词的使用已十分普遍。新闻报道中夹杂使用字母词的现象近年来越来越普遍，娱乐生活类的有“KTV”

“MTV”“DIY”，电视传媒类的有“CCTV”“VOA”“BBC”，政治经济类的有“WTO”“UN”“APEC”，文教体育类的有“NBA”“MBA”“TOEFL”，医药类的有“HIV”“DNA”“SARS”，与电脑及网络相关的字母词更是不胜枚举。

字母词的使用频率很高，在一些场合甚至超过了其相应的中文词汇。字母词在中文中日趋渗透的现象，是语言应用中一种显著的变化。对于这类直接进入汉语交际领域用字母表意的词，人们曾经提出过多种不同的名称，比如，外文字母词、英文字母词、拉丁字母词、西文字母词、字母词语等。从这些名称可以看出，尽管其前面的修饰语不同，但几乎都含有“字母词”这三个字，看来“字母词”这个名称比较简洁，而且也足以体现其内涵，所以，现在都倾向于使用这个名称。就字母词的性质而言，也有一些不同的认识，那就是用汉语拼音拼写的字母词，比如：“HSK”算不算字母词？目前通行的观点是，可以把用拉丁字母、汉语拼音字母或者希腊字母构成的词，以及这些字母分别与符号、数字或者汉字混合构成的词，统一称为字母词。就字母词的范围而言，刘涌泉的《字母词词典》（上海辞书出版社，2001 年）和沈孟璎的《实用字母词词典》（汉语大词典出版社，2002 年）各收了 2 000 条左右。而《现代汉语词典》（第 6 版，商务印书馆，2012 年）作为附录，则收了 239 个常用的字母词。

随着信息技术的迅猛发展，国内外的交流日益开放，中国与世界的融合加速，现在无论是在网络还是平面媒体上，几乎每天甚至每时每刻都有各种字母词在出现、被使用。即使是《人民日报》和中央电视台这样的媒体，也已很少使用“消费物价指数”“国内生产总值”“世界贸易组织”，而是直接运用字母词“CPI”“GDP”“WTO”了。总之，不管人们喜欢不喜欢，接受不接受，当代汉语中已经活跃着一批可以与汉字混合使用的字母词，尽管其来源、性质、用途各不相同。字母词这一网络语言中的新兴成员，已经在不知不觉中形成了现代新闻语汇中的一个新的热点，得到当代青年人的青睐。所以，在当代社会中，要想畅通无阻地传播信息，无论是传播者、编发者还是广大受众，都应该重视对字母词的理解和积累，不但要能够比较正确地理解字母词，还要学会掌握并且运用字母词。这就要求人们都来关心字母词，了解字母词的性质、构成和范围，注意字母词的意义、色彩和用法。

（二）字母词的类别与作用

对于字母词的性质、分类、作用，学界迄今为止还存在一些不同的认识。根据符号性的不同，可以将典型的字母词大致分为直接、混合、自创三种类型。

直接型即直接移用外文词字母缩写而组成的词。它是字母词中数量最多的形式，如“CAD”（计算机辅助设计）、“DNA”（脱氧核糖核酸）、“OPEC”（石油输出国组织）、“IT”（信息技术）、“MP3”（一种袖珍型音乐播放器）等。外文缩写所具有的符号性，不仅使它容易被引借到汉语词汇系统中来，也使它明显不同于其他的汉语词汇单位。部分字母词在汉语词汇系统中已然取得了正式成员的地位，如“DVD”（数字影碟）、“IT”、“DNA”，但更多的还是汉语词汇系统的临时成员，能否成为正式成员还需要时间来检验。对于外语水平比较高的人来说，这类词的理据性比较强，但进入日常生活当中，有时也会产生理解的障碍。

混合型即外文字母、外文缩写和汉字组合形成的词。这类词语是已经汉化了的词，它的符号性大大降低，比如："CT 扫描""AC 米兰""POS 机"（销售点终端机或电子收款机）。外文字母、外文缩写和汉字的组合在构词上形成了混合形式，外文字母或外文缩写表示词语的区别性特征，汉字部分表示词语的类义。这种结构与单纯的外文缩写相比，汉化程度较高。其符号性也有所降低，能够比较容易地融入汉语词汇系统中。这类字母词有的已开始进入汉语词汇系统，如"IP 电话""POS 机"等，有的已可以看作汉语词汇系统的正式成员，如"维生素 A""卡拉 OK""X 射线"等。

自创型就是利用字母自身的性质而自造的词。字母的外形特点、排列的顺序性，以及它们之间的区别性都属于字母自身固有的性质。汉语字母词中，有一些是利用字母的外形特点来造词的。比如："T 型人才"（知识广博又有研究深度的人才）、"X 型人才"（多学科的交叉型人才）、"O 形腿"（罗圈腿）、"V 字领"（一种衣领的样式）等。汉语传统上是采用天干、地支来排序，西学东渐以来，字母的顺序性和区别性也日益为人们所熟悉，也被用来创造新词，如字母词"ABC"，是利用它们在字母表中排在最前面，来借指一般常识或浅显的道理；"AB 制"和"AB 角"，是利用 A、B 是两个字母，并且 A 排在 B 之前，来借指一个角色有两人担任，并且 A 角先于 B 角。这类词语有一定程度的符号性，是借用外来的材料，用汉语的思维方式创造的词语。它们与其他字母词一样，通过一定时间的检验，也有可能成为汉语词汇系统的一个成员。比如，现在都在说"写一封 E-mail"或者"发一封 E-mail"，还经常说"唱卡拉 OK""考 GRE""上 QQ"等。

总体而言，由英语单词缩略的字母词数量最多，有专业词汇，也有一般词汇。例如：

GDP：gross domestic product（国内生产总值）

ATM：automatic teller machine（自动取款机/柜员机）

BBS：bulletin board system（电子公告牌系统）

UFO：unidentified flying object（不明飞行物、幽浮、飞碟）

CPU：central processing unit（中央处理器）

GRE：graduate record examination（研究生入学资格考试）

XO：extra old（特陈，特指白兰地窖藏年份 40～75 年的）

ISBN：international standard book number（国际标准书号）

ISDN：intergrated services digital network（综合业务数字网）

MBA[1]：Master of Business Administration（工商管理硕士）

MBA[2]：mind below average（智商低下，一种诙谐的说法）

由于字母词具有简洁、凝练、实用的特点，在英语字母词的启发下，人们怀着创新、好奇的心理，也尝试着创制出一些具有中国特色的字母词，并借助网络的优势推而广之，如 FQ（愤青）、BZ（斑竹，版主）等。这类字母词，包括汉语拼音字母词和字母与汉字的混用词，表达了人们希望进一步变革和发展传统语言、与西方语言接轨、追求时尚的愿望。不过，这一类字母词数量还较少，流通领域相对有限，也缺乏国际性和通用性。例如：

PSC（普通话水平测试）　HSK（汉语水平考试）　RMB（人民币）

KSJ（跨世纪）人才　ZL（专利）　ZX（专线）车　RW（软卧）

下面这些汉语拼音字母词，一般只限于网络中使用，多在青少年中流行。例如：

BC（白痴）　DX（大侠）　HC（花痴）　RY（人妖）

KL（恐龙，指长得难看的女性）　MM（妹妹/美眉）

ZK（抓狂）　YBB（一般般）　SJB（神经病）

（三）字母词的运用与规范

英语单词缩略的字母词，无论在词形、词音还是词义上几乎完全都借于英语，是所有外来形式词当中汉化程度最低的。这类字母词一般都是分读的，也就是分别读各个字母的字母音，但是也有一些可以拼读。有些字母词在长期的使用中，逐渐凝固成了一个词，也就会按照单词的方式来读，这个时候就不能再按照字母的读音一个个来读，这种字母词已经成为缩略词。比如：NATO（North Atlantic Treaty Organization，北大西洋公约组织）、UNESCO（United Nations Educational，Scientific and Cultural Organization，联合国教科文组织）、SARS（Severe Acute Respiratory Syndrome，重症急性呼吸综合征，简称“非典”，音译为“沙斯”）、NASA（National Aeronautics and Space Administration，美国国家航空航天局）。再比如 AIDS（Acquired Immune Deficiency Syndrome，获得性免疫缺陷综合征，又音译为“艾滋病”）。至于大写缩略词一旦转为小写的单词，比如 radar（radio detection and ranging，无线电探测器，又音译为“雷达”），那就不再是字母词了，而是一般的缩略式单词了。

理解字母词应注意，有时两个字母词表层字母相同，实际却代表不同的事物。比如 WTO（Warsaw Treaty Organization，华沙条约组织）和 WTO（World Trade Organization，世界贸易组织）。更多的情况是字母相近，只差一个，容易混淆。比如：CEO（Chief Executive Officer，首席执行官）和 CFO（Chief Financial Officer，首席财务官）、EQ（Emotional Quotient，情商）和 IQ（Intelligence Quotient，智商）、DDD（domestic direct dial，国内直拨）和 IDD（international direct dial，国际直拨）、APEC（Asia-Pacific Economic Cooperation，亚太经济合作组织）和 OPEC（Organization of the Petroleum Exporting Countries，石油国家输出组织）、MBA（Master of Business Administration，工商管理硕士）和 MPA（Master of Public Administration，公共管理硕士）。

字母词中有一些同义词，这些字母词虽然意思接近但还是有细微差别。比如：CD（compact disc，激光唱盘）、VCD（video compact disc，激光视盘）、DVD（digital video-disc，数字式激光视盘），再比如“vs”和“PK”都有互相较量、竞争、对决的意思，但“PK”的竞争性更强。“vs”来自英语的介词“versus”，通常是小写的。而“PK”源于网络游戏中的“player killing”，淋漓尽致地展现了个体某项目上的优劣，非常直接。

总之，字母词是改革开放、科技交流的必然结果，是顺应当代社会高速发展趋势的表现。它们在使用中有其方便之处，比如一些医学术语，一般都愿意使用简单方便的字母词。人们之所以比较喜欢在一些场合中使用字母词，主要是因为它们有这些特点：

（1）简短明快，打字便捷。

（2）可扩大交流，便于与国际接轨。

（3）生动形象，使人觉得可爱、好玩。

（4）富于时尚感，可满足崇尚外语的心理。

（5）互相联系，容易使人产生共同语言。

（6）委婉曲折，可以避讳难言之语。

在全球一体化的大潮之下，新时期的大学生掌握尽可能多的字母词，自觉接受新信息，进行多方面的交流，是必需的。比如，如果不了解 CBD 以及 ED、HTV、VCT 的确切含义，就很难正确理解下列新闻报道：

与此同时，李明还负责北京 CBD（中央商务区）区域的整体开发工作，为北京的国际化进程做出了极大贡献。（《中国经济周刊》）

糖尿病患者的 ED（男性勃起功能障碍）是很常见的，但又是极易被忽视的并发症，一旦男性患者出现 ED，就应该及时转诊。（《生命时报》）

这段时间，该区分别有 8 人参加了国家、省组织的艾滋病防治培训班 18 次，16 人参加了市、区级培训，学习 HIV（艾滋病）筛查，技术医疗救治、抗病毒治疗的基本方案及毒副反应的处理原则、VCT（Voluntary Counseling & Testing，志愿咨询检测）服务、计算机录入、收集分析、资料汇总及上报等知识。（《现代消费导刊》）

但是，运用字母词必须有一定的规范：首先要看对象。使用字母词的交际对象，必须是能够接受、能够理解字母词的人，否则，就不能达到交际效果。其次要看场合。一部分字母词还不宜在正规的场合使用，尤其是一些汉语拼音字母词以及英语字母谐音字母词。再次要看需要。不要为了使用而使用，不能不问需要不需要，只要有字母词就套用，应该尽量用得恰到好处。最后还要看是否通行。自己不能随意生造字母词，只有那些已经流通并被大家认可、有相当一些人使用的字母词才可以用。对于那些生僻的或过于专业的字母词，我们还是提倡不用，在一些正式场合尽量使用汉字词，尽管有时可能要繁琐一点。

需要说明的是，下面这些带有拉丁字母的词，严格地讲，都不应该算字母词：第一类是“B52 轰炸机”“F16 战斗机”“V-2 火箭”等特定专用名词；第二类是“S 形曲线”“U 形管”“V 形路线”“T 形横梁”“M 形槽钢”等字母形状词；第三类是“bye-bye”（再见）、“call”（呼叫）、“internet”（互联网）、“blue teeth”（蓝牙）、“part time”（业余时间）等小写英语单词；第四类是“me2”（me too，我也是）、“B4”（before，之前）、“3q”（thank you，谢谢你）、“F2F”（face to face，面对面）、“4U”（for you，对于你）等嵌入数词的字母谐音词。其中第一类也有人认为可以归入字母词；第三类其实就是混用英语词；第四类一般只能在网上使用，任何正式场合都不适合运用。

此外，随着中国法治化社会进程的推进，法律语言成为社会语言生活的重要领域，同时对词汇的使用提出了新的要求。例如，2008 年的“赵 C 人名案”就反映了词汇的使用、规范与法律条文的密切关系。个人姓名应选取规范汉字，而不能随意使用字母词。

三、词汇规范化的基本原则

词汇的规范化，就是按照词汇内部发展规律进行人为调节，引导词汇向更完善、更精确、更丰富的方向发展。词汇规范化应该考虑以下三个主要原则。

第一，必要性原则。

必要性原则指在表达上是必不可少的，即考虑该词在普通话词汇中有无存在的必要。词汇规范化不是让词汇变得简单、单调，而是要让它更加丰富多彩。某些方言词有某种特殊的意义，而在普通话里又没有适当的词可以代替，或者即使代替也是有细微差别的（如“忽悠”“搞”“焗”）；有些古语词可以表达特殊的意义、感情或语体色彩；有些外来词是汉语里没有而又对我们适用的（如“刺身”“寿司”“晒”“博客”“粉丝”）等，这些普通话都应该吸收进来。

第二，普遍性原则。

普遍性原则指选择人们普遍使用的或使用频率较高的词，而舍弃那些过于土俗的方言词、陈旧冷僻的古语词和只在个别地区使用的外来词。例如，北方地区“玉米”“珍珠粟”“苞谷”“苞米”“棒子”等并用，从普遍性原则看，“玉米”应该作为通用词使用。

第三，明确性原则。

明确性原则指选用意义明确的、已经为人们所了解或容易为人们所了解的词，而舍弃那些含义模糊的方言词、晦涩费解的古语词和一些音译外来词。例如，“火柴”—“洋火”，“汽油”—“火水”等词，我们选取前一个词，而舍弃后一个词。不用音译词“盘尼西林”，而取意译词“青霉素”。再比如《现代汉语词典》第 6 版没有收“神马”一词，是遵循意义明确的原则来取舍的，所以，一般情况下，就应该用“什么”而不用“神马”，除非在特定的场合，要运用“神马都是浮云”这样一个当代流行格式时，才可以有选择地使用。

总之，面对当前迅速发展的词汇现象，对于汉语词汇的规范化，我们必须实事求是地把握一个规范化的动态标准：既要吸收各种新兴词汇，又要注意使用的合适度。

思考题

1. 请谈谈《现代汉语词典》正文是否应该收入字母词。
2. 网络词语对词汇规范工作有何影响？
3. 流行语与新词语的区别与联系是什么？
4. 汉语拼音字母词与外语缩略字母词的区别有哪几个方面？
5. 请谈谈词汇的静态形式与动态运用之间的联系。

参考文献

葛本仪．现代汉语词汇学．济南：山东人民出版社，2001.

冯志纯．现代汉语（上下）．重庆：西南师范大学出版社，2006.

符淮青．现代汉语词汇．北京：北京大学出版社，1985.
贾彦德．汉语语义学．北京：北京大学出版社，1992.
杰弗里·N·里奇．语义学．上海：上海外语教育出版社，1987.
李宇明．中国语言生活状况报告（2007）．北京：商务印书馆，2008.
刘叔新．汉语描写词汇学．北京：商务印书馆，1990.
马庆株．现代汉语词缀的性质、范围和分类．中国语言学报，1995（6）.
倪宝元，姚鹏慈．成语九章．杭州：浙江教育出版社，1990.
邵敬敏．现代汉语通论（第二版）．上海：上海教育出版社，2007.
孙维张．汉语熟语学．长春：吉林教育出版社，1989.
武占坤，王勤．现代汉语词汇概要．呼和浩特：内蒙古人民出版社，1983.
徐烈炯．语义学（修订本）．北京：语文出版社，1995.
张普．动态语言知识更新研究．北京：商务印书馆，2009.
张卫国．现代汉语实用语型——准确理解、自由表达的新途径．北京：中国人民大学出版社，1992.
张永言．词汇学简论．武汉：华中工学院出版社，1982.
詹人凤．现代汉语语义学．北京：商务印书馆，1997.
中国社科院语言所词典编辑室．现代汉语词典（第7版）．北京：商务印书馆，2016.
周荐．汉语词汇研究史纲．北京：语文出版社，1995.

第四章
语　法

第一节
语法概说

一、语法和语法学

（一）语法

语法是词、短语、句子等语言单位的结构规律。人们在运用语言进行信息传递、思想感情交流时，不仅要遵守语言的语音系统和词汇系统规则，还要遵守语言的语法规则。语法规则制约着人们对语言单位的组合及其意义的运用和理解。例如：

（1）我吃水果→＊水果吃我、＊我水果吃　大家的看法→＊看法的大家

（2）一只鞋→＊一条鞋、＊一根鞋　很勇敢→＊很战士、＊很战斗

（3）你知道他←→他知道你　咬死了/猎人的狗←→咬死了猎人的/狗

上面各组例子中，各词的语音形式及词汇词义并没有发生变化，但是由于组合顺序、组合成分及组合意义等不同，从而产生了不同的结果。（1）组说明，词与词之间不是随意组合的，而是要遵守一定排列顺序；（2）组说明，词与词之间不是可以任意组合的，而是有选择性的；（3）组说明，相同的词组合在一起，顺序不同，或者顺序相同但是层次和关系不同，表达的意义就不同。因此，在语言运用中，我们必须充分认识到包含在词、短语、句子等语言单位中的结构规律，即充分了解语言单位之间的结构关系、组合层次和词类功能等语法意义，才能更好地进行语言意义的表达和理解；同时，这对于语言教学、语言规范及语言的现代技术运用等也会起到非常重要的作用。

语法包括词法和句法两个部分。词法主要研究词的语法分类、词的分布和功能特征等，如根据语法功能对词进行分类、研究词的组合特征以及词在句子中充当句法成分的功能等都属于词法范畴。句法主要研究短语、句子的结构规律和类型，如根据结构和功能特征给短语分类、对句子结构进行句法分析以及根据句子的结构、功能给句子分类等都属于句法范畴。

语法包括词、短语、句子三个单位。词的组合和运用属词法范畴，短语、句子的组合和运用属于句法范畴。词和短语是用来造句的材料，属静态的备用单位；句子是用于交际的言语单位，具有一定的语调，是动态的交际单位。在语法单位之间，语素和语素构成词，词和词构成短语，因此，从语素到词到短语具有层级关系；而词或短语带上一定的语调就实现为句子，因此，词和短语与句子之间是实现关系。

（二）语法学

研究语法的科学就是语法学。根据语法研究的方法、目的、对象等方面的不同，

语法学可以分为不同的类型。

根据研究的方法不同，语法可以分为历史语法、比较语法和描写语法。

根据研究的理论来源和背景的不同，语法可以分为传统语法、结构主义语法、转换生成语法和认知功能语法等。传统语法来源于古希腊和罗马的语法，它的特点是重视语法规则的界定，不太重视语法规则的解释。其目的是要人们掌握语法结构规则，以便运用和理解语言，同时也便于语言的教学。传统语法明确区分词法和句法，但以词法为重，比较注重从词的形态去划分词类并说明词在句法中的作用，分析对象以书面语为主，不注重口语和习惯语的分析。长期以来，传统语法在学校的语法规范教学中占据了比较重要的地位。我国中学的语法教学体系主要是以传统语法为理论和方法基础建立起来的。结构主义理论创始于 1916 年索绪尔的《普通语言学教程》，代表人物是美国的布龙菲尔德，其代表作《语言论》（1933 年）是结构主义语法的经典著作。结构主义语法重视语言结构的系统性，重视语言结构内部成分与成分之间的结构关系，强调形式描写和分析，主张通过形式和分布特征进行语法单位的分类，采用直接成分分析法分析句法结构，揭示了语言结构内部的层次特征。但结构主义语法不重视语法分析中意义的作用。汉语语法研究中，丁声树、吕叔湘等人的《现代汉语语法讲话》（1961 年）、赵元任的《汉语口语语法》（1968 年）是运用结构主义语法分析汉语的代表著作。转换生成语法是由美国的乔姆斯基开创的，其理论的奠基之作是《句法结构》（1957 年）和《句法理论的若干问题》（1965 年）。转换生成语法认为人具有天生的语言能力，这种语言能力能对语言材料进行识别，进而加工出一套规则系统，并用这套规则系统生成无限的合法句子。语言学家的任务就是要研究人类的这种普遍语言能力。转换生成语法认为语言是由深层结构转换为表层结构，虽然人类语言的表层结构不同，但它们却有相近的深层结构，只是在从深层结构转换为表层结构的过程中，不同语言采用了不同的转换规则，因此，语言的研究应该找出从深层结构转换为表层结构的规则条件。转换生成语法除了对语言研究具有广泛而深刻的意义外，还在哲学、计算机语言、心理学、教育、逻辑、通信等领域产生了一定的影响。此外，现在比较流行的还有以客观事实、人生体验、知识框架及其表达功能相结合的认知功能语法。

根据研究对象的不同，语法可以分为普通语法和语别语法。普遍语法是对人类各种语言的语法的共性和共同规律的研究，目的是发现人类语言共同的语法机制。比如索绪尔、布龙菲尔德的语法理论就属于普通语法。语别语法研究是对某种语言语法规则的研究，目的是发现不同语言的语法个性，如汉语语法、英语语法等就属于语别语法。

根据切入角度的不同，语法又可以分为历时语法与共时用法，前者重在探索语言的纵向发展，后者重在描写语言的横向联系。

根据研究目的和用途的不同，语法可以分为理论语法、教学语法和习惯语法。理论语法主要是对语法问题进行专门研究和探索，致力于从语法现象中发现语法规律，具有很强的理论性和学术性，如吕叔湘的《中国文法要略》（1942 年）、赵元任的《汉语口语语法》（中译本 1979 年）。教学语法主要是在中小学语法教学中所使用的语法，其主要目的是让学生学会使用规范语言。教学语法的特点是规范性、传统性，即使用的观点是比较普遍、成熟和传统的。例如我国 20 世纪 50 年代为中学语法教学而制定的《暂拟汉语教学语法系统》就属于教学语法。习惯语法也叫参考语法，主要是对语言中的习惯语法作比较详尽的、细致的描写。由于习惯语法只是客观地记录和描写，不需要解释和探究，因此，它的作用在于为语法研究和语法教学提供有价值的材料，为研究和教学起到很好的参考作用，例如吕叔湘的《现代汉语八百词》(1980 年)。

据此，语法的种类及其相互关系，大致可以归纳如下：

语法的类别
- 研究形成的方法：历史语法、比较语法、描写语法
- 研究采取的立场：传统语法、结构主义语法、转换生成语法、认知功能语法
- 研究对象的类别：普通语法、语别语法
- 研究切入的角度：历时语法、共时语法
- 研究者教育目的：理论语法、教学语法、习惯（参考）语法

二、语法的性质

（一）抽象性

语法的抽象性是指语法规则是从大量的具体个别的语言事实中抽象概括出来的。例如：从“忠诚”“积极”“骄傲”“快活”等系列词语所体现的功能中，我们可以概括出“形容词”这个词类；从“天气凉快”“粮食丰收”“蚂蚁搬家”……这些词语的组合中，我们可以概括出“主＋谓”这样的语法结构规则。在语言交际中，人们运用的具体个别的词、短语和句子是无限的，但是从中抽象出来的各种类别和规则却是有限的。因此，我们能用有限的语法规则生成无限多的句子。

从语法规则的概括角度看，主要有两个方面：组合关系和聚合关系。

组合关系是指语言单位按照线性序列排列起来所形成的关系。例如，在“同学们很愉快”中，“同学”和“们”、“很”和“愉快”、“同学们”和“很愉快”都是组合关系。通过组合关系，我们可以概括出词的类别以及词语的结构关系。例如：

（1）烧（了、着、过）　洗（了、着、过）　写（了、着、过）
　　烧炭　洗衣服　写文章
　　不烧　不洗　不写

（2）堆满　晒黑　哭肿　戳穿　叫醒

在（1）组中，“烧”“洗”“写”都有能带“了”“着”“过”，能带宾语，能受否定副词修饰等相同组合功能，因而可以把这些词概括为同一个词类，即动词。（2）组中，各例中的后一成分都是对前一成分的结果进行补充说明，因而从这些组合中可以概括出“述＋补”这样的语法规则。

在语言结构中具有相同语法功能并能够互相替换的成分就构成聚合关系。例如：

（1）妈妈喝水　老师喝水　大象喝水

（2）妈妈吃饭　妈妈打饭　妈妈煮饭

（3）妈妈洗菜　　妈妈洗头　　妈妈洗碗

例中每组加点的成分“妈妈”“老师”“大象”“吃”“打”“煮”“菜”“头”“碗”能相互替换，因而分别构成聚合关系，这些是词类的聚合；而“喝水”“吃饭”“打饭”“煮饭”“洗菜”“洗头”“洗碗”也处于相同的句法功能位置，能互相替换，构成了句法格式类的聚合。

了解组合关系和聚合关系，不仅能使我们认识语言单位的类和结构模式是如何概括抽象出来的，更重要的是，还能使我们了解语法研究的方法和目的，即通过组合和聚合关系，揭示语言单位的性质以及它们之间的各种关系，更好地反映语言结构内部的规律性。

（二）递归性

递归性是指在语言的语法规则中，虽然语法规则是有限的，但这些规则可以在组合中重复使用，不断地进行同功能单位替换，从而使句法结构不断地复杂化。例如：

（1）认真写→一个一个地认真写→用粉笔一个一个地认真写→在黑板上用粉笔一个一个地认真写→昨天在黑板上用粉笔一个一个地认真写

（2）我知道小张不来了→你知道我知道小张不来了→他知道你知道我知道小张不来了

例（1）是动词前加状语构成状中式偏正结构“认真写”，然后再以“认真写”为中心语，前加“一个一个”构成更为复杂的“一个一个地认真写”，如此连续扩展，形成一个不断复杂化的套叠的偏正结构。例（2）是宾语成分的连续扩展，构成的是一个宾语成分不断套叠的复杂动宾结构。理论上讲，这种递归法则能无限地使用，可以使一个简单结构经过不断替换而扩展为一个复杂结构，从而满足人们表达上的需要。不过，受制于人们的记忆和理解，这种替换扩展是有限的。

语法的递归性可以导致语法结构的层次性。例如“认真写”是由“认真”和“写”构成的一个直接层次关系结构，扩展后的“一个一个地认真写”则是由“一个一个”和“认真写”构成直接层次关系结构，这个直接层次关系结构比“认真写”具有更高层次的结构关系，如此类推，递归法则可以使一个语法结构层次越来越复杂，层次越来越多。例如：

昨 天 在 黑 板 上 用 粉 笔 一 个 一 个 地 认 真 写

三、语法形式和语法意义

语法意义是语言形式表现出来的意义，它包括词语之间的关系意义（如主谓关系、述宾关系等）、词语的功能意义（如名词和名词性短语、动词和动词性短语等）以及表述意义（如语气、情态、复数、时体）等。表示各种关系、功能和表述意义的形式就是语法形式，如汉语的“们”，它是放在名词或代词性成分后面表示复数意义的形式，再如“了”，它是放在动词后面表示“完成”的时体意义形式。语法形式和语法意义是密不可分的，语法意义要通过语法形式表达，而语法形式也离不开它所表达的语法意义。语法形式和语法意义并非一一对应的关系。同一种语法意义，可用多种形式表达，如汉语表达信息焦点意义，既可用重音形式，也可用焦点标记“是”“连”等；而同一个语法形式能表达不同的语法意义，如“动词＋名词”的结构关系，既能表示动宾关系（如“学习汉语”“收集资料”等），也能表示定中关系（如“表演场地”“工作环境”等）。

对各种各样的具体语法形式进行概括归纳形成的类别就是语法手段。语法手段有很多，汉语中常见的语法手段包括语序、虚词、重叠、语调、重音等。

语序是指词语之间的排列顺序。词语的排列顺序不同，会产生不同的语法意义。例如，“来早了”表示述补关系，“早来了”表示状中关系。再如，“语法部分我们学完了”和“我们学完了语法部分”，这两个句子的语序不同，表达的话题意义不同，前者的话题是“语法部分”，后者的话题是“我们”。

虚词是汉语中一种重要的语法手段，所用虚词不同词语之间的结构关系也可以不同。例如，“爸爸的朋友”是偏正关系，“爸爸和朋友”是联合关系；再如，“如果好好学习，就能取得好成绩”分句之间是假设关系，而“只要好好学习，就能取得好成绩”分句之间是条件关系。

重叠是常见的语法意义表达形式。不同词类的重叠形式表达的语法意义不同。例如，动词的 AA（“走走”“想想”等）重叠式表示尝试、短暂意义；形容词的 AABB（“干干净净”“大大方方”等）重叠式表示程度增强意义；名词的 AABB（“方方面面”“花花草草”等）重叠式表示多量意义。

语调是句子音高的变化模式。语调的高低变化也可以表达不同的语法意义。例如，“你走。”“你走！”“你走？”语调不同，说话者的语气也不同，因而形成不同的句类。

重音是把某个词语读得比较重。重音的不同也会形成不同的语法意义。例如“热饭”，如果把“热”读重，通常就理解为偏正关系，意思是“热的饭”；如果把“饭”读重，一般就会理解为述宾关系，意思是“把饭加热”。

四、句法成分和句子成分

句子是人们表达思想、传递信息的基本语言单位，它属于语言的动态单位。我们使用的句子包括两类成分：一类是句子的基本结构成分，也称为一般成分，包括主语、谓语、宾语等；一类是句子的语用成分，也称为特殊成分，包括句子的语气成分、独立成分、提示成分等。我们把句子结构的基本成分称为句法成分，把句法成分和句子的语用成分统称为句子成分。因此，句子成分和句法成分形成一种包含和被包含关系，句子成分包含了句法成分，句法成分是句子成分的一部分。与此相对应，在对句子进行分析时，如果是仅仅对句子进行句法成分的分析就称为句法分析，而对句子的所有成分进行的分析就称为句子成分分析。例如：

你看，这个地方多美啊！

这个句子的基本结构是“这个地方多美”，它包含了主语“这个地方”和谓语“多美”两个句法成分，除此之外，它还包含了独立成分“你看”、语气成分“啊”等语用成分，因此整个句子包含的成分可以表示为：

句子成分 {句法成分（一般成分）：主语——这个地方；谓语——多美
语用成分（特殊成分）：独立成分——你看；语气成分——啊}

汉语的句法成分包括主语、谓语、宾语、定语、状语和补语六大成分。

主语和谓语是句子的两大基本句法成分。主语是谓语陈述的对象，谓语是说明和陈述主语的，两者构成陈述和被陈述的关系。用“＝”标示主语、“—”标示谓语。例如：

我们选修了中国现代文学这门课。　墙壁上挂着一幅油画。

═══————————————　═══——————

宾语和述语是相对待的成分，宾语是述语的支配和关涉对象。用“—”标示述语、“～”标示宾语。例如：

写作文　敢于冒险　喜欢看电影

—～～　——～～　——～～～

补语是附加于中心语后面的补充说明性成分。用“____”标示中心语、“〈　〉”标示补语。例如：

说起来　来一次　高兴得手舞足蹈

__〈　〉　__〈　〉　______〈　　　〉

定语是体词性成分内的修饰限制成分，体词性成分是定语的中心语。用“. ”标示中心语、“(　)”标示定语。例如：

汉语句型　我昨天讲过的故事　山秀水清洞奇的桂林

(　)..　(　　　　)..　(　　　　)..

状语是谓词性成分内的修饰限制成分，谓词性成分是状语的中心语。用“. ”标示中心语、“[　]”标示状语。例如：

聚精会神地听　从国外回来　非常努力

[　　　].　[　　]..　[　]..

下面以“坚强的母亲在艰难的生活中培养出了三个优秀的大学生”为例，对其进行句法成分的整体分析。

坚强的母亲　在艰难的生活中培养出了三个优秀的大学生

（　）‥　［　　　　　］——〈　〉～～～～～～～～

介词　　框架　　　（　）（　）…

（　）（　）…

对句子的成分进行分析，主要是对其进行句法成分的分析，目的是找出各成分之间的关系以及成分与成分之间的层次关系，了解句子的结构规律。而对句型的归纳也是在句法成分分析的基础上进行的。

句子成分除了句法成分外，还包括语气成分、独立成分、提示成分等语用成分，这些成分附着于句子，不能脱离句子而独立，但它们又不和句法成分产生直接的句法关系，不影响句子类型的确立，因而它们属于句子的特殊成分。

语气是说话者表达自己的主观态度、情感和目的的一种方式，它可以通过语调、语气词、语气副词、叹词等成分进行表达。有些表达语气的成分如助动词、语气副词等能成为句法成分，但有些语气表达成分不能成为句法成分，如语气词“啊”“吧”“吗”“呢”“的”“了”等。如在“你昨天就应该回来的啦!”一句中，表达语气的成分有助动词“应该”和语气词“的”“啦”，但是“应该”属句法成分，“的”和“啦”不是句法成分，而是句子成分中的语用成分。

独立成分是指独立于句子、不和句子其他成分发生结构关系、位置比较灵活且有一定表达作用的词语。它包括呼应语、插说语、关联语、感叹语等。

呼应语是用来招呼或应答别人的独立成分，主要是引起别人的注意。例如：

（1）先生，能不能抬高一点？

（2）喂，今晚有空吗？

插说语是指插在句中的某个位置，帮助句子表达某种附加性意义的成分。例如：

（3）月亮底下，你听，啦啦地响，猹在咬瓜了。

看吧，山上的矮松越发地青黑。

（4）大不了我再重来一遍。

我看，这就是人们为什么把雪称为瑞雪的缘故吧。

（5）有一位导演带他去云南拍戏去了，据说，他在剧中是一个配角。

听说，有人对这棵树感兴趣。

（6）列宁诞生的第二年，即 1871 年，出现了英勇的巴黎公社起义。

每年的世界活动日都有主题，例如世界卫生日，1980 年的主题是“吸烟或健康，由你自己选择”。

例句中加点的成分都是插说语，它们分别表达了不同的附加意义。（1）中的“你听”“看吧”是引起别人注意的提醒成分，类似的还有“你瞧”“你看”“请看”“你说”“你知道”“看”等表示听说的词或短语；（2）中的“大不了”“我看”是表达说话者看法、态度的评议性成分，类似的还有“看样子”“依我看”“看来”“想来”“严格地说”“真的”“说真的”“说老实话”“充其量”“不瞒你说”“少说一点”等；（3）中的“据说”“听说”是表示消息来源的成分，类似的还有“据报道”“据……消息”“据调查”“相传”“传说”等；（4）中的“即”“例如”是表示注释说明、举例性的成分，类似的还有“正如”“比如”“像”“或者说”“也就是说”“包括”“尤其是”“特别是”“除了”等。

关联语是用在上下文之间表示某种关系的成分，如“总之”“总而言之”“反之”“一句话”“总的来说”“由此可见”“再说”等。例如：

(7) 记者“黏上”一个代表问了一通，又转向另外一个代表，总之，碰着谁就问谁。

(8) 由此可见，真理是封锁不了的。

感叹语是放在句子中表示感叹和情绪的成分，常由叹词或其他成分充当。例如：

(9) 哎呀，我弄错了。

(10) 我的妈呀，怎么会是这样。

(11) 啊，来了也不打个招呼。

提示成分是指不和句中其他成分发生结构关系，但是能和句中的某个结构成分指称同一个人或事物的句子成分，因此，也称复说语。例如：

(12) 这个畜生，我再也不想见到他了。

(13) 你把它放哪去了，我刚才用过的钳子。

例（12）中“这个畜生”与后面的“他”同指一个人，但是，“这个畜生”虽然位于句首，却不属于主语和谓语，不是句子结构的基本组成成分，而“他”是句中的一个成分，在句中充当宾语；例（13）中“我刚才用过的钳子”和前面的“它”同指一个事物，但是“我刚才用过的钳子”不属于谓语或宾语等，也不是句子结构的基本成分，“它”在句中做介词宾语，是句子的基本组成部分。两例中的“这个畜生”和“我刚才用过的钳子”都是句子的提示成分。

提示成分主要有称代式和总分式两类。称代式提示成分是指和句中代词同指的提示成分。称代式提示成分大多位于句首，后面句中有代词与其复指，也有位于句末的，前面句中有代词与其复指。上面两例都属于称代式提示成分。

总分式提示成分是指总说成分和分说成分具有同指关系。这有两种情况，一是当总说成分是提示成分时，分说部分就属于句中的基本组成部分。例如：

(14) 春节的三件事，一是回家看父母，二是同学聚会，三是去海南旅游。

(15) 这仨爷们，一个比一个能说会道。

二是当分说成分是提示成分时，总说部分就属于句中的基本组成部分。例如：

(16) 绪论分为四个部分：相关研究的概述、选题的意义、研究的方法和语料来源。

(17) 草原上的牧民有三大灾难：狼、牲畜传染和暴风雪。

称代式提示成分和总分式提示成分除了在语义上和句中的其他成分有同指特征外，一般还具有这样两个特征：一是提示成分能位于句首或句末，并且语音上有明显的停顿，书面上用逗号、冒号或破折号分开；二是提示成分不能是主谓短语。下面的例子就不是提示成分：

(18) 春节准备做三件事：一是回家看父母，二是同学聚会，三是去海南旅游。

(19) 这样做有两个好处：一个是省时，一个是省力。

五、语法和语音、语义的关系

词语是音义结合体，而语法又是词语组合时所依据的规则，因此，语法和语音、语义必然有一定的联系，这种联系体现在语法、语音、语义三者之间的相互制约的关系上。下面主要介绍语音、语义对语法的制约作用。

(一) 语音对语法的制约作用

语音包括音节、停顿和轻重音等要素，这些要素对语法都有一定的制约作用。

音节对语法的制约关系主要体现在单双音节词语的选择能够影响语法结构的成立上。

(1) 加以改正→*加以改； 勇于前进→*勇于进

给以奖励→*给以奖； 敢于说话→*敢于说

(2) 他累弯了腰。 →*他累弯曲了腰。

他哭哑了嗓子。 →*他哭嘶哑了嗓子。

他打碎了杯子。 →*他打粉碎了杯子。

他走进了教室。 →*他走进去了教室。

(1) 组中，动词“加以”“勇于”“给以”“敢于”所接的宾语必须是双音节词语，如果换成意义相近的单音节词语，则该结构不成立。(2) 组中，单音节动词“累”“哭”“打”“走”后面接补语时，如果是单音节的“弯”“哑”“碎”“进”则句子接受度高，表述更自然；如果换成意义相近的双音节词语“弯曲”“嘶哑”“粉碎”“进去”则句子的一般接受度不高。

停顿对语法也有影响。在口语表达中，停顿和语法结构的层次是有密切关系的。例如，在“我们学习现代汉语”中，“我们”和“学习现代汉语”之间的停顿时间最长，其次是“学习”和“现代汉语”，再次是“现代”和“汉语”。有时停顿的不同会改变一个语法结构的句法关系和语义关系。比较：

(1) 我赞成你也赞成他怎么样→a：我赞成，你也赞成，他怎么样？

b：我赞成你，也赞成他，怎么样？

(2) 他和中学校长的哥哥→a：他/和中学校长的哥哥（“他”和“中学校长的哥哥”两个人）

b：他和中学校长的/哥哥（“他”和“中学校长”两个人的“哥哥”）

例 (1) 中，停顿的不同产生了两个不同的句法结构，因而也有了两种不同的意义。例 (2) 是一个有歧义的结构，但是停顿的不同会对该歧义结构进行消解。当在“他”和“中学校长的哥哥”之间停顿稍长时，这是一个联合关系结构；当在“他和中学校长”和“哥哥”之间停顿稍长时，这是一个偏正关系结构。

轻重音是指在词语的组合中，有些词语的读音读得相对比较重，有些词语的读音读得相对比较轻。轻重音有时也会对语法产生一定的影响。比较：

述宾结构	偏正结构
组织'活动	'组织活动
进口'汽车	'进口汽车
编辑'目录	'编辑目录
研究'方法	'研究方法

上面的例子中，当重音在后面的成分“活动”“汽车”“目录”“方法”时，这些结构属

于述宾关系；当重音在前面的成分“组织”“进口”“编辑”“研究”时，这些结构属于偏正关系。

音节的轻声和非轻声也是轻重音的一种体现，有些词语读不读轻声也会对语法产生影响。例如“想起来”，“起来”读成重音，就是一个述宾结构，意思是刚才是躺着的，现在想站起来了；“起来”读成轻音，就是补充结构，意思是刚才忘记了，现在记起来了。

（二）语义对语法的制约作用

语义是指词语在句法结构关系中获得的意义。例如“张三”和“苹果”，单独地看，“张三”指一个人名，“苹果”指一种水果，这些是“张三”和“苹果”的词汇意义。但是在“张三吃苹果”中，“张三”是动作“吃”的发出者，即施事，“苹果”是动作“吃”的对象，即受事。“施事”和“受事”就分别是“张三”和“苹果”在“张三吃苹果”这个句法结构关系中获得的语义。离开了句法结构，“张三”和“苹果”就无所谓施事和受事这样的意义。

语义是各种各样的，它们对语法会产生一定的影响。下面举两个例子来说明。

有定和无定是和名词相关的一组概念，所谓有定是指当说话人使用某个名词性成分时，如果认为听话人能够将该名词所指的对象与其他同类的事物区分开来，则该名词性成分就是有定成分。而说话人在使用某个名词性成分时，认为听话人不能将该名词所指的对象与同类的其他事物区分开来，则该名词性成分就是无定成分。名词的有定和无定对语法会产生很大的影响。例如，在主谓宾结构中，主语一般是有定的，宾语一般是无定的，因此，当主语是无定或者宾语是有定时，就会影响到句子是否成立。比较：

（1）客人来了。　→这位客人来了。　？一位客人来了。

（2）来客人了。　→来一位客人了。　？来这位客人了。

在“客人来了”中，“客人”作主语，这个“客人”是有定的，所以可以说“这位客人来了（名词前加指示代词表示有定）”，而脱离特定语境的情况下，一般不能说“一位客人来了（名词前加数量短语表示无定）”；在“来客人了”中，“客人”作宾语，这个“客人”是无定的，所以可以说“来一位客人了”，不能说“来这位客人了”。

自主和非自主是和动词相关的一组语义概念。自主动词表示动作发出者能主观决定、自由支配的动作行为，如“看”“听”“穿”“捆”“表演”“推荐”“编辑”等。非自主动词表示动作发出者不能自由支配的动作行为，如“病”“跌”“死”“倒塌”“及格”“涌现”等。动词自主和非自主的语义与语法结构成立与否有一定的关系。比较：

（1）　不看　不来　不表演；　没看　没来　没表演

（2）　*不病　*不跌　*不倒塌；　没病　没跌　没倒塌

否定词“不”一般表示说话者主观意愿上的否定，“没”表示某种行为还未成为事实，具有客观上的否定义。由于非自主动词表示的是动作者不能自由支配的动作，因此就不能用带有主观否定义的“不”进行否定。

思考题

1. 根据自己运用语言的体会，谈谈学习语法有什么作用。

2. 怎样理解语法的抽象性和递归性？

3. “这句话不符合语法”和“我喜欢语法课”两个句子中的“语法”有什么不同的含义？

4. 什么是语法形式和语法意义？两者有什么对应关系？

5. 举例说明什么是句法成分和句子成分，两者有什么关系。

第二节 词的分类

一、词类划分的标准和汉语词类系统

根据语法特征对词进行分类，分出的类就叫词类。对词进行语法上的分类，可以帮助我们认识词的特征，发现语言的构造规则，同时对于语言教学和语言运用也具有重要的作用。

（一）词类划分的标准

词类的划分要确立一定的分类标准。在汉语词类的分类标准上，形态、意义和功能等都被讨论过并不同程度地运用到词的分类实践中。不过，既然词类是词的语法特征分类，那么，从语法功能角度给词分类就是最为科学合理的标准。

在形态比较丰富的语言里，形态标准是划分词类的重要标准，一般不同的词类具有不同的形态标志和形态变化，因此，根据词的形态就能划分出比较合理的词类系统。但是，汉语是没有严格意义上形态的语言，词本身通常没有显示其类别的形态标志和形态变化，因而，从形态角度给汉语划分词类是不可行的。不过，汉语中有部分词缀可以作为词类划分的形态标志，如“老”“子”“头”“儿”“化”等，由这些词缀构成的词具有词类的明确性。例如由“老”“子”“头”“儿”构成的词是名词，由“化”构成的词是动词。但是，汉语中由这些词缀构成的词数量很少，绝大部分词没有这样的形态标志。另外，这些成分也不是专职的词缀，它们也能以词根形式参与构词，因此，当我们用这些形式去判别词类时，首先还要区分它们是词根还是词缀（如“老师”的“老”和“老人”的“老”、“美化”的“化”和“融化”的“化”等）。如果不能确定它们是词根还是词缀，就会产生词类的划分错误。而且，还有例外存在，比如，特定情况下“X儿”也可以是动词，如“玩儿”“火儿”等。因此，形态标志在汉语词类划分中不具备普遍性和合理性，不能作为汉语词类划分的主要标准。

意义标准是指以词的概念意义作为标准来给词分类。词的概念义是人们通过对世界的认识而抽象概括出来的。人们对世界认识的结果往往就是对事物进行了分类，认识世界所产生的概念因而也就有了类别的区分，如有表示事物的概念、表示动作行为的概念、表示性质状态的概念等。概念通过词语来表示，那么表示概念的词语也可以根据其所表示的概念义的不同来分类，如表示人或事物义的词语、表示动作行为义的词语、表示性质状态义的词语等。根据词的意义给词分类往往具有直观的认同效果，如表示人或事物义的词是名词、表示动作行为的是动词、表示性质状态的是形容词等。但是，词类的划分是从词的语法角度进行的，这和从意义角度给词分类是不同的。意义相同的两个词在语法功能上不一定相同，因而应该归属于不同的词类。例如，“忽然”和“突然”，两者意义基本相同，但在语法功能上却不一样，“忽然”只能作状语，是副词，“突然”可作状语，还可作谓语、定语等，是形容词。所以，在划分词类时，意义可以作为我们对词类进行基本认识和区分的一个辅助性参考，但不能作为主要的分类标准。

语法功能是指词充当句法成分的能力、词与词的组合能力。词的语法功能往往是以词的类别形式体现出来的。能充当某个句法成分或者具有某种组合能力的成分不是单个词的特征，而是词的类别特征，因此，根据词的语法功能特征我们可以给词进行类别的划分。从词类划分实践看，功能标准是汉语词类划分的最主要、最有效的标准。

从语法功能角度给词分类，首先，根据能否充当句法成分，可以把词分为实词和虚词。能够单独充当句法成分的词是实词，不能单独充当句法成分的是虚词。例如，“你吃午饭了吗?”“你”“吃”“午饭”分别作主语、述语和宾语，属于实词，“了”“吗”不能作句法成分，属于虚词。实词既能单独充当句法成分，也具有一定的实在意义，虚词既不能充当句法成分，意义也比较虚泛。

实词又可以根据词的组合能力和组合方式分为名词、动词、形容词、数词、量词、区别词、副词、代词。这些词各自具有自己的组合能力和组合方式。例如：

（1）热潮　精品　大巴　（2）热购　精制　大赦　（3）热忱　精巧　大胆

（1）组各词不能用“不”否定，可以充当主语、宾语，可以和介词组合，可以受名量式短语限制，属于名词；（2）组各词可以带宾语，可以用“不”否定，主要充当谓语或述语，后可带动量式短语作补语，属于动词；（3）组各词可以用“不”否定，可以受“很”修饰，主要作谓语、定语、状语及补语，前面不能受名量短语限制，后面不能带动量短语作补语，属于形容词。当然，由于汉语词类没有形态限制，词类功能的转化相对容易，形容词、动词充当主宾语，名词充当谓语以及名词、动词受程度副词修饰的语用演化现象，还是相当常见的。

虚词根据词所表示的实词之间的语法关系以及表达的方式等，可以分为介词、连词、助词、语气词。例如：

（4）自　对　用　关于　（5）和　既然　以及　尽管　（6）啊　呀　吧　呢

（4）组各词主要放在名词性成分前组成短语来修饰限制其他动词性或形容词性等成分，起介引作用；（5）组各词主要放在词、短语或者分句之间起连接作用，表示不同词、短语或分句之间的关系意义；（6）组各词主要附着于句中或句末，表示各种语气。

在实词中，有些词主要充当主语和宾语，这样的词称为体词，体词包括名词、数词和量词；有些词主要充当谓语和述语，这样的词称为谓词，谓词包括动词和形容词；

有些词主要充当定语或状语，这样的词称为加词，加词包括区别词、副词。在虚词中，有些词主要表示实词与实词之间的语法关系，这样的词称为关系词，关系词包括介词和连词；有些词主要附着在句中或句末表示某种语气或其他语法意义，这样的词称为辅助词，辅助词主要包括助词和语气词。

根据语法功能给词分类，要注意几个方面：一是在依据某个或某些语法功能给词分类时，所得到的词类系统里，有些词类与词类之间并非完全是非此即彼的关系。比如副词，副词内部成员比较复杂，有的副词能单用，意义比较实在，具有实词的特征，如“有意”“全力”“亲口”等；有的不能单用，意义比较虚泛，具有虚词的特征，如“很”“也”“就”等。因而，把副词归为实词或虚词都有一定的道理。我们暂且把副词归为实词。再如象声词和叹词，在功能上两者一般只独立成句，不作句法成分，而在意义上却都不表示具体的意义，因此，归入实词或者虚词都不合适。我们在词类系统中，将其合为拟音词，作为与实词和虚词并列的一类特殊词。二是根据语法功能给词分类时，我们是根据该类词的主要语法功能，而不是该类词的所有的语法功能。因为在一个词类内部，并非每个词的语法功能都完全相同。有的词拥有的该类词的功能共性较多，是该类词的典型成员，有的词拥有的该类词功能共性较少，是该类词的非典型性成员，就像苹果是典型的水果而西红柿是非典型的水果一样。例如，在名词中，“桌子”“电影”“白菜”等是典型的名词，而“上面”“外头”“将来”等是非典型的名词。

（二）汉语的词类系统

根据词的语法功能给词分类，我们划分出如下一个具有层级特征的现代汉语词类系统。

- 词类
  - 实词
    - 体词
      - 名词
      - 数词
      - 量词
    - 谓词
      - 动词
      - 形容词
    - 加词
      - 区别词
      - 副词
  - 虚词
    - 关系词
      - 连词
      - 介词
    - 辅助词
      - 助词
      - 语气词
  - 拟音词
    - 象声词
    - 叹词

- 代词
  - 代体词
  - 代谓词
  - 代加词

代词作为特殊的一类词，用来代替体词、谓词和加词，因此，充当不同类别与功用的代词，往往具有相应的词类特征，因此，在代词功能系统中，可以统辖体词、谓词和加词。

二、实词

（一）名词

1. 什么是名词

名词是主要充当主语、宾语，表示人、事物以及时间、处所与方位的词。主要包括下面几类：

普通名词：朋友、学生、钢笔、电脑、银行

专有名词：孔子、鲁迅、浙江、黄河、湖南

集合名词：书本、船只、人类、马匹、夫妻

抽象名词：道德、人品、风格、政治、奔头

时间名词：春天、早晨、刚才、将来、瞬间

处所名词：面前、郊区、附近、非洲、北京

方位名词：前面、中间、跟前、西边、内外

处所是表示地方的。除了专用的处所名词外，一些专有名词和普通名词也可以表示处所义。如在“他从广州来”“在邮局里寄信”中，“广州”“邮局”就是表示处所的，这时，“广州”和“邮局”就是处所名词。

现代汉语表示方位关系的词可以分成两大类：方位名词与方位词。方位词不是严格意义上的名词，只是名词的附类。主要有单音节的“上”“下”“前”“后”“东”“西”“南”“北”“中”“间”“旁”“里”“外”“左”“右”“内”，以及前加语素“以”“之”构成的“以前”“以后”“以外”“之东”“之西”“之间”等。方位名词有两类：一类是单纯方位语素与“边”“面”“头”“间”组合的“上边”“下边”“后面”“前面”“里头”“外头”“中间”等；另一类是方位语素相互之间组合或者方位语素与其他语素组合构成的“上下”“前后”“东北”“西南”“东方”“当中”“跟前”“背后”“底下”“开外”“里外”“内外”等词。

方位词与方位名词之间的语法特征与句法功能具有重要的区别。比较：

方位词：上、后、东、西、左、右、中、旁、里、内、以上、之前

方位名词：前面、东边、右头、跟前、中间、旁边、外头、底下、面前

方位词的语法特征是：一般只能后附于其他词语组成方位短语，如“房间里”“墙壁上”“三天之内”“上海以西”“十岁以上”；单独做句法成分时是不自由的，必须是有一定的条件，如在对举格式中（如“上有天堂，下有苏杭”“东一榔头，西一棒子”），或在和介词组合中（如“朝北”“从上”“向后”）；由方位词组成的方位短语中是不能插入其他成分的，具有黏着性，如不能说“房间的里”“墙壁的上”“三天的之

内”“上海的以西”“十岁的以上”。

方位名词的语法特征是：能前加定语构成粘合式偏正短语，如“桌子旁边”“教室外头”“我跟前”；能自由地作句法成分，如“上面有一个人”“下边的人还没上来”“大家围坐在场地中间”；由方位名词和其他词语组成的偏正短语中间可以插入“的”，如“桌子的旁边”“教室的外头”“我的跟前”，插入“的”后构成了组合式偏正短语。

从表达功能的角度看，方位名词基本上只能表示空间关系，但是，方位词意义已趋向虚化，可以表示各种不同的语义关系乃至时间关系，比如“组织上”“理论上”“八岁以上”等。

2. 名词的主要语法特征

第一，名词主要充当主语和宾语，也可作定语、状语、谓语。作主语和宾语是名词的基本功能，只要是名词一般都能作主语和宾语。作宾语时，除作述语的宾语外，还常作介词宾语，组成介宾结构，例如“在岸边”“从天津”“为友谊”“被大家”。多数名词可作定语，作定语时可带“的”，也可不带“的”，如“上海的早晨”“妈妈的笑声”“海洋知识”“公司员工”。

时间名词、处所名词和方位名词都可作状语，但时间名词作状语比较自由。例如：

(1) 我们现在下课。今天他们要参加公务员考试。咱们图书馆见。你外面等我。

一般名词不能作状语，少数表示方式、依据、范围、工具等意义的名词有时可作状语。例如：

(2) 实况转播　电话联系　掌声鼓励　友情演出　暴力抗法　局部澄清

作谓语的名词主要是一些表示日期、节日、天气等意义的词。例如：

(3) 昨天星期二　明天清明节　今天阴天

第二，名词大多能受量词短语修饰。普通名词一般受个体量词修饰，如“一幅画、三棵树、五头牛、十本书”；集合名词不受个体量词修饰，但可受集合量词或不定量词“些、点”修饰，如“一堆树木”“一批物质”“一对夫妻”“一些车辆”；抽象名词一般只受种类量词“种”“类”或不定量词“些”“点”修饰，如“一种道德”“一类看法”“一点友谊”；专有名词一般不受量词修饰，但在表示强调、比较时或在某些特定表达中，可受量词修饰。例如：

(4) 中国出了一个毛泽东。(表示强调)

(5) 一个李公朴倒下了，千千万万个李公朴站起来了。(表示比况)

(6) 三个臭皮匠，凑成一个诸葛亮。(表示比较)

(7) 我们班上有两个陈建国。(表示特例)

第三，名词一般不受副词修饰。例如不能说“不学生”“都街道”“也朋友”。但特定情况下，名词可以受副词修饰：对举格式中，如“人不人，鬼不鬼”“不男不女”；名词具有序列义时，如“又星期五”“才端午节”“都春天了”“已经大学生了”。当一部分名词临时充当谓语时，可以前加常用程度副词以凸显其内涵义、性状义。如“太流氓了”“很市侩的”。

第四，名词一般不能重叠。如“饭”不能说成“饭饭”，“学校”不能说成“学学校校”。但是有些名词具有量词特征时，可以重叠，如“事”“夜”“人”“家”“村”

等，这些名词重叠后表示“每一”“所有”义。例如：

事事顺利。夜夜都下雨。人人有责任。家家都好客。村村通电话。

部分包含近义、反义或类义的双音节并列式名词可以重叠为 AABB 式。例如“风雨”“时刻”“字句”“花草”“山水”“里外”“老少”等可以重叠为“风风雨雨”“时时刻刻”“字字句句”“花花草草”“山山水水”“里里外外”“老老少少”等。重叠后表示“量多”“每一”。例如：

（8）村村寨寨都留下了他的身影。

（9）在湛蓝的天空中飞翔，不必去感受那些恩恩怨怨。

（10）枝枝叶叶都闪烁着一位扎根农村小学教师对党、对教育事业的无限真情。

（二）数词

1. 什么是数词

数词是主要充当定语和主、宾语用来表示数目的词。例如“一”和“十”是数词，可以用来表示“一”“十”“十一”“一十”这样的数目。数词包括系数词、位数词和概数词。

系数词：一、二、三、四、五、六、七、八、九、十、两、半、双

位数词：十、百、千、万、亿、兆

概数词：两、几、多、多少、若干、许多、无数

系数词表示从“一”到“十”的个体数目，位数词表示“十”的整倍数。“十”既可以是系数词（如“我有十本书”），也可以是位数词。系数词和位数词结合起来可以表示不同的数目：如果系数词在位数词前，则表示两者是相乘的关系，如五十＝5×10；如果系数词在位数词之后，则表示两者是相加的关系，如十五＝10＋5。

系数词还有大写形式，如“零”“壹”“贰”“叁”“肆”“伍”“陆”“柒”“捌”“玖”“拾”；位数词的“百”和“千”也有大写形式的“佰”和“仟”。

“廿”“卅”分别表示“二十”“三十”的意思，是系数词和位数词的结合，也可以称为“系位数词”。这两个词一般只用于特定的场合中，如“廿四史”“五卅运动”。“俩”和“仨”分别表示“两个”和“三个”的意思，是数词和量词的合音词。

“两”既可以表示系数，也可以表示概数，在“他一个，我两个”中是系数词，在“有空吗，我们聊两句”中不表示确切的数字，属于概数词。“两”和“二”作系数词时，使用上有联系和区别：用在度量衡单位前面时，除了“两”前要用“二”之外，其他的用“两”和“二”都可以，如“两斤”“二斤”“两吨”“二吨”；在不表示度量衡单位的其他量词前，用“两”不用“二”，如“两个”“两条”“两张”“两岁”。“两”不能表示序数，而“二”既可以放在“第”后面构成“第二”，也可以单独用来表序数，如“二班”“二楼”。“二”可以放在分数中，如“二分之一”“三分之二”，也可以放在位数词“十”的前后，如“二十三”“三十二”，而“两”不能。在表示一些成对关系的人和事物时，一般用“两”，如“两夫妻”“两姐妹”“两广”“两面派”。

2. 数目的表示

运用数词表示数目，有下面几种表示法。

其一，表示序数。序数的表示最基本的就是前加序数标记“第”，如“第一”“第十”“第一百二十一”等。另外“初”“老”也可以作为序数标记，如“初一”“初八”“初十”“老大”“老二”“老七”，不过“初”只能用在从“一”到“十”的系数前，表示的是阴历日期顺序；“老”一般只用在从“二”到“九”的系数前，表示家庭、家属及相关团体中的排行，排行第一的称“老大”，不称“老一”，“十”前面很少用“老”。

表示序数还可以不用序数标记，而直接用数字来表达。常见的如：

表示年、月、日：2012 年 7 月 25 日

表示楼层、房号、路牌等：7 舍、5 楼、301 房、25 路

表示亲属称谓排行：二姐、三弟、四爷、六哥、七叔、八姑、十三妹

表示等级、编号等：一等奖、二等功、英语四级（考试）、六排、七班、五号（字）、十中

表示列举、分述等：写信分三部分：一是开头，二是正文，三是结尾。

表示顺序数的词还有一些其他形式，如表天干的甲、乙、丙、丁、戊、己、庚、辛、壬、癸；表地支的子、丑、寅、卯、辰、巳、午、未、申、酉、戌、亥；借用拉丁字母 A、B、C、D……，借用罗马数字Ⅰ、Ⅱ、Ⅲ、Ⅳ……等。

其二，表示概数。概数可以直接用数词“两”“几”“数”“多”“多少”“若干”“许多”“数”“无数”等表示。例如，“玩上两天”“上几次课”“数名学生”“若干年前”“多少人”“许多留言”“无数颗星星”等。

除此以外，还可以用下面这些方式表示概数：

系数词或者位数词连用：两三天、三五个、八九个、六七百、百十号、千百年

前加“成、上、近、数”等：成百人、成千吨、成万棵；上十人、上万条、上千亿个；近十个、近万米、近七万人、近五分之一、近四倍；数十人、数千年、数百万元

后加“来、把、多、上下、左右、开外、以上、以下”等：十来个、三十来斤；里把路、丈把长、千把个；四个多月、十多架、一百二十多个、一千多名；五十岁上下、两百斤上下；五十米左右、一千里左右；六十岁开外、二十里开外；四十以上、一百二十以下

其三，表示分数和倍数。倍数的表示是在数词后面加“倍”，如“五倍”“六十多倍”“一百多倍”。表示倍数时，只能用于数目的增加，不能用于数目的减少，如可以说“增加了三倍”“上升了四倍”，但是不能说“下降了一倍”“减少了两倍”。分数表示是在分母和分子之间加“分之”，如“三分之一”“五分之二”。分数既可以表示增加，也可以表示减少。

3. 数词的主要语法特征

数词主要和量词组合在一起构成数量短语，作定语或补语。例如：

(1) 一条马路　三部电影　四百五十名志愿者　千万个家庭

(2) 走一次　翻两番　看四遍　来几趟

数量短语在一定条件下可充当谓语，主要表示下列意义，例如：

表示列举事物：白菜三斤，猪肉一斤。

表示加强语气：这样下去死路一条！你书呆子一个。

表示凸显数量：当场搜出乌猴十一只，七只死的，两只伤的，两只基本完好的。

数词单独作句法成分主要是在计算数量时，例如：

四五二十。三七二十一。六加五等于十一。十二除以三等于四。

（三）量词

1. 什么是量词

量词是表示计量单位的词。量词的分类可以从不同角度进行，根据量词的构造可以分为单纯量词和复合量词，根据量词的性质可以分为物量词、动量词和时量词。根据量词的来源可以分为专用量词和借用量词。其分类情况如下：

- 量词
  - 单纯量词
    - 物量词
      - 专用量词
        - 度量衡量词：斤、寸、吨、升、米、公斤、毫克、微米
        - 个体量词：个、只、件、头、张、副、根、条、棵、粒
        - 集合量词：群、堆、伙、帮、点、些、批、副、双、对
        - 类别量词：类、种、样、品、等、级
      - 借用量词：碗、刀、笔、桶、枪、房间、桌子、口袋、提、卷、扎
    - 动量词
      - 专用量词：次、回、趟、番、遍、阵、下、遭、顿、场、通
      - 借用量词：口、看、眼、摸、想、说、听、抱、拳、棍子、声
    - 时量词：天、日、周、星期、年、小时、分、分钟、秒、旬、季
  - 复合量词
    - 组合复合量词：人次、架次、班次、吨公里、千米小时、秒立方米
    - 选择复合量词：部集、件套、台套、台件、面个

2. 量词的主要语法特征

量词一般不能直接作句法成分，但重叠成 AA 式后可以作主语、谓语、定语、状语，表示“每一”“许多”等意义。例如：

（1）今天的总结报告，先从重要意义讲起，一点两点三点，点点深刻头头是道。（作主语）

（2）浩瀚的碧波上，岛屿点点，白帆点点，风景之美，令人心醉。（作谓语）

（3）层层的叶子中间，零星地点缀着些白花。（作定语）

（4）处在舆论中心的她，心里阵阵发紧。（作状语）

有些量词如度量衡量词、借用量词、复合量词不能重叠。例如：

度量衡量词：*米米 *元元 *尺尺 *吨吨 *厘米厘米 *公斤公斤

借用量词：一身汗—*一身身汗 看一眼—*看一眼眼 一口袋米—*一口袋口袋米

复合量词：*架次架次 *吨公里吨公里 *部集部集 *件套件套

另外，量词重叠也和量词的音节、语义和语体等因素有关。多音节量词、贬义量词及书面语色彩比较浓的量词一般不能重叠。例如：

双音节的量词：*星期星期 *分钟分钟 *世纪世纪

贬义性的量词：*伙伙（暴徒） *帮帮（坏蛋） *路路（货色）

书面色彩量词：*位位（同志） *口口（猪）

量词主要和数词组合在一起构成量词短语作主语、谓语、宾语、定语、状语、补语。例如：

三根都断了。米饭三两。你让他说几句。写满了一张纸。一把拉住。走了一次。

有些量词和数词的组合中间可以插入"大""小""长""整"等形容词。例如：

一大杯茶 一小块石头 一长串鞭炮 一整本书

量词和数词组合后可以重叠为 XAXA 式，如"一个一个""两页两页（地翻）"；当数词是"一"时，可以省略为一 AA 式，如"一个个""一遍遍"。重叠后可以作主语、定语和状语。例如：

（5）一个一个都是好样的。（作主语，表示"每一"义）

（6）一架架的飞机从头顶上呼啸而过。（作定语，表示"许多"义）

（7）他把绳子一根一根地连接在一起。（作状语，表示"逐一"义）

（8）这些道理你要一遍一遍地讲给他听。（作状语，表示"累积"义）

3. 量词运用的注意事项

一是量词和名词、动词搭配的非一一对应关系。量词是个封闭类，而名词和动词都是开放类，因此在量词和名词、动词的搭配上就存在名词和量词、动词和量词的非一一对应关系。除了少数量词只适用于某种特定对象因而构成名词和量词的一一对应关系外（如"一峰骆驼""一味药""一尾鱼""一艘船""一阕词"等），一般都是一个量词对应多个名词或动词，或者多个量词对应一个名词或动词。例如：

（9）一条河 一条毛巾 一条扁担 一口猪 一口井 一口钟

说一次 闹一次 回一次 写一遍 看一遍 检查一遍

（10）一个钉子 一枚钉子 一颗钉子 一颗子弹 一发子弹 一粒子弹

走一趟 走一次 走一回 吵一番 吵一阵 吵一通

二是量词的兼用关系。有些量词能表达不同的意义，因而可以兼用作不同的量词。例如，"把""副"在"一把琴""一把椅子""一副可怜相""一副嘴脸"中是个体量词，在"一把沙子""一把灰""一副牌""一副棋"中是集合量词。再如，"场"在"一场电影""一场战争"中是名量词，在"下了一场""闹了一场"中是动量词。

三是量词和名词、动词的语义选择关系。由于不同的名词和动词具有不同的语义特征，因而它们就要选择在语义上相适应的量词进行搭配。例如，"筷子"具有条状义，就选择具有条状义的“根”“支”和它搭配；“画”具有平面状义，就选择具有平面义的量词“张”“幅”和它搭配；“走”有空间移动义，就选择具有位移特征的“趟”“遍”和它搭配。另外，量词的语义特征也制约着对名词或动词的选择。例如，“位”具有表示尊敬义，那么它选择的名词就不能是具有贬义色彩的“敌人”“小偷”“盗贼”“流氓”等。

（四）动词

1. 什么是动词

动词是主要充当谓语、述语和补语的表示动作、行为、变化等意义的词。根据动词的意义，主要分为以下几类：

动作动词：说、看、踢、打、笑、割、坐、学习、睡觉、呼吸、淘汰、登记

心理动词：爱、恨、想、怕、讨厌、喜欢、希望、怀疑、满意、相信、崇拜

使令动词：使、请、令、逼、派、催、让、命令、迫使、要求、选拔、制止

存现动词：在、有、具有、消失、存在、出现、发生、消亡、死亡、浮现

形式动词：进行、给以、加以、予以、致以、给予

关系动词：姓、像、等于、属于、仿佛、成为、归属

判断动词：是

趋向动词：来、去、上、下、进、出、回、开、过、起、起来、过去、上来

能愿动词：能、会、应、敢、肯、要、可以、可能、能够、愿意、应该、应当

2. 动词的主要语法特征

第一，多数动词能带宾语。根据能否带宾语，动词可以分为及物动词（如“做”“听”“搬”“分析”“办理”）和不及物动词（如“游泳”“答辩”“失败”“退休”“合作”）。及物动词中有的必须带宾语，有的可带也可不带。例如：

可带可不带：（1）你看了这部电影吗？　我看了。

（2）谁去买水果？　小王去买。

必须带宾语：（3）上海是位于中国的东部吗？　*是位于。

（4）对这些人我们要给予帮助吗？　*要给予。

（5）敌人是不是企图逃跑？　*是企图。

第二，许多动词能带上动态助词“着”“了”“过”。例如：

说：说着、说了、说过　　挂：挂着、挂了、挂过

流传：流传着、流传了、流传过　　收拾：收拾着、收拾了、收拾过

动词能不能带“着”“了”“过”是和动词的意义密切相关的。比如：

不表示实在动作意义的动词就不能带“着”“了”“过”：

*给以着、给以了、给以过　*等于着、等于了、等于过　*严加着、严加了、严加过

具有［＋瞬间］、［＋经历］、［－持续］语义特征的动词可以带“了”“过”，不

能带“着”：

丢了、丢过、*丢着 倒塌了、倒塌过、*倒塌着 熄灭了、熄灭过、*熄灭着

具有［+瞬间］、［−经历］、［−持续］语义特征的动词能带“了”，一般不能带“着”和“过”：

牺牲了、*牺牲着、*牺牲过 毕业了、*毕业着、*毕业过 灭亡了、*灭亡着、*灭亡过

第三，大多数动词能受表否定、时间、范围、方式、语气等的副词修饰。除了心理动词之外，其他动词都不能受程度副词修饰。例如：

（6）都出去 已经考虑 不知道 大肆造谣 居然喜欢 重新研究

（7）*很说 *相当停止 *十分奔跑 *稍微出来

有的动词带上宾语后可以受程度副词修饰，例如：

很有计划 很伤脑筋 很成问题 最会说话 相当费工夫 非常守纪律

第四，有些动词（主要是动作动词）可以重叠，单音节动词可重叠为AA式、A一A式、A了A式，双音节动词重叠为ABAB式。例如：

（8）聊聊 想想 等等 聊一聊 想一想 等一等 聊了聊 想了想 等了等

（9）考察考察 复习复习 批评批评 救济救济 解释解释 迁就迁就 请示请示

动词重叠后主要表示短暂义、尝试义。例如：

（10）你先坐一会儿，我去去就来。（表示时间短暂义）

（11）今天你多睡睡。（表示持续义）

（12）让我喝喝这杯酒，看好不好喝。（表示尝试义）

动词重叠有一定的条件，一般来说，心理动词、判断词、趋向动词、使令动词、存现动词等非动作动词不能重叠。动作动词中，表示动作可以持续或者反复进行、动作可以自主控制的动词可以重叠，而非持续性动词和非自主控制性动词不能重叠。例如：

非持续动词：*爆炸爆炸 *放弃放弃 *停止停止 *终止终止 *抛弃抛弃

非自控动词：*病病 *晕晕 *输输 *枯枯 *发抖发抖 *错怪错怪 *看中看中

3. 动词的特殊类

其一，趋向动词。趋向动词包括单纯趋向动词和复合趋向动词，总共包括下面这些：

	上	下	进	出	回	开	过	起
来	上来	下来	进来	出来	回来	开来	过来	起来
去	上去	下去	进去	出去	回去	开去	过去	

趋向动词的基本意义是趋向意义，即表示人或物体通过动作在空间的移动方向。“来”“去”是以说话者为立足点，“来”表示朝说话者方向移动，“去”表示背离说话者方向移动。例如：

他走来了。（“走”的方向即说话者的方向）

他跑去了。（“跑”的方向是背离说话者的方向）

“上”“下”“进”“出”“回”“过”“起”“开”表示人或物体的位置相对其他人或物体发生的变化。例如：

（13）他走出教室。　　（14）他举起杠铃。

（13）表示“他”的位置相对于“教室”来说，产生了由里到外的变化；（14）表示“杠铃”的位置相对于地面来说产生了向空中的位置变化。

趋向动词由表示人和物体的空间位置移动还可引申到表示抽象事物的变化。例如“她的成绩又升上了一级”“你把上院那座西房买过来修理修理”。

部分趋向动词能表示动作有结果或达到了目的，具有结果意义。例如：

（15）他把两根绳子接上了。（“上”表示两根绳子的结果是接在一起了）

（16）一看见碗里的食物，就把嘴巴张开来了。（“开来”表示嘴巴“张”的结果）

部分趋向动词可以表示动作或性质变化的状况，也可以表示状态意义和时体意义。例如：

（17）天阴了，雪又下起来了。（“起来”表示“下雪”这个动作的开始）

（18）她忘记了自己，一个接一个地看下去。（“下去”表示“看”这个动作继续不变）

既然这一部分趋向动词已经由表空间义转向了表时间义，所以，有人称之为趋向词。

其二，判断动词。判断动词只有一个“是”，其作用是放在主语和宾语之间，表示两者之间具有某种关系。

一是表示前后成分具有等同关系。例如：

这部戏的主角是张三。　世界最高峰是珠穆朗玛峰。

二是表示前后成分具有类属关系。例如：

绘画是一种艺术形式。　李大钊是我党早期的革命家、政治家和理论家。

三是表示前后成分具有存在关系。例如：

教室外是一个操场。　窗外是一片月光。

四是表示前后成分具有特征关系。例如：

院子里是冬天，屋子里是春天。　他是一片好心。

五是表示前后成分具有比喻关系。例如：

生活是一条藤，总结着几颗枯涩的瓜。　天地是厂房，深谷是车间。

六是表示前后成分具有某种联系。例如：

现在是五点半。　这本书是三十元钱。

其三，能愿动词。能愿动词是表示可能、意愿的动词。包括三个小类：

一是可能类：能、可能、能够、可、可以、会

二是意愿类：情愿、愿意、愿、要、肯、敢

三是必要类：该、应该、应当、应、得、必须

能愿动词的主要语法特征有：与其他动词一样，能进入“X不X”格式，如“能不能、会不会、愿意不愿意”；可以单独回答问题，如“他要不要负这个责任？要。”“从这跳过去你敢不敢？敢。”主要放在其他动词前作状语，如：“他可能来不了。”“你必

须完成这个动作。”

能愿动词和其他动词在语法特征上不同的是：能愿动词不能带宾语，不能带“着、了、过”，不能重叠。有些能愿动词的否定之否定并不等于肯定，有些则等于肯定。试比较：

不能不去＝必须去≠能去　　不会不去＝会去

不敢不去＝只好去≠敢去　　不该不去＝该去

不肯不去＝一定要去≠肯去　不应该不去＝应该去

不可不去＝应当去≠可以去　不应当不去＝一定去

造成这种差异的原因主要是否定强度的不同，当然也同各助动词本身的能愿义有关。

（五）形容词

1. 什么是形容词

形容词是主要充当谓语、定语的表示人或事物性质状态的词，分为性质形容词和状态形容词两类。性质形容词表示人或事物的属性，状态形容词表示事物的状况或情态。例如：

性质形容词：好、高、远、浅、红、热、丑、安静、伟大、舒服、糊涂、慌张

状态形容词：雪白、通红、皑皑、圆乎乎、绿油油、稀里糊涂、黑不溜秋、老实巴交

性质形容词还可以再进行分类：有的性质形容词可以带时态助词、趋向动词和受副词“没（有）”修饰，这类性质形容词称为动态形容词，如“白”“红”“热”“暖和”“凉快”“清醒”“落后”等；相反，有的性质形容词不能带时态助词或趋向动词，也不能受副词“没（有）”修饰，这类性质形容词称为静态形容词，如“笨”“丑”“美妙”“勤劳”“豪放”“干脆”“壮丽”等。比较：

热了　热下去　没有热　　　　清醒了　清醒过来　没有清醒

*笨了　*笨下去　*没有笨　*干脆了　*干脆过来　*没有干脆

状态形容词一般由性质形容词派生而来，按照其构成方式，大致可以分为以下几类：

AA式：堂堂　区区　漫漫　缕缕　翩翩　耿耿　茫茫　斑斑　绵绵　袅袅　炎炎

AB式：葱绿　通红　雪白　笔直　滚烫　飞快　鲜红　冰冷　漆黑　焦黄　烂熟

ABB式：红彤彤　黑漆漆　圆鼓鼓　香喷喷　冷冰冰　静悄悄　乱哄哄　病歪歪

AABB式：花花绿绿　轰轰烈烈　婆婆妈妈　密密麻麻　羞羞答答　昏昏沉沉

A不XY式：脏不拉叽　傻不拉叽　灰不溜秋　白不呲咧　酸不溜丢　甜不丝儿

A里XY式：花里胡哨　稀里糊涂　土里吧唧　酸里吧唧　皱里吧唧　嘀里嘟噜

其他形式：老实巴交　可怜巴巴　黑咕隆咚　圆咕隆咚　血丝呼啦

性质形容词和状态形容词存在一些明显的区别，主要表现在：

一是性质形容词能受程度副词“很”和否定副词“不”修饰，而状态形容词不能

受“不”修饰，一般也不能受“很”修饰。例如：

不直　很直　不绿　很绿　不小气　很小气

*不笔直　*很笔直　*不绿油油　*很绿油油　*不小里小气　*很小里小气

二是性质形容词可以带补语，状态形容词不能带补语。例如：

冷得很→*冰冷得很；脏得不得了→*肮里肮脏得不得了；小气得要死→*小里小气得要死

三是性质形容词可以用在“A＋比B＋（　）”的比较句中，状态形容词一般不能。例如：

这个苹果比那个红。→*这个苹果比那个通红。*这个苹果比那个红彤彤。

2. 形容词的主要语法特征

第一，可作谓语、定语、状语和补语。作谓语时，状态形容词可以直接作谓语，性质形容词作谓语时需要加程度义的副词或带程度补语。例如：

（1）天气很热。　天气热得很。　这衣服比较贵。　这衣服贵得很。

（2）烈日炎炎。　这里的黎明静悄悄。　衣服脏不拉叽。　脑子昏昏沉沉。

作定语时，有些性质形容词可带“的”，也可不带“的”，例如“小汽车—小的汽车”“优秀人物—优秀的人物”“美丽景色—美丽的景色”；有些必须带“的”，例如“沉稳的性格—*沉稳性格”“贫瘠的土地—*贫瘠土地”“整齐的衣服—*整齐衣服”。状态形容词作定语一般需要带“的”，例如“通红的辣椒—*通红辣椒”“笔直的道路—*笔直道路”“静悄悄的会场—*静悄悄会场”；也有少数不带“的”，例如“冉冉升起、翩翩舞姿、花白胡须、细高个儿、银白世界”。

作状语时，单音节性质形容词一般不带“地”，例如“快跑”“慢走”“大干”“苦练”；双音节性质形容词可带可不带“地”，例如“粗暴干涉—粗暴地干涉”“热烈讨论—热烈地讨论”“耐心解释—耐心地解释”。状态形容词作状语，有的不带“地”，有的要带“地”，例如“纷纷落下”“重重包围”“直挺挺地站着”“灰溜溜地跑”“慢慢吞吞地说”。

作补语时，性质形容词可直接作补语，例如“晒黑”“冻坏”“堆满”“打破”；也可在前面加“得”，例如“来得快”“说得好”“想得简单”“长得漂亮”；状态形容词作补语动词都要带“得”，例如“记得烂熟”“吃得圆鼓鼓”“弄得乱七八糟”“晒得黑不溜秋”“写得密密麻麻”。

第二，部分形容词可以重叠。单音节性质形容词能重叠为AA式；双音节性质形容词能重叠为AABB式，有的重叠为A里AB式；部分动态形容词可以重叠为ABAB式。例如：

AA式：长长　高高　亮亮　圆圆　甜甜　浅浅　大大　平平　远远

AABB式：干干净净　整整齐齐　漂漂亮亮　认认真真　热热闹闹

A里AB式：古里古怪　肮里肮脏　马里马虎　邋里邋遢　小里小气

ABAB式：轻松轻松　安静安静　清醒清醒　暖和暖和　凉快凉快

性质形容词重叠后就具有程度量的意义，一般不能再受程度副词修饰了。例如：

*很轻轻（的）　*非常轻轻的　*很孤孤单单　*非常孤孤单单

*很怪里怪气　　*非常怪里怪气　　*很暖和暖和　　*非常暖和暖和

“A 里 AB”式重叠后有贬义色彩；而动态形容词重叠为“ABAB”后，一般带有使人具有某种感受的意义。例如：

放假了，让孩子轻松轻松。　我想换个地方新鲜新鲜。

影响性质形容词能否重叠的因素比较复杂，一般来说，表示具有明显感知意义（如可以看见、听见、触摸等）的形容词重叠能力强，如“薄”“肥”“黑”“高”“高兴”“干净”等，而表示不容易感知意义的形容词重叠能力弱，如“保险”“薄弱”“出色”“高深”“奥妙”等。具有口语色彩的形容词重叠能力要比具有书面语色彩的形容词强，如“安稳”“快活”“和气”“漂亮”“老实”等口语色彩强，能重叠；“单纯”“缓和”“美丽”“伟大”“狭隘”等书面语色彩强，就不能重叠。带有褒义色彩的形容词比带有贬义色彩的形容词更容易重叠，比如“好”“整齐”“小心”“亲热”能重叠，而“丑”“凌乱”“大意”“冷漠”一般不能重叠。

（六）区别词

1. 什么是区别词

区别词是一般只能充当定语的前加词，主要表示事物的属性、状况、类别等。从词的构造来看，首先可以根据音节构造把区别词分为单音节区别词和多音节区别词。例如：

单音节区别词：男、女、金、银、雌、雄、单、双、正、副、软、硬

多音节区别词：彩色、活期、慢性、私营、微型、无限、特级、应用型、多视角

多音节区别词又分为派生类区别词和复合类区别词。派生类区别词是由词根加类词缀构成的。常见的类型有：

加“式”：中式、西式、男式、女式、老式、旧式、新式、立式、港式

加“型”：大型、中型、小型、微型、应用型、流线型、复合型

加“性”：真性、假性、良性、恶性、阳性、阴性、综合性、一般性

加“级”：高级、中级、初级、甲级、乙级、次级、省级、多级

加“等”：上等、中等、下等、一等、二等、头等、特等、同等、优等

加“色”：粉色、米色、酱色、湖色、藕色、茶色、桃色、彩色、单色

加“号”：大号、中号、小号、一号、二号、头号、特大号

加“质”：劣质、优质、土质、木质、纸质、铁质、金质

加“有”：有形、有烟、有机、有声、有轨、有期、有线、有色

加“无”：无毒、无烟、无机、无声、无轨、无期、无辜、无穷

加“超”：超级、超龄、超等、超导、超额、超短波、超导体

加“双”：双重、双峰、双生、双面、双份、双轨、双季、双边、双料

加“多”：多元、多边、多重、多维、多民族、多方面、多用途、多倍体

加“单”：单料、单瓣、单边、单程、单式、单面、单色、单项、单细胞

加“非”：非常、非法、非正义、非理性、非正规、非本质、非原则性

复合类区别词也有很多，如“野生”“现行”“国营”“军用”“短期”“特种”“木本”“全能”“临界”“平装”“长途”等。

2. 区别词的主要语法特征

第一，作定语，这是区别词最基本的功能。一般单音节区别词作定语时不加“的”，例如：

金戒指　银项链　男同学　女司机　正班长　副教授

多音节区别词作定语时，有的可加可不加“的”，有的一般不加“的”，例如：

（1）大型机械—大型的机械　粉色上衣—粉色的上衣　冒牌产品—冒牌的产品

（2）高等教育—*高等的教育　特种部队—*特种的部队　有机玻璃—*有机的玻璃

作定语时区别词常可以连用，例如：

小型军用机场　男式大号西服　中式木质建筑　国产彩色名牌电视机

第二，不能作谓语、补语，一般也不能作主语、宾语。但在一定的语言环境中，区别词所修饰的名词可能会省略，因而造成区别词直接作主语或宾语的情况。例如：

（3）这封信你帮我寄挂号。　　　这个机场是军用还是民用？

（4）这套书，平装好还是精装好？　特等是李林获得的。

第三，不能受程度副词修饰，否定时不能用“不”，而要用“非”，不能受数量短语修饰，例如：

非长期　*不长期　*很长期　*一个长期

非民营　*不民营　*很民营　*一个民营

非机要　*不机要　*很机要　*一个机要

非现行　*不现行　*很现行　*一个现行

（七）副词

1. 什么是副词

副词是表示程度、范围、时间、情态等意义的词，主要用于修饰和限制动词、形容词性成分。根据副词的意义，可以分为以下几类：

程度副词：很、最、极、挺、顶、非常、十分、极其、格外、分外、更、更加、尤其、越、越发、相当、稍、稍微、略微、几乎

范围副词：都、全、总、总共、统统、只、仅、仅仅、光、一共、一齐、一概、一律、单、单单、就

时间副词：已、已经、曾、曾经、刚、刚刚、正、在、正在、将、将要、马上、立刻、顿时、终于、常、常常、时常、时时、往往、渐渐、一向、向来、从来、总是、一直、业已、永远、始终、仍然、依然、还、再、又、也、一再、再三

情状副词：亲自、亲眼、随身、公然、猛然、尽情、擅自、肆意、大肆、特意、任意、竭力、连忙、相继、胡乱、暗暗、暗中、悄悄、徒步、亲口、大举、当场、无

故、特地

否定副词：不、没、没有、别、甭、未、未必、不必、非、勿、莫、休

语气副词：索性、反正、简直、岂、何尝、也许、分明、显然、果然、居然、竟然、难道、幸亏、幸好、恰恰、未必、不妨、的确、难怪、究竟、到底、偏偏、明明、只好

2. 副词的主要语法特征

第一，副词都能作状语。有些副词还可以放在句首作全句的状语。例如：

（1）我曾经来过这里。　　这里的风景格外漂亮。

（2）幸亏老王及时赶到。　难道你就这样放弃了吗？

少数副词可以作补语，例如：

好得很　　漂亮极了　　激动万分　　糟透了　　想死了　　忙坏了

第二，部分副词能够单用。例如：

你去吗？不，我不去。　你觉得他真的不会来了吗？　也许吧。别为难他了，何必呢？

能单用的副词包括“不”“没有”“也许”“当然”“马上”“立刻”“一起”“别”“未必”“的确”“有点儿”“自然”“刚刚”“何必”“赶快”“赶紧”等。

第三，部分副词能起关联作用。例如：

单用：看完就回去　唱了又唱　能去更好　写完了再说

合用：越老越辣　再这么下去也没用　又酸又甜　非去不可　不吃不喝

与连词配合使用：如果……就……　只有……才……　不论……都……

3. 副词和其他词类的区别

其一，时间名词和时间副词的区别。

时间名词和时间副词都能作状语。例如：

他过去/曾经来过这里。　他往常/通常回来比较晚。　你将来/将要怎么办？

时间名词还可以作主语、宾语和定语。例如：

（3）暂时的改变给他带来了一些不便。→＊暂且的改变给他带来了一些不便。

（4）要是在往常，我早就走了。→＊要是在通常，我早就走了。

（5）将来是什么样我也说不清楚。→＊将要是什么样我也说不清楚。

其二，副词和形容词的区别。

有些形容词和副词一样，也可作状语。例如：

他忽然/突然不见了。　我偶尔/偶然来一下。

但是副词只能作状语，形容词还能作定语和谓语。例如：

这事太突然了。→＊这事太忽然了。　这是个突然事故。→＊这是个忽然事故。

这事太偶然了。→＊这事太偶尔了。　这是个偶然事故。→＊这是个偶尔事故。

有些副词和形容词属同音同形词，如“光”“白”“怪”“净”“硬”“快”“老”等。区别的方法是：在体词前面或者受程度副词修饰时是形容词，在谓词前面时是副词。例如：

形容词		副词
老教师	茄子很老	老是迟到
快车	速度很快	快花完了
白纸	脸色很白	白干一场
怪人	味道很怪	怪可怜的
硬骨头	木头很硬	硬是要去

其三，副词和动词的区别。

“没”“没有”既可以作动词，也可以作副词。区别它们的方法是看“没”“没有”是放在体词前还是谓词前。放在体词前面时是动词，放在谓词前面时是副词。例如：

我没有/没这本书（动词），我没有/没看这本书。（副词）

其四，副词和区别词的区别。

区别词的主要功能是作定语，副词的主要功能是作状语，两者基本上能区分开来。不过，一部分区别词有时也能作状语。例如：

廉价商品—廉价出售　超期食物—超期服役　慢性胃炎—慢性中毒

恶性事件—恶性竞争　有机化肥—有机结合　长途汽车—长途奔波

这类既可以作定语又可以作状语的词，可以认为是区别词兼情状副词。如果一些情状副词偶尔充当定语，则可以看作情状副词兼区别词，比如，“他带领球队取得了飞速的进步”与“全球气候已经发生了急速的变化”的“飞速”与“急速”，就是情状副词兼区别词。

（八）代词

1. 什么是代词

代词是具有替代和指示作用的词。根据代词的替代和指示对象的不同，可以分为人称代词、指示代词和疑问代词三大类。

代替人或事物的词称为人称代词，主要有：

我、咱、你、您、他、她、它；我们、咱们、你们、他们、她们、它们；自己、自个儿、大家、大伙儿、大家伙、人家、别人、旁人、他人、本人、之、其

指称人、事物或事情的词称为指示代词，主要有：

这、那；这儿、那儿、这样、那样、这里、那里、这会儿、那会儿、这么、那么、这些、那些、这般、那般、这点（儿）、那点（儿）、这么着、那么着；每、各、某、其他、其余、别的、另、另外、该、一切、任何、彼此

表示疑问的代词称为疑问代词，主要有：

谁、什么、哪、哪儿、哪里、为什么、多、多会儿、多少、多咱、几、几时、怎么、怎么样、怎么着、如何、何

代词是个功能比较特别的词类，由于代词主要是用来替代和指示其他成分的，那么替代或指示哪些功能类别成分，就会具有哪些相似或相近的句法功能。所以，代词作为一个词类来说，从语法功能角度看，其主要包括代体词、代谓词、代加词三类。

例如：

（1）李老师今天没来上课，家里有什么事吗？（相当于体词）

（2）他刚才怎么啦？刚才摔跤了。（相当于谓词）

（3）你的想法怎么会这么简单啊？（相当于加词）

代词有时还可以代替和指示语篇当中的词、短语、句子及句群等各级语言单位，也可以代替和指示语篇之外的人和事物。

2. 代词的运用

其一，“咱们”和“我们”。“咱们”用于包括式，即包含听话者的一方。例如：“看完了，咱们回去吧？”这句话指说话者和听话者一起回去。“我们”既可以用于包括式，也可以用于不包含听话者的排除式。例如：“你在这儿待着，我们走了。”这里的“我们”是排除式，“我们好像早就认识了吧？”这个“我们”是包括式。“咱们”在口语中有时只说成“咱”，如“咱啥都不说了，一起去吧”。“我们”有时可以替代“我”，如“在我的这篇论文中，我们认为……”这是一种谦虚的表达。

其二，“人家”。“人家”主要有下面三个意义：一是指自己或某人以外的人，别人。例如：“人家是人，我也是人，我就学不会？”二是指某个人或某些人，意思跟“他”或“他们”相近。例如：“你把东西快给人家送去吧。”三是指自己（带有亲切、俏皮或责备的口气，多为女性用语）。例如：“这么好的事，你怎么不早点告诉人家啊。”“人家不去，你偏要人家去。”

其三，反身代词“自己”。“自己”主要有三种用法：一是复指前面的代词或名词。例如：“他自己去解决问题。”“依靠我国自己的力量建造起来的。”二是回指前面出现过的人。例如：“小林走过去，自己把东西丢了。”三是代指句中没有出现的人。例如：“自己动手，丰衣足食。”“自己的事自己解决。”

其四，“这”和“那”。“这”和“那”是两个最基本的指示代词，“这”表示近指，即指人或事物等离说话者在空间或时间上比较近；而“那”表示远指，即指人或事物等离说话者在空间或时间上比较远。例如：

（4）这是我的东西，那是你的东西。（“我的东西”比“你的东西”离说话者要近。）

（5）那几天我都不知道是怎么过来的，这几天好多了。（“这几天”比“那几天”离说话时间近。）

“这”“那”还可以强调说话者对人或事物一种心理的距离关系。例如：

你的那些事我才不管呢！　你的这些事我才不管呢！

“那些事”和“这些事”可能指相同的事，但是从说话者心理来说，用“那”比用“这”表示事情与自己关联的程度更低。

“这”和“那”有时可以表示不确定的指称，例如：“这里藏藏，那里躲躲。”“他光会说这说那的，自己却不动手。”

其五，“每”“各”“某”“另外”和“一切”。“每”和“各”都表示分指，都指全体中的任何一个，但是“每”侧重于个体中的“同”，“各”侧重于个体的“异”，比较“每个人都要交作业”和“各班有各班的活动特色”。“某”表示不定指或者不便说出的人或事物，如“和某些名人相比，他们更应该赢得尊重”“解放军驻大连某部”。“另外”是旁指，指说话者范围之外的人或事物，如“他就是我要跟你谈的另外的一个人”。“一切”是统指，表示“全部、所有”，如“这里的一切都显得那么平静”。

其六，疑问代词的非疑问用法。疑问代词是用来表示疑问的，例如：“谁开的门?”“我们到了什么地方?”等。但是疑问代词有不表示疑问的用法，用来表示任指、不定指、虚指等意义。

任指是指表示任何人或任何事物。例如：

（6）他谁都不怕。　什么话我都敢说。　他哪儿都不想去。

不定指是表示指称对象不确定。例如：

（7）谁愿去谁就去。　想干点什么就干点什么。

虚指是表示说不出或者不想说出的人或事物。例如：

（8）我该做点什么了。　隔壁好像谁在说话。

三、虚词

（一）介词

1. 什么是介词

介词是放在名词或其他词语前面，组成前加式的介词短语，标示和动作、性状相关的某种语义的词。例如：“我在北京给小王买了一套餐具。”介词“在”“给”分别与“北京”“小王”组成介词短语，标示了“买”的地点和服务对象。介词大致可以分为以下几类：

表示时间、地点和方向：从、自、自从、打、到、往、离、在、由、向、朝、趁、趁着、于、当、当着、沿着、顺着

表示方法、方式、依据、凭借：按、照、按照、依照、据、根据、通过、凭、凭借、靠、本着、鉴于、基于、论、拿、用

表示原因、目的：为、为了、为着、因、因为、由、由于

表示关涉对象：对、对于、关于、至于、和、跟、与、同、替、向、给、将、连、除、除了、冲着、比

表示施事、受事：将、把、管、拿、被、叫、让、给、由

2. 介词的主要语法特征

第一，主要和名词或名词性成分组成介词短语（有时也可放在动词性成分前组成介词短语。例如：“他把阅读名著看成一种享受。”）作状语、定语和补语。例如：

（1）在沙滩上，林明用彩纸拼出一幅美丽的图案。（状语）

（2）他讲了一个关于解放战争时期的故事。　（定语）

（3）给敌人以沉重的打击。　（补语）

第二，不能单独作谓语，不能重叠，不能带时态助词。例如：

（4） *他从上海。 *他从从上海。 *他从了上海。

（5） *我们依照法律 *我们依照依照法律 *我们依照了法律。

3. 介词和动词的区别

现代汉语中的许多介词是从动词虚化而来的，有些词现在还是处于动词和介词的兼类阶段，因此要注意介词和动词的区别。区别的方法主要看该兼类词是否具有动词的性质：动词可以单独作谓语，介词不能；动词可以重叠，介词不能；动词可以加时态助词“着”“了”“过”，介词不能。比较：

	动词	介词
（6）	他在教室。	他在教室看书。
（7）	医生把药给了我。	医生给病人打针。
（8）	他们俩离开了北京。	这里离北京还有120公里。
（9）	你用这把钥匙吧。	你用这把钥匙开门吧。
（10）	我谁也不为，就为我自己。	你为这件事懊恼了很久。
（11）	我来把门。	我来把门看住。
（12）	他通过了考试。	通过考试，他获得了教师资格证书。
（13）	我和你比毛笔字。	我的毛笔字比你差远了。
（14）	你别管我。	我们管他叫小诸葛。
（15）	他拿着一本书。	他是在拿我开玩笑。

4. 部分介词的区别

第一，“对于”和“关于”。

“对于”和“关于”的区别主要有：

一是“对于”主要介绍和动作有关的对象，“关于”主要介绍与动作相关的事物，着重于范围。例如：

关于这件事，我们会尽快处理好。 对于这件事，我们会尽快处理好。

二是“关于”组成的介词短语一般只能位于主语之前，“对于”组成的介词短语既可放在主语之前，也可放在主语之后。例如：

（16） 关于那段历史，我不是很清楚。→*我关于那段历史不是很清楚。

（17） 对于这段往事，他一直念念不忘。→他对于这段往事一直念念不忘。

三是“对于”组成的介词短语不能独立运用，“关于”组成的介词短语可以在标题中独立运用。例如：

关于成立校篮球俱乐部的决定 关于进行深化农村改革的设想

第二，“朝”“向”“往”。

“朝”“向”“往”都可以和方位词、名词、代词等组成介词短语，而三者组成的介词短语都可以修饰具有方向性的位移动词，如“见了她，就默默地往/朝/向前走了一步”。它们的区别主要表现在：

一是带宾语时，“往”可以和动词、形容词组成介词结构，而“向”“朝”不能。

例如：

兰医生又往/＊朝/＊向回送。你们几个再把墙往/＊朝/＊向高垒一垒。

二是在句法成分上，“向”和“往”构成的介词短语既可作状语，也可作补语，而“朝”构成的介词短语只能作状语。例如：

火车往/朝/向北京开。 火车开往/向/＊朝北京。

三是在组成的介词短语所修饰的动词类别上，“往”字介词短语可以修饰心理动词，而“朝”和“向”却不能；“朝”字介词短语和“向”字介词短语可以修饰非方位性方向动词，而“往”字介词短语不能；“向”字介词短语可以修饰言谈类和给予类动词，而“往”字和“朝”字介词短语却不能。例如：

(18) 不要总把别人往/＊朝/＊向坏处想。

(19) 他张大嘴向/朝/＊往对岸大喊。

(20) 洒水车司机关了水，跳下车向/＊朝/＊往他们道歉。

(21) 小朋友们向/＊朝/＊往英雄们敬献鲜花。

第三，“被”和“叫”“让”“给”。这几个介词都能引出动作的施事者。例如：

问题被/叫/让/给技术员解决了。

它们的主要区别是：“叫”“让”“给”用于口语中，而书面语中使用“被”。由“被”引出的施事成分可以省略，“叫”“让”引出的施事成分一般不省略。例如：

(22) 世界纪录被他打破了。→世界纪录被打破了。

(23) 世界纪录叫/让他打破了。→＊世界纪录叫/让打破了。

当“叫、让、给”作句子的谓语动词时，就用“被”，而不用“叫”“让”“给”，例如：

班长被/＊叫老师叫出去了。伞被/＊给别人给借走了。他这盘棋被/＊让他让了两步。

在固定格式“被……所……”“被……为……”中，“被”不能换成“叫”“让”“给”，例如：

(24) 我被/＊叫/＊让/＊给他的先进事迹所感动。

(25) 这件刚出土的青铜器被/＊叫/＊让/＊给确认为战国时代的祭祀用品。

（二）连词

1. 什么是连词

连词是用来连接词、短语、分句和句子的虚词。根据连词连接的成分不同，可以分为以下几类。

连接词和短语：和、跟、与、同、及、或

连接分句和句子：不但、因为、所以、既然、即使、尽管、虽然、因而、然而、因此、如果、假使、宁可、尚且、况且、与其、只要

连接词、短语和分句：而、而且、并、并且、或者、还是、由于、因为、只有、无论、不管

2. 连词的使用

第一，“和”“跟”“与”“同”的使用。

这几个连词都可以用来表示并列关系，主要连接体词性成分。“跟”“同”具有口语色彩，“与”具有书面语色彩。“和”除了连接体词性成分以外，还可以连接谓词性成分，其连接谓词性成分时可作主语、宾语和定语。例如：

(1) 同窗们的惊叹和赞美使他赢回了自信。

(2) 他滔滔不绝地说，言语中充满了戏谑和自嘲。

(3) 这本著作详细地阐述了练兵、养兵和用兵的方法。

“和”还可以连接谓词性成分作谓语，但是“和”连接的谓词性成分作谓语时前后必须要有其他成分。例如：

美院的学生总是对我很尊重和感激。　大会讨论和通过了党章修改草案。

第二，“及”“以及”的使用。

“及”和“以及”连接的成分既可以是并列关系，也可以是主次关系。例如：

并列关系：个体量词、集合量词及度量衡量词等称为名量词。

岛上到处都是椰子树、橡胶树、咖啡树、香蕉树以及甘蔗林。

主次关系：图书、仪器、标本及其他设备。

降水、风力、气温、阳光、地震以及其他一些因素都会导致雪崩。

“及”和“以及”的区别是：“及”只能在单句内进行连接，“以及”还可以在分句与分句之间进行连接。“及”前面不能有停顿，“以及”前面可以有停顿。“及”后面常接“其”，“以及”后面常接“其他”。

第三，“而”的使用。

“而”既可以连接谓词性词语，也可以连接分句。例如：

(4) 这个苹果大而不甜。　做这种事吃力而不讨好。

(5) 南方已经是春暖花开，而北方还是冰天雪地。

“而”连接的成分之间可以是并列关系，也可以是转折关系、递进关系、主谓关系、顺承关系以及偏正关系（目的、方式、状态、原因等）。例如：

(6) 认真而努力地工作　简练而生动的文笔（并列关系）

(7) 简约而不简单　有利于个人而不利于集体（转折关系）

(8) 经验是宝贵的，而经验的获得又往往是需要付出代价的。（递进关系）

(9) 作家而不为人民写作，那算什么作家？人而不思进取，岂非等同于猿猴。（主谓关系）

(10) 武汉撤守后，由长沙而衡阳，而桂林，而重庆。（顺承关系）

(11) 为革命事业而奋斗　顺流而下　鱼贯而入　因错过机会而悔恨（偏正关系）

第四，“或者”和“还是”的使用。“或者”和“还是”都可以表示选择关系。在“无论”“不论”“不管”等词语后，两者可以互换。例如：

(12) 不管/无论/不论是刮风还是/或者下雨，他都坚持晨练。

但是，在疑问句中，只能用“还是”，一般不能用“或者”。例如：

(13) 他住你们家还是奶奶家？→＊他住你们家或者奶奶家？

3. 连词和介词的区分

第一，“和”“跟”“与”“同”作连词与介词的区分。

“和”“跟”“与”“同”既可以作连词也可以作介词，是连词和介词的兼类。要区分它们，一般使用下面几种方法（以“和”为例）。

一是分解法。就是将“和”连接的前后成分分别和谓语进行组合，能组合的是连词，不能组合的是介词。例如：

（14）我的成绩和他的成绩都很好。＝我的成绩很好。＋他的成绩很好。（连词）

（15）我和他交涉过这件事。≠我交涉过这件事。＋他交涉过这件事。（介词）

二是插入法。就是在“和”前面插入其他修饰性成分，能插入的是“介词”，不能插入的是连词。例如：

（16）我的成绩和他的成绩都很好。→＊我的成绩已经和他的成绩都很好。（连词）

（17）我和他交涉过这件事。→我已经和他交涉过这件事。（介词）

三是省略法。如果“和”前面的成分能够省略，就是介词，不能省略的就是连词。例如：

（18）我的成绩和他的成绩都很好。→＊和他的成绩都很好。（连词）

（19）我和他交涉过这件事。→和他交涉过这件事。（介词）

四是互换法。就是将“和”前后的成分换位，能换位并且换位之后意义不变的是连词，不能换位或者换位之后意义发生变化的是介词。例如：

（20）我的成绩和他的成绩都很好。＝他的成绩和我的成绩都很好。（连词）

（21）我和他交涉过这件事。≠他和我交涉过这件事。（介词）

第二，“因”“因为”“由于”“为了”作连词与介词的区分。

“因”“因为”“由于”“为了”作连词时表示分句之间具有因果、目的关系，作介词时是引出动作的原因和目的。区分它们的方法就是看它们引导的成分结构性质，如果引出的是体词性成分，那么它们就是介词；如果引出的是分句或复句，那么它们就是连词。比较：

作介词：（22）他因伤退出了比赛。

（23）姐妹俩因为房子的事闹翻了脸。

（24）由于火山口的喷发，在山麓形成了无数山洞，千姿百态，十分迷人。

（25）为了他，我付出了很多。

作连词：（26）因参加工人运动，朱德在德期间两次被捕。

（27）因为老没时间，我经常不出门。

（28）由于地理位置靠近北极圈，岛上冬寒夏凉。

（29）为了让自己放松一下，我决定去内蒙古大草原上畅游一周。

（三）助词

助词是附着于其他语言单位上，表示某种附加意义的词。从助词的功能和意义来看，助词大致可以分为结构助词、时态助词、比况助词、列举助词及其他一些助词等。

1. 结构助词

结构助词主要是附着于附加成分和中心成分之间表示某种结构关系的词，包括“的”“地”“得”。这三个结构助词都读“de”，但在书写上用不同的字形区别开来。“的”是放在定语和中心语之间，属定语标记，如“门前的大树”“老胡的父亲”“美丽的西湖”“三岁的小孩”。“的”还可附于其他词或短语后面构成“的”字短语，如“塑料的”“小李的”“卖馄饨的”“昨天没来的”。“地”是放在状语和中心语之间，属状语标记，如“慢慢地走”“非常地漂亮”“科学地看待”“有一搭没一搭地说”。“得”放在中心语和补语之间，属补语标记，如“啃得动”“说得好”“痒得到处乱抓”“急得不知怎么办”。

2. 时态助词

时态助词是主要附着于动词或形容词表示时态意义的词，主要有“着”“了”“过”。“着”表示动作的进行或动作、状态的持续，如“小心地端着”“不断地敲着”“耐心地等着”“（脸）红着”。“了”表示动作行为的实现和完成，如“喝了水”“看了电影”“（树叶）黄了”。“过”表示动作行为或状态成为过去或经验，如“放过羊”“骂过他”“痛苦过”。

3. 比况助词

比况助词是附着于其他词或短语后面表示比喻意义的词，主要有“似的”“一样”“样”“一般”“般”，如“燕子似的”“白昼一样”“着了魔般”。

4. 列举助词

列举助词是用来表示列举的，主要有“等”“等等”“云”“云云”“什么的”，它们都可以表示列举未尽。“等”和“等等”的区别主要是：“等”可以表示列举已尽之后的煞尾，这时“等”后面往往有量词短语，如“本学期选修了美学、民俗学、先秦文学等三课”，而“等等”没有这种用法；“等”的前面不能有停顿，“等等”的前面可以有停顿，还可以重复为“等等，等等”；“等”可以用在专用名词之后，但一般不能用在谓词性词语后面，“等等”不能用于专用名词之后，但可以用在谓词性词语之后。“云”“云云”主要用在转引的话语之后，多用于书面语，并常常略带贬义，表示不满或讽刺的感情色彩。例如：“他们所说的‘诚意’云云，全都是障眼的手段。”“什么的”可以表示列举未尽，也可表示列举之后的结束，主要用于口语，有时还可省略成“的”，例如：“老王工具箱里，改锉、钳子、锤子、起子的，什么的都有。”

5. 其他助词

其他助词包括“们”“来着”“所”“看”“给”“连”等。

“们”附于表人名词或称人代词后面，表示人的复数，如“朋友们”“孩子们”“我们”。当表人名词或称人代词后面加了“们”时，前面不能再加确数词语，如不能说“三个朋友们”“七个孩子们”。表示事物的名词不能加“们”，如果加了“们”的话，就属于修辞上的拟人用法。例如：

（1）油蛉在这里低唱，蟋蟀们在这里弹琴。

（2）在乡下，经常可以看见鸟们在一起开会，人一靠近，就从草垛上、树枝上一哄而散。

“们”有时可放在专用名词后面表示同类的人。例如：

（3）小小雷锋们，我为你们感到骄傲！

（4）紫禁城里的鲁班们——古建筑修建中心的老师傅记事

“来着”附于动词或动词性短语后面，表示从说话者的主观上看动作是在不久前发生的。例如：“你刚说什么来着？”“去年他还问你来着。”

“所”主要用在及物动词前面构成“所”字短语，如“所说”“所见”“所求”“所需要”等。“所”字短语相当于一个名词性结构，可在句中作主语、宾语等。

“看”主要用于动词或动词性短语后面表示“尝试”义，如“说说看”“动动脑筋看”“写一下看”“等几天看”。“看”前面的动词常用重叠形式，动词性短语主要是动词带宾语或带动量和时量补语。

“给”主要附在动词性词语前表示加强语气，既可用在被动句中，也可用在主动句中。例如：“塘里的鱼让大水给冲走了。”“家里已经不由分说地给娶了媳妇。”“给”的口语色彩比较浓。

“连”主要起强调作用，既可用在体词性词语前面，也可用在谓词性词语前面，后面常有“也”“都”配合，构成“连……也（都）……”句式。例如：“连我你也敢骂。”“连这个字都不认识。”

（四）语气词

1. 什么是语气词

语气词是主要附在句末表示某种语气和口气的词。现代汉语中基本的语气词有“啊”“吗”“吧”“呢”“了”“的”六个。除此外，还有一些其他由于读音音变、合音音变或者书写变化而产生的语气词，如“啊”音变为“呀”“哪”“哇”，“了啊”合音为“啦”，“么啊”合音为“嘛”，“了哦”合音为“喽”等，“吗”有时写成“么”，“呢”有时写成“呐”“哩”等。

2. 语气词的运用

“啊”的基本功能是用于不同的句类中使语气舒缓。除此外，用于陈述句有解释、提醒的作用。例如：

（1）A. 不是我不来，我有事不能来呀。　B. 这个问题你可要重视啊。

用于疑问句有增加疑问程度的作用。例如：

（2）A. 你是谁呀？　B. 还有没有比赛呀？

用于祈使句有加强命令、劝告和请求的作用。例如：

（3）A. 快走哇。　B. 请进来坐呀！

用于感叹句有加强感慨、惊叹的作用。例如：

(4) A. 多雄伟的建筑哇！ B. 这孩子多认真哪！

“吧”的基本功能是表示对自己的看法不很确定。用于陈述句表示叙述不很肯定，用于疑问句是希望从对方那里得到证实，用于祈使句可以使命令、劝告、请求的语气得到舒缓。例如：

(5) A. 外面还在下雨吧。 B. 资料室有这本书吧？ C. 小心点吧。

“吗”的基本功能是表示疑问，主要用于是非问句中增强疑问语气。例如：

(6) A. 你在看我吗？ B. 今天你玩得开心吗？ C. 我这样理解，对吗？

“吗”也常用于用疑问形式表示非疑问的反问句中。例如：

(7) A. 难道他们不值得我们尊敬吗？ B. 这样做对得起你的父母吗？

“呢”的基本功能是表示对事实的确认和深究的语气，可用于陈述句和疑问句中。例如：

(8) A. 我才不相信呢。 B. 你不知道，他说话厉害着呢。 C. 你到底来不来呢？

“呢”可以用于特指问、选择问、正反问，但一般不用于是非问。在疑问句中，“呢”其实不表示疑问，主要表达深究和确认语气。例如：

(9) A. 会是谁呢？ B. 这样的问题该不该由我来解决呢？ C. 是讽刺呢，还是表扬呢？

“的”的基本功能是用于陈述句句末表示对事实的确定和对未来的推断，表示确实如此的语气，而且“的”常和“是”配合使用。例如：

(10) A. 这是他拿来给我的。 B. 他们会得到回报的。 C. 小李是昨天走的。

“的”有时也用于疑问句或感叹句，目的是对疑问点和感叹事实的确定。例如：

(11) A. 是你把他推下水的？

B. 听这么精彩的讲座也会走神的？

C. 事情怎么会变成这样的！

“了”的基本功能也是用于陈述句句末表示对已然事实的确定，主要表示确定的语气。而且，“了”强调的是新情况的出现。例如：

(12) A. 上课了。(刚才课还没上，现在开始上。)

B. 说完又转过头去了。(刚才没转，说完之后才转。)

C. 明天这个时候我们就出发了。(明天这个时候之前没出发，这个时候之后就出发了。)

“了”有时也可用于疑问句、感叹句和祈使句中，表示加强对新情况的疑问、感叹和劝告、命令、请求等。例如：

(13) A. 他到哪儿了？ B. 太让人感动了！ C. 别唠唠叨叨了！

语气词的运用要注意两个问题，一是同一个语气词可以表示多种语气。例如“啊”，可以用于陈述句中表示提醒和解释，也可以用于疑问句中增加疑问程度，还可以在感叹句中增强感叹语气等。二是语气词除了用于句末表达各种语气等意义之外，有的语气词还可以放在句中显示“话题”，表示列举、举例、假设等。例如：

(14) A. 一到这呢，他就没完没了地忙这忙那。

B. 假期没什么其他事，也就下下棋啊、打打球啊、上上网什么的。

C. 就以出国留学这件事来说吧，他从不和我们商量。

D. 要是能去呢，我就坚决支持你。

3. 语气词的连用

语气词可以两个或三个连用。根据连用时的排列顺序，可以将六个基本语气词“的”“了”“吗”“吧”“呢”“啊”分为四类：A类语气词“的”，B类语气词“了”，C类语气词“吗”“吧”“呢”，D类语气词“啊”。这四类语气词连用时可以产生多种连用顺序。例如：

(15) 这事够让你操心的了。 (AB)

(16) 这消息你早就知道的吗? (AC)

(17) 妈，你看见人家信了吧? (BC)

语气词连用时应注意几个问题，一是连用的几个语气词并非处在同一个层次上的直接组合，而是有层次性，如“这事够让你操心的了”中，应该分析为“这事够让你操心‖的｜了”；二是语气词连用时，各语气词并没有在表达上融合起来，而是各自保留了自己的语气，但是，处于前面的语气词表达的语气比较弱化，后面的语气词是句子的语气重点；三是语气词连用基本以两个词连用为主，三个语气词连用时，一般都会产生合音。

特定情况下，语气词也可以附在一些句法成分，比如主语、谓语之后。例如：

(18) 小李么家里正好有事，老张么心脏病又犯了，怎么办啊?

(19) 整整一个下午我们几个不断地找啊找啊找，就是没找到!

四、拟音词

拟音词是模拟人或自然界的声音而形成的词类，由于它们只是对某种具体声音的模拟，而不和具体事物相联系，因此本身没有具体的意义，所以有人把它们归为虚词。但它们能充当句法成分，或者和其他句法成分构成句法关系，因此，有人认为它们属于实词。既然把拟音词归入实词或者虚词都不是很合理，在这里，我们把它们作为与实词、虚词并列的特定词类，称为拟音词。根据拟音词模拟的声音来源上的区别，我们把拟音词分为叹词和象声词。

（一）叹词

1. 什么是叹词

叹词是表示人们表达某种感受（如兴奋、赞叹、惊讶、恐惧、悲伤等）或进行招呼、应答等所发出的声音的词。汉语中的叹词不多，大约有30多个。有表示感受的叹词，如“哟”“啧”“唉”“嘻”“啊”“哇”“哼”“嘿嘿”“哎哟”“啊呀”等；有表示招呼、应答的叹词，如“喂”“哦”“嗯”“嗨”等。

有时，相同的叹词在不同的场合可能表达不同的感受，例如：

(1) 啊，你怎么来了?（表示惊讶）　　啊，多美丽的风景啊!（表示感叹）

(2) 啧，怎么又是你呀?(表示不满)　啧啧，多神气啊!(表示赞叹)

而有时相同的感受可用不同的叹词表达，例如：

(3) 哟，怎么是你呢!(表惊奇)　啊，怎么是你呢!(表惊奇)

2. 叹词的语法特征

叹词的主要语法特征是独立充当句子成分，一般不与其他成分发生句法关系。叹词独立成句时，位置比较灵活，除了常用在其他句子前面外，有时还可在其他句子的中间或后面。例如：

(4) 啧啧，多可惜啊!

(5) 你这个人，哎，叫我怎么说你才好呢。

(6) 我才不管这么多呢，哼!

有时，叹词也可放在句中充当句法成分，可作谓语、述语、宾语、定语、状语。例如：

(7) 过了一会儿，他就再也没有“哎哟”了。(谓语)

(8) 人们纷纷“啧”着嘴唇，赞叹着。(述语)

(9) 连喊了几个“喂”，对方还是没有反应。(宾语)

(10) 从隔壁传来“哎唷、哎唷”的痛苦声。(定语)

(11) 她看着我嘻嘻地笑着。(状语)

叹词充当句法成分，是它的一种临时性的灵活用法，是人们把它们临时当作名词、动词或形容词等来使用，属于言语交际中的动态现象。

有些叹词和语气词存在兼类现象，如“啊”等。区别的方法是：独立成句时是叹词，附着在其他成分或句末时，就是语气词。例如：“啊，这是怎么回事啊!”前一个“啊”是叹词，后一个“啊”是语气词。

(二) 象声词

1. 象声词的定义

象声词是指模拟各种事物发出的不同声音而形成的词。例如：“砰”“啪”“刷”“滴答”“轰隆”“咕咚”“哗啦啦”“叮叮当”“咚咚嚓”“噼里啪啦”“哼哼唧唧”。象声词对事物声音的模拟大多是根据事物实际发出来的声音进行的，这些象声词是实拟，例如：“砰、砰，枪声响了。”也有些象声词并不是模拟事物的实际声音而产生的，而是人们根据心理感受或形象表述而进行的声音模拟，这是象声词的虚拟，例如：“他心里一阵急闷，血管在突突突地奔跳。”“抬头一看，是个姑娘，脸刷地一下红了。”由于自然界的事物发出的声音无穷无尽，因此，语言中的象声词也十分丰富。不过比起事物的实际声音来说，象声词要少得多。

2. 象声词的语法特征

象声词的主要语法特征是经常独立成句，不与其他成分发生句法关系。例如：

丁零零，丁零零，上课的铃声响了。

砰！砰！远处传来了两声枪响。

汪、汪、汪，淘气狗叼着一根香肠，得意地跑来了。

有时，象声词也能在句中充当句法成分，可作谓语、述语、宾语、定语、状语、补语。例如：

（1）摇橹的手并没有慌，水在两旁大声地哗哗，哗哗，哗哗哗！（谓语）

（2）两人几乎同时“哦”了一声。（述语）

（3）先生又来了一声“嗤”。（宾语）

（4）天一黑，你又睡得呼呼噜噜……（补语）

（5）从街角边传来一连串的咯咯咯的笑声。（定语）

（6）小猴子“噌噌噌”地爬上树，捡个儿大的啃起来。（状语）

五、词的兼类

根据词的语法功能对词进行划分，划分出来的各类词在语法功能上互相之间具有区别性的特征。但是，由于不同的词所体现出来的语法功能是错综复杂的，因而，我们划分出来的不同类之间的词并非是毫无瓜葛、截然分开的。事实是，不同词类之间及同一词类的成员与成员之间往往存在着既相互区别又相互联系的错综关系。比如名词和动词，名词经常作主语和宾语，动词经常作谓语，但在一定条件下，名词也能作谓语，动词能作主语和宾语。而在名词内部，只有表示日期、季节等意义的名词能作谓语，其他的不能；在动词内部，能作主语和宾语的主要是动作义动词，非动作义动词一般不能作主语和宾语。因此，在对词类的划分以及对词类的认识中，我们要注意词的主要特征和次要特征、普遍特征和个性特征、固定特征和临时特征等关系，这样才能对词类有比较客观和清楚的认识。

词的兼类实际上就是词类与词类之间相互区别、相互联系的体现。词的兼类是指某个词经常兼属两种或两种以上词类的主要语法功能，或者说，某个词在甲语法环境中属甲词类，在乙语法环境中属乙词类，因而形成词的兼类现象。例如“热”和“秘密”：

热：　（1）A：吃饭之前先把菜热一下。　B：菜还很热，先别吃。

秘密：（2）A：这是一个公开的秘密。　B：这项活动一直在秘密地进行。

“热”在（1）A 句中具有动词的语法功能，属于动词；在（2）B 句中具有形容词的语法功能，属于形容词。“秘密”在（2）A 句中具有名词的语法功能，属于名词；在（2）B 句中具有形容词的语法功能，属于形容词。因此，我们可以说“热”是动词和形容词的兼类，“秘密”是名词和形容词的兼类。

判别某个词是不是兼类，要注意这几个问题：一是兼类词之间要有意义联系，如表动作的“热”（动词）和表性质的“热”（形容词）就有意义上的关联。没有任何意义联系而又同音同形的两个词不属于兼类词，如“白纸”中的“白”和“白跑”中的“白”，前者表示颜色，后者是徒劳的意思，意义没有联系，虽然分属不同的词类，但不是兼类词，而是同音词关系。二是意义完全相同，但临时作不同句法成分的词，不能算是兼类现象，而是属同一个类。如在“劳动光荣”和“我们下午劳动”中，两个“劳动”虽然所作句子成分不同，但意义相同，它们不是兼类词现象。三是一些词的临时活用现象不是兼类现象。例如：

（3）在他内心深处，他似乎很怕变成张大哥第三——“科员”了一辈子……

（4）这个连长太“军阀”了。

（5）孩子在战场上光荣了。

“科员”“军阀”“光荣”这里分别由名词作了动词、形容词和由形容词作了动词，但这只是为了特定的表达需要产生的词类临时变类现象，是偶尔这样用。

现代汉语中的兼类现象主要有名词兼动词、动词兼形容词、形容词兼名词、动词兼介词、介词兼连词等。例如：

名词兼动词：伤、病、代表、导演、编辑、组织、研究、建议、翻译、领导

动词兼形容词：热、破、繁荣、严肃、集中、负责、深入、密切、丰富、明白

形容词兼名词：圆、美、困难、危险、错误、麻烦、内行、经济、科学、矛盾

动词兼介词：在、用、比、给、靠、凭、到、朝、拿、让、遵照、按照、通过

介词兼连词：和、跟、与、同、因、由、以、因为、由于、为了

思考题

1. 汉语中划分词类的主要标准是什么？为什么？

2. 哪些动词能重叠？哪些动词不能重叠？动词重叠有哪些形式？重叠的语法意义是什么？

3. 有人把副词归入实词，有人把副词归入虚词，为什么？谈谈你的看法。

4. 根据词的语法特征，分析下列各组词的词性：刚刚—刚才；高龄—高寿；要命—要人。

5. 什么是词的兼类？词的兼类和同音词怎么区分？

第三节 短语

一、什么是短语

词和词按照一定的规则组合起来成为短语。短语可以是实词与实词的组合，如“去上海”“一斤白菜”，也可以是实词和虚词的组合，如“说书的”“硬件和软件”。当

然，并非随意将两个或几个词拼在一起就是短语，要使词和词组合成短语，必须具有语义和句法上的要求。例如：

（1）听声音　商品的价格　我和你；　　＊听味道　＊汉语的价格　＊我和思想

（2）从前门出发　很有兴趣　一本书；　＊出发前门　＊很兴趣　＊一书

“听声音”“商品的价格”“我和你”能构成短语，因为这些组合具有一定的语义，符合意义的搭配要求；“听味道”“汉语的价格”“我和思想”不能构成短语，因为它们不符合意义的搭配要求，这样的组合没有意义。“从前门出发”“很有兴趣”“一本书”符合句法组合规则，能够构成短语；“出发前门”“很兴趣”“一书”不符合现代汉语句法组合规则，不能构成短语。

短语是比词高一级的单位，两者属于不同的层次单位，因此，两者存在一定的区别，这主要表现在两个方面：一是在结构关系上，除了离合词之外，汉语的词内部语素和语素之间结合得比较紧密，中间不能插入其他成分。例如“图书”“海外”“说明”不能说成“图和书”“海的外”“说得明”。而短语内部词和词之间结合得比较松散，中间可以插入其他成分。例如“语法修辞”“黑伞”“看电影”可以说成“语法和修辞”“黑的伞”“看一场电影”。二是在意义关系上，词的意义具有融合性和凝固性，即词的意义不是各语素意义的相加，而是融合为一个整体、固定的意义。例如“红帽子”指“火车站上装卸货物、搬运行李的工人”，“放风”指“监狱里定时放坐牢的人到院子里散步或上厕所”或“透露或散布消息”。而短语的意义是词的意义的临时组合，是一种意义的相加关系。例如“看书”，“看”是动作，“书”是“看”的对象。

有些词和短语是同形形式，如“吃饭”“东西”“扶手”“开水”等，在不同的语言环境中，这些语言单位或者是词，或者是短语。例如：

（3）他是靠打猎吃饭。我去街上买点东西。沙发的扶手坏了。帮我打瓶开水回来。

（4）什么时候吃饭。分不清东西南北。有人扶手，有人抬脚。你去开水吧。

（3）组中的加点成分是词，它们符合词的意义和结构特征；（4）组中的加点成分是短语，它们符合短语的意义和结构特征。

离合词是指“登记”“见面”“安心”“洗澡”“散步”“聊天”等之类的词，这类词在意义上具有词的融合性和凝固性特征，但在结构上却可以像短语一样可以离散扩展，如“登了个记”“见一次面”“安什么心”“洗一个澡”“散一下步”“聊了一会儿天”等。这类词没有扩展时自然是词，扩展之后尽管在结构上像短语，但实际上还是该词的特殊扩展形式，因为“洗了一个澡”“理了一次发”“结过两次婚”的“澡”“发”“婚”，离开“洗”“理”“结”都是不能单独使用的。

对短语的划分，一般有两个角度，从短语内部看，词和词是怎样组合成短语的，这是短语的结构类型；从短语的外部看，短语作为一个单位能在句子中充当什么成分，这是短语的功能类型。

二、短语的结构类型

短语的结构类型可以分为两个大类：组合结构与黏附结构。组合结构都是实词之间或者实词中间插入虚词的短语，有九类：主谓短语、述宾短语、述补短语、偏正短语、联合短语、同位短语、连动短语、兼语短语、量词短语。黏附结构除了方位短语之外，都是虚词黏附于实词的短语，有五类：方位短语、介词短语、“的”字短语、“所”字短语、比况短语。

（一）主谓短语

由主语和谓语两部分组成，主语是谓语的陈述和说明对象，谓语是对主语进行的陈述和说明。根据谓语的性质，主谓短语可以分为以下几类。

谓语是动词或动词性短语：我来　领导视察　雪在融化

谓语是形容词或形容词性短语：层次清楚　地面干净　天气很热

谓语是名词或名词性短语：明天国庆节　老师四川人　这条鱼三斤

谓语是主谓短语：他脸色苍白　这里我负责　大家一句话都不说

（二）述宾短语

由述语和宾语两个部分组成，述语在前，由动词充当，宾语在后，是述语的支配和关涉对象。例如“卖花”“考语文”“参加活动”“是我”等。

对述宾短语分类，可以从宾语的功能以及宾语和动词的语义关系角度来分。从宾语的功能看，可以分为由体词性成分作宾语的述宾短语和由谓词性成分作宾语的述宾短语。

述语＋体词性宾语：买房子　打印论文　写一本　发扬风格

述语＋谓词性宾语：喜欢玩　觉得不错　善于学习　禁止抽烟

有些动词只能带体词性宾语，如“吃饭/东西”“喝水/稀饭”“参观学校/工厂”等，有些动词只能带谓词性宾语，如“打算去/走”“企图逃跑/逃税”等，而有些动词既能带体词性宾语，也能带谓词性宾语，如“看电视/打球”“知道这个情况/怎么做”等。

从动词和宾语之间的语义关系看，常见的类别有以下几种。

动作＋施事：来人　出太阳　瞎眼　翻车　掉苹果

动作＋受事：改作文　看连续剧　敲键盘　寄材料

动作＋处所：下馆子　去广州　写黑板　逛商场

动作＋结果：做衣服　挖隧道　建房子　钻锁孔

动作＋原因：担心下雨　愁贷款　喜欢诚实　消除疲劳

动作＋目的：图吉利　打扫卫生　准备高考

动作＋工具：写毛笔　吃筷子　贴窗花　捆绳子

动作＋方式：打太极　跳交谊舞　扎十字　站马步

动作＋数量代宾：看一本　拿两个　砍六棵　称三两

有些动词（如“是”“像”“等于”“成为”等）带宾语时，与宾语构成判断、等同、说明等语义关系。例如“是我”“像爷爷”“等于五”“成为英雄”。

（三）述补短语

由述语和补语两个部分组成，述语在前，由动词或形容词充当，补语在后，对述语起补充说明作用，两者构成补充和被补充的关系。例如“拉直”“听得入迷”“走在街道上”“伸进来”。

根据补语的语义类型，可将述补短语分为以下几类。

述语＋结果补语：晒黑　赶走　压扁　急坏　弄明白

述语＋趋向补语：拿起　抓起　走出来　跳下去

述语＋程度补语：好极了　高兴得很　累死了　激动万分　饿慌了

述语＋情态补语：跑得快　听得明明白白　热得要命　气得瞪圆了眼睛

述语＋数量补语：数三下　跑一趟　看一眼　住几天　待一会儿

述语＋可能补语：洗得　信不得　搞得清楚　打不死　回不来

结果补语表示因动作行为而产生的某种结果，多数由形容词充当，也有用动词充当的；趋向补语表示动作行为的方向，由趋向动词充当；程度补语表示动作、行为或事物的性质状态达到了某种程度，一般由“好”“极”“很”“透”“坏”“死”等少数词语充当；情态补语表示因动作或性状而产生的某种状态，在述语和情态补语之间要有助词“得”；数量补语表示动作发生的次数或者动作持续的时间，主要由表示动量或时间的数量词语充当；可能补语表示动作行为的可能或不可能，这有两种情况，一种是由“得”和“不得”表示可能和不可能，一种是在情态结果补语或趋向补语之间插入“得/不”表示可能或不可能，如“搞得清楚”“回不来”。

（四）偏正短语

偏正短语由修饰限制成分和被修饰限制成分两部分组成，前者为偏，后者为正。当整个短语充当主宾语并且是体词性时，其内部的修饰限制性成分为定语，构成的短语就是定中式偏正短语；当整个短语主要充当谓补语并且是谓词性时，其内部的修饰限制成分为状语，构成的短语就是状中式偏正短语。例如：

定语＋中心语：新书　活期存款　戴眼镜的姑娘　我的话　现代小说　两吨大米

状语＋中心语：十分活跃　很温暖　仔细琢磨　不停地唠叨　在教室复习　大概有

定中式的偏正短语中，定语的意义比较多样，有的表示性质状态（如“新书”“活期存款”），有的表示领属（如“我的话”），有的表示时间（如“现代小说”），有的表示数量（如“两吨大米”）等。状中式的偏正短语中，状语的意义也很丰富，有的表示程度（如“十分活跃”“很温暖”），有的表示方式（如“仔细琢磨”“不停地唠叨”），有的表示时间地点（如“在教室复习”），有的表示情态（如“大概有”）等。偏正短语的偏和正之间常用助词“的”或“地”作为标志。

有一类定中式偏正短语，其中心语是谓词性的，但必须使用定语标记“的”，而且在句中只能作主语和宾语。例如：

他的离去　这本书的出版　小河的流淌　我的努力　山村的宁静　老王的固执

（五）联合短语

由表示并列、选择、递进等关系的两个或多个部分组合在一起，构成联合短语。联合短语中的各项没有主次之分，平等地排列在一起，并且联合的各项在功能上基本上是相同的。例如：

名词＋名词：老师和学生 道德法律 科学文化 星期一或星期二 今天还是昨天

动词＋动词：工作学习 调查研究 继承并发扬 前进或后退 批评与教育

形容词＋形容词：勤奋努力 温柔可爱 忠诚而纯洁 既聪明又漂亮 又酸又甜

联合短语可以由两个部分组成，也可以由两个以上部分组成，如“小学、初中和高中”“坚决、干净和彻底”。在联合短语之间常用“和”“跟”“与”“同”“及”“或者”“并”“又……又……”“既……又……”等标记词语连接。

（六）同位短语

由指称相同的人或事物各部分组成的短语。构成同位短语的成分一般是名词或名词性短语、代词、量词短语等。主要有下面几种类型：

名词＋名词：语言学家王力 首都北京 厂长老王 《现代汉语》这门课

名词＋代词（或代词＋名词）：老李他们 赵大妈自己 我们老同学 你这小孩子

代词＋代词：我们大家 咱们自己 人家本人 大家自己

名词（代词）＋量词短语：兄弟三个 我们俩 春秋两季 林强一伙

同位短语多是两项构成，但也有三项或三项以上的，如“历史文化名城湖南省省会长沙”“我的老战友金鹏有限公司总经理干纲”。同位短语的特点除了各部分所指对象相同，主要还有：表示人或事物，相当于一个名词性成分；在句子中作同一个句法成分；中间不能插入其他成分，如在“我们老同学”中间插入“的”，变成“我们的老同学”，就是偏正短语了。

（七）连动短语

由具有表示动作先后关系的各部分组成的短语。例如：

爬到树上摘果子 下乡检查工作 端起水喝 上网查资料 听到这个消息很高兴

去买菜 来看电影 打乒乓球去 开车来

有资格报考研究生 有能力完成这项工作 有事不能参加 有机会不利用

连动短语可以由三项或三项以上构成，如“请假回家看病”“推门进去搜查”。连动短语的各项之间没有联合、偏正、述宾、述补或主谓等关系，各项之间也不能停顿、不能插入关联词。“站起来倒了杯水喝”和“去买个糖葫芦吃”是包含宾语兼用的连动短语。

（八）兼语短语

由一个述宾短语和一个主谓短语套合在一起组成的短语。述宾短语的宾语兼作主谓短语的主语。兼语短语一般都是致使性的。例如：

派他出差　命令部队出发　请我出席会议　让小王参加面试

有人没来　有个儿子在北京工作　无人知晓　没有老师上课　使大家深受鼓舞

另有一些是引发类的，其兼语一般都是无定的“人”，多构成四字短语。例如：

引人入胜　使人振奋　令人陶醉　招人喜欢　惹人讨厌　催人奋进

（九）量词短语

由数词或代词加量词组成的短语。前一部分是数词或代词，后一部分是量词。可以分为两类：

数词＋量词：一个　四条　十吨　第二个　头两个　三次　五趟

代词＋量词：这次　那位　这些　哪辆　多少回　几斤

（十）方位短语

由方位词放在其他词或短语后面组成的短语。根据方位词前面的成分性质，常见的方位短语可分为以下几类：

名词＋方位词：树下　房间里　桂林路东　兄弟之间　学期之后　郑州以南

数词＋方位词：三十以下　五十上下　一百之后　二十左右

动词＋方位词：营业中　帮助下　说话间　开学之后　解放以前

短语＋方位词：空荡荡的礼堂内　二十米以外　他走了之后　我和你之间

另外还有部分代词和方位词、形容词和方位词组成的方位短语，如“我之前”“这以后”“平凡中”“平静之下”等。方位短语一般用来表示时间和处所义，也有少数用来表示人、事物或数量，如“同学之间”“组织上”“四十上下”“三斤左右”等。

（十一）介词短语

由介词和其他词或短语组合的短语。介词在前，其他词或短语在后。能和介词组合的成分基本上是体词性的。根据和介词组合的成分不同，介词短语可分为下面几类：

介词＋名词：自上海（起飞）　沿着河边（散步）　把桌子（搬走）　为孩子（着想）

介词＋代词：从这儿（开始）　比我（高）　除了他　被自己（弄坏了）

介词＋方位词：到前面（去）　朝南方（走）　从上面（跳下来）　往里边（靠）

介词＋短语：自从离开家乡　关于这个问题　依照学校的规定　跟高中的同学（聚会）

介词短语的主要作用是引进和动作有关的对象，包括动作的时间、地点、状态、目的、对象、范围、原因、施事、受事等。

（十二）“的”字短语

由结构助词“的”附加在其他成分后面组成的短语。“的”字短语是表示人或事物的，其功能相当于体词性结构。根据其他成分的不同，“的”字短语可分为下面几类：

名词＋“的”：小王的 公司的 杭州的 里面的

代词＋“的”：我的 你们的 自己的 这里的

动词＋“的”：上课的 来的 逃跑的 复印的

形容词＋“的”：大的 新鲜的 干净的 容易的

区别词＋“的”：男的 金的 大型的 国营的

短语＋“的”：亲眼看到的 三米高的 老师布置的 卖菜的 我们学院请过来的

（十三）“所”字短语

由助词“所”和动词两部分组成的短语。“所”字短语表示的是人或事物，相当于一个体词性结构。例如：

所听到（的消息） 所想（的事情） 所认识（的同学） 所发表（的论文） 所见所闻

（十四）比况短语

由助词“似的”“一样”“一般”“般”附加在其他成分后面组成的短语。例如：

燕子似的 喝醉了酒似的 闪电一样 飞一般 英雄般

三、短语的功能类型

短语的功能指短语在句子中充当句法成分的能力。短语是构句成分，在句中能充当主语、谓语、宾语、定语、状语、补语。当然，不同的短语充当句法成分时有功能差别，所充当的句法成分不相同，因而就形成不同的短语功能类别。在分析实词的句法功能时，我们将实词分为主要作主语、宾语的体词性成分，主要作谓语的谓词性成分以及主要作状语、定语的加词性成分。短语功能类型和实词的类别基本一致，可以分为体词性短语、谓词性短语和加词性短语。

（一）体词性短语

体词性短语的功能相当于名词，主要作主语和宾语，一般不作述语。体词性短语主要有下面这几类：由体词性成分组合的联合短语、由体词性成分作中心词的偏正短语、同位短语、“的”字短语、由名量词、时量词组成的量词短语、方位短语等。例如：

（1）小张和小王是同学。 在超市买了牙刷、毛巾和洗发液。

（2）墙上的画被人撕下来了。 帮助一个从未相识的人。

（3）你们三位到这边来一下。 影片的主要角色是英雄王成。

（4）小说描写的是小镇五十年代的风土人情。东边那条街上有一个卖包子的。

（5）两个一起去那边。 一米是三尺。你站左边，我站右边。

(二) 谓词性短语

谓词性短语的功能相当于动词、形容词，主要作谓语。谓词性短语主要有这几类：由谓词性成分组合的联合短语、由谓词性成分作中心词的偏正短语、述宾短语、述补短语、连动短语、兼语短语、主谓短语等。例如：

(1) 让我又好气又好笑。　老师上不上课？
(2) 大家匆匆忙忙地赶路。　嗅觉非常敏感。
(3) 民族地区开设双语教学课。　事实证明这个意见是正确的。
(4) 大家激动得跳起来。　我的话被他打断了。
(5) 论文已经写好寄给编辑部了。　你有能力考上研究生。
(6) 班长请大家看球赛。　你让我歇会儿。
(7) 这个人我们不认识。　我们宿舍两个同学生病了。

(三) 加词性短语

加词性短语主要在句中作定语和状语。加词性短语主要包括这几类：介词短语、比况短语、"所"字短语。例如：

(1) 从去年开始　按照你的吩咐去做　比火车快　对他们的处罚
(2) 大姐姐似的照顾我　亲兄弟一般手拉手　暴风雨般的掌声　死一样的寂静
(3) 所看到的新闻　所想的问题　所起的作用　所引用的文献

需要区别的是，有些"所"字短语还保留着体词性，比如"夺人所爱""所学非所用"等。

从功能角度将短语分为体词性短语、谓词性短语和加词性短语，这是就短语的主要功能而言的，实际上，不同短语的功能不是成对立状态的。例如体词性短语，说是体词性的，是就其作主语和宾语这个主要功能而言的，实际上有时也能作其他成分。例如：

鲁迅浙江人（谓语）　我昨天晚上去的(状语)　词、短语和句子的结构规律（定语）

谓词性短语说它是谓词性的，也是就其作谓语的主要功能而言，但它们有时也可作其他成分，例如：

(4) 出去看看风景也不错（主语）　山谷显得格外地冷清（宾语）
(5) 我急得手心冒冷汗（补语）　隔壁院子里传来又锯又敲的声响（定语）

加词的功能不像体词和谓词那样在功能上有些游移，它们的功能比较固定，基本上是充当定语和状语。

四、短语的层次分析

(一) 简单短语和复杂短语

语言成分的组合表面上是具有线性的，即成分与成分按照先后顺序排列，构成一个线形序列。但实际上，语言结构内部却是按层次进行组合的，具有层次特征。以“我们克服了困难”来说，其词语的序列是这样一个相加关系：我们＋克服＋了＋困难。从表层关系看，“我们”和“克服”的关系最直接，“克服”和“困难”的关系也是最直接的。但在结构关系上，这个句子不是按这样的关系组合的，而是存在着内部的层次性。如果我们用符号形式来标示的话，应该构成下面的图式：

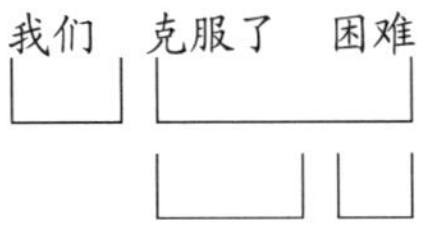

这个层次分析显示的是：“我们”和“克服了困难”是直接组合，属于同一层次关系；“克服”和“困难”是直接组合，属同一层次关系；“我们”和“克服”虽然是邻接在一起，但它们不是直接组合，在层次上是一种间接关系。

简单短语和复杂短语的区别就在于短语内包含的层次多少，而不是短语包含的成分多少。我们把只包含一个层次的短语称为简单短语，例如：

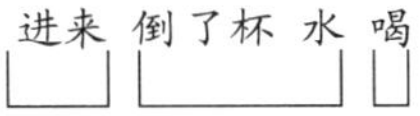

而包含两个或两个以上层次的短语，我们称为复杂短语。例如：

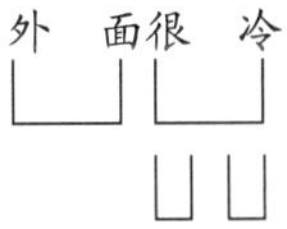

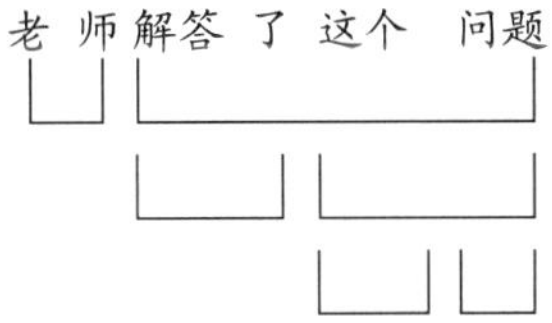

复杂短语是由简单短语扩展而来的。扩展的方式主要有组合式、替代式。组合式扩展是指：扩展前的短语为原式，以这个原式作为一个整体，然后将这个原式和另外的词语进行组合，构成一个层次上超过原式的复杂短语。例如以“学习汉语”为原式进行组合扩展，则将“学习汉语”作为一个整体，表示为［学习汉语］，然后可在其前添加一个成分“认真”，扩展为“认真＋［学习汉语］”。扩展后的“认真学习汉语”就是一个复杂短语。如果需要继续扩展的话，则再可将“认真学习汉语”作为原式，以此作为一个整体，可表示为［认真学习汉语］，在其前添加“我们”，扩展为“我们＋［认真学习汉语］”，扩展后的“我们认真学习汉语”在层次上多于“认真学习汉语”。替代式扩展是指：以扩展前的短语为原式，然后将一个包含原式中某个成分但又比原式成分更为复杂的新成分替代原式成分。例如以“师大的老师”为原式进行替代式扩展，可将“数学老师”替代原式中的“老师”，成为“师大的数学老师”，用来替代的新成分“数学老师”既包含了原式中的成分“老师”，又比“老师”在结构上更为复杂。替代式扩展可以在原式中的任何一项进行（只要有可能），也可以进行连续替代，使原式结构越来越复杂化。如可用“男数学老师”替代“数学老师”，成为“师大的男数学老师”。

将简单短语扩展为复杂短语，可以增加语言结构形式的多样化，增强人们的语言表达能力，满足复杂思想内容的表达需要。而且从理论上讲，不论是组合式扩展还是替代式扩展，都可以将原式无限制地扩展下去，但是，受人们对语言记忆和话语理解的心理机制制约，一般结构的扩展大约在七项左右。

（二）复杂短语的层次分析

层次分析法也叫作直接成分分析法。对复杂短语进行层次分析就是要找出短语内部的层次结构。分析时一般采用二分的方法，即每一次将一个结构分成两个部分，一直分到词为止。以“看当代小说”为例，先将其分成“看”和“当代小说”，这是第一层关系；然后将“当代小说”分成“当代”和“小说”，这是第二层关系；分析后得到的最小单位“看”“当代”和“小说”都是词，这样的话，该结构的层次分析就已经结束。而在进行层次分析时，还应该确定结构关系，如“看”和“当代小说”为述宾关系，“当代”和“小说”为偏正关系。这样的层次和关系分析可以图示为：

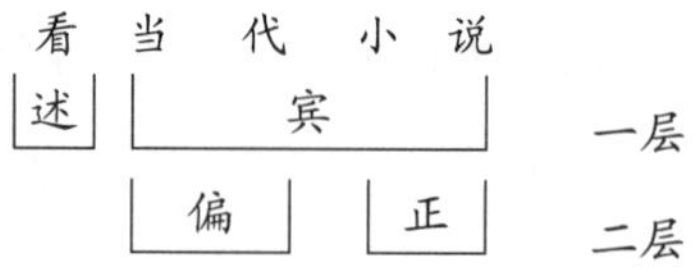

为保证层次切分的正确性，在进行层次分析时要遵循一定的切分原则。遵循切分原则可以保证切分后得到正确的结果。层次切分遵循的基本原则一般包括意义原则、结构原则、功能原则。

1. 意义原则

切分时，要注意切分出来的两个直接成分都有意义，切分后得到的两个部分中，只要其中一个没有意义，切分就不能成立。例如：

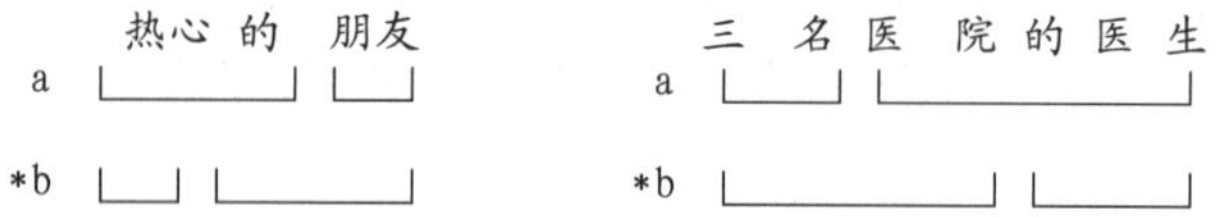

“热心的朋友”有 a、b 两种切分可能，但 b 切分成“热心”和“的朋友”后，“的朋友”没有意义，这种切分就不成立。“三名医院的医生”也有 a、b 两种可能的切分，同样，b 的切分中，“三名医院”是没有意义的，所以 b 的切分是错误的。

2. 结构原则

切分后得到的直接成分必须都能成结构。如果其中有一个不是合法的结构形式，切分就不成立。例如：

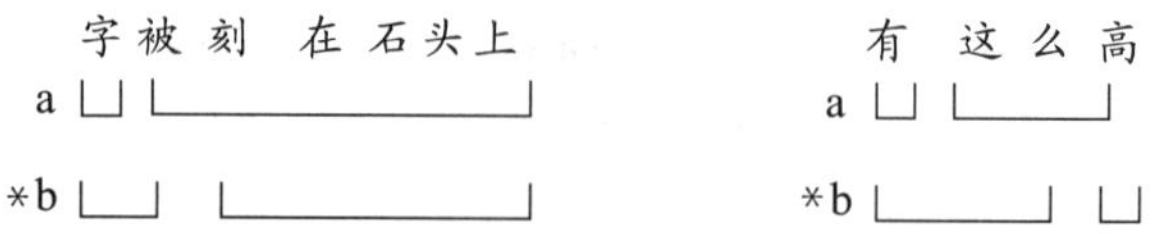

这两个例子中，a 的切分是正确的，而 b 的切分都不正确，因为它们中的“字被”和“有这么”都不是合法的结构形式。

3. 功能原则

切分后得到的两个部分如果重新组合，必须符合语法的结构规律。例如：

把“二十一本书”切分成 b，虽然在意义和结构上“二十”和“一本书”都有意义，并且都是合法的结构形式，但是，“二十”和“一本书”重新组合后，在结构上却不成立，所以 b 的切分是错误的。同样，把“才听到的消息”切分成 b，“才”和“听到的消息”也都在意义和结构上成立，但它们重新组合后，却成了“副词＋名词性短语”的结构形式，而一般情况下副词是不能修饰限制名词或名词性结构的，所以这种切分是错误的。

(三) 特定短语的层次分析

1. 联合短语、连动短语的层次分析

联合短语的各项之间都属于平等的并列关系，不存在结构上的层次关系，因此，如果联合短语有三项或三项以上并列时，切分就不应用二分法，而应用多分法。例如：

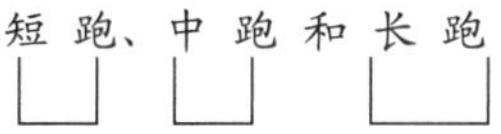

连动短语虽然各项之间不是并列关系，但它们也没有主次之分，不构成直接成分和间接成分的层次关系，因此，不适用于二分法，而应用多分法。例如：

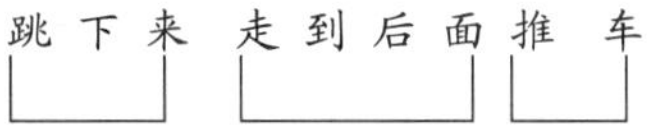

2. 兼语短语的层次分析

兼语短语中存在着一项兼语成分，该成分既是述宾短语中的宾语，又是主谓短语中的主语，既和述语形成直接成分关系，又和谓语形成直接成分关系，身兼两职，因此，在分析时不能进行一次性的二分，一般采用下面的分析方法。

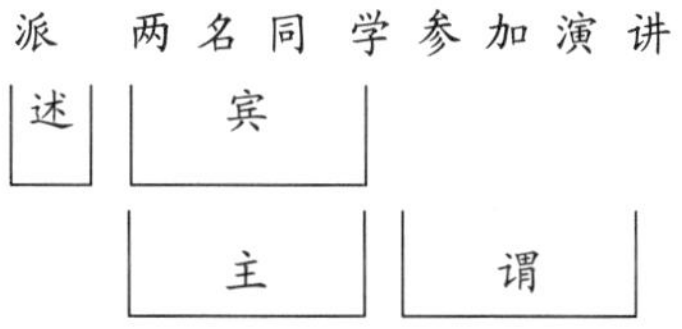

有的复杂短语既包含了连动短语，又包含了兼语短语，在分析时则采用连动短语分析法和兼语短语分析法相结合的方法进行。例如：

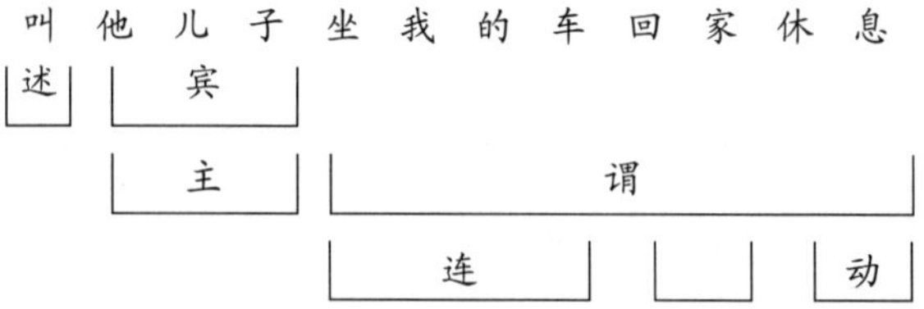

3. 框式短语的层次分析

框式短语指介词短语和方位短语套合在一起（如“在教室里”“从我家中”），或者“像”“仿佛”“好像”等比喻词和比况短语套合在一起（如“像天使般”“仿佛铜墙铁壁一样”）之类的短语。这些短语的分析是：对于介词和方位短语构成的框式短语，则介词和方位短语构成第一层次关系，方位短语中的方位词和其他成分构成第二层次关系；而对于“像、仿佛、好像”等比喻词和比况短语套合的短语，则是“像”“仿佛”“好像”等和比况短语构成第一层次关系，比况短语内部分析为第二层次关系。例如：

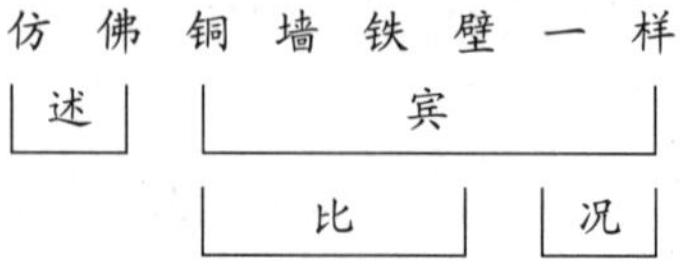

4. 多层定语、多层状语的层次分析

多层定语或多层状语是指一个中心语有多个定语或多个状语，这些定语或状语分别和中心语发生联系，形成的是层层递加关系。这样的多层定语或多层状语的短语层次分析，遵循的是从左向右依次切分。例如：

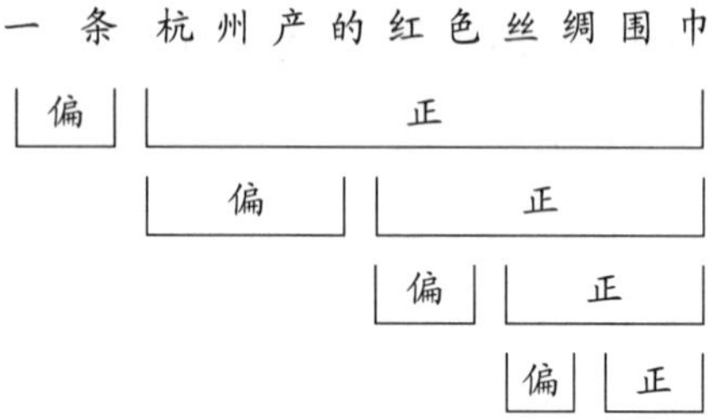

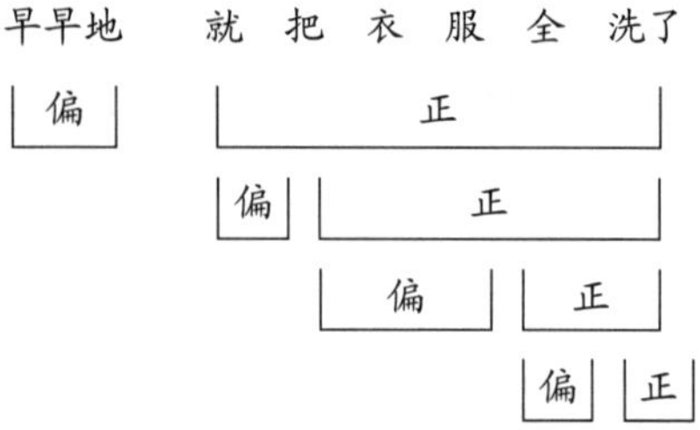

注意由短语直接作定语的结构层次分析。例如“科研部门提出的意见”“我的老师的孩子”等，这样的结构遵循的是从右向左的层次。例如：

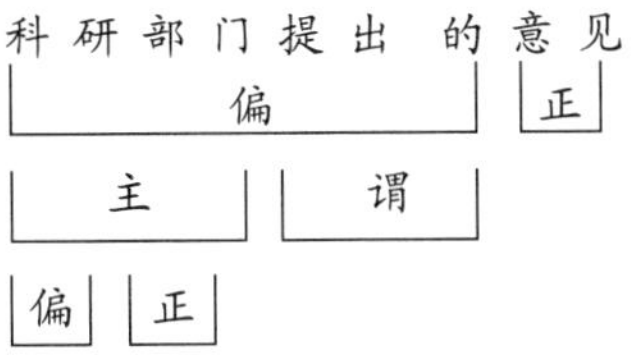

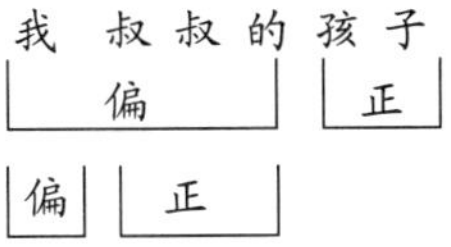

5. “状＋动＋宾”和“状＋动＋补”结构的层次分析

“状＋动＋宾”和“状＋动＋补”结构的层次分析是将“状”和“动＋宾”或“动＋补”分析为第一层次关系，“动”和“宾”或“动”和“补”分析为第二层次关系。也叫作“先去头，再去尾”分析法。例如：

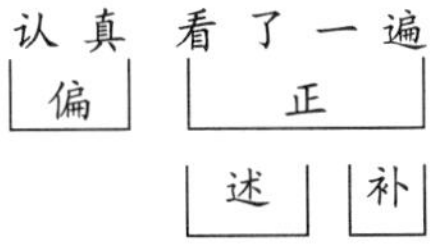

6. 动词带宾语和补语结构的层次分析

动词同时带宾语和补语主要有这几种结构：动词＋宾语＋补语、动词＋补语＋宾语、动词＋补语＋宾语＋补语、动词＋宾语＋补语＋宾语。这几个结构的层次分析如下：

动词+宾语+补语

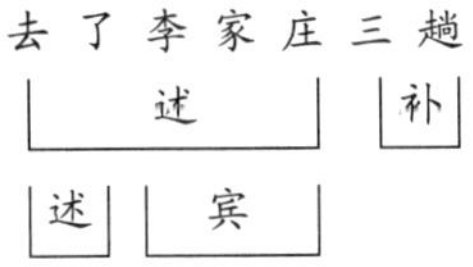

动词+补语+宾语

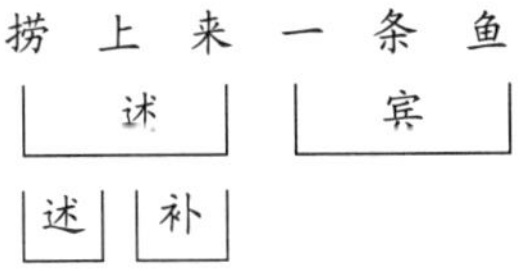

动词+补语+宾语+补语

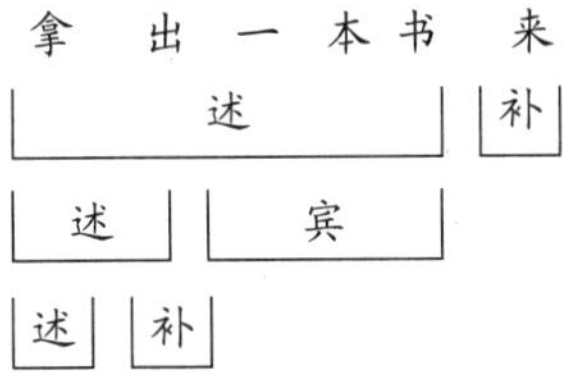

动词+宾语+补语+宾语

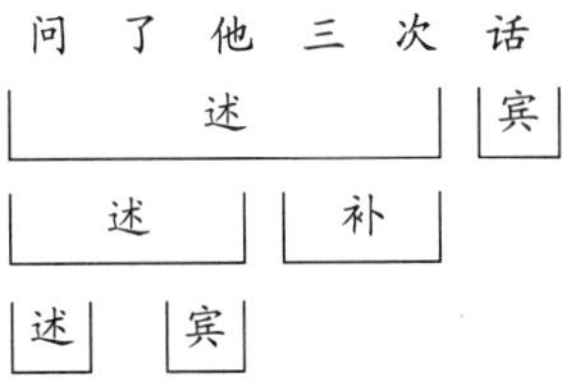

思考题

1. 怎样区分词和短语？怎么看待离合词现象？
2. 短语的结构类型和短语的功能类型有什么关系？
3. “他们的出现”“老李的精明”“学校的宣传”之类的短语属于定中式短语还是状中式短语？为什么？
4. 举例说明由简单短语扩展为复杂短语有哪些方式。
5. 什么是语言结构的层次性？划分短语的层次时应该注意哪些原则？

第四节 句型

句子是具有特定语调、能表达一个相对完整意思的语言单位，它由词或短语加上语调而形成。句与句之间一般有较大停顿。

跟短语一样，句子中词与词的组合也是有规则的。我们既可以根据句子的结构特点给各种句子归纳类型，也可以根据句子的功能特点来归纳类型，进而讨论每类句子的构造特点，发现句子的结构类型跟功能作用之间的关系。从结构方面来考察，看它由哪些成分组成，成分之间的关系怎么样，基本结构或格局配置如何，由此划分出来的结构类型称作句型；从功能方面来考察，看它表达什么意义，整体上可以起什么作用，具有哪些交际职能，由此划分出来的功能类型称作句类。另外，句子系统中有一些表达格式在结构和功能上有自己的特点，颇具特色，像“把”字句（如“爆炸声把窗上的玻璃震碎了”）、“被”字句（如“窗上的玻璃被爆炸声震碎了”）等，体现了汉语句子中最为特殊的地方，因此也很有必要作出说明。根据句子结构中某种特殊性或标志性特征给句子归纳的类型称作句式。下面分三节依次介绍句型、句类和句式。这一节介绍的是句型。

如上所述，句型是按照句子的结构关系划分出来的类型，它显示的是句子的结构型式或格局。句型既然是句子的结构类型，因此我们在分析和归类的时候就需要排除与句子的结构无关的因素，像语气、语调以及语气词这样的功能表达成分，它们并不会影响句型的划分。比如，不管是陈述、疑问、祈使还是感叹，比如“你来了。”“你来了吗?”“你来!”“你来啦!”这些都是由主语和谓语构成的主谓句。又比如句子中有时会插入一些不跟别的成分发生结构关系的特殊成分（即独立成分、独立语），虽然在语义表达上很重要，但由于它们并不参与句子基本结构关系的组合，因此在分析句型时也不必考虑。例如：

（1）看来，他根本没把我的请求当回事儿。

（2）对对对，获得2012年诺贝尔文学奖的莫言并没有上过中学。

（3）这孩子的毛笔字，哎呀呀，比他们学校所有老师的水平都要高。

这三句中的“看来”“对对对”和“哎呀呀”，不出现也不影响句子的结构关系。这就要求我们在确定句型时要先排除非句型的因素。

一、单句和复句

根据句子的结构关系来归纳句型，要考虑句型系统性的问题。句型与句型之间是相互联系、有机结合在一起的，它们构成了一个有上下位关系、有层级的系统。我们可以按照从上到下的顺序来归纳这个系统中不同层级的句型结构。

根据结构复杂程度的不同，句子可以分为单句和复句。单句由若干句子成分直接构成，复句由两个或两个以上的、结构上互不包含、意义上又相互关联的单句形式（即分句）构成，分句之间有停顿，而且常常带有关联词语。比如"桥的设计完全合乎原理，施工技术更是巧妙绝伦"是个复句，去掉表递进关系的关联词"更是"和逗号，就是"桥的设计完全合乎原理"和"施工技术巧妙绝伦"这两个单句。这里先讲单句，复句将另立一节进行分析。

单句就是指表达一个相对完整意义的、结构独立并具有特定语调的语言单位。

单句能表达一个相对完整的意义，是说它能够实现说话人的某种意图。特定的语调就是说话人意图的反映。例如：

（1）母亲的手术获得圆满成功。　　　　（说明一种情况）

（2）你这葫芦里卖的什么药？　　　　　（提出一种疑问）

（3）让正义和自由的旗帜高高飘扬吧！（表达一种请求）

（4）呸！呸呸！这样的卑鄙小人！　　　（表达一种感叹）

单句在结构上是独立的，作为单句，不能被包含在其他成分之中，否则只是更大结构的一个句子成分。例如：

（5）我实在不明白你这葫芦里卖的什么药。

（6）他立即把母亲的手术获得圆满成功的消息告诉了父亲。

这两句中的"你这葫芦里卖的什么药"和"母亲的手术获得圆满成功"就不再具有独立性（同时也不能表达一个相对完整的意义），前者作"明白"的宾语，后者作"消息"的定语。整个句子才是单句。

所有的句子都有一个特定的语调。在分析句子的结构类型时一般不考虑语调，而在讨论句子的功能类型时，语调往往成为一个重要的形式标志。

二、单句的结构类型

对一般句子而言，主语和谓语往往成为句子的基本构架。两者是相对而言的，有主语才有谓语，有谓语才有主语。因此，根据句中是否包含主语和谓语，我们将单句分为主谓句和非主谓句，然后再来看它们内部的构造情况。

（一）主谓句

主谓句指由主语和谓语两个部分组成的句子。主语表示陈述的对象，通常作为谈话的起点来充当话题，谓语是对这个话题展开陈述。主语和谓语之间的关系是陈述关系。主谓句的谓语部分往往比较复杂，由不同性质的成分充当，因此可以根据谓语性质的差异给主谓句划分出四种下位类型。

1. 动词性谓语句

动词性谓语句是由动词性成分充当谓语的句子。例如：

（1）他‖离开了。

（2）爱因斯坦‖发明了相对论。

（3）这家公司‖从广州搬到了上海。

（4）人最宝贵的东西‖是生命。

（5）他的头发‖像一蓬乱草。

这种句子的否定形式一般是在主谓之间加上“没有／没”，同时要拿掉述语动词后的“了”，如“他没有离开”；或加“不”，如“人最宝贵的东西不是生命”等。

2. 形容词性谓语句

形容词性谓语句是由形容词性成分充当谓语的句子。例如：

（6）这小姑娘‖文静。

（7）模特们的化妆和造型‖十分精致。

（8）她的脸‖红得像一朵含苞欲放的石榴花。

（9）母爱‖伟大而永恒。

（10）她的歌声‖水灵灵的。

例（6）中“文静”是性质形容词作谓语，例（7）中“精致”是性质形容词作谓语的中心语，前面还带修饰成分“十分”，例（8）中“红”是性质形容词作谓语的中心语，后带有情态补语（中间用“得”连接），例（9）中“伟大而永恒”是性质形容词的并列形式作谓语，例（10）中“水灵灵”是状态形容词作谓语。

形容词性谓语句的否定情况较为复杂。有的可以在主谓之间加上“不”，如“这小姑娘不文静”。不过直接加“不”来否定谓语的并不太多，基本上限于谓语是由单个形容词充当的情况。这主要是因为在汉语中性质形容词单独作谓语的能力比较弱，前后要加上一些别的成分才能提高句子的可接受程度，上面第（7）、（9）句的否定形式需加上“并不”变成“模特们的化妆和造型并不十分精致”和“母爱并不伟大而永恒”才较为自然。谓语中带有情态补语的第（8）句要变成否定句就必须将情态补语拿掉（同时拿掉“得”）。第（10）句的谓语是状态形容词，它的否定形式跟性质形容词相同，如“她的歌声并不水灵”。

3. 名词性谓语句

名词性谓语句是由名词性成分充当谓语的句子。例如：

（11）培根‖英国人。　　李白‖唐朝人。

（12）小白兔‖短尾巴。　　这套书‖红封面。

（13）今天‖寒露。　　下一站‖人民广场。

（14）王老师‖已经教授了。　　老刘‖快处长了。

（15）这间屋子‖三扇门。　　一年‖三百六十五天。

（16）两个人‖一间房。　　一寸光阴‖一寸金。

名词性成分一般是不能直接作谓语的，不过在以下几种特定情况下能充当谓语：

一是当名词性成分表示陈述对象的籍贯、时代或器官、部件等时，可以构成名词性谓语句，如例（11）、（12）。这些成分实际上表示的是主语所具有的某方面特征。

二是当名词性成分蕴涵某种顺序义时，可以充当谓语构成名词性谓语句，如例（13）、（14）。其中例（13）的“寒露”和“人民广场”分别带有时间顺序义（节气依次为：立春、雨水……秋分、寒露……大寒）和空间顺序义（公共汽车站点依次为：南京西路、人民广场、南京东路、陆家嘴……）；例（14）的“教授”和“处长”分别位于职称（助教、讲师、副教授、教授）和职衔（科长、处长、局长、部长）的序列中。其他带有顺序义特征的名词性成分也都可以充当谓语构成名词性谓语句，表示某种发展变化。由于表时空顺序或变化顺序的名词自身就能凸显某种变化，因此作谓语时可以不加“了”，如例（13）；表示职称、职衔等顺序义的名词作谓语时必须带“了”，从而凸显这种变化，如例（14）。值得注意的是，在某些单向序列中，作为顺序起点的名词没有这种用法。例如“年轻人→老年人”，只能有“他（都）老年人了”这样的表达，一般不说“他（都）年轻人了”。

三是当名词性成分表达领有数量或出现在表配比关系的格式中时，可以充当谓语构成名词性谓语句，比如第（15）、（16）句。

上述有些句子加上“是”或者“有”后也能成立，比如“培根是英国人”和“这间屋子有三扇门”。相应地，如果要变成否定句，则分别是“培根不是英国人”和“这间屋子没有三扇门”。这样，有人便将名词性谓语句看作省略了“是”或“有”的句子。实际上，汉语的这类句子如果不是强调判断或领有的话，一般以不加“是”或“有”为常见。而且，即便看作“是”或“有”的省略，也需要说明为什么能够省略、省略的条件是什么。而有些用“是”或“有”作述语的句子，并不能省略成名词性谓语句，如“这是诗人海子的故乡”和“天安门城楼上有很多大红灯笼”等。我们在接触语言现象时，要特别关注这种现象出现的条件是什么，在条件和现象之间建立联系。尤其是在遇到特殊现象时，不要轻易地将它们看作其他现象的省略甚至当成不规范的现象。特殊现象的特殊之处就在于其自身蕴涵着另一个层面的规律性，同样也揭示了条件和现象之间的对应关系。就语言表达而言，条件一定，现象一定；现象不同，条件有别。

4. 主谓谓语句

主谓谓语句是由主谓短语充当谓语的句子，即主谓句的谓语部分再套上主谓结构的句子。为了区别，我们常常称主谓谓语句中全句的主语、谓语分别为大主语、大谓语，称充当大谓语的主谓短语中的主语、谓语分别为小主语、小谓语。它们之间的结构关系是：

主语 谓语
└─┘ └──────────┘ 大主语－大谓语

主语 谓语
└┘ └────────┘ 小主语－小谓语

主谓谓语句中，大主语和小主语之间的语义关系多种多样。例如：

（17）电 脑‖我 已 经 修 好 了。

（18）昨天买的草莓‖他们吃完了。

（19）他‖什么坎坷都经历过。

（20）站在边上的那个小伙子‖我以前常跟他一块儿打球。

（21）这把新菜刀‖你可以用来剁排骨。

（22）牡丹‖花色很艳丽。

（23）我国出口的红枣‖一半是沧州的金丝小枣。

（24）他‖参加活动非常积极。

（25）妈妈的这番话‖我深有感触。

（26）这种产品‖每个车间负责组装一种零件。

上述例（18）至例（21）的大主语分别是小谓语中动作的承受者（受事）、发出者（施事）、参与者（与事）、工具；例（22）、例（23）的大主语和小主语之间有领属关系或者整体与部分的关系；例（24）的小主语是动词性成分（“参加活动”），且与大主语（“他”）构成施动关系；例（25）、例（26）中的大主语是大谓语关涉的某个方面或范围。

当大主语和小主语具有领属关系或整体与部分的关系时，似乎可以在它们中间加“的”。例如：

（27）牡丹的花色‖很艳丽。

（28）我国出口的红枣的一半‖是沧州的金丝小枣。

此时，这两个句子就分别变成形容词性谓语句和动词性谓语句了。然而，加不加“的”，陈述的对象和表达的重点并不相同。就像上面例（27），在“牡丹的花色很艳丽”中，陈述的对象是“牡丹的花色”，陈述的内容是“很艳丽”；而在“牡丹花色很艳丽”中，陈述的对象是“牡丹”，陈述的内容是“花色很艳丽”。两者之间可以插入其他词语，如“牡丹确实花色很艳丽”。换个角度看，这里的“牡丹”实际上是个谈话的起点，即话题，后面的“花色很艳丽”是来陈述这个话题的。汉语主谓谓语句结构灵活，类型多样，使用广泛，这跟汉语表达中注重话题有很大的关系。上面这些主谓谓语句中大主语的话题特征更加鲜明。

主谓谓语句一般不能直接在大主语和大谓语之间用否定词来否定。如果要否定，一般在小主语和小谓语之间使用否定形式，如“他什么坎坷都没经历过”。可见，这种否定，并不是否定话题跟陈述之间的关系，而是对陈述的情况进行否定，话题的特征仍然保留着。

（二）非主谓句

非主谓句指由主谓短语之外的其他短语或单个词语加语调而形成的句子。根据其构成成分的不同性质，可以将非主谓句划分为下面几种类型。

1. 动词性非主谓句

它由动词性词语构成。例如：

(1) 起立！ 谢绝参观！ 下雨了。去吧。

(2) 收废品啦！卖得很快。有一种美丽叫坚强。

(3) 让奥林匹克精神传遍世界每一个角落！

(4)（描写事件的发展过程时）（他的奋斗轨迹在别人看来相当顺利。）研究生毕业。留校任教。结婚。生子。出国留学。移民定居。

2. 形容词性非主谓句

它由形容词性词语构成。例如：

(5) 荒唐！ 太棒了！

(6) 真漂亮。 好累啊！

上面这两种类型的句子并不是省略了主语，而是不需要说出或者无法补出主语。

3. 名词性非主谓句

它由名词性词语构成。例如：

(7) 三斤水蜜桃。

(8) 好一朵美丽的茉莉花！

(9)（向人介绍时）王校长，李书记。

(10)（描写人物形象时）浓密的长发，圆脸，大眼睛，小翘鼻，长睫毛。

(11)（某则征婚广告）某女，26岁，1米65，业务主管，知识分子家庭……

(12) 蓝天，白云，高楼，车流，人海——美丽的深圳！

(13) 十年前。一个夏天。郁热的早晨。周公馆的客厅内。

4. 特殊非主谓句

它包括叹词句、拟声词句、招呼语句、副词句等。例如：

(14) 嗯！/啧啧！/咦？ （叹词句）

(15) 嗡！/噼啪！/咕咚——咕咚—— （拟声词句）

(16) 妈！/小王呀！/同志！ （招呼语句）

(17) 别！/（这小说写得不错。）的确。 （副词句）

以上的分析表明，根据句子的结构来归纳句型，是从上到下、层层归纳出来的，一个具体的句子按其结构情况可以用不同层级的句型名称来称说，体现的是不同层次的结构特点。这些具有层级关系的句子型式便构成了现代汉语的句型系统。句型系统可以分得粗疏一些，也可以分得细密一些，比如主谓句中的动词性谓语句还可以根据动词性成分的具体情况再作下位区分，如动宾短语作句中谓语的动宾谓语句“我买了一本新书”、动补短语作句中谓语的动补谓语句“我高兴得一夜没睡”，等等。细分到什么程度，可以依据不同的目的而定。

三、零句、整句和倒装现象

（一）零句和整句

在日常交际中并不是每句话都主语、谓语齐全，实际上在具体的语境中常常只出现其中的一部分。如果将主谓齐全的句子看作整句的话，主谓不齐全的句子（非主谓句）则可以看作零句。零句和整句是从话语交际和表达的角度来命名的，而主谓句和非主谓句则是依据结构成分来区分的。

比如在元代作家马致远的著名散曲《天净沙·秋思》中，绘景的句子由名词性成分构成的零句组合而成：

（1）枯藤老树昏鸦，小桥流水人家，古道西风瘦马，夕阳西下，断肠人在天涯。

眼前之景，历历在目，作者通过三个零句的形式（每个零句的内部还包含三个名词性成分，实际也呈现出零句的表达形式）巧妙地连缀在一起，勾勒出一幅深秋村野图，营造出秋风萧瑟、苍凉凄苦的意境，由此表达出漂泊天涯的游子的悲凉情怀，取得了特殊的效果。

零句经常出现在对话、祈使、赞叹、发现新情况、场景说明等语境中。人们在日常交际中说出来的句子常常省略某些成分，有时由几个不同的动词性成分连接而成（陈述同一个主语或没有主语），或由词语和小句直接组合而成，形式上较为松散，中间一般用逗号隔开，且停顿较短。例如：

（2）甲：你到底去不去？　　　乙：去。

（3）甲：谁拿走了我的书？　　乙：（是）小李。

（4）走，不早了，只有五分钟，叫他们把车子开出来。

（5）去，别愣着，把车放好，赶紧回来，有话跟你说，屋里见。

（6）俄罗斯队守门员把球抛给自己的后卫，通过边线进攻，非常娴熟，杆儿上的技术，危险啦这球！防守可谓前仆后继，通过板墙的反弹把球打给自己的同伴，打门，门前捡漏儿的队员没有跟上，调整，漂亮！

（7）他血升上脸，恨不得大喝一声，直扑进去，忽听到李妈脚步声向楼下来，怕给她听见，不好意思，悄悄又溜出门。

例（2）、（3）是在答话中省略了相关成分。例（4）、（5）是由单独的动词或动词性（形容词性）成分连在一起。例（6）是一段体育节目的解说评论。这一段解说词中除了"俄罗斯队守门员把球抛给自己的后卫"和"防守可谓前仆后继""门前捡漏儿的队员没有跟上"是由完整的主谓结构构成的整句，其他均为零句形式，其中"调整""漂亮"还是单个的词语。例（7）则是几个动词性小句共用一个主语"他"。

像例（4）、（5）、（6）这样的句子又常被视作流水句。流水句一般常由语义连贯的几个零句连接构成。在这样的句子中，只要语义关系明确，句子成分能省略就省略，没有形式上的连接，但具有可以意会的意义间的关联。实际上，只要听话者能听懂意思，说话者往往并不追求结构上的主谓语齐全，句子的结构较为简单甚至不完整，有重复、脱节、补充、插说、断断续续、可断可连等现象，这在口语里尤为突出。跟印欧语比较，汉语在造句过程中形式上似乎显得“简单”一些，具有鲜明的汉语特色。由此，汉语被看作“意合”法特点明显的语言。上面的例（7）由于处于句首的话题可以将语义范围扩展到一个句子以上，因此只要话题明确，表达中常常可省略相关成分（尤其是后面句子的主语），在意义上有关联的情况下，后续句转换话题也相对比较自由。这也是汉语具有意合法特点的一个重要表现。当然，意合并不是随意的组合，同样有很强的结构规则。

（二）倒装现象

值得注意的是，看作整句的句子，也不一定都是主语在谓语之前。在实际交际中，还有倒装的现象，将主语后置。例如：

（1）上哪儿找啊，你？

（2）喝完了没有，那瓶茅台？

（3）真奇怪，这个人！

当然，倒装不仅仅指主谓倒装，还有其他形式。例如：

（4）他退休了吧，大概。　　（状语后置）

（5）不打折的，我没买。　　（宾语前置）

（6）满地打滚，痛得。　　（补语前置）

（7）赶紧睡觉，看完最后一集！　　（连谓结构前后成分的顺序颠倒）

这些倒装现象在口头表达中比较常见。这些句子中语句的重音都在前面的部分，因为它是句子的语义重心；后置的部分都必须轻读，在句子中只起追加、补充的作用。

书面语中还有一类倒装现象，将要强调的地方后置，此时不能轻读。这往往是作者有意安排的，具有鲜明的文学色彩。例如：

（8）各种各样的书籍散发着淡淡的气味，清香的或带潮味的，异国的或古旧的。（定语后置）

（9）然而现在呢，只有寂静的空虚依旧，子君却决不再来了，而且永远永远地。（状语后置）

（10）“雷峰夕照”的真景我也见过，并不见佳，我以为。（宾语前置）

思考题

1. “这棵树叶子大”和“这棵树的叶子大”是否属于同一句型？为什么？你可以通过哪些测试手段显示出两者的不同？

2. 请你说一说不同的限制成分在名词性谓语句中的不同作用。

3. “有一个人在门外站着”这个句子在汉语里很自然，“一个人在门外站着”则不太自然，而“那个人在门外站着”又很自然了。它们是同一句型吗？比较一下它们之间的不同并说明制约句子自然程度的因素。

4. 有人认为非主谓句是一种省略句，比如把“太棒了！”“好累啊！”看成是由

“（他）太棒了！”“（我）好累啊！”这样的主谓句省略了主语的结果。你认为非主谓句是省略句吗？说一说你的理由。

5. 日常口语交际中说出来的句子常常很松散，汉语也因此被看作“意合”法特点明显的语言。有人认为意合就是自由组合、随意使用、缺少规则。你怎么看？

第五节 句类

句类是按照句子的功能所作的分类。句子的功能可以从不同的角度来认识。比如交际中有时需要对事情进行陈述，有时需要对物体和事物进行描写，有时需要对事物的情况或道理进行介绍或说明，有时需要对某个道理进行阐释或论证，要实现这些不同的目的就需要采取不同的表达方式，因此可以根据句子在交际中表述内容的方式将其分为叙述句、描写句、说明句、议论句。又如在具体的交际过程中，不同的语气类型可以表达不同的语用目的和功能，如陈述事件、提出问题、表达请求或抒发感情等，因此可以根据句子所表达的语气将其分为陈述句、疑问句、祈使句、感叹句。目前的汉语教材在介绍句类时较多地关注语气类型。实际上前一种分类在写作和教学中往往受到更多的关注。本节将介绍句子的这两种功能类型。

当然，由于句子的功能常常体现在多个方面，因此，从不同角度所划分出来的类型往往是交叉的。为了介绍的简明系统，这里分开叙述。

一、句子的表达方式类型

人们交际的目的是为了传达思想和表达感情。在表述特定内容时需要借助特定的表达方式和手段。叙述句、描写句、说明句、议论句等便是从表述方式这一角度所作的功能分类，是句类研究的重要内容和方面。由于这些功能表达方式通常是篇章中布局谋篇的方式，是放在整个篇章的框架下来考量的，因此它们往往不只是一个单句，而常以几个单句、复句甚至段落的形式出现。下面便依次对叙述句、描写句、说明句和议论句这四种主要的表达方式类型作出说明。

（一）叙述句

叙述句是用来叙述人物经历、动作行为或事件发展变化过程的句子。由于叙述常常意味着对某种发展变化过程进行表述，因此它比较多地使用动词性谓语句和零句的形式。而且，叙述句或隐或现地总有一个表示动作行为或事件发展的时间参照点，句中动词往往带上“了、着、过”和其他表示时间进程或动态变化的助词。例如：

（1）市客运管理处和园林局进行了认真的查处，第二天，就查出了报道中“宰客”的出租车司机和船主，并处罚了他们。

（2）我在清华大学附近摆了个画摊，开始给过往的行人画像。还好，刚开张就有生意了。

（3）有人问她为什么不学通俗歌，她有自己的看法，每当她唱起民歌来，浑身就有一种力量和深情。

（4）当他确信没有问题时，便全身用力地一收缩，然后猛一伸张，双脚向石壁猛劲一蹬，全身一纵，他就像一粒小弹丸从巨石上射出去了，飞在空中。

叙述句这种表达方式跟其他表达方式最大的不同就是它具有较强的时间特征，人物经历、动作行为、事件进程是在时间序列之中进行和发展的。句中往往彰显时间成分（如上面例句中的“第二天”“开始”“每当”“V起……来”“当……时”等）、带有时态标记或在上下文中蕴涵了时间参照等。比如例（4）叙述了一系列的动作，先是“全身用力地一收缩”，然后“猛一伸张”，接着“双脚向石壁猛劲一蹬”，再是“全身一纵”，接下来是“从巨石上射出去”，最后是“飞在空中”。叙述顺序本身便是依照时间的进程来安排的。

按叙述的方式分，叙述句有顺叙、倒叙、插叙、补叙等，叙述的方式同样也体现了鲜明的时间性特征。例如：

（5）他把翎毛插在我的耳上，在前领路，我随着他，二十名音乐家又在我的后面，到了迷林中心的高架子。大蝎爬上去，向天祷告了一会儿，下面的音乐又作起来，他爬下来，请我上去。我仿佛忘了我是成年人，像个贪玩的小孩被一件玩物给迷住，小猴似的爬了上去。

（6）我去时，特别带了整整一袋小米。此后从《鲁迅日记》得知，他把这些小米还分给内山完造先生、周建人同志和茅盾同志。

当时，鲁迅先生一看见这整口袋小米，惊奇地问道：

“小米！你怎么知道我爱吃小米呢？”

例（5）是顺叙，按事件的发展顺序叙述了一连串的动作过程；例（6）的“此后”一句是补叙，补足了“小米”的去向。

从上述例子可以看出，对顺叙、倒叙、插叙、补叙等方式的选择主要是从全文的谋篇布局出发的，看表达要凸显哪方面的内容，因此各种叙述方式的使用在语言表达上有自己的一些标志。顺叙是按时间的进程一个动作接着一个动作、一个阶段接着一个阶段、一件事接着一件事、一方面接着一方面向前叙述，这样就引导读者循着事情发展的脉络去逐步了解事情的进程。而倒叙则先将关键之处、特殊之处、吸引人的地方呈现出来，以引起读者的关注，并促使读者探寻其中的缘由、背景，再通过时间回溯的方式来叙述发生过的内容，起到“揭秘、探因”的效果。而插叙和补叙都是在事情的叙述环节中引入相关的但不在发展过程中呈现出来的内容。插叙的地方基本上是解说、说明的内容，补叙的地方一般则是将未来发生的事情提到现在说。由于倒叙、插叙、补叙都是在正常的时间发展过程中转入其他内容，因此往往有一些篇章上的标记［如例（6）中的“此后从《鲁迅日记》得知”］，也有表达时间的词语。

叙述句是语言交际中最基本的表达方式之一，具有鲜明的时间特征，常出现在小说、故事、传记文学、通讯报道等文学体裁中。需要说明的是，一篇文章中也不是只有叙述句或某种叙述方式，往往是多种方式综合在一起运用。根据内容来选取恰当的方式，才能取得理想的效果。

（二）描写句

描写句是对人物、事物或环境进行描绘和刻画的句子。描写句比较多地使用形容词性谓语句、比况短语“像……”、动态助词“着”、存现句等表达方式。例如：

（1）他没有什么模样，使他可爱的是脸上的精神。头不很大，圆眼，肉鼻子，两条眉很短很粗，头上永远剃得发亮。腮上没有多余的肉，脖子可是几乎与头一边儿粗；脸上永远红扑扑的，特别亮的是颧骨与右耳之间一块不小的疤——小时候在树下睡觉，被驴啃了一口。

（2）这平铺着，厚积着的绿，着实可爱。她松松的皱缬着，像少妇拖着的裙幅；她轻轻的摆弄着，像跳动的初恋的处女的心；她滑滑的明亮着，像涂了“明油”一般，有鸡蛋清那样软，那样嫩，令人想着所曾触过的最嫩的皮肤；她又不杂些儿尘滓，宛然一块温润的碧玉，只清清的一色——但你却看不透她！

例（1）是对“祥子”这个人物五官的肖像描写，塑造了一个壮实、有精神的青年壮汉形象，形容词性的描述成分较为突出；例（2）非常细腻地描写出梅雨潭中“绿”的神韵，主要通过动态助词“着”和“像……”来一笔一画地进行精雕细刻，颇像一幅隽秀的工笔画。如果说叙述是文章的骨架，那么描写便是使骨架有血有肉。这种文学写作中常用的表达方法，用生动、形象的语言写人状物，使文章绘声绘色，使人物栩栩如生，也使读者有如临其境、如睹其人、如见其色、如历其事之感。

（三）说明句

说明句是说明事物的性质、特点、用途等或阐释事理的句子。说明句常见于字典辞书、科普知识、学术报告、教材讲义、景物介绍、产品说明等。

说明的方式多种多样，有下定义、分类别、列步骤、举例子、列数字、作比较等。不同的说明方式往往有自己的一些语言表达特征，常用“是”字句、“有”字句这样的句式。例如：

（1）【三角形】平面上三条直线或球面上三条弧线所围成的图形。三条直线所围成的图形叫平面三角形；三条弧线所围成的图形叫球面三角形。

（2）图书馆的藏书，可以有不同的分类方式。按国别分，有中国的、外国的；按时代分，有古典的、现代的；按性质分，有科技的、文学的以及政治经济的；按语言分，有中文的、外文的；按载体分，有纸质的、电子的等。

（3）赵州桥非常雄伟。桥长五十多米，有九米多宽，中间行车马，两旁走人。这么长的桥，全部用石头砌成，下面没有桥墩，只有一个拱形的大桥洞，横跨在三十七米多宽的河面上，大桥洞顶上的左右两边，还各有两个拱形的小桥洞。

（4）许多红色的星星很大很大，有的可以装得下八十万万个太阳。这些星星是由非常稀薄的空气体状态的物质组成的。最稀薄的，密度只有地球上空气的几万分之一，比我们用抽气机造成的“真空”还要稀薄得多。

说明句主要就是通过对事物的形状、构造、特征、类别、关系、功能等的说明来揭示事物的原理、含义、特点和本质，使人们获得有关的知识，语言上一般要求做到准确、平实和通俗，要能够如实地、恰当地并且明白晓畅地说明事物的本来面目。

（四）议论句

议论句是通过事实材料和逻辑推理来讲道理、阐明观点立场、评议论说的句子。议论句往往比较多地使用具有逻辑关联作用的关联词语，如“如果……那么……”“由于……因此……”“因为……所以……”“不是……而是……”等。例如：

（1）如果说雏鹰腾飞苍穹要经历风雨的打击，那么搏击长空的意气就是它那犀利的双眼；如果说骏马奔驰于旷野要经历千万里奔跑的训练，那么奔腾万里为夙愿的意气就是助其翻越千山万水的铁蹄；人，欲傲立于世，成一代俊杰立一世伟业，那舍我其谁、勇战万方的意气就是其成功的基石。

（2）常识也是科技的基础：科学并不是“空中楼阁”，而是产生于人们对身边事物的实践和探索。牛顿从苹果落地的常识中总结出万有引力定律，鲁班从叶子割伤手的常识中发明了锯子。离开常识而空谈科技就像盖楼房不起地基，是靠不住的。

例（1）是一篇谈“意气”的文章开头，作者通过与“雏鹰”“骏马”的类比引出“意气是人成功的基石”这一论点。例（2）则开门见山地提出“常识也是科技的基础”这一论点，然后援引具体的事例来证明。

议论文通常综合运用举例子、引用、对比、类比等方法，通过摆出真实典型的论据材料来阐明自己的观点和见解，用严谨而周密的分析进行论证，因此相对而言整句的使用比较多。有论更有证，才能更具说服力。

不同的交际目的选择不同的语言形式来表达。交际功能不同，句子的表达方式、篇章布局、连接方式和标记形式等也会有所差异。这一点在叙述句这种表达方式中体现得尤为明显。不过，叙述、描写、说明、议论等表达方式不是孤立、没有联系的，而是相互结合，穿插进行，共同为文章的主题或主旨服务的。只有从文章的内容出发，选择合适的表达方式，综合运用，才能取得理想的效果，给人们带来心灵的震撼和审美的愉悦。

二、句子的语气功能类型

在语言交际中，说话人总是要通过一定的语言形式来表达一定的交际目的，比如陈述一件事、询问一个问题、表示请求或命令、抒发一种感情等。语气是体现句子特定目的和用途的常见手段。同一个句法结构，如果使用不同的语气，便具有不同的用途。比如：“她上了《人物》封面。”陈述的是“她”的某个事实；“她上了《人物》封面（吗）?”这是提出问题、表达疑问；“她上了《人物》封面（啊）!”则是表达出一种感叹。不同的句法结构如果用相同的语气来表达，便具有相同的用途。比如“多么蹉跎的岁月!”“你太紧张了!”前者是非主谓句中的名词性非主谓句，后者是主谓句中的形容词性谓语句，句型不一样，但都是抒发感情的感叹句。

根据所传达的语气的不同，可以把句子分为陈述句、疑问句、祈使句、感叹句四种。

（一）陈述句

陈述句是用来叙述或者说明事实的句子。陈述句一般为平调或降调。例如：

（1）下大雪了。

（2）伦敦奥运会圆满闭幕了。

（3）自然科学的进步推动着哲学的发展。

（4）认识不同的风土人情对扩大视野是有好处的。

由于陈述句是用来说明某个命题或事实的，依据命题或事实的肯定与否，陈述句可以分为肯定性陈述句和否定性陈述句。肯定性陈述句叙述的是一个肯定性的命题，可以带“的”“了”这样的语气词。例如：

（5）这顿饭他亲自下厨的。

（6）世界上最早的图书馆在两千多年前就已经存在了。

例（5）的“的”表示情况本来如此，加强肯定语气。例（6）的“了”则肯定事情已经如此，同样也表示确定语气。

还可以用双重否定的方式来表示肯定的意思。双重否定是用否定的形式来表示肯定，在形式和意义上跟一般的肯定句相比有所不同，情况也比较复杂。

有的双重否定句所表达的肯定比一般肯定句在语义上加重了。例如：

（7）巴西的男女老少没有一个人不知道贝利的。

（8）经济发展到了非改革不可的地步。

（9）人们无不钦佩他的严谨勤奋和独立思考的科学精神。

例（7）的“没有一个人不知道”表示“人人都知道”的含义，例（8）的“非改革不可”表示的是“一定要/必须要改革”的含义，例（9）的“人们无不钦佩”则表示“人们都很钦佩”之义。跟单纯的肯定句相比，它们在语义上都要重一些。

有的双重否定句语义上有所减弱。例如：

（10）她的这番话未必没有道理。

（11）总统的辞职与政府的换届不无关系。

例（10）的“未必没有道理”大致相当于“可能有道理”，例（11）的“不无关系”大致相当于“多少有关系”。跟“有道理、有关系”相比，它们在语义上削弱了。

即使是同一个双重否定格式，所进入的成分不同，也可能有不同的情况。比如“不+能愿动词+不”这个双重否定格式，跟相应的单纯肯定式在意思上相差不大。

例如：

(12) 他知道我的窘况，不会不来看我的。

(13) 她很后悔，不该不听父母的劝告。

上面的“不会不来、不该不听”即表示“会来 / 肯定来、(应) 该听”。

有的“不＋能愿动词＋不”双重否定式跟相应的单纯肯定式在意思上有较大的差别。例如：

(14)“地铁困境”不能不让人反思。

(15) 这个画展不可不看。

例 (14) 的“不能不让人反思”表示“必须让人反思”之义而不是“能让人反思”，例 (15) 的“不可不看”表示“必须要看”或者“一定要看”之义，而不是“可看”。这种双重否定式都表示“必须、一定”的意思，从而加重了语义。

以上都是肯定性的陈述句，如果说话人要对一个命题进行否定，便形成否定性的陈述句，一般用“不”或者“没/没有”来表达否定的语气。例如：

(16) 声控钥匙在香港等地已被广泛使用，声控眼镜也早已不新鲜。

(17) 我找了半天都没找到那本书。

除了一般的否定性陈述句，汉语还可以用三重否定来表示否定，即一个句子用三个否定词套用来表达否定的意思。例如：

(18) 农民奔小康之道，不一定非远走他乡不可，其实财富往往就在脚下。

“非……不可”表示的是肯定，而前面加上“不一定”则又转化成了否定。不过，跟单纯的否定“不要远走他乡”相比，也不一样，它所表达的否定语气比较委婉。形式不同，意义有别。

(二) 疑问句

疑问句是用来提出问题的句子，书面上在句末一般用问号。疑问的表达有各种各样的方式，可以直接用上升语调，比如“丢了↗”；句末可以使用语气词“吗”“吧”“啊”“呢”等，比如“你去过西藏吗?”；可以用疑问词“什么”“谁”“哪儿/里”“怎么”“为什么”等来提出疑问，比如“你在想什么?”；有时则是这几种手段的综合运用。还有一些特殊格式可以表示疑问，比如“你付现金还是刷卡?”这样的“A 还是 B”格式和“你见没见过这照片上的人”这样的“A 没/不 A”格式等。下面根据疑问句的结构及功能分成五类来说明。

1. 是非问句

是非问句在结构上跟一般的陈述句没有什么差别，一个陈述句只要带上明显上升的语调并且要求对方作出是或非的回答的句子就是一个是非问句，简称是非问。

是非问句可以只用上升语调，也可以加上“吗”“吧”“啦”“啊”等语气词，但不能用“呢”。例如：

(1) 外面的世界真的很精彩?

(2) 她的眼神你读懂了吗?

（3）你儿子今年要毕业了吧？

（4）你们都准备好啦？

（5）她就是这部戏的女主角啊？

对是非问句的回答大多数情况下可以重复问句中的谓语或谓语中心成分，比如对例（1）的回答可以是“很精彩”或“不精彩”。

有时在陈述句后面加上“是吧”“好吗”“成吗”“对吧”之类的疑问形式来提问，也构成是非问句。例如：

（6）这是个美丽的小城，是吧？

（7）咱们出去走一走，好吗？

（8）再给我一个解释的机会，成吗？

（9）你是属羊的，对吧？

对这类是非问句可以用“是/不是”“好/不好”“成/不成”“对/不对”或者“嗯”之类来作答。当然，在实际交际情境中，对是非问句的回答也可以不用语言的形式，如只用点头、摇头等体态语来回答。

2. 特指问句

用疑问代词指出要求回答内容的句子叫特指问句或特指疑问句，简称特指问，也称作特殊疑问句。特指问主要是依靠疑问代词来发问，常见的疑问代词有“谁”“什么”“哪（哪儿、哪里）”“几”“多少”“怎么”“怎（么）样”“为什么”等。特指问句要求听话人针对句中的疑问点作出回答。句末常用语气词“呢”“啊”“啦”，但不能用“吗”。例如：

（10）你到底要什么呢？

（11）这次会议的主办单位是哪儿？

（12）小孩子一天多少睡眠时间才算充足啊？

（13）上次你们商量的事情怎么样啦？

（14）他为什么总不吭声？

有的问句在结构成分的后面加上语气词“呢”和上升或平声语调，虽然没有使用疑问代词，但实质上也规约了听话人回答的内容，所以也是特指问句。例如：

（15）甲：那本小说呢？（＝那本小说放在哪儿了？）

乙：桌子上呢。

（16）甲：你们去机场接人，我呢？（＝我干什么呢？）

乙：负责布置会场吧。

3. 选择问句

并列几项内容、提供两种或两种以上的情况要求听话人从中选择一项来回答的句子叫选择问句或选择疑问句，简称选择问。

选择问句可以直接列出所需要选择的内容。例如：

（17）（您来点什么？）橙汁？奶茶？咖啡？

（18）（这种毛衣样式很多的，就看你喜欢哪款了。）高领？圆领？V形领？

不过，选择问句常用关联词“（是……）还是……”来连接所需要选择的内容。如果句末用语气词，只能用“呢”“啊”，不能用“吗”。例如：

（19）这是现实的嘲弄，还是历史的必然？

（20）是他自己心甘情愿的呢，还是被迫服从了呢？

（21）你坐高铁去呢还是坐飞机？

（22）食品安全是道德问题，还是法律问题，还是社会问题，还是三者兼而有之？

4. 正反问句

在一个疑问句中，将一项内容的正反两个方面并列起来让听话人选择一项作肯定或否定回答的句子叫正反问句或正反疑问句、反复问句，简称正反问。由于正反问句是让听话人在并列的正反两项之间选择一项来回答，跟选择问句在实质上相同，可以看作选择问句的一种特殊形式，因此也可以将它归入选择问句。

正反问可以把谓语或谓语中某个部分的肯定和否定形式并列起来让听话人做出选择。例如：

（23）你今天上班不上班？

（24）这次开发项目的“含金量”高不高呢？

不过在实际的语言交际中，考虑到表达的经济，可以省略某些重复的成分，形成下面几种表达方式。例如上面例（23）还可以说成：

（25）你今天上不上班？

（26）你今天上班不上？

（27）你今天上班不？

尤其是当宾语部分比较复杂时，用“V＋否定＋V＋宾语”的形式比较常见。例如：

（28）他善不善于做引导和组织工作啊？

（29）冥王星是不是太阳系边界的尽头了呢？

有时在陈述句的后面加上“行不行、对不对、好不好、是不是、成不成”之类的疑问形式来提问或者征询意见，也构成正反问句。例如：

（30）大家都少说两句，行不行？

（31）你早就知道这件事情了，对不对？

对这类正反问可以用“行/不行”“对/不对”或者“嗯”之类的来作答，也可以不用语言的形式，如只用点头、摇头等体态语来回答。这类问句从形式上看是正反问，但在意义上似乎更接近于是非问。

5. 反问句

上面四种类型的问句都是根据问句形式而确定的“有疑而问”的句子，说话人发问的目的是为了从听话人那儿得到答案，获取某种信息。然而，根据问句的表达功用，有的疑问句是“无疑而问”，说话人已经有答案，往往不需要听话人回答，但却用疑问的形式来表达，发问的目的是为了加强语气。这种“无疑而问”的句子，通常叫反问句。

反问句用疑问的形式来表达非疑问的意义，其结构形式和语义内容之间的不一致使得它在表达上具有某种特殊的感情色彩和语用效果。比如“过去几年的事情何必再提呢？”“过去几年的事情不必再提。”这两个句子同样都表达否定义，前者除了“不必再提”之义，还蕴涵着特殊的含义：过去几年的事情完全没有必要再提，说话人不愿意继续就这个话题交谈下去。

反问句在形式上跟上面四种类型的疑问句没有什么明显的差别，因此它们都可以用来当作反问句的形式。例如：

(32) 大自然给我们的教训还不深刻吗？

(33) 我都不知道这事，谁说我答应了啊？

(34) 你这是在赞赏他呢，还是在讽刺他？

(35) 这种扫兴的话，你说该讲不该讲？

不过，反问句由于形式和意义之间存在着不一致而表达出某种特殊的语用价值，跟其他问句相比，它常常带有某些词汇或格式上的标记特征。反问句是用来加强语气的，因此它常常带有“何必、何苦、何尝、难道”等这样的语气副词。例如：

(36) 区区一件小事，你何必生那么大气呢？

(37) 她这样做，既吃力，又不讨好，何苦呢？

(38) 打工固然是为了生存，但又何尝不是一种人生经历、一种生命体验呢？

(39) 圆明园，你惨痛的历史，难道是偶然的吗？

疑问代词与否定动词、能愿动词等结合在一起使用，也很容易构成反问句。例如：

(40) 一说到水果蔬菜，谁不愿意吃个新鲜？

(41) 他现在遇到困难，我哪能袖手旁观？

(42) 其他东西可以让步，主权问题怎么可以让步呢？

还有一些特定格式也比较容易构成反问句。例如：

(43) 甲：“您生意好啊。”

乙：“好什么，从开张到现在才卖出去两条裤子。”

(44) 他有些恼怒地说：“笑什么笑？”

(45) 早上起不来，还锻什么炼呀。

例(43)的“好什么”是对前面说的“生意好”的否定。例(44)的“笑什么笑”是说不要/别笑(事情并不好笑)，是疑问代词“什么”插入到两个相同动词中间形成的固定表达式。而例(45)的“锻什么炼”是对“锻炼”的否定，此时“锻炼”分开，类似短语，“什么”插入其中，形成反问。

值得注意的是，说反问句是“无疑而问”、不需要回答，主要是从说话人的角度且就一般的情况而言的。实际上，反问也往往有问的意味，在有些情况下需要回答、可以作答。例如：

(46) 难道这就是最后结局？我不相信。

(47) 甲：“这是我的家，你怎么不让我进去？”

乙：“你的家？早就不是你的了。”

(48) 甲：“你说这事我能不管吗？”

乙：“必须得管。”

例(46)是自问自答，但问句带有强烈的否定含义，后面再接一个否定的回答，使得反问表否定这一点更为清楚。例（47）说话人甲的“你怎么不让我进去”虽是反问，但同时是对自己的家自己不能进去的疑问，而听话人乙同时用反问和否定句作出了回答。例（48）说话人用了问的形式，又是与听话人交谈，而且还有“你说”这样的带有征询对方意见的字眼，对方更是需要作出回答了，不回答似乎不妥。因此，具体情况还要具体分析。

(三) 祈使句

用祈使语气表示请求、劝阻或命令、禁止的句子叫祈使句。祈使句一般用降调，在书面上句末常用感叹号。表示请求、劝阻听话人做某事时，语气比较委婉和缓，句末可用语气词“吧”“啊”。由于表请求、劝阻的时候语气不够重，也可不用感叹号。例如：

（1）让甜美的童谣伴孩子们成长吧！ （请求）

（2）帮帮我的忙啊。 （请求）

（3）千万别乱跑！ （劝阻）

（4）大家都少说几句吧。 （劝阻）

表示命令、禁止时，要求听话人必须服从，语气比较坚决强硬，语调急促，一般不用语气词，句末用感叹号来表达加重的语气。例如：

（5）出发！ （命令）

（6）放下武器！ （命令）

（7）仓库重地，严禁烟火！ （禁止）

（8）勿践草坪！ （禁止）

(四) 感叹句

用感叹语气抒发某种强烈感情的句子叫感叹句。感叹句一般用降调，在书面上句末一般用感叹号。

感叹句形式多种多样，可以由单个的词加上感叹号形成。例如：

（1）这，这……唉！

（2）老天爷呀！

（3）蛇！蛇！

（4）老人伸出两只手比划着：“北平的前门楼子，高！大！雄伟！”

（5）混蛋！

例（1）的“唉”是感叹词，具体抒发哪种感情需要通过语境来判断；例（2）的“老天爷”是感叹语；例（3）的“蛇！蛇！”表达了人们猛然感知蛇这种事物时的吃惊或恐惧；例（4）的“高！大！雄伟！”是形容词加上感叹号，简短有力，感情丰富；例（5）中的“混蛋”是詈语。

由于要抒发强烈的感情，感叹句中常用“真”“可”“多么”“何等”“怎样”之类有强调意味的词，句末一般使用语气词“呀”“啊”。例如：

（6）这种推进行星的力量真是神秘和不可思议啊！

(7) 这可是期待已久的好消息啊！

(8) 艺术创作和现实有着多么惊人的相似啊！

(9) 何等充实而辉煌的人生！

(10) 激动和幸福之情又是怎样地无以言表啊！

有一些特殊的结构也可以构成感叹句，抒发强烈的感情。例如：

(11) 小艇荡进苇草丛中，惊飞水鸟，刹那间，天上飞的，水中游的，草丛中亭亭玉立的，目不暇接，好一个鸟的乐园！

例 (11) 用“好一个＋NP!”的格式来表达惊叹之情。这个格式中的数词必须是“一”，但它常可以省略。例如：

(12) 觉民冷笑着连说两句：“好个无抵抗主义！好个作揖主义！”

“人称代词＋这（个）＋NP!”也可以构成感叹句。例如：

(13) 唉，她这病！

(14) 你这个混球小子！

思考题

1. 请你谈谈叙述句、描写句、说明句和议论句在语言表达上所具有的特点，比较它们的不同之处。

2. 请你举例说说陈述句、疑问句、祈使句和感叹句在语气功能表达上的特点。

3. 有人认为叙述句就是陈述句，都是用来说明某个事实的。你认为它们是同一个概念吗？说一说你判断的理由。

4. 疑问句有时不表疑问，表示一种肯定，例如“难道这还不够明显吗?”；有时表示一种命令或请求，例如“你还不休息?”；陈述句也可以起到祈使的作用，比如说话人可以用“我有点热”来表达言外之意“你开空调吧”。这说明句类有时跟句子的实际用途或目的不一致。这是为什么？

5. 有人认为有些问句形式存在着两种解释的可能，比如“你怎么知道?”既可以是特指问句，即问对方通过什么方式知道某事，也可以是反问句，即表达“你不知道”的否定含义。你能再举几个这样的例子吗？请你想一想反问句和其他问句之间的关联和区别。

第六节 句式

句式是根据句子某种特殊的结构特征和语义特征划分出来的句型。有时为了强调，也叫特殊句式，它们是一种语言的语法系统中非常特殊的表达方式。在汉语句型中，主谓句比非主谓句要复杂；主谓句中，动词性谓语句又最为复杂。所以，句式分析重点关注的是对动词性谓语句，尤其是对谓语部分中特殊之处的分析。

句式研究比较集中地体现了句子系统在结构特点和语义表达方面的特色。对句式的分析和归纳，既可以从句中的某个特殊标记出发，比如“把”字句、“被”字句、“比”字句等；也可以从句子所表达的特殊语义范畴或功能特征出发，比如判断句、强调句、存现句、被动句、比较句等；还可以从谓语部分的特殊结构特征出发，比如连谓句、双宾句、兼语句、主宾可换位句等，虽然并没有外在的标记特征，但它们在整体格式上有特殊之处（如连谓句是两个或两个以上动词性成分连用构成的）。由于句式常牵涉到形式和意义两个方面，因此，这样的分类和归纳自然就有交叉，如“被”字句和被动句、“是”字句和判断句、“比”字句和比较句等都有交叉。下面大致按照上面的顺序来介绍汉语中较为常用的句式。当分类存在交叉时，将标记词特征类归入其所属的更大的功能范畴类中来介绍。

一、“把”字句

“把”字句是含有介词“把”的句子，它的基本结构形式是“A＋把 B＋V＋R”。例如：

（1）司马光把水缸砸破了。

（2）哥哥把她送到路口。

（3）妈妈一大早就把炉火烧得旺旺的。

“把”字句是汉语中使用频率很高且极具特殊性的句式。它的结构和用法都比较复杂。下面分别说明这种特殊句式的构成成分、成分之间的关系、“把”字句的语法意义和特点等。

（一）“把”字句的构成成分、语义关系和语法意义

“把”字句主要由以下几个部分构成。

“把”前主语 A 通常是述语动词的动作发出者，一般为施事成分，如上面各例中的“司马光”“哥哥”“妈妈”。不过，A 的类型实际上是多种多样的，不仅可以是动作的发出者（即施事）这样的语义成分，还可以是其他一些语义成分。

（1）碎玻璃把他的眼睛炸伤了。

（2）这种汽油能把衣服上的污渍洗干净。

（3）阴冷潮湿的山洞把他关傻了。

例（1）的“碎玻璃”是炸伤眼睛的工具；例（2）的“这种汽油”是洗污渍的材料；例（3）的“山洞”是关他的处所。其他类型的语义成分，在一定条件下也都可以充当“把”字句的主语。当然，这些成分在表达作用上都有一个共同点，就是作为引发“把”后结果产生的某种原因。

以上例句中“把”前主语 A 都是名词性成分，有时也可以是动词性成分、主谓结

构性成分。例如：

(4) 总是吃快餐把胃都吃坏了。

(5) 这次8万块钱的消费，真把段丽娜吓坏了。

(6) 卖光了家里的地，就有可能把孩子饿死。

例（4）至（6）中“把”字句的主语都是表达事件的结构成分。实际上，这种具有事件性的结构成分更能反映“把”字句的语义关系。上面例（2）的语义关系实际为“用这种汽油（洗污渍）能把衣服上的污渍洗干净”；例（3）则为“关阴冷潮湿的山洞把他关傻了”。因此，我们可以说，充当“把”前主语A的成分可以选择动作或事件中的语义角色或成分，也可以是整个动作事件。这样，可以进一步将“把”前主语A的语义内容归纳为引发者。

“把”后宾语B通常是述语动词所影响的对象（即受事），如例（1）、(2)、(3) 中的“他的眼睛、衣服上的污渍、他”。但也不一定必然如此，下面的“把”字句中，B就不是述语动词的对象。例如：

(7) 你老吃这药不怕把脑子吃坏啊？

(8) 这绣花底儿的袜子把那位艺术商人看得眼睛都直了。

例（7）的述语动词“吃”虽然是及物动词，但“把”后宾语B“脑子”并不是“吃”所支配的对象（“＊吃脑子”），而是“坏”的主体（“脑子坏了”）；同样，例（8）中“把”后宾语“那位艺术商人”也不是述语动词“看”的对象（“＊看那位艺术商人”），而是补语“眼睛都直了”的主体（“那位艺术商人眼睛都直了”）。

当述语V由不及物动词或形容词充当时，这时“把”后宾语B也不是述语的对象。例如：

(9) 她这一哭，把他的心都哭软啦。

(10) 一团热灰扑面而来，活活把他闷死了。

例（9）的“把”后宾语B“他的心”并不是述语动词“哭”所支配的对象（“＊哭他的心”），而是“软”的主体（“他的心软了”）；同样，例（10）中“把”后宾语“他”也不是形容词“闷”的对象（“＊闷他”），而是“死”的主体（“他死了”）。

再来看“把”字句中的R。“把”字句中的R是动作的结果，如例（1）、(2)、(3) 中的“（他的眼睛）伤了、（衣服上的污渍）干净了、（他）傻了”分别是“炸、洗、关”的结果。其他句子也是如此，如例（7）中的“（脑子）坏了”是“老吃这种药”的结果，例（8）中的“眼睛都直了”是“看这绣花底儿的袜子”的结果。

需要特别指出的是，R一般用在动词的后面，但也有特殊的情况，如“他把衣服一脱，就跳进水里”中的“一脱”，“你把头发吹吹”中的动词重叠形式等。C的存在和性质对“把”字句的合格与否影响很大。

有了上面对“把”字句构成成分和成分之间关系的分析，我们可以将“把”字句的语法意义概括为：A通过动作行为V使B受到影响而产生结果R。

由“把”字句的语法意义可以得知，它实际上是表达一种“致使”关系，这种致使关系突出的是结果。比如“司马光把水缸砸破了”和“她这一哭，把他的心都哭软啦”，这两句话的意思是“司马光砸水缸”致使“水缸破了”，“她这一哭”致使“他的心都软了”，由于要突出结果“破”和“软”，便用“把”将“水缸”“他的心”提到动词前，从而构造出“把”字句。

理解“把”字句的关键是“A 使 B 产生结果 R”。如果需要有结果而结果没有表达出来，句子就不能成立。比如“她把大公鸡画”，因为缺少了必要的结果成分而不能成立。一定要带上表示结果的成分，像“她把大公鸡画好了/画在墙壁上/画得活灵活现”这样的句子，有了结果的呈现，因此都是合格的句子。

理解了这一点，对我们掌握“把”字句的特点、正确使用“把”字句以及掌握并正确使用下面要讲到的“被”字句等特殊句式都很有帮助。

(二)“把”字句的特点

根据上文对“把”字句表达内容和成分关系的分析，这里就可以进一步归纳“把”字句结构和意义上的特点了。

第一，述语动词一般不能单独出现，前后总有别的成分。例如：

(1) 他慢慢地把那张纸揉碎了。(动词＋补语)

(2) 她把碗高高地举起来，水纹丝儿不动。(动词＋趋向动词)

(3) 民间传统精品花灯和现代技术制作的工艺灯，把夫子庙装扮得分外妖娆。(动词＋得＋补语)

(4) 她故意把脏水泼在他一个人身上。(动词＋处所短语)

(5) 他把菠萝去了皮，泡在盐水里。(动词＋宾语)

(6) 你把这次会议的情况仔细地谈一谈/谈谈。(动词重叠)

(7) 你这不是把我往火坑里推吗？(状语＋动词)

(8) 他站起来，把杯子一摔，扬长而去。(一＋动词)

当然，把字句的述宾动词后面没有其他成分，只加一个语气词“了”，也可以成立。例如：

(9) 已经变质了，快把它扔了。

上文已经指出，“把”字句是凸显结果的句式，因此它的特点首先体现在结果的表达上。这样的语法意义决定了“把”字句的谓语部分不能是光杆动词，需要带上表达结果的成分。有的“把”字句中的结果直接用补语的形式来表达，如例（1）中“揉”的结果是“碎”，例（2）中“举”的结果是碗向上了（严格说来，趋向补语也可归入结果补语之中），例（3）中“装扮”的结果是“夫子庙分外妖娆”，例（4）中“泼在他一个人身上”的结果是他身上有脏水。这些结果的表达方式是“把”字句中最为常见的。有的结果则通过其他句法形式表达出来，因此不太明显。如例（5）中“去了皮”的结果是菠萝没皮了，例（6）中“谈一谈/谈谈”的结果是这次会议的情况清楚了，例（7）中“往火坑里推”的结果是我的处境更危险（艰难）了，例（8）中“一摔”的结果是杯子摔（碎）了。只有在诗词歌曲等韵文中，由于受到韵律的限制，动词才可以单独出现，如“夫妻双双把家还”“大家都来把歌唱”，此时强调动作本身，而动作的过程并没有完成，即还没有结果。

第二，述语动词通常是及物动词，一般来说能与“把”后宾语构成动宾关系。“把”字句强调“使……产生结果”的致使义，这就要求其述语动词应该具有对某事物产生影响和作用的特征。因此，能充当“把”字句述语动词的基本上都是动作性较强的动词和一些心理动词（如“气”“怕”“吓”“恨”“高兴”等）。像判断动词、存现动词、趋向动词、能愿动词、关系动词、形式动词等，由于对别的对象不能产生影响，基本上都不作“把”字句的述语动词。

当然，“把”字句的述语动词也有不及物动词或形容词的情况，此时动词后须带补语，这个补语在语义上一定跟“把”后宾语有联系。这种语义联系实际上也就是跟结果的联系。例如：

(10) 士兵们把马都跑瘦了，终于在凌晨赶到营地。（表示的是“士兵跑马”致使“马瘦了”）

(11) 这个喜讯把他高兴得一张老脸笑成了一朵怒放的菊花。（表示的是“这个喜讯”致使“他的一张老脸笑成了一朵怒放的菊花”）

第三，“把”的宾语一般都是表示已知的、确定的人或事物，因此前面可以有“这个”“那个”之类的表确指意义的词语限定。例如：

(12) 他拿走了（那本）漫画书。→他把（那本）漫画书拿走了。

(13) 他拿走了一本漫画书。→ * 他把一本漫画书拿走了。

像“把漫画书拿走了”中的“漫画书”，虽然没有用“这本”“那本”之类来限定，但也并非任何一本漫画书，而是确定的某本漫画书。其实，这种不出现限定词的情况很常见。当然，无定宾语类把字句也不是都不能接受，特定语境中还是可以用的。例如：

(14) 刚才我在路上看到一辆载重车把一棵胡桐树给撞到了。

第四，能愿动词、否定词、时间副词一般不能放在“把”之后，只能放在“把”之前。例如：

(15) 我们应该把目光放长远一些。（ * 我们把目光应该放长远一些）

(16) 他没有把我的意思传达清楚。（ * 他把我的意思没有传达清楚）

(17) 托马斯·曼曾经把战争看成一出伟大的“戏剧”。（ * 托马斯·曼把战争曾经看成一出伟大的“戏剧”）

仅在一些习惯用法中，否定词“不”也可以放在“把”之后。例如：

(18) 大多数人不把这当回事。→大多数人把这不当回事。

上面概括的都是围绕“把”字句中述语动词的句法、语义要求体现出来的特点。其实，还有一些比较特殊的“把”字句类型，比如“把只煮熟的鸭子飞了”“偏偏把个老王病了”等。这里的动词“飞”（不是指飞的动作，而是飞走的状态）、“病”都表示一种状态的变化，实际上也是一种结果表达方式。

另外，“把”字句中的“把”有时可用“将”来替换，如“他把/将礼物送给了朋友”。不过，“将”字句更多地用于书面语，如“将革命进行到底”“将理论和实践结合起来”。

二、被动句

被动句是指表示被动意义的句子。被动句是按功能范畴特征划分出来的句式类型，其中最有代表性的是以“被”为标记的“被”字句。

(一) 被动句的常见类型

汉语表达被动意义的方式多种多样，主要有下面几种类型。

1. “被”字句

“被”字句是用“被”字来表示被动的句子。例如：

(1) 电线杆被大风刮倒了。

(2) 滑铁卢战役后，拿破仑被流放到大西洋中一个名叫圣赫勒拿的小岛上。

(3) 为什么 MBA 学生容易被跨国公司所看重?

(4) 多好的红绸子啊，被他给剪断了。

以上例子分别展示了“被”字句的几种表达方式：例（1）的“被”后带宾语，引出动作引发者“大风”。例（2）的“被”后不带宾语，“被”直接放在述语动词“流放”前。这里的“被”一般看作表示被动的助词。“被”后的宾语不出现，或者是不言自明，或者是上文已经明确而这里不需或无需说出的。例（3）是“被……所……”式，其中的“被”是介词，“所”一般看作助词，后面直接跟动词性成分。这种格式主要用于书面语。例（4）是“被……给……”式。这种格式常用于口语中，其中的“给”一般看作助词，后面直接跟动词性成分。

2. 受事主语句

如果被动的语义关系很明确，而且又不需要引出动作发出者的话，“被”字及其后面的施事（如果有的话）一般不出现，形成受事主语句。例如：

(5) 这座庙曾烧毁过。

(6) 不久，他就调到了别的学校。

(7) 最后一滴水也喝光了。

(8) 偌大的房间打扮得像热带雨林。

受事主语句在意义上表被动，但形式上却没有体现，因而常常被视为意念被动句。它是汉语中很普遍而又颇具特色的一种句式。跟“电线杆被大风刮倒了”这样的“被”字句相比，受事主语句并不关心动作的引发者，而是强调受影响的对象在某种动作作用下发生变化，出现某种结果。

3. “给”“叫”“让”和“叫/让……给”“为……所”构成的被动句

介词“给”“叫”“让”和“叫/让……给”“为……所”等可以表示被动的含义，也可归入被动句。例如：

(9) 他的心忽然像给蝎子蜇了一口。

(10) 好好的一支笔，叫他（给）弄折了。

(11) 这中间的利润都让中间商（给）拿走了。

(12) 优质祖母绿碧绿清澈、晶莹剔透，特别为东方各民族所喜爱。

不过，由介词“给”“叫”“让”构成的被动句带有较强的口语色彩，而由“被”“为……所”构成的被动句往往具有较强的书面语色彩。

(二)“被”字句的结构关系和语法意义

“被”字句是被动句中由标记“被”来引导的类型，它在形式上带有特殊标记，是被动句中的典型代表，而且“被”字句表达方式多样，这点在介绍“被”字句的下位类型时已经说明。为了方便分析，我们主要考察“被”后出现宾语的“A＋被＋B＋V＋R”格式。下面着重对其构成成分和结构关系进行分析。

“被”前主语A通常是述语动词所影响的对象，一般为名词性成分，如“电线杆被大风刮倒了”中的“电线杆”。不过，当“被”字句的动词是不及物动词后带补语时，A并不是述语动词的对象，而是跟补语在语义上有联系。例如：

（1）他一大早就被电话铃吵醒了。

（2）妈妈的心都被孩子哭碎了。

例（1）的主语“他”并不是“吵”的对象（近年来“吵”已有及物化趋势，但基本上还是不及物动词，像“别吵他”接受度还不高），而是“醒”的主体，其基本语义关系是：“电话铃吵”致使“他醒了”。例（2）的主语“妈妈的心”也并不是“哭”的动作对象（＊哭妈妈的心），而是“碎”的主体（妈妈的心碎了）。它的基本语义关系是“孩子哭”致使“妈妈的心碎了”。这就跟其他被动句（比如“电线杆被大风刮倒了”，其语义关系是“大风刮电线杆”致使“电线杆倒了”）在结构关系上是一致的。

上面的A都是名词性成分，其实它也可以是动词性成分。例如：

（3）詹姆斯得球虚晃两下，三分线外准备跳投，早已被对方识破，很快有两人上来夹击詹姆斯。

例（3）中被对方识破的是“詹姆斯得球虚晃两下，三分线外准备跳投”。虽然由表达事件的动词性成分充当，但其基本语义关系仍为“对方识（别）詹姆斯得球虚晃两下、三分线外准备跳投（的意图）”致使“詹姆斯得球虚晃两下、三分线外准备跳投（的意图）破了（‘破’为引申义）”。这跟其他被动句也没有什么实质性的差别。表面上看起来不一致，实际上内部的语义关系还是高度一致的。

“被”后宾语B通常是述语动词所表示的动作行为的发出或引发者，C是致使关系的结果。比如“该公司的地下电缆被白蚁咬破了”，“白蚁”是“咬”的发出者，“破了”是“咬”的结果，它的基本意思是“白蚁咬地下电缆”致使“电缆破了”。又比如“他被嫉妒折磨得一夜没睡”，“嫉妒”是“折磨”的引发者，“一夜没睡”是“折磨”的结果，其基本意思是“嫉妒折磨他”致使“他一夜没睡”。由此可见，“被”字句突出的还是结果，只不过是遭受行为产生的结果，所以将“电缆”“他”这样的遭受对象提到了句首，并用“被”来引出动作行为的发出或引发者，从而构造出了“被”字句。

在分析“被”字句的构成成分和结构关系的基础上，可以将“被”字句的语法意义概括为：A受到B施加的动作行为V的影响而产生结果R。这里的关键是“受影响而产生结果”，目的也是突出某种结果。因此，“被”字句的结果一般需要表达出来。例如“一大盘菜都被他吃”并不合法，而“一大盘菜都被他吃了/吃光了/吃得连汤也没剩”因为有了结果的呈现，所以能成立。像“他被老师批评了”，虽然结果成分没有出现，但已经蕴涵在句子意思当中了。

(三)“被”字句的特点

由于“被”字句和“把”字句都是汉语中常见的凸显结果的句式，因此，两者在结构和语义上的限制方面有很高的相关度。下面同样以述语动词为核心来讨论“被”字句的基本特点。

第一，述语动词一般不能是光杆动词（尤其是单音节的），前后总有别的成分。

(1) 邻近建筑物的窗户玻璃也被巨大的响声震碎了。(动词＋补语)

(2) 他当场被问得瞠目结舌，额头冒出虚汗。(动词＋得＋补语)

(3) 这条街上的几家店铺都被砸了。(动词＋了)

(4) 有 300 多人被这次海啸夺去了生命。(动词＋宾语)

(5) 他筋疲力尽，就这么一直被对方往身上打，最后终于倒下去了。(状语＋动词)

(6) 我被你这么一说，真是左右为难了。(一＋动词)

跟“把”字句一样，动词前后的成分实际上就是帮助“被”字句将结果表达出来。结果的呈现，有直接显明的，如例（1）中的“碎”、例（2）中的“瞠目结舌，额头冒出虚汗”；有隐含的，如例（3）中“砸了”的结果是店铺遭受损坏等。

但少数双音节动词有时可以单独出现。例如：

(7) 经过讨论，他的意见被公司上下认同。

(8) 他被周围的人嘲笑，但毫不气馁。

第二，“被”字句的述语动词通常是动作性较强的及物动词和一些心理动词，语义上能够支配受事主语。例如：

(9) 小男孩拿了桌上的钥匙。→桌上的钥匙被小男孩拿了。

(10) 听众强烈地感受到了这首歌里生命的律动。→这首歌里生命的律动被听众强烈地感受到了。

由于“被”字句表达“受到影响而产生结果”的致使义，跟“把”字句一样，“被”字句也要求述语动词应该具有对某事物产生影响和作用的特征。因此，能进入“被”字句的述语动词基本上都是动作性较强的动词和一些心理动词（如“气、怕、吓”等）。而像判断动词、存现动词、趋向动词、能愿动词、关系动词、形式动词等，由于对别的对象不能产生影响，同样也不能做“被”字句的述语动词。当然，如果“被”后动词性成分为动补结构的话，述语动词也可以是不及物动词。例如上文分析过的“妈妈的心都被孩子哭碎了”等。

第三，“被”字句的主语一般都是表示已知的、确定的人或事物。例如：

(11) 他买走了（这本）珍藏册。→（这本）珍藏册被他买走了。

(12) 他买走了一本珍藏册。→＊一本珍藏册被他买走了。

“珍藏册被他买走了”中的“珍藏册”，虽然并没有使用“这本”或“那本”之类的限定词，但并非指任何一本珍藏册，而是已知的、确定的某本珍藏册。

第四，“被”字句中如果带有否定词、能愿动词、时间副词等成分时，只能放在“被”的前面，不能放在“被”的后面。例如：

（13）动物冬眠的研究虽然取得了一些进展，但还有许多奥秘［没有］被揭示。

（14）品牌标志是指品牌中［可以］被认出，但［不能］被言语称呼的部分，如符号、设计、与众不同的颜色或印字等。

（15）这些样本［已经］被世界卫生组织和卫计委专家送到多个实验室进行检测。

（16）他［或许］被什么事情拖住了。

显而易见，上面这些特点跟“把”字句的特点十分相近。当然，并不是说这两种句式的所有表达都能相互变换，如“经过讨论，他的意见被公司上下认同”就不能变换成“把”字句“经过讨论，公司上下把他的意见认同”。具体使用和变化还需要进一步探讨。

还需一提的是，在口语中，大多数“被”字句表示的是遭损害、不愉快、不希望发生的情况。在书面语中往往范围要宽一些。例如：

（17）那战士被夸奖得有些不好意思，脸都红了。

（18）凭着扎实的专业基础和出色的英语能力，她被优先录取了。

另外，当前的语言交际（尤其是网络表达）中出现了一种新的“被”字结构，即“被自杀、被就业、被英雄”等表达形式，值得关注。这种情况很特殊，我们将在本章第七节“当前流行的特殊格式”中专门讨论。

三、判断句

判断句指的是用动词“是”来表示判断的句子，也叫“是”字句。判断句由“是”来连接主语和宾语，形成“主语＋是＋宾语”这样的结构形式。

汉语判断句中对主语和宾语之间关系的所谓“判断”，范围是相当宽泛的。“是”前后的内容只要有语义上的关联，大体都可以用判断的形式来表达。根据主语和宾语之间的关系，判断句大致可以分为以下几种类型：

第一类判断句表示等同或归类、分类。例如：

（1）广东的省会是广州。（表示等同）

（2）《项链》的作者是莫泊桑。（表示等同）

（3）榴梿、菠萝、火龙果、杧果是热带水果。（表示归类）

（4）这种水晶是人造的。（表示分类）

表示等同关系的主语和宾语可以互换位置而句义基本不变，比如例（1）可换成“广州是广东的省会”，意思没变（当然，两句的强调重点有变化）。表示归类、分类关系的，要么互换后改变了句义，要么就不能互换。比如例（3）如果换成“热带水果是榴梿、菠萝、火龙果、杧果”，意思变为热带水果只有“榴梿、菠萝、火龙果、杧果”这四种，与原来的句义大不相同。这主要是因为主语表示的是种概念，宾语是属概念，即主语所表示的事物是宾语所表示事物中的一部分，这种关系不能倒过来。而例（4）如果互换位置则变成“人造的是这种水晶”，句子不成立。这主要是因为“人造的”虽然是“水晶”的一种分类（与“天然的”相区别），但这种分类带有区别和鉴定事物属性的作用，实际上蕴涵着水晶的某种属性特征，因此是不能换位的。

另外，“是”可以将具有比喻关系的主语和宾语连接起来，实际上也是一种特殊的等同：

(5) 这七个月在人生的长河中不过是一朵小小的浪花，然而就是这朵小浪花揭开了他后来人生的序幕。

这种比喻性的判断前后也不能换位。

第二类判断句的宾语从某个方面对主语加以说明。说明的方面多样而复杂，可以说明主语所具有的某方面特征、情况或处于某种状态等。例如：

(6) 她是娃娃脸，显得比同龄人要年轻很多。

(7) 别人都是T恤，就他是衬衣。

(8) 这个家伙是个胆小鬼。

(9) 这地板一般是水磨石，不易脏又防滑。

(10) 他们的票是团购，当然便宜。

(11) 这部戏，他是雍正皇帝。

(12) 香港回归是1997年7月1日。

(13) 人事科是715，师资科是718。

(14) 天是暗蓝的，没有一丝云。

例(6)的“娃娃脸”说明“她”的面部特征，例(7)的“T恤”“衬衣”说明的是穿着特征，例(8)的“胆小鬼”是“这个家伙”的性格特征。例(9)至(11)则分别说明主语所表事物的材料、所实现的方式和角色，例(12)、(13)则分别说明主语在时间和处所方面的信息，例(14)是说明主语所具有的情状。这些句子中，“是”的判断功能仍然存在，我们可以给主语补充一些词语，使主宾语相呼应，比如“她的脸的特征是娃娃脸”“别人穿的衣服是T恤”“这个家伙的性格特征是胆小鬼”“这地板的材料是水磨石”“他们买票的方式是团购”等。但补足后不如原句简练、生动。可见，这种“是”字句隐含了主语的某些内容，表达经济而又简练，体现了汉语的特色。

第三类判断句表示存在，主语通常是表示处所的词语，宾语则是存在的事物。例如：

(15) 到处是庄稼，遍地是牛羊。

(16) 眼前是白茫茫的一片大水。

关于表示“存在”义的“是”字句，可参见下文关于“存现句”的说明。

第四类判断句用于解释原因、说明目的等，有时有申辩的意味。例如：

(17) 我这么吃惊是没想到会在这里遇见他。

(18) 你是随便说说，我可是动真格的。

(19) 我已经尽全力了，是实在无计可施。

例(17)中“是”字后面的“没想到会在这里遇见他”用来解释“我这么吃惊”的原因，例(18)的“随便说说”“动真格”是“说”的方式，这里的判断是隐含的。它实际并非在“你”和“随便说说”之间直接作出判断，而是在“你这样说”和“随便说说”之间作出的判断，只不过“你这样说”中的“这样说”在具体语境中隐含了。

例（19）“是”后面的内容则带有申辩意味。

第五类判断句中“是”所连接的主语和宾语是相同的成分，可以表示确认、让步等。例如：

（20）他演得真好，眼神儿是眼神儿，身段是身段，做派是做派。

（21）母亲高兴是高兴，就是有一些担心。

例（20）的“是”肯定主语就是宾语所表示的那样，表示确认；例（21）的“是”表示让步，意思是“母亲虽然高兴，就是有一些担心”，而“是”比“虽然”的语气更为委婉。像下面这样前后用相同的词语的判断格式，可以对举使用。例如：

（22）丁是丁卯是卯。

（23）散文是散文诗是诗。

（24）山是山来水是水。

（25）鼻子是鼻子眼是眼。

（26）校长是校长书记是书记。

（27）（说）一是一，（说）二是二。

这种对举使用的格式，并非字面上的判断，而是有引申用法，表示两者界限分明，清清楚楚，一点不含糊，描写的意味很重。

第六类判断句“（真/不）是时候/地方”构成惯用语，表示时间、处所的恰当与否。例如：

（28）你来的真是时候，我正要去找你呢。

（29）你看他呆的真不是地方，正好挡住别人的道儿。

从以上的分析可以看出，“是”所连接的主语和宾语的语义关系十分广泛而复杂，只要有语义关联，在合适的语境下似乎都能用“是”来连接构成判断。这跟汉语注重话题表达有关。汉语是话题表达显著的语言，“是”之前的成分作为话题，“是”之后的成分可以从各种不同的方面对这个话题进行陈述。

四、存现句

存现句是表示某个事物存在、出现或消失的句子。存现句的句首通常是表示处所的词语，中间由存现动词连接，动词后为表示存在、出现或消失的人或事物的词语，形成“L＋存现动词 V＋NP”（L 表示方位或处所，NP 表示存现事物）这样的基本格式。例如：

（1）墙上贴了一张海报。（表示存在）

（2）1964 年，中国西部的大漠深处升起了一朵震惊世界的蘑菇云。（表示出现）

（3）一眨眼，暗处就没了他的踪影。（表示消失）

（一）存现句的结构关系及特点

存现句是从语义范畴的角度来命名和归类的，它在意义上带有自身特色。下面着重对其构成成分及其关系进行分析。

存现句的主语一般由表示方位、处所的词语充当。例如：

（1）这座大殿的东面有5个大红门。

（2）黄山自然景色秀丽多姿，山上有三十六奇峰、七十二怪崖。

（3）科莫多龙全身披着鳞甲，后面拖着肥硕有力的长尾巴。

（4）（从）草丛里跳出一只青蛙。

（5）（在）空气中飘着一股淡淡的玉兰花香。

（6）靠墙放着一把长木条椅。

例（1）的“东面”、例（2）的“山上”、例（3）的“全身”“后面”都是表示方位、处所的词语。例（4）、（5）在表方位、处所的词语前面可加入介词“从”“在”等构成介词短语。例（6）的“靠墙”则是带有处所义的动词短语。

存现句的动词除了直接表示存在义的“有”和“是”外，其他都由动作动词充当，而且后面常带助词“着”等。可以根据句中存现动词的种类把汉语的存现句分为存在句和隐现句两类，后面会对这两类中的动词情况作进一步的说明。

存现句的宾语是表示存现事物的词语，它表示的是一个新的信息，一般是无定的，而且往往带有数量修饰语或其他定语。例如：

（7）草坪中央是一个巨大的喷泉。

（8）白纸上写着几个歪歪斜斜的毛笔字。

如果宾语是专有名词，前边也可以出现“一个”之类的数量词（数词一般限于“一”）或单个量词，但有时也可以不用：

（9）云南大理有个蝴蝶泉。

（10）纽约伯德罗埃岛上耸立着（一座）自由女神像。

这种情况下，用“（一）个”之类的（数）量词主要是为了凸显后面的专有名词实际上是个新信息。

（二）存现句的几种类型

根据句中存现动词的种类可以把汉语的存现句分为两类：存在句和隐现句。

1. 存在句

存在句是说明某处存在某个事物的句子。存在句既可以表示静止的一种存在或位置状态，也可以是带有动作持续特征的存在状态，根据句子意思是表示静止状态还是表示动作持续，将存在句分为静态存在句和动态存在句。

静态存在句包括三类。

第一，述语动词V是“有”或“是”的存在句。

（1）安第斯山脉雄伟高峻，山间有很多超过6 000米的高峰。

（2）周围的山坡上到处是星罗棋布的蒙古包。

当句首表示处所的词语是介宾结构时，为了强调，后边可以有停顿。例如：

（3）在欧洲，有好些个袖珍国。

（4）沿着荷塘，是一条曲折的小煤屑路。

当不言自明或无法说出时，处所可以不出现。例如：

（5）有人找你。

（6）有种病叫营养过剩。

当表示存在的事物放到“有”“是”的前面作主语时，有突出存在物的作用。例如：

（7）雕塑大师罗丹说：“美是到处都有的，对于我们的眼睛，不是缺少美，而是缺少发现。”

（8）目前中药保健品生产规模与产业集中度低，大企业少，小企业遍地都是。

第二，“V＋满”构成的存在句。

（9）音乐会座无虚席，过道旁都破例站满了听众。

（10）大街小巷挂满了红灯笼。

（11）塑像前摆满了五颜六色的鲜花。

第三，“V＋着”构成的存在句。

（12）墙上糊着几张发黄的旧报纸。

（13）他头上戴着鸭舌帽。

（14）书摊前围着几个七八岁的小孩。

像“糊”“贴”“挂”“放”“摆”“插”“缀”“堆”“穿”“戴”“写”“画”“刻”“围”“挤”“坐”“耸立”等这样的动词，加上“着”或者“满”构成静态存在句。

动态存在句都是由“V＋着”构成。例如：

（15）公园的花池里扑棱棱飞着三五只麻雀。

（16）天空飘着细碎的清雪。

（17）会场上处处闪动着志愿者们忙碌的身影。

（18）碧蓝无际的天空翱翔着几只勇猛矫健的雄鹰。

像“飞”“飞舞”“飘”“飘扬”“飘浮”“浮动”“闪烁”“闪动”“翱翔”“盘旋”这样的动词加上“着”则构成动态存在句。动态存在句中的宾语同时也是动作的发出者。比如“三五只麻雀”是“飞”这个动作的发出者，“细碎的清雪”是“飘”的发出者，等等。不过，从表义功能来看，这种“V＋着”的动态存在句虽然展现的是某种动作性的持续，实际上也可以看作一种状态，是人或事物呈现的状态，具有很强的描写性特征。

从上述用例可以看出，“V＋着”既可以构成静态存在句，也可以构成动态存在句。而这些动词所表示的动作都跟某个位置有联系，如“糊”指“将某物黏合、涂附在另一物体上”，“戴”指“将某物加在头、面、颈、手等处”，“飞”指“鸟类或虫类等用翅膀在空中往来活动”。由“V＋着”构成的静态存在句和动态存在句的区别是：静态存在句中的“着”能够用“了”替换。例如：

墙上糊着几张发黄的旧报纸。→墙上糊了几张发黄的旧报纸。

由于这种句式所表示的动作跟某个位置有联系，动作发生后物体附着于某个位置，因此可以转换为下面的句子：

墙上糊着几张发黄的旧报纸。→几张发黄的旧报纸糊在墙上。

而动态存在句中的“着”不能用“了”替换，但可以转换成一般陈述句，用“正在”等来修饰。例如：

公园的花池里扑棱棱飞着三五只麻雀。

→*公园的花池里扑棱棱飞了三五只麻雀。

→三五只麻雀正在公园的花池里扑棱棱飞着。

由此可见，不同的语义内容，哪怕用了表面上相同的结构形式，也可以通过其他方式来分化出它们之间的差异。

2. 隐现句

隐现句是指某处出现或者消失了某个事物的句子。根据隐现句表义特点的不同，大体分为两种情况：

其一，位移性隐现句。

例如：

（19）对面来了个戴鸭舌帽的年轻人。（表示出现）

（20）木马里钻出许多希腊士兵，打败了特洛伊人。（表示出现）

（21）毛衣上掉了一个扣子。（表示消失）

（22）脚上跑丢了两只鞋子。（表示消失）

位移性隐现句中的述语动词是跟人体或物体位置移动有关的动词，如“来、飞、钻、掉、丢、走（走失义）、跑”等，人或事物的出现或消失总是伴随着空间位置的变化。

其二，非位移性隐现句。

例如：

（23）夜空中突然出现了一个形状奇特的巨型光环。（表示出现）

（24）体育馆内响起了经久不息的欢呼声。（表示出现）

（25）这个小镇失去了往日的宁静。（表示消失）

（26）笼子里死了一只麻雀。（表示消失）

非位移性隐现句中的述语动词是表示状态的出现、消失的动词，如“发生”“出现”“透”“飘”“刮（风）”“响”“冒”“涌”“浮现”“弥漫”“少”“失去”“死”等，人或事物的出现或消失不直接关涉空间位置的变化。

位移性隐现句和非位移性隐现句在语义内容上有所不同，它们的区别是：位移性隐现句大部分可以在处所词语前加介词“从”。例如：

（27）从对面来了一个戴鸭舌帽的年轻人。

（28）从木马里钻出许多希腊士兵。

非位移性隐现句一般可以加“在”。例如：

（29）在夜空中突然出现了一个形状奇特的巨型光环。

（30）在体育馆内响起了经久不息的欢呼声。

五、“是……（的）”强调句

“是……（的）”句是用来加强语气、表示强调的句式。在语言交际中，说话人如果要突出所要表达的重点，可以用“是……（的）”句来强调。所凸显和强调的部分实际上就是句中的焦点，“是”通常指明它后面的成分是句子的表达焦点，“的”则起到圈定强调范围的作用。既然是表达的焦点，往往就意味着有对比的一方，肯定一方面，实际上就意味着否定了其他方面。比如“我是团购买的票”，说话者要强调买票的方式是“团购”而不是其他方式，所要突出的焦点信息“团购”，因此出现在“是……的”之间。

根据“是……（的）”中“是”所处位置的不同，可以将“是……（的）”强调句大致分为两种情况进行说明。

(一)“是＋主语＋谓语（＋的)”

这种格式中的“是”放在主语之前，强调的是主语。主语一般是动作的发出者(即施事)。例如：

(1) 是瓦特发明了蒸汽机的。

(2) 蛋糕是他亲手做的。

例（1）中的“是”放在“瓦特”之前，强调“发明了蒸汽机的”的施事是“瓦特”而非别人，例（2）中的“是”放在主谓谓语中的小主语之前，强调“蛋糕”是“他”而非其他人做的。

述语动词后面如果带了宾语的话，“的”还可以放在宾语前面。例如：

(3) 是瓦特发明的蒸汽机。

当谓语部分为“述语动词＋宾语”时，后面的“的”常不出现，如“是瓦特发明了蒸汽机”。又如：

(4) 是他精心策划了这次大型公益活动。

(5) 是母亲给了他人生最宝贵的财富。

(二)“主语＋是＋谓语（＋的)”

这种格式的“是”放在主语和谓语之间，强调谓语本身或谓语中的某个部分。

1. 强调整个谓语部分

在这种格式中，放在“是……的”之间的一般是动词性成分或形容词性成分，“的”用在句尾，多用来突出整个谓语部分是对主语的某种评议、叙述或描写，在表达上往往带有说明或阐述道理、试图使听话人信服的肯定语气。例如：

(1) 音乐是可以引起共鸣的。

(2) 这种优势是相对的。

(3) 在这片最年轻的土地上开辟经济特区是需要胆识的。

(4) 当时提出这样的目标是非常有远见的。

(5) 地球的演变过程是十分漫长而复杂的。

上面的句子可以省略“是……的”而句子基本意思保持不变。比如例（1）去掉

“是……的”后就变成“音乐可以引起共鸣”这样的一般主谓句了。不过，有没有“是……的”，语气不同。有“是……的”时，语气肯定，有说理的意味，意思是要使听话人相信确实有“音乐可以引起共鸣”这回事；不用“是……的”时，以陈述事实为主。

2. 强调谓语中充当状语的成分

汉语句子的谓语部分具有成分多样且关系复杂的特点，因此强调的内容和方式也比较多样。以述语动词为中心，“是……的”既可以对述语动词前的状语部分进行强调，也可对述语动词后的宾语部分进行强调。先来看对状语的强调。

像时间、处所、参与者、工具、材料、方式、条件、目的等成分，都能在谓语中充当状语。如果对这些成分进行强调，则把“是”直接放在它们的前面。例如：

(6) 本届锦标赛是昨天开幕的。(强调时间)

(7) 人的正确思想是从哪里来的？是从天上掉下来的吗？(强调处所)

(8) 我们是跟他一起来的。(强调参与者)

(9) 虎鲸是用肺呼吸的，经常要浮出水面换气。(强调工具)

(10) 司母戊鼎是青铜制成的。(强调材料)

(11) 从搬运工到鞋柜柜长到商店经理，他是一步一个脚印走过来的。(强调方式)

(12) 他是在无奈情急之下说出的真相。(强调条件)

(13) 他们是为了圆一个绮丽的梦才做“北漂”的。(强调目的)

述语动词后面如果带了宾语的话，“的”可以放在宾语前后。比如例(12)中的“的”放在宾语“真相”的前面，也可以放在后面，形成“他是在无奈情急之下说出真相的”。

3. 强调谓语中充当宾语的成分

“是……的”还可以强调谓语中的宾语部分，“是”和“的”的中间是动词，所要强调的宾语放在“的”之后，句中的焦点是这个宾语。例如：

(14) 他是学的法律，我是学的土木工程。

(15) 这次聚会，大家都是喝的葡萄酒。

“是”在大部分情况下都可以省略，比如例(14)可以说成“他学的法律，我学的土木工程”，或者也可以把动词省略，形成“他是法律，我是土木工程”，甚至可以把动词和“是”一齐省略，变成“他法律，我土木工程”，鲜明地体现了汉语在表达上的精简和特色。

需要说明的是，这里的强调句跟前面所述的判断句都用“是”来连接，因此就有可能出现歧解。其实，并非句子中出现了“是……的”就是用来强调的。试比较：

(16) 村头的这间老屋是小李的。

(17) 村头的这间老屋是小李住了大半年的。

例(16)实际上是判断句，其中的“的”是结构助词，跟前面的“小李”组成“的”字短语，作“是”的宾语。这类句子中的“的”是必不可少的，“村头的这间老屋是小李”不成话。而例(17)则是这里所说的“是……的”强调句，将“是……的”

去掉并不影响句子的表达，“村头的这间老屋小李住了大半年”仍然是合法的句子。

六、比较句

比较句是指对事物、性状的同异或性质、程度的差别、高下进行比较的句子。比较通常在两个或两个以上不同的对象之间或同一个对象的不同方面来进行。例如：

（1）这种望远镜比光学望远镜观测距离要远得多。

（2）中国早期的门票都很简单，那时候的旅游业没有今天这么发达。

例（1）是“这种望远镜”和“光学望远镜”这两个比较对象在观测距离方面的比较，例（2）是对“旅游业”这一个对象在不同时间（今天和过去）的比较。比较句的结构和用法都比较复杂，下面分别说明这种句式的结构关系和类型。

（一）比较句的结构关系

汉语比较句主要由几个部分构成：比较主体、比较基准、比较基点和比较结果，还有连接比较对象的标记成分。下面依次进行说明。

比较主体是引发比较的、拿其他事物来参照的主体。它可以是名词（短语）和代词，也可以是动词（短语）、形容词（短语）、主谓短语等。例如：

（1）这次会谈的气氛比上次好。

（2）她比过去要成熟许多。

（3）这种风气，整顿比不整顿好，早整顿比晚整顿强。

（4）黑暗和光明怎能一样？

（5）她说话、做事跟她走路的步伐和声响一样，都是很轰动很“壮烈”的。

比较基准是与主体相比较的对象，和主体一样，也可以由各种各样的成分充当，如上面例句中的“上次”“过去”“不整顿”“晚整顿”“光明”“她走路的步伐和声响”都是与主体相对应的比较基准。比较基准如果有与主体部分相同的成分，在表达时可以省略。例如：

（6）这菜比超市的（菜）新鲜，便宜。

（7）冬季的错那湖没有夏季（的错那湖）那么热闹，但也有野鸭、海鸥等水鸟在那儿过冬。

（8）人类认识铁的历史比（人类认识）铜（的历史）更早。

上面句子中括号里的内容跟比较主体相同，省略后并不影响语义理解，而且在表达上更为简练。

比较基点是比较主体和基准所比较的方面，也叫比较点。不过，比较基点比较灵活，它可以出现，也可以不出现。例如：

（9）镀金工艺品跟纯金外观一样，不易判断真假。

（10）“泰坦尼克”号是英国的豪华客轮，有11层楼高，相当于3个足球场长。

（11）这个购物中心跟逛公园一样舒服。

例（9）出现了比较基点“外观”，例（10）“有11层楼高，相当于3个足球场长”省略了比较点“高度”和“长度”。这主要是因为“高”和“长”在语义上蕴涵了比较点，这不言自明而省略。例（11）的比较基点并不是那么明显，这句话的意思是“逛这个购物中心的感觉跟逛公园的感觉一样舒服”，因此其比较基点应该是某种感觉。

比较基点即便出现，出现的位置也是复杂多样的。例如：

（12）金刚石比黄金价格还要贵。

（13）金刚石的价格比黄金还要贵。

（14）金刚石比黄金的价格还要贵。

（15）价格金刚石比黄金还要贵。

上面前三例的比较基点“价格”分别出现在谓语、主语、“比”后的宾语中，而例（15）的比较点出现在句首，作主谓谓语句的大主语，起到话题的作用。

比较结果是事物、性状或程度的差别与高下。例如（画线部分）：

（16）她说话的声音跟蚊子一样大。

（17）月球上的重力比地球小得多。

（18）研究思维的科学家认为，提出问题比解决问题更能反映一个人的思维水平。

（19）新房销售量，今年比去年上升了9.7%。

用来表示比较结果的可以是形容词（短语）、动词（短语），例如上面各例中的“大、小、能反映一个人的思维水平、上升”。如果还要表示比较之后的差别多大，可以再加上表示程度或数量的补语或宾语，如例（17）中的带“得”补语“多”，例（19）中的数量宾语“9.7%”。

汉语比较句中，连接比较对象的标记成分也是多种多样的，例如：“A比B……”“A比B更……”“A像B一样……”“A跟/同/和/与B一样……”“A相当于B……”“A有B这/那么……”等。下面在谈比较句的类型时会详细阐述。

（二）比较句的类型

现代汉语中，对事物、性状的同异或性质、程度的差别、高下作出比较有多种表达方式。两相比较的结果有两种：或有同异（相同、相似或不同），或相差。根据比较结果的差异，比较可以分成同异比较和相差比较。

1. 同异比较

同异比较就是对事物、性状的相同或相异做出比较。表达同异比较的格式主要有下面几种。

第一，“A像B一样”，例如：

（1）这种树中间粗，两头细，像纺锤一样，因此叫“纺锤树”。

（2）像花一样美丽的人，也像花一样容易憔悴。

例（1）把“这种树”跟“纺锤”（省略了比较基准“形状”）作比较，“一样”是二者比较的结果，在句中作谓语核心。例（2）中的“一样”后面还可以带形容词“美丽”和动词性短语“容易憔悴”，“像花一样”分别是二者的状语，表示“人”在“美丽”和“容易憔悴”这两方面都跟“花”一样。

这种格式的否定形式是“A不像B一样”。例如：

（3）人的命运不像天气一样可以预报。

它否定的是“像B”，而不是否定“一样”。例如：

（4）现实中的经济不像机器一样运转，而是像生物一样具有内在自发性。

第二，“A跟/同/和/与B一样”，例如：

（5）生命有时跟棋局一样是变幻莫测的。

（6）她同孩子一样天真可爱。

（7）这里的果蔬价格和农贸市场一样便宜。

（8）它伏卧在沙漠中与沙砾一样。

这种格式的否定形式是“A跟/同/和/与B不一样”，它所否定的是“一样”。例如：

（9）你的看法总跟我们不一样。

（10）在太空中穿衣服跟地面不太一样。

“A不跟/同/和/与B一样”也有，但不常用，否定的是“跟/同/和/与B”。例如：

（11）我们不和他一样，老耍小孩脾气。

要表示两种事物或性状的相同或相异，还可以用“跟……相同/不同”“跟……相似/近似/类似”“跟……差不多”等格式来表达。“跟”可以换成“与、和、同”等。例如：

（12）藏历是藏族习用的历法，基本上跟农历相同。

（13）磁悬浮列车行进时发出的尖啸与飞机类似。

（14）屋子的摆设跟十年前差不多。

第三，“A有B那么/这么……”，例如：

（15）海面上巨大的卷浪有五层楼那么高。

（16）彗星的密度很小，如果把最大的彗星压缩成同地壳密度相同的球体，它的大小只有一座小山丘这么大。

例（15）是将“巨大的卷浪”跟“五层楼”作比较，表示“巨大的卷浪”达到了“五层楼”所具有的高度。“那么/这么”表示程度。它的否定形式是“A没有B那么/这么……”，可以参见下面相差比较（高下比较）中的类型。

2. 相差比较

相差比较是对性质、程度的差别、高下作出比较，也叫高下比较。最常用的相差比较格式是“比”字句，此外还有其他一些格式。

第一，“A比B……”。例如：

（17）他比哥哥壮。

（18）从生物进化的进程来看，真菌的诞生要比细菌晚10亿年左右。

（19）对人体来说，铁锅要比铝锅好得多。

（20）厨房比以前干净多了。

这种类型的比较句一般叫“比”字句。在上面的“比”字句中，例（17）出现了比较的结果“壮”；例（18）中比较结果“晚”的后面还出现了所“晚”的程度“10 亿年左右”；例（19）和例（20）表示比较结果的词语后面还有“（得）多”“多（了）”，同样也是相差的程度。

既然是差别、高下比较，那么表示比较结果的词语前还可以用副词“更（更加）、还、再”等修饰。例如：

（21）从外表上看，宣纸只是比普通纸更薄、更洁白些。

（22）鸟的历史比人类历史还要悠久。

（23）世界上恐怕没有别的声音比它再大一些的了！

值得注意的是，在表示比较结果的词语前面加“更（更加）”“还”“再”跟后面加“（得）多”“多（了）”，意思上有区别。例（22）“鸟的历史比人类历史还要悠久”，指的是鸟的历史和人类历史都很悠久，但鸟的历史在时间长度上要超过人类历史；而上面例（20）“厨房比以前干净多了”，指的是现在的厨房在干净程度上要超出过去的厨房许多，但过去的厨房是不是干净并没有说明。

“A 比 B……”句的否定形式是“A 没有 B……”，而不是“A 不比 B……”。例如：

（24）宣纸没有普通纸薄。

（25）他说话的口气没有原来傲慢了。

（26）售票大厅没有想象中的拥挤。

这种否定形式，在表示比较结果的词语前面，常常用“那么／这么”“那样／这样”来修饰，强化比较的程度。例如：

（27）在他们这部影片中，蒙太奇和构图没有人物那样重要。

（28）这里空气清新，没有城市那么喧闹嘈杂。

（29）现在的火星虽然还有很强的磁场，但已经没有地球这样的规模。

（30）或许世事没有黑白这么简单，我们就是处在一个灰色的时代。

否定式中表示比较结果的词语前后不能有其他“更”“（得）多”等表示程度量的修饰成分。

第二，“A 不比 B……”。例如：

（31）他了解的不比我多。

（32）你是大自然的孩子，不比一棵树低，不比一颗星暗。

（33）从这个意义上讲，我们所得到的不比失去的少。

这种格式的基本意思是“A 跟 B 差不多”，二者的差别不明显。这种句子往往是针对上文所提的某个看法进行反驳或者订正。例（31）可能是针对有人认为“他了解的比我多”来进行反驳的，“他了解的不比我多”蕴涵着“他了解的跟我差不多，可能还比我少”的意味。“不比”前常常用“并”“绝”“丝毫”“一点也不”等修饰来加强语气。例如：

（34）自然界中，动物的灵敏度和协调性并不比人类差，甚至更好。

（35）这个任务绝不比过去来得容易和轻松。

（36）兰花迷们对上品兰花趋之若鹜，“发烧”程度丝毫不比歌迷、球迷、影迷差。

（37）他们唱起来一点也不比专业歌手逊色。

第三，“A 不如 B……”。例如：

(38) 话多不如话少，话少不如话好。

(39) 紫地瓜块小，糖分低，口感不如普通地瓜。

(40) 中国有句俗话：远亲不如近邻。

这种格式的基本意思是“A没有B……”。上面例句中的“不如”是动词，在句中作谓语，表示“A没有B好”之义。如果要进一步指出比较的具体方面，可以在B后带上相关成分。例如：

(41) 煤在运输和使用上不如石油方便，但储藏量丰富，价格也便宜。

(42) 62%的中国人认为网上买药不如药店买药安全。

(43) 他对历史的兴趣不如美学浓厚。

七、连谓句

凡由连谓短语充当谓语而形成的句子都是连谓句。这类句式都是由两个或两个以上的述谓性成分共同陈述同一个陈述对象所构成的。连用的成分分别能够跟主语发生主谓关系，而且中间没有语音停顿（否则就成了复句），也不用关联词语连接。由于连用的成分主要是动词或以动词为中心的短语，所以连谓句也叫连动句。例如：

(1) 我明天下了班看电影。

(2) 她抱过孩子使劲亲一口。

(3) 他听了哈哈大笑。

(4) 妈妈在找塑料袋装东西。

(5) 他竖起耳朵去听门外的动静，什么声音也没有。

(6) 大家纷纷鼓掌表示欢迎。

(7) 这段时间他有病不能上学。

(8) 夏天开着空调吃火锅，别有一番滋味。

连谓句中的各个成分是按照时间顺序或逻辑顺序、认知顺序先后呈现的。各个成分的顺序不能颠倒，颠倒后或者不能说，或者基本意义发生了变化。比如例（1）、（2）、（3）中的述谓性成分表示先后发生的两个动作或事件，“看电影”是在“下了班”以后才发生的；“抱过孩子”和“使劲亲一口”、“听了”和“哈哈大笑”同样也是接连发生的动作行为。例（4）、（5）中的前一个动作是后一个动作的前提，后一个动作是前一个动作的目的。比如“找塑料袋”是“装东西”的前提，“听门外的动静”是“竖起耳朵”的目的。例（6）的两个动词性成分并不是在具体的动作行为上具有先后特征，即非“纷纷鼓掌”以后才“表示欢迎”，事实上只发生了“鼓掌”的动作，“纷纷鼓掌表示欢迎”的位置安排实际上是对逻辑先后顺序的一种临摹。例（7）中的“有病”是“不能上学”的原因，二者也具有逻辑先后顺序。例（8）的“开着空调”表示一个持续的状态，“吃火锅”是在“开着空调”的背景下进行的。这实际上反映的是在认知层面的先后顺序。

在现实语句中，实际上这些顺序经常综合使用。例如：

(9) 刘志彬笑着躲到白丽够不着的地方，开了旅行箱拿出牙具换上拖鞋端着脸盆出去洗漱。

(10) 杜大星却对这样的安排表示不理解，抱着被褥眨着眼睛站在门口问盛洁为什么。

八、双宾句

由双宾短语充当谓语的句子都是双宾句，此类句式动词后面带两个宾语。例如：

(1) 他走的时候给了我一张名片。

(2) 晚会供应我们一顿丰盛的晚餐。

(3) 我买了他两幅画。

(4) 公司扣了她这个月奖金。

(5) 同学们称她“拼命三郎”。

如果用 S 表示主语，NP_1 和 NP_2 为动词 V 后的两个宾语，那么双宾句则可以用“$S+V+NP_1+NP_2$”来表达。主语 S 为动作的发出者，一般为施事，比如例 (1)、(3)、(5) 的“他”“我”“同学们”，但某些机构设置名称也可以当施事理解，如例 (2) 的“晚会”、例 (4) 的“公司”。双宾句中，放在前边紧挨动词的宾语 NP_1 通常指人，放在后边远离动词的 NP_2 通常指物，一般分别称这两种宾语为间接宾语（近宾语）和直接宾语（远宾语）。

根据动词语义特点的不同，双宾句大致分为以下三类。

（一）给予类双宾句

给予类双宾句主要由表示给予义的动词后面带两个宾语构成。S 为给予动作的实施者，一般为施事；间接宾语 NP_1 通常为给予的对象，即与事（事件的参与者）；直接宾语 NP_2 通常为所予之物，即受事。给予类双宾句通常表达施事使受事转移至与事的意义。例如：

(1) 老王给他一根烟，让他坐下聊聊。

(2) 朋友送我两瓶荔枝蜜。

(3) 上级补充他们一个连。

(4) 太婆对三个小学生的工作非常满意，当下就赏了他们十个熟鸡蛋。

(5) 那天我教了她几首唐诗。

(6) 他扔我一个小纸团。

(7) 她耐心地喂孩子饭。

(8) 汉武帝大喜，封卫青“关内侯”。

能进入给予类双宾句中的动词大多本身就带有给予义，比如“给”“给予”“送”“还”“归还”“退还”“传”“递”“传递”“寄”“邮”“付”“供”“卖”“赔”“交”“敬”“献”等；表示指派、分配的如“拨”“批”“发”“安排”“布置”“分（东西）”“分配”“补”“补充”“补助”“补贴”“交代”“奖”“奖励”“赏”“优待”等；表示传达信息的如“教”“托付”“委托”“答复”“答应”“告诉”“通知”等。传达信息实际上是话语空间的给予行为。还有的动词本身在语义上并无给予义，也不要求一定要有一个接受者，但用在双宾句里，由结构赋予了这种给予义，如例（6）、（7）的“扔”“喂”。这样的动词还有“抛”“丢”“甩”“拽”“塞”“捅”“射”“吐”等。

（二）取得类双宾句

取得类双宾句由表示取得义的动词带上两个宾语构成。取得类双宾句通常表达“S通过动作行为V从NP_1处获取NP_2”这样的意义。一般情况下，作为受事的NP_2在动作开始前和与事NP_1在语义上具有隐性领属关系。例如：

（1）我买了他两筐葡萄。

（2）警方缴获了罪犯一批枪支。

（3）她请示了领导几个问题。

（4）他这一拖延耽误了我一周的时间。

（5）截至去年年底，公司还欠他半年的工资。

（6）你短我那么些个钱，你怎么给吧！

（7）他裁了我两尺布。

（8）这几个小孩子拔了他许多葱。

与给予类双宾动词相比，取得类双宾动词数量有限，而且内部也有差异。有的强调施事的所得，如“买”“拿”“要”“收”“娶”“缴”“缴获”“赢”“赚”“骗”“骗取”“抢”“偷”“讹”“夺”“贪污”“霸占”“请教”“请示”“讨还”等；有的强调与事的所失或耗费，如“坑”“扣”“讵”“罚”“占用”“耽误”“花”“浪费”“糟蹋”等；有的强调施事享有了原本属于与事的所有权，如“欠”“少”“该”“缺”“短”“差”等。还有的动词本身并无取得义，但用在双宾句中，由结构赋予了这种取得义，比如例（7）、（8）的“裁”“拔”。这样的动词还有“吃”“喝”“杀”“藏”“抽（抽取义）”“摘”“称（称量义）”等。

值得注意的是，少数动词用在双宾句中，可以表示给予和取得方向相反的动作行为。例如：

（9）我租了他一间房子。

（10）我借他两万块钱。

（11）我换了他五十斤大米。

（12）我分了他一碗汤。

例（9）有两种意思，一是我租给他一间房子，“他”是“我”租出房子的对象；二是我从他那儿租了一间房，“他”是“我”租房的来源。要消除歧义可以加上适当的介词，比如例（10）可以分化为表示给予的“我借给他两万块钱”，表示取得的“我从他那儿借了两万块钱”；例（11）可以分化为表示给予的“我换给他五十斤大米”，表示取得的“我从他那儿换了五十斤大米”，等等。

（三）称说类双宾句

称说类双宾句由表称说义的动词带上两个宾语构成，NP_1一般指人，NP_2一般指称呼、名号。称说类双宾句表达施事主语认为"NP_1是 NP_2"的意义。例如：

（1）他叫常振东，因为干工作很主动，大家都称他"常主动"。

（2）因为还没有结婚，所以老人叫他小三儿。

（3）人人都夸他好孩子。

（4）我提醒他明天调课的事情。

（5）老王骂徒弟"懒骨头"。

能进入称说类双宾句的动词主要有"称""称呼""称作""叫""叫作""选""评""封""定""认""喊""说（批评义）""损""骂""夸""赞扬"等。

九、兼语句

凡是由兼语短语充当谓语而形成的句子都是兼语句。这类句式是述宾短语和主谓短语套叠而形成的，述宾短语的宾语兼作主谓短语的主语。兼语句也叫递系句。例如：

（1）公司五月份投产，到时还得请你来剪彩呢。

（2）老板派他去西安出差。

（3）学校不允许学生抽烟喝酒。

（4）他鼓励我别放弃对音乐的追求。

（5）我们一致推选他为委员会的主席。

（6）尽管周围挤满了人，可是没有一个人掏钱买他的唱片。

（7）是他先打破了沉默。

兼语短语中的前一个动词常常是使令动词，如"使""令""请""派""叫""求""教（jiào）""让""逼""托""催""劝""邀""要（yào）""要（yāo）求""请求""命令""吩咐""迫使""恭喜""批评""惩罚""禁止""组织""动员""发动""号召""鼓励""培养""追认""任命""选举""推选"等，还可以是"有"和"是"等。

不过，还有些动词也可以出现在兼语句中，但在语义上稍微有些不同。例如：

（8）老师批评他不认真。

（9）你别唬我没见过世面。

（10）他欺负弟弟年龄小，老想着捉弄他。

（11）我打你不听话。

例（8）至（11）与前面例（1）至（7）在语义表达上的不同之处在于：动词后面的这个主谓短语是前面述宾短语的原因，即"老师批评他"是因为"他不认真"，"你唬我"是因为"我没见过世面"，"他欺负弟弟"是因为"弟弟年龄小"等。

还有一种句子是双宾结构和兼语结构的套用。双宾结构中的间接宾语或直接宾语充当后面主谓短语的主语。例如：

（12）孔乙己便给他们茴香豆吃。

（13）他寄给我五百块钱买车票。

（14）学校派给老教授一个青年作助手。

例（12）是"孔乙己给他们茴香豆"和"他们吃（茴香豆）"的套合，"给"字构成双宾结构，而“他们”既是“给”的间接宾语，又是“吃”的主语。例（13）既可以是“寄给”的间接宾语“我”作“买车票”的主语，也可以是直接宾语“五百块钱”作“买车票”的主语；而在例（14）中，充当兼语的是“派给”的直接宾语“一个青年”，即“学校派给老教授一个青年”，“一个青年作助手”。与单纯的双宾句或兼语句相比，这种句式的结构和语义关系显得复杂一些，需要仔细辨别。

十、主宾可换位句

汉语句式系统中还有一种较为特殊的句式，就是一个句子的主语和宾语互换位置之后形成的两种表达形式都可以接受。这样的句子一般称作主宾可换位句，又称主宾可互易句或主宾可逆句。例如：

（1）A. 一张床睡两个人。　　　　B. 两个人睡一张床。

（2）A. 粉皮拌芝麻酱。　　　　　B. 芝麻酱拌粉皮。

（3）A. 整个展厅弥漫着京腔京韵。B. 京腔京韵弥漫着整个展厅。

两个句子主宾语互换位置后，语义上有显著的关联，但两者在语义和语用上会有一些差别。根据前文对主谓结构语义关系的说明，主语一般用作话题，谓语是对主语的陈述。这样，在主宾语互换位置后，所陈述的对象便发生了变化，陈述的内容实际也发生了改变。如例（1），虽然表面上看两句陈述的是人和床之间的数量配比关系，但两者表达的角度和语义重点均有不同。“一张床睡两个人”要陈述的是“一张床”如何，因此这句表达的主要意思是“一张床”可以供给两个人使用，而“两个人睡一张床”要陈述的是“两个人”如何，因此这句表达的主要意思是“两个人”共同使用一张床。前者的语义重点是某物供某人使用，后者的语义重点是某人使用某物。视角变了，表达的方式就发生了变化；表达方式的改变，也意味着观察问题的视角和表达重点的调整。

根据句子表达的功能，常用的主宾可换位句包括下面几种类型。

（一）表供用的主宾可换位句

表供用的主宾可换位句指的是某一定量的事物（物品、器具、事物、材料等）可供给一定量的人或物使用的句子，又称供用句。例如：

（1）一本书送一个人。

（2）一千块钱奖两个学生。

（3）一锅饭吃十个人。

（4）一根桩拴一匹马。

供用句在结构上很有特点：主语和宾语常为数量名结构，表示一种数量配比关系。供用句的主宾语可以互易位置。例如上面的句子主语和宾语互换位置后变成：

（5）一个人送一本书。

（6）两个学生奖一千块钱。

(7) 十个人吃一锅饭。

(8) 一匹马拴一根桩。

供用句的动词表示事物所供用的方式，在特定语境下，动词可以省去而基本的语义关系保持不变。例如：

(9) A. 一包饲料喂三只羊。 B. 一包饲料三只羊。

(10) A. 一条被子盖四个人。 B. 一条被子四个人。

由于供用句表示的是一种供用能力，所以在动词前还可以加上“可以、能”这样的助动词。例如：

(11) 这只舢板可以坐两三个人。

(12) 一铺这么小的床哪能睡得下五个人？

(二) 表混合的主宾可换位句

表混合的主宾可换位句指的是某种事物跟另一种事物混合、合并在一起的含义。例如：

(1) A. 水泥和沙子。 B. 沙子和水泥。

(2) A. 黄土掺沙石。 B. 沙石掺黄土。

(3) A. 猪肉炖粉条。 B. 粉条炖猪肉。

(4) A. 竹笋焖田鸡。 B. 田鸡焖竹笋。

例 (1) 的“和” (huò) 是加水搅拌将事物调和在一起的意思，例 (2) 的“掺”也是把一种东西混合到另一种东西中去之义；而例 (3)、(4) 的“炖”和“焖”都是指把两种食物混合在一起的烹调方法。像“炒”“煮”“煎”“炸”“溜”“爆”“烧”“烤”“熬”等动词也可以构成这种主宾可换位句。一般情况下，这类句子的主语或宾语其中一个是主料，一个是配料或辅料，若要体现主料和配料之间的比例关系，可以加数量词限制。例如：

(5) A. 一根黄瓜炒三个鸡蛋。 B. 三个鸡蛋炒一根黄瓜。

由于表“混合”义的动词所联系的两个名词性成分最终是并合在一起的，因此可以比较自由地任用其中一个名词性成分作为陈述对象，主宾语之间可以换位。此时其中的动词往往也可隐含不现：

(6) A. 一根黄瓜三个鸡蛋。 B. 三个鸡蛋一根黄瓜。

(三) 表依附或存现的主宾可换位句

不少表示依附或存现义的句子，其主语和宾语是可以互换位置的。例如：

(1) A. 墙角堆化肥。 B. 化肥堆墙角。

(2) A. 右上角贴相片。 B. 相片贴右上角。

(3) A. 前院种玉米，后院种花生。B. 玉米种前院，花生种后院。

(4) A. 这个城市的每个角落弥漫着浓重的尘土味。

B. 浓重的尘土味弥漫着这个城市的每个角落。

(5) A. 古朴的木房子和白桦林笼罩着袅袅炊烟。
B. 袅袅炊烟笼罩着古朴的木房子和白桦林。
(6) A. 沿街的楼房阳台挤满了翘首观看的市民。
B. 翘首观看的市民挤满了沿街的楼房阳台。
(7) A. 她的双脚沾满了泥土。
B. 泥土沾满了她的双脚。
(8) A. 金黄色的油菜花开遍了拉萨河谷。
B. 拉萨河谷开遍了金黄色的油菜花。
(9) A. 市财税系统调入了一批青年。
B. 一批青年调入了市财税系统。
(10) A. 我们班转来了一位新同学。
B. 一位新同学转来了我们班。

例（1）、（2）、（3）句含有某一个物体依附或附着于某处的意思，例（4）、（5）是由“动词＋着”构成的存现句，例（6）、（7）、（8）为由“动词＋满/遍”构成的存现句，例（9）、（10）则是存现句中的动态隐现句。这些句子表示依附或存现的状态，主要表达一种关系的存在，而施受等关系往往容易被中和，因此主语和宾语常可以互换位置，形成主宾可换位句。

从上述分析可以看出，主宾可换位句中的主语和宾语对于句中动词来说虽然可以看作施事、受事、处所、材料、工具等具体的语义角色，但句子所传达的动作义往往淡化，动词在一定程度上只表示关系出现的状态或者方式，动词没有了支配的方向性，这就增强了句子主要用来表明某种关系的语义属性，如供用关系、数量配比关系、混合关系、依附关系、存现关系等，而这些关系常常是相互或相向的，因此主宾语可以互换位置。由此可见，表面看来意义差别很大的类别其实在本质上具有一致性，不同的意义（供用、混合、依附、存现）在更高层次上（表达某种关系）是相通的，因此可以采用相同的形式来表达。这同时也表明，句法形式的相关会带来意义上的相关，意义的相关也促使人们在表达中采用相同的形式。形式和意义是互相促动的。

十一、关于构式

前面第四节和第五节在分析句子时，是对句子做结构和功能的分析。本节上述内容所讲的句式，是根据句子里某种特殊的结构特征和语义特征划分出来的句式。我们在认识句式时，特别注重对句式结构形式的描写和语法意义（包括功能）的说明，尤其重视这种形式和意义之间的相互关联。近些年，语言研究和语言教学中对这种形式和意义之间的匹配关系非常重视，并将观察视野从句式扩大到所有的语法单位中，由此提出了一个非常具有概括性的概念——构式。下面就这个概念的基本内涵和主要范畴做简单说明。

（一）构式的内涵

所谓构式，就是指由特定的形式和特定的意义结合而成的形义配对体（form-meaning pair）。这个形义配对体具有独特性和整体特征，而且这些特征不能或不完全能从其组成成分中推导出来，也不能完全从其他已经存在的语言单位中推导出来。

认识构式的一个基本立足点就是，整体大于部分之和，即组成构式的各个部分的句法语义特征加起来并不能充分揭示构式的整体特征。例如：

（1）挖墙脚、炒鱿鱼、吹牛皮、一锅粥、马后炮、热锅上的蚂蚁

（2）吃＋NP：（他喜欢）吃食堂/（你）吃大碗，（我）吃小碗

（小时候）吃父母，（长大后）吃自己/靠山吃山，靠水吃水

（3）S＋V＋NP_1＋NP_2：他送我一本书。

例（1）是汉语中的惯用语，形式很固定，意义也具有整体特征。如“挖墙脚”不是指把墙脚挖开或挖掉，而是比喻拆台；“一锅粥”也并不指具体有一锅粥，而是用来形容一团糟。这些惯用语的整体意义无法由各个部分的意义加在一起推导出来，因此它们都是构式。

例（2）中“吃”的本义是进食，即把食物放进嘴中通过咀嚼咽下，后面一般跟可吃之物搭配，如“吃饭”“吃苹果”“吃山珍海味”等。但“吃＋NP”中的NP却都是不可吃之物。“吃食堂”不是说把食堂吃进肚子里，“食堂”是“吃”的处所。同样，“吃大碗”“吃小碗”中的“大碗”“小碗”是“吃”的工具；“吃父母”“吃自己”则是“依靠父母或自己来生活”之义，“父母”“自己”是“吃”的来源或凭借，“靠山吃山，靠水吃水”也是这个意思。很显然，这些特殊的“吃＋NP”的意义并不能简单对应“吃”和NP组合起来的意思，它们还有独立于组成成分和关系的整体含义，因此这些“吃＋NP”分别都是一个独立的构式。如果抽象一些看，则“吃＋NP处所、吃＋NP工具、吃＋NP凭借物”都是构式，当然，更抽象的“吃＋NP”也是一个构式。这些构式随着抽象度的不同而形成上下位关系。

例（3）“他送我一本书”是“S＋V＋NP_1＋NP_2”这个双宾句的具体用例。就这个抽象格式来说，它的结构形式是语言中所独有的，而它所表达的整体含义“S通过动作行为V使NP_1收到NP_2”，显然也不能简单地通过对这些组构成分及其组合规则的分析而获得充分的说明。它当然也是构式。

（二）构式的主要类型

实际上，如果宽泛地来理解，语言系统中的任何一种单位，只要它的形式或意义不能从其组成成分或其他的构式中完全推导出来，只要形义之间具有某种相互依存性和特异性，就可以被称为构式。这样，从语素到词、习语，到句法结构乃至语篇，甚至语体、文体，都可以看作构式。

不过，从语法研究和语言教学的实际出发，人们更多地关注上面例（1）、（2）和（3）所举出的这三种构式类型：一是习语性构式，二是框架性构式，三是句法性构式。

下面就简要介绍这三种类型。

1. 习语性构式

习语性构式的形式和意义结合得很紧密，整合程度也很高，通常以组块形式出现，分析性不高。它主要包括结构形式完全固定的熟语、惯用语、交际套语等。例如：

萍水相逢　一刀两断　闭门造车　大海捞针

半桶水　马后炮　光杆司令　走后门　吹耳边风

够呛　想必是　你别说　又来了　不怎么样

该干吗干吗　咱俩谁跟谁　一点儿小意思　一路顺风

2. 框架性构式

框架性构式指的是内部有空槽，需填入词汇部分才能表义的结构。例如：

单槽式：

当……的时候　在……上/下　对……来说　除……以外

跟……聊天儿　对……感兴趣　占……便宜　帮……忙

非……不可　都……了　怪……的　还……呢

……的话　……起见　……了去了　……什么（如“哭什么”）

越来越……　到底是……　那叫一个……（如“那叫一个漂亮”）

双槽式：

不……不……　东……西……　半……半……　没……没……

连……带……　往……里……　爱……不……　说……就……

……来……去　……前……后　……长……短　……始……终

不是……就是……　……归……（如“笑归笑”）

……是……，……是……（如“你是你，我是我”）

……也好，不……也好（如“走也好，不走也好”）

3. 句法性构式

句法性构式具有较强的规则性，通常以抽象的图式形式出现。传统所理解的句型、句类，尤其是各种特殊句式，都属于这类。例如：

句型：S+NP（名词性谓语句）

S_1+VP_1（S_2+VP_2）（主谓谓语句）

句类：S+A+还是B（选择问句）

S+A+不/没+A（+O）（正反问句）

好一个+NP！（感叹句）

句式：A+把+B+V+R（“把”字句）

A+被+B+V+R（“被”字句）

$S+V+NP_1+NP_2$（双宾句）

A+比+B+R（比较句）

在句法性构式中，句式最容易呈现形式和意义的配对关系，因而在构式研究中备受重视，也一直是教学的重点和难点。本节前面分析了汉语常用的十种句式的形义关系及特点，下面基于构式观念，以“把”字句、“被”字句、存现句、双宾句为例，展示这些句式的形式和意义的匹配关系。

（1）“把”字句。

形式：A＋把＋B＋V＋R（A 代表动作发出者，B 代表结果的承受者，V 代表动作行为，R 代表结果）

意义：A 通过动作行为 V 使 B 受到影响而产生结果 R

（2）“被”字句。

形式：A＋被＋B＋V＋R（A 代表结果的承受者，B 代表动作发出者，V 代表动作行为，R 代表结果）

意义：A 受到 B 施加的动作行为 V 的影响而产生结果 R

（3）存现句。

形式：L＋V 存现＋NP［L（Location）表示方位或处所，V 存现表示存现动词，NP 表示存现的某个事物］

意义：L 存在、出现或消失 NP

（4）双宾句。

形式：S＋V＋NP_1＋NP_2

意义：S 通过动作行为 V 使 NP_1 收到 NP_2

有了这样一些形义匹配关系的说明，很多以前不易发现的现象、不好解释的事实都在构式观念的指导下有了新的发现和解释。而人们在学习和运用这些句式时，也能更清楚地了解它们的使用条件和规律。语法研究就是要弄清楚语法形式和语法意义之间的对应关系，而这正是语法研究的根本问题。

值得注意的是，上面对构式意义的概括都是就该构式的典型现象而言的。实际上，构式常常具有多义性。比如，我们将双宾句“S＋V＋NP_1＋NP_2”的构式义概括成“S 通过动作行为 V 使 NP_1 收到 NP_2”，是针对双宾句中最为典型的给予类（如“他送我一本书”）而言的。汉语的双宾句其实还包括像“他拿了我一本书”这样的取得类，而取得类双宾句通常表达“S 通过动作行为 V 从 NP_1 处获取 NP_2”。除了这两类，双宾句还包括其他一些下位类型，每种类型也都可以概括出相应的构式义来。当然，这些下位构式及其意义并不是毫无关联的，而是有着内在的联系和层级。不管是给予类、取得类还是其他，其实都跟“事物或关系的某种转移”这个核心意义有所关联。对构式多义现象及其关系的考察，是构式研究的重要内容。

思考题

1.“把”字句和“被”字句的相同点和不同点有哪些？请举几个只能用“把”字句而不能用“被”字句（或者相反）的情况。

2.“他有一个苹果”和“桌子上有一个苹果”这两个句子有哪些相同点，又有哪些不同点？为什么？

3.“是”字判断句和“是……的”强调句都有“是”字，它们有什么不同？你可以通过哪些测试手段显示出两者的不同？

4. 在我们已介绍的句式之外，请你再举出两到三种句式，比如“得”字句、重动句、“连”字句、使令句等，分析其内部的构成成分及其关系，并试着归纳出它们的语法特点和意义。

5. 我们前面是将句型、句类、句式分开来讲的。其实，一个具有特殊结构特征的句子往往都可以同时从这三个角度来分析。请举例说明。

6. 什么是构式？请举例说明如何判断一种结构或者表达是构式。

7. 除了已经总结出来形式和意义的那几种句式外，请你再概括一下本节所介绍的其他句式的形式和意义的匹配关系。

第七节 当前流行的特殊格式

一、流行格式的基本特点

（一）流行格式的出现与形成

在当今飞速发展的时代，社会的进步和变化使人们所处的社会环境、思想潮流、生活方式和价值观念都发生了巨大的变化。而大众传媒尤其是网络的广泛运用又极大地促进了人与人之间、人与社会之间的互动。人们在网络上的互动使得各种流行表达和网络文体纷呈迭现，令人目不暇接，并且影响深远，语言生活也由此呈现出多元风格和独特风景。随着社会生活的急速变化，文化、娱乐、时尚等领域的发展更是日新月异、精彩纷呈，借助于网络传播的优势，各种新词新语不断涌现。与此同时，很多各具特色的表达方式便流行开来，其中有的是新创结构，有的是对既有表达方式的改造和发展，进而陆续形成了一系列颇具特色的流行格式。这些新颖的表达方式，无疑都有其独特的表达作用。作为新时代的大学生，有必要关注这一系列新兴的语言现象，因为这也是语言交际系统的一部分，有的还会带来语言表达方式的变化。这些当代流行格式，既是语法现象，在结构形式上跟一般句式有一定的关联，而且有的流行格式在一次次创新使用的基础上可以逐渐抽象出图式性的框架，甚至进一步形成和发展出新的语法构式；也是修辞现象，在特定的语境中呈现出特殊的语用色彩，是语法和修辞互动作用的结果。

一般说来，各种流行格式的产生与流传，大都有缘起与发展的过程，通常都要经过与名人相关的触发效应，进而引起媒体关注，被大众模仿而渐趋成型。比如《痛并快乐着》作为齐秦的音乐专辑 1995 年就已发行，但作为一种格式开始流行，则是白岩松 2000 年出版文集《痛并快乐着》之后。此外，有些流行格式的形成，则是受到了国外作品汉译的影响。比如“谁动了我的 X”的源格式“谁动了我的奶酪”是美国知名作家斯宾塞·约翰逊博士的畅销书 *Who Moved My Cheese?* 书名的汉译。而“X 也 Y”格式的最终定型与开始流传，与 1992 年上演的美国电影 *Sister Act* 的汉译片名《修女也疯狂》密切相关，其他流行格式的形成也多是如此。

（二）流行格式的特点与类别

什么样的表达形式可以称为流行格式？从语言学的角度看，它必须同时具备以下三个元素：具有定型的句式或结构；可替换部分具有类推性；产生于当代并广为流传。其中构造特征最为重要，是区分流行格式与流行语的关键，因为“楼倒倒、楼歪歪、楼高高→楼 AA”“睡觉死、洗澡死、喝水死→AB 死”“蒜你狠、姜你军、豆你玩→A 你 B”，等等，也都可替换且很流行，但不是汉语现实交际中常用的结构形式，所以，它们只能是流行语。

流行格式的类别大致可以分为三种。

1. 复句格式

例如：

（1）没有最好，只有更好。没有做不到，只有想不到→没有 X，只有 Y。

（2）哥上的不是班，是寂寞。哥吃的不是面，是寂寞→哥 X 不是 Y，是寂寞。

至于“美女也愁嫁；男人也爱美→X 也 Y”，则属于紧缩式复句。

2. 单句格式

例如：

（1）谁动了我的奶酪。谁动了我的幸福→谁动了我的 X。

（2）有一种美丽叫平凡。有一种智慧叫放弃→有一种 X 叫 Y。

（3）今天，你拼车了吗？今天你瑜伽了吗？→今天，你 X 了吗？

3. 短语构式

例如：

（1）痛并快乐着。累并享受着→A 并 AB 着。

（2）很黄很暴力。很傻很天真→很 A 很 AB。

像“被增长、被就业、被高铁→被 AB”，则可称之为短语式的流行格式。

（三）流行格式的传播与作用

流行格式的传播载体主要是各种网络，模仿和类推的主体是当代年轻人。随着在传媒热点中的广泛运用，流行格式业已成为广大年轻人表达观点、宣泄情感、追求时尚的重要手段之一。由于精练且流行，这些格式常被媒体用作标题，例如《很红很给力》《没有顶点，只有起点》《奥运开幕式：很美很中国》《从“被动车”到“被高铁”》等。而这些格式的用途更是相当广泛，比如电视剧《美女也愁嫁》、歌曲集《音乐之旅：痛并快乐着》、小说《痛，但深爱着》、广告词“没有最好，只有更好”，等等。

流行格式的频繁使用和广泛流行，主要有两方面的作用。一方面，在表达上，借助于格式的整体功效，既有固定的构式义，又有替换的类推义，形成了严整与灵活相结合的匀称效应，达到了吸引广大受众的最佳效果。另一方面，在句法上，这一系列新兴格式都能起到其他句法格式难以完成的独特作用，不但增强了汉语的表达能力，而且丰富了汉语的表达手段。

流行格式风行一段时间后，随着陌生化效应的淡化，有些逐渐成了基本句式，有些则日趋沉寂而消亡，还有一些在类推中产生了变体，比如“A并AB着”由并列而增加了转折式的“忙但快乐着”“累但幸福着”；“X也Y”还可以嵌入名词，构成“男人也瑜伽”“熊猫也山寨”。从汉语句法的角度看，这一系列新兴流行格式具有独特的表达作用，换成别的句式反而达不到如此的表达效果。各种变体或变化形式也带来了汉语的表达方式和手段的变化。比如“没有X，只有Y”这个格式流行之后，出现了一系列富有特色的相关表达格式，例如“没有顶点，只有起点”“没有最好，只有更好”“没有窍门，只有认真”“没有抱怨，只有理解”“没有尽善尽美，只有尽职尽责”“没有做不到，只有想不到”，从而极大地丰富了汉语句式的表达功能。

下面选择一些流行于当代社会尤其是网络世界中的特殊表达格式进行简要介绍，以期大家见一斑而窥全豹，从而引起我们对新兴的语言生活的关注和思考，同时也试图提出一些分析新的语言现象的观念和方法。

二、新“被”字式

近年来出现了一大批以“被自杀”“被就业”“被自愿”等为代表的新“被”字结构“被X”，这种结构以一种“另类”的姿态和面貌从当今流行表达中汹涌而来，一时间爆红网络，迅速发展成为流行语，并且荣登2009年“十大流行语”社会生活类榜首。为了与前面所介绍的被动句中的“被”字句相区别，这里用新“被”字式来表示这类结构。

我们在介绍“被”字句的特点和限制时曾提到，能进入“被”字句的动词通常是动作性较强的及物动词和一些心理动词，语义上能够支配受事主语，比如“东西被偷了”，“偷”支配受事成分“东西”，构成动宾关系“偷东西”。但新“被”字式中“被”后面带上了原本不能带宾语的非及物性词语，比如下面的“自杀”“毕业”是不及物动词，动词和受事主语之间无法构成动宾关系：

(1) 今年初，李国福意外死在监狱医院。检察院迅速作出鉴定结论，称其“自杀”。众多网民认为，他是“被自杀”而死的。(《东方早报》，2009年8月16日)

(2) 在从未听说过就业单位的情况下，便与当地一家公司“签订”了就业协议——对此，高校毕业生赵冬冬自称“被就业”。……“我就业了，就业了，而且是在不明真相的情况下被就业的!”(《人民日报》，2009年7月27日)

例（1）的“被自杀”事件是指多次到北京举报某市委书记修建豪华办公室“白宫”等问题的李国福被当地检察院逮捕、拘留后在监狱医院意外死亡，当地检察机关公布的鉴定结论是“自杀”。然而死者亲属和媒体都不相信检方提供的证据，认为其是“被害”致死。针对这一事件，网民创造了“被自杀”这一新颖的形式来表达其意。例（2）的“被就业”是说毕业生本来没有就业，但被学校伪造就业假象虚称已就业来提高就业率。像这样的新“被”字式表达还有很多，如“被死亡”“被跳楼”“被失踪”“被自愿”“被捐款”“被中考”“被发烧”“被脱贫”“被加工资”“被结婚”“被辞职”“被退团”等。

新“被”字式中，“被X”的X也可以是形容词。例如：

（3）2012年中国最具幸福感城市榜单出炉　市民感觉被幸福（标题，中新网，2012年7月27日）

（4）国家统计局那里，我们的工资怎么就“被涨”了呢？我们怎么无缘无故“被富裕”了呢？（人民网，2009年9月17日）

两句中的“幸福、富裕”是形容词。“被幸福”指的是在中国城市竞争力研究会2012年所公布的中国最具幸福感城市的排行榜单上，南京名列第六，苏州名列第九。南京市民对该榜单数据的样本来源、数量和调查方法的质疑声随之而来，表示“被幸福”，即在不清楚和不知情此种幸福排行是如何得来的情况下，被某些机构视为“幸福”了。同类的情况又如“被和谐、被开心、被快乐、被满意、被出名、被繁荣、被合法、被真实、被成熟、被巧合、被高尚”等。

“被X”中的“X”还可以是名词。例如：

（5）铁道部应当直面“被高铁”（标题，千龙网，2010年8月11日）

（6）谭千秋“被英雄”，无论初衷是好是坏，都不能人为扭曲事实真相，那样只会适得其反。（新浪网，2010年11月2日）

这两句中的“高铁、英雄”是名词。“被高铁”指的是在武广高铁进入运营后，铁道部暂停了武广线上其他的13对列车，使得一些乘客被迫选择票价高出一截的高铁出行。例（6）的“被英雄”指的是：媒体曾报道中学教师谭千秋在2008年汶川大地震中危急时刻张开双臂将4名学生掩护在身下而不幸遇难，感动无数国人。然而后来调查发现，真相并非如此，所报道的4名学生中只有一人是真实存在的，“被英雄”即指“被（媒体或舆论）虚报或抬高到英雄的程度”。同类的情况又如“被车祸、被春运、被富豪、被韩寒、被专家、被网瘾、被精神病、被下等人、被潜规则、被黑名单”等。

新“被”字式中“被”后成分即便出现的是及物动词，其语义内容也跟常规“被”字句大异其趣。例如：

（7）QQ，作为您的忠实用户，今天我们“被卸载”，明天呢？（人人网，2010年11月3日）

（8）堵住职工“被培训”漏洞最关键（标题，河北博才网，2012年9月15日）

这两句中的“卸载、培训”是及物动词。而“被卸载”指的是用户在被强制的情况下卸载了程序；“被培训”指的是职工在自己未参加培训的情况下被当作参加了培训。

其实，新“被”字式中“被”后成分是相当开放的，其他词类在合适的语境中也可进入，甚至可以出现数字和字母词。例如：

（9）教育部称 67%公众赞成汉字调整　网友调侃被 67%（标题，《济南时报》，2009 年 8 月 25 日）

（10）新加坡《联合早报》：中国被“G2”（标题，新华网，2009 年 8 月 4 日）

例（9）“被 67%”指的是在教育部一份关于 44 个汉字的字形调整方案中，语言文字信息管理司有关负责人透露，大众通过信函、传真、电子邮件等方式对《通用规范汉字表》提出了近 1 500 条建议和意见，其中 67%赞成，认为字形调整是必然的，反对的只有 6%。对于 67%的“大众赞成率”，有很多网友表示不相信或不接受，调侃自己在不明真相的情况下“被 67%”了。例（10）中的“G2”概念指的是在首轮中美战略与经济对话中，美国提出中、美两国应组成一个两国集团（Group 2，G2）来代替旧有的八国集团（Group 8，G8），以携手合作解决世界经济问题。此后新加坡《联合早报》在探讨中美关系时评述中国“被 G2”了，即中国被美国拉拢要组成 G2。

从上面的分析来看，新“被”字式在语义上主要有两种解读：一是主语被强行认定为实施某行为或处于某种状态（如上面的“被自杀”“被就业”“被幸福”“被富裕”“被英雄”等）；另一种是主语被要求或强迫（如“被捐款”“被自愿”“被高铁”“被爱心”等）。由此看来，新“被”字式中的“被”后所接的无论是动词、形容词还是名词或者其他成分，其实都代表着一个事件，“被”后成分则是事件中最能凸显主语“非自愿性”“被迫性”地受到某事件影响的成分。也就是说，用事件中比较凸显的语义内容来代指整个事件。

新“被”字式从出现伊始便风行网络，报纸标题和网络语境常用这种含义丰富且表达生动的结构来否定或质疑失真的信息，以吸引人们的眼球并且引起共鸣。

当然，新“被”字式的适用范围正在扩大，一些中性的语境甚至褒义的交际语境中也逐渐出现了“被”字式的用法。

三、“神马都是浮云”

这也是一个借用常规的判断格式来表达特殊语用色彩的句子形式。

据百度百科资料，“神马”的来源可能是，网友们在用搜狗拼音输入法打“什么”或“什么啊”时，习惯用汉语拼音声母“shm”或首字母“sm”来代替，由于打字速度快，常打出一个“神马”来。而“神马都是浮云”的句子最早见于 2010 年国庆期间一名网友帖子中的“看过小月月，神马都是浮云”，随后网友们将“神马”和“浮云”结合在一起，推之四海而风靡，“神马都是浮云”便在网络上流行起来了。例如：

（1）在涨声一片中，低价策略已让这家米粉店常常座无虚席，质量卫生等其他“神马都是浮云”，店老板是不在乎流失一两个客人的——哪怕是常客。（《新民晚报》，2011 年 1 月 3 日）

（2）还想怎么样呢？现在是能说：再见吧，“弗老大”！大家都要淡定！因为“神马”都是浮云。（《人民日报》海外版，2010 年 12 月 29 日）

除了“神马都是浮云”这样的主谓宾配合使用整体出现外，“神马”和“浮云”还可以分别与其他语言成分结合再组成句子。例如：

(3) 这演技，神马曼玉青霞，神马刘德华梁朝伟，绝对是浮云……（天涯论坛，2010 年 10 月 5 日）

(4) 奖金、升职这些都是神马东西？都是浮云、浮云……（搜搜百科）

(5) 加班就加班，神马也不要说了，说了也是浮云。（搜搜百科）

(6) 没有好厨房，神马装修都是浮云。（《华西都市报》，2010 年 11 月 12 日）

面对人生百态、社会万象时的五味杂陈似乎都可以用“神马都是浮云”来感叹。这种直陈感受掺杂着些许无奈的淡然和超脱，反映了当下社会在大众心理上的独特投影。

不过，“神马都是浮云”中的“神马”虽由“什么”谐音而来，但因为其本身所具有的含义而焕发出另一种光彩。“神马”在词典中的释义之一是“马之特异美善，非凡马可比者”。“浮云”指漂浮的云彩。神马和浮云这两种事物都含有玄虚缥缈、不容易实现的特点，神马不容易得到，浮云又转瞬即逝，“神马都是浮云”说的是美好事物、功名利禄等就像那天边的浮云虚无缥缈，充满了对人生的抱怨和感叹，贴切地表达出无奈与豁达的心态。

需要指出的是，在前面文字一章，我们曾希望大家不要随意使用同音替代字，但是对这一特殊的句式，由于其具有独特的语用色彩，在特定交际场景中，可以持宽容的态度，因为它实现了特定的交际价值。判断一个语言现象是否规范的唯一标准，就是看它是否实现了特定的交际价值。

四、“羡慕嫉妒恨”

这是由三个动词连用而形成的一种格式。汉语的动词或形容词如果要连用，一般需要停顿或加连接词，比如“痛并快乐着”。而“羡慕嫉妒恨”则是三个心理动词的直接连接，它们以联合方式组成短语（可以看成一个加长版的动词），在结构上互不包含。而且，这个组合已经凝固化和定型化，是一个整体，中间无停顿，书写成“羡慕、嫉妒、恨”或读成一词一顿，都没有原来的效果。如此紧凑的结构形式，在意义上却层层递进：羡慕→嫉妒→恨。“羡慕”就是看见别人有某种长处、好处或有利条件而希望自己也有，刻画的是一种正常甚至是积极的心态；“嫉妒”则是对才能、名誉、地位或境遇比自己好的人心怀不满；而“恨”则是憎恶、仇恨之意了。由羡慕起始，由嫉妒推渐，再由恨结局，在程度上从浅到深、从轻到重，层层递进，愈演愈烈，清晰地揭示出了心理活动变化的复杂过程，展现了人类某种特定情感的发展轨迹。“羡慕嫉妒恨”将这种情绪迅速转化递升的效果集约性地概括和表达了出来，具有极强的感染力。

目前的流行语、词或句子，像这样构造的短语并不多见，新的形式加上新的表达，将情绪的转化和递增表现得淋漓尽致。跟当前句子的流行语所引发的全民造句运动一样，此语一出，同样引发了大规模的使用。只要所指对象具有情绪上的梯度和递进，不同的领域都可以引用此语。例如：

(1) 中国的手机业和 IT 业，对苹果可不能只剩下羡慕嫉妒恨。（《扬州日报》，

2012 年 9 月 19 日）

（2）超大钻石惊现俄罗斯羡慕嫉妒恨（标题，《证券之星》，2012 年 9 月 19 日）

网络上还以“羡慕嫉妒恨”为上联，创造了很多具有同类格式的下联。例如：

（3）淘气可爱怜　欣赏心仪爱　高兴自在爽　拉风华丽炫　英俊潇洒酷
自豪骄傲狂　渴望执着怨　纠结郁闷烦　弱智脑残傻　龌龊猥琐贱
无聊孤单闷　神速麻利快　忠厚老实憨　空虚寂寞冷

比较而言，网络中推出的“空虚寂寞冷”最为贴切，它是由香港电影《九品芝麻官》中的一句台词“我空虚，寂寞，我冷啊”改换而来。

“羡慕嫉妒恨”创造了一种新的构造方式，表达鲜明、强烈的情感。它同样是现实社会关系和社会情绪的折射，网民们用简洁、俏皮、诙谐、调侃、戏谑的语词表达适度的羡慕、不如人的嫉妒和憎恶仇视的恨，代表了一种“温和的”“非暴力”的轻微呐喊。在某种程度上成为疏通和化解某种负面情绪的载体。

五、“哥吃的不是面，是寂寞”等

“哥吃的不是面，是寂寞”是一个否定和肯定相并列的判断格式。这个流行格式的起因是有网民发了深夜面容憔悴吃面的一张图，并且配上“哥吃的不是面，是寂寞”的说明，网络瞬间刮起一阵强劲的“寂寞风”，大家纷纷仿效，创造出大量像“哥 V 的不是 X，是寂寞”这样的“寂寞句”，而钟爱以此句式发帖回帖的人则被称为“寂寞党”。例如：

（1）哥谈的不是恋爱，是寂寞
哥看的不是天空，是寂寞
哥唱的不是歌，是寂寞
哥签的不是名，是寂寞
哥答的不是案，是寂寞
哥种的不是萝卜，是寂寞　（QQ 开心农场）
哥偷的不是菜，是寂寞　（QQ 开心农场）

只要是动宾型的词或短语，似乎都可以拆开来进入该句式。其中“不”并不表示真正的否定，而是要凸显“哥通过某种方式”来“消除寂寞”的意义。比如“哥谈的不是恋爱，是寂寞”并不是说“哥”没有谈恋爱，实际上谈了恋爱，只不过是通过谈恋爱的方式来排除或消解寂寞的情绪或感觉。

在这个句式框架内，不只是“哥”可以发出某行为动作，其他的人或事物可以替换“哥”，即基本的框架不变，但内部成分可以替换，形成“……的不是……，是寂寞”。例如：

（2）我发的不是帖子，是寂寞
我呼吸的不是空气，是寂寞
我用的不是手机，是寂寞
易中天嘲讽主持人他砸的不是场，是寂寞

国足这些哥踢的不是球，是寂寞

刘翔跨的不是栏，是寂寞

室外晒的不是太阳，是寂寞

在众多网友的发展之下，"寂寞句"保持后半部分"是寂寞"不变（否则也不能称为"寂寞句"），将前半部分的否定形式"不是"转换为肯定的"是"，再一次扩展成"……的是……，（不……）是……"这样的并列、对称的"寂寞句"。例如：

（3）哥抽的是烟，吐出的是寂寞　（"抽"与"吐"对应）

哥看的是帖，回的是寂寞　（"看"与"回"对应）

醉的是人，不醉的是寂寞　（"醉"与"不醉"对应）

由上可知，"寂寞句"作为一种框架，构造了一种基本的结构关系，只要在里面装入所要对比的对象，就能得到这种对举的读解，凸显出"寂寞"的心情，在模仿中尽情彰显出或调侃或讽刺的态度，成为众多网友表达"寂寞"感觉和情绪的一种流行方式。

如果不再局限于只是"寂寞"这种感觉的抒发，那么完全可以将"寂寞"替换成别的某种感觉或情绪，即"……不是……，是……"。例如：

（4）我们买的不是保险，是安心

我开的不是车，是方便

他挣的不是钱，是生活

因此，框架基本还是那个框架，但具体的表达场景变了，所抒发的情绪和感觉变了，不同的情境填入"框"中运作起来，满足了表达和交际的需要，而就在不同场景的扩散中也实现了句式本身的扩展和丰富，这正是语言创造性的一种表现。由此可见，我们学习汉语句式的一个重要目的，不只是了解一系列特定的常用句式及其结构方式和表达功用，还要发现和利用汉语句式的创造性特点来表达丰富多彩的内容。

六、流行格式与语言规范

以上从不同的角度介绍了当代流行的一些句式和话语表达。在当今这个话语狂欢和语言消费火热的背景下，新的交际层次时有出现，新的表达方式不断翻新。不管是词语、结构、语法格式还是话语甚至篇章，只要特征鲜明、能贴切地表达社会即时情绪而且耐人寻味，就能吸引人们群仿群用。这在一定程度上满足了人的求新求异、彰显个性的心理需求。毋庸讳言，在现代社会的压力之下，人们常在一种娱乐、游戏的心态中使用各种流行格式，以抒发对社会问题的看法、释放紧张的情绪、排遣生活中的落寞无聊等。那么，这样的用法是否符合语言规范呢？

可能有人说这些格式都是网民们的恶搞，是不太规范的用法，应该批评才是。其实，通过对前面几种流行表达的分析，可以看出，规范与否并不是一个静态的评价，而是要看在特定的交际场景中是否实现了比较高的交际价值，是否可以用其他成分来代替，代替之后是否降低了交际效果。语言交际的效果往往是多种力量互相作用产生的，不仅有语言本身的力量，还有语言之外的因素。由此看来，对新的语言现象的分析和评价，都不能抽离其特定语境，而是要看它在这个特定语境内是否表达了特定的交际效果。语言是在交际中规范的。应该看到，当前网络社会的一个鲜明特征是，一旦出现了表达某种即时社会情绪的新句式，很快就会出现群仿群用的现象，格式就会流行起来。比如电影《那些年，我们一起追过的女孩》为集体怀旧提供了一个载体，“那些年，我们一起……的……”便成为一个能产模式，成为很多人缅怀过去的标志性开头。例如：

（1）那些年，我们一起追过的楼盘
那些年，我们一起亏过的理财
那些年，我们一起度过的难忘春晚
那些年，我们一起恶搞过的先人们

又比如，网友揶揄、嘲弄中国股市急剧低落和涣散，创造了“中国股市：姚明进去，潘长江出来”这样的句子，表达贴切，含义丰富。短短几天，网民跟帖如潮。大家在“A进去，B出来”这个句式框架里面装入对比的两极，就能得到相近的读解。例如：

（2）芙蓉姐姐进去，凤姐出来
汗血宝马进去，小蚂蚁出来
开飞机进去，跳伞出来
黄金进去，黄土出来
珠穆朗玛峰进去，海底两万里出来
中石油进去，地沟油出来

又比如2010年贺岁片《让子弹飞》的热映使得“让……飞”也火了起来。它暗含黑色幽默，又有诗意的画面感，给人以无限的想象空间。一时间，“让……飞”不断涌现。例如：

（3）让炮弹飞　　让包裹飞
让房价飞　　让理性飞
让调控飞　　让营销飞
让美丽飞　　让幸福飞

在“让……飞”中，“飞”的不只是具体实在的某物（如“炮弹、包裹”），还可以是抽象的事物，如价格、思想、行为、状态等的高高飞扬，构建了丰富多彩的隐喻性表达。这些都与当今的社会生活息息相关，或者与时事紧密相连，在反映客观事实的同时带有戏谑色彩。

这些多种多样的仿拟格式，不妨认为是一种语言游戏，人们可以从中得到某些乐趣，体现了网络时代娱人娱己的娱乐精神。然而，既然是格式，里面当然也有一定的规则，无论是彰显的还是潜在的，大多都是各种语言表达手段的综合运用。其实，格式的仿拟过程就是句式的扩展和丰富过程，这也是格式发展的一种途径。我们要观察的就是哪些可以变用、改用和拓展，哪些基本保持不变，又具有哪些层次和影响因素。只有这样，才能使我们深入丰富多彩的语言生活，从而更加接近语言交际的本质。

思考题

1. 请你再搜集一些像“被自杀”“被幸福”“被高铁”“被67%”这样的新“被”字式，说明它们的含义和来源，并与常规意义的“被”字句相比，指出其继承与创新之处。

2. 像“给力”“杯具”“伤不起”“hold住”“……控”等都曾是网络流行语表达中最红、最火的词语，请你分析它们的特点，指出流行的原因。

3. “不要迷恋哥，哥只是个传说”“……，你懂的”“贾君鹏，你妈喊你回家吃饭”“元芳，你怎么看”等格式活跃在时下网络流行用语的舞台上。请你分析这些表达的由来，并关注由这些句式仿拟出其他句子的基本路径和拓展方式。

4. 在目前这种人人可以参与的话语狂欢中，出现了很多汉语系统中不曾出现的表达形式。有人认为这种现象污染了汉语，影响了汉语的纯洁。对此，你有什么看法?

5. 请你自己搜集两三个流行表达方式，分析一下它们从出现到流行开来的过程，并进一步探讨流行的原因。

第八节 歧义分析

歧义指的是一个语言单位可以作出不同解释的现象。深入了解歧义现象，掌握一定的分析方法来进行分化，有助于我们加深对汉语语法结构复杂性和精细性的理解。

一、词汇歧义、语用歧义和句法歧义

歧义可以是由词语本身的多义而引起的词汇歧义。如离开语境时说“他们吹了”，其中的“吹”既可以理解为“吹灭（蜡烛等）”，也可以理解为“分手”。又如“张三租李四一间房”，其中的“租”既可指表示取得义的“从……租来”，也可指表示给予义的“租给”。这些都属于词汇歧义，“吹”和“租”这样的词在词典中都有不同的义项。

歧义可以是由某种语用因素而引起的语用歧义。比如“差一点儿没结婚”具有两种理解，这取决于说话的前提不同：如果说话人不想结婚，则是指“没结婚”；如果说话人想结婚，则意思是“结婚了”。

歧义也可以指同一个句法格式表示不同的结构意义（同构异义）。比如“通知的人还没有来”，既可以理解为通知别人的（人）还没有来，也可以理解为被通知的人还没有来。本节所说的歧义主要是指句法歧义这种现象。

二、句法歧义的主要类型

句法歧义主要是由于句法层次不同或句法关系不同而引起的歧义。它主要有下面这几种类型。

（一）由层次构造不同而引起的歧义

这类歧义是指同一种线性序列具有多种组合层次和构造。比如“咬死了猎人的狗”就是这样一种歧义形式，它既可以是“咬死了猎人的／狗”，也可以是“咬死了／猎人的狗”，如果不放到特定的语境中，它的组合层次便不明确。同类的如：

告别山区的青年	没有必要的批评（是有害的）
赠荷兰图书	撞倒妹妹的自行车
看了三天了	运了一个月的煤
放大了一点儿	骑好车（很重要）
新职工宿舍	两个工厂的工人
弟弟和妹妹的同学	关于韩寒的评论

（二）由语法结构关系不同而引起的歧义

这类歧义是指同一种线性序列、同一种组合层次具有多种结构关系。比如“经济困难”既可理解成偏正结构，也可理解成主谓结构；“我们工人”既可理解成偏正结构，也可理解成复指结构；“学习文件”既可理解为偏正结构，也可理解为述宾结构。同类的如：

食堂卫生	教学规范
他们学校	你们领导
修订方案	表演节目
烤红薯	煮鸡蛋

（三）由语义关系不同而引起的歧义

这类歧义是指同一种线性序列、同一种组合层次、同一种句法关系具有多种语义关系。比如前面所举的“通知的人还没有来”，其中“通知的人”既可以理解成通知这个动作的发出者（施事），也可以理解成通知这个动作的接受者（受事）。同类的如：

相信的是傻瓜	开刀的是她
王老师已经问了	这个人谁都不认识
汽车运走了	鸡不吃了
鲁迅的书（很丰富）	母亲的回忆（令人难忘）

三、歧义的现实性和可能性

歧义在形式上表现为同一种线性序列，但具有不同的层次构造、不同的句法关系。形成歧义的主要原因是语言结构有限而意义可以多种，用有限的结构表达无穷的意义不可能不产生一个语言结构表达多种意义的现象。问题是，同样是“数量＋N_1＋N_2”，比如“两个学校的领导”和“两所学校的领导”，为什么前者有歧义（既可理解为“来自两个学校的领导”，也可以是“两个来自学校的领导”）而后者没有歧义（只能理解为“来自两个学校的领导”）呢？这就牵涉到歧义的现实性和可能性问题，实际上也是歧义产生的条件问题。

我们看到，线性组合序列或者说句法格式为歧义的发生提供了可能性。例如在上面所谈到的由语义关系不同而引起的歧义中，“V＋的＋N”（及物动词＋的＋名词）这种偏正结构具有多义性：N既可以是V的施事，也可以是V的受事，比如“通知的人（还没来）”既可以理解为发出通知的人（还没来），也可以理解为被通知的人（还没来）。类似的情况很多，像“培养”“关心”“请”“约”“要”“骂”“打”“投诉”“反映”“上告”“夸”等进入这样的结构都可产生歧义。又如“处所词＋V＋着＋N”这个句法格式也具有多义性。例如“山上架着炮”，既可以表示炮架在山上这样的存在义，也可以表示山上正在架炮这样的进行义。类似“山上架着炮”的句子还有“屋里摆着酒席”“河边种着树”等。再比如“N_1＋在＋处所＋V＋N_2”这个格式，“弟弟在桥上画画儿”既可以理解为“弟弟站在桥上画画”，也可以是“弟弟把画儿画在桥上”。类似的句子还有“他在车厢上贴标语”“他在火车上写字”等。

虽然同一个线性序列为包装多种意义提供了可能性，但歧义的实现是需要现实条件的。同一个线性序列，能进入其中的聚合成分是有差异的，当这些不同的聚合成分组合成语言单位时，也会具有差异。比如同样是“V＋的＋N”，当V是“采购”“设计”“编辑”“买”“卖”“煮”“读”时该结构就没有歧义，此时的N只能是V的施事而不能是受事。这是因为“采购”类动词和“通知”类动词不一样，“采购”类动词一般只能是人发出动作行为，而不会是承受该动作行为。同样的，如果把“V＋的＋N”中属人的N换成其他的名词，比如“关心的事情（有很多）”，那么也不会造成歧义。也就是说，当N一般为指人或动物的名词而且V所表示的动作既能由N发出，又能支配N时，“V＋的＋N”这个句法格式才能产生歧义，歧义的可能才变成现实。又比如同样是“处所词＋V＋着＋N”，像“台上坐着主席团”“墙角蹲着一个人”“墙上贴着一幅画”“胸前别着一枚校徽”等只能表静态存在义，而“台上演着戏”“台上跳着舞”“教室里上着课”“锅里熬着粥”等只能表动态的进行义，均不造成歧义。这主要是因为“坐”类动词具有［＋附着］的特征，“演”类动词表示一种活动或动态，而像“山上架着炮”这样的“架”类动词则二者兼具，因此产生歧义。而对于“N_1＋在＋处所＋V＋N_2”这个格式而言，只有当处所既可以是N_1发出V这个动作的地方，也可以是动作发出之后N_2存在或附着的地方，才会产生歧义，例如“弟弟在桥上画画儿”。而如果处所不满足上面的条件，那么便不会造成歧义，例如“我在飞机上看大海”只有我坐在飞机上这一读解，而不会是大海在飞机上；“他在鼻孔里滴药水”只能是药水在鼻孔里的意思，而不会是他在鼻孔里。

因此，虽然同一个线性序列提供了歧义的可能性，然而能进入线性序列的聚合成分是具有差异性的，这种差异性还受制于现实生活中的经验或常识，各种因素的综合运用决定了歧义能否从可能变为现实。如果我们能弄清楚歧义由可能变为现实的条件和影响因素，那么就可以更深地理解和把握各种歧义现象，从而在理论和实际应用上将歧义研究往前推进一步。

四、歧义的消除

我们可以运用一定的方法和手段来消除歧义。消除歧义的方法有多种，有的可以利用语音的停顿或轻重来区别意义，比如“写好文章”，在“写”后停顿读成“写/好文章”，意思为写的是好文章；在“写好”后停顿读成“写好/文章”，意思则是写好了文章。停顿的不同显示的是结构层次的不同。但更多的歧义结构是需要通过句法手段来消除的，因此下面主要谈几种消除歧义的句法分析方法。

（一）层次分析法

层次分析法可以分化因内部结构层次差异而造成的歧义现象。例如：

（1）告别山区的青年

①偏正

②动宾

（2）准备了一个星期的干粮

①动宾

②偏正

（3）新 职工 宿舍

①偏正

②偏正

（4）弟弟 和 妹妹的 同学

①联合

②偏正

不过，对于那些构造层次相同而结构关系不明确（如“经济困难”）或语义关系不明确的结构（如“通知的人”），层次分析法就无能为力了，只能借助其他的分析方法。

(二) 变换分析法

对层次相同而结构关系不明确或语义关系不明确的歧义现象，常见的分化歧义的方法是变换分析法。变换分析法就是通过添加、删除、移位、替换等手段来分析句法结构的方法。

对那些结构层次相同但结构关系不同的，基本上可以根据结构关系添加一些不改变结构关系的成分来分化歧义。例如：

（1）经济 困难

└──┘ └──┘ ①偏正 （添加“的”：经济的困难）

└──┘ └──┘ ②主谓 （添加“很”：经济很困难）

（2）你们 领导

└──┘ └──┘ ①偏正 （添加“的”：你们的领导）

└──┘ └──┘ ②复指 （添加“这些”：你们这些领导）

（3）煮 鸡蛋

└┘ └──┘ ①偏正 （添加“的”：煮的鸡蛋）

└┘ └──┘ ②动宾 （添加“了”：煮了鸡蛋）

（4）学习 文件

└──┘ └──┘ ①偏正 （添加数量：这份学习文件）

└──┘ └──┘ ②动宾 （添加动量：这次学习文件）

上述例子中所添加的成分都是用来凸显已经存在的结构关系。

对于因语义关系不同所造成的歧义，除了通过添加某些成分外，有时还需要采取其他变换分析方法来分化歧义。例如：

(5) 通知的人→A. 他们通知的人 B. 通知他们的人

这是通过添加动作的发出者或接受者来分化歧义。这种添加是将隐含的语义关系凸显出来。

(6) 这个人谁都不认识→A. 谁都不认识这个人 B. 这个人（都）不认识谁

这是通过移位来分化歧义。

(7) 河边种着树→A. 河边正在种树 B. 树种在了河边

A 句是通过添加“正在”，同时删除“着”，B 是综合运用移位、替换的手段（将“树”移至句首，“着”替换成“在”）来分化歧义。

变换分析法可以揭示不同结构之间意义的关联，有助于辨析句法意义之间的细微差别，能有效地分化歧义句式，不过，变换分析也有局限，它不能有效地解释造成歧义句式的原因，要解释歧义句式的原因，还需要借助其他的分析方法。

(三) 语义特征分析法

上面说到，变换分析法虽然可以有效地用来分化歧义句式，但不能用来解释造成歧义的原因。如“台上坐着主席团”和“台上演着梆子戏”具有相同的格式，都是“处所词＋V＋着＋N”的句法形式，而且内部构造层次、语法结构关系都相同，为什么会有不同的语义结构关系？变换分析无法回答这个问题，这需要运用语义特征分析来作出回答。

语义特征分析法是根据组合关系中语法单位的区别性语义特征来进行句法分析的方法。它往往通过对比相关句法结构中某类词的区别性语义特征来说明造成歧义句法格式的原因。比如，“台上坐着主席团”和“台上演着梆子戏”这种“处所词＋V＋着＋N”格式之所以可以分化为不同的语义关系，关键在于动词V。不妨比较一下下面这些句子中的动词：

(1)

A	B
台上坐着主席团	台上演着梆子戏
床上躺着病人	大厅里跳着舞
黑板上写着字	隔壁开着收音机
门上贴着对联	锅里炒着菜
墙上挂着画	嘴里哼着小曲儿

经过比较发现，A组的动词“坐”“躺”“写”“贴”“挂”等虽然具体的意思各不相同，但它们都含有“附着于某物”这个共同的语义特征，记为［＋附着］；B组的动词“演”“跳”“开”“炒”“哼”等，它们都不具有［＋附着］的语义特征，记为［－附着］。正因为A组动词具有［＋附着］的语义特征，所以它能变换为“N＋V＋在＋处所”（如“主席团坐在台上”）而不能变换为“处所＋正＋V＋着＋N”（＊台上正坐着主席团）。B组则与A相反，它不能变换为“N＋V＋在＋处所”（＊梆子戏演在台上）而只能变换为“处所＋正＋V＋着＋N”（台上正演着梆子戏）。如果动词具有［±附着］的语义特征，那么句子就是有歧义的。比如“山上架着大炮”“河边种着树”等，动词“架”“种”既可以有［＋附着］义特征（通过“架”“种”等方式，“大炮”“树”固定或附着于“山上”“河边”处），也可以没有［＋附着］这种语义特征。因此，它可以有两种变换方式。例如：

(2) 山上架着大炮　［±附着］→

A. 大炮架在山上（N＋V＋在＋处所）　［＋附着］

B. 山上正在架大炮（处所＋正＋V＋着＋N）　［－附着］

又比如：

(3) 死了三天了　等了三天了　看了三天了　挂了三天了

这四个句法结构都是“V＋了＋时量＋了”的格式，但在语义上有所不同。“死了三天了”是指明“死”这一动作完成后所经历的时间；“等了三天了”是说“等”这一动作持续的时间；“看了三天了”既可以是“看”这一动作完成后所经历的时间（如“这本书我早看完了，看了三天了”），也可以是“看”这一动作持续的时间（如“这本书我都看了三天了，还没看完”)，因此它是有歧义的。而“挂了三天了”既可以表示“挂”这一动作完成后所经历的时间（如“这画我早就挂上了，都挂了三天了”)，也可以是“挂”这一动作持续的时间（如“这画太难挂了，我挂了三天了，还没挂上”)，还可以是“挂”这一动作所造成的事物存在状态所持续的时间（如“画挂在墙上，都挂了三天了，也没人来看”)，它的歧义情况更为复杂。

为什么同是“V＋了＋时量＋了”格式，有的有歧义，有的没歧义，而且歧义的情况还不一样呢？原因在于动词不同的语义特征对时量词语的语法意义具有不同的制约。像“死”“伤”“断”“熄”“塌”“丢”“到位”等这样的“死”类动词具有［＋完成，－持续］的语义特征；像“等”“盼”“哭”“追”“养”“考虑”等这样的“等”类动词具有［－完成，＋持续］的语义特征；像“看”“听”“讲”“教”“剪”“研究”等这样的“看”类动词具有［＋完成，＋持续］的语义特征；而像“挂”“插”“贴”“穿”“系”“摆”“戴”等这样的“挂”类动词具有［＋完成，＋持续，＋状态］的语义特征。动词语义特征的不同是造成“V＋了＋时量＋了”格式有无歧义、歧义多少的原因。

语义特征分析法不仅对歧义句式进行了分化，而且也使我们认识到歧义出现的原因，将形式和意义结合在一起进行分析，深化了句法格式的研究。

(四) 语义指向分析法

由于句法形式和意义之间存在着错综复杂的关系，在句法的组合序列中，不仅直接成分有语义上的联系，而且一些间接成分之间也存在着语义关系。比如：

(1) 砍光了　　砍累了　　砍钝了　　砍坏了

从形式上看，它们都是述补结构“V＋R（结果）＋了”的格式，但仔细分析会发现，补语成分在语义的指向上各不相同。“砍光了”中的“光”指向砍的受事，如“树都砍光了”；“砍累了”中的“累”指向砍的施事，如“他砍累了”；“砍钝了”中的“钝”指向砍的工具，如“这把刀都砍钝了”；而“砍坏了”中的“坏”既可以指向砍的受事，如“他把木头砍坏了”，也可以指向砍的工具，如“他把刀都砍坏了”。这说明“砍坏了”是一个有歧义的结构。

上例所说的“指向”就是语义指向。它指的是句法结构中某一成分跟另一成分或几个成分在语义上的直接关联性。而通过分析句法结构中某一成分的语义指向来揭示并说明某些语法现象的句法分析方法就叫语义指向分析法。例如：

(2) A. 我们在飞机上看三峡

B. 她在头发上别了一朵花

C. 我在门缝里发现了小王

D. 我在屋顶上发现了小王

A 句的“在飞机上”指向施事“我们”，而不能是受事“三峡”；B 句的“在头发上”指向受事“一朵花”，而不能是施事“她”；C 句“在门缝里”指向动词“发现”，表明这一动作发生的场所，而不能指向施事“我”和受事“小王”；D 句的“在屋顶上”既可以指向施事“我”（表示我在屋顶上，小王所处之地并不清楚），也可以指向受事“小王”（表示小王在屋顶上，我的位置并不清楚），还可以指向动词“发现”（表示“在屋顶上”是发现这个动作发生的处所）。因此，D句是一个歧义句，造成歧义的原因跟我们的生活常识和经验有很大的关系。

以上举例说明了语义指向分析在歧义研究中的运用。语义指向分析的运用深化了我们对汉语语义结构的研究，为进一步探讨句法形式和意义之间的对应关系提供了一种有效的分析手段。

（五）语境分化法

上面主要介绍了几种消除歧义的分析方法。从分析中可以看出，通常所说的歧义都是作为一种抽象格式而存在的，如果放到特定的语境中，常常不再出现歧义。有时换个特定的词语，这种歧义也就不存在了。

如“撞倒妹妹的自行车”“放大了一点儿”“学习文件”“通知的人”在下面的句子中都只有一种意思：

（1）A. 他撞倒妹妹的自行车后就一溜烟跑了。（撞倒／妹妹的自行车）
　　B. 哥哥拉住那辆撞倒妹妹的自行车不放。（撞倒妹妹的／自行车）

（2）A. 照片放大了一点儿，正合适。（放大了／一点儿）
　　B. 照片放大了一点儿，还得再缩小点儿。（放／大了一点儿）

（3）A. 这份学习文件很重要，不要弄丢了。（偏正关系）
　　B. 这次学习文件很重要，不要迟到了。（动宾关系）

（4）A. 去通知的人还没有来。（“人”是施事）
　　B. 被通知的人还没有来。（“人”是受事）

另外，在现实的交际过程中，说话的双方、场景、身份等具体语境都会对说话的内容产生影响，有一定的限制作用。比如，在学校食堂里，一个学生对食堂师傅说“我要煮鸡蛋”，这里的“煮鸡蛋”指的是“用煮的方式做好的鸡蛋”，而不会被理解成“我要去煮鸡蛋”。因此，如果放到特定的语境和交际场景中，常常不再出现歧义。

思考题

1. 有人认为“三个人就抬起了五百斤”存在歧义，当副词“就”语义指向“三个人”时，表示三个人人数少而五百斤分量重，当“就”语义指向“五百斤”时，表示五百斤分量太轻，三个人人数多。你认为有道理吗？

2. 你认为“他追得我满头大汗”有歧义吗？如果有，请你运用相关的方法来分化其中的歧义。

3. 请你举例说明层次分析法、变换分析法、语义特征分析法和语义指向分析法在歧义分析中的作用和局限。

4. 有人说实际上并不存在真正的歧义现象，因为在语境中通常所说的歧义都不存在了。对此，你怎么看？

5. 请自己动手再搜集一些例子，归纳出一两种新的歧义格式，并加以分析，尝试运用我们所提到的分析方法来消除歧义。

第九节 复句

一、复句概说

(一) 复句的定义

分句是结构上独立、语义上不自足的小句。复句是由两个或两个以上意义密切相关、结构互不包含的分句构成的语言单位。复句与单句的区分，可以从三个方面进行。

1. 句法结构

一般认为，单句各构造单位之间相互包含、相互充当句法成分，有主谓、述宾、述补等句法关系。而复句各构造单位之间相对独立、互不包含，互不充当对方成分，彼此没有类似的句法关系。以主谓短语为例，它们一般是最适合充当分句组成复句的。例如：

（1）虽然孩子们长大了，但是做父母的老是放心不下。（主谓短语＋主谓短语）

但是，如果主谓短语在句中处于跟其他单位相互包含、相互充当句法成分的地位，构成的就不是复句。例如：

（2）孩子们长大了让母亲很欣慰。

（3）我知道孩子们长大了。

（4）孩子们长大了的事实令父母忧喜参半。

在这些例子中，主谓短语“孩子们长大了”分别充当主语、宾语、定语，因此这些句子都不是复句，是单句。

此外还要注意一些所谓的“复句形式”，即形式上跟复句一样，但从全句地位看，只是单句中的某个句法成分。例如：

（5）至于这一回在弹雨中互相救助，虽殒身不恤的事实，则更足为中国女子的勇毅，虽遭阴谋秘计，压抑至数千年，而终于没有消亡的明证了。

例（5）中，“这一回在弹雨中互相救助，虽殒身不恤”“中国女子的勇毅，虽遭阴谋秘计，压抑至数千年，而终于没有消亡”分别存在某种逻辑关系，但它们各是“事实”“明证”的定语，整个句子总体看来仍是单句。

2. 关联词语

关联词语无疑是复句最重要的形式标记，具体说来，关联词语的作用主要有：

第一，显示。关联词语可以把分句间隐含的较为单纯的语义关系直接显现出来。

例如，“罪不可恕，情有可原”这一复句，其隐性的转折关系，可通过添加“虽然……但是……”等关联词语彰显出来。

第二，选示。复句各分句间隐含的语义关系往往允许做多种理解，关联词语可以有选择性地只显示其中一种。例如，“风息了，雨停了”这一复句，允许添加表并列关系的“也”、表选择关系的“或者……或者……”、表承接关系的“然后”、表递进关系的“不仅……而且……”、表因果关系的“因为……所以……”、表条件关系的“只要……就……”等。

第三，强化。通过同时使用表达不同逻辑关系的关联词语，可以把复句各分句间隐含的多种语义关系都显示出来。例如，“即使是个别情况，但也是重要情况”一句，“即使……也……”格式又加上了“但”，从而突出强调了让步、转折两种语义关系。

值得注意的是，关联词语并非复句的必要成分。有些分句完全可以凭借彼此的意义有效地整合在一起，像下例就是用意合法组成的一个多重复句。例如：

（6）世界多极化和经济全球化在曲折中发展，科技进步日新月异，综合国力竞争日趋激烈，世界的力量组合和利益分配正在发生新的深刻变化。

此外，作为一种语法手段，关联词语也并非复句所特有，单句也是可以用的。例如：

（7）只有社会主义才能救中国。

3. 停顿

停顿是分句与分句之间的形式标志。复句的分句之间一般要有停顿，书面上大都用逗号、分号或冒号来表示，如上述各例。

语音停顿及其书面标志，对识别复句有一定帮助，但这并不是绝对的。有些较长的单句，为了换气或者强调某个成分，句中常需要停顿。像介词短语、方位短语充当的句首状语后面，经常会出现停顿，但整句却是单句。例如：

（8）在祥子眼里，曹先生必是孔圣人。

与之相反，有些复句的分句之间没有停顿，成为所谓的紧缩复句。例如：

（9）你去我就去。

（二）复句的关系类别

1. 复句的分类原则

复句分类有许多角度，比如，按分句间层次数量的多少，可以分出单重复句和多重复句；按分句间有无停顿，可以分出一般复句和紧缩复句；按复句中有没有关联词语，可以分出意合复句和形合复句。但毫无疑问，其中最重要的，是按分句之间的关系为复句分类，这是建构整个复句系统的基础。为此，先明确一下复句关系分类的若干基本原则。

一是要以语义关系为分类依据，以关联词语为分类标准。分句同分句之间的关系有隐性与显性之别，前者只是分类的基础，后者才是分类的标准，并通过关联词语反映出来。

二是分类原则必须具有同一性和彻底性，分类结果必须具有切实性和全面性。同一性，指所持原则标准要始终同一，不任意变动。彻底性，指所持原则标准能贯彻到所有复句，不能仅适用于一部分复句。切实性，指分类结果须切合语言事实，没有明显相悖之处。全面性，指分类结果能统摄所有事实，没有重大遗漏。

迄今为止，复句的关系分类仍存在较大分歧，一个重要原因就在于作为分类基础的复句语义本身具有复杂性和多样性。概括起来说，复句的语义关系至少能分出两大层次：一是事理关系或逻辑关系，即客观事物之间的事实上的关系，逻辑上表现为判断与判断之间的关系，或前提和结论之间的关系。二是心理关系或认识关系，人脑在反映事理关系时，不是被动的，而是经过人的主观认识、经过主观的熔铸和选择加以反映，即人对客观事物或关系的主观态度或主观意图。例如，“这个将军虽然屡败，却能屡战”与“这个将军虽然屡战，却是屡败”这两个复句，从事理或逻辑关系上看，大致反映了相同的事实，但偏句和正句语序安排的不同，却反映了说话者不同的心理视点或主观认识：前者意在表扬这个将军的英勇不屈，后者意在批评这是个常败将军。

2. 复句的分类结果

目前复句分类最通行的做法，是把复句按结构关系先分出联合（并列、等立）与偏正（主从）两大类，再按语义差别，在联合复句内部细分出并列、连贯、递进等，在偏正复句内部细分出因果、目的、条件等。我们也采用这一体系。例如：

（1）前边是山，后边是水。

（2）棉花纺成纱，纱织成布。

（3）或者你去，或者我去。

（4）因为风太大，所以比赛改期了。

（5）如果再烧一会儿，水就会开的。

按通行的看法，这五句依次为并列、连贯、选择、因果、假设关系复句。如果忽略上述例句语义上的区分，从结构上进行更大的概括，就可以发现，例（1）、（2）、（3）有共同点，例（4）、（5）也有共同之处。

简单地说，前三句，分句与分句在结构中的地位是平等的，没有主次之分，通常称为联合复句，也叫等立复句。后两句，各分句在结构上的地位是不平等的，能分出主次来，是偏正复句。联合复句与偏正复句的差别在于：

第一，关系能否延长。联合复句增加分句，可以延长关系。偏正复句增加分句，不可以延长关系。例如：

（6）前边是山，后边是水，中间是一片肥沃的土地。

（7）棉花纺成纱，纱织成布，布做成衣服。

（8）或者你去，或者我去，或者我们一块儿去。

（9）因为风太大，又有雨，所以比赛改期了。

（10）如果再烧一会儿，水就会开的，汽也会马上冒出来。

例（6）、（7）、（8）这些扩展了的复句，里面包含三个分句，都处于同一结构层次。其中，新增的第三个分句和第二个分句的关系同于第一个分句和第二个分句的关系。换句话说，增加分句并没有改变关系，而是延长了关系。例（9）、（10）情况则不同：例（9）增加的第二个分句与第一个分句合起来表示原因，第三个分句表示结果；例（10）第一个分句表示假设，第二个分句与新增的第三个分句合起来表示结果。后两句虽然增加了分句，但并没有延长关系。

第二，两分还是多分。联合复句一次可以多分，如例（6）、（7）、（8）一次就能分成三个部分，如果表意上许可，还可以继续扩展下去，扩展之后，分析时也仍然要用多分法。偏正复句内部不管有多少分句，分析它的组成部分时，每次都只能看成两个部分的组合。如例（9）、（10）两例第一步只能分成两个部分，然后再进一步分成两个部分，即使复句内部再行扩展，也只能两分不能多分。

简言之，联合复句可以延长关系，适宜多分，具有开放性。偏正复句则不能延长关系，只适宜于两分，具有封闭性。

二、联合复句

按分句间的语义关系，联合复句可以分为并列复句、连贯复句、递进复句、选择复句、取舍复句、解注复句等六种。

（一）并列复句

前后分句分别叙述有关联的几件事情、几种情况，或同一事物的几个方面，分句之间的语序往往可以颠倒。并列关系从语义上看主要有五种。

1. 并存

表示同时存在的相关的性质、状态或动作。合用的格式有“既……，也……”“既……，又……”等。用“也”，强调后项是前项的补充；用“又”时，后项常常引出另外一层独立的意思。例如：

（1）我们既要有冲天的干劲，也要有科学的分析。

（2）那些人既不许他出门，又不准医生登门。

“也……，也……”“又……，又……”也是常见的表并存的格式，前者连接的分句主语一般不同，谓语可以是相同的；后者连接的分句主语往往相同，谓语则一定不同。例如：

（3）一会儿这只船也冒烟，那只船也冒烟，个个人流着眼泪。

（4）宝全又恨他，又巴不得他来。

单用的格式有“同时”“同样”“并”“并且”“也”“又”“还”等。“同时”更强调动作、情况在时间上的同时存在；“并”“并且”语义上有递进的意思。例如：

（5）我的皮肤陡然感到一阵清凉滑润的舒爽，同时闻到一股茉莉花的香味。

（6）海面起风了，并且天色也暗淡下来。

2. 并行

表示两种或多种动作同时发生。格式有“一边……，一边……”“边……，边……”“一面……，一面……”等。例如：

（7）我坐在火炉跟前，一边抽烟，一边搓着手上的泥。

3. 并举

表示列举并存的情况。格式有“一方面……，另一方面……”“一来……，二来……”“一者……，二者……”“一则……，二则……”等。例如：

（8）城市一方面为人类的生活带来便利，另一方面又形成对人类生存的威胁。

4. 交替

表示动作交替反复发生。格式有“一会儿……，一会儿……”“忽而……，忽而……”“时而……，时而……”“一时……，一时……”“有时……，有时……”等。例如：

（9）一会儿，小妞子像炸了痱子似的哭喊两声；一会儿，祁老人长叹一口气；一会儿天佑太太低声地对小顺儿说两句话。

5. 对照

前后分句说明一正一反两种情况。格式有“不是……，而是……”“不是……，是……”“不……，而……”等。例如：

（10）在内蒙古人民的心中，王昭君已经不是一个人物，而是一个象征，一个民族友好的象征。

（二）连贯复句

又叫顺承复句、承接复句、顺递复句。几个分句述说连续发生的一系列事件、动作或相关的事物、道理，分句的语序一般不能任意颠倒。连贯关系从语义上看主要有三种。

1. 时间上的连贯

几个分句按照时间的先后顺序，说明相继发生的动作、事件。多用于描写人物的行为和叙述事件过程的记叙性文体。例如：

（1）汽车停住，车门打开，机场上响起了一阵雷鸣般的掌声。

2. 空间上的连贯

几个分句按照空间位置的先后，一般是按人的视点顺序排列。可以由里到外或由外到里，由近到远或由远到近，由大到小或由小到大，由上到下或由下到上，等等。多用来说明建筑物的布局、陈设，或说明某种自然景物、某种物体的构造等。例如：

（2）走进大殿，正中是一个约两米高的朱漆方台，上面安放着金漆雕龙宝座，背后是雕龙围屏。

3. 事理上的连贯

几个分句说明的事物在逻辑事理上有一定的先后顺序。例如：

（3）指挥员的正确的部署来源于正确的决心，正确的决心来源于正确的判断，正确的判断来源于周到的和必要的侦察，以及对于各种侦察材料的连贯起来的思索。

连贯复句既可以不使用关联词语，通过分句之间的时空顺序或逻辑事理来组合，如上述三例，也可以借助关联词语从形式上显示分句关系。合用的关联词语有“先……，然后（再）……”“首先……，后来（就）……”等。例如：

（4）你最好先打听清楚，然后再去托政府去查。

单用的有“便”“就”“才”“再”“又”“于是”“然后”“随后”“后来”“接着”“跟着”等。例如：

（5）揪着草，攀着乱石，小心探下身去，又鞠躬过了一个石穹门，便到了汪汪一碧的潭边了。

（6）后来，我妈妈在大部队的医院里碰到了我爸爸，于是他们结合了。

（三）递进复句

又叫进层复句、推进复句。表现在范围、程度、数量、时间等方面，后一分句比前一个分句意义上更进一层。递进关系从语义上看主要有三种。

1. 正递

也叫顺递、顺进。前一分句以肯定意思为基点，后一分句正向顺势推进。代表格式为“不但……，而且……”等。

“不但”是预递词，与它意思相同的有“不仅”“不光”“不单”“不独”“不只”“不特”等。“而且”是承递词，跟它相当的有“并”“且”“并且”“更”“还”“也”“又”“进而”“尤其”“乃至”“甚至”“简直”“就连”等。两者可以合用，也可以单用。从分句间实际的语义关系看，前后分句之间有多种可能：

一是累加，从前分句到后分句，范围扩大。例如：

（1）他不仅能听懂中国话，而且能写中国字。

二是包容，从前分句到后分句，程度加深。例如：

（2）在统一方面，延安的青年们不但做了，而且做得很好。

三是因果，后分句依赖前分句产生，是前分句的结果。例如：

（3）这一下，不但惹了祸，而且连累了邻居。

四是转折，前后分句是两种对立的情况。例如：

（4）湘西不但土匪多如牛毛，而且将军也数不胜数。

2. 反递

也叫反进，即反转递进。前一分句以否定意思为基点，后一分句向肯定意思反向推进。代表格式为“不但不……，反而……”等。除了预递词“不但”“不仅”“不光”“不单”“非但”等，反递句还包括否定词“不”“没”“没有”“未”等，反转词“反而”“反”“倒”“反倒”“倒反”“相反”“反过来”“相反却”“却反而”等。例如：

（5）这种坏人，他不但没开除不用，反而让他当了伙食班班长。

3. 衬托递进

用相关事物的对照比较表示递进，以前一分句衬托后一分句。代表格式有“尚且……，何况……”“连（也）……，别说……”等。“尚且”类词还有“况且”等，“何况”类还有“别说”“甭说”“慢说”“不要说”“不必说”“不用说”“还”“又”“更”等。前后分句常常是在同一性质、状态或动作等方面进行比较，因此后一分句的谓语常省略。这又分两种情况：

一是强衬，就是由深而浅、由高而低、由重而轻、由大而小、由难而易、由强而弱的逆向递进，也叫反逼递进。多用否定式，表示“强的不行，弱的当然更不值一提”。例如：

（6）这浑浊的空气，好人都受不了，何况肺病患者。

二是弱衬，就是由浅而深、由低而高、由轻而重、由小而大、由易而难、由弱而强的顺向递进。多用否定式，表示“弱的况且做不到，强的当然更做不到”，如例（7）。也可用肯定式，表示“弱的行，强的更不在话下”，如下面的例（8）：

（7）就连一双像样的鞋子也没穿过来，更别说嫁妆了。

（8）这个时节，北京尚且已经下雪了，何况哈尔滨呢？

4. 连锁递进

也叫多级递进。句子的意思进了一层，还可以再进一层，以至最大限度。例如：

（9）我这时突然感到一种异样的感觉，觉得他满身灰尘的后影，刹时变大起来，而且愈走愈大，须仰视才见，而且他对于我，渐渐的又几乎变成一种威压，甚而至于要榨出皮袍下面藏着的“小”来。

除第一个分句和最后一个分句，其余分句既是前一分句的承递分句，又是后一分句的预递分句。实际语言中，也有包含多个“不但”类预递词的连锁复句。例如：

（10）气氛不但严肃，不但凝重，而且，简直开始凝固了！

（四）选择复句

几个分句分别叙述两种以上的事物或情况，供人选择。

1. 任选

表示在分句所代表的不同事物或情况中可以“或此或彼”，任凭选择。这种句子口气比较缓和，有商量的余地，所以也叫商选复句。代表格式，单用的有“或者”“还是”，合用的有“或者……，或者……”“是……，还是……”等。从分句间实际的语义关系看，可分为四种。

其一，可选性。为选择行为提供特定的选择范围，有待行为主体实施选择后才能确定，因此，选择项所述多为将来时，具有未然性，通常可转换为“可以……，可以……”。例如：

（1）他们商量把宫里那批字纸卖掉以后，向高便可以在市场里摆一个小摊，或者可以搬到大一点的房子去住。

其二，推测性。以某一已然事实或建立在事实基础上的假设为依据，对原因、结果等进行预测，分句提供的各种猜测，都有待进一步证实。通常可转换为“可能……，可能……”“也许……，也许……”“或许……，或许……”。例如：

（2）这样郁郁闷闷地待下去，或者是发神经病，或者是重进国民党的监狱，或者是受到左翼学生的怀疑、冷落、孤立乃至难以设想的残酷打击。

其三，总分性。不同分句间的关系有以下几种：

第一种，不同分句述说同一整体的各个部分。通常可转换为“有的……，有的……”“有些……，有些……”。例如：

（3）我就认识几个这样的，或是为了进大学抱铁饭碗，或是为了出国一去不回，或是满脑子个人的功名利禄。

第二种，不同分句述说同一时段内交替出现的几种情形。通常可转换为“有时……，有时……”“一会儿……，一会儿……”。例如：

（4）（张铁匠）不时地转向每一个发问者，古铜色的四方脸庞上露出庄重的微笑，或颌首认可，或笑着辟谣，或婉言解释，或郑重说明。

第三种，前一分句述说多数情况下出现的常态情景，后续分句述说特定情况下出现的伴随情景，两者交替出现，但有主有从，后续分句可转换为“……，有时……”。例如：

（5）索米娅快活得很，她总是一面说话，一面朝我转过身子，或者干脆侧着走，说着，哼着什么歌子。

第四种，不同分句举例说明整体的不同情形。例如：

（6）我非常尴尬地待在一边，想说点什么，或者是反驳，或者是解释。

例（6）“或者是反驳，或者是解释”是对整体“想说点什么”的举例说明。

其四，措辞性。提出两种说法，表明在辞词上可以有所选择，“或者”一般带“说”。前后分句语义内容真假实质相同或相近，“或者说”分句只是表达方式不同或者说得更确切、得体些。例如：

（7）后来，我把她忘了，或者说好像忘了。

2. 限选

只能在分句提供的几个限定选项内选定其中之一，非此即彼，没有其他可能，口气肯定。“或者……，或者……”格式，除了任选，也可以表示限选。例如：

（8）或者是你，或者是他，你们两个人只有一个人合格。

“不是……，就是……”常成对使用，前后呼应。若出现第三个限选项，可加上“再就是、再不就是、再不然就是、要不就是、要不然就是”等。例如：

（9）最近天气很不好，不是阴天，就是下雨，再不然就是刮风。

（五）取舍复句

也叫优选复句。说话者在分句提供的两个以上的可能项中，做出明确的选择。既然选择已定，实际上就不存在选择，所以，可以把它们独立为一类。

1. 先舍后取

代表格式为“与其……，不如……”。“与其”可以说成“如其”等；“不如”可以说成“莫如”“何如”“何不”“宁可”“宁肯”“毋宁”等，同时可以前加“倒”“还”“真”“还真”“倒真”“那就”等。例如：

（1）既然赖在家里也没有活路，只会加重父母的心病，还不如到外面去碰一下。

舍谁取谁、孰优孰劣是相对而言的，取决于人们的认识、事物的关系等因素，有时，落选项、优选项可以分别带上贬义或褒义评说成分。例如：

（2）与其出国看洋鬼子脸色受罪，不如待在国内舒服，都是自个儿同胞。

例（2）“出国”不如“待在国内”是说话人的主观评价，分别用了负面消极评价词“受罪”、正面积极评说词“舒服”。

此外，还有“与其说……，不如说……”格式，是在说法准确程度上的择优断定，强调后一种说法比前一种说法更准确、更合适。后项可以出现“更准确些”“更为确切”“更合适”等简单评价。例如：

（3）我觉得，与其说秋是“顽皮的女孩”，毋宁说它是粗壮底汉子更为贴切点吧！

2. 先取后舍

代表格式为“宁可……，也不……”。“宁可”还可以说成“宁”“宁肯”“宁愿”等。

先取后舍与先舍后取有时可以互换，如“宁可短而精，不能长而空”跟“与其长而空，不如短而精”意思差不多。相对来说，先取后舍多表示主观意愿，在选一舍一的态度上十分决绝，前后项的对立显得比较尖锐。先舍后取选择范围要宽一些，只表示说话人的倾向，后项略胜于前项，可以表示客观判断。比较：

（4）宁可站着死，也不跪着生。

（5）与其跪着生，不如站着死。

（六）解注复句

也叫解说复句、解证复句。后面的分句对前面的分句进行解释、说明、补充或总括。一般依靠语序表示，主要标志是冒号，也可以用逗号，偶尔用关联词语。根据分句间的关系，可以分为三种。

1. 追补式

后一分句对前句或前句的某一部分直接予以解说，后一分句前可以有“即”“就是”“就是说”“这就是”“那就是”“意思是”等关联成分。例如：

这回翻山使部队开始养成一种新的习惯：那就是用脸盆、饭盒子、茶缸煮饭吃，煮东西吃。

2. 总括式

一种是先总后分。前一分句先总说一种情况，后边几个分句加以分述。分说部分有的用“有的……，有的……”，有的用数量词“一、二、三……”。例如：

（1）目前，制约钢铁行业发展的主要因素有三点：一是国内的房地产调控政策短期内不放松，二是欧债危机继续困扰全球经济运行，三是美国经济复苏进程缓慢。

一种是先分后总，前几个分句先分说，后一个分句再总起来说，后一分句前可以有“反正”“总之”“总而言之”等关联成分。例如：

（2）也许是她还不了解情况，也许是她不屑于过问，也许是她故意装糊涂，反正，她自始至终不提一字。

有时，也可以先总说，后分说，再总说。例如：

（3）她的性格完全变了：平时喜怒无常，讲话喋喋不休，办事丢三落四，总之，不到一年的时间就像换了一个人。

3. 例证式

一般是结论在前，举例在后。例如：

荔枝也有淡红色的，如广东产的“三月红”和“挂绿”等。

三、偏正复句

按分句间的语义关系，偏正复句可以分为因果复句、目的复句、条件复句、假设复句、转折复句、让步复句等六种。

（一）因果复句

偏句说明原因，正句说明结果，分句间存在原因和结果关系的复句。

1. 说明性因果

就既成事实说明原因和结果，所叙述的事实一般是已经实现了的。代表格式为“因为……，所以……”。“因为”类词有“因”“由于”等，“所以”类词有“因此”“因而”“因之”“于是”“以致”“故”“故而”“就”等。从语序上看，说明因果句有两类：

第一类，前因后果式。由因到果，前分句表示原因，后分句表示结果。为了强调，“因为”前还可以加上“正”“正是”“就”等。例如：

（1）正是因为没有足够的经费，所以我们无法开展活动。

第二类，前果后因式。由果溯因，前分句表示结果，后分句表示原因。常用

“（之）所以……，（是）因为……”格式，“（是）因为”前也可加上“正”“就”等。例如：

（2）我之所以喜欢侦探、间谍小说，是因为这类小说经常把人物置于生死关头。

说明因果句一般是据实直叙，即用来如实陈述现实中的已然事实，如上述两例。但有时也不一定。例如：

（3）因为儿子昨天回来了，所以她要准备许多好菜。（原因已然，结果未然）

（4）因为儿子可能回来，所以她一大早就准备了许多好菜。（原因未然，结果已然）

（5）因为儿子可能回来，所以她要准备许多好菜。（原因未然，结果未然）

2. 推论性因果

以一定的事实或知识前提作为根据或理由，预测、推论出一种新的结果，这种结果不一定是实现了的，也可能是不真实的。代表格式为“既然……，就……”。“既然”可以单说成“既”，有时与“……的话”配合，舒缓语气。“就”类副词有“便、也、还”等，主语前边可以用上“那么”“那”“所以”“因此”“于是”等。

“既然……，就……”的常式是据因推果、由因寻果。一般是根据已然的事实，推断客观情况或者表示主观反应。后一分句有表示可能性、必要性、肯定性的词语“可能”“必须”“要”“得”“一定”，或者表示只好接受某种事实的“只好”“只有”等语气副词。例如：

（6）既然他天不亮就已经从家里动身了，那么，他一定能在天亮前赶到工地。

变式是据果推因、由果溯因，由已然的事实推断可能的原因。后一分句常出现“一定”“肯定”“准是”等。这种推测完全是说话人主观做出的，或许并不是事实。例如：

（7）既然大家一致推举他为会长，那么，可以肯定平时他在大家心目中的威信一定比较高。

从语序上看，不论是据因推果还是据果推因，先因后果的安排很常见，先果后因的形式较少，因为作为推论前提的“既然”分句一般很少居后。例如：

（8）她不愿再忍受那种不适，既然没有理由再忍受下去。

（二）目的复句

偏句提出一种动作行为，正句说明所要达到的目的。根据行为与目的的关系，可以分为两种。

1. 积极性目的

前分句表示行动，是实现某种愿望的凭借；后分句表示正目的，是采取某种行动所要实现或获取的某种结果。

代表格式为“……，以便……”。“以便”的意思大致为“用来便于达到……的目的”，用于后一分句。例如：

（1）稿件字迹要清楚，以便工人能顺利排版。

“以便”类的词还有“以”“借以”“用以”“好让”“好使”“好”“以便于”“为的是”等。“以”的使用要受音节的限制。“借以”以某种行为作为某种凭借的意思比较突出。“用以”强调“利用来”的意思。“好让”“好使”口语性强，重在表明通过某种行动便于实现某种目的。“好”口语性最强。

另一代表格式是“为了……，……”。后一分句可出现“才、便、就”等副词，以跟“为了”呼应。例如：

（2）当晚，主人为了照顾我们的疲劳，很快就引我们到一户农家安歇去了。

2. 消极性目的

前分句表示行动，是实现某种愿望的凭借；后分句表示负目的，是采取某种行动所要避免或不希望出现的后果。

代表格式为“……，以免……”。例如：

罢课的学生必须尽快复课，以免别有用心的人乘机捣乱。

“以免”类的词有“以防”“免得”“省得”等。“以防”书面语色彩较浓。“免得”常用于口语。“省得”口语色彩更浓，偶尔可以充当前分句来突出强调目的。

从某种角度看，目的关系可以算作一种广义的因果关系，即行为和目的其实是互为因果的：一方面，“目的”是引起、促发“行为”的动机、原因。另一方面，“行为”也是“目的”得以实现或避免的原因、手段。体现在形式上，“以便”“为了”等目的复句都可以转换成“因为……，所以……”等因果复句。譬如，例（1）可变成“稿件字迹之所以要清楚，是因为这样工人就能顺利排版了”。

（三）条件复句

偏句提出一种条件，正句说明满足这种条件所产生的结果。

1. 充分条件

这是一种蕴涵关系，即如果具备某一条件，就一定会产生某一结果；但如果不具备这一条件，也不一定没有该结果。代表格式为“只要……，就……”，此外，可以构成条件句的关联副词还有“便”“都”“总”“总是”等。

充分条件考虑的只是条件与结果间的真假制约关系，并不考虑条件或结果本身是不是事实。因此，前后分句所述情况可以是一般时，用于陈述、总结经验与规律，如例（1）；可以是将来时，反映说话人的可能性假设，如例（2）；也可以是与已然事实相反的反事实假设，如例（3）。后两种情况，“只要……，就……”带有虚拟性，可以跟“如果……，就……”句式转换。例如：

（1）一个三角形只要是等边的，它就是等角的。

（2）只要给他们以音乐的教育，他们就能够成为音乐界的杰出人物。

（3）只要太阳从西边出来，我就答应你。

此外，“只要……，都……”“只要……，总（是）……”也可以表示充分条件。

“都”与“总”一样，有总括、遍指的意思。“都”较为客观，语义上指向前一分句中的某个成分。“总（是）”主观性强，表示在前面的条件下，结果一定、必定如此，语气十分肯定。例如：

（4）我们种的西瓜只要运到市场，都被抢购一空。

（5）只要我一出门，他总是要跟着我。

例（4）中，“都”语义上指向全句主语“我们种的西瓜”。例（5）中，“总是”含有依然如此、始终不变的意思。

2. 必要条件

必要条件是不可或缺的条件，必须满足或只有满足这种条件，才会有某种结果，不能缺少，也不能更换。代表格式为“只有……，才……”。“才”的后头常出现“能、会、有可能”等词。

必要条件的唯一性是说话人主观认定的结果，跟现实世界存在的事物关系、逻辑上讲的抽象条件不完全等同。例如：

（6）你只有坐火车，今晚才能到上海。

在现实生活中，“今晚到上海”其实可以有许多选择，如坐火车、乘飞机、由高速公路坐汽车，但说话人认为其他可能都不存在，或者不在考虑范围之内。因此，说话人把“坐火车”这一条件限定为必不可少的、不满足不行的唯一条件，语气坚决，强制性地迫使听话者接受认可。

跟充分条件“只要……，就……”一样，必要条件“只有……，才……”考虑的只是条件与结果的真假制约关系，不考虑条件或结果本身是不是事实。因此，前后分句所述情况可以是一般时，也可以是将来时，甚至是与已然事实相反的反事实假设。后两种情况，“只有……，才……”带有虚拟性，可以跟“如果……，就……”句式转换。例如：

（7）这种菜只有腌着吃，味道才鲜。

若说话人一边吃着腌菜一边说这话，或者吃完腌菜许久后再进行经验总结，那前后分句都是已然发生的事实。若说话人说这句话时，并没有吃到腌菜，只是一种主观设想，前后分句所述就都是未然的。若某种菜事实上根本就不能腌着吃，那就是一种反事实假设。

“除非……，才……”也是表达必要条件的格式。不过，“只有”是从正面确认条件，常用来表示一般的必要条件，只能构成“只有……，才……”一种格式；而“除非”是从反面排除其他条件后提出特定的条件，可以构成“除非……，才……”“除非……，不……”两种格式。例如：

（8）除非有特效药，她才可能被救活。

（9）除非有特效药，她不可能被救活。

“只有……，才……”与“只要……，就……”不同。首先，“只要”可以后置和独用，“只有”一般不能后置与独用。其次，充分条件是“有它就够”，必要条件是“缺它不可”。再次，“只有”表达的是强制性条件，着重强调“必要”的一面，口气坚定，要求偏严；“只要”表达的是宽容性条件，着重强调“足够”的一面，口气缓和，要求偏宽。

3. 无条件

代表格式为“不管……，都……”。“不管”类词有“不论”“无论”“任凭”等，“都”类词有“总”“还（是）”“就”“也”“全”等。有时为了强调，结果分句可以前置。

“不管……，都……”句式跟其他条件句相比，最大的不同在于：充分条件、必要条件的语义构成一般只涉及一种情况。无条件分句不能是单一的，前面的分句往往需要提出不止一种情况，全句表示在任何一种情况下都会产生后一分句所述的结果，结果的产生不以条件为转移。具体有三类：

其一，多面列举式。条件分句包括两个或多个具体可能选项，这些选项往往是不穷尽的，只是择其要者加以列举。选项之间可以用“和”“还是”“或者”“也好”“也罢”等连接。例如：

（10）不管是热心也好还是担心也好，总之韩百发感到他的场圈反正是越来越厚了。

其二，多面总括式，也被称为横括式。选项之间呈现为横向并列性选择关系，一般是两个或几个方面的情况。条件分句中有表示横向总括的疑问代词，在分句中充当主语、宾语等。例如：

（11）你无论走到哪里，都有股清香的稻谷的气味冲着鼻孔。

其三，单面总括式，也被称为纵括式。选项之间呈现为纵向梯度性选择关系，一般是一个方面的情况本身存在的种种量度差异。条件分句中有表示纵向总括的疑问代词或副词，在分句中充当状语、定语等。例如：

（12）当军人的不论多疲劳，宿营下来头件事是先看地形。

条件复句跟因果复句有一定的联系。简言之，因果关系是客观事物间的一种已然联系，原因是导致结果产生的客观事实；而条件关系仅表示事物间抽象的、有规律性的联系，不涉及现实性问题。如果前后分句均表示已然的事实，条件句与因果句则可以互换。例如“我们大家一条心，才把事情办好的”可换成“因为我们大家一条心，才把事情办好的”。

（四）假设复句

偏句提出假设，正句说明由此产生的结果。代表格式为“如果……，就……”。“如果”类词有“如”“若”“如若”“若是”“要是”“假若”“假使”“倘如”“倘若”“万一”等，“就”也可以说成“便”“则”，前边还可以有“那”“那么”等。假设句可分为五种。

其一，推知性假设。由某种假设推知某种结果，作为一种求果假设，重在客观展示事物的发展。结果分句一般包含“能”“会”“得”类助动词。例如：

（1）倘若用手指按住它的脊梁，便会啪的一声，从后窍喷出一阵烟雾。

其二，违实性假设。由非事实或已被否定的事实，引出明显违反事实的结果。

例如：

（2）如果这家里没有你，我老早就死了。

其三，对比性假设。把既成事实当作假设，如果承认这一假设，就应该承认相应的结果。前后分句在逻辑上不一定有蕴涵关系，但两者具有类同点或者差异点，可以构成对比。例如：

（3）如果金钱尚可以补偿的话，那么青春却是逝水难复了。

其四，解证性假设。“如果”引出某个事实，后一分句对这个事实进行评说、解释或证实。例如：

（4）对于我，如果也有幸福的时代，那就是在农村度过的童年时代。

其五，倚变性假设。由某种假设引发某种应变的行为，重在从主观上表明态度和对策。例如：

（5）你如果不娶我，我就死！

最后比较一下假设复句与条件复句。两者都表示假言判断，逻辑基础相同，常可彼此替换，两者的区别在于：首先，“如果”侧重虚拟；“只要”侧重条件。其次，“如果”可形成两面假设、正反配合的用法，正反两面轻重平衡，显得客观、冷静；“只要”在正反两面中具有选择性和强调性，偏重于更积极的一面。

（五）转折复句

转折复句是偏句先说一个意思，正句不是顺着偏句的趋势说，而是转向了另一个相反或相对的方向。根据转折轻重程度的不同，可分为重转、轻转和弱转三类。

1. 重转复句

偏句与正句的语义存在不可调和的矛盾，转折意味贯穿全句。前一分句有预示转折的“虽然”类词，包括“虽”“虽说”“虽则”“尽管”“固然”“诚然”等。后有“但”类词与之呼应，包括连词“但是”“可是”“可”“然而”“不过”，副词“却”等。

重转句的语义表现是偏句与正句之间的逆转关系，说话人认为偏句所述情况是真实的，但同时认为这一事实对于正句结果的产生并不具有决定性意义。换言之，按照人们的常态理解，在非偏句的情况下，正句所述产生的可能性更大，可事实是在偏句的情况下也仍然有相同或相似的结果。例如：

（1）九斤老太虽然高寿，耳朵却还不聋。

人们在“九斤老太高寿”这一条件下的正常预设为“耳朵会聋”，可事实却出乎意料“耳朵不聋”。

有时，偏句“虽然……”可以后置，起补充说明作用，“虽然”只能在主语前，正句中不能有转折词。例如：

（2）听不清他说了什么，虽然他的嗓音很清楚。

“固然……，但……”格式也可以表示重转，但“固然”比较典雅，多出现在书面语中。“固然”句有议论性，偏句所述常属交际双方共有的已知信息，或是公认看法，或是对方某种观点，正句据此发表个人见解。例如：

（3）地位悬殊的人固然不易相爱，而血缘关系太亲密的人也不易相爱。

2. 轻转复句

偏句与正句之间的语义是相对的，并非存在不可调和的矛盾。代表格式为“……，但……”，前一分句不出现预示转折的关联词语，后一分句用“但”类词直截了当地突然转折，也叫直转、突转。语义上有三种：

其一，因果违逆。偏句为因，正句是逆着原因而出现的结果。例如：

（4）他内心很是悲哀，但忍住没有让眼泪流出来。

其二，直接对立。两件事情同时存在，互相对立。例如：

（5）蜜蜂是渺小的，蜜蜂却又是多么高尚啊！

其三，稍有抵触。两件事情同时存在，并不对立，正句对偏句进行订正补充。例如：

（6）我想送他一件礼物，可是不知道送点什么好。

轻转与重转存在一系列差别。首先，从转折语势看，“虽然……，但……”是重转，转折意味强，从“虽然”就可以预知后面的转折。“……，但……”是轻转，仅从前一分句，还不知道后面会有转折。其次，从表达效果看，“虽然……，但……”是容认并让开偏句所述事实，从而突出正句事实。“……，但……”仅是表明前后两句有转折关系。再次，从构成基础看，如果前后分句不存在因果逆转的语义关系，一般不能用“虽然……，但是……”格式，如上例“蜜蜂是渺小的，蜜蜂却又是多么高尚啊”不能转换成“虽然蜜蜂是渺小的，但是蜜蜂又是多么高尚啊”。最后，从句式变化看，“……，但……”句，前分句不能后置。

3. 弱转复句

偏句与正句之间的语义基本是一致的，后面的转折是对前句的附加说明、修正补充。代表格式为“……，不过……”。“不过”表示的轻微转折有两种。

其一，弱化转折。前后分句的语义有较强的对立，后一分句实际上可以用转折程度较重的“但是”“可是”“然而”等，使用“不过”便削弱了这种尖锐对立，缓和了口气。

有时，“不过”后边可以加上明显的停顿，通常用逗号表示，此时，“不过”转折意味增强，可以与“虽然”“固然”等关联词语搭配使用。例如：

（7）虽说毛泽东失去了他在中共中央的职务，不过，他毕竟还是国民党的候补中央执行委员。

其二，有限转折。后分句从某个方面、某个角度对前分句做有限程度的修补，还可以带上“罢了、就是了”类词，强调前分句所说的事不容置疑。例如：

（8）她基本上同意了他的求婚，不过还有一个小小的条件罢了。

“……，就是……”也表示有限转折，但只能表示从积极意义到消极意义的转折关系，往往能用“只可惜”来替换。例如：

（9）大家都能按时完成任务，就是质量略有高低。

此外，“……，只是……”也表示有限转折，可添加“罢了”类词。例如：

（10）李成娘跟这口箱子关系很深，只是金桂不知道罢了。

（六）让步复句

让步复句是指偏句先退让一步，正句说明在这种让步条件下所产生的结果。代表格式为“即使……，也……”。“即使”类词有“即便”“即令”“即或”“纵然”“纵使”“纵令”“纵或”“就是”“就算”“哪怕”等。“也”类词有“亦”“还”“总”“依然”“仍然”等。

让步就是权且退一步的意思，偏句先退一步说，把无论是真实的还是虚假的条件都姑且当成一种事实，分句前经常有“退一步说、话再退一步”等说法。例如：

（1）我已经明白告诉过你，我身边没有你想要的东西，退一步说，即使有，我也不会给你。

作为退让一步的“即使……”，是与不退一步的前提句相对而言的，前提句可以用“别说”“别提”“甭说”“不要说”“不用说”等引导，例（1）的前提句是“我身边没有你想要的东西”，可以说成“不要说我身边没有你想要的东西”。

“即使……”表示的让步是虚让，即对虚拟情况的让步，如例（1）假设的情况是“有你想要的东西”。有时这种纯粹的假设在现实世界中完全不可能变成事实，就构成一种夸张性虚让。例如：

（2）即使我变成厉鬼，也要缠着你。

让步复句跟转折复句相比，有转折意味，但不强调对已然事实的转折；跟假设复句相比，有假设的意味，却不把条件当作假设而退一步看作事实；跟无条件复句相比，有条件和结果的关系，却不强调条件和结果的一致性。

四、多重复句

（一）什么是多重复句

所谓多重复句，是指有两个或两个以上结构层次的复句，也叫多层复句。与之相对，只有一个结构层次的复句，叫一重复句或一层复句。

对多重复句，有从分句关系、分句数量，以及层次构造等不同角度作出的不同理解。其中，分句关系既非必要条件，也非充分条件。譬如，有的分句之间有两种不同的结构关系，但仍然只是单重复句。例如：

（1）既然或者你或者他都可以去，就让他去吧。

例（1）有表示因果的“既然……，就……”和表示选择的“或者……，或者……”两种关系，但并不是多重复句。反过来，分句之间可能只有一种结构关系，却是多重复句。例如：

（2）这样多的书刊，如果没有一种科学的方法掌握它，要找到一部自己需要的书，岂不是大海捞针吗?

例（2）是多重复句，虽然几个分句之间只有一种假设关系。

至于分句数量，这也只是必要条件，而非充分条件。多重复句至少要有三个以上的分句，但仅满足这个条件是不够的。例如：

（3）读史使人明智，读诗使人聪慧，演算使人思维精密，哲理使人思想深刻，伦理学使人有修养，逻辑修辞使人善辩。

例（3）有六个分句，但这些分句之间并没有层次差别，所以是一重复句。

对确定多重复句来说，层次构造既是必要条件，又是充分条件。具体说就是，有两个或两个以上结构层次的复句就是多重复句，至于数量上要有三个或三个以上的分句，是满足这一结构层次要求之后的必然结果。这跟句法结构的层次确定比较类似，像联合短语、连动短语即使句法成分再多也只能算一个结构层次，只有各句法成分处于不同层次上时，才能构成复杂短语。

从理论上说，多重复句可以按层次数量的多少，依次叫作二重复句、三重复句、四重复句、五重复句、六重复句等。但日常交际中，用得最多的是二重复句、三重复句、四重复句，五重以上的复句比较少见。

（二）多重复句分析的原则步骤

跟句法结构分析一样，对多重复句，也要正确分析出其结构层次与结构关系。由于多重复句分句数量多、分句层次不止一层，逻辑关系比较复杂，因此，多重复句分析必须遵循一定的原则步骤。

第一，正确划定分句的数目。这是正确分析多重复句的前提。

一是不要少划了分句。从结构上看，不但主谓结构，非主谓结构（包括谓词性短语、体词性短语）也可以充当分句。例如：

（1）A. 至于鲁达，无亲无故，B. 一条光棍，C. 也没有产业，D. 光景是贫农或手工匠出身而于行伍提升的军官。

例（1）中，D 是主谓结构分句，A、C 是非主谓结构的谓词性短语做分句，B 是非主谓结构的体词性短语做分句。

二是不要多划了分句。有时，多重复句可以充当单句的一个成分，这是多重复句的降级使用现象，这时要注意不能把单句误解为复句。例如：

（2）片面地强调读书，而不关心政治，或者片面地强调政治，而不努力读书，都是极端错误的。

例（2）画线部分，是整个多重复句充当全句主语，内部无需再切出分句。

此外，还要注意不能把分句内的某些成分看成独立分句，如句首状语、特殊成分、倒装成分，分句内部由关联词语“无论”“因为”“不管”等引导的成分，等等。例如：

（3）A. 青年时代，是人们精力充沛、才华焕发的时代，B. 所以对每一个有志气的青年来说，只要他方向对头，C. 只要他肯钻肯干，D. 是可以干出惊天动地的事情来的。

例（3）画线部分是状语，不是一个单独的分句。

确定好分句数目后，就可以在每个分句前依次用序号标示出来。

第二，抓住关联词语。关联词语是分句之间结构层次和关系的重要标志，因此，分析多重复句时一定要正确把握关联词语所管辖的范围和所表示的意义关系。例如：

（4）A. 即使人们疑心，｜B. 也只能怀疑他是新到城里来的乡下佬儿，｜｜｜C. 大概不认识路，｜｜D. 所以讲不出价钱来。

例（4）中，首先可以找到“即使”“也”“所以”三个关联词语，其中，“也”的辖域、“所以”前原因分句的辖域，都是需要着力辨清的。从逻辑关系分析，“也”向后管到句末，“所以”的原因分句向前管至分句 B。

找到关联词语后，为清晰起见，可在下面加点作为标记。

第三，正确划定复句的第一个层次。分析多重复句确定第一层的位置和关系最为关键，因为第一层及其关系决定了全句的性质和类型。如果第一层错了，整个多重复句的分析就基本是错的。要正确找出第一个层次，必须综观全局。所谓综观就是要全面地看，不要只看某一部分。例如：

（5）A. 如果没有氧，｜｜｜B. 光有氢，｜｜C. 或者没有氢，｜｜｜D. 光有氧，｜E. 都不能搞成水。

例（5）中，既有表示条件关系的“如果”，又有表示选择关系的“或者”，如果只看局部，就不好判断条件关系是第一层次，还是选择关系是第一层次。全面地看，整个句子是条件与结果的关系（只不过条件部分比较复杂，其中又有多种关系），所以第一个层次应该划在 D、E 分句之间。按照确定第一层次的方法，可依次确定第二、第三等层次及其关系。

第四，注意句意与语言环境。靠意合法组成的多重复句，因为没有关联词语，分句关系的正确理解必须在特定的语言环境中进行。例如：

（6）A. 花种得好，｜｜B. 姹紫嫣红，C. 满园芬芳，D. 可以欣赏；｜E. 菜种得好，｜｜F. 嫩绿的茎叶、肥硕的块根和果实，却可以食用。

例（6）第二层次的关系可以是假设，也可以是因果，但根据吴伯箫《菜园小记》提供的语境，只能是假设关系。

第五，正确处理形式与意义的关系。多重复句分析应坚持形式与意义相结合的原则，即讲逻辑语义时能找到形式方面的验证，讲形式表现时能找到逻辑理据。一般二者是一致的，但有时会产生矛盾。此时，确保分析合理的关键是弄清逻辑语义关系。例如：

（7）A. 我赞美白杨树，B. 因为它不但象征了北方农民的性格，C. 尤其象征了今天我们民族那种质朴、坚强、力争上进的精神，｜D. 所以我总想用我的笔来颂扬它。

这个复句包含四个分句，单纯根据关联词语，会以为分句 D 的“所以”跟分句 B 的“因为”相呼应，从而划错第一层次。实际上，细细体味分句间的意义关系，最后一个分句跟前三个分句构成因果关系。

标点符号也是分句意义关系的重要形式标志，但对其作用的理解，要服从于全句的语义关系。例如：

（8）A. 掌柜是一副凶脸孔，B. 主顾也没有好声气，C. 教人活泼不得；D. 只有孔乙己到店，E. 才可以笑几声，｜F. 所以至今还记得。

仅就分号位置看，第一层的停顿是在分句 D 前，为并列关系。这样，只有 D、E

两个分句跟 F 有因果关系。实际上，从整句逻辑关系看，A 至 E 都是 F 的原因，第一层应划在 F 前，全句第一层是因果关系。

（三）多重复句分析的表示方法

多重复句层次和意义的分析结果，可以用图形、符号来表示，这样比单纯的文字说明更方便。具体的方法有两种。

1. 画线法

也叫加线法、线条符号法。是在复句的各个分句之间用一定的线条来标示结构层次，如用单竖线表示第一层次，用双竖线表示第二层次，用三条竖线表示第三层次，依次类推，有几层就加几条竖线，并在竖线下注明分句间的关系。画线法的优点是简单方便，随句分析，便于操作，也便于检查，随时可以核对分析是否正确。前面分析多重复句时都是采用这种方法，这里不再举例。

2. 图解法

也叫框式图解法、盒式图解法。就是用半方框把属于同一层次的结构框起来，并注明关系。具体的图形有五种，以下句为例：

A. 我想这就和挑西瓜一样：B. 有的看着好，C. 可里边是生的；D. 有的看样子很生，E. 可里边却很甜。

第一，在分句前依次标上序号 A、B、C、D、E，整个复句的分析图示为：

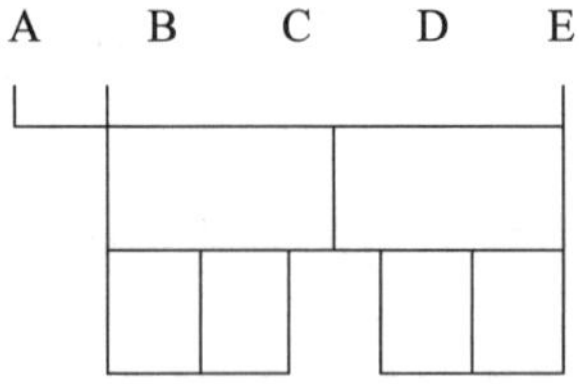

A 和 BCDE 之间是解注关系

BC 和 DE 之间是并列关系

B 和 C、D 和 E 之间分别为转折关系

第二，在分句前依次标上序号 A、B、C、D、E，整个复句的分析图示为：

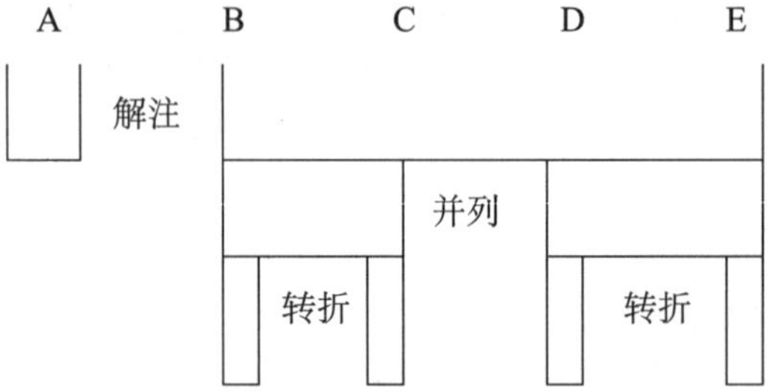

第三，在分句前依次标上序号 A、B、C、D、E，并将序号填入框中，整个复句的分析图示为：

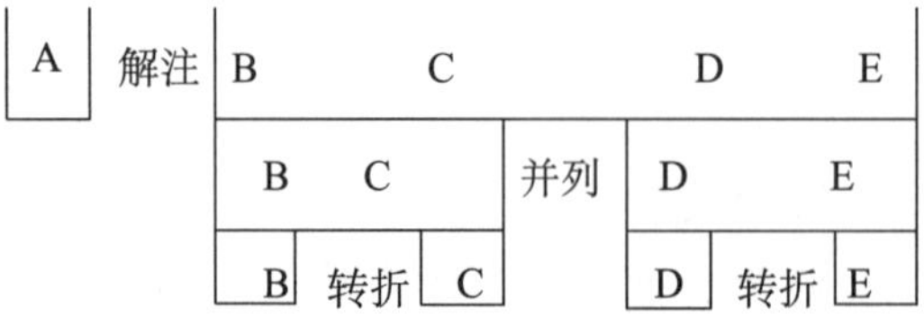

第四，在分句前依次标上序号 A、B、C、D、E，在每个层次上标上层次数，整个复句的分析图示为：

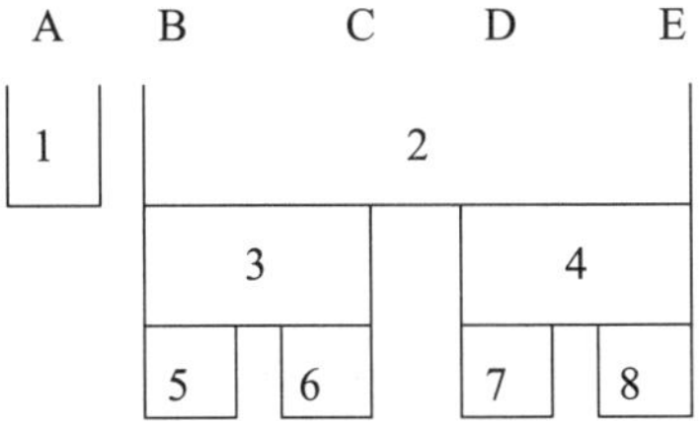

1和2解注关系

3和4并列关系

5和6转折关系，7和8转折关系

第五，在分句前依次标上序号 A、B、C、D、E，整个复句的分析图示为：

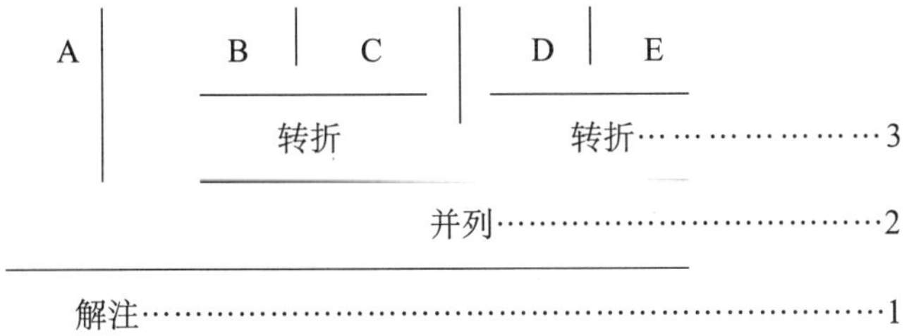

有人把前四种从大到小不断切分的图解法叫作“阶梯形图解法”，把第五种从小到大逐层组合的图解法叫作“树形图解法”。总之，图解法的优点是直观、形象、清晰明了。

五、紧缩复句

（一）紧缩复句的定义

紧缩复句是用类似单句的形式表达复句意义的、介于单句和复句之间的一种特殊句子结构形式。紧缩复句一般由复句紧缩而来。“紧”是指复句内部的语音停顿取消，分句间的联系更加紧凑。“缩”是指复句中某些成分被缩略掉。紧缩复句具有既不同于单句，也不同于复句的特点，表现在以下几点。

首先，结构形式上，像单句而非复句。紧缩复句各部分之间没有语音停顿（书面上没有标点），缩略了一些成分，有时还没有关联词语，结构形式简单明了。像复句“如果你想买，你就快掏钱”可以紧缩成“想买快掏钱”“买就快掏钱”等，看起来都很像单句。

其次，结构关系上，像复句而非单句。紧缩复句各部分之间，是条件、连贯等逻辑语义关系，而非主谓、述宾等句法成分关系。例如，“想买”与“快掏钱”这两部分之间是假设关系，彼此并不作句法成分。

最后，结构单位上，有的像复句的分句，有的像单句中的句法成分。对紧缩复句进行切分得到的单位，大部分是谓词性的，如“想买”“快掏钱”分别是述宾、状中短语，相互有假设关系，类似一般复句中的分句。但有些单位是体词性的，很像单句成分。例如，“就是世界上最快的马也要落在背后”“世界上最快的马”像单句的主语，因此有些论著把这类句子处理成单句。

（二）紧缩复句的类型

根据用不用关联词语这个标志，可把紧缩复句分为三类。

1. 无标志紧缩复句

分句不使用关联词语直接组合，这类紧缩复句前后两项的主语往往不同。例如：

（自己是不动手的了，叫小D来搬，要搬得快，）搬得不快打嘴巴。

前一分句“搬得不快”的主语是“小D”；后一分句“打嘴巴”的主语是“自己（阿Q）”。

2. 有标志紧缩复句

分句之间借助典型标记——关联词语来组合。标志可以单独使用，也可以成对使用。

第一，标志单用的。

用“就/便”关联的。表示的意义关系有连贯、假设、条件、因果等。依次如：

主任答不上来就发了脾气。

您老人家有钱就拿出来。

我从来想什么就说什么。

童养媳没处退就算成你的闺女！

有时，两个分句是相同词语的重复。例如：

割麦便割麦，舂米便舂米，撑船便撑船。

用“也”关联的。表示的意义关系有并列、假设、条件、让步、转折等。依次如：

小王在人丛中只敢看自己的脚也不敢看人。

我们没有事也不会到这儿来打搅。

你待他怎么好也是白搭。

烧成灰我也认得你。

我一辈子吃糠咽菜也活了这么大！

用“还”关联的。表示的意义关系有并列、假设、条件、让步、转折等。依次如：

说着还落了几点老泪。

你亲自去还是好说话些。

嫁给谁还不是一样挨打？

当了副县长还不是要走？

他今年三十岁了还没对象。

用“才”关联的。表示的意义关系有连贯、条件、因果等。依次如：

我看了半天才看懂你写的是什么。

无私才能无畏。

实在找不到事才来投奔你的。

用“又”关联的。表示的意义关系有连贯、假设、转折等。依次如：

说着低下头去又把箱子从床底拖出来。

不坏又何至于被枪毙呢?

他怕看又不能不看。

用“再”关联的。表示的意义关系有并列、连贯、假设等。依次如：

你把信送去再当面交代一下。

（当今是改革的年代，同样是庄稼人，）看看人家再看看你们。

你有办法再给我一件吧。

用“总”关联的。表示的意义关系有假设、条件、转折等。依次如：

杀人总要偿命。

青年小伙子们，有事没事总想跟小芹说句话。

费了那么大劲儿总还有点收获。

用“都”关联的。表示的意义关系有假设、条件、转折等。依次如：

有话哪儿都能说。

叫谁去买东西都得有个分寸。

交涉了几次都没成功。

用“却/可”关联的。表示的意义关系是转折。例如：

有钱却没地方花。

第二，标志对用的。关联词语前后呼应、成套出现，可构成固定格式。

“不……不……”式，表假设关系。例如：

不养儿不知父母恩。

“非……不……”式，表假设关系。例如：

学习非下苦功夫不可。

“不/没……也……”式，表让步关系。例如：

不死也得脱一层皮。

“再……也……”式，表让步关系。例如：

再穷也不能穷教育，再苦也不能苦孩子。

“一……就……”式，表连贯或条件关系。例如：

她一下班就回家。

这种玻璃一碰就碎。

“越……越……”式，表条件关系。例如：

阿Q越想越生气。

“不……就……”式，表假设关系。例如：

你不说就死路一条。

“非……才……”式，表条件关系。例如：

她非得点着灯才能睡觉。

3. 准标志紧缩复句

某些词语本身单用并不表示特定关系，一旦成对或重复使用，便可产生关联作用，可看成准关系标志。

其一，数量词语成对使用。表假设或条件关系。例如：

（1）钱能省一点是一点。

（2）多一个人多一份力量。

其二，疑问代词成对使用。所用的疑问代词有“谁、哪里、哪儿、什么、怎么样、多少”等，带有任指性质。表假设或条件关系。例如：

（1）谁嫁给他家当媳妇谁倒霉。

（2）共产党像太阳，照到哪里哪里亮。

其三，动词重复使用。表假设或因果关系。例如：

（1）你想吃吃，想睡睡。

（2）你能来来吧！

思考题

1. 有人认为，汉语的分句跟短语的界限很难分清，因此汉语的复句跟单句实际上是分不出来的，从而主张取消复句这一级单位。你认为，有没有必要划分单复句？如果有必要，可以运用什么样的方法？

2. 在汉语中到底是“形合复句”用得多，还是“意合复句”用得多？调查一下不同的语体（譬如新闻、对话、小说等），谈谈你的看法。

3. 复句的关系分类，除了书上介绍的两分法，有的论著还主张三分法，或者多分法，查阅这方面的资料，思考下你更赞同哪种处理办法。

4. 现代汉语中有“……，否则……”这样的复句，目前有归入选择复句、条件复句、假设复句、转折复句、非单纯复句等不同的做法，你觉得哪种做法更有道理？

5. 本书把“如果……，就……”看作假设复句，把“只要……，就……”和“只有……，才……”看成条件复句，但也有人认为可以把它们合并成“假设条件复句”，你觉得是分成两类好，还是合成一类好？

参考文献

北京大学中文系现代汉语教研室．现代汉语．增订本．北京：商务印书馆，2012.
陈建民．现代汉语句型论．北京：语文出版社，1986.
范晓．汉语句子的多角度研究．北京：商务印书馆，2009.
胡裕树．现代汉语．重订本．上海：上海教育出版社，2011.
黄伯荣，廖序东．现代汉语．增订五版．北京：高等教育出版社，2011.
兰宾汉，邢向东．现代汉语：下．北京：中华书局，2006.
李临定．现代汉语句型．增订本．北京：商务印书馆，2011.
林杏光．汉语句型．北京：中国国际广播出版社，1990.
刘月华，潘文娱，故韡．实用现代汉语语法．增订本．北京：商务印书馆，2001.
陆俭明．八十年代中国语法研究．北京：商务印书馆，1993.
陆俭明．现代汉语语法研究教程．北京：北京大学出版社，2005.
吕叔湘．汉语语法论文集．增订本．北京：商务印书馆，1984.

马庆株．现代汉语．北京：中国社会科学出版社，2010.
钱乃荣．现代汉语．修订本．南京：江苏教育出版社，2001.
邵敬敏．现代汉语通论．第二版．上海：上海教育出版社，2007.
施春宏．语言在交际中规范．北京：中国经济出版社，2005.
施春宏．汉语基本知识：语法篇．北京：北京语言大学出版社，2011.
石毓智．汉语语法．北京：商务印书馆，2010.
邢福义．现代汉语．北京：高等教育出版社，2011.
杨文全．现代汉语．重庆：重庆大学出版社，2010.
于根元．应用语言学教程．北京：华语教学出版社，2008.
张斌．现代汉语描写语法．北京：商务印书馆，2010.
张斌．新编现代汉语．第二版．上海：复旦大学出版社，2008.
张登岐．现代汉语．北京：高等教育出版社，2005.
张豫峰．现代汉语句子研究．上海：学林出版社，2006.
赵元任．汉语口语语法．北京：商务印书馆，1979.
朱德熙．语法讲义．北京：商务印书馆，1982.
朱德熙．语法分析讲稿．北京：商务印书馆，2010.

第五章

修　辞

第一节 修辞概说

一、“修辞”的含义

修辞是提高表达效果的规律。说话或写文章，都是有一定的目的的，为了达到这个目的，说写者需要选择恰当的语言表达形式，这一选择过程就是修辞过程。说写者选择什么样的语言表达形式，不选择什么样的语言表达形式，不是盲目的、无意识的，而是自觉的、有规律的。说写者自觉选择语言表达形式所遵循的规律，就是修辞规律，也就是通常所说的“修辞”。

修辞作为一种客观存在的规律，是人人可以为之的。当然有人用得好，用得高明；有人用得不够好，不够高明。

修辞规律是客观存在的，但它也是可以被人认识的。认识包括两种情况：一是朴素的认识，在这个层次，几乎是人人可为的，不管这个人的知识水平如何；二是理论的认识，在这个层次，只有少数人可以为之，而且这部分人必须是有一定的知识和理论素养的。对修辞规律的理论的认识，就是修辞学。修辞学是建立在修辞规律基础之上的理论的认识。

修辞学和修辞规律不同，客观存在的修辞规律只有一个，而修辞学则是多种多样的。

在修辞学中，“修辞”这个词有广义的和狭义的两个意思。狭义的修辞仅指修辞规律；广义的修辞则有多个含义，它可以指修辞规律，也可以指修辞学，还可以指修辞学著作。另外，“修辞”这个词还可以作动词用，如鲁迅说：“正如作文的人，因为不能修辞，于是也就不能达意。”（鲁迅《致李桦》）

二、修辞的基本要求

修辞的基本要求是：适合特定的语境，选择恰当的形式，取得最佳的效果。

（一）适合特定的语境

语境，简单说，就是语言环境，是人们运用自然语言进行言语交际的环境。语境可以分为三类：上下文语境，又叫小语境；情景语境，又叫中语境；社会文化语境，又叫大语境。这三类语境对修辞都有着重要影响。可以这样说，语言环境就是修辞的生命。没有语言环境，也就没有真正意义上的修辞。一切修辞现象都是发生在特定的语言环境之中的。一般说来，只有适合特定的语境，才能保证修辞的成功。

修辞应该适合上下文语境。上下文语境反映了句子和句子之间的关系，一般说来，句子和句子之间应该具有连贯性，否则就是不合理的表达。例如：

（1）甲：你抽烟吗？乙：我不抽烟。（合理的表达）

（2）甲：你抽烟吗？乙：我不喝水。（不合理的表达）

再比如：

（3）前面走着孙悟空，后面跟着猪八戒。（合理的表达）

（4）前面走着孙悟空，猪八戒跟在后面。（不合理的表达）

有许多病句都是因为没有适合上下文语境造成的。例如：

（5）在古代，这类音乐作品只有文字记载，没有乐谱资料，既无法演奏，也无法演唱。

（6）凡是大学本科毕业生，并具有同等学力，身体健康，年龄35岁以下者，均可报名。

（7）戴着老花镜的父亲久久凝视着比自己高半个头的小伙子，从头到脚，又从脚到头，激动得话都说不出来。

例（5）既然说是音乐作品，怎么能无法演奏、无法演唱呢？这是时间照应不周造成的上下文语境失调——音乐作品是古代的，而无法演奏、无法演唱则是现在的事情。例（6）既然是大学本科毕业生，就不可能同时具有同等学力，这是事实照应不周造成的上下文语境失调。例（7）的“凝视”和“从头到脚，又从脚到头”是矛盾的，这是动作照应不周造成的上下文语境失调。这些情况从语言叙述本身来看，都是有毛病的，而且都是在上下文语境的适应上出现的毛病。

修辞必须适合情景语境。情景语境包括时间、空间、人物、事物等，这些因素也必须是得当的，不得当也会造成交际的失误。例如：

（8）医生怀疑李先生患了癌症，对李先生说：“李先生，我怀疑你患了癌症。”

（9）医生怀疑李先生患了癌症，对李先生说：“李先生，你的X光片上有个黑影，显然是个肿瘤，我想，很可能是良性的，但也不敢完全排除是恶性的。所以我建议你去找专科医生看看，做进一步的检查。”

例（8）是直接表述，是不得体的；例（9）是委婉表述，是得体的。在特定的情景语境下，作为医生，应该给患者以希望，而不能让患者绝望。例（8）中，医生没有根据情景语境慎重选择语言，因而出现了不得体的表达；例（9）中，医生根据情景语境慎重选择语言，因而表达是得体的。

修辞还应该适合社会文化语境。适合社会文化语境，在跨文化交际中有着重要作用。在跨文化交际中，交际者要充分考虑文化差异，根据对方特定的文化状况去组织安排话语。由于交际对象的文化状况很难完全把握，因此在修辞过程中，言语失当是经常发生的事情。修辞学的任务就是引导交际者尽量避免言语失当。

美国华盛顿大学诺斯特朗教授在第六届世界法语教学大会的发言中举了这样一个例子。美国前总统里根及夫人1983年访问日本时做错了一件事，说明他们访问前准备不够充分。诚然，他们事前肯定已对一切预计的活动有明确的安排，可是当里根夫妇与日本皇太子及公主交谈时，却按照美国人觉得十分自然的习惯，向日本皇室子女发出了访美邀请。可是在日本，这样的事情首先应取得父母的同意。如果访问者事前充分了解到日本家庭的文化价值以及子女对父母应具有的那种无限尊敬之情，那么尽管具体情况无法预见，他们也会感觉到冒犯这一社会文化体制的基本现实可能带来的危险。因此，尽量充分的准备是修辞成功的前提条件，只有准备充分，才能避免言语失当。

（二）选择恰当的形式

俗话说：一样话，百样说。用语言学的术语表达就是：同样的意义或内容，有许许多多种表达方式。这许许多多种表达方式，就形成了修辞中的同义形式。同义形式有两种情形：语言的同义形式和言语的同义形式。语言的同义形式是不依赖语境的，如果把一种语言中某个意思的同义形式列举出来，懂得这种语言的人一看便知道它们是同义的。例如在汉语词语平面，表示最近直系亲属长一辈男子的同义形式有：父亲、爸爸、老子、老爸、爹爹等。如果包括古代汉语和现代汉语书面语的话，有的同义形式是非常丰富的，例如“月亮”这一意义的同义形式有：金蟾、金波、金兔、金镜、金盘、银钩、银台、玉钩、玉蟾、玉轮、玉弓、玉兔、玉桂、玉盘、玉羊、宝镜、悬弓、悬钩、婵娟、素娥、广寒、清光、斜轮、圆兔、秦镜、垂钩、团扇、娥、蟾宫，等等。当然这些同义形式只有懂得这种语言的人中那些文化水平高的人才知道。

不仅词语平面存在着同义形式，句子平面也同样存在。例如，下面这些句子都是同义形式：

（1）我用这把刀切碎了菜。

（2）我是用这把刀把菜切碎的。

（3）菜被我用这把刀切碎了。

（4）用这把刀我把菜切碎了。

（5）这把刀被我用来切碎了菜。

言语的同义形式需要依赖语境才能实现。有些词语或句子在语言中不是同义形式，但它们在言语中却构成了同义形式。例如：

（6）这牛波的父亲名叫牛广，爱闹玩的人给他谐成了“牛黄”。又因他是个“屯大爷”，在队上横踢马槽，谁也治不了，就又给他谐成了“牛王”，或称“牛魔王”。又因他特别能吃，曾与人打赌，一次吃进去五斤黏糕，又一次吃进去二十块豆腐，远近闻名，因此又管他叫“牛肚子”。此外还有“牛瘸子”“牛拐子”“牛歪嘴子”“牛鼻子”“牛疤拉眼子”“牛哈拉皮”“牛革命”……不胜其烦。如果详尽考证起来，至少会有两打，但最通用的还是“牛黄”。不过他最得意的还是“牛革命”，因为这雅号和他自吹瞎编的“光荣历史”吻合。（戴昭铭《大漠孤烟》）

这里的“牛黄”“屯大爷”“牛王”“牛魔王”“牛肚子”“牛瘸子”“牛拐子”“牛歪嘴子”“牛鼻子”“牛疤拉眼子”“牛哈拉皮”“牛革命”在语言中基本上都不是同义的形式，但在特定的言语中，它们都是同义的，都是用来指称牛波的父亲牛广的。

语言的同义形式和言语的同义形式为修辞提供了条件。语言和言语中正是有这些丰富的同义形式，才为修辞提供了选择的余地。修辞就是要根据特定的语言环境，在多种多样的同义形式中选择一个最合适的形式，以取得最佳的表达效果。例如：

（7）这期间，除了在我的餐馆里买了三个多月的菜，来泰（人的名字）一直钉在车站里，包括过年，他都没有回家。应该说，他干得挺踏实，能吃苦，很下力。当然，收入大概也是不错的。（荆永鸣《北京候鸟》）

这里用“钉”的地方，有许多同义形式可供选择，如“待”“泡”“猫”“站”等，但这些形式都不如“钉”用得好，因为“钉”除了能够表达出来泰在车站的意思以外，还有一定的力度，表现了来泰力图依附车站而希望增加收入的心理状态。另一方面，其他的同义形式不是缺乏表现力——如“待”“站”，就是使用不合理——来泰不是去享受，当然不能用“泡”，来泰也不是在躲难，当然不能用“猫”。由此可见，只有选择最恰当的表达形式，才能取得最佳的表达效果。

（三）取得最佳的效果

修辞的成功与否，就是看有没有取得最佳的表达效果。说写者根据特定的语境，选择恰当的语言材料，形成一个最终的表达形式，如果这个表达形式既契合说写者的意思，又能够为听读者认同，交际双方都认为这个表达形式最好，就可以认为是最佳表达效果。

最佳表达效果，还应该有个补充条件，就是语言表达的伦理性诉求。假如说，说写者和听读者抱着不可告人的目的相互吹捧，那么这既符合说写者的要求，也符合听读者的要求，交际双方也都会认为这个表达形式最好，但这并不能算成功的修辞，因为这违背了语言表达伦理性的要求，不能算最佳表达效果。修辞不仅仅是技巧问题，也是伦理问题，“修辞立其诚”就是修辞伦理性的基本要求。对“诚”的理解，应该建立在社会伦理本身的基础上，主要表现为对诸如公平、正义、慈善、仁爱等人类的普遍价值的理解和追求，而不能建立在特定的字眼上，例如“我诚心诚意地说谎”，这只是字眼意义的“诚”，并不是伦理意义的“诚”。

三、修辞学的价值

无论东方还是西方，修辞学都有着悠久的历史传统。中国的先秦时期和古希腊时期被称为“轴心时期”，“轴心时期”的修辞学非常发达，是社会生活的重要组成部分。在先秦，许多学派都提出了自家的修辞观，如道家“信言不美，美言不信”，儒家“质胜文则野，文胜质则史，文质彬彬，然后君子”，墨家“先质后文”，法家“尚质反文”等。儒家学派创始人孔子开设的四科，其中之一“言语”科实际上就是修辞学专业，“言语”科的子贡、宰予都是最优秀的学生。修辞学在古希腊也有着很重要的地位，有专门的修辞学教师，他们这一群体被称为“智者”。修辞也是欧洲中世纪“七艺”之一。可以说，修辞学在西方一直都有着崇高的学术地位。

修辞学在现代社会生活中具有重要作用。

（一）协调人际关系

现代社会的人际冲突有多种原因，其中一个重要的原因在于不会修辞。当然，修辞是外在表现，更深刻的原因还在于人的心理状态。有两个极端是最容易导致人际冲突的：一是过分拔高自己。比如，有媒体报道某厂长说："有的普工学历高，就自以为有什么本事，你一个大学生还不是一个普通生产工？我虽然没有上大学，还不是年薪几十万？"结果招来了杀身之祸。二是过分贬低他人，诋毁他人人格。又如有媒体报道，一个学生贬低自己的同学："就是因为你人品不好，所以某某同学过生日都没叫你。"结果使这位同学心灵受到伤害，进而发生恶性伤人事件。如果每个人都有良好的心理状态，对社会对他人多付出一些爱，言语修辞上不拔高自己也不贬低别人，这样的仇视就会大大避免。因此，应该积极推进修辞运用，使人际关系得到明显改善。

（二）提高民族素养

人的主要素质之一是语言素质。如果一个富贵者说话极其粗俗，也是素质不高的。民族素养也是需要提高的。修辞话语是民族素养的重要表现之一，像"走自己的路，让别人说去吧""生存还是死亡，这是一个问题""知识就是力量""我不同意你的观点，但我誓死捍卫你说话的权利""日光之下，无新鲜事"等，都是传播于世界的修辞话语，但汉语中的这种传播于世界的修辞话语很少，这就需要从提高个人修辞素质开始，逐渐使全民族的修辞素质得到提高。

（三）促进社会进步

修辞学在社会实践中具有重要作用。比如在法律中，填补法律条文的漏洞，就属于修辞学研究的范畴。对社会学而言，解决重名问题，也是修辞学研究的内容。弗洛伊德的精神分析中运用了修辞格解释梦和潜意识现象，把修辞学和心理学紧密地联系了起来。电影蒙太奇的手法也可以用修辞手段进行解释。德国萨克森州 2002 年遭遇大洪水，后来开设了防洪专业，他们认为，抗洪问题某种意义上是个修辞问题，不在于怎么加固堤坝，而在于怎么在水灾来临时及时沟通。因此，推广修辞学成果，对促进社会进步具有重要意义。

思考题

1. 有人说，曹雪芹没有学过修辞，照样能写出《红楼梦》，可见学习修辞没有用处。你怎样看这个问题？

2. 有人说，骂人的话永远是消极的，因此应该从语言中清除。试运用"适合特定的语境"的原理说明这个问题。

3. 只要语言优美，就一定有好的表达效果吗？为什么？

4. 结合现实生活谈谈修辞在社会生活中的作用。

第二节 语音修辞

一、汉语的语音特点及其对节律的影响

语音修辞主要表现在节律上。汉语的语音特点为节律的形成和运用提供了充分条件。汉语的语音特点主要表现在以下几个方面。

（一）音节分明，便于安排

汉语和印欧语系语言情况不同，汉语音节分明，印欧语系音节不够分明。汉语音节跟汉字基本上是对应的，音节可以通过“字”来确定。例如“图书馆”，三个字，三个音节；“中华人民共和国”，七个字，七个音节。但英语音节就没有这么分明，English 是两个音节，但对具有汉语语感的人来说像是四个音节。因此西方人在确定音节时提出了许多理论，如“元音说”“响度说”“呼气说”“肌肉紧张说”等，但对说汉语的人来说，并不需要有多少语音学知识，就能判定出音节的数目。汉语音节之分明可见一斑。音节分明，便于进行数量上的安排，许多修辞现象都是跟音节数量有关的，如：音节和音节的组合，就讲求数量的匀称；对偶修辞格，就要求两部分音节数量完全相同。

（二）声韵分明，便于组织

声母和韵母是汉语音节的基本构成单位。现代汉语有 21 个声母和 39 个韵母，在形成音节之后，音节和音节之间可以有规律地组织声母和韵母，从而形成“声律”和“韵律”。

（三）四声分明，便于规划

现代汉语有阴平、阳平、上声、去声四个声调，前两个是平声，后两个是仄声。平声和仄声的分别便于有规律地安排组织话语，使话语形成抑扬顿挫的节奏，从而使话语产生旋律感。

二、节律对修辞的影响

语言的节律指语言运用中语音的配置规律，它包括音节组合规律和音节再现规律

等。在语言中，声音的高低、轻重、长短、快慢、音色等都能造成语言的节律。节律对修辞的影响是明显的。主要表现在以下两个方面。

第一，节律对日常口语的影响。日常口语的表达，不仅讲求语音准确明白，还讲求节律的运用。音节搭配得好，声韵配合得巧，语调、语速、语力适合特定的情境，就能够取得好的效果。例如：

(1) 何玉瑶笑道："我上届、上上届也是代表，连任了三届，这届已经是第四次会议了，前后 14 年来北京开了 14 次会议，见过听过的不计其数，哪样没有？其中包括杀人放火、刑讯逼供、报复陷害、包庇纵容、枉法裁判、玩忽职守、贪污腐败、涉黑贩毒洗钱，等等，具体到每一桩，从当事人立场看，当然天大地大。就像你刚才讲的这件事，在你们王桥村和县里市里，惊天动地，可放到全国人大会议上来，仍然属于个案，是不能算作大事的。"何碧秋问："你倒说说，什么是大事呢？"何玉瑶回答说："国计民生，体制改革，稳定繁荣，什么事有这些事大？别看大家发言千篇一律，其实每一句都跟它们紧密关联，非说不可的。"(陈源斌《秋菊开会》)

何玉瑶在口语表达中注重音节的排列，连续使用四音节词语，使话语产生了一定的气势，便于听话人正确顺利地理解。相反，如果不注意音节搭配，节律混乱，势必削弱表达效果。

第二，节律对诗歌韵文的影响。诗歌、韵文甚至散文，往往都是以语音的配置见长的。可以说，没有合适得体的语音节律配置，就没有诗歌韵文的存在。在诗歌、韵文甚至散文中，合理地调配声音，注意节律的运用，会使语言上口入耳，富于音乐性和艺术感染力。例如：

(2) 卑鄙是卑鄙者的通行证，
高尚是高尚者的墓志铭，
看吧，在那镀金的天空中，
飘满了死者弯曲的倒影。
…………
我不相信天是蓝的，
我不相信雷的回声，
我不相信梦是假的，
我不相信死无报应。(北岛《回答》)

北岛的这首诗是"文革"结束后出现的朦胧诗派的代表作品。虽然意义上比较晦涩，但是在语音的配置上却非常讲究，注重音节的匀称，如一连四句的"我不相信"，注重平仄的协调，如"通行证—墓志铭"，是"平平仄—仄仄平"，注重韵脚的使用——当然这是诗歌的基本特征。该诗之所以深受读者欢迎，部分原因就在于语音艺术所产生的力量。

三、节律的调整和运用

节律的调整和运用，具体表现在音节、平仄、韵脚、叠音、联绵等方面。

(一) 音节匀称

在语音修辞中，音节匀称是节律调整的重要内容之一。在并列词语排列方面，音节的选择是必不可少的。它主要表现在两个方面。

1. 尽量使音节整齐划一

并列的几项最好音节数量一致。比如可以说“工、农、兵、学、商”，也可以说“工人、农民、士兵、学生、商人”，但不能说“工、农、士兵、学、商人”，因为这样的排列是混乱的。举几个书面的例子。

(1) 纵观我国园林，其最大特点是，“虽由人作，宛自天开”，它取法自然山水，灵活运用山、水、石、树、花和亭、台、楼、阁、榭等中国园林的组成要素，构成极富诗情画意的人工景观。(马树德《现代汉语高级教程》)

(2) 园林中的题名、匾额、字画、楹联等都具有点景、抒情、寓意等作用，游览时不可一扫而过。(马树德《现代汉语高级教程》)

(3) 于是，我去筑公路、架大桥、修水库、挖矿槽、炸山石、打零工；我还去拜师学裁缝，挑着缝纫机走村串户挣钱糊口，割“资本主义尾巴”。风声一紧，还曾被捉拿归案，扔进当地私设的人牢里喂蚊子。(张胜友《人生的卡片》)

(4) 私家园林除有亭台楼阁、曲径回廊、古树奇花、湖石假山、彩画雕刻外，还有园主人的某种寓意。(马树德《现代汉语高级教程》)

以上四例分别是一、二、三、四个音节的并列使用，整齐而和谐，很好地表达了作者的意图。

2. 注意音节的位置安排

如果并列的几项音节不够整齐，应该把音节最少的排在最前面，然后逐次增加，音节最多的排在最后。例如：

(5) 饭后，照例和休养员伙伴沿着海岸散步，照例看天，云，海，浪花，渔船。(王蒙《海的梦》)

(6) 然而，激情在哪里？青春在哪里？跃跃欲试的劲头在哪里？欢乐和悲痛的眼泪的热度在哪里？(王蒙《海的梦》)

当然，音节选择应该建立在意义合理的基础上，并列各项的排列尽量不要以文害意。例如：

(7) 寿衣，少则五套，多则七套：衬衣，衫子，又衫子，再衫子，又再衫子，袍子，褂子。(贾平凹《妊娠》)

(8) 我希望政府部门、企业界和经济学界中有越来越多的人关心市场经济与人口的研究，以推动这方面研究工作的开展。(厉以宁《人口分析是市场分析的重要依据》)

这两例都不是严格按照音节的顺序排列的，但它们的排列符合意义上的要求：例(7)是按照寿衣由里到外的顺序排列，例(8)是按照重要程度的次序排列。

有的并列项排列既不符合音节的顺序要求，也不符合意义的顺序要求，但这种排列反映了人物的心理特征，这样的排列也不能算是不得当。例如：

(9) 星星，太阳，彩云，自由的风，龙王，美人鱼，白鲸，碧波仙子，全在那里呢，全在那里呢！(王蒙《海的梦》)

这是人物的心理意识的反映，当然不能说是排列不当。

如果并列各项在排列时不符合音节和意义的顺序要求，又不能在心理层面得到合理的解释，这样的情况就是不得当的，会损害表达效果。例如：

(10) 现在呢，山珍虽然无有，海味却是管饱。鱼、螃蟹、虾、海蜇、海带直到海白菜……(王蒙《海的梦》)

这里的并列项排列就稍微有点乱，不如改为“鱼、虾、螃蟹、海蜇、海带直到海白菜”。

不仅并列项的排列应该注意音节，非并列项的组合也应该考虑音节的要求。一般来说，单音节应该跟单音节组合，双音节应该跟双音节组合。例如可以说“读书”“阅读书报”，一般不说“阅读书”“读书报”。这并不是语法和语义上不合理，而恰恰是音节的要求。当然这样的要求并不都是绝对的。不论是并列项还是非并列项，在音节调配时都应该注重艺术性。如果单双音节都出现，应该先把单音节字组织起来，再跟双音节字去搭配，如“桌”“椅”“板凳”，可以先把“桌”“椅”排列起来，再跟“板凳”搭配，这样就可以说“桌椅板凳”“板凳桌椅”，而不能说“桌板凳椅”或“椅板凳桌”。

(二) 平仄协调

汉语是有声调的语言。现代汉语的声调有四种：阴平、阳平、上声、去声。前两种叫作平声，声音高扬平缓；后两种连同古入声叫作仄声，声音低降曲折。平仄交替出现，可以构成声音的抑扬顿挫，产生悦耳动听的效果。

汉语的韵文对声调的平仄交错配合有严格的要求。五言基本格式如下：

甲：仄仄平平仄

乙：平平仄仄平

丙：平平平仄仄

丁：仄仄仄平平

如果扩展为七言，就分别在前面加上相对的调型，即平平前加仄仄，仄仄前加平平，这样就成为：

甲：平平仄仄平平仄

乙：仄仄平平仄仄平

丙：仄仄平平平仄仄

丁：平平仄仄仄平平

一首律诗，不外乎以下四种形式：

甲乙丙丁甲乙丙丁

乙丁甲乙丙丁甲乙

丙丁甲乙丙丁甲乙

丁乙丙丁甲乙丙丁

例如：

（1）甲：细草微风岸——仄仄平平仄

乙：危樯独夜舟——平平仄仄平

丙：星垂平野阔——平平平仄仄

丁：月涌大江流——仄仄仄平平

甲：名岂文章著——仄仄平平仄

乙：官应老病休——平平仄仄平

丙：飘飘何所似——平平平仄仄

丁：天地一沙鸥——仄仄仄平平　（杜甫《旅夜书怀》）

韵文除了讲求“一句之中平仄相间，一联之内平仄相对”外，还讲求“一三五不论，二四六分明”，即一句中第一、三、五个字可以不合平仄规律，但第二、四、六个字必须合平仄规律。例如：

（2）甲：本以高难饱——仄仄平平仄

乙：徒劳恨费声——平平仄仄平

丙：五更疏欲断——仄平平仄仄

丁：一树碧无情——仄仄仄平平

甲：薄宦梗犹泛——仄仄仄平仄

乙：故园芜已平——仄平平仄平

丙：烦君最相警——平平仄平仄

丁：我亦举家清——仄仄仄平平　（李商隐《蝉》）

当然，“一三五不论，二四六分明”也只是相对的规律，除此之外，还有一些其他的韵文规律。不过我们掌握了上面所列举的格式和“一三五不论，二四六分明”规律后，我国传统韵文的平仄使用情况基本上就掌握了。

除了韵文以外，对联往往也很讲求平仄。例如：

（3）书山有路勤为径，学海无涯苦作舟。

这是“平平仄仄平平仄，仄仄平平仄仄平”。其中“学”是古入声字，应该算作仄声。

即使在散文或者口语中，注意点平仄也是有用的。这主要表现在，一句之中，特别是运用四字格时，声调要有变化；几句之间，特别是分句之间，每句句末的音节声调要有变化。所谓声调有变化，就是要避免全用平声字和全用仄声字。老舍在《出口成章》一文中说：“‘张三李四’好听。‘张三王八’就不好听。前者是二平二仄，有起有落；后者是四字皆平，缺乏抑扬。四字尚且如此，那么连说几句就该好好安排一下。”请看下面这个例子：

（4）这些光都不是为我燃着的，可是连我也分到了它们的一点恩泽——一点光，一点热。光驱散了我心灵里的黑暗，促成了它的发育。（巴金《灯》）

我们看这个例子中每个小句的结尾：着的——仄仄；恩泽——平平；光——平；热——仄；黑暗——平仄；发育——平仄。基本上做到了平仄相间，显得协调自然，读来顺口入耳。当然对平仄的运用也不能太迷信，如果在平仄问题上实在不好协调，那也没有太大的关系，语言中还有重音、语调等协助说写者把思想内容表达清楚。有的人在写作中过分重视平仄，而忽略了思想内容的表达，这是不可取的。

（三）韵脚和谐

要了解什么是韵脚，须先了解什么是押韵。如果相同或相近的韵母在一组小句的末尾有规律地重复出现，这就是押韵。那些由相同或相近的韵母组成的、在小句末尾有规律重复出现的字，就是韵脚。

一般说来，只有在诗歌等韵文中才有押韵现象。诗歌押韵有以下几种格式。

1. 排韵和随韵

假设一首诗歌有 A、B、C、D 四句，如果 A、B、C、D 四句都押韵，这就是排韵，也叫批韵、句句韵、一韵到底。例如：

（1）葬！葬！葬！
打破青色的希望，
一串歌向白云深处躲藏。
夜是无限地茫茫，
有魔鬼在放出黝黑的光芒，
小草心里有噩梦的惊惶，
葬！葬！葬！（宋清如《夜半钟声》）

排韵相对而言比较单调，所以在文本中很少见。

假设一首诗歌有 A、B、C、D 四句，如果 A、B 押一个韵，C、D 押另一个韵，这就是随韵。例如：

（2）青杨柳树不一般高，
你看哥哥我哪达好。
羊肚子手巾包冰糖，
我的哥哥好心肠。（陕北民歌《死死活活相跟上》）

随韵在陕北民歌和陕北信天游中很常见，这种形式的作品往往反映了这个地方的文化特色。当然，也有人用这种形式创作反映其他地方内容的诗歌，如贺敬之的《桂林山水歌》。

2. 奇韵和偶韵

假设一首诗歌有 A、B、C、D 四句，如果只有 A、C 押韵，而 B、D 不押韵，这就是奇韵。例如：

（3）啊，我年青的女郎！
我不辜负你的殷勤，
你也不要辜负了我的思量。

我为我心爱的人儿，
燃到了这般模样！（郭沫若《炉中煤》）

假设一首诗歌有A、B、C、D四句，如果只有B、D押韵，而A、C不押韵，这就是偶韵。例如：

（4）轻轻的我走了，
正如我轻轻的来；
我轻轻的招手，
作别西天的云彩。（徐志摩《再别康桥》）

无论奇韵还是偶韵，都既富韵律变化，又显得灵活，所以在诗歌中多见。尤其是偶韵，不仅是格律诗必不可少的因素，而且在新诗中也非常多见。

3. 交韵和抱韵

假设一首诗歌有A、B、C、D四句，如果A、C押韵，同时B、D也押韵，这就是交韵。例如：

（5）总得叫大车装个够，
它横竖不说一句话，
背上的压力往肉里扣，
它把头沉重地垂下！（臧克家《老马》）

假设一首诗歌有A、B、C、D四句，如果A、D押韵，同时B、C也押韵，这就是抱韵。例如：

（6）哦！山道上充溢水色春光，
迷蒙的毛雨飘落纷纷，
远峰织着翡翠的树影，
仿佛我又一度地回到故乡。（蹇先艾《雨晨游龙潭》）

（7）松林呀！你怎么这么清新！
我同你住了半年，
从也不曾看见，
这沙路儿这样平平！（郭沫若《晚步》）

交韵和抱韵是近代以后产生的押韵方式，这种方式比较奇特，因而受到一些诗人的欢迎。由于新颖，听读者也比较乐意接受这样的文本形式。

在俗文化中，押韵也是能经常见到的情形。如顺口溜、打油诗、流行段子等。如："到了北京，就知道自己官小；到了东北，就知道自己胆小；到了上海，就知道自己穿得不好；到了深圳，就知道自己钱少。"善于运用押韵，对于识记类的学习很有帮助。例如地理老师教学生记忆那些超过100万人口的少数民族的名称——"蒙回藏，维苗彝；壮朝满，侗布依；瑶白土家和哈尼"，这是得当的，因为它押韵顺口，很符合记忆特点，便于学生掌握知识。另外，非韵文性的曲艺也讲求押韵，如小品《牛大叔提干》："我一进门，有人向我点头，有人向我哈腰；有人给我点烟，有人请我报销。有个女的，长得挺漂亮个儿挺高，说要给我当秘书兼保镖，两眼一直往我身上瞄，瞄得我心里乱七八糟。"当然押韵也要考虑内容的合理性，不能为押韵而押韵。民国时山东省政府主席韩复榘曾经赋“诗”两首——“远看泰山黑乎乎，上头细来下头粗；有朝一日倒过来，下头细来上头粗。”“大明湖里有荷花，荷花上面有青蛙，青蛙乱叫呱呱呱。”这纯粹是以文害意，当然是不足取的。

（四）叠音自然

叠音是同音同形的音节重复相连出现的现象。运用得自然，配置得好，会成为一种饶有情趣的表达。它一般用于文艺作品中。早在《诗经》中，就有“伐木丁丁，鸟鸣嘤嘤”这样的句子；在《古诗十九首》中有“迢迢牵牛星，皎皎河汉女，纤纤擢素手，札札弄机杼”这样的句子；元曲中，乔吉的《天净沙》全是用叠音构成的——“莺莺燕燕春春，花花柳柳真真，事事风风韵韵，娇娇嫩嫩，停停当当人人。”刘勰在《文心雕龙》中说：“是以诗人感物，联类不穷；流连万象之际，沉吟视听之区；写气图貌，既随物以宛转；属采附声，亦与心而徘徊。故‘灼灼’状桃花之鲜，‘依依’尽杨柳之貌，‘杲杲’为日出之容，‘瀌瀌’拟雪雨之状，‘喈喈’逐黄鸟之声，‘喓喓’学草虫之韵。”

在现当代文学作品中，通过叠音的手段达到描写和表述目的，也是非常多见的。例如，叠音用于诗歌：

（1）漳河水，九十九道湾；
层层树，重重山；
层层绿树重重雾，
重重高山云断路。（阮章竞《漳河水》）

（2）绿幽幽的竹园，
绿生生的瓜，
绿油油的菜畦，
绿翠翠的豆荚……（张宣强《农家》）

这里用“层层”“重重”“绿幽幽”“绿生生”“绿油油”“绿翠翠”等叠音词语，增强了诗歌的音乐美和绘画美，不仅读来上口入耳，而且还展现出一幅幅色彩鲜明的画面。

散文中也常常用到叠音的手段。在散文中运用叠音手段，易于形成藻丽的语言风格。例如：

（3）曲曲折折的荷塘上面，弥望的是田田的叶子。叶子出水很高，像亭亭的舞女的裙。层层的叶子中间，零星的点缀着些白花，有袅娜的开着的，有羞涩的打着朵儿的；正如一粒粒的明珠，又如碧天里的星星，又如刚出浴的美人。微风过处，送来缕缕清香，仿佛远处高楼上渺茫的歌声似的。这时候叶子与花也有一丝的颤动，像闪电般，霎时传过荷塘的那边去了。叶子本是肩并肩密密的挨着，这便宛然有一道凝碧的波痕。叶子底下是脉脉的流水，遮住了，不能见一些颜色；而叶子却更见风致了。（朱自清《荷塘月色》）

这里用“曲曲折折”“田田”“亭亭”“层层”“一粒粒”“星星”“缕缕”“密密”“脉脉”等叠音词语，描绘了荷塘绚丽多姿的美好景色，风格是藻丽的，也是繁丰的。

（五）联绵有致

联绵主要指双声叠韵现象。所谓双声，是指两个连在一起的音节声母相同；所谓叠韵，是指两个连在一起的音节韵母相同或基本相同。双声叠韵是非常富有汉语特色的语音现象，运用得好，能够使行文回环和谐，从而产生旋律回荡的效果。例如：

（1）每年初夏时节，后院里的海棠花盛开，每棵树上开满了红色和白色的花朵，芳香四溢，引来无数彩蝶纷飞、蜜蜂嗡嗡地叫着忙个不停，在此优美而宁静的环境里，蕴含着盎然生机。（张佐良《周恩来的最后十年》）

（2）等到逼近身边，悻悻然张开口来的时候，却早被那汉子从容举起竹杠，用铁丝圈套住了它的头颈，——它的同类张皇地目送着它被拉进铁丝网，于是又彷徨无计地来回走着，呜呜地哭泣。（柯灵《狗难》）

例（1）运用了“芳香”“纷飞”“宁静”等双声叠韵词语，反映了特定时节的环境气氛。例（2）运用了“从容”“张皇”“彷徨”等叠韵词语，生动地反映了狗所遇到的灾难。这些意义的表达，跟双声叠韵的配置是不无关系的。

思考题

1. 汉语的语音特点对汉语语音修辞有哪些作用？
2. 举例说明语音修辞在音节上有哪些要求。
3. 诗歌一定押韵吗？押韵的一定是诗歌吗？为什么？

第三节 词语修辞

词语修辞包括词语的选择和词语的搭配，这些都是修辞学中的重要问题。孤立地看，词语本身是无所谓好或坏的（当然词语本身是有美丑之分的，褒义词是美的，而贬义词是丑的，但这里说的好或坏是指表达效果而言的）；只有在具体的语言环境中，词语在经过选择或搭配以后，才能体现出它们的实际价值。

一、词语的选择

（一）动词的选择

动词选择的基本要求是准确，能够确切地反映出人或事物动作行为的基本特征。例如：

（1）于世杰打深色领带，着白色西裤，米色皮鞋和白袜子，腋下夹一真皮公文包，皮带上拴着手机，身上有淡淡的法国圣罗兰牌木香型男士香水，手腕上是劳力士。（池莉《看麦娘》）

这里作者选择了“打”“着”“夹”“拴”“有”“是”几个动词来表示人物的着装行为，既显得准确，又照应了后文“于世杰的穿着打扮是一副争当绅士的派头，其派头里流露出孩童般幼稚的虚荣和可爱”。

动词选择的较高要求是生动，能够形象地反映出动作行为之间的细微差异及人物的心理状态。例如同样是眼睛的动作，在张洁的作品《只有一个太阳》中却选择了不同的动词来表现。例如：

（2）他故作洒脱地笑了一下，又将眼珠斜抛过去，铆住了听课的学生，好像接不接电话全靠他们来决定。

（3）他的眼睛朝四周一轮，竟无一块纸片、抹布、手帕之类的东西供他揩手。

例（2）用“抛”和“铆”来表示眼睛动作，不仅使整个动作过程连贯具体，而且夸大了动作的力度。“抛”和“铆”都是手的动作，做这样的两个动作需要一定的力气。用这样两个词来描写眼睛，一方面，读者通过上下文仍然知道这是眼睛的动作；另一方面，它们又增加了眼睛动作本身所没有的内涵——“抛”的曲线性和“铆”的固定性。这就比单纯的眼睛动作词语“看、盯”等具有更加丰富的内容。例（3）用“轮”来表示眼睛动作，有使劲转动的意思。鲁迅在《祝福》中曾经用“轮”表示眼睛动作：“只有那眼珠间或一轮，还可以表示她是一个活物。”这里的“轮”有机械转动的意思。两个“轮”都表示眼睛转动，但具体内涵却是不同的，它们表现了不同人物的不同境况——“他”是在寻找东西的时候“轮”眼睛，祥林嫂是在精神崩溃的时候“轮”眼睛，这两种不同的话语内涵是语境造成的。

再如，同样是对“钱”实施的行为，鲁迅在他的作品中也选择了不同的动词来表现。例如：

（4）我没有思索地从外套袋里抓出一大把铜元，交给巡警，说，“请你给他……”（《一件小事》）

（5）天色将黑，他睡眼蒙胧的在酒店门前出现了，他走近柜台，从腰间伸出手来，满把是银的和铜的，在柜上一扔说，“现钱！打酒来！”（《阿Q正传》）

（6）有的叫道：“孔乙己，你脸上又添上新伤疤了！”他不回答，对柜里说，“温两碗酒，要一碟茴香豆。”便排出九文大钱。（《孔乙己》）

（7）我温了酒，端出去，放在门槛上。他从破衣袋里摸出四文大钱，放在我手里……（《孔乙己》）

例（4）用“抓”表示随手取钱，动作迅速，表现了“我”心理不安又有些慌乱的神情。例（5）用“扔”表现了阿Q在中兴以后得意扬扬的炫耀情态。例（6）用“排”表现了孔乙己既穷困又炫耀的情态，并与“穿长衫站着喝酒”形成了鲜明的照应。例（7）用“摸”表现了孔乙己已经极度穷困潦倒了，他是用手走着来的，连“取”的力气都没有了。

（二）形容词的选择

形容词选择得好，能够准确地反映出人或事物的特征。例如：

（1）三仙姑也暗暗猜透大家的心事，衣服穿得更新鲜，头发梳得更光滑，首饰擦得更明亮，官粉搽得更匀称，不由青年们不跟她转来转去。（赵树理《小二黑结婚》）

（2）中间便是松堂，原是一座石亭改造的，这座亭子高大轩敞，对得起那四周的松树。大理石柱，大理石栏杆，都还好好的，白、滑、冷。（朱自清《松堂游记》）

例（1）作者选择了“新鲜”“光滑”“明亮”“匀称”这些形容词来表现三仙姑的打扮，突出了人物妖冶无聊的性格特征；例（2）作者选择了“白、滑、冷”三个形容词，把大理石的特征形象地表现了出来。

形容词选择得好，还能够生动地反映出人的心理状态。例如：

（3）时间被我们踩在了从早到晚的匆忙而疲惫的脚步里，塞进了或薄或厚的薪水袋，夹进了厚重的教科书，扔进了装满情书碎片的旧纸篓。（耿海亮《面对困惑》）

例（3）作者选择了“匆忙而疲惫”来形容脚步，选择了“或薄或厚”来形容薪水袋，选择了“厚重”来形容教科书，反映了在快节奏的当代社会人们浮躁不安的心理状态。

有时，将同义的形容词并行使用，往往是出于两个目的，一是避复，一是强调。例如：

（4）如果少数人的幸福，原来完全奠基于一种不义的习惯，这个习惯的继续，不仅使多数人活得卑屈而痛苦，死得胡涂而悲惨，还有更可怕的，是这个现实将使下一代堕落的更加堕落，困难的越发困难，我们怎么办？（沈从文《黑魔》）

（5）我们焦躁，我们不安，如同斗牛场上一头狂奔的公牛，尽管一次次扑空，但还是一次次地扑向尘沙中那一团跳动的红色。（耿海亮《面对困惑》）

（三）名词的选择

名词的同义形式也很多，在修辞中也有较多的选择余地。名词选择得好，也能够取得很好的表达效果。例如：

（1）她既然只把张信当成她“过渡时期”的丈夫，自然就不能完全按照“自己人”来对待他，因此她安排了一套对待张信的“政策”。（赵树理《锻炼锻炼》）

（2）读书人家的子弟熟悉笔墨，木匠的孩子会玩弄斧凿，兵家儿早识刀枪……

（鲁迅《不应该那么写》）

（3）我知道他说到北京机场送别他的女友、他的恋人、他的未婚妻、他的性伙伴、他的可供思念者张丽华去了，就在今天。（吴若增《世界已不再确实》）

例（1）作者选择“过渡时期”“政策”这样的名词来表示她对张信的态度，非常诙谐幽默，富于表现力。例（2）作者选择了几个同义异形的名词“子弟”“孩子”“儿”，不仅反映了不同家庭子女的不同称谓，也避免了上下文的单调重复。例（3）连用了“女友”“恋人”“未婚妻”“性伙伴”“张丽华”几个名词，其实反映的是同一个对象，不但能够明确一个人不同的角色地位，也具有强调和嘲讽的意味。

（四）代词、数词、量词的选择

在实词中，代词、数词、量词等的运用也值得关注。郭沫若曾经接受朋友的建议，将历史剧《屈原》中的“宋玉，你是个没有骨气的文人”改为“宋玉，你这个没有骨气的文人”，只一个代词之差，使台词顿时增辉。再如：

（1）然而我们的阿Q却没有这样乏，他是永远得意的，这或者也是中国精神文明冠于全球的一个证据了。（鲁迅《阿Q正传》）

作者虽然在这里选择了代词“我们”，但是它并不表示一般的人称关系，这里的“我们”有强烈的嘲讽意味。

数词本来是很枯燥的词类，它常常在计算中使用，似乎谈不上选择或艺术运用，但事实并非如此。数词不仅是传统文字游戏的很好材料，同时也是标示事物特征的范例。从这个意义上说，数词的选择也是很重要的。如数字诗“一去二三里，烟村四五家，亭台六七座，八九十枝花”，这样的文字游戏恐怕不是其他词类能够承担的。

量词是汉语中比较有特色的词类。量词的选择能使句子生色生辉。例如：

（2）小城的南面，一串珍珠般的灯火，宛如一挂水晶项链，闪烁在韩江白皙的脖颈上。（曾铸《小城多重奏》）

（3）像女娲的五色石，像夸父的手杖，像精卫的嘴喙，把一瓣瓣温馨的爱镶嵌在山山水水，打扮这片陌生的存在。（曾新《盐井，祖辈的传说》）

例（2）作者用“串”来表现灯火，用“挂”来表现项链，例（3）作者用“瓣”来表现爱，都是量词的艺术运用，如果没有量词是不会有如此表现力的。

（五）虚词的选择

虚词也是语言材料的一部分，虚词选择得好，也有提高表达效果的作用。老舍的话剧《宝船》有一句台词：“开船喽！”日本朋友曾问老舍，为什么不用“啦”而用“喽”，老舍说，用“啦”是对一个人说的，用“喽”是对大家说的。可见，虚词的选择也是大有讲究的。

虚词的选择运用，有时能够取得比实词更好的表达效果。吴祖光在《风雪夜归人》中写玉春向魏莲生诉说苏弘基所作所为的时候，原来的话语是：“好凶的样子！他骂我，打我。”后来改为：“好凶啊！他骂我，打我。”由原来的实词“样子”改为虚词

“啊”，强化了人物的思想和情感，不仅原来所具有的恐惧的心理依然未变，还增加了愤怒的情绪。

二、词语的搭配

词语的生命在于搭配。王希杰认为：“在交际活动中，词语并不是孤立存在的，它只有同其他词语相对立相联系才能存在，才有交际价值。因此说，词语的生命和价值就取决于它的搭配，词语运用的艺术化的关键在于词语的搭配，而不是孤立的静止的词语本身。”词语的搭配受语音、语义、语法诸因素的制约。

(一) 词语搭配的语音制约

词语搭配的语音制约主要包括两个方面，一是避免消极的同音相加，二是避免消极的同音联想。

所谓同音相加，是指把音同或音近的词语放在一起而形成一个更大的单位。例如“其棋气其妻”。同音相加分两种情况，一是积极的同音相加，例如：

(1) 四是四，十是十；十四是十四，四十是四十。谁要把十四说成四十，我就打他十四；谁要把四十说成十四，我就打他四十。

这是绕口令，是为了练习发音而人为设计的同音相加形式，这是积极的同音相加。再如：

(2) 石室诗士施氏，嗜狮，誓食十狮。施氏时时适市视狮。十时，适十狮适市。是时，适施氏适市。施氏视是十狮，恃矢势，使是十狮逝世。施氏拾是十狮尸，适石室。石室湿，施氏使侍拭石室。石室拭，施氏始试食是十狮，食时，始识是十狮尸实十石狮尸。试释是事。(赵元任《语言问题》)

这是文字游戏，是为了打趣逗乐而人为设计的同音相加形式，也是积极的同音相加。

有些同音相加并不是在特殊的需要下形成的，是表达者无意说写出来的，这样的同音相加就是消极同音相加了，比如“李玉和和和尚”“极积极的积极分子”“很恨他很狠”。这些同音相加都是消极的同音相加。为了避免这种情况，在说写中应尽量换用同义异音的形式来表达。例如把托尔斯泰的著作翻译为“战争与和平”，而不是“战争和和平”。

所谓同音联想，是指说话人在用某个音表达某个义的时候，听话人容易联想到这个音的另外的意义。如果联想到的意义是好的，就是积极的同音联想，如吉利语；如果联想到的意义是不好的，就是消极的同音联想。例如：

(3) 法庭上正在审理一桩离婚案。法官庄严宣布：“男方牛某某，女方马某某，婚后牛马感情不和……”一句话刚说完，庄严的法庭上爆发出哄堂大笑。

从词义的角度看，牛和马既可指高级哺乳动物，又可指人的姓氏。例中法官所说的牛马显然是人的姓氏，但听话人却会联想到高级哺乳动物这样的意义，这是在具体搭配中出现的消极同音联想现象。

(二)词语搭配的语义制约

词语搭配在语义上的要求是，一要符合事理，二要符合习惯。符合事理，就是说词语搭配应该符合人们的一般认识。例如可以说“吃苹果，喝饮料”，不能倒过来说“吃饮料，喝苹果”，因为按人们一般理解，饮料是没有办法吃的，而苹果是没有办法喝的。在语言学上，这可以通过义素组合进行分析。如“吃”[+咽下，+可食之物，+固体]，“饮料”不是固体，跟“吃”的义素有矛盾，所以是不能说的。一般来说，义素重复的不能组合，如一般不能说“女丫头”“男性男子汉”“没有结婚的单身汉”等。这种错误的用法在报刊上并不罕见。例如：

(1) 张卿打开车门下车，见到刚才那个人已经跑出了七八米远，臂下还夹了一个女式坤包。张卿大喊：“抓住他!”(《北京晚报》2002年4月21日)

这里的“坤”就是指女性的，“坤包”就是女包，再加“女式”二字明显是义素重复，是多余的成分。

如果是出于语用上强调的需要，义素重复组合也是允许的。例如：

(2) 一只又圆又黑的草蒲团上，端坐着一位年幼的秃头和尚。(吕新《圆寂的天》)

凡和尚都是秃头，所以“秃头”二字是语义重复，不过在这里作者是为了强调才这么说的。

义素矛盾的不能组合，如一般不说“男丫头”“女男子汉”“已经结婚的单身汉”等。但如果是语用或修辞的需要，尤其是为了表达事物的正反两面，也会出现这种组合。例如：

(3)“这不是脏，顶多是一种干净的脏……”干净的脏?!幸亏他想出这么个词儿。(武力《娶个外国太太做太太》)

(4) 这顿家宴真是其乐融融又苦不堪言，对马一武来说就像是一次修炼，一方面他体会到亲人团聚的幸福，另一方面又忍受着道义分裂的痛苦。(凡一平《投降》)

例(3)“干净的脏”和例(4)“其乐融融又苦不堪言”从语义组合的角度看是不合理的，但它反映了说话人对事物一体两面的态度，例(3)从一面看是脏的，从另一面看则是干净的；例(4)从一面看是其乐融融，从另一面看则是苦不堪言。

词语搭配在语义上的第二个要求是要符合习惯。如动物的性别区别有公母、雌雄等。这些区别性词语究竟怎样搭配，很大程度上是一种习惯。如“雄鸽雌鸽，雄兔雌兔，公狗母狗，公鸡母鸡”等，似乎不能用禽兽的差别区分，应该说是一种习惯。再比如，“健壮”和“硬朗”都是形容词，但“健壮”搭配的对象可以是男女老幼，“硬朗”搭配的对象只能是老年人，这在很大程度上就是一种习惯。

(三)词语搭配的语法制约

在语法中，搭配不当是常见语病类型之一。从修辞的角度看，语法上搭配不当往往会影响表达效果。例如：

（1）他的那双眼睛就是因为中了尼可青的毒才成了瞎子的。（郭沫若《一只手》）

紧缩句子就是“眼睛成了瞎子”，这显然是搭配不当，因为按照语法标准只能说“眼睛瞎了”或“他成了瞎子”，而不能说“眼睛成了瞎子”。

不过如果是出于语用或修辞的需要，语法上的搭配不当往往会成为艺术的佳句，尤其是在文学作品中。例如：

（2）我带着千里奔波的饥渴，带着长岁月久久思慕的饥渴，读着浪花，读着波涛，读着从天外滚滚而来的蓝色的文字，发出雷一样响声的白色标点。（刘再复《读沧海》）

（3）“真的坏了？”他的眼睛放肆地在她的脸上摸来摸去。（张洁《只有一个太阳》）

（4）小石匠浑身立时爆起一层幸福的鸡皮疙瘩。（莫言《透明的红萝卜》）

（5）红得发紫的野茄子花在水草的夹缝里愤怒地开放。（莫言《高粱殡》）

这些在语法上搭配不当的句子都可以看作艺术的佳句。问题是，对于一个具体的搭配不当的句子来说，怎样才能知道是消极的病句还是艺术的佳句呢？这有两个办法可供鉴别。第一，消极的病句是说写者无意造成的，艺术的佳句是说写者有意而为之；第二，消极的病句在其他层面——如语用、修辞、文学等——得不到合理的解释，而艺术的佳句能够得到合理的解释。

思考题

1. 从我国传统“炼字”的角度谈谈词语的修辞问题。

2. 怎样区别积极的同音相加和消极的同音相加、积极的同音联想和消极的同音联想？

3. 举例说明消极病句和艺术佳句的区别。

第四节 句子修辞

句子是语法学和修辞学共同关注的对象。语法学关注句子的结构，修辞学关注句子的运用。本节主要介绍与修辞有关的几组句子。这些句子有长句和短句、整句和散句、常式句和变式句、主动句和被动句、肯定句和否定句等。在具体运用中，是选择长句还是选择短句，是选择主动句还是选择被动句，都是有一定规律可循的。

一、长句和短句

长句和短句是从音节数量的角度划分出来的句子（包括分句），长句是音节数量多的句子或分句，短句是音节数量少的句子或分句。例如：

(1) 美国国会参议院3月18日的表决未能推翻布什总统对参议院通过的有条件延长对中国最惠国待遇议案作出的否决。

(2) 他确乎有点像一棵树，强壮、沉默，而又有生气。

很明显，例(1)是长句，例(2)是短句。长句和短句没有明确的界限，但一般说来，长句要足够长，短句要足够短，这样才能体现出它们的修辞意味。长句主要用在说明性和议论性语体中，短句主要用在口语和文艺性语体中，广告语、标语口号等更要用短句。长句短句各有特色。长句严密、精确、细致，但不便于阅读和理解；短句简洁、明快、有力，相对而言便于阅读理解。所以能用短句尽可能用短句。就长句而言，主要应该解决两个问题，一是准确辨认长句的意义，二是要善于把一个复杂的长句化为几个短句。

辨认长句的意义可以采用“剥皮法”，先找出核心部分，再依次分析，直到全面理解。例如：

(3) 马立克说奥斯汀对周总理所说的中国人民政府认为安理会在没有中国人民代表参加的情况下通过的有关中国的控诉案的任何决议都将是非法的这一点表示惊奇。

例(3)核心部分是“安理会在没有中国人民代表参加的情况下通过了有关中国的控诉案的一些决议”，外围部分依次是“周总理说中国人民政府认为这是非法的”“马立克说奥斯汀对周总理的说法表示惊奇”。

长句化短，方法有二。

第一，把长句的附加成分抽出来，变为复句里的分句，或单独成句。例如：

(4) 一个满头白发、面容憔悴、举动迟缓、穿了一件褪了颜色的蓝色上衣的男子在众人的注视下走了过来。

改为：一个男子满头白发，面容憔悴，举动迟缓，穿了一件褪了颜色的蓝色上衣，在众人的注视下走了过来。

第二，把句中联合成分拆开，重复同原来联合短语直接相匹配的成分，形成叠用句式。例如：

(5) 改革就是每个人去美利坚合众国去日本去澳大利亚加拿大意大利瑞士公费旅游，而儿孙们去那里自费留学。

改为：改革就是每个人去美利坚合众国公费旅游，去日本公费旅游，去澳大利亚公费旅游，去加拿大公费旅游，去意大利公费旅游，去瑞士公费旅游，而儿孙们去那里自费留学。

二、整句和散句

整句和散句都是一组句子或分句，主要是从音节的性质着眼划分出句子（包括分句）。一般来讲，整句就是音节整齐的一组句子或分句，散句就是音节散漫的一组句子或分句。当然，整句和散句也有语气上的区别，整句语气必须一致，散句语气可以不一致。例如：

（1）为了达到这个目的，他们讲究亭台轩榭的布局，讲究假山池沼的配合，讲究花草树木的映衬，讲究近景远景的层次。（叶圣陶《〈苏州园林〉序》）

（2）在一个炎热的夏天中午，地头树阴下坐着一群歇晌的人，忽然从大路上老远走过一个人，大伙挺纳闷：是谁呢，顶着这么毒的日头赶路？（柯岩《追赶太阳的人》）

例（1）是整句，连用四个“讲究”，结构相同，语气一致。例（2）是散句，结构不一，有主谓句，也有非主谓句；语气有异，有陈述句，也有疑问句。

整句形式整齐，声音和谐，气势贯通，意义鲜明，在散文、诗歌、唱词中使用较广；散句散而不乱，比较灵活，容易避免单调、呆板，能够取得生动活泼的表达效果，经常在口语、叙述性文学作品等场合使用，使用范围相对比较广泛。整句和散句应该交错使用，这样才能使文章或话语错落有致，起伏得体。例如：

（3）你看，这就是当初的北京人，那时候的人要爱就爱，要恨就恨，要哭就哭，要喊就喊，他们自由地活着，没有礼教来拘束，没有文明来捆绑，没有虚伪，没有欺诈，没有阴险，没有陷害……而他们是非常快活的。（曹禺《北京人》）

（4）燕子去了，有再来的时候；杨柳枯了，有再青的时候。但是，聪明的，你告诉我，我们的日子为什么一去不返呢？（朱自清《匆匆》）

三、常式句和变式句

常式句和变式句是从语法结构的角度划分出来的句子。常式句是常规形式的句子。对单句来说，常式句总是：主语＋谓语，述语＋宾语，述语＋补语，定语＋中心语，状语＋中心语。对复句来说，常式句总是：偏分句＋正分句。常式句是语言中最多见的形式，如果没有特殊的语用要求或修辞要求，如强调、突出、生动、灵活等，往往就用常式句。

变式句是变异形式的句子。最常见的变式句是单句中的倒装句和复句中的倒装形式。变式句作为一种变异形式，常常是强调的动机使然。例如：

（1）然而现在呢，只有寂静和空虚依旧，子君却决不再来了，而且永远，永远地！（鲁迅《伤逝》）

（2）我还期待着新的东西到来，无名的，意外的。（鲁迅《伤逝》）

（3）他的性格，在我的眼里和心里是伟大的，虽然他的姓名并不为许多人所知道。（鲁迅《藤野先生》）

例（1）把状语“永远，永远地”后置，例（2）把定语“无名的，意外的”后置，都强调了这些后置成分；例（3）把偏分句后置，强调了正分句。

四、主动句和被动句

主动句和被动句主要是从语义的角度划分出来的句子，当然也和语法结构有关。

主动句是施事主语句，被动句是受事主语句。被动句一般用于两个环境，一是强调受事的时候，二是为了保证上下文连贯的时候。能否做到上下文连贯，一定程度上反映了写作者的文字运用水平。连贯的方法，一般地，如果主动句和被动句是并列关系，则结构求一致。比较：

（1）A. 台上坐着主席团，观众坐在台下。

B. 台上坐着主席团，台下坐着观众。

A 不够连贯，而 B 的表达是得当的，因为前后两个并列分句的结构一致。

如果主动句和被动句是承接关系，则话题求一致。话题一般表现为句法的主语。例如：

（2）A. 小王这阵子不在家，李书记派他到深圳去了，过几天才能回来。

B. 小王这阵子不在家，他被李书记派到深圳去了，过几天才能回来。

A 不够连贯，B 因为使用了被动句，前后分句的话题就一致了，所以上下文就显得很连贯。再如：

（3）A. 蝗虫铺天盖地，吞噬尽大片的绿色生命，在非洲的某些地方经常会看到这种怪怕人的情景。

B. 蝗虫铺天盖地，吞噬尽大片的绿色生命，在非洲的某些地方，这种怪怕人的情景会经常看到。

很显然，A 连接得不好，衔接失当；B 连接得好，衔接得当。B 衔接得当的原因是，由于运用了被动句，整个语篇始终保持了话题的一致性。

五、肯定句和否定句

肯定句和否定句也是从语义的角度划分出来的句子。肯定句是对事实做肯定判断的句子，否定句是对事实做否定判断的句子。一般说来，同样的内容，既可以用肯定句表达，又可以用否定句表达。不过它们表达的语气是有所不同的。比如“你这么做错了”和“你这么做不对”，很显然否定句的语气要弱一些。所以在交际中，尤其在批评和指正的场合中，为了取得委婉、礼貌的表达效果，一般还是用否定句为宜。

跟肯定句和否定句相关的，是双重否定句。从意义的角度看，双重否定句等于肯定句；但从语气的角度看，双重否定句比肯定句语气要强。比如“他会去的”和“他不会不去的”。所以，如果按照语气的强弱来排序应该是：双重否定句＞肯定句＞否定句。有人说，有时双重否定句的语气要委婉一些，比如“他不会不去的”和“他不会不去吧”，其实这里主要是语气词“的”和“吧”起了作用。所以应该这么说：有时双重否定句带上语气词以后，语气会显得委婉一些。

否定的数量达三个或三个以上，或者双重否定句和反问句配合的时候，常常会造成表达上的失误。例如：

（1）只要稍有良知的人，谁也不会否认，那些伟大的改革者不是时代的先锋。

（2）他考上了北京大学，谁还能否认他不是一个成绩优秀的学生呢？

例（1）和例（2）都有表达的错误，这可以通过把双重否定句还原为肯定句来辨认，例（1）可以还原为“只要稍有良知的人，谁都承认，那些伟大的改革者不是时代的先锋”，这显然是不合理的；例（2）可以还原为“他考上了北京大学，谁还能承认他是一个成绩优秀的学生呢?”。这当然也是不合理的。因此上面两例应该分别修改为：“只要稍有良知的人，谁也不会否认，那些伟大的改革者是时代的先锋。”“他考上了北京大学，谁还能否认他是一个成绩优秀的学生呢?”

句子是最小的言语交际单位，对言语交际者来说，首先就是句子的选择问题。在具体运用中，选择哪一种句子，并不是随意的，要看话题、视角、主体、对象、情景、文化、心理等因素。比如，写给儿童看的读物，就不宜使用长句。再比如，需要明确地给出自己观点的，就不宜使用否定句。

思考题

1. 语法和修辞对句子的关注存在差异，试说明语法关注句子的哪些方面，修辞关注句子的哪些方面。

2. 举例说明怎样把一个长句化为短句。

3. 句子选择应该考虑哪些因素？请举例说明。

第五节 辞格

辞格的全称是修辞格，又叫修辞方式。在一些人的眼里，修辞与辞格往往被等同看待，说起修辞，似乎就意味着说的就是辞格。其实，辞格虽然在修辞当中确实占据着极为重要的位置，但是辞格绝不是修辞的全部。美国的罗伯特·休斯在《文学结构主义》中说：“传统的修辞学不仅注定灭亡、已经灭亡，而且不可能再复活。但是修辞格存在着，并且经常有益地作为进入文学文本的一种方法得到研究。”本节先讲辞格的定义，再介绍一些辞格的类型，最后讲辞格的连用、兼用和套用的情况。

一、辞格的定义

辞格是一种语言中为了提高表达效果而有意识地偏离语言常规并逐步形成的固定格式。如“他跑得很快”，这是常规说法。如果说成：

（1）他像一匹奔驰的骏马。

（2）他，轻如狸猫，快似猿猴。

(3) 看他，快赛过火箭了。

就偏离了常规说法，例（1）是比喻，例（2）是比喻兼对偶，例（3）是比喻兼夸张。这种偏离了常规说法的表达就是辞格。

从外在形式上，辞格可以分为有标记辞格和无标记辞格两种，有标记辞格如对偶、顶真、回环等，无标记辞格如借代、夸张、比拟等。从研究时间上，修辞格可以分为传统修辞格和新建修辞格两种，传统辞格如比喻、借代、双关等，新建辞格如别解、列锦、移时等。

二、辞格的类型

辞格到底有多少？目前还没有统一的说法。有的辞格辞典收录的辞格达数百种之多。不过最常见的辞格也就是几十种，本节一共介绍 16 种。

（一）比喻

1. 什么是比喻

比喻又叫譬喻、打比方，是利用甲乙两事物的相似性，用乙事物来表现甲事物的修辞方式。比喻形成后，甲事物成为本体，乙事物成为喻体。例如：

(1) 她心里有些丧气，这么些人，到哪会儿才轮得上她呢？站排的哪些女人说是排着队，哪有个正经的站样儿，倒像一根儿酥酥的天津大麻花，好多股拧成一团，油乎乎地拥在门边。(张抗抗《芝麻》)

(2) 他满身的肉都像灯笼似的一盏一盏地坠着，两个腮帮子的肉鼓鼓囊囊地下垂着，下颚的肉层层叠叠地延伸着，脖子上的肉像挂满了果实的枝条似的一嘟噜一嘟噜的，手上的肉则如新出锅的馒头一样，无比地暄腾。他若不运动还好，一旦走起路来，这团团簇簇的肉就在身体的各个部位探出头来，乱颤着，活像一群疯子在吼。(迟子建《零作坊》)

例（1）用“排队女人站成的队形”和“天津大麻花”之间的相似性，暂时克服了它们的不同，造成了比喻。例（2）用“他满身的肉”和“灯笼”、“他脖子上的肉”和“挂满了果实的枝条”、“手上的肉”和“新出锅的馒头”这些不同事物之间的相似性，暂时克服它们的不同，造成了比喻。

2. 比喻的构成

从深层看，比喻由四个部分构成：本体、喻体、相似点、相异点。例如：

(3) 院子里种了两株桂树，一簇簇细细碎碎的桂花在月光下，温婉得如含羞带怯的古典美人，暗香幽幽，沁人心脾。(阿袁《子在川上》)

例（3）比喻的构成可以分析为：本体——桂花；喻体——古典美人；相似点——暗香幽幽，沁人心脾；相异点——植物和人。没有相似点或相异点，都不能构成比喻。

比如“笔记本电脑很像天上的星星”“粉笔头很像京剧”就不是比喻，因为没有相似点。再比如“小王的爸爸很像小王的父亲”“这张桌子很像那张桌子”也不是比喻，因为没有相异点。再举一个具体例子说明。例如：

（4）眼睛也像他父亲一样，周围都肿得通红，这我知道，在海边种地的人，终日吹着海风，大抵是这样的。（鲁迅《故乡》）

闰土的眼睛和闰土父亲的眼睛没有相异点，因此例（4）不是比喻。

从表层看，比喻由三个部分构成：本体、喻体、比喻词。比喻词分两种，一种是“像”类比喻词，是明喻的标记；一种是“是”类比喻词，是暗喻的标记。比喻词作为表层形式，可以不出现。如果只有比喻词，没有喻体，就不是比喻。例如：

（5）街上仿佛没有人，道路好像忽然加宽了许多，空旷而没有一点凉气，白花花的令人害怕。（老舍《骆驼祥子》）

例（5）有“好像”，看上去像比喻，其实不是，“忽然加宽了许多”是陈述内容，不是喻体，没有喻体的句子不是比喻。

3. 比喻的类别

设本体为X，喻体为Y。根据本体、喻体、比喻词的隐现等变化情况，比喻可以分为许多小类，常见的有以下一些。

其一，明喻。格式为“X像（如、如同、仿佛、好似）Y”的是明喻。例如：

（6）雨很大，我的裤脚都淋湿了，那把刚被收束的伞滴答滴答地坠着雨滴，使干燥的水泥台阶有了星星点点的湿痕，看上去就像落了一群蜜蜂。（迟子建《门镜外的楼道》）

其二，暗喻。格式为“X是（成为、变成）Y”的是暗喻。例如：

（7）他所以能幸免而来与我们相见的这段历史的本身，就已经是一本书，值得我们思索、感叹，更不须提起它的内含的真或美了。（朱湘《书》）

其三，借喻。格式为“Y”的是借喻。即本体、比喻词不出现。例如：

（8）看吧，狂风紧紧抱起一层层巨浪，恶狠狠地将它们甩到悬崖上，把这些大块的翡翠摔成尘雾和碎沫。（高尔基《海燕》）

最后一个分句只出现了喻体“翡翠”，没有出现本体“海浪”，所以是借喻。不过对借喻来说，本体虽然在具体的语句中不出现，但并不等于没有本体，相反，本体必须能够在上下文或情景语境中找到，否则听读者会不知所云。上例的本体出现在第一个分句中，因此读者能够知道本体是“海浪”。

其四，藏喻。格式为“X”的是藏喻。即喻体、比喻词不出现。例如：

（9）座椅不咋地就不用说了，全是淘汰的破东西，关键是它的前面两个轮子小，后面两个轮子大，整个车在生气地撅着大屁股。（徐则臣《轮子是圆的》）

例（9）最后一个分句补全就是“整个车就像一个人，在生气地撅着大屁股”，但喻体“一个人”和比喻词“像”都没有出现。实际上，所谓“藏喻”，其实就是比拟。如果从比喻系统的角度看，比拟完全可以归到比喻，但考虑到对学术传统的继承，比拟还是作为独立辞格处理。

其五，博喻。格式为“X像Y_1、Y_2、Y_3……”的是博喻。例如：

（10）这是北方的海岸，烟台山迷人的夏天。我坐在花间的岩石上，贪婪地读着沧

海——展示在天与地之间的书籍，远古与今天的启示录，不朽的大自然的经典。（刘再复《读沧海》）

这里把沧海分别比作“展示在天与地之间的书籍”“远古与今天的启示录”和“不朽的大自然的经典”，所以是博喻。

其六，约喻。格式为“X_1、X_2、X_3……像（是）Y”的是约喻。例如：

（11）这是梅花，有红梅、白梅、绿梅，还有朱砂梅，一树一树的，每一树梅花都是一树诗。（杨朔《茶花赋》）

这里把“红梅”“白梅”“绿梅”“朱砂梅”都比作“诗”，所以是约喻。

其七，倒喻。格式为“Y像（是）X”的是倒喻。例如：

（12）太行山、太岳山、中条山的中间，有一个脚盆，就是上党区。（毛泽东《关于重庆谈判》）

这里的本体是“上党区”，喻体是“脚盆”，因为把喻体放在前面，而把本体放在后面，所以是倒喻。

其八，缩喻。格式为“X的Y”或“Y的X”的是缩喻。例如：

（13）历史的潮水早已浸平了记忆的沙滩。即使有几只贝壳留下波纹儿，也是很淡很淡的。（李存葆《山中，那十九座坟茔》）

这里的“历史”是本体，“潮水”是喻体；“记忆”是本体，“沙滩”是喻体。它们都用“定语＋中心语”的形式表现出来，所以是缩喻。

4. 比喻的运用

比喻的运用，一般要求是，以具体事物喻抽象事物，以熟知事物喻陌生事物，要贴切，要生动，要鲜明。此外，还应该注意以下几个方面。

首先，要注意比喻的心理制约。从深层看，比喻既具有相似点，也具有相异点。如果着眼于客观真实世界，那么任何两个事物都既有相似点，又有相异点，“笔记本电脑”和“天上的星星”当然有相似点，它们都是可见的物质；“这张桌子”和“那张桌子”也有相异点，“这张桌子”近，“那张桌子”远。为什么“笔记本电脑”和“天上的星星”被认为没有相似点，“这张桌子”和“那张桌子”被认为没有相异点？这显然是心理制约的结果。在人的心理世界，“笔记本电脑”和“天上的星星”没有相似点，“这张桌子”和“那张桌子”没有相异点。因此，比喻并不是完全建立在客观真实的基础上的，而在很大程度上是心理世界的产物。再比如，从客观世界的角度看，“虎”和“豹”是相近的——都属猫科，外表也比较接近；“虎”和“龙”是不同的——一个是现实的，一个是虚拟的，而且形象上也相差甚远。但从人们的心理上看，当用作褒义的时候，“虎”和“豹”远不如“虎”和“龙”的关系近。我们可以说“个个像猛虎下山冈”，而不说“个个像豹子下山冈”；但我们常常把“猛虎”和“蛟龙”并列，说“个个如猛虎下山、蛟龙出海”。在这里，“猛虎”＝“蛟龙”。可见，客观真实世界和人的心理世界并不完全是一回事。比喻的运用是否得当，与人们的心理感受有密切关系。例如：

（14）然而，北京毕竟是个国际性的大都市，街头上人来人往，男男女女，蚂蚁似的稠密。（荆永鸣《口音·足疗》）

（15）春天的阳光娇媚无力地像个慵懒的女人。（高菊蕊《眼镜的故事》）

显然，从客观真实世界看，“人群”和“蚂蚁”，“阳光”和“女人”都是很难形成比喻关系的，但在这里，它们之间很自然地形成了比喻关系，这主要是说写者心理的产物：例（14）是北京的人群使说写者产生的心理上的感受；例（15）是春天的阳光在特定的时空环境中给说写者的心理上的感受。

其次，要注意比喻的文化制约。比喻也受到文化世界的制约。对同样的现象，文化不同，所使用的比喻也会有不同。比如形容男女貌美，《圣经·旧约·雅歌》的比喻和《红楼梦》的比喻就完全不同。《圣经·旧约·雅歌》形容男子貌美：“他的头像至精的金子。他的头发厚密累垂，黑如乌鸦。他的眼如溪水旁的鸽子眼，用奶洗净，安得合式。他的两腮如香花畦，如香草台。他的嘴唇像百合花，且滴下没药汁。他的两手好像金管，镶嵌水苍玉。他的身体如同雕刻的象牙，周围镶嵌蓝宝石。他的腿好像白玉石柱，安在精金座上。他的形状如利巴嫩，且佳美如香柏树。”形容女子貌美：“你的大腿圆润好像美玉，是巧匠的手作成的。你的肚脐如圆杯，不缺调和的酒。你的腰如一堆麦子，周围有百合花。你的两乳好像一对小鹿，就是母鹿双生的。你的颈项如象牙台。你的眼目像希实本巴特拉并门旁的水池；你的鼻子仿佛朝大马色的利巴嫩塔。你的头在你身上好像迦密山。你头上的发是紫黑色。”《红楼梦》形容贾宝玉貌美：“面若中秋之月，色如春晓之花。鬓若刀裁，眉如墨画，面如桃瓣，目若秋波。虽怒时而若笑，即瞋视而有情……面如敷粉，唇若施脂，转盼多情，语言常笑。天然一段风骚，全在眉梢；平生万种情思，悉堆眼角。”形容林黛玉貌美：“两弯似蹙非蹙罥烟眉，一双似喜非喜含情目。态生两靥之愁，娇袭一身之病。泪光点点，娇喘微微。闲静时如姣花照水，行动处似弱柳扶风。心较比干多一窍，病如西子胜三分。”两相比较可以看出，不同文化对人物的外貌描写经常采用比喻的修辞方式，但具体描写内容却因文化而异，前者是古代以色列文化的产物，后者是传统中国文化的产物。

最后，要注意比喻的创新。英国唯美主义文学家王尔德说，第一个把女人比作鲜花的人是天才，第二个把女人比作鲜花的人是庸才，第三个把女人比作鲜花的人是蠢材。这话虽然有点过头，但说明了比喻创新的重要性。比喻应该不断创新，才能新鲜有趣。例如：

（16）暗淡的水光，像梦一般，那偶然闪烁着的光芒，就是梦的眼睛了。（朱自清《桨声灯影里的秦淮河》）

（17）眼睛再望过去是一片淡蓝色的海水，海水是平静的，三四只帆船点缀在那里，像几个黑点。（巴金《香港》）

例（16）把“水光”比作“梦”，用虚幻的事物喻具体的事物，给人以新鲜之感；例（17）把“帆船”比作“黑点”，表面看似乎平淡，其实却反衬了海的壮阔，因此也给人以回味之感。这两个例子的共性是，故意拉大本体和喻体的相异点，给听读者以新奇的感受。

（二）比拟

1. 什么是比拟

比拟是把物当人描述、把人当物描述或把甲物当乙物描述的修辞方式。例如：

（1）陈刚站在山上，两眼眯着，风抽打着他的耳光，撕扯他的头发和衣服，把他抱起来，摔进时光深处。（张庆国《如风》）

（2）可是张秃子假装没听见，回过头来向大臣们说："谁叫你们跟着我呢？去！"诸大臣全弯着腰，夹着尾巴，慌忙跑去。（老舍《小坡的生日》）

（3）那个晚上过去后的早晨，韦玉穿上衣服准备离开，她的瞬间的想法是，她和霍锋就要画句号了。（袁远《出轨》）

例（1）是把"风"当人描述，因为抽打耳光之类的行为都是人的特征；例（2）是把"诸大臣"当物描述，因为"夹着尾巴"是狗之类动物的特征；例（3）是把"她和霍锋"的事情当另一种事物描述，因为"画句号"是书面句子的特征。

2. 比拟的类别

一般地，比拟可以分为两类。把物当人描述的，是拟人。把人当物描述，或把甲物当乙物描述的，是拟物。例如：

（4）大雨一丝不苟地下了一天一夜，山洪暴发，大水不断地往地下渗透，一些岩石松软的地方经不起浸泡，就开始往下移动。（李春平《读古长书》）

（5）窗外天高云淡，一些方头方脑的高楼大厦傻乎乎耸立着。（赵黎刚《操作》）

（6）年轻时的宋凯有棱有角，工作有声有色。后来磨呀磨的，宋凯被磨成了肉乎乎的人。（津子围《匿名上告》）

（7）一身懒洋洋的我瞥见了他拎着的水桶里形形色色的战利品，精神顿时一振，便和他高唱凯歌回家向肚子"献礼"去了……（储小蕾《寻踪时代》）

例（4）把"一丝不苟"这样的描述人的词语赋予了"大雨"，例（5）把"方头方脑""傻乎乎"这样的描述人的词语赋予了"高楼大厦"，所以都是拟人。例（6）把"有棱有角"这样的描述物的词语赋予了"宋凯"，例（7）把"献礼"这样的描述有关庆祝节日等的词语赋予了"肚子"，所以都是拟物。

还有一种特殊情况，就是把非生物当生物描述，因为所描述的特征既为人所有，也为其他动物所有，所以这是兼备了拟人和拟物的性质，可以称为混合比拟。例如：

（8）在路上，天阴得厉害，远处有住家的地方才更容易显出闪闪的灯光来。也偶尔有赶路人在道旁烤火，黑暗里有这样点点的火光在烧，极有辽阔深远的情致。在沉睡的大地的胸怀，这正像活活跳动的脉搏。最触目的是那里山上还有人放坡火，远望去那耀目的红光恰像在乱山丛中爬行的一条火蛇或一条火龙。（吴伯箫《微雨宿渑池》）

（9）旺才不老，三十出头，长得老面，才让相貌跑到了年龄的前面，并且蹭出一大截儿去。（漠月《夜走十三道梁》）

例（8）把"沉睡""胸怀"这样的词语赋予了非生物"大地"，例（9）把"跑"这样的词语赋予了非生命事物的"相貌"和"年龄"。很显然，"沉睡""胸怀""跑"这些词语并不是专门用来描述人的，其他动物也有这样的特征，所以这样的比拟应该是混合比拟。

3. 比拟的运用

比拟的运用应该注意两点。首先，比拟的手法应该多样。拿拟人来说，除了直接描述外，还可以采用以下一些手法。

其一，呼告法。例如：

(10) 风啊！不要吹灭我手中的蜡烛，我的家还在这黑暗长途的尽处。（冰心《繁星》）

这里作者直接同风进行对话，是呼告的方式。有人把呼告作为一种独立的辞格，其实呼告也是拟人的手法之一，没有必要另建。

其二，代词法。例如：

(11) 你，伟大的双重结构的生命，兼收并蓄的胸怀：悲剧与喜剧，壮剧与闹剧，正与反，潮与汐，深与浅，珊瑚与礁石，洪涛与微波，浪花与泡沫，火山与水泉，巨鲸与幼鱼，狂暴与温柔，明朗与朦胧，清新与混沌，怒吼与低唱，日出与日落，诞生与死亡，都在你身上冲突着，交织着。（刘再复《读沧海》）

这里作者用“你”来指代“沧海”，好像是面对面的交流，也是一种拟人。

其三，称谓法。例如：

(12) 石磨南边，有个猪圈，圈墙残缺，那个爱串门的老母猪，最爱领着她的猪少爷和猪小姐拜访新来的客人。（王汶石《土屋里的生活》）

这里把“少爷”“小姐”这样的称谓用在猪的身上，也是拟人手法。

其四，比拟的视角应该灵活。不应该狭窄地理解比拟，有时表面看比拟是不合理的，但换个角度看就合理了。例如：

(13) 在没有月亮的夜晚，小小的星星只知道交头接耳，却无力把它的光芒投射到地面上。（陶纯《军营传奇：子弹穿过头颅》）

这里的“交头接耳”用来描写小星星似乎是不合理的，因为在我们看来小星星是静止的，是没有办法交头接耳的。但这里反映的是作者的独特感受，作者在特定的情景下感觉星星是动的，是可以交头接耳的。

4. 比拟和比喻的区别

如果像比喻一样，我们把比拟的两个要素分别叫作本体和拟体的话，那么，比喻的喻体是必须出现的，本体可以不出现；比拟的本体是必须出现的，拟体一定不能出现。例如：

(14) 这座楼在校园里坐落着，就像一条狗。（比喻）

(15) 这座楼在校园里静静地卧着。（比拟）

如果比拟的拟体出现了，原来的描述仍然还在，那就是比喻和比拟的并用了，应该看作修辞格的连用现象。例如：

(16) 这座楼就像一条狗，在校园里静静地卧着。

有的句子（或小句）如果不联系上下文，就没有办法确定是比喻还是比拟。比如“一位还在发情期胖胖的小母牛”，如果描述的是人，这就是比喻；如果描述的是牛，这就是比拟——“一位”是用于描述人的。但在上下文中，意思就非常确定了：

(17) 直到有一天，邻近办公室、工会的小王，一位还在发情期胖胖的小母牛，晚上十一时多窜进他的办公室……（储小蕾《寻踪时代》）

很明显，这是比喻，不是比拟。

（三）借代

1. 什么是借代

借代又叫“艺术换名”，就是艺术地换用其他名称（用“乙”表示）来表示本来的名称（用“甲”表示）。具体可以定义为：在甲和乙具有相关性的前提下，说写者在表达中用乙来代替甲的修辞方式。例如：

（1）一个眼镜抱着早预备下的酒坛子和海碗，挨个分发，斟上白亮亮的酒。（王朔《千万别把我当人》）

（2）先生，给现钱，袁世凯，不行么？（叶圣陶《多收了三五斗》）

例（1）用“眼镜”代替“戴眼镜的人”，“眼镜”和“戴眼镜的人”是相关的，因此是借代；例（2）用“袁世凯”代替“刻有袁世凯头像的银元”，“袁世凯”和“刻有袁世凯头像的银元”是相关的，因此也是借代。

2. 借代的类别

其一，性质代事物。就是用事物的性质来代替事物本身。例如：

（3）小曾幸灾乐祸地说袁姐，现代社会这么痴情的男人真是凤毛麟角啊！袁姐说小曾，我可记仇啊，等下次我非带一个女凤毛麟角来给你。（央哥儿《来的都是客》）

这里的“凤毛麟角”是一种性质，用来代替“这么痴情的人”。“这么痴情的人”和“凤毛麟角”又是相关的，因此是用性质代替事实。

其二，特征代事物。就是利用事物的特征来代替事物本身。一般地，用事物特征代替事物本身的时候，说写者总是选择事物的突出之处来达到表述的目的。例如：

（4）两个长相酷似的女郎，一个戴着流行的巴拿马帽，另一个耳廓上有一圈子铆钉。她们紧挨着，但相互带着敌意。“巴拿马帽”用鼻子发音：“你偷偷跟着我？”“铆钉”：“确定容哥能搞定你上这部片子？”（鲁敏《大宴》）

这里的“巴拿马帽”“铆钉”分别指“戴巴拿马帽”和“戴铆钉”的女郎，它们之间的相关性是显而易见的，“戴巴拿马帽”和“戴铆钉”是两位女郎的穿着特征，因此是特征代替事物本身。

其三，牌号代产品。就是利用物品的牌号来代替物品本身，像用“茅台、五粮液”代替“茅台酒、五粮液酒”，用“红塔山、中华”代替“红塔山香烟、中华香烟”，用“联想、TCL”代替“联想牌电脑、TCL 牌电脑”，等等。例如：

（5）别看咱是贫困县，领导照样坐皇冠；别看咱们厂子亏，领导天天端酒杯。（鲁文《当代民谣顺口溜》）

这里的“皇冠”指“皇冠牌轿车”，它们的相关性是不言而喻的，这是典型的牌号代实际事物。

其四，作家代作品。就是用作家代替该作家的作品，这样的借代往往用“读某某人”来表现，如“读鲁迅”，就是“读鲁迅的作品”。例如：

（6）萧伯纳说过，许多英国人终生不读莎士比亚，就是因为幼年时教师逼迫他们

背诵，由此产生了逆反心理。（詹文龄《给孩子一个健全的人格》）

这里的“莎士比亚”指“莎士比亚的作品”，这是用作家代替作品。

其五，专名代泛称。就是用一个人的专名代替这一类人，这样的借代往往可以在专名的后面加“们”，如“刘震云们”就是指刘震云那一类的作家。例如：

(7) 我并不欣赏胡文海。有位常讲“程序正义先于实质正义”的法学界朋友，有一天忽然很认真地对我说，他赞成“个体复仇”，我嘲笑他读金庸小说走火入魔了。但是，我相信胡文海们是一定社会环境的产物。他们竭尽所能却未找到伸张正义的合法途径，“伤心”之下便“疯狂”走了极端。（鄢烈山《生不逢时胡文海》）

这里的“胡文海们”指那些因不能通过合法途径使百姓利益得到维护而走上以暴制暴道路的人，这是用胡文海这个专名来借代那一类人。

有时，专名还可能是虚拟的，像人们常说的“张三李四”，其实并不一定存在着叫这样名字的人，但在使用中仍然可以看作专名代替泛称。例如：

(8) 别看他们坐着奔驰偎香拥玉，其实就是隔壁李大妈家的二顺子，或者对街张大妈家的三狗子。（王跃文《谁让我们成了白眼狼》）

这里的“二顺子”和“三狗子”都是虚拟的专名，但他们仍然能泛指那些普通人，所以也是专名代替泛称的借代。

其六，具体代抽象。就是用具体的词语代替相关的抽象事物。例如：

(9) 我不排斥应合丝弦低吟杨柳岸晓风残月。我更愿选择手执铁板高唱大江东去。（理由《香港雨霏霏》）

这里的“杨柳岸晓风残月”指婉约文学作品，“大江东去”指豪放文学作品。这是以具体的诗句代替抽象的相关事物。

其七，部分代全体。就是用事物的部分内容代替事物的全部。这和用特征代事物不同，用特征代事物必须是事物中能够凸显事物特征的部分，而部分代全体则没有这样的要求。如“不拿群众一针一线”，“一针一线”是群众财产的一部分，但这一部分并不是非常突出的，并不能凸显群众财产特征，所以只能是部分代全体。例如：

(10) 咱们既然在此地驻扎，就不许他们在这一带动百姓一草一木。（姚雪垠《李自成》）

这里的“一草一木”指包括“一草一木”在内的所有事物，这是以部分代全体的借代。

其八，结果代原因。就是通过说事物的结果而指代事物的原因。例如：

(11) 孔乙己一到店，所有喝酒的人便都看着他笑。有的叫道，“孔乙己，你脸上又添上新伤疤了！”（鲁迅《孔乙己》）

这里的“脸上又添上新伤疤”指“挨打”，“挨打”是原因，“脸上添上新伤疤”是结果，说话人的意思是“孔乙己又挨打了”，这是以结果代原因的借代。

3. 借代的运用

借代用得好，可以增强形象性和幽默感，能够很好地表达出事物的本质和特征，便于听读者快速地把握和理解信息。运用借代辞格应该注意两点。

首先，要注意必须依赖上下文和情景，否则会使人不知所云。例如《中国青年报》

上有一篇文章《让新词语来得更猛烈些吧》，上面有一句话“经济占据半壁江山”，这里就有一个借代的用法，“经济”指《新华新词语词典》中收集的与经济相关的新词语，因为这类词语占词典总条数的一半以上，所以说“占据半壁江山”。

其次，要注意借代的内容应该积极向上，不应该把修辞格的使用建立在对某些人的歧视之上。例如对于一些有生理缺陷的人，如“歪嘴、斜眼”等，就不应该用他们的缺陷来借代他们本人，而应该用通称或专称来表达。

4. 借代和借喻的区别

借代和借喻不同。借代的本质在于它具有相关性，本体和借体在现实世界中存在着必然的联系；借喻的本质在于它具有相似性，本体和喻体在现实世界中没有必然的联系，只是由于心理或文化的原因临时将二者联系起来。

从形式上看，凡是借喻，基本上都可以找回本体，并可以在喻体上加比喻词来修饰；而借代不能作这样的转换。鲁迅的《故乡》中有这样一句话：

(12) 圆规一面愤愤的回转身，一面絮絮的说，慢慢向外走，顺便将我母亲的一副手套塞在裤腰里，出去了。

这里的“圆规”指豆腐西施杨二嫂，因为她很瘦，因此上面这句话还可以说成：

(13) 瘦子一面愤愤的回转身，一面絮絮的说，慢慢向外走，顺便将我母亲的一副手套塞在裤腰里，出去了。

很显然，“圆规”是借喻，而“瘦子”是借代。原因有两个。首先，“圆规”和杨二嫂没有现实的联系，杨二嫂既没有手里拿着圆规，她又不是做圆规的，她和圆规只是外形相似而已，因此只能是借喻；而“瘦子”是借代，因为杨二嫂本来就是个瘦子，这种相关性非常明显。其次，前面一句可以转换为“像圆规一样的杨二嫂一面愤愤回转身……”，后面一句却没有办法转换。

(四) 夸张

1. 什么是夸张

夸张是言过其实。具体说来，夸张就是指对事实的描述远远超过了事实本身的修辞方式。例如：

(1) 人们对爱社诉苦，说日子难过。爱社说，我比你们好过？谁比我赔得多？你们要难过，我就该死了！人们说，我们咋比你，你拔根汗毛比我们腰还粗。（乔典运《香与香》）

(2) 就在评定产量的时候，大家公推赵镢头——这个一辈子没干过芝麻大的公职的人当了生产队长。（张一弓《赵镢头的遗嘱》）

例 (1) 的“拔根汗毛比我们腰还粗”远远超过了事实本身，例 (2) 的“芝麻大的公职”也超过了事实本身，都是夸张。

2. 夸张的类别

夸张可分为程度夸张和超前夸张两类。程度夸张是指对事物在数量上的描述远远超过事实本身的夸张。如果在数量上的描述远远大于事实本身，就是扩大夸张，简称“夸大”，例如：

（3）我们这一松懈，那贼爬起来就跑，跑得比火箭都快，刚才要不扛着自行车，就凭这速度，我们就是骑着自行车也追不上他。（李亚《自行车》）

如果在数量上的描述远远小于事实本身，就是缩小夸张，简称“夸小”，例如：

（4）安乐林围墙上开了个月亮门，门头砖额上刻着三个经石峪体的大字，像那么回事。走进去，只有巴掌大的一块地方，有几十棵杨树。（汪曾祺《安乐居》）

再说超前夸张。超前夸张是指对事物在时间上的描述远远偏离事实先后的夸张。例如：

（5）我们很快被安排进了餐厅，而她一直站在我的身边，一首高亢悦耳的劝酒歌唱出，酒便送到了手上，那酒还没下肚人已经醉了，还有什么疲劳啊。（沙耘《水的骨肉女儿的湖》）

（6）“叶天龙，你到底是怎么样的一个人呢？”话音还在空中飘动，他的人已经消失在茫茫的大地上。（端木《风月大陆》）

例（5）按照时间的顺序应该是先喝酒后醉，但在描述时却说成“那酒还没下肚人已经醉了”，这就是超前夸张；例（6）按照时间的顺序应该是话音先消失，人再淡出视线，但在描述时说成“话音还在空中飘动，他的人已经消失在茫茫的大地上”，这也是超前夸张。

3. 夸张的运用

夸张运用得好，能够突出事物的特征，揭示事物的本质。但在具体运用时应该注意以下两点。

首先，夸张不是写实。如“听君一席话，胜读十年书”这是夸张，因为无论一席话多么重要，多么富于哲理，都不会超过读十年书学到的东西。而如果说“听君一席话，胜读半天书”，这就很难说是夸张了，因为这很可能是写实。再如有的小学生形容人的头发浓密，说“他的头发多么浓密呀，简直有几万根”，他以为这是夸张，其实一个成年人的头发本来就有八万到十万根，所以这怎么能算夸张呢？

其次，夸张不是吹牛。如在“大跃进”年代，有人作诗云“小麦种在田地中，密密麻麻不透风，就是卫星摔下来，也会弹上半天空”，这就是典型的吹牛，哪里是夸张的艺术呢？还有“一个南瓜赛地球，架在五岳山上头，一日飞到大西洋，世界又多一个洲”之类，也是如此。

（五）双关

1. 什么是双关

双关是说话人有意地利用多义或同音的语言手段，从而取得表面一层意思，内里一层意思，而且这两个意思都能说得通的表达效果的修辞方式。例如：

（1）新做屋基四四方，细细石子来打墙；哥哥会盖大瓦屋，问妹要廊不要廊？（江

西民歌《新做屋基四四方》）

（2）相信您的选择——您不会拒绝长寿！（《长寿》杂志征订广告）

例（1）的“廊”表面意思是“走廊”，内里意思是“郎君”，两个意思都能说通。例（2）“长寿”表面意思是“长久的寿命”，内里意思是“《长寿》杂志”，两个意思也都能说通。

双关比较难辨认，主要原因是它容易和歧义、误解、曲解等相混淆。但是，我们只要明白它们之间的关系，就比较容易辨认了。

最简交际形式是由说话人和听话人组成的。先看说话人的情况。如果说话人有意地运用多义的语言手段，从而造成表里各一层意思的，这就是双关。如果说话人无意中运用了多义的语言手段，也造成了两个意思，而且在特定语境中没有办法排除掉其中的一个意思，这就是歧义。例如：

（3）尹明山一只手多出一个指头，这畸形指造就了他得天独厚的条件：他将这畸形指用于按孔，吹将起来灵巧异常，令后学者望尘莫及。（林克仁等《中国箫笛》）

在这里，尹明山到底是只有一只手多出一个手指，还是两只手各多出一个手指？不清楚。这是歧义。显然，歧义并不是双关，双关是积极的表达，而歧义是消极的表达。

再看听话人的情况。第一种情况，如果听话人正确地理解了说话人的意思，而且不联系其他的意思，这是确解。第二种情况，虽然听话人正确地理解了说话人的意思，但他故意联系其他意思来回应，这是曲解。例如：甲说：“我累死了。”乙说：“你死了怎么还说话？”这就是曲解，显然曲解并不是双关。第三种情况，听话人没有正确理解说话人的意思，而是理解成了其他的意思，这是误解。曲解和误解都是听话人的事情，跟理解有关，跟表达无关；而双关是说话人的事情，跟表达有关，跟理解无关。

2. 双关的类别

根据语言内部的情况，双关可以分为两类：谐音双关和语义双关。

谐音双关就是利用同音手段造成的表里各一个意思的双关。例如：

（4）中意空调，终身无“汗”的选择。（中意空调机广告）

这里是利用“汗”和“憾”这两个同音字造成的双关，是谐音双关。

语义双关就是利用多义手段造成的表里各一个意思的双关。例如：

（5）周蘩漪：好，你去吧！小心，现在，（望窗外，自语）风暴就要起来了！（曹禺《雷雨》）

这里的“风暴”有两个意思，一是指自然界的风暴，二是指家庭风暴，这两个意思是多义的，所以这里的双关是语义双关。

根据双关内部表面意思和内里意思之间的关系，双关又可以分为并重双关和侧重双关。

并重双关就是表面意思和内里意思地位平等的双关。例如：

（6）有面子没面子，没面子有面子。（一副关于煤站的讽刺对联）

这副对联可以作这样两种理解：有脸面的人没有煤面子（只有煤块），没有脸面的人只有煤面子（没有煤块）；有煤面子的人是没有脸面的，没有煤面子的人是有脸面的。这两个意思都说得通而且没有主次之分，这是并重双关。

侧重双关就是表面意思和内里意思地位不平等的双关，两个意思是一主一次。例如：

（7）谁也不知道，黑夜使炊烟没了颜色，但那烟中，却有着热。（贾平凹《鸡窝洼的人家》）

这里的“热”有两个意思，一是烟中的热气，二是女主人公心里的热情，其中前一个意思是陪衬，后一个意思是主要的表达意图，这就是侧重双关。

3. 双关的运用

双关一语二意，运用得好，能够成为一种饶有情趣的表达。双关的运用往往体现了运用者的机敏和睿智。例如“半个字电报”的掌故，就是双关运用的一个范例。“半个字电报”说的是文学家沈从文看上了张兆和，到张兆和家里看望她。但张兆和是大家闺秀，不好意思跟沈从文谈情说爱。张兆和的姐姐张允和则极力促成这件婚事，她终于说服了张兆和，其时沈从文已经离开了张家。张允和发电报告诉沈从文，说张兆和已经同意了他们的婚事。张允和的电报只有一个字“允”，既表示“允许”，又代表张允和。因为一个字有两个意思，所以人们称其为“半个字电报”。

还有比双关更加复杂的情况，就是一个表达形式有三个或三个以上的意思，可以分别叫三关、四关、多关。例如清代金圣叹临终时写的一副对联“莲子心里苦，梨儿腹中酸”就是三关，一是指两个孩子的名字“莲子”和“梨儿”，二是指客观世界的“莲子”和“梨儿”，三是谐音“怜子”和“离儿”。

（六）反语

1. 什么是反语

反语就是字面意思和内里意思相反的修辞方式。例如：

（1）白斩鸡肯定是向瑶从上海买了带过来的，后面两个简单至极的菜，她居然在厨房里耗去了一个小时的时间，厨艺实在够高明。简晖在心里冷笑。（黄蓓佳《爱情是脆弱的》）

这里的“高明”表面意思是厨艺好，但内里意思却是厨艺很差，这就是反语。

2. 反语的类别

反语可以分为两种：词句反语和篇章反语。词句反语，顾名思义，就是表现在词语和句子平面的反语。例如：

（2）中国军人的屠戮妇婴的伟绩，八国联军的惩创学生的武功，不幸全被这几缕血痕抹杀了。（鲁迅《记念刘和珍君》）

（3）迟可东感慨道：“我们居然这么耳聪目明！不知不觉让一颗炸弹睡在眼皮底下。这样下去还了得！”（杨少衡《远处的雷声》）

词句反语往往能够在字面上找到体现反语的词语，如果把体现反语的词语换成它们的反义词，意义不变，但反语辞格会消失。例（2）中的“伟绩”“武功”，例（3）中的“耳聪目明”，都是体现反语的词语，如果把它们分别换成近似反义的“罪恶”“行径”“闭目塞听”，原来句子的意义不变，但反语辞格却失去了。从修辞功能看，词句反语往往体现着话语的批判功能和玩笑功能。

篇章反语是表现在篇章平面的反语，这种反语和词句反语有很大的不同，它们一般不能从字面本身找到体现反语的词语，它们的反语意义是表现在整个篇章中的。例如：

（4）按照当今世界各国经济实力的排名，德国位居美、日之后，稳坐第三把交椅。然而，施罗德先生，您作为这样一个经济强国的总理，竟然听任自己的兄弟长期与失业者为伍，竟然不能为自己的兄弟谋一份体面的工作，最终只能看着这位年过半百的“手足”远走异国他乡，去给游人举旗带路。一国总理当到这个份上，按照俺们这儿的说法，岂不是十足的窝囊废，一点“鸟”用也没有？要是在俺们这里，总理先生，您即便是个司局长什么的，要想自己的兄弟有个好工作，连歪歪嘴的力气也不用费啦！早有热心人帮您摆平了这点鸡毛蒜皮的小事！您的兄弟不是干过河道清洁工吗？去航运部门当个主管如何？他喜欢舞文弄墨，去个效益红火的报刊当个老总怎样？请他在某个地方旅游局屈就个局长，为本国旅游事业的发展多做贡献，不是很好吗？总而言之，言而总之，您兄弟想去哪儿，想干什么，三百六十行，请他尽管挑吧，甭客气！解除了您的后顾之忧，您不是更能一心扑在国事上了吗？俺们这是从大局着想呀！（《江淮日报》2002年4月10日）

这里表面上是在批评施罗德不顾兄弟情分，实际上是在颂扬施罗德以及西方社会那种不依赖他人的个人奋斗精神。这就是篇章反语。从修辞功能看，篇章反语往往体现着话语的劝说功能和论理功能。

3. 反语的运用

反语具有讽刺、批判、玩笑、游戏等功能，恰当运用反语，能够提高表达效果。反语在运用中应该注意以下两点。

首先，要得体。运用反语要注意交际对象，不能在任何情况下都使用。有人把反语的批判和讽刺功能用在弱势群体和草根阶层上，这就不合适了。运用反语也要注意语体，有些语体是不适合运用反语的，如广告营销语体和新闻媒介语体，就不适合用反语。

其次，要鲜明。运用反语，应该使对象明确这是在用反语，如果你运用了反语，可是交际对象按照正常情况理解了，这样反语就起不到应有的作用了。为使反语得体鲜明，可以采用以下几种方法。

特殊语调法。在口语中，可以把反语词语用非一般的语调说出，让别人一听就知道不是通常的意义。例如“你真可爱”，如果用来表达“你真讨厌”，可以用鄙夷的口气和语调说出来。

添加引号法。在书面语中，可以给反语词语添加上引号，这样读者一看就知道是反语了。例如：

（5）假若当时我已经能够记事儿，我必会把联军的罪行写得更具体、更“伟大”、

更“文明”。（老舍《小花朵集》）

呼应配合法。在口语或书面语中，可以通过上下文的呼应搭配表现出反语的意思来。例如：

（6）青春是铁，环境是火炉。过了一个月，她又“活”了。她不再怕血与死，她的心已变成了石头的。她忘了以前小姐的生活，不再往手指甲上涂上蔻丹，而变成了个新的招弟。这个新招弟，她自己盘算，将要比她的妈妈更厉害，更毒辣。以前，她只知道利用花般的容貌，去浪漫，去冒险；现在，她将把花容月貌加上一颗铁石的心，变成比妈妈还伟大许多的女光棍。（老舍《四世同堂》）

这里的“伟大”由于上下文的呼应和搭配，就完全能够把反语的意思表现出来了。

（七）仿拟

1. 什么是仿拟

仿拟是仿照现有的语言形式创造出一个类似的新的语言形式的修辞方式。例如：

（1）为了避免使本国的象征沦为中国人的食物，瑞士已禁止将狗出口到吃狗肉的国家。我非常佩服瑞士人尊重“狗权”的行为。（游宇明《不能或缺的营养》）

（2）有人认为，此番成立“影视工作室”，海岩是要将“商业作家”之路进行到底并使之实现产业化。（《北京青年报》2003 年 11 月 12 日）

例（1）的“狗权”是仿照现有的语言形式“人权”而创造出来的类似语言形式；例（2）的“将‘商业作家’之路进行到底”是仿照现有的语言形式“将爱情进行到底”（一部电视剧的名字）而创造出来的类似语言形式。

2. 仿拟的类别

根据语言单位的不同，仿拟可以分为四类。

其一，仿缀。

所谓仿缀，就是将一个词缀或类词缀和一个本来不能与这个词缀搭配的词根临时组合起来，以增强表达效果的修辞方式。例如：

（3）倘在夏天，大家将辫子盘在头顶上或者打一个结，本不算什么稀奇事，但现在是暮秋，所以这“秋行夏令”的情形，在盘辫家不能不说是万分的英断，而在未庄也不能说无关于改革了。（鲁迅《阿 Q 正传》）

这里的“盘辫家”就是仿缀，因为一般情况下“盘辫”是不能跟类后缀“家”搭配在一起的，这样的临时性的组合就是运用了仿缀的修辞方式。

其二，仿词。

所谓仿词，就是仿照词典中现有的词语创造出一个类似的相关的词语的修辞方式。如词典中有“无聊”，我们仿照它们创造出“有聊”这样的词典中不存在的词语，这就是仿词。再如：

（4）她还努力学国语。有一次，我听到她报菜单，几个老中当场对她竖起大拇指。（《小说月报》1988 年 2 期）

（5）《婚姻法》草案始终坚持男女平等的原则，草案不仅要管“包二奶”，对“包二爷”也不能客气。（《哈尔滨日报》2001 年 1 月 19 日）

这里的“老中”“包二爷”是仿照词典中固有的“老外”“包二奶”创造出来的词语，是谓仿词。

其三，仿语。

所谓仿语，就是仿照语言中固有的比词大比篇章小的语言形式创造出一个类似的相关的语言形式的修辞方式。仿语可以是仿短语，例如：

（6）有人笑言：繁荣“娼盛”。这似乎已成为社会的无奈，但“娼盛”到如此招摇过市的程度，记者虽免疫力特强仍觉触目惊心。“黄色娘子军”肆行宝岛（指海南岛），固然在一定程度上刺激了海岛旅游业的发展，但其潜伏的危机也日露端倪。（朱德付《走马“红灯区”》）

这里的“繁荣‘娼盛’”是仿照短语“繁荣昌盛”形成的语言形式；“黄色娘子军”是仿照短语“红色娘子军”形成的语言形式。

仿语也可以是仿句子，例如：

（7）他想起阿雷刚到哨所时的模样，它就像黑夜里的一个精灵，令人快乐无比。狗总是要死的，有的轻于鸿毛，有的重于小半个泰山。（陶纯《一个人的高原》）

这里的“狗总是要死的，有的轻于鸿毛，有的重于小半个泰山”是仿照了毛泽东《为人民服务》中的一句话“人总是要死的，有的轻于鸿毛，有的重于泰山”，是仿句子。

其四，仿章。

所谓仿章，就是仿照固有的文本创造出一个类似的文本的修辞方式。例如：

（8）曾经有一份真诚的房价摆在我面前，我没有 hold 住，等到失去了才后悔莫及，人世间最痛苦的事莫过于此。如果上天能够给我再来一次的机会，我会对那个售楼员说：我买了！如果非要给它加个期限，我希望是 2009 年！（《北京晚报》2011 年 11 月 9 日）

该例是仿照电影《大话西游》的台词而形成的文本形式，属于仿章。仿章有时用来对丑恶现象进行讽刺和揭露，有时也具有调侃和玩笑的功能。

3. 仿拟的运用

仿拟修辞格新鲜活泼，运用得恰当，可以增强表达效果，使话语具有新鲜性和幽默感。仿拟的运用应该注意两点。

首先，应该仿拟人们比较熟悉的语言形式和文本。如果仿拟的语言形式或文本是人们不了解不熟悉的，就会妨碍表达。

其次，不要滥用仿拟。仿拟反映了语言的可类推性，因为有现成的材料，所以用起来非常方便。但运用仿拟应该考虑在语言环境中的得体性，不能随意滥用。例如在广告中，有“百衣百顺”“随心所浴”“久经烤验”“鸡不可失”等，有人说这是语言污染，语言垃圾，应该清扫出去；有人说这是仿拟，是语言的艺术化，不必大惊小怪。其实这样的用法并不全然是错误的，修辞中有仿拟辞格可以使用，而广告又需要使用修辞方式，所以这种用法本身并不是错误。但如果用得过多过滥，那就不合适不得体了。著名作家沙叶新曾就这个问题写过一篇《壮痔凌云》的杂文，文中写道：

梦中，我去了这家“痔者必得”的痔药厂购买新药。只见厂内黑压压的一片，全是痔同道合、踌躇满痔者，煞是壮观。厂长出来接待，并痔词：“同痔们，你们好！我代表‘痔者必得’全体职工欢迎大家。痔疮是常见病，多发病，不但老年人老骥伏枥，痔在千里；青壮年也是壮痔凌云；就是小孩也有痔疮，有痔不在年高嘛！如今是十男九痔，十女九痔，无所不痔，无微不痔，不久就要全民所有痔！所以我厂全体同痔，斗痔昂扬，专心致痔，终于有痔者事竟成，研制成功了‘痔者必得’特效药，欢迎各位试用！”于是我和同痔们都争相购买“痔者必得”并立即服用。我问这位厂长尊姓大名，他说他和上海一个著名的足球运动员的名字大同小异，叫：范痔毅。梦醒后，我发现我的痔疮并未见好，肛门部位仍是淋漓尽痔！

这是对滥用仿拟的辛辣讽刺和无情鞭笞。

（八）拈连

1. 什么是拈连

拈连也叫顺势移用，就是利用上下文的联系，将适用于前一事物的词语拈到后一事物上的修辞方式。例如：

（1）线儿缝在军衣上，情意缝在我心里。

“情谊”和“缝”是不能搭配的，但在这里，说话人巧妙地借用上面“缝军衣”的“缝”，连缀在“情谊”当中，这就是拈连，也就是说，把上面的“缝”拈出来，连在“情谊”上，从而提高了表达的艺术性。

2. 拈连的运用

拈连大多用在文学作品中，是提高表达效果的一种重要方式。例如：

（2）红烛啊！既制了，便烧着！烧吧！烧吧！烧破世人的梦，烧沸世人的血——也救出他们的灵魂，也捣破他们的监狱！（闻一多《红烛》）

（3）你们要得了我的命，可要不了我的心气；这是一口气，这口气由我传给我的儿子孙子，永远不能磕膝盖儿着土！（老舍《杀狗》）

在文学创作中，自觉运用拈连修辞格，并同特定的表达相适应，在某种程度上能够达到提高文本品位的目的。

对拈连修辞格来说，正确地辨认拈连也是非常必要的。拈连首先要“拈”，如果没有上下文的词语相应和，就不能算是拈连。如“你无论如何也留不住我的心”，在没有上下文的情况下就不能算拈连，只能算是比拟。如果加上上下文“你能留住我这个人，但是你无论如何也留不住我的心”，这就是拈连了。

其次拈连要“连”，如果上下文中没有可以“连”的事物，只是“连”在了原来不能搭配的词语上，也不能算拈连。如“比流氓还流氓”，有人认为这是拈连，其实不是，这是词类活用现象，如果一定算作修辞格的话可以叫转类，但绝不是拈连。

（九）通感

1. 什么是通感

通感是在语言表达中把一种感觉诉诸另一种感觉的修辞方式。例如：

（1）微风过处，送来缕缕清香，仿佛远处高楼上渺茫的歌声似的。（朱自清《荷塘月色》）

（2）吴荪甫突然冷笑着高声大喊，一种铁青色的苦闷和失望，在他紫酱色的脸皮上泛出来。（茅盾《子夜》）

例（1）的“清香”是属于嗅觉的，“歌声”则是属于听觉的，把嗅觉诉诸听觉，是通感。例（2）“苦闷和失望”是属于心理感觉的，“铁青色”则是属于视觉的，把心理感觉诉诸视觉，也是通感。

2. 通感的类别

人的感觉可以分为两种：外在感觉和心理感觉。外在感觉又可以分为视觉、听觉、触觉、味觉、嗅觉等五种。通感常常在两个范围内存在，一是在外在的五种感觉之间存在，二是在外在感觉和心理感觉之间存在。我们把前者称为交错通感，后者称为延伸通感。交错通感如：

（3）塘中的月色并不均匀；但光与影有着和谐的旋律，如梵婀玲上奏着的名曲。（朱自清《荷塘月色》）

延伸通感也叫移就。例如：

（4）敲门声仍然是胆怯的、犹疑的。（王蒙《表姐》）

3. 通感的运用

修辞学上的通感是一种艺术化的手段，它并不是生理上的反应。因此，在运用通感的时候就应该注意通感自身的修辞功能。一般说来，通感多见于文学作品，有较强的抒情性和审美性。说写者运用通感是为了更好地抒发感情，从而给听读者以审美享受。例如：

（5）他想到刘钢炮，想到另一些“以工代干”的人，如果冷静地坐下来算算，他们所做的一切究竟对国家和人民有多少好处？大概不感到脸红，也会感到吃惊吧？——不，不，这怪我们吗？一个充满怨气和愤怒的问号从头脑里闪出来，使他感到一丝安慰，并重新躺下去。是的，不怪我们，是怪那个倒霉的年代。（邓钢《阵痛》）

（6）我几次经过那里，总是听到货郎喑哑的嗓音疲惫地诉说着走南闯北的艰难，货郎微笑时神情苦涩。（余华《在细雨中呼喊》）

例（5）的“问号”是诉诸视觉的，而“充满怨气和愤怒”是心理感觉，通过二者的结合，表现了作品人物矛盾重重的心理感受。例（6）的“嗓音”是诉诸听觉的，“疲惫”是身体的感受导致的心理感觉，通过二者的结合表现了货郎苦涩的心理状态。说写者借作品人物抒发了自己的情绪，而对听读者来说，这样的表达恰是一种艺术化的形式。

（十）婉曲

1. 什么是婉曲

婉曲就是为了躲避禁忌或弱化不良状况，不直接表达，而是委婉曲折地把意思表达出来的修辞方式。例如：

（1）原先，吴有家很穷。……那时候还没有开始搞计划生育，他老婆别的本事没有，地里活和家里的针线都做不到人前头，生娃子却不甘落后。一下生了五个，一个比一个大两岁，叫挨肩儿娃子。那女人常说："越是怕，狼来吓，就怕有，一那个就有了。"一干人就打趣逗她："那你就别那个了。"她却不听劝告，仍然"那个"。（张宇《小偷和书记》）

（2）到了九十九岁那年，大家正准备替他做百龄大寿，他却不再等待，就离开了我们——又一个永恒的遗憾！（费丽《唐人和他的梦》）

例（1）用"那个"表示"房事"，例（2）用"离开了我们"表示"死了"。因为像房事、死亡这样的话语是不能直接说出来的，如果直接说出来，对听话人来说是带有刺激性的，对说话人自己来说是粗俗的、没有礼貌的。所以说话人用婉曲的方式说出来，是恰当的、得体的。

2. 婉曲的运用

婉曲是一种力求交际和谐的表达手段，运用得当，可以感染听话人，使听话人乐于接受。

一般说来，婉曲的运用常常是出于躲避禁忌的需要。禁忌是人类社会比较特殊的带有普遍倾向的文化现象，几乎任何一个民族或群体都有自己不同的禁忌内容和方式。禁忌的国际通用名称是 taboo，汉语音译为"塔布"。禁忌现象在语言中表现为禁忌语的存在。在交际中，禁忌语一般是不能说出来的，或者即使说出来也是不得体的，如在日常交际中不宜说"我去撒尿，我去屙屎"等，至于跟生殖器官有关的话语就更不宜说出口了。不避讳说这些话语的人一般会被视为大老粗或流氓什么的。禁忌的内容多见于以下这些：姓名、种族、性别、排泄、生殖、诅咒、疾病、死亡、生理缺陷、吸毒、卖淫等。在交际中，这些内容多用婉曲的修辞方式来表现。例如：

（3）方达生：（摇头）没有。那种地方我都一个一个去看了。但是，没有她。（曹禺《日出》）

这里方达生没有直接说"那些妓院我都去看了"，而是用"那种地方"来委婉地说明，这既符合说话人的身份，也避免了对听话人陈白露的刺激。

婉曲还可以弱化不良状况。有些话语虽然是反映不良状况的，但并不一定是禁忌的。在交际中，这些话语并非是不能说的，说话人之所以要换一种婉曲的形式表达，无非是想弱化这种不良状况。例如：

（4）阿心长得实在不敢恭维，宽宽的脸盘，两只眼睛很滑稽地向鼻梁两边挤，皮

肤粗糙，像铺了一层砂纸焦黄焦黄的，还好一脸的诚恳，肯定是个吃苦耐劳的劳动人民。（储小蕾《寻踪时代》）

这里说“阿心长得实在不敢恭维”意思是说“阿心长得很丑，很难看”，但这样的表达是用婉曲的手法弱化了阿心长相之丑。

（十一）对偶

1. 什么是对偶

对偶就是用两个结构相同或基本相同、字数相等的语言形式来表达相关或相反意义的修辞方式。例如：

（1）宝剑锋从磨砺出，梅花香自苦寒来。

（2）梅柳迎春，万里东风绽桃李；椿萱含笑，一门和气乐桑榆。

2. 对偶的类别

根据内容，对偶可分为正对、反对和串对三类。

其一，正对。正对就是用两个结构相同或基本相同、字数相等的语言形式来表示相同、相似、相关等意义的对偶。例如：

（3）墙上芦苇，头重脚轻根底浅；山间竹笋，嘴尖皮厚腹中空。

（4）六载固金汤，问何时忽坏长城，孤注空教躬尽瘁？双忠同坎窞，闻异类亦钦伟节，归魂相送面如生。（林则徐为关天培撰写的挽联）

其二，反对。反对就是用两个结构相同或基本相同、字数相等的语言形式来表示相反、矛盾、对立等意义的对偶。反对的相反、矛盾、对立表现在视角和要素上，而不是表现在主体上，主体往往是同一的或平列的。例如：

（5）昔日茅棚随流水，今朝瓦屋伴高山。

（6）横眉冷对千夫指，俯首甘为孺子牛。（鲁迅《自嘲》）

例（5）是时间上的对立，但主体是同一的；例（6）是态度的相反，而主体没有变化。

其三，串对。串对就是用两个结构相同或基本相同、字数相等的语言形式来表示承接、因果、条件等意义的对偶。例如：

（7）发展体育运动，增强人民体质。

（8）野火烧不尽，春风吹又生。

根据形式，对偶可分为严对和宽对两类。

其一，严对。严对是上下两句结构相同、词性一致、平仄相对、字数相等的对偶。例如：

（9）支离东北风尘际，漂泊西南天地间。

这两句结构相同，都是“动＋宾（定＋中）”；词性也一致，都是“动词＋方位词＋名词＋方位词”；平仄相对，“平平平仄平平仄，平仄平平平仄平”，其实最理想的形式应该是“平平仄仄平平仄，仄仄平平仄仄平”，因为在平仄的对应上讲求“一三五不论，二四六分明”，所以上面这样的形式也算是平仄相对；字数相等。另外，严对还要求上下两句在相同的位置不能出现相同的字，否则就是宽对。

其二，宽对。在保证结构相同或基本相同、字数相等的前提下，如果词性、平仄的使用都不是很严格，或者上下两句在相同的位置出现了相同的字，那就是宽对。例如：

(10) 敌人一天一天烂下去，我们一天一天好起来。

(11) 赤化，赤化！有些学者名流和新闻记者还在那里诬陷；白死，白死！所谓革命政府和帝国主义原是一样东西。（周作人挽“三一八”惨案遇害者联）

3. 对偶的运用

对偶内容凝练，语音和谐，具有极强的审美色彩，是汉语特有的辞格形式，历来为人们所喜欢。对偶使用的范围很广，除了作寿联、挽联、春联、喜联等以外，还常常用在其他领域。例如用在行业中，“双手劈开生死路，一刀斩断是非根”，这是描写屠户的；“虽然毫末技艺，却是顶上功夫”，这是描写理发师的。对偶也是语言游戏的极好的材料。如“上海自来水来自海上，前门出租车租出门前”“客上天然居，居然天上客；人过大佛寺，寺佛大过人”等。对偶有时在相声等艺术形式中运用，也是饶有情趣的。侯宝林的《对春联》中，就有许多有趣的对偶形式，如“三塔寺前三座塔，塔、塔、塔；五台山后五层台，台、台、台（模仿打锣）”“姥姥喝酪，酪落姥姥捞酪；舅舅架鸠，鸠飞舅舅揪鸠”。

对偶在形式上也是不断出新。有人故意违反对偶字数相等的要求作对偶，如“中国人民，袁世凯”，意思是说袁世凯对不起中国人民。一位数学老师同一位音乐老师结婚，学生送了一副对联：“1234567，ABCDEFG”，横批是“OK”。上联既是代数符号，也是音乐简谱符号；下联既是几何标识，也是音乐调类名称。意思是你中有我，我中有你。

（十二）对比

1. 什么是对比

对比是把两种不同事物或一种事物的两个不同方面放在一起陈说的修辞方式。例如：

(1) 李大山说：“人家城里的干部，吃粳米饭，喝王八汤，孩子一个，老婆一帮。咱乡下人，吃小米饭，喝白菜汤，老婆一个，孩子一帮。太他妈不公平了！”（遥远《永远的羊》）

(2) 最坏、最不可取的就是明捧暗贬，表面上把人家夸得天花乱坠，心里对人家一百个瞧不上，夹枪带棒，把对象当傻瓜耍。（王朔《你不是一个俗人》）

例（1）是把“城里干部”和“乡下人”作对比，例（2）是把一种人的表面作法和心理状态作对比，都使用了对比修辞格。

2. 对比的类别

根据内容，对比可分为两种。

其一，两体对比。两体对比就是把两种不同事物放在一起陈说的对比。例如：

（3）为什么农村人吃野菜叫穷，城里人吃野菜叫享受？为什么农村人穿破棉袄叫穷，城里人穿破棉袄叫时尚环保？为什么农村人住草房叫穷，城里人住草房叫旅游？为什么农村人没车走路叫穷，城里人没车走路叫减肥需要？（曾盛金《为什么？》）

这是把农村人和城里人作对比，是两体对比。

其二，一体两面对比。一体两面对比就是把一种事物的两个不同方面放在一起陈说的对比。例如：

（4）过去是阿福剃头店，现在叫夜来香发廊。过去是王五茶馆，现在叫卡萨布兰卡茶吧。过去是人民浴池，现在叫白天鹅洗浴中心。过去是群众饮食店，现在叫帝皇酒家。过去是丽华照相馆，现在叫人体摄影艺术沙龙。过去是供销合作社，现在叫国际购物大厦。过去是书店，现在叫书城。过去是和平小区，现在叫世纪花园。过去是山货行，现在叫绿色食品贸易公司。过去叫大会堂，现在叫会展中心。过去叫研讨会，现在叫“论坛”。过去叫服务员，现在叫“小姐”。（柴薪《过去和现在》）

这是把同一事物过去和现在的名称作对比，是一体两面对比。

3. 对比的运用

恰当运用对比，能够揭示事物之间或事物不同方面的矛盾，反映事物的本质。一般说来，两体对比，可以把两种不同事物的状况鲜明地反映出来，从而使两种不同事物的特征更加突出，大的更大，小的更小，红的更红，白的更白。一体两面对比，可以反映事物的不同侧面，过去和现在，此处和彼地，表面和内里，优点和缺陷，等等，可以反映同一事物的发展过程和全面性质。

对比的运用要鲜明。如果两个事物或一个事物的两个方面界限不清，对立倾向不明显，就不宜用对比来表现。

4. 对偶和对比的区别

对偶和对比的根本区别在于：对偶侧重于形式，对比侧重于内容。对偶必须是形式整齐的，给人的是形式上的美感；对比必须是内容对立的，给人的是内容上的启发。当然，对偶和对比也有合流的时候：如果一个表达既有形式上的整齐排列，又有内容上的鲜明对立，这就是对偶和对比兼用的情况。从小类上说，对偶中的反对常常是对偶和对比的共用。例如：

青山有幸埋忠骨，白铁无辜铸佞臣。（杭州西湖岳王庙联）

这是一副对联，是对偶修辞格；同时，这副对联又把“青山”和“白铁”这两种不同的事物比照来说，所以也是对比。

（十三）排比

1. 什么是排比

排比就是由三个或三个以上结构大体相同、字数大体相等的短语、分句、句子组成的，表达相近或相关意义的修辞方式。例如：

（1）古长书从此声名远扬了。救人的时候，他确实没有想到过出名的问题；受伤之后，他想到了，因为他知道自己行为的全部意义：从美学上讲，这是一种超越生命价值的崇高；从人性上讲，这是一种视他人生命为自己生命的伟大；从政治上讲，这是代表了最广大人民群众的根本利益。（李春平《读古长书》）

（2）阿丁需要一种灵魂的占有，灵魂的刺激，灵魂的愉悦，他并不在乎别人说什么，重要的是他能找到这种感觉。（储小蕾《寻踪时代》）

2. 排比的类别

从结构的角度着眼，排比可以分为三类。

其一，短语排比。排比各项都是短语，是为短语排比。例如：

（3）古长书还继续设想着，接下来的几天，县委县政府机关大院肯定还会偷偷流传他和顾晓你的情事，过去那些尊重他的人，仰慕他的人，欣赏他的人，都会在暗地里对他指指戳戳。（李春平《读古长书》）

这里的"尊重他的人，仰慕他的人，欣赏他的人"是三个短语构成的排比。

其二，分句排比。排比各项都是分句，是为分句排比。例如：

（4）四川盆地的海拔和他的家乡差不多，气候宜人，阳光宜人，姑娘宜人。（陶纯《一个人的高原》）

这里的"气候宜人，阳光宜人，姑娘宜人"是三个分句构成的排比。

其三，句子排比。排比各项都是句子，是为句子排比。例如：

（5）而她是无助的。像一架下坠的飞机。像一艘下沉的船。像一幢洁白的房子。墙上是洁白的浮雕。连壁炉也是洁白的。（王蒙《夏之波》）

这里的"像一架下坠的飞机。像一艘下沉的船。像一幢洁白的房子。"是三个句子构成的排比。

从内容的角度着眼，排比可以分为两类。

其一，平列排比。平列排比就是内部各项地位一致、无所谓深浅轻重的排比。例如：

（6）作家靠书名出彩，教授靠剽窃晋升；汽车靠美女促销，电视靠有奖收看；廉政靠夫人保驾，儿子靠老子发财；贪官靠案犯揭发，打假靠记者领路。（金羽《靠》）

这里排比的各项都是平列关系，即使有些项互换位置，也不影响表达。

其二，层递排比。层递排比就是内部各项地位不一致、按由轻到重或由重到轻的顺序排列的排比。有人把层递排比看成一种独立的修辞格，并称之为层递。其实所谓层递是完全可以作为排比的一个小类的。首先，所谓层递，在形式上和排比的要求是完全一致的。其次，所谓层递虽然在内容上是逐层递升或逐层递降的关系，但在复句或句群分析中，都是分析为并列关系的，并不能分析为递进关系。所以把所谓层递归到排比中是合理的。例如：

（7）嫩绿的芽儿，和青年说，发展你自己；淡白的花儿，和青年说，贡献你自己；淡红的果儿，和青年说，牺牲你自己。

这里的层递关系是很明显的，从"芽儿"到"花儿"又到"果儿"，从"发展"到

"贡献"又到"牺牲"。

3. 排比的运用

排比的运用，或者加强语势，和谐节律；或者层层递推，揭示关系。因此各类语言体式都可以用到。文艺作品自不必说，即使是科技语体的作品也有用这种修辞方式的。例如：

换一种说法，可以说写文章有两个理想：一是谨严，一个字不能加，一个字不能减，一个字不能换；一是流畅，像吃鸭梨儿，又甜又爽口。（吕叔湘《把我国语言科学推向前进》）

一般说来，排比常常是为了加强语气才使用的，所以运用时一定要注意语气的需要，如果不顾及语用的需要，为运用排比而运用排比，就是等而下之的了。比如"她生了一个活泼、可爱、健康的小孩"，就不宜换成排比的方式，说成"她生了一个活泼的小孩，可爱的小孩，健康的小孩"。

需要注意的是，排比一定是三项或三项以上的。如果只有两项，虽然有时也有加强语气的作用，也不能叫作排比。

（十四）反复

1. 什么是反复

反复是通过重复某些实义性的语言形式来表达强烈情感或语气的修辞方式。例如：

我又拨了一个奇怪的号码，"0123456789"，仍然是你，仍然是你的从容的倾诉。又拨一个，又拨一个98765……拨到天上，地上，海里，山里，飞机上，小岛上，舰艇上，大沙漠的古城堡里，哪里都是你，哪里都是你，哪条电话线都通向你，哪里传出的都是你的声音，虽然有的嘶哑，有的圆润，有的悲哀，有的欢喜。（王蒙《我又梦见了你》）

这里的"仍然是你，仍然是你""又拨一个，又拨一个""哪里都是你，哪里都是你"就是反复。

反复必须是实义性的语言形式，所谓实义性的语言形式是说反复不能是虚词性的，如"你的书包，我的文具盒"，这里的"的"不能算是反复。反复必须是表达强烈语气或情感的，否则也不能算是反复，例如"这是我的，那是他的"，这里的"是"也不是反复，因为它不能表达强烈的语气和情感。但是在"你一天到晚写写写"中，"写"就可以看作反复了，因为它体现了说话人强烈的情感——指责或埋怨。一般性的重复不能算是反复。例如在周立波的《暴风骤雨》中，郭全海说"分马了分马了"，这也不是反复，因为这是为了强化表达的信息，并不是为了表达强烈的语气和情感。

2. 反复的类别

反复可以分为两种。

其一，连续反复。连续反复是把相同的语言形式连续排列在一起的反复。例如：

（1）到深山去！到深山去！到深山去啊！一个看不见的精灵似乎在我的耳边低语，在我的耳边低唱。（王蒙《鹰谷》）

其二，隔离反复。隔离反复是相同的语言形式被其他语言形式隔离开的反复。例如：

（2）她含着笑，洗着我们的衣服，
她含着笑，提着菜篮到村边的结冰的池塘去，
她含着笑，切着冰屑窸索的萝卜，
她含着笑，用手掏着猪吃的麦糟，
她含着笑，扇着炖肉的炉子的火，
她含着笑，背了团箕到广场上去，
晒好那些大豆和小麦。（艾青《大堰河，我的保姆》）

隔离反复常常与排比合流。

3. 反复的运用

反复可以加强语气，使说写者感情集中突出，从而加深听读者印象。反复在散文、诗歌、杂文等语体中有较多的使用。另外，在日常生活中人们常常用反复来表达一些不合理的现象，如在学校里，学生常常说："考考考，老师的法宝；分分分，学生的命根。"

同样的"诗歌"也在基金投资者间口口相传。"君子坦荡荡，小人卖基金。商女不知亡国恨，一天到晚卖基金。洛阳亲友如相问，就说我在卖基金。千古兴亡多少事，只因满朝卖基金。举头望明月，低头卖基金。少壮不努力，老大卖基金。君当做磐石，我愿卖基金。在天愿作比翼鸟，在地愿意卖基金。春眠不觉晓，处处卖基金"。（韦夏怡《市值蒸发万亿基金缩水千亿，居民投资意愿至"冰点"》）

（十五）顶真

1. 什么是顶真

顶真是这样的一种修辞方式：为了反映事物之间的联系，说写者有意地把前一句结尾的词语作为后一句开头的词语，依次说写下去且不回到开始那一句。例如：

（1）有个农村叫张家庄，张家庄有个张木匠，张木匠有个好老婆，外号叫"小飞蛾"。小飞蛾生了个女儿叫"艾艾"，算到一九五〇年阴历正月十五元宵节，虚岁二十，周岁十九。（赵树理《登记》）

（2）是天降了雨，是雨造成了山体滑坡，是滑坡移动了房子。（李春平《读古长书》）

例（1）的"张家庄""张木匠""小飞蛾"就是顶真词语；例（2）的"雨""滑坡"也是顶真词语。这两个例子不同的是，前者的顶真词语非常干净，后者的顶真词语有点拖泥带水，我们可以把前者叫作严式顶真，后者叫作宽式顶真。

2. 顶真的运用

顶真这种修辞方式首尾蝉联，语势贯通，能够反映事物之间在各个方面的联系。

顶真可以反映事物在时间上的联系，例如：

(3) 他比先前并没有什么大改变，单是老了些，但也还未留胡子，一见面是寒暄，寒暄之后说我“胖了”，说我“胖了”之后即大骂其新党。(鲁迅《祝福》)

也可以反映事物在空间上的联系，例如：

(4) 我们怀着好奇的心走过去，只见一段残墙上放着一个破碗，碗里放着一根细细的绳头，绳头吐着微弱的光。(王宗仁《夜明星》)

还可以反映事物在事理上的联系，例如：

(5) 希望是附丽于存在的，有存在，便有希望，有希望，便是光明。(鲁迅《记谈话》)

顶真既有外在的形式美，也有内容上的连贯美，所以常常成为语言文字游戏的材料，如“从前有座山，山上有座庙，庙里有个老和尚，老和尚给小和尚讲故事”。有时也用在俗语、广告等话语形式中，如俗语“大事化小，小事化了”，广告“时代呼唤人才，人才需要口才”(《演讲与口才》征订广告)。

(十六) 回环

1. 什么是回环

回环是这样的一种修辞方式：为了反映事物之间的联系，说写者有意地采用变换语言顺序的方法，把两个词语相同而排列顺序不同的语言片段连在一起说，以取得循环往复的修辞效果。例如：

(1) 壶里的酒凉了又热，热了又凉。(冯向光《三晋春秋》)

(2) 她投着投着，突然哭了起来，她一边哭一边投，一边投一边哭，直到把那一张英俊的脸扎得千疮百孔。(路也《红棉袄之歌》)

例 (1) 的“凉了又热，热了又凉”是回环，例 (2) 的“一边哭一边投，一边投一边哭”也是回环。另外，回环也可以是宽式的，例如“气在我中，我在气中，天人合一，气为我用”，这里的“气”和“我”也是按照不同的排列顺序连在一起，但并不是紧密地连在一起的，我们可以称为宽式回环。

2. 回环的运用

回环这种修辞方式反映了事物不可分割的联系或周而复始的过程。有的回环反映了事物不可分割的联系。例如：

(3) 渐渐儿地，他琢磨出其中的含义，他觉出这是很有味儿的：舞台小世界，世界大舞台。(王安忆《舞台小世界》)

(4) 鲁迅先生的心里总是装着劳动人民，劳动人民的心里也总是装着鲁迅先生。(姜明德《清泉集·为了鲁迅的书》)

这里的“世界”和“舞台”以及“鲁迅先生”和“劳动人民”形成了一种不可分割的联系。

有的回环反映了事物周而复始的过程。例如：

（5）有的绷着脸，普遍的向大家抱怨，他怎么由一清早到如今，还没停过脚，身上已经湿了又干，干了又湿，不知有多少回！（老舍《骆驼祥子》）

（6）近来呀，我越帮忙，她越跟我好，她越跟我好，我越帮忙，这不就越来越对劲儿了吗？（老舍《女店员》）

这里的“湿”和“干”、“我越帮忙”和“她越跟我好”就形成了一种周而复始的联系。

还有一种特殊的形式，就是词语的循环排列不止一项，我们不妨看作回环的扩展式。例如：

（7）《吹牛学》下笔高迈，语言云蒸霞蔚，情节变幻莫测，构思千回百转，故事气象万千。集哲学、文学、美学、伦理学、教育学、心理学、考古学、解剖学、政治经济学为一体；融孔子、老子、孙子、庄子、孟子、韩非子、何满子、冯英子、车钱子、五味子、田中由纪子于一炉。理中含趣，趣中显奇，奇中有理。（晋军《〈吹牛学〉自序》）

这里的“理中含趣，趣中显奇，奇中有理”也可以看作回环，这样的回环有三个并列项，这种有三个或三个以上并列项的回环可以称为扩展式回环。

跟顶真一样，回环也有外在的形式美和内容上的连贯美，也经常作语言文字游戏的材料。回环也用在俗语、广告等话语形式中，如俗语“难者不会，会者不难”，广告词“长城电扇，电扇长城”。

3. 顶真和回环的区别

顶真和回环的根本区别在于：顶真最后一句结尾的词语不是最前一句开头的词语，而回环最后一句结尾的词语是最前一句开头的词语。如果用符号表现它们之间的区别就是：

顶真——ABC，CDE，EFG……

回环——ABC，CBA

这在外部形式上有非常明显的标记，所以辨认起来是非常容易的。

三、辞格的连用、兼用和套用

（一）辞格的连用

辞格的连用是指连续的几个句子或分句都有修辞格使用的现象。例如：

（1）这真是一块可恶的石头，它带着高副总的一只脚爆发般向井下滑去，高副总来不及害怕也来不及调整自己的姿势，整个人就和这石头一起也像石头一样轰隆一声滑下井底。（李铁《杜一民的复辟阴谋》）

（2）结束的时候，李总已经有些语无伦次了，她握着齐总的手，起码说了十次告别的话，二十次感谢的话，三十次希望合作成功的话。齐总也差不多了，一手握着李

总的手，另一手拍着李总的白藕，一迭声地说没问题，我们一定会合作成功的。（裘山山《春天的一个夜晚》）

例（1）“爆发般”是夸张，“整个人就和这石头一起也像石头一样”是比喻。这是夸张和比喻的连用。例（2）“十次告别的话，二十次感谢的话，三十次希望合作成功的话”是排比，“白藕”是借喻，指李总像白藕一样的胳膊（作品前文已经叙述过了）。这是排比和借喻的连用。

连用有两种形式，一是同格连用，就是连续的几个句子或分句都使用同一种修辞格，二是异格连用，就是连续的几个句子或分句使用不同的修辞格。例如：

（3）可惜金融风暴如一夜春梦，把他所有的财产席卷而去，他多少年的打拼化作了一缕青烟，转眼就进入了负资产大军。（张欣《有些人你永远不必等》）

（4）但是她会经常想起博士后，经常跟裁云谈起博士后，博士后成了她们之间的一道佳肴，好的恋情可以风干了下酒，又何必柴米油盐把它毁了。（张欣《有些人你永远不必等》）

例（3）是同格连用。“金融风暴如一夜春梦”“多少年的打拼化作了一缕青烟”和“负资产大军”都是比喻。有趣的是，这三个比喻分别依次是明喻、暗喻和借喻。例（4）是异格连用。“博士后”是借代，以身份代人；“博士后成了她们之间的一道佳肴”是比喻；“好的恋情可以风干了下酒”是比拟，把“恋情”当可以风干的事物写；“柴米油盐”是借代，指物质生活。这是借代、比喻、比拟和借代连用。

（二）辞格的兼用

所谓辞格的兼用，是指同一个语言形式，既是甲类辞格，又是乙类辞格的现象。有些辞格相互之间并不排斥，可以兼用，从一个角度看是这种辞格，从另一个角度看又是另一种辞格，如比喻和夸张兼用、比喻和通感兼用、反复和排比兼用、对偶和对比兼用等；有些辞格相互之间是排斥的，它们之间绝不可能兼用，如对偶和排比、顶真和回环等。例如：

（1）他在山里从没怕过狗，那都是追野牲口的赶山狗，一嘴尖利的牙，身段灵敏，穿过山林就如一道道闪电，山里人靠它们看守门户、打猎捕兽。（叶梅《玫瑰庄园的七个夜晚》）

（2）有心栽花花不发，无意插柳柳成荫。

例（1）“（赶山狗）如一道道闪电”既是比喻，又是夸张，是比喻和夸张的兼用；例（2）既是对偶，又是对比，是对偶和对比的兼用。

兼用有两种形式，一是简式兼用，就是同一个语言形式只兼用两种修辞格；二是繁式兼用，就是同一个语言形式兼用三种或三种以上的修辞格。例如：

（3）这一年雨水特别大，臭水河的水平了岸，水都漫到后街街面上来了。地方上的居民铺户共同商议，决定挖开螺蛳坝，在淤塞的旧河槽挖一道沟，把臭水河的水引到越塘河里去。这道沟只两尺宽。臭水河的水位比越塘高得多。水在沟里流得像一枝箭。（汪曾祺《故里杂记》）

（4）路两旁，每一棵树上都结着一颗太阳，把我们的悄悄话晒得发烫。（王怀让

《给我的爱人》）

例（3）是简式兼用。把“流水”比作“一支箭”，既是比喻，又是夸张，是比喻和夸张兼用。例（4）是繁式兼用。“太阳”是借喻，指像太阳一样的事物，如果和下文联系起来，“太阳把我们的悄悄话晒得发烫”，既是比喻，又是通感（因为“悄悄话”是诉诸听觉的，“晒”是诉诸触觉的），还是夸张，是比喻、通感和夸张的兼用。

（三）辞格的套用

所谓辞格的套用，是指一个语言形式总体来看是某一种修辞格，但在这个语言形式内部，还存在着其他修辞格的现象。有些简单形式的辞格很难出现套用的情形，如简单的比喻、比拟、夸张、借代等；有些复杂形式的辞格却常常可以出现这种情形，如复杂的排比、反复、对偶等。例如：

（1）马松又挖了一阵，院子里已经有了看相，右边的草地被他梳弄得像男人刚理完发，眉目清爽透亮，跟这一比，没有打理的那边就像疯疯癫癫的，顶一头乱七八糟的毛发。（叶梅《玫瑰庄园的七个夜晚》）

（2）没有风。海自己醒了，喘着气，转侧着，打着呵欠，伸着懒腰，抹着眼睛。因为岛屿挡住了它的转动，它狠狠地用脚踢着，用手推着，用牙咬着。它一刻比一刻兴奋，一刻比一刻用劲。（鲁彦《听潮》）

例（1）从总体上看是对比，把打理过的草地和没打理过的草地进行对比，又把打理过的草地比作男人刚理完发，把没打理过的草地比作顶一头乱七八糟毛发的疯疯癫癫的人。例（2）从总体上看是比拟，是把大海比作类似人一样的动物了，其中又包含着排比“打着呵欠，伸着懒腰，抹着眼睛”，还包含着反复“它一刻比一刻兴奋，一刻比一刻用劲”。

套用有两种形式，一是简式套用，就是一个语言形式总体来看是某一种修辞格，这个语言形式内部还存在着一种修辞格；二是繁式套用，就是一个语言形式总体来看是某一种修辞格，这个语言形式内部还存在着两种或两种以上修辞格。例如：

（3）北天云幕豁处，一颗鲜翠的明星，喜孜孜地先来问探消息，像新嫁媳的侍婢，也穿扮得遍体光艳。但新娘依然姗姗未出。（徐志摩《印度洋上的秋思》）

（4）昔时我来花未开，今日花开我未来，也算神交，难道是前生缘法？搔首问天天不语，低头问花花笑汝，别无好句，那许做大地闲人。（胡君复题无锡梅园联）

例（3）是简式套用。这段话总体来看是拟人，其中又包含着比喻“像新嫁媳的侍婢”，而且只套有这一种辞格。例（4）是繁式套用。这个例子从总体看是对偶，其中又包含着对比“昔时我来花未开，今日花开我未来”，还包含着比拟“神交”“问天天不语”“问花”，是对偶中包含着对比和比拟两种辞格。

（四）连用、兼用、套用的混合运用

在一个语段中，连用、兼用、套用往往是混合着出现的，这时辞格的运用就显得更加复杂了，“剪不断，理还乱”，因此需要更加认真地辨别。下面我们举几个连用、兼用、套用的混合运用的例子，从而说明修辞格运用的复杂性和多样性。

(1) 风很柔，柔得似一只发情的女羊。身上丝丝血筋，小河一样汩汩流淌。(阎凡利《玉葬》)

例 (1) 这段话虽短，可辞格的运用却很复杂。总体看这是辞格的连用，前后两句都是比喻，是同格连用。第一句中又套用了两种辞格：“柔”字首尾蝉联，是顶真；“女羊”是拟人，因为“羊”是分公母或雌雄的，不能分男女，这明显是把羊当人来写了。第二句又套用了夸张，因为人的血液无论如何也达不到“汩汩流淌”的程度。

(2) 年老的女人和年轻的女人不一样，年老的女人是一本线装书，年轻的女人是一份时尚杂志；而且，城市里的年轻的女人，这时尚里透射出让他不敢动心的矜持，年轻的乡下妹子，却几乎是本色的时尚，是诱惑他去掐一把的花朵。(李肇正《傻女香香》)

例 (2) 这段话总体看是辞格的连用，前面一个层次是把年老的女人和年轻的女人作对比，后面一个层次是把城市里的年轻女人和年轻的乡下妹子作对比，是两个对比辞格连用。前一个对比又套用了两个比喻辞格“年老的女人是一本线装书，年轻的女人是一份时尚杂志”。后一个对比又套用了两种辞格，“透射”是拟物，是把人当物写；“花朵”是比喻，说话人是把年轻的乡下妹子比喻为花朵。

(3) 食不厌精，脍不厌贵。不入包厢，饮酒无三陪，不食。菜少，不食。酒贱，不食。窝头，不食。红薯，不食。汤不贵，不食。没有野味，不食。肉虽多，不足以解馋。唯酒无量，天天醉。(徐强《〈论语〉当代版》)

例 (3) 这段话总体看是仿拟，是仿拟《论语》“食不厌精，脍不厌细”一章写成的。在仿拟辞格中，又套用了“食不厌精，脍不厌贵”这样的形式，这样的形式是对偶和反复的兼用；又套用了“菜少，不食。酒贱，不食。窝头，不食。红薯，不食”这样的形式，这样的形式是排比和反复的兼用；还套用了“惟酒无量，天天醉”，这是夸张。

(4) 然而，中国知识分子也是极难对付的家伙。他们的感情特别细腻，锐敏，脆弱，隐晦。他们学富五车，胸罗万象。然而，有时自高自大，自以为“老子天下第一”，有时却又患了“自卑情结”。他们一方面吹嘘气魄贯长虹，浩气盈宇宙，有时却又为芝麻绿豆大的一点小事而长吁短叹，甚至轻生。(季羡林《一个老知识分子的心声》)

例 (4) 这段话总体来看是连用，是夸张、对比的连用。连用中又有套用。“学富五车，胸罗万象”是夸张；“有时自高自大，自以为‘老子天下第一’，有时却又患了‘自卑情结’”是对比，其中还套用了比拟，把“自卑情结”当病来写；“他们一方面吹嘘气魄贯长虹，浩气盈宇宙，有时却又为芝麻绿豆大的一点小事而长吁短叹，甚至轻生”也是对比，其中也套用了其他辞格；“气魄贯长虹，浩气盈宇宙”是对偶，也是夸张；“芝麻绿豆大的一点小事”也是夸张。

总之，辞格的混合运用是非常复杂的，在判别时应该十分小心谨慎。另外，在表达和理解中，善于运用复杂多样的辞格，并积极地同特定的内容、对象和情景相适应，往往能够取得很好的修辞效果。

思考题

1. 修辞格和一般的生动的表达有什么不同？

2. 有人说，比喻不但是一种修辞格，也是我们认识世界、思考问题的方式。你怎样看这个问题？

3. 双关和歧义、误解、曲解有什么不同？试举例说明。

4. 除了教材所列的仿拟类型，你还能想到哪些仿拟类型？

5. 举例说明修辞格连用、兼用、套用混合运用的情况。

第六节 语体

一、语体的定义

语体是为适应不同的交际需要而形成的具有不同风格特点的语言表达形式。

首先，语体是语言表达形式。只有诉诸语言的交际，才谈得上有语体。非语言的交际，诸如手势、体态等，尽管也具有传递信息的性质，但因为不以语言为载体，因而不具有语体性质。

其次，语体是语言功能变体。语体是为适应不同的交际需要而形成的，交际需要不同，语言运用就不同，从而产生了语体。可以这样假设：最初的语言形式是没有变体的，只有一种功能，后来随着社会和语言的发展，语言形式需要适应不同的功能领域，功能领域不同，语言形式就不同，于是就出现了语体。

再次，语体具有不同的风格特点。例如作家格非在《大年》中写唐济尧杀死豹子的经过是这样的：

（1）豹子觉得腹中一阵难受，他将食指放在嘴里，呕出了一摊清水。他感到眼前的那座石桥在不停地摇晃。豹子挣脱开唐济尧的手，径自走到了泉边，他俯下身子，掬起一汪水抹在脸上。清澈的水中映出他的脸，他刚刚在桥边趴下，准备喝水，水中又映照出另一个人的脸，那张脸上布满了笑容。

唐济尧将豹子的头按在水底。豹子觉得自己的鼻子和嘴碰到了污泥。他的双手在水中乱扒了一阵，混浊的水面上泛出了一串串泡沫。唐济尧将膝盖压在豹子僵直耸起的脊背上，哗哗汩汩的流水浸湿了他的裤管。

过了很久。唐济尧看见水面上的泡沫越来越小了，豹子的身体也开始发软，他松开豹子，洗了洗手，返身爬上了那道沟涧，朝村里走去。

而在后面的布告中写道：

(2) 鉴于所列罪行，徐福贵已于民国三十四年二月十七日被处决，此布。

这里写的是同一件事，但语言的风格特点是不同的，前者用人物的乳名，后者用人物的学名；前者详细，后者简略；前者主观性强，后者客观性强。这主要是语体造成的，前者是文艺语体，着重描述；后者是公文语体，着重说明。

二、语体的类型

理论上说，有多少种语言功能类型，就应该有多少种语体。语言的功能类型具有多样性和复杂性，因而语体也是多样的、复杂的。语体可以根据不同的标准划分：根据存在方式，可以分为口语语体和书面语体；根据标准程度，可以分为正式语体和随意语体；根据产生时间，可以分为传统语体和新兴语体，等等。以下我们介绍一些常见的或实用的语体。

（一）谈话语体

1. 什么是谈话语体

谈话语体是以话轮转换为基本结构形式的、用来交流信息或交流情感的语体。

谈话语体必须具备两个条件。首先，必须是对话形式。语篇有两种基本形式，一是对话，二是独白。对话以话轮转换为基本结构，独白以逻辑联系为基本手段。谈话语体都是对话形式，以话轮转换为基本结构。例如：

(1)“陆月，你过来。”孙石山掐了烟，朝屋外喊了一声。

陆月一声不吭地走进来。“干吗？”

“你到底还爱不爱我。”孙石山说了一句让自己脸红的话。

“……这跟爱不爱有关系吗？”陆月愣了一下。

“请你正面回答。”

“……我讨厌生孩子，婆婆妈妈，一把屎，一把尿。”陆月终于说了心里话。

“你知道。我非常想要孩子，你说怎么办？”

“孩子还会影响我们的感情。”

“废话！不生孩子才会影响我们的感情。”

“左右都会影响。”

“你就不怕我去找别的女人生？”

“好啊，你找呀，你想了很久了是吧，你等了很久了是吧，成全你，我现在就成全你。”陆月抓起一本书朝孙石山扔了过去。（盛可以《成人之美》）

这段话是孙石山和陆月的谈话，每人一个话轮，一个话轮完毕后紧接着是下一个话轮，依次进行下去，成为一个完整的谈话文本。

其次，必须是为了交流信息或交流情感。日常谈话、聊天都可以看作谈话语体的体现。有些对话形式不能看作谈话语体，比如对口相声，其目的是为了娱乐、逗笑，而不是交流。因此，其脚本应该属于文艺语体。

2. 谈话语体的特点

首先，内容的随意性。谈话语体往往都是非正式的，是临时出现的言语交际形式。谈话语体也分有准备的和无准备的，像访谈、采访等，往往都是有准备的；而一般的聊天、闲谈等，往往都是无准备的。即使是有准备的，在具体谈话过程中也有一定的随意性，比如主持人在访谈的时候，嘉宾有时会爆出令主持人措手不及的内容，主持人必须随机应变处理，而不必完全按照事先准备的内容进行。

谈话语体的随意性也不是无节制的，还是要受到时间、空间、对象、话题等的制约。比如两个朋友聊天，其内容很自由，可以随意选择，但有些内容也是不宜选择的，像疾病、死亡、淫秽、邪恶的内容就不宜作为谈论的对象。

其次，话题的多变性。谈话语体在话题上往往是多变的，从一个话题转换到另一个话题，是非常自然的，不像有些语体必须围绕一个中心。例如：

（2）张强说，要是反对拆迁，就签个名吧。

刘毅说，干什么？

张强说，群众的呼声啊，给他一张贴，向上一反映，看那群靠卖地发财的败家子儿还能张狂到几时？

刘毅说，就在这么一张纸上？

张强说，纸好纸坏，重在内容嘛。

刘毅说，还是为了你那个村长吧？

张强说，明人不做暗事，不为了当村长，我也不能这么一家一户地奔波，看看那些美国总统，克林顿、小布什、奥巴马，哪个上去是容易的？

刘毅看着张强，先有些想笑，却没待笑出来，又忽然郑重地说道，那件事，假如真是我做的，我向你道歉。

张强说，哪件事？

刘毅说，上学时那件事。

张强说，踢我一脚？哎呀刘老师，你踢得对踢得好啊，实话跟你说吧，要不是那一脚，说不定我今儿还不会有当村长的雄心呢。（何玉茹《过程》）

例（2）前面是关于拆迁签名的话题，后面又转到上学时刘毅踢张强的话题，这样的话题转换在谈话语体中是非常自然的。

再次，语言的疏放性。谈话语体往往不加雕琢，自由疏放。这和书面语体的严谨性形成鲜明的对比。在语言的运用上，谈话语体往往比较简短，多用省略句、变式句，有时说话人边想边说，使语言显得零散、不够连贯。例如：

（3）肃静啊肃静，孙畅终于忍不住，清了清嗓子，说："小麦……这个……事情……啊……这个这个……啊……"孙畅"啊"了半天也没"啊"出个内容来。（东西《救命》）

另外，谈话语体还常常出现跳脱、打断、修正、顿停等现象，这在书面语体中是不可想象的。

（二）公文语体

1. 什么是公文语体

公文语体就是用于机构之间相互往来联系事务的语体。一个成熟或半成熟的社会，必然存在着各种各样的社会机构，这些社会机构之间需要进行信息交流，从而产生了公文语体。典型的公文语体包括通知、请示、报告、通报、会议纪要、公务函件等。例如：

（1） 关于开展学校车辆核查登记的通知

各单位：

经学校固定资产管理委员会研究，根据审计的要求，决定对全校（含资产经营公司及所属单位、后勤实业中心、接待服务中心）拥有的车辆进行一次全面的清理核查和登记工作，请各单位对现有车辆按照要求填写“××大学车辆核查登记表”，并附上车辆行驶证和产权证复印件，经单位负责人签名后将书面材料和电子文档于×年×月×日×时前统一交设备管理处。凡是漏报、瞒报、迟报的，按固定资产管理有关制度追究相应责任。

联系人：××× 联系电话：×××××××× 邮箱：××××××××

特此通知。

附件：××大学机动车核查登记表

××大学固定资产管理委员会办公室

×年×月×日

公文语体也包括机构和个人之间往来联系交流信息的材料，比如个人申请、个人请示、请假条等。

2. 公文语体的语言特点

首先，结构的程式性。公文语体一般都有固定的结构形式，可以重复套用。比如请示，首先应该有个请示标题《关于……问题的请示》，然后是对请示部门的称呼，正文开始先说明请示的原因，再说明请示建议，正文结尾还有“当否，请批示”的字样，最后是请示单位和日期。

公文语体不需要有创造性，只要按照特定的格式把意思表达清楚即可。有些公文甚至是现成的形式，只需要根据不同的对象在空白处填上适当的内容，就是一个公文语体的样本，比如某些合同文本就是如此。

其次，表达的客观性。在各种语体中，公文语体是最“板着面孔说话”的语体，只要做到准确、明白，就能够达到交际目的。公文语体不需要投入太多的情感，把问题说清楚是最重要的。作为公文语体，应该尽量做到明确，才能满足表达客观性的要求。比如，我们日常说“一伙人”，可以是模糊的，但在法律上，必须明确至少有多少人才是“一伙”，这样才便于法律的执行。

(三) 科技语体

1. 什么是科技语体

科技语体就是用于传播科学技术研究成果的语体。科技语体是随着科学技术的产生、发展而出现的语体，其目的是传播科学技术研究成果，从而促进社会的发展和文明的进步。科技语体的写作者是科学工作者，只有达到一定的文化层次，才有可能写作科技语体。因此，科技语体对写作者有较高的要求。

2. 科技语体的语言特点

首先，命题的论证性。科技语体必须有鲜明的观点，其观点应该建立在客观真实的基础之上。研究者还需要对观点进行详密的论证，以保证观点的科学性、严密性。例如：

（1）很久以来，认为某些未开化人智力水平低下的有力证据是说他们的计数不能超过3，或4，或5。现在我们认为最首要的事情是需要一位好学者来证实是否有这些事实存在，只有先证明有这种事实存在，才谈得上辨认。有些部落只要数目超过5即超过一只手的手指数，一切都归为众多，然而我对此深有疑虑，除了白痴以外，是否真有人不能区分5头牛、6头牛还是7头牛？

但是还有报道说有人连2和3以外的数目都没有。比如，据说阿比波内人就没有超过3的数目。但我们实际上看到了什么？他们用3加1表示4。这不仅不能说明他们智力贫弱，反而证明他们有非常高的分析能力。这比跟手、脚、眼、耳等一样的一个“4”字高明多了。用两个2表示4的未开化人，是绝不会陷于2加2等于4这种综合判断的危险的，因为他们一旦会说“2加2等于4”，就知道这是简单地阐明分析判断。

我们一定不要急切地对某个种族的智力优势下判断。某些最知名的学者认为雅利安语对4的称呼，如梵语，是由3加1获得的。如果某些非洲部落用5加2或6加1表示7，为什么就因此认为他们是最低水平的人，为什么不责备走在欧洲文明前列的法国人用80加10表示90，罗马人用20减1表示19呢？

根本不是这样的。这里文明也必须学会用度量自己的尺度去度量别人。在我们大胆判断之前必须先尽力理解。（缪勒《宗教的起源与发展》）

例（1）作者认为未开化人的数词运用不能证明他们的智力低下，作者运用反证法、例证法论证了自己的观点。

其次，内容的专门性。科技语体通常适用于一个“小圈子”，这个“小圈子”里的人被称为“内行”，“小圈子”以外的人是“外行”。科技语体一般都是写给同行看的，只有科普文章是写给大众看的，不过科普文章已经不是纯粹的科技语体了。科技语体的内容具有专门性，只有这个专业的人看得懂，行外的人往往看不懂。例如：

（2）在太阳形成的同时，星云盘也在进一步演化。在星云盘中，尘粒的质量比气体分子大，其热运动速度较小，在太阳引力的法向分力作用下，容易克服气体阻力，向赤道面沉降，形成一个比星云盘薄得多的尘层。尘层内薄外厚，颗粒的大小跟现今的陨石球粒或彗星尘粒相符。

在尘层里，尘粒相对集中。当密度增到足够大时，只要局部发生扰动，就会出现引力不稳定性，尘粒会瓦解为许多粒子团，各粒子团内的粒子之间的引力会超过太阳的起潮力，因而各粒子团可以通过自引而收缩，集聚为星子。（杨大卫《普通天文学》）

例（2）是有关天文学的内容，其中的一系列的专业术语——星云盘、尘粒、尘层、法向分力、粒子团、起潮力、星子等，只有天文学专业的人通晓，行外人很难理解。

（四）宣传语体

传统有所谓政论语体，其范围似乎狭窄了一些。因此新近的一些研究抛弃了“政论语体”的说法，代之以“新闻语体”或“报刊媒介语体”。但这些术语还是不足以概括这一类语体的性质，这里用宣传语体更加名正言顺。

1. 什么是宣传语体

宣传语体就是传播一定的观念以影响人们的思想和行动的语体。宣传语体范围比较广泛，包括政论、时评、新闻、广告、演讲、辩论等，随着当代媒体的发展，这些传播形式在社会生活中具有越来越重要的地位。

宣传语体起着反映事实、传播真理、鞭挞丑恶、服务社会的作用，因此需要以伦理性原则为前提，只有契合伦理的宣传才能促进社会的进步，而像希特勒那样的宣传，只能给人类带来痛苦和不幸。

2. 宣传语体的语言特点

宣传语体的根本特点在于其鼓动性，说写者综合运用各种语言手段，对自己所持的观点、信念进行表现、渲染，从而打动听读者，影响听读者，甚至要听读者实施某种行为。例如：

（1）我已经说过：我向来是不惮以最坏的恶意来推测中国人的。但这回却很有几点出于我的意外。一是当局者竟会这样地凶残，一是流言家竟至如此之下劣，一是中国的女性临难竟能如是之从容。

我目睹中国女子的办事，是始于去年的，虽然是少数，但看那干练坚决，百折不回的气概，曾经屡次为之感叹。至于这一回在弹雨中互相救助，虽殒身不恤的事实，则更足为中国女子的勇毅，虽遭阴谋秘计，压抑至数千年，而终于没有消亡的明证了。倘要寻求这一次死伤者对于将来的意义，意义就在此罢。

苟活者在淡红的血色中，会依稀看见微茫的希望；真的猛士，将更奋然而前行。

呜呼，我说不出话，但以此记念刘和珍君！（鲁迅《记念刘和珍君》）

（2）吸烟是继战争、饥饿和瘟疫之后，对人类生存的最大威胁。（“禁烟”公益广告语）

例（1）是政论语体，是鲁迅为纪念在“三一八惨案”中牺牲的青年学生而作，目的是揭露真相，唤起民众。例（2）是广告语体，目的是鼓励戒烟，引领健康生活。

（五）文艺语体

1. 什么是文艺语体

文艺语体就是为适应文艺创作的需要而形成的语体。文艺一般理解为文学艺术，但文学自身也是一门艺术，文学和艺术是包含关系，不是并列关系，因此也有人称文艺语体为艺术语体。其实作为语体，必须以语言为载体，文学以语言为载体，艺术未必以语言为载体，像哑剧、舞蹈等都是艺术，但因为没有语言作为载体，就和语体无关。

传统研究把文学分为诗歌、散文、小说、戏剧等四类。那么相应地，文艺语体就应该分为诗歌体、散文体、小说体、戏剧体四类。也有人把文艺语体分为散言体、韵文体、对白体三类，其中散言体又分散文体和小说体，韵文体又分格律体、自由体和说唱体，对白体又分戏曲体、话剧体和影视体。

2. 文艺语体的语言特点

首先，描述的形象性。文学是语言的艺术，需要通过语言来表现社会生活，传达作者意图。创作者必须巧妙地运用语言，使语言有效地为所表现的内容服务，这就需要语言在描述的时候具有生动形象的特征，使表现的对象活灵活现，如在目前，这样才能感染读者，产生文学作品应有的效果。例如：

（1）一大早，就听得院外前有毛驴在“吙吙”地吼嗓子。

黑蛋说：“狗日的亲家来搬了。”

女人说：“甭叫他进。等我穿好裤。”

黑蛋说：“球。横竖也是个那。”

女人的脸刷地给红了，说：“要不你跟亲家说说，就说我有病不能去。反正我不是真的来了？”

黑蛋说：“那能行？中国人说话得算话。”

黑蛋出院迎亲家。

亲家把院门框扶扶正，把毛驴拴在门框上，又把门框扶扶正。

黑蛋冲窑喊：“去！给亲家掏个鸡。我跟锅扣大爷借瓶酒。”

“亲家，”黑蛋亲家说黑蛋，“我灌来一瓶。每回尽喝你的。”

黑蛋说：“球。咱俩分啥你我。”

黑蛋女人低头出了院，眼睛不往谁身上看，去掏鸡窝。

“甭甭甭。夜儿个村里跌死牛，”亲家冲黑蛋女人说，“我到队长家借毛驴，狗日的堂屋正煮牛肉。”

亲家把吊在驴脖子上的一个裹着的毛口袋解下来，“给。不烂再煮煮。”

黑蛋女人低着头接住毛口袋，眼睛不往谁身上看，进了窑。（曹乃谦《到黑夜我想你没办法》）

文学作品，尤其是小说，常常通过对人物语言、动作的描写推进情节的发展，其形象性自不待言。即使像诗歌、散文这样的文学形式，其抒情、写景等也无不具有形象性。例如：

(2) 在我的身体里有一张张得大大的嘴
它像一只在吼叫的雄狮
它冲到大江的桥头
看着桥下的湍流
那静静滑过桥洞的轮船
它听见时代在吼叫
好像森林里象在吼叫
它回头看着我
又走回我身体的笼子里
那狮子的金毛像日光
那象的吼声像鼓鸣
开花样的活力回到我的体内
狮子带我去桥头
那里，我去赴一个约会。(郑敏《渴望：一只雄狮》)

例 (2) 虽然内容上偏离了现实生活，但在描述上仍然是生动的、形象的，鲜明的意象表达了诗人内心世界的情形。

其次，表现的情感性。文艺语体旨在以情感人，通过艺术形象表达创作者的情感，并积极影响阅读者的情感。文艺语体所反映的内容，不外乎是客观真实世界和人的认知世界，但其反映并不是冷静的、客观的，而是包含了爱憎、褒贬、好恶等情感色彩的。有些情感是外露的，直抒胸臆。例如：

(3) 对屋里母亲唤着，我连忙走过去，坐在母亲旁边——一回头忽然看见红莲旁边的一个大荷叶，慢慢的倾侧了下来，正覆盖在红莲上面……我不宁的心绪散尽了！

雨势并不减退，红莲却不摇动了。雨点不住地打着，只能在那勇敢慈怜的荷叶上面，聚了些流转无力的水珠。

我心中深深地受了感动——

母亲啊！你是荷叶，我是红莲，心中的雨点来了，除了你，谁是我在无遮拦天空下的荫蔽？(冰心《荷叶·母亲》)

例 (3) 情感是直白的、外露的，作者冰心通过形象的语言讴歌了母爱的纯洁无私。

有些情感是隐含着的，表面看不出有多么丰富，但根据各种线索仍然可以探求到。例如：

(4) 贵清在她的身后喊了几声，她没有应。她就这么一直往前走着，走了很久很久，突然觉得脚疼得厉害，这时她清醒了过来，看到自己没有穿鞋，她想我为什么没有穿鞋呢？顺着这思路，她想起了刚才发生的所有事情，忍不住她就放声悲哭起来。一路走一路哭，把泪水洒在了沿途的村庄。

英芝唯一能去的地方只有娘家。可是娘家人又能帮她什么呢？他们只有用最干巴的语言一边劝她，一边责骂贵清几句，然后要她想开些，看在贱货的分儿上，能忍就忍了。最后还告诉她，这就是命。

英芝想不通，高声地叫道："凭么事这就是我的命？我的命未必就不能由得我自己去变？我要离婚！"

英芝的爹先跳了起来，"成天闹闹闹的，闹得一家子跟你丢脸，离你妈个头！你要敢离了婚，老子先就打断你的腿。"

英芝的爹的话仿佛一锤定音，一家人都不好再说什么。英芝的妈心疼女儿，可又不知道怎么帮她便只好拼命劝英芝："英芝呀，我儿呀，你的命苦是苦了一点，可是再苦它也由不得自己呀，你就认了吧，你不认又能怎么样呢？你要是离了婚，你先前辛辛苦苦挣钱盖下的房子，不都丢进了水里？那还不好死贵清他一家子？我儿呀，离婚你也划不来呀。"（方方《奔跑的火光》）

例（4）表面上在陈述一件事实，好像没有太多的情感因素，但实际上却包含了作者对英芝的同情、对英芝父母的不满，这是整个文本所表现的主题的一部分。

（六）网络语体

网络语体是一种新兴语体。常常有行外人问语言研究者：你们对网络语言怎么看？回答是：网络语言是一种语体，只适用于网络语境。

1. 什么是网络语体

网络语体就是为满足网络表达的需要而在互联网上发布、使用的语体。网络语体包括网上聊天、发帖、评论、留言、博客、原创作品等。如果是已经在纸质载体上出版、发表过，又传到网络上的，不能算网络语体。网络语体的文本也有印刷出版的，这时其具有两重性，从原创看是网络语体；从再次传播看是其他语体。比如，网络原创小说是网络语体，如果被印刷出版，就是文艺语体，当然印刷本常常比原创本更加规范。

2. 网络语体的语言特点

首先是表达的随意性。网络语体往往是信手拈来，不用构思，不用推敲，直接把个人的想法、观点发布在网络上。由于写作时间短，没有太多的思考时间，因此在语言上常常出现别扭、不顺畅、不规范的情形，甚至还使用非语言的符号。例如：

（1）看鲁豫有约……突然觉得茜茜最近特别鬼马，感觉她哈皮了很多呀难道真的是叛逆期的前奏么内心的小宇宙是不是要开始爆发了呀，肿么这么地期待呀

（2）去意大利比萨镇除了看著名的比萨斜塔，还有一人文景观必看：推比萨斜塔的游客老是那一个动作真是创意不足啊！是要打车？使用原力？反正就是一团和气其乐融融当然也有些奇葩～比如小心会有人跟你击掌

例（1）是"百度贴吧·刘亦菲吧"的用例，例（2）是新浪微博的用例，从中可以看出网络语体的随意性特点。

其次是内容的复杂性。网络语体在内容上极其复杂，各种领域无不涉及，发布者

可以把自己感兴趣的内容随时贴在网络上。从写作主体看，有的人文化层次高，有较好的语言文字修养；有的人文化层次较低，在语言运用上不能得心应手。从发布网站看，有的网站要求较高，比如一些原创文学网站，要对发表的内容进行审核，才能确定其是否能发布在网站上；有的网站要求极低，比如百度贴吧，只要不违反法律，任何层次的文本都能贴出来。这就造成了网络语体内容的复杂性，其他语体尽管文本也有优劣之分，但其优劣距离不会拉大到网络语体这么大。

三、语体的渗透与交融

（一）语体的渗透

语体的渗透指一个文本从总体上看是一种语体，其中又包含了其他语体的现象。这在文艺语体中比较多见，尤其是小说、报告文学这样的文本，常常在其中渗透谈话语体、公文语体、宣传语体、科技语体等成分，使语体复杂化。例如：

命 Px（1，2）为适合下列条件的素数 p 的个数：

$x-p=p_1$ 或 $x-p=p_2p_3$

其中 p_1，p_2，p_3 都是素数。

[这是不好懂的；读不懂时可以跳过这几行。]

用 X 表一充分大的偶数。

命 $C_x=\prod\limits_{\substack{p\backslash x\\ p>2}}\frac{p-1}{p}\frac{}{2}\prod\limits_{p>2}\left(1-\frac{1}{(p-1)^2}\right)$。

对于任意给定的偶数 h 及充分大的 X，用 Xh（1，2）表示满足下面条件的素数 p 的个数：

$p\leqslant x$，$p+h=p_1$ 或 $h+p=p_2p_3$

其中 p_1，p_2，p_3 都是素数。（徐迟《哥德巴赫猜想》）

上例是报告文学的一段，完全采用了科技语体的形式，是文艺语体包含了科技语体，是语体渗透的一个范例。

语体渗透到极致，就是文本的整体和部分分属不同语体。比如陈亭初的《提升报告》，文本整体是文艺语体，整个文本由四组申请和批复组成，是公文语体，因此，从整体看是小说，从部分看又是公文，这就把语体渗透到了极致。

（二）语体的交融

语体的交融指一个文本既属于甲语体又属于乙语体的现象。语体的交融是语体交叉融合产生的，是语体延伸的结果。典型的语体不存在交融现象，比如一个典型的科技语体文本，就不可能既属于甲语体又属于乙语体。只有非典型语体才有可能和其他语体交融，从一个角度看是甲语体，从另一个角度看则是乙语体。最典型的语体交融就是科普文本的出现，从传播科学的角度看是科技语体，从描述的形象性看又是文艺语体。例如：

现在我们再从力学原理来考察某些动物的本能动作。如黄鼠狼偷鸡时，有时能带着鸡翻墙而过，从体力上说这是黄鼠狼力所不及的，然而为什么它又能跳过墙呢？原来黄鼠狼并不把鸡咬死，它一方面咬着鸡的脖子，另一方面把身体巧妙地藏在鸡的翅膀下面，像驭手那样驾驭着鸡飞。当鸡飞时的升力，如果大于二者的重量之和，必然能越墙而过了。

蚂蚁是众所周知的“大力士”，但在很多场合下，它们在拖动猎物时不是齐心合力地去干，而是各自用各自的力，实际上却在彼此拆台，互相抵消。如果能发挥合力的最佳效果，往往众多蚂蚁干的活，只需少数几只蚂蚁便可以了。但是蚂蚁毕竟是没有思维的低能儿，它们祖祖辈辈我行我素，多可惜的“大力士”呀！（赵晶《现代生活与物理学》）

上例是科普文本，从传播力学知识的角度看是科技语体，从叙述的角度看又是文艺语体，这就是语体的融合现象。

思考题

1. 怎样理解语体的不同风格特点？
2. 根据你自己日常谈话的情形说说谈话语体的特点。
3. 学生的毕业论文属于哪一种语体？为什么？
4. 举例说明语体的渗透和交融的情形。

参考文献

陈望道．修辞学发凡．上海：上海教育出版社，1997.
张弓．现代汉语修辞学．天津：天津人民出版社，1963.
王希杰．汉语修辞学．北京：北京出版社，1983.
王希杰．修辞学新论．北京：北京语言学院出版社，1993.
王希杰．修辞学通论．南京：南京大学出版社，1996.
王希杰．修辞学导论．杭州：浙江教育出版社，2000.
吴士文．修辞格论析．上海：上海教育出版社，1986.
倪宝元．汉语修辞新篇章——从名家改笔中学习修辞．北京：商务印书馆，1992.
郑子瑜．中国修辞学史稿．上海：上海教育出版社，1984.
张炼强．修辞理据探索．北京：首都师范大学出版社，1994.
宗廷虎．中国现代修辞学史．杭州：浙江教育出版社，1990.
袁晖，宗廷虎．汉语修辞学史．太原：山西人民出版社，1995.
刘大为．比喻、近喻与自喻——辞格的认知性研究．上海：上海教育出版社，2001.
宗守云．修辞学的多视角研究．北京：中国社会科学出版社，2005.

修订后记

人大版《现代汉语》教材出版至今，已经有五年多了。在获得一系列认可与好评的同时，这些年来，主编与各位编者在利用书稿为大学生讲授“现代汉语”课程时，陆续发现了一些失误与校对的差错，以及其他问题。同时，也有不少学生与考生在学习、备考的过程中发现和提出过一些疑问。对此，我们表示衷心的感谢！

从另一个角度看，随着近年来网络与微信的普及、交际手段的改进，现、当代汉语本身在多个方面也都已发生了显著而深刻的变化，尤其是国家语委等有关部门颁布了一系列新的规定。所以，本书编者当年提出的一部分观点与结论，现在回过头来看，自然也应该作出相应的修正和补充。

值此修订之际，本教材各位编者仔细研究了近年来现、当代汉语各方面的变化及其规范要求，在认真吸取多方面意见的基础上，对自己当年编写的各个部分作了全面、细致的修改与补充。最后，主编又对全书的修订稿作了全面的梳理与校订。总之，本教材第一版存在的一些疏漏，在条件允许的情况下，修订版都已做了修正。当然，我们仍然非常欢迎广大的读者朋友们提出宝贵的意见。

张谊生

2018年8月30日

关联课程教材推荐

ISBN	书名	作者	定价
978-7-300-17728-1	《现代汉语》练习与参考	张谊生	29.80 元
978-7-300-22073-4	古代汉语（第二版）	殷国光 赵彤	39.80 元
978-7-300-22534-0	汉语史纲要（第二版）	殷国光	55.00 元
978-7-300-20955-5	汉语音韵学概论	赵彤	20.00 元
978-7-300-20237-2	交际语言学（第二版）	岑运强	38.00 元
978-7-300-08230-1	西方语言学名著选读（第三版）	胡明扬	34.00 元
978-7-300-20882-4	语言学概论（第四版）	岑运强	32.00 元

配套教学资源支持

尊敬的老师：

衷心感谢您选择使用人大版教材，欢迎您随时反馈教材使用过程中的疑问或修订建议！相关的配套教学资源，请到中国人民大学出版社网站（www.crup.com.cn）免费下载，或是直接与我们联系。

样书申请及课件处理，请联系：
龚洪训
电话：010-62515637
电子邮件：6130616@qq.com

选题策划及出版，请联系：
刘　静
电话：010-62513587
电子邮件：12918646@qq.com

地址：北京海淀区中关村大街 31 号
邮编：100080

图书在版编目（CIP）数据

现代汉语/张谊生主编．—2版．—北京：中国人民大学出版社，2019.3
新编21世纪中国语言文学系列教材
ISBN 978-7-300-26570-4

Ⅰ．①现…　Ⅱ．①张…　Ⅲ．①现代汉语-高等学校-教材　Ⅳ．①H109.4

中国版本图书馆CIP数据核字（2019）第003669号

新编21世纪中国语言文学系列教材
现代汉语
第二版·数字教材版
张谊生　主编
Xiandai Hanyu

出版发行	中国人民大学出版社		
社　　址	北京中关村大街31号	**邮政编码**	100080
电　　话	010－62511242（总编室）		010－62511770（质管部）
	010－82501766（邮购部）		010－62514148（门市部）
	010－62515195（发行公司）		010－62515275（盗版举报）
网　　址	http://www.crup.com.cn		
经　　销	新华书店		
印　　刷	北京密兴印刷有限公司	**版　　次**	2013年9月第1版
开　　本	787 mm×1092 mm　1/16		2019年3月第2版
印　　张	29.75	**印　　次**	2024年7月第3次印刷
字　　数	682 000	**定　　价**	68.00元